Ehlers/Müller/Schneidmüller

Die französischen Könige des Mittelalters

Die französischen Könige des Mittelalters

Von Odo bis Karl VIII. 888–1498

Herausgegeben von
Joachim Ehlers, Heribert Müller
und Bernd Schneidmüller

Verlag C.H. Beck München

Mit 25 Abbildungen im Text

Die Deutsche Bibliothek – CIP-Einheitsaufnahme

Die französischen Könige des Mittelalters :
von Odo bis Karl VIII., 888–1498 / hrsg. von
Joachim Ehlers .... – München : Beck, 1996
ISBN 3 406 40446 4
NE: Ehlers, Joachim [Hrsg.]

ISBN 3 406 40446 4

Satz: Fotosatz Otto Gutfreund GmbH, Darmstadt
Druck und Bindearbeiten: Ebner, Ulm
Gedruckt auf säurefreiem, alterungsbeständigem Papier
(hergestellt aus chlorfrei gebleichtem Zellstoff)
Printed in Germany

Inhalt

Anhang

Einleitung

Frankreich, aus dem frühmittelalterlichen Imperium Karls des Großen entstanden, ist als Staat und Land mit unverwechselbaren Zügen zivilisatorischer Individualität ein Werk seiner Könige des Mittelalters und der Neuzeit. Die Monarchie hat in ihrer absolutistischen Ausprägung das Selbstbewußtsein einer europäischen Großmacht mit alten Traditionen der christlichen, fränkisch bestimmten Adelsnation verbunden; Revolution und Republik zogen die Kreise weiter, indem sie alle Bürger für die Pflichten gegenüber einer Nation in Anspruch nahmen, die als Hüterin der universalen Menschenrechte konzipiert und legitimiert war.

Wenn die Sammlung kurzer Monographien der mittelalterlichen Könige Frankreichs ein Stück dieses Weges nachzeichnen will, so ist zunächst ein Wort über die Anfänge zu sagen: Wann endet die fränkische, wann beginnt die französische Geschichte? Die Antwort hat mehr zu bedenken als die bloße Periodisierung, denn sie ist insofern mit Konsequenzen für die historische Urteilsbildung verbunden, als auch Deutschland und Italien Nachfolgestaaten des fränkischen Großreiches sind. Wann und in welcher Weise haben sich nationale Individualitäten ausgebildet, die «französisch» von «fränkisch» einerseits, von «ostfränkisch» und «deutsch» andererseits unterschieden?

Hier kann es kein Epochenjahr geben, denn diese Unterschiede und Abgrenzungen haben sich in einer langen Folge politischer, zivilisatorischer und mentaler Veränderungen ausgeformt, die den Zeitgenossen nicht immer und in jedem Fall nur unvollkommen bewußt gewesen sind. Der moderne Betrachter blickt deshalb auf Menschen zurück, die noch im Frankenreich zu leben meinten, während ihm selbst die Kenntnis des folgenden historischen Prozesses den Blick für die Ankündigung des Neuen schärfte: für die Schwächung des großfränkischen Einheitsgedankens seit dem Vertrag von Verdun 843, den die Beteiligten nur als eine unter vielen vorausgegangenen Herrschaftsteilungen begriffen haben; für die Verselbständigung der Teilreiche, deren Wiedervereinigung als politisches Ziel und erstrebenswerte Möglichkeit im Bewußtsein der adligen Führungsschicht verblaßte. Mit dem Regierungsantritt König Odos aus dem robertinischen Haus wurde im Jahre 888 die Abkehr von der karolingischen Dynastie vollzogen: «fränkisch» und «karolingisch» bildeten keine selbstverständliche Einheit mehr.

In den nächsten Jahrzehnten, geprägt vom Streit zwischen Karolingern und Robertinern/Kapetingern um das westfränkische Königtum, mischten sich Elemente von Tradition und politischer Neuorientierung.

Noch ganz dem Herrschaftsverständnis seiner Vorfahren verpflichtet, suchte Karl III. (893/98–923) Ansprüche seiner Familie auf das alte karolingische Kernland um Maas und Mosel in praktische Politik umzusetzen, scheiterte aber an dem sich allmählich konsolidierenden ostfränkischen Reich. So konnte das fränkische Erbe zwar für Westfranken bewahrt und angesichts neuer politischer Verhältnisse aktualisiert werden, am auffälligsten im Herrscher- und Reichsnamen *(rex Francorum, regnum Francorum).* Doch im Bonner Vertrag von 921 erkannte Karl III. auch das ostfränkische, nichtkarolingische Königtum des Liudolfingers Heinrich I. (919–936) als legitim an und mußte damit notgedrungen vom Gesamtreichsdenken früherer Jahrzehnte abrücken. In jenen Jahrzehnten institutionalisierte sich zudem das für die französische Geschichte des Früh- und Hochmittelalters kennzeichnende System mittlerer Fürstentümer, so daß der Konsolidierung nach außen die Formierung eines tragfähigen Miteinanders von Königtum und Adel innerhalb des Reiches entsprach. Auf Grund fränkischer Kontinuitäten muß dieses Gebilde noch lange als westfränkisches Reich angesprochen werden, die Benennung als Frankreich seit der Wende vom 10. zum 11. Jahrhundert würdigt den endgültigen Abschluß des Dekompositionsprozesses des fränkischen Großreichs wie die Ausbildung einer nun auf den Westen des ehemaligen Frankenreichs bezogenen politischen Identität.

Im 10. und 11. Jahrhundert behauptete sich das offene System von Königtum und Adel gegenüber der ostfränkischen Herausforderung, die im Kaisertum der Ottonen und Salier ältere politische Gemeinsamkeiten aus fränkischer Zeit endgültig auflöste. Das westfränkisch-französische Königtum, zunehmend auf die schmale Krondomäne um das Pariser Becken beschränkt, bildete damals im Verein mit geistlichen Helfern bei schwindenden politischen Möglichkeiten ein konsistentes Eigenbewußtsein aus, das auch dynastische Brüche wie den endgültigen Aufstieg der Robertiner/Kapetinger zum Königtum im Jahr 987 leicht überwand. Damals entstand, in Fortführung karolingischer Vorbilder wie durch konsequente Bündelung traditioneller christlicher Herrschaftsauffassungen, die Idee des «Königs von Frankreich», lange noch bevor die kleinen Könige von ihrer nordfranzösischen Krondomäne auf das ganze Reich ausgriffen: Hinter dem Königtum als Institution traten die vielfach glücklosen oder unbedeutenden Einzelherrscher zurück.

Die Kontinuitäten wurden nicht zuletzt durch biologische Zufälle ermöglicht. Sie müssen bedacht werden, weil der europäische Sonderfall der französischen Monarchie, wiederholt in seiner Vorbildfunktion stilisiert, von solchen Zufällen abhing und sich nicht gleichsam natürlich ausformte: Bis 1314 waren den westfränkischen und französischen Herrschern regierungsfähige und legitime männliche Erben beschieden, deren Nachfolge im Königtum allmählich das dynastische Prinzip über die Adelswahl siegen ließ.

Das 12. Jahrhundert ist durch eine stetige Konsolidierung der Krondomäne gekennzeichnet, durch hartnäckiges Verteidigen der Königsrechte zunächst gegen den Adel der Ile-de-France, bald auch gegen benachbarte Fürstentümer. Die königliche Verwaltung wurde effektiver; das Streben der Bischöfe und Äbte nach Sicherheit hatte die Stärke einer schützenden Reichsgewalt zur Voraussetzung und führte den hohen Klerus deshalb an die Seite der Könige. Gleichzeitig entwickelten sich besondere Beziehungen der französischen Monarchie zum Papsttum, das seit der gregorianischen Reform seinen Weg zur universalen spirituellen und politischen Macht ging. Das europäische Ansehen der französischen hohen Schulen und die seit dem 13. Jahrhundert rasch wachsende Autorität der Universität Paris haben dazu beigetragen, den König von Frankreich als *rex christianissimus* zu sehen, in nur ihm eigentümlicher Nähe zur christlichen Religion und ihren Institutionen, getragen von einem bald auch juristisch definierbaren Herrschaftsanspruch.

Die Expansion der Monarchie wurde dadurch ebenso gefördert wie die Integration neu gewonnener Gebiete: Der Krieg Philipps II. Augustus um den Festlandsbesitz des englischen Königs begann nach einem Spruch des Hofgerichts, der Johann I. Ohneland als rechtsverweigernden Vasallen verurteilte und mit Lehnsentzug bestrafte; die im Albigenserkrieg Ludwigs VIII. vollzogene Eroberung des Südens bis zum Mittelmeer geschah im Zeichen der Ketzerbekämpfung. Damit konnten beide Unternehmen weit über das Niveau militärischer Gewaltakte hinauswachsen und auch im historischen Rückblick höhere Legitimation beanspruchen. Der König hatte die seit Jahrhunderten allgemein anerkannten Grenzen seines Reiches nicht aggressiv überschritten, sondern innerhalb dieser Grenzen seine Herrschaft wieder zur Geltung gebracht.

Unter Philipp II. Augustus, Ludwig dem Heiligen und Philipp dem Schönen war die französische Monarchie zur politischen und kulturellen Vormacht des lateinischen Europa aufgestiegen, doch das 14. Jahrhundert brachte Gefährdung und Einbruch: Ökonomische Schwierigkeiten verdichteten sich um 1350 mit der Großen Pest zu einer tiefen und allgemeinen Bewußtseins- und Identitätskrise. Davon waren auch andere Länder betroffen, allein auf Frankreich lastete zudem die säkulare Auseinandersetzung mit England, die – mit Unterbrechung – bis in die Mitte des nächsten Jahrhunderts währen sollte und den Bestand des Königreichs zeitweilig in Frage zu stellen schien, als obendrein innere Parteikämpfe zwischen «Burgundern» und «Armagnaken» ausbrachen, die auch und gerade den Königshof heimsuchten. Daß dort 1328 den Kapetingern die Valois gefolgt waren, bedeutete eigentlich weniger Bruch denn Übergang, löste aber auf Grund von Thronansprüchen des englischen Königs eben jenen, später als «Hundertjährigen Krieg» bezeichneten Konflikt aus. Und bis auf Karl V. vermochte in solcher Situation kein Valois dem Vorbild der großen Vorgänger gerecht zu werden.

Nein, es sind nicht gerade Erfolgsbiographien, die nunmehr geschrieben werden; von Unzulänglichkeiten und Scheitern, von Gefangenschaft und Verrat und – im Falle Karls VI. – gar von Tragik ist zu berichten. Wer der Leben dramatische Fülle als Lesestoff sucht, hier wird er fündig – im übrigen ist es der schlechteste Weg nicht, der, jenseits akademisch-abstrahierender Historie, über Geschichten zur Geschichte führt. Und gerade hier läßt er sich einschlagen, zeichnet sich hinter diesen schillernden Biographien des 14./15. Jahrhunderts, hinter dem Versagen und Unglück einzelner Könige doch der Königsstaat als stabilisierender und systemsichernder Faktor ab – es sei an das Wort von Charles de Gaulle erinnert, Frankreich habe es nur dank des Staats gegeben, und nur durch den Staat könne Frankreich sich erhalten. Denn der seit dem 12. Jahrhundert zu konstatierende Auf- und Ausbau einer auch vor Ort wirksamen und spürbaren Zentraladministration war so weit vorangeschritten, daß deren Strukturen auch in Zeiten krisenhafter Zuspitzung Bestand hatten. Selbst als in der Hauptstadt auf Armagnakenterror 1418 burgundisches Massaker folgte, als die unter Heinrich V. siegreichen Engländer im Bund mit dem Herzog von Burgund immer größere Gebiete des Königreichs und einen geistig umnachteten König Karl VI. beherrschten, als sich ein scheinbar indolent-unfähiger und enterbter Dauphin auf das Exil im eigenen Land zurückgeworfen sah, da nahm für diesen Karl VII. alsbald – neben den in Paris nunmehr für die neuen angloburgundischen Herren tätigen Behörden – in Bourges, Tours und Poitiers eine zweite, nicht minder qualifizierte Administration ihre Arbeit auf. Doch anderes, Entscheidendes kam hinzu: Der Königsstaat erhielt gerade während jener Jahre, da es unter Karl VI. und Karl VII. schlecht um Valoisfrankreich stand, eine neue Qualität – er formierte sich zur Königsnation. Glaube und Überzeugung wie Opportunismus und Angst ließen die intellektuellen Wortführer der um den Monarchen gescharten Armagnac-Partei eine Propaganda für König und Krone entfachen, die indes wohl ohne Wirkung geblieben wäre, hätte ihr nicht schon in breiteren Kreisen ein royalistisch getöntes Gefühl der Zusammengehörigkeit, ein auf Herrscher und Hof hin orientiertes Bewußtsein einer Gemeinschaft entsprochen – lange Erfahrung mit dem Königsstaat bis vor Ort und in die eigene Zeit hatte Voraussetzungen und Grundlagen der Königsnation geschaffen. Mit Jeanne d'Arc trat das scheinbar Wundersame in Frankreichs Geschichte, letztlich aber fand in ihrer Person besagte Entwicklung den konsequenten, sich zu historischer Größe verdichtenden Endpunkt; nach dem provozierenden und klugen Wort von Bernard Guenée bedeutete das Auftreten der Pucelle kein Wunder, sondern einen Abschluß. Die vor Orléans 1429 wesentlich von Johanna mitbewirkte Wende verstanden Karl VII. und dessen Berater nicht minder konsequent zu nutzen; Verwaltung und Organisation im Verein mit bemerkenswerter Leistungsbereitschaft von Ständen und

Städten ließen die strukturelle Überlegenheit des Königreichs über einen seine Kräfte permanent überspannenden Gegner nunmehr immer deutlicher zutage treten – auch weil der Hundertjährige Krieg mehr als hundert Jahre dauerte, hieß dessen Sieger am Ende Frankreich. Ungeachtet persönlicher Verwerfungen baute Ludwig XI. auf solchem Erbe des Vaters auf und wußte es – in Auseinandersetzung mit Burgund – zu mehren; der Ausgriff seines Sohnes Karl VIII. nach Italien markiert den neuerlichen Anspruch der Monarchie auf Vorrang in einem Europa, dessen Mächtesystem fortan vom Antagonismus zwischen Frankreich und dem burgundischen Erben Habsburg geprägt war.

Fast nurmehr von Strukturen und Tendenzen ist am Ende der Einleitung zu einem Band mit biographischen Skizzen die Rede. Doch bleiben solche Generalia und Grundlinien hier etwas stärker zu betonen, als dies im Rahmen von Lebensbeschreibungen einzelner Herrscher möglich ist, wenn deren Autoren auch bemüht waren, hinter dem Individuum das Allgemeine, eine Zeit oder gar eine Welt aufscheinen zu lassen. Indes können weder die Einleitung noch die Beiträge, konzentriert auf Könige und nicht auf das Königtum des mittelalterlichen Frankreich, all die vielfältigen «theoretischen», von der politischen Theologie bis zur Staatssymbolik reichenden Aspekte des Themas hinreichend würdigen, die das Interesse großer Historiker unseres Jahrhunderts von Bloch über Kantorowicz bis Schramm gefunden haben. Hier ist vornehmlich über Leben und Taten mittelalterlicher Könige von Odo bis zu Karl VIII. zu berichten, wobei die Beiträge in ihrer Gesamtheit aber auch von einer Entwicklung Zeugnis ablegen wollen, die aus bescheidenen Anfängen Frankreich zum Königsstaat und schließlich zur Königsnation von unverwechselbarem Profil weit über das Mittelalter hinaus werden ließ.

Schließlich ist es ein Anliegen der Herausgeber, den an diesem Band beteiligten Kollegen für ihre Bereitschaft zur Mitarbeit zu danken. Wenn hier die Biographien aller französischen Könige des Mittelalters ausschließlich von wissenschaftlich entsprechend ausgewiesenen deutschen Autoren geschrieben werden konnten, so ist dies auch ein Zeugnis für die europäische Ausrichtung der deutschen Mediaevistik und für die große Bedeutung, welche die französische Geschichte an deutschen Universitäten und Forschungsinstituten einnimmt. Die Herausgeberverantwortung war unter den drei Unterzeichnern aufgeteilt; Bernd Schneidmüller betreute den frühmittelalterlichen (888–1108), Joachim Ehlers den hochmittelalterlichen (1108–1328) und Heribert Müller den spätmittelalterlichen Teil (1328–1498). Die zügige Realisierung des Buches gelang vor allem durch die Kollegialität der Autoren, aber auch durch die freundliche Unterstützung von Mitarbeitern an den Universitäten Bamberg, Berlin und Köln wie durch die Arbeit des Lektorats in München.

Joachim Ehlers Heribert Müller Bernd Schneidmüller

Odo (888–898)

Reinhard Schneider

Odo
888–898

Odo, geb. ca. 860; Vater: Robert der Tapfere (gestorben 866), Marchio Neustriens; Bruder: Robert (König 922–923); Eheschließung Frühjahr/Sommer 888 mit Theotrada, keine Kinder bezeugt; 29. 2. 888 Königswahl und Königserhebung in St-Corneille de Compiègne; August 888 Herrschertreffen mit König Arnulf in Worms; 13. 11. 888 abermalige Krönung in Reims mit einer von Arnulf übersandten Krone; 889 Ramnulf II. von Poitiers erkennt Odo an; 28. 1. 893 Königserhebung Karls «des Einfältigen» in Reims auf Betreiben Erzbischofs Fulco; Mai 895 zweites Herrschertreffen mit König Arnulf in Worms; 897 territoriales Arrangement mit Karl «dem Einfältigen»; gest. am 1. 1. 898 im Winterlager La Fère-sur-Oise; Bestattung in St-Denis.

Als die «Völker Galliens» (Regino von Prüm) am Anfang des Jahres 888 Odo zum König wählten, werden sie sich des ambivalenten Charakters dieser Handlung wohl kaum voll bewußt gewesen sein. Für den Chronisten aus Prüm hatten sich die Reiche, über die Kaiser Karl III. «der Dicke» geboten hatte, in ihre Teile aufgelöst und jeder Teil aus seinem Innern einen König gewählt. Mithin könnte mit dem von den Völkern Galliens bewohnten Teil das 843 begründete Westfrankenreich Karls des Kahlen gemeint gewesen sein – ein respektables Reich, das nur im Hinblick auf das einstige fränkische Großreich als «Teil» anzusehen wäre. Aus der Perspektive des Fuldaer Annalisten schien Odos Reich freilich kleiner und auf das Land bis zur Loire und die aquitanische Provinz begrenzt gewesen zu sein. Die Fortsetzung der Fuldaer Annalen in der Altaicher Handschrift geht noch einen Schritt weiter, wenn sie zum Jahre 888 von «vielen kleinen Königen» redet, die in Europa oder dem Reiche Karls III. «aufstiegen»: Markgraf Berengar von Friaul in Italien, Rudolf in Hochburgund, Bosos Sohn Ludwig in der Provence und mit ihm konkurrierend Herzog Wido von Spoleto, schließlich auch der erwähnte Odo, dem Ramnulf (von Poitiers) recht bald den Anspruch streitig zu machen suchte.

Wollte man das Problem sehr pointiert fassen, so ließe es sich zuspitzen auf die Alternativfrage, ob Odos Reich als ein fränkisches Teilreich unter mehreren anzusprechen ist oder als ein durchaus selbständiges Reich mit bereits französischer Perspektive.

Die Wahl Odos provoziert den zurückschauenden Betrachter, eine zweite Art alternativer Orientierung herauszustellen. So läßt sich Odos Königtum als besondere Ausprägung einer frühmittelalterlichen Heerkönigsvorstellung interpretieren, während andererseits Züge einer rechtlichen Einbindung des Königs in ältere Formen eines westfränkischen Staatsverständnisses überaus deutlich hervortreten, so daß man fast von konstitutionellen Festlegungen sprechen kann. Beide Aspekte sind noch zu erläutern, vor allem zu belegen, doch um der schärferen Konturierung willen ließe sich daran festhalten, daß Odos Königtum den Typ des Heerkönigtums mit dem des konstitutionell gebundenen verknüpft, daß beide Typen hier zusammenkommen, obwohl sie letztlich kaum voll vereinbar sind.

Was hatte Odo dazu qualifiziert, daß westfränkische Große ihn zu ihrem König wählten und erhoben? Eine Herkunft aus karolingischem Geschlecht konnte er jedenfalls nicht vorweisen. Sein Vater, Robert der Tapfere, war Graf von Tours, Blois und Anjou, der sich in Abwehrkämpfen gegen Normannen und Bretonen bewährt hatte und in der bretonischen Mark wie den erwähnten Grafschaften an der Loire seine Machtbasis besaß. Er stammte wohl vom Mittelrhein und sollte als Ahnherr der nach ihm benannten Robertiner auch dereinst Stammvater der Kapetinger werden. Als Robert der Tapfere 866 fiel, waren seine beiden Söhne Odo und Robert minderjährig und wurden von der väterlichen Herrschaft ausgeschlossen – ganz gewiß war Odo noch nicht 10 Jahre alt, möglicherweise etwa 860 geboren. Seine Kindheit und Jugend sind unbekannt, ab 882 ist sein Weg erkennbar. Selbstverständlich war der Aufstieg an des jeweiligen Königs Gunst gebunden. 882 war Odo Graf von Paris; neben Gauzlin zeichnet er sich im Abwehrkampf gegen normannische Überfälle aus, vor allem 885/86 bei der Verteidigung von Paris. Als gleichwohl die Lage der Metropole hoffnungslos schien, bemühte sich Odo mit Erfolg um kaiserliche Unterstützung, die vor Ort aber kläglich versagte. Immerhin wird dabei deutlich, daß westfränkische Große Kaiser Karl III. («den Dicken») ins Westreich zur Herrschaftsübernahme eingeladen hatten, weil sie sich so die dringend benötigte militärische Unterstützung erhofften. Ferner war für Odo bedeutsam, daß Karl III. ihm die Übernahme des väterlichen Besitzes erleichterte. Odo verstand, diesen zusätzlich zu mehren, und verfügte bereits vor seiner Königswahl an der Loire über die Grafschaften Angers, Tours, Blois, Orléans und die hochbedeutende Abtei St-Martin in Tours; an der Seine gebot er mindestens über die wichtigen Klöster St-Germain-des-Prés und St-Denis, außerdem über St-Amand in Neustrien, einer weiteren Basis seiner politischen Macht. Blickt man auf die realen Grundlagen von Odos politischer Stellung, so waren diese durchaus ansehnlich, zumal militärische Kontingente in seinen eigenen Grafschaften rekrutierbar waren. Nicht weniger wichtig war Odos persönliche Eignung. Richer von St-Remi kennzeichnet den Königskandidaten ausdrücklich als kampferprobten und tatkräftigen Mann *(virum militarem ac strenuum)*, dessen Vater Adelskrieger war. Diese Qualitäten sollte nicht einmal der

Hinweis auf den Großvater mindern, der aus dem rechtsrheinischen Gebiet, fast möchte man sagen aus dem Ausland kam *(advena Germanus)*. Auch sonst läßt Richer keinen Zweifel an Odos militärischer Tüchtigkeit, die sich vielfach bewährt habe. Ähnlich akzentuiert äußert sich Abbo von St-Germain, der die Belagerung von Paris durch Normannen als Augenzeuge erlebte und das Geschehen der Jahre 885–886 in einem umfangreichen Epos nachgestaltete: Als Schutzherrn der Stadt und künftigen Erhalter des Reiches *(urbis erat tutor, regni venturus et altor)* spricht er Odo an, rühmt ihn als Sieger und unbezwungen im Kriege *(victor, bellis invictus ab ullis)*. Kaiser Karls III. klägliches Versagen vor Paris, als er den Kampf scheute und in schimpflicher Weise den Abzug der Normannen teuer erkaufte, ist der bewußte Hintergrund für die Betonung von Odos Eignung: Kein Zweifel, daß die Hoffnung seiner Wähler in der Zurückdrängung normannischer Invasoren lag. Dabei verdient beachtet zu werden, daß die fehlende Karolingerabkunft im Zusammenhang mit Odos Wahl keine Erwähnung findet, vielleicht auch längst eine nur noch sekundäre Bedeutung hatte. Auch in anderen Dingen gab es kaum Hemmungen. Da beispielsweise Odo die notwendigen Herrschaftszeichen fehlten, ließ er diese aus dem Kloster St-Denis holen und sorgfältig in Listenform quittieren. Mancher sieht bereits in der Tatsache, daß Odo auf die Insignien zunächst keinen Zugriff hatte, Zeichen eines gewissen Makels, konstatiert mitunter sogar einen Rechtsmangel. Solche Wertungen sind bestimmt überzogen, und Odo dürften sie kaum berührt haben. Er verhielt sich pragmatisch, und weil «diese Gegenstände» benötigt wurden, setzte er durch, daß bei der feierlichen Königserhebung, an die sich Salbung und Krönung anschlossen, die Herrschaftszeichen der westfränkischen Vorgänger zur Verfügung standen. Ort der Erhebung war St-Corneille in Compiègne, wo Erzbischof Walter von Sens Odo am 29. Februar zum König salbte. Zwar hatte sich schon eine zarte Weihetradition zugunsten von Reims herausgebildet, doch verstand es der Reimser Metropolit, durch seine Gegnerschaft zum ehemaligen Grafen von Paris sich selbst auszumanövrieren. Der Konkurrenzkampf zwischen Reims und Sens um das Recht der Königsweihe wurde somit erneut aufgefrischt.

Kaum etwas ist über den Prozeß der politischen Willensbildung, der zur Wahl des Grafen von Paris führte, bekannt. Als Odos Wähler können jeweils die Mehrzahl der westfränkischen Bischöfe und die der Großen gelten, doch eine einhellige, gar unstrittige Zustimmung erhielt Odo nicht. Dies zeigte bereits das Beispiel des Reimser Erzbischofs Fulco, der sich zunächst für Wido von Spoleto eingesetzt hatte, dann aber die Nähe zum ostfränkischen König Arnulf suchte.

Der zeitliche Abstand von vermutlich einigen Wochen zwischen der Wahl als einem Vorgang der politischen Willensbildung mit anschließender verbindlicher Willensbekundung und der Erhebung ließ Zeit für umfangreiche Vorbereitungen, die man zu nutzen verstand.

Schon seit Jahrhunderten gilt den Akten der Königserhebung, deren Vorbereitungen viel Sorgfalt und umsichtige Beachtung der Tradition erforderten, besondere Aufmerksamkeit. Zugrunde gelegt wurden der kirchlichen Weihe meist sogenannte Ordines, also liturgische Texte für die Gestaltung des Weihegottesdienstes, in die Verfahrensanweisungen für Salbung und Krönung, oft auch die zu leistenden Eide eingeschlossen wurden. Für Odos Krönung am 29. Februar 888 enthält der Ordo neben Gebetsformeln ein förmliches Verlangen der Bischöfe gegenüber Odo, dessen eidliches Versprechen *(Promissio)* und schließlich einen Festgesang. Bemerkenswert ist zunächst, daß dieser Ordo in westfränkischer Tradition steht, also der neue König, der nicht karolingischer Abkunft war, grundsätzlich wie seine karolingischen Vorgänger angesehen, geweiht und gefeiert wurde. In dieser Tatsache ist zugleich ein gewisses Bekenntnis zur westfränkischen Reichstradition zu sehen, die 843 durch den Vertrag von Verdun begründet wurde. Darüber hinaus ist Odos Promissio von 888 besonders aufschlußreich, zumal sich auch Odo als Nichtkarolinger mit diesem Königseid in die große westfränkische Staatstradition einordnete. Zwar fehlen Hinweise, daß auch er wie nahezu alle Vorgänger seit Karl dem Kahlen sich zum Verfassungsgefüge des Vertrags von Coulaines vom November 843 ausdrücklich bekannt hat bzw. darauf verpflichtet worden ist, doch zielen einzelne Textpassagen seiner Promissio deutlich in die Nähe jener berühmten Festlegung der westfränkischen Verfassung. König Karl der Kahle hatte im April 845 auf der Synode von Beauvais den westfränkischen Bischöfen auf ihr Verlangen hin acht Grundsätze beschworen, die P.E. Schramm «als ein Grundgesetz der nun auf sich gestellten Westfränkischen Kirche» bezeichnete. In nahezu archaisch anmutender Form hatte der christliche König diesen Eid vor den Bischöfen auf sein eigenes Schwert geleistet. Sachlich bezog sich die herrscherliche Verpflichtung von 845 zweifelsfrei auf den Vertrag von Coulaines, dessen erstes Kapitel die Stellung der Kirche im Reiche als tragendes Element fixiert hatte. An die königliche Selbstverpflichtung von 845 in Beauvais knüpfte man nun 888 an, denn aus Kapitel 1 und 6 wurden deutlich einzelne Textpassagen übernommen. In der westfränkischen Reichstradition hatte es jenen anderen Verpflichtungsstrang gegeben, der in unmittelbarer Anknüpfung an Coulaines bislang sehr häufig genutzt wurde. Wenn jetzt eine sachlich korrekte Variante gewählt wurde, lag es gewiß am Erzbischof von Sens als Konsekrator Odos, der sich selbst gegenüber der bis dahin prägenden Rolle des Reimser Amtskollegen profilieren wollte. Jedenfalls bekunden die entsprechenden Passagen des Königseides eindrucksvoll, daß sich Odo auch in dieser Hinsicht voll in westfränkische Traditionen stellte und die Rechte der Kirche dieses Reiches garantierte. Ergänzend zur textlichen Anlehnung an Karls des Kahlen Eid von 845 hatten sich die Redaktoren von 888 auch auf die Eidformulare Ludwigs des Stammlers von 877 und Karlmanns von 882 bezogen, also sicherheitshalber Anschluß an jene große Traditionslinie hergestellt, die vornehmlich Hinkmar von Reims fixiert hatte. Im Zusammenhang mit Odos Promissio ergeben sich zusätzliche Einblicke in die Verfassungswirklichkeit. Es läßt sich nämlich nachweisen, daß Odo vor der Königsweihe der Eidestext schriftlich vorgelegt wurde und daß er ihn unterschreiben mußte. Da Odos Königstitel und entsprechend auch seine Unterschrift später stets *Odo rex* lauteten, unter seiner Promissio jedoch nur *Odo* steht, ergibt sich recht zwingend, daß der zum König gewählte, aber noch nicht zum König geweihte Odo seinen verbindlichen Eid vor der Krönung und Weihe geleistet haben muß. Er unterschrieb die schriftlich fixierte Fassung und leistete gewiß für viele hörbar dann den geforderten Eid, dessen für seine eigene Königsherrschaft konstitutiver Charakter somit in doppelter Hinsicht sehr deutlich wird. Mit ähnlich ablaufenden Eidesleistungen wird man bei einigen Königserhebungen bereits vor 888 rechnen müssen, doch sind die knapp skizzierten Zusammenhänge hier erstmals eindeutig belegbar. Sie dokumentieren überdies eindrucksvoll die Entwicklung der Schriftlichkeit im westfränkischen Reich und die Möglichkeit von deren rechtlicher Verbindlichkeit, während ja sonst Eidesleistungen noch über lange Jahrhunderte ihren zwingenden Charakter fast ausnahmslos durch den mündlichen Rechtsakt erhielten.

Überliefert ist die schriftliche Fassung von Odos Königseid in einer Handschrift des katalanischen Klosters Ripoll. Mit einiger Wahrscheinlichkeit war die Textvorlage als authentisches Exemplar von König Odo selbst verschickt worden, «um Kunde davon zu geben, daß er seine Herrschaft angetreten habe und in rechtmäßigem Sinne führen werde» (P.E. Schramm). Erst etwas später wird erkennbar, daß sich Odo zugleich in dieser Form geschickt in die Politik der Mark Barcelona und des Erzbistums Narbonne einzuschalten verstand. Damit ist zugleich angedeutet, daß sich der neue König tatkräftig um Festigung wie auch Ausweitung seiner Herrschaft bemühte, keineswegs also ein «Kleinkönig» sein wollte. Selbst Odos Hochzeit, die nur grob auf die Zeitspanne vom Frühjahr bis Sommer 888 zu datieren ist, läßt des Königs politischen Ehrgeiz erkennen. Er heiratete eine nicht näher bekannte Theotrada, von der man allerdings weiß, daß sie nicht fränkischer Abstammung war. Im 10. Jahrhundert hätte man in einer solchen Gattenwahl eine besondere Akzentuierung der eigenen Herrschaftslegitimation gesehen. Aus Anlaß dieser Hochzeit erhielten beide Eheleute Gedichte als Gabe; sie sind keine üblichen Hochzeitsgedichte, doch spiegelt sich in ihnen ein beachtlicher Rest antiken Bildungsgutes, dem sich das Herrscherpaar offenbar weiterhin verpflichtet fühlte, wenn auch die Textformen erkennen lassen, daß die karolingische Kulturblüte gegen Ende des Jahrhunderts zu verblassen begann.

Zu den spektakulären Ereignissen in Odos erstem Königsjahr gehört eine Begegnung mit dem ostfränkischen Herrscher Arnulf, den die Stämme rechts des Rheins Ende November 887 zum König erhoben hatten. Ein solches Zusammentreffen war für den Westfranken nicht unproblematisch, politisch aber wohl zweckmäßig. Erzbischof Fulco von Reims, der an der Spitze einer nicht unbedeutenden Adelsgruppe stand, hatte König Arnulf nämlich die Herrschaft auch über Westfranken angetragen und mit ihm seit einem ersten Treffen Ende Mai in Worms, dann auch in Frankfurt verhandelt. Es dürfte sich bei Fulcos Initiative um eine relativ übliche «Einladung» gehandelt haben, die zwar keine Garantie zur Herrschaftsübernahme bedeuten konnte, aber mit ihrem Wahlcharakter durchaus reale Chancen zur Herrschaftsübernahme bot, die von Frankenkönigen in der Regel aufgegriffen wurden. König Arnulf tat dies jedoch nicht, er entließ vielmehr Fulco *sine ullo consilio vel consolatione* – also wohl ohne nähere Begründung und ohne vertröstende bzw. hinhaltende Worte. Über Arnulfs Motive kann man nur rätseln, doch da Verhandlungen mit Fulco bezeugt sind und in Frankfurt zeitgleich eine ostfränkische Reichsversammlung stattfand, läßt sich mit einiger Sicherheit schließen, daß die Ablehnung der westfränkischen Einladung von Arnulfs eigenen Wählern getragen wurde. In dieser Tatsache hat man ein Indiz dafür gesehen, daß die rechtsrheinisch-ostfränkischen Stämme bewußt in einer eigenen politischen Organisationseinheit verbleiben wollten.

Gerade in dieser kritischen Phase, als Gesandte von Odos politischem Gegner Fulco mit dem mächtigen ostfränkischen Herrscher verhandelten, gelangen Odo in seinem eigenen Reich Erfolge, die bewiesen, daß er der Aufgabe des Schutzes gegenüber äußeren Feinden gewachsen war. Denn als Odo in den Argonnen plötzlich auf ein Normannenheer stieß, glückte ihm am 24. Juni 888 bei Montfaucon (zwischen Aisne und Maas, in der Nähe von Verdun) ein glanzvoller Sieg. So wurde seine eigene politische Kontaktnahme mit König Arnulf gewiß erleichtert, und im August 888 trafen sich beide Herrscher in Worms: Ehrenvoll wurde der Westfranke empfangen, «bestimmte Dinge wurden von beiden Seiten zur Zufriedenheit und auf glückliche Weise geregelt» (Ann. Fuld.), ein Freundschaftsbund geschlossen (*facti amici* – Ann. Vedast.).

Die Deutung dieser relativ vagen Nachrichten ist strittig. Hatte Odo dem Ostfranken gehuldigt, seine Lehensoberherrschaft anerkannt oder sich gar in Arnulfs Vasallität begeben? War die eigene Herrschaft durch Arnulfs Anerkennung erst legitimiert, im Innern konsolidiert und nach außen gefestigt? Diese und noch weitere Fragen werden sich jedoch kaum eindeutig beantworten lassen. Immerhin scheint sicher zu sein, daß sich die Wormser Zusammenkunft in die breit bezeugte Reihe frühmittelalterlicher Herrschertreffen einfügt, die häufig an der Grenze stattfanden, aber ohne großen Prestigeverlust für den Gast auch im Innern des Gastgeberreiches arrangiert werden konnten. Für das Wormser Treffen sind solche Vorverhandlungen bezeugt. Die zwischen beiden Königen geschlossene *amicitia* belegt dann eine vertragliche Einigung, die selbstverständlich Elemente gegenseitiger Anerkennung und Achtung enthielt, einen Interessenausgleich umfaßt haben kann und als eine Form zwischenstaatlicher Beziehung zu werten ist. Von einer Unterwerfung Odos unter Arnulf wird man jedoch nicht sprechen dürfen. Eine gewisse Suprematie des ostfränkischen Königs ist gleichwohl unverkennbar. Odo verpflichtete sich bei dem Wormser Treffen zusätzlich, jenen westfränkischen Großen, die gemeinsam mit Erzbischof Fulco von Reims im Frühjahr Arnulf «eingeladen» hatten, Verzeihung zu gewähren, was der Durchsetzung seines Herrschaftsanspruchs nur förderlich sein konnte. Er hatte zudem den Rücken frei zur Abwehr der permanenten Normannengefahr.

Im Herbst 888 zog der König dann nach Reims, das sich ihm bisher verweigert hatte. Der Annalist aus St-Vaast bei Arras berichtet mit der Vorsichtsklausel vom Hörensagen *(ut ferunt)*, Gesandte Arnulfs hätten ihm eine Krone überbracht, mit der Odo am 13. November 888 in der Kirche Notre-Dame zu Reims gekrönt wurde. Eine solche Kronenübersendung ist relativ unüblich. Wenn König Odo sich mit dieser Krone krönen ließ, vermutlich durch Erzbischof Fulco von Reims, dann war dies selbstverständlich kein sein Königtum konstituierender Akt, wohl aber fügte sich die feierliche Handlung in das Königsprogramm, den bisherigen politischen Gegnern zu verzeihen und sie in den Reichsverband *(societas)* einzugliedern. Ohnehin konnten Krönungen wie andere Erhebungsakte grundsätzlich wiederholt werden.

Nachdem König Odo im folgenden Jahre auch Ramnulf II. von Poitiers zur Anerkennung seiner Herrschaftsansprüche hatte zwingen können, war sein Königtum im Westfrankenreich recht gefestigt, sogar unter Einschluß Aquitaniens. Sicherheitshalber hatte er Ramnulf durch Schwur verpflichtet, sich für König Ludwigs des Stammlers noch unmündigen Sohn Karl («den Einfältigen») zu verbürgen. Eine Königskonkurrenz durch diesen Karolingersproß war offenbar nicht auszuschließen. Und in der Tat wurde seit Herbst 892 Karls Erhebung geplant. Ihr Betreiber war ausgerechnet Fulco von Reims, der es erreichte, daß am 28. Januar 893 der nunmehr 13jährige Karl auf einer Synode zu Reims gewählt, gekrönt und gesalbt wurde.

Karls Königserhebung zwang Odo zu Gegenaktionen, die seine Kräfte zu zersplittern drohten. Denn noch wurde Gallien von Normannen geplagt. Die königlichen Truppen zogen ihnen zwar beharrlich hinterher, konnten sie jedoch nur selten zum Kampf stellen. Auch die organisatorische Absicherung der Königsherrschaft band Energien, so geschickt man auch karolingische Verwaltungs- und Herrschaftsstrukturen wieder aufgriff und stärkte. Odo behauptete sich, während Karls «des Einfältigen» Machtplattform eher schmaler wurde. Im Hin und Her der Kämpfe, die zeitweilig durch Waffenstillstände unterbrochen wurden, verdient ein zweites Zusammentreffen Odos mit Arnulf im Mai 895 besonderes Interesse. Offenbar hatte der ostfränkische König Karl und Odo zu sich geladen, vermutlich um zwischen ihnen zu vermitteln. Doch Karls Seite sah übergroße Risiken, und nur Odo kam mit respektablem Gefolge nach Worms, wo eine Reichsversammlung tagte, die dem Herrschertreffen einen repräsentativen Rahmen bot. Odo erhielt einen ehrenvollen Empfang, verhandelte mit Arnulf und trennte sich von ihm in Frieden. Die wechselseitige, schon 888 begründete Freundschaft bekräftigten beide Herrscher durch Gabentausch. Odo hatte außer einem mit Juwelen besetzten goldenen Becher ein besonders kostbares Geschenk mitgebracht: Karls des Kahlen prachtvollen Codex Aureus, der sich heute in München befindet (Clm 14000).

Da auf der Wormser Reichsversammlung vom Mai 895 Arnulfs Sohn Zwentibold zum König in Burgund und ganz Lotharingien erhoben und gekrönt wurde, ergaben sich für das Herrschertreffen wohl auch zwischenstaatliche Verhandlungspunkte, über die jedoch nichts Näheres bekannt ist. Für Odos Position gegenüber Karl «dem Einfältigen» wirkte sich die Wormser Begegnung ohnehin positiv aus; es gelang, die Widerstände, die sich auf die Reimser Kirchenprovinz konzentrierten, niederzuhalten, und schließlich erreichte Odos Seite im Jahr 897 mit dem Karolinger ein «Arrangement», das diesen Namen jedoch kaum verdient. Es wurde keine Reichsteilung vorgenommen, auch Karl nicht nur «mit einem kleinen Stück Landes abgefunden» (Brühl), sondern Odo billigte dem Konkurrenten einen Teil des westfränkischen Reiches zu, der wohl mit dem größeren Teil der Kirchenprovinz Reims identisch sein dürfte (G. Schneider).

Das territoriale Arrangement bleibt gleichwohl rätselhaft. Daß Odo söhnelos war, ist bekannt, doch angesichts seiner für heutige Verhältnisse noch reifen Jugend von ca. 37 Jahren kein überaus gewichtiges Argument. Vielleicht lag es an den fortdauernden gefährlichen Einfällen normannischer Scharen, die ihm seine Söhnelosigkeit im Falle eines plötzlichen Todes als politisches Risiko bewußt bleiben ließen. In diese vermuteten Zusammenhänge gehört dann jedenfalls die Nachricht, Odo habe kurz vor seinem Tode seine Anhänger dringend gebeten, «daß sie Karl («dem Einfältigen») die Treue halten möchten». Vermutlich meinte der Annalist aus St-Vaast, der zu 897 schrieb, Odo habe Karl «soviel vom Reich gegeben, als ihm angemessen schien, und noch mehr in Aussicht gestellt» *(promisitque maiora)*, gerade diese Erbanwartschaft für den Todesfall. Dies wäre ein eindrucksvolles Zeugnis für König Odos Haltung zur Staatlichkeit des Westfrankenreiches. In seinem Winterlager an der Oise, in La Fère-sur-Oise, starb König Odo am 1. Januar 898. Seinen Leichnam überführte man nach St-Denis, wo er ehrenvoll bestattet wurde. Der Herrschaftsübergang zu König Karl vollzog sich dann reibungslos.

Auffällig ist, daß Odos Bruder Robert im Zusammenhang der Herrschaftsnachfolge keine nennenswerte Rolle spielte. Es hätte durchaus in fränkischer und nicht nur karolingischer Tradition gelegen, wenn Robert seinem Bruder als König nachgefolgt wäre. Aber nichts deutet auf solche Überlegungen. Dies mag überraschen, weil gerade Robert viel später von den robertinisch gesonnenen Großen Neustriens zum König gegen Karl «den Einfältigen» erhoben wurde. Am 29. Juni 922 wurde er in St-Remi vor Reims gesalbt und auch gekrönt. Als Coronator fungierte Erzbischof Walter von Sens, der schon seinen Bruder Odo geweiht hatte – Walter durfte dies am traditionellen Ort der westfränkischen Königsweihe tun, weil der in Reims an sich zuständige Amtskollege kurz zuvor tödlich erkrankt war. Doch auch König Robert schaffte es nicht, seiner Familie die Königsherrschaft im Westreich zu erhalten. Erst Hugo und seinen Nachkommen aus dem Hause der Robertiner-Kapetinger sollte dies seit 987 gelingen.

Die relativ kurze, aber doch sehr ereignisreiche Königsherrschaft Odos fällt in eine Zeit stürmischer Entwicklungen, eine Zeit zumal, in der sich Europas Völker und Reiche neu formierten. Aus den Trümmern des karolingischen Großreiches entstanden neue politische Verbände, deren Entwicklung sprunghaft verlief und zahlreiche Brüche aufwies. Je nach der eigenen Perspektive wird man diejenigen Ereignisse und Strukturen stärker beachten und gewichten, die das Einstige noch erkennen lassen, oder jene, die aus der historischen Rückschau das neu sich Formierende dokumentieren. Damit soll behutsam angedeutet werden, wie strittig die Beurteilung der westfränkischen Könige oder Teilkönige ist, ob sie zur Reihe französischer Könige mit einigem Recht gezählt werden können oder ob schon der Gedanke daran absurd ist.

Im Fall Odos, der stets nur den absoluten Königstitel *(Odo rex)* ohne ethnische Bereichsbezeichnung führte, scheint kein Zweifel zu sein, daß er sich als König eines selbständigen westfränkischen Reiches verstand und die Tradition dieses Reiches achtete. Durch den Teilungsvertrag von Verdun (August 843) und den Herrschaftsvertrag von Coulaines (November 843) war es im Innern und nach außen konstituiert worden, hatte diesen Verfassungsrahmen auch nie vergessen. In den Augen des lotharingischen Chronisten waren es nun «Galliens Völker», die Odo 888 zum König wählten, und der Regensburger Fortsetzer der Fuldaer Annalen berichtet zum Jahre 895, daß *Odo rex Galliae* zum Wormser Treffen mit König Arnulf gekommen sei. Wenn auch herrscherliche Selbstaussagen entsprechender Art für Odo fehlen, so rechtfertigen die Fremdaussagen aus Lotharingien und dem Ostreich doch deutlich genug, Odo in die gewiß noch schwierigen Anfänge der französischen Königsreihe zu stellen.

Bernd Schneidmüller

Karl III. («der Einfältige») 893/898–923/929

Karl III., geb. 17. 9. 879; Eltern: Kg. Ludwig II. «der Stammler» (877–879) und Adelheid. Halbbrüder: Kg. Ludwig III. (879–882) und Kg. Karlmann (879–884); Eheschließungen und Kinder: 1) 907 Frederun, sächsische Adlige (gest. 10. 2. 916/917): 6 Töchter. 2) 917–919 Eadgifu/Otgiva, Tochter Kg. Edwards I. v. Wessex (zuletzt erwähnt 951 bei 2. Eheschließung mit Gf. Heribert III. v. Vermandois): 1 Sohn (Kg. Ludwig IV., geb. 920/21, Kg. 936–954); 28. 1. 893 Königswahl, Salbung und Krönung in Reims; Jan. 898 Nach dem Tod Kg. Odos allgemeine Anerkennung als Kg. im westfränkischen Reich, erster (erfolgloser) Eroberungszug nach Lotharingien; 911 Vertrag und Landzuweisung an die Normannen unter Rollo; Erwerb Lotharingiens; seit 920/921 Spannungen im Verhältnis mit dem westfränkischen Adel; 7. 11. 921 Vertrag mit Kg. Heinrich I. v. Ostfranken bei Bonn; 922 Kämpfe mit dem westfränkischen Adel; 29. 6. 922 Wahl Roberts I. (v. Neustrien) in Reims zum Kg.; 15. 6. 923 Schlacht bei Soissons, Niederlage Karls III., Tod Kg. Roberts I.; 13. 7. 923 Wahl Rudolfs v. Burgund zum Kg.; Ende 923 (?) Gefangennahme Karls III. durch Gf. Heribert II. v. Vermandois, Einkerkerung in Château-Thierry. Flucht der Gattin und des Sohnes nach England; 928 Zeitweilige Freilassung. Erneute Einkerkerung in Péronne; gest. am 7. 10. 929 in Péronne, Bestattung in St-Fursy/Péronne.

Karl III. («der Einfältige») ist vielleicht der einzige mittelalterliche Herrscher, der sein Königtum mehrfach gewann und verlor. Seine Regierungsjahre können darum kaum eindeutig angegeben werden, Zeichen für eine Herrschaft in Wandel und Krise, eine Herrschaft, der zwar lange Dauer, jedoch keine Selbstverständlichkeit beschieden war. Im Zerfall überkommener Legitimations-, Denk- und Handlungsmuster trat die wenn auch von den Umständen erzwungene Konzentration politischen Handelns auf den Westen und die Mitte des ehemaligen fränkischen Großreichs ebenso zutage wie das Festhalten an karolingischen Traditionen. Daß die fränkisch-karolingische Prägung dem mittelalterlichen Frankreich überliefert wurde, ist zu einem guten Teil Karls Königtum und Herrschaftsverständnis zuzurechnen, das darum nicht allein aus seinem schließlichen Scheitern zu begreifen ist.

Den Nachgeborenen galt Karl als *simplex,* als einfältig (französisch «Charles le Simple»), und das hat sein Bild in der Geschichte geprägt. Doch die Handlungsspielräume des Königtums an der Wende vom 9. zum 10. Jahrhundert waren begrenzt: In seiner durchaus stringent angelegten Politik blieb der karolingische König in einen rapiden Wandel eingebunden, der die politischen Gewichte noch weiter zugunsten des Adels verschob und zur hierarchischen Gliederung der aristokratischen Gesellschaft wie zur Neuformierung von Reich und Herrschaft führte. Hinzu traten der endgültige Zerfall der überlebten Einheit des fränkischen Volkes und Reiches wie die anhaltende Bedrohung durch Normannen und Ungarn. Bei dem Versuch einer Würdigung von Leben und Handeln Karls sind besonders diese Rahmenbedingungen zu bedenken. Aus ihnen lassen sich nämlich das konsequente Legitimitätsdenken und die Betonung der karolingischen Tradition erklären.

Legitimation der Herkunft

Zweimal wurde Karl bei der Thronfolge im westfränkischen Reich übergangen, zweimal wurde er zum Herrscher erhoben, zweimal wurde gegen ihn aus den Reihen des Adels ein «Gegen»-König gewählt, mindestens zweimal wurde Karl eingekerkert. Diese Hinweise markieren Turbulenzen in einem Herrscherleben, das von Anfang an nicht «gewöhnlich» verlief.

Karl wurde erst nach dem Tod des Vaters geboren (daher der Beiname *postumus*, der Nachgeborene). Daß wir Karls Geburtstag, den 17. September 879, aus einer Erwähnung in einer Königsurkunde (vom 28. Mai 917 für St-Denis) kennen, ist eher eine Ausnahme in jener Zeit, für die der Todestag den Eintritt in die Ewigkeit und damit die eigentliche «Geburt» des Christen markierte.

Karls Vater, der Karolinger Ludwig II. («der Stammler»), starb am 10. April 879 in Compiègne, seine Nachfolge war schwierig. Seit Jahrzehnten schon besaßen mächtige Adelsverbände Anteil an der Herrschaft im westfränkischen Reich und entschieden folglich auch bei den Nachfolgeregelungen im Königtum mit. Nach der zeitweiligen Ausschaltung der mächtigen Robertiner 866 ragten zwei Gruppierungen hervor, die westfränkischen Welfen unter Hugo Abbas und die Rorgoniden unter Gauzlin. Diese beiden adligen Herren vereinigten mehrere Grafschaften und geistliche Herrschaftsrechte über Klöster und Bischofskirchen in ihren Händen.

Karl II. («der Kahle», 843–877), der Vater Ludwigs II., hatte seinem durch Krankheitsschübe wiederholt in den Regierungsgeschäften behinderten Sohn bewußt adlige Begleiter und Ratgeber an die Seite gestellt. Sie gewannen erheblichen Einfluß auf Ludwigs kurzes Königtum (877–879) und entschieden über die Nachfolge, die durch zwei Ehen des Königs kompliziert war.

Zur Anwendung kam das seit Jahrhunderten praktizierte Thronfolgerecht der merowingischen und karolingischen Könige, deren Reich unter *alle* in legitimer Ehe gezeugten regierungsfähigen Söhne aufgeteilt wurde. Legitimität der Ehe und Regierungsfähigkeit (Idoneität) der Söhne wurden aber 879 kontrovers diskutiert.

Ludwig hatte nämlich seine erste Gattin Ansgard, die ihm die beiden Söhne Ludwig und Karlmann geboren hatte, auf Geheiß des Vaters verstoßen und in den siebziger Jahren des 9. Jahrhunderts zu Lebzeiten der ersten Gemahlin Karls Mutter Adelheid geheiratet, deren Herkunft aus einer der bedeutendsten Familien des westfränkischen Reiches inzwischen wahrscheinlich gemacht werden konnte.

Nach kirchlichem Eherecht ergaben sich darum Probleme, da nur eine Eheschließung gültig und allein die Nachkommenschaft aus dieser Verbindung legitim sein konnte. 869 erst hatte das konsequente Beharren der westfränkischen Bischöfe auf diesem Prinzip zum Ende des Königtums im lotharingischen Mittelreich geführt, als König Lothar II. die Legitimität einer «zweiten» Ehe zu Lebzeiten der ersten Gemahlin nicht plausibel zu machen vermochte. In Westfranken entschied man zehn Jahre später nicht konsequent nach kirchenrechtlichen Kriterien, sondern pragmatisch, wenn auch keineswegs einhellig. Gauzlin als Haupt der Rorgoniden suchte den Kontakt mit den ostfränkischen Karolingern, Hugo Abbas als Haupt der Welfen setzte schließlich im September 879 die Nachfolge der Söhne Ludwigs II. aus seiner ersten Verbindung mit Ansgard durch. Eine Teilung des westfränkischen Reichs unter Ludwig III. (879–882) und Karlmann (879–884) im März 880 in Amiens eröffnete die Möglichkeit einer Scheidung der welfischen und rorgonidischen Einflußzonen.

Die Niederkunft Königin Adelheids mit Karl, dem man den Namen der berühmtesten karolingischen Kaiser gab, gewann keine Bedeutung, schien doch durch die Krönung der älteren Söhne ohnehin die Gültigkeit der zweiten Verbindung in Zweifel zu stehen. Der über fünf Monate nach dem Tod seines Vaters geborene Karl ging darum 879 ebenso leer aus wie bei der Nachfolge seiner früh verstorbenen Halbbrüder Ludwig III. und Karlmann 882 und 884.

Auf Karl setzte eine westfränkische Adelspartei erst viele Jahre später, Zeugnis für die Relativität von Rechtsansprüchen angesichts politischer Zwänge. Karls Gegner mochten ihm seine «illegitime» Geburt als «Bastard» vorwerfen; spätere Genealogien betonten die Herkunft aus der Verbindung des Vaters mit einer «Königin», während die älteren Halbbrüder mit einer sogenannten Königin oder gar einer Konkubine gezeugt worden seien. So entschied die Geschichte schließlich über die Rechtmäßigkeit königlicher Herkunft, die dem Kind im Jahr der Geburt wie auch 884/885 bestritten worden war. Damals lud der westfränkische Adel wegen des «Fehlens» eines eigenen Königskandidaten den ostfränkischen Karolinger, Kaiser Karl III. («den Dicken», gest. 888), zur Übernahme der Herrschaft im Westen ein.

Das fränkische Großreich war so fast vollständig wieder unter einem Kaiser vereint. Seine Regierungszeit legte angesichts äußerer Gefahren und mangelnder Integrationsfähigkeit der zunehmend selbständig werdenden Teile freilich die Grenzen politischer Raumerfassung und effektiver Herrschaft schonungslos bloß. Das wiederholte Versagen des kranken Kaisers bei der Normannenabwehr machte den Zeitgenossen die Notwendigkeit einer Regionalisierung der Reichsverteidigung auf die Fürstentümer deutlich und prägte politische Legitimität um. Zum Königtum schien man nicht mehr allein durch bloße Geburt aus karolingischer Familie berechtigt zu sein, nötig war vielmehr effektives Regierungshandeln.

Beim endgültigen Zerfall des fränkischen Großreichs 888, ausgelöst durch den «Staatsstreich» des illegitimen ostfränkischen Karolingers Arnulf von Kärnten gegen seinen kaiserlichen Onkel Karl den Dicken 887, erhoben adlige Herren der fränkischen Teilreiche mit Ausnahme Ostfrankens Könige aus ihren Reihen, die ihre Tatkraft unter Beweis gestellt hatten und an Macht ihren Standesgenossen wenig überlegen waren. Wie schon 884/885 schien dem westfränkischen Adel der nunmehr achtjährige Karl 887/888 den Herausforderungen des Königtums nicht gewachsen. Eine solche karolingische Kandidatur wurde ganz offensichtlich nicht diskutiert, wie überhaupt über Karls Schicksal in diesen Jahren der Kindheit nur Unsicheres bekannt ist. So setzte sich im Robertiner Odo (888–898) erstmals ein Nichtkarolinger im westfränkischen Reich durch (siehe den vorhergehenden Beitrag).

Einen ernsthaften Gegner mochte Odo in Karl nicht erblickt haben, über dessen Verbleib wir 889 endlich sichere Kunde erhalten. Als Odo nämlich im Zuge der Festigung seines Königtums nach Aquitanien reiste, traf er dort Graf Ramnulf II. von Poitiers, an dessen Hof sich Karl aufhielt. Ramnulf schwor seinem neuen König Treue und sicherte ihm zu, daß er von dem Knaben nichts zu befürchten habe.

Legitimation der Königswahl

Das unglückliche Verhalten Odos bei der Normannenabwehr, sein Versuch, auf Kosten adliger Interessen die königliche Stellung in Aquitanien auszuweiten, und die gezielte Beförderung seines Bruders Robert führten geistliche und adlige Herren zusammen, die dem robertinischen Königtum feindlich gegenüberstanden. Zu ihnen zählten neben Erzbischof Fulco von Reims die vor allem im Nordosten der *Francia* begüterten Grafen Heribert und Pippin, selbst aus karolingischer Familie stammend, der ebenfalls mit dem karolingischen Haus verwandte Bischof Anskerik von Paris und die Söhne des Grafen Gauzlin von Maine. Auf einer Reimser Synode wählten sie am 28. Januar 893 den jetzt dreizehnjährigen Karl zum König. Die Situation war durchaus günstig, der Erhebungsakt sorgfältig inszeniert. Den jungen Karolinger setzte man auf den «väterlichen Thron», ein Akt, der Odos Königtum als Usurpation verwarf. Gezielt hatte man dafür den Todestag Karls des Großen als des größten Frankenherrschers gewählt, den man fast überall im Frankenreich liturgisch feierte. Seinem gleichnamigen Ururgroßenkel sollte dieser Rückbezug legitimierende Kraft verleihen, und von daher gewinnt die wiederholt zu beobachtende Orientierung an karolingischen Vorbildern durch Karl III. bereits für den Erhebungsakt ihre Bedeutung. Durch Weihe und Krönung unterstrich Erzbischof Fulco von Reims zudem den Reimser Anspruch auf das 888 vom Erzbischof von Sens ausgeübte Recht, den westfränkischen König zu krönen.

Ebenso rasch, wie der Reimser Oberhirte Anhänger für seinen Kandidaten zu gewinnen suchte, wollte die karolingische Partei die Entscheidung mit den Waffen erzwingen, doch vermochte sich Odo in Aquitanien zu behaupten und im Sommer sogar nach Norden vorzustoßen. Da die kriegerischen Auseinandersetzungen nicht über die Rechtmäßigkeit des Königtums entschieden, propagierte Fulco mit diplomatischem Geschick das karolingische Erbrecht Karls in Briefen an Papst Formosus, an den ostfränkischen Karolingerkönig Arnulf und an den italienischen Kaiser Wido.

Odo und Karl erkannten durch wiederholte Hilfegesuche die Schiedsrichterrolle Arnulfs durchaus an und empfingen von ihm gerne bestätigende Zeichen ihrer Macht. Freilich ließ Arnulf, indem er zunächst Karl, dann Odo akzeptierte, letzte Konsequenz vermissen. Das wechselnde Kriegsglück begünstigte zwar Odo, ließ ihn aber nicht zum strahlenden Sieger werden. Die politische Ausweglosigkeit war jedenfalls nicht durch ostfränkische Parteinahmen zu überwinden, die allenfalls als zusätzliche Festigung der Ansprüche auf das Königtum seitens des Karolingers oder des Robertiners ins Feld geführt wurden. Deutlich tritt darum die zunehmende Autonomie des westfränkischen Reiches, seine endgültige Lösung aus dem fränkischen Großreichsverband zutage.

Immerhin fand Karl in politisch auswegloser Lage Rückhalt im ehemaligen lotharingischen Mittelreich als der karolingischen Stammlandschaft schlechthin, dem Arnulf im Unterkönigtum seines Sohnes Zwentibold die Eigenständigkeit bewahrt hatte. Damals kamen erste persönliche Bindungen zu Adelsverbänden zustande, die später für Karls Königtum bedeutsam werden sollten. Aus der Memorialüberlieferung des Klosters Remiremont wissen wir, daß sich dort im Februar 896 Karl III. und Fulco von Reims mit führenden Herren anderer fränkischer Reiche trafen, darunter der italienische Kaiser Lambert von Spoleto und König Rudolf I. von Hochburgund.

Doch solche Kontakte vermochten nicht zu vertuschen, daß Karl im westfränkischen Reich nicht über den nötigen Rückhalt verfügte, gegen Odo zunehmend in die Defensive geriet und seine letzten Anhänger mehr und mehr verlor. Um so erstaunlicher mutet ein Abkommen der beiden Rivalen über das Königtum von 897 an, in dem Odos Vorherrschaft zwar akzeptiert, Karl aber ein Landgebiet um Laon und vor allem die Aussicht auf die alleinige Königswürde nach Odos Tod zugewiesen wurde. Zu dieser Zeit besaß Odo keinen männlichen Nachkommen mehr, und sein Bruder, der *marchio* Robert von Neustrien, durfte sich anscheinend keine Hoffnung auf die Nachfolge im Königtum, wohl aber auf die Erbschaft der reichen robertinischen Güter und Rechte machen.

Odo hielt sich an diese Abmachung und empfahl seinen Anhängern vor seinem Tod im Januar 898 Karl als König, der seinerseits die bestehende robertinische Macht im Reich akzeptierte. Der fünfjährige Streit um den westfränkischen Thron war damit zugunsten des Schwächeren entschieden, der den Erfolg sogleich zur Erweiterung der traditionsbezogenen Legitimität seiner Herrschaft nutzte.

Legitimation der «Unordnung»

Die Durchsetzung eines allgemein akzeptierten karolingischen Königtums in Westfranken konnte nicht über den tiefgreifenden Wandel königlicher Herrschaft hinwegtäuschen. Immer deutlicher trat im Laufe des 9. Jahrhunderts der adlige Anspruch auf Teilhabe an den Regierungsgeschäften hervor, immer klarer wurden die Möglichkeiten der Monarchie, auf alle Regionen des Reiches zuzugreifen, eingeschränkt. Karl III. hatte seine Königswahl einer Adelsgruppierung in Nordfrankreich verdankt, und er erkaufte seine unangefochtene Herrschaft seit 898 schließlich mit der Anerkennung der Machtpositionen seines ärgsten Rivalen Robert vor allem in Neustrien, im Gebiet zwischen Seine und Loire. Schon König Odo hatte Roberts Stellung durch einen neuen Titel, den eines *marchio* (Markgrafen), zum Ausdruck gebracht, und Karl griff diese Würde in seinen Urkunden auf.

Damit kam zum Ausdruck, daß in den einzelnen Landschaften des westfränkischen Reiches, in Neustrien zuerst, dann in Aquitanien und in Burgund, schließlich seit 911 in Lotharingien, Adlige über ihre gräfliche Standesgruppe hinaus- und in ein besonderes Verhältnis zum König eintraten. Der Herrscher wurde zwar im ganzen Reich von Flandern bis in den Pyrenäenraum formal als oberster Herr anerkannt, blieb aber in seiner wirklichen Herrschaft ganz auf sein Königsgut in der *Francia,* in Nordfrankreich zwischen Loire oder Seine und der Reichsgrenze nach Osten, beschränkt. Den direkten Bezug sowohl zum größten Teil seines Reiches als auch zur Masse des Adels in den verschiedenen *regna* des westfränkischen Reiches hatte der König verloren. Er herrschte nur noch in der *Francia,* nicht mehr in den anderen *regna* Burgund, Aquitanien, Neustrien, Gothien und der Gascogne, zu denen noch die Bretagne, die Normandie und Flandern traten. Diese *regna* – der Begriff ist nur unvollkommen mit «Königreiche» zu übersetzen –

bildeten bis ins hohe Mittelalter die Bausteine des westfränkischen Reiches und führten fortan für Jahrzehnte, bisweilen für Jahrhunderte ein Eigenleben fern monarchischer Einflußnahme.

Eine solche politische Realität an der Wende vom 9. zum 10. Jahrhundert verleitete die ältere Geschichtsschreibung, die mit der Idee vom organisierten Lehnswesen mit festen Hierarchien und königlicher Spitze auf die staatliche Ordnung schaute, zur Feststellung einer «feudalen Anarchie», einer «Unordnung» im Staat auf Grund adliger Eigenexistenz. Wir wissen heute besser, daß gerade die Vielfalt adliger Herrschaft und ihre Akzeptanz durch den König wie auch die Schichtung der adligen Gesellschaft in *marchiones* (Markgrafen) und deren gräfliche Vasallen die öffentliche Ordnung bewahrten und stabilisierten. Freilich wurde diese Ordnung nicht von einer zentralen Königsgewalt, sondern nur vom Mit- und gelegentlichen Gegeneinander königlicher *und* adliger Herrschaft gewährleistet.

Karl akzeptierte die ohnehin eingetretene Über- und Unterordnung in der Adelsgesellschaft und brachte das in der Bezeichnung einzelner mächtiger Herrschaftsträger in den *regna* seines Reiches als *marchiones* zum Ausdruck, wobei der «Markgrafen»- noch lange mit dem Grafentitel *(comes)* konkurrierte (Robert von Neustrien, Wilhelm I. von Aquitanien, Richard von Burgund, nach 911 Reginar [Lotharingien]). Doch wird man sich hüten, hier sogleich ein grundlegend neues Verfassungssystem im Sinne eines Dualismus von König und *marchiones* zu erblikken; dafür sind unsere Quellen zu dürftig. Feststellen können wir allerdings das Bemühen von Königtum und Adel, dem eingetretenen Wandel der politischen Verhältnisse durch neue «Namen» und Verhaltensmuster Rechnung zu tragen.

Der König hatte den größten Teil des älteren reichen karolingischen Krongutes eingebüßt und blieb auf bescheidene Ländereien in der *Francia* wie auf seine Herrschaftsrechte über Teile der Kirche beschränkt. Besonders häufig hielt sich Karl in Laon, Compiègne, Attigny, Verberie und Ponthion auf. Aber ihm verblieb sein monarchischer Anspruch als oberster Herr im Reich mit seinen *regna* und zunächst auch noch die Kraft, die vermeintliche «Unordnung» im Verfassungswandel mitzugestalten und damit zu legitimieren.

Legitimation der Herrschaft

Anfang 898 konnte Karl III. auf einem Reimser Hoftag die allgemeine Anerkennung seines Königtums feiern. Von Odo hatte er dessen Kanzler Heriveus übernommen und damit die Kontinuität der Reichsverwaltung gewährleistet. In der Urkundenausstellung spiegelte sich in besonderem Maß das traditionsbezogene Selbstverständnis des karolingischen Herrschers, der sich in seinen Diplomen wiederholt auf berühmte karolingische Vorfahren wie Pippin, Karl den Großen und Ludwig den Frommen bezog. Sein Monogramm näherte sich dem Karls des Großen und Karls des Kahlen an, seine Regierungsjahre wurden seit 898 nicht nur von der Wahl von 893 an, sondern auch von der Wiedererlangung des allgemeinen Königtums im Januar 898 *(anno... redintegrante)* gezählt.

Zur Durchsetzung im westfränkischen Reich trat sogleich der Versuch äußerer Expansion. Von seinem Verwandten, dem lotharingischen Grafen Reginar Langhals, gerufen, zog Karl 898 gegen König Zwentibold nach Aachen und Nimwegen, vermochte aber Lotharingien noch nicht unter seine Gewalt zu bringen. Dafür sicherte er seinen Einfluß auf den wichtigsten erzbischöflichen Sitz im westfränkischen Reich, als er nach der Ermordung Fulcos von Reims den Kanzler Heriveus als Nachfolger durchsetzen konnte, der ihm bis zum Tod (922) ergeben blieb. Die unter Heriveus' Vorsitz tagende Provinzialsynode in Trosly formulierte 909 nicht nur Reformideen in der Tradition der westfränkischen Synoden des 9. Jahrhunderts, sondern forderte auch den Gehorsam gegenüber dem König, der wiederholt Herrschaftsrechte über Bischofskirchen geltend machte (z. B. beim Streit um die Besetzung des Bistums Lüttich 920/921).

Über Karls Herrschaft bis 911 ist wenig bekannt. Erst 907 heiratete der letzte westfränkische Karolingersproß Frederun, eine Dame aus vornehmem sächsischem Adel (gest. 10. Februar 916/917; verwandt mit der späteren ostfränkischen Königin Mathilde), die ihrem Mann sechs Töchter zur Welt brachte. Wie die Ereignisse im ostfränkischen Reich beim Tod des letzten Karolingers Ludwig (dem Kind) 911 gezeigt hatten, bedeutete das Fehlen eines Thronfolgers eine ernste Bedrohung für Königtum und Familie; seit 911 war Karl schließlich der einzige verbliebene karolingische Herrscher. Sprößlinge aus einer Verbindung mit einer Konkubine vermochten die Nachfolge im Königsamt nicht zu gewährleisten, und so mußte das königliche Haus alle Hoffnung auf die zwischen 917 und 919 geschlossene zweite Ehe des etwa vierzigjährigen Königs mit der Angelsächsin Eadgifu/Otgiva setzen, der Tochter König Edwards I. von Wessex. Sie brachte 920/921 endlich den ersehnten Thronfolger Ludwig (IV.) zur Welt, der seiner Familie nach allerlei Turbulenzen wenigstens noch für drei Generationen den westfränkischen Königsthron sicherte.

In doppelter Hinsicht bildete das Jahr 911 den Höhepunkt von Karls Herrschaft, auch wenn sowohl die Chronologie als auch die Handlungsmotive der Beteiligten auf Grund der dürftigen Quellenüberlieferung vielfach im dunkeln bleiben. Zum einen gelang Robert von Neustrien und Richard von Burgund im Bund mit dem Bischof von Chartres am 20. Juli 911 ein entscheidender Normannensieg, der von der späteren normannischen Tradition zum Wendepunkt der eigenen Volksgeschichte stilisiert wurde. Offenkundig überließ man damals einem normannischen Verband unter seinem Führer Rollo das Gebiet um Rouen und einige Gaue am rechten unteren Lauf der Seine in einem Vertrag auf Dauer, Basis für die Konsolidierung normannischer Siedlung, Christianisierung und Einbindung in den fränkischen Herrschaftsverband. Wie das Bündnis im einzelnen aussah, ob sich Karl mit Rollo traf, wo dies geschah (in St-Clair-sur-Epte?), ob Rollo vom Robertiner aus der Taufe gehoben wurde und dafür eine Königstochter als Belohnung erhielt, kann nicht der zeitgenössischen Überlieferung, sondern nur normannischen Traditionen des 11. Jahrhunderts entnommen werden und erfordert darum kritische Zurückhaltung. Unstrittig ist jedenfalls, daß die Abmachungen von 911 Aussichten auf die allmähliche Lösung der drükkendsten Bedrohung des westfränkischen Reiches verhießen und daß der zunächst unbeteiligte König die Früchte dauerhafter Bemühungen vor allem seines robertinischen Lehnsmannes erntete.

Wenig später fiel dem Karolinger ein zweites Geschenk zu, als sich ihm – wie schon 898 – Teile des lotharingischen Adels unter Graf Reginar Langhals zuwandten, um ihn als König ins Land zu rufen. Für die Beurteilung der Vorgänge wäre die genaue Kenntnis der Chronologie nötig, doch ist der Ablauf der Ereignisse leider nicht exakt zu rekonstruieren. Zu vermuten bleibt, daß die Adelsaktion zwar in Verbindung mit dem Tod des letzten ostfränkischen Karolingerkönigs Ludwig am 24. September 911 stehen könnte, jedoch schon vor der Königswahl des ersten Nichtkarolingers, Konrads I., im November 911 in Forchheim stattfand. Der Entschluß wäre darum eher als «Königsverlassung» Ludwigs (des Kindes) denn als starre Orientierung an karolingischer Legitimität in der Opposition zu Konrad I. zu bewerten, wie er in der älteren Forschung vielfach gesehen wurde; sie bescheinigte dem lotharingischen Adel unbedingte Treue zum karolingischen Haus.

Karl jedenfalls trat seine lotharingische Herrschaft dem Ausweis seiner eigenen Urkunden zufolge zwischen dem 10. Oktober und dem 27. November 911 an und begriff diese Erweiterung als Sieg des karolingischen Erbrechts. Schon in seiner ersten Urkunde für einen lotharingischen Empfänger vom 20. Dezember 911 äußerte sich das neue herrscherliche Selbstbewußtsein eindrucksvoll, wenn fortan zusätzlich zu den Herrschaftsjahren von der Wahl 893 und der Wiedererlangung 898 auch vom Antritt einer vergrößerten Erbschaft *(largiore vero hereditate indepta)* datiert wurde. Wie schon die ersten karolingischen Könige Pippin und Karl der Große führte Karl III. 911/912 zeitweise den altertümlichen Rangtitel *vir inluster* oder *vir illustris*. Traditionsbildend wurde der ebenfalls auf frühkarolingische Vorbilder zurückgehende Entschluß des Königs, sich den offiziellen Titel eines Königs der Franken, *rex Francorum*, zuzulegen. Obwohl in der Folge bisweilen noch der einfache Königstitel *rex* begegnet, bildet *rex Francorum* fortan den offiziellen Titel der westfränkisch-französischen Könige bis in die Neuzeit hinein, seit dem 13. Jahrhundert auch mit *roi de France* übersetzt. Damit sicherten sich der Westen des ehemaligen Großreichs und seine Herrscher den Anspruch auf die Fortführung und Bewahrung fränkischer Traditionen.

Es ist umstritten, ob Karl seit Dezember 911 in seiner Intitulatio den Anspruch auf Herrschaft über alle Franken erhob oder ob der Titel Indiz für eine «Regionalisierung» der fränkischen Tradition auf den Raum zwischen Rhein und Loire ist. Für 911 scheint die erste Vermutung wahrscheinlicher, geschichtsmächtig wurde freilich später die Konzentration auf die *Francia*, jenes Land zwischen Maas und Loire. Kaum in Lothringen angekommen (1. Januar 912 in Metz), suchte der Karolinger auch die Franken im Reich Konrads I. unter seine Herrschaft zu bringen und in den Bahnen seiner karolingischen Vorfahren zu regieren. Damit hatte er freilich seine Kräfte überspannt und konnte die seit Jahrzehnten eingetretene Sonderung der fränkischen Reiche nicht überwinden. Immerhin gelang die Verteidigung der lotharingischen «Erbschaft» 912/913 gegen Feldzüge Konrads I.

Dem Karolinger war mit Lotharingien eine Landschaft zugefallen, die mit reichem Königsgut (vor allem die Pfalzen in Aachen, Diedenhofen und Herstal) ausgestattet war und fortan gleichberechtigt neben den Aktionsraum der Monarchie in der *Francia* trat. Die innere Konsolidierung gelang zunächst durch die Anerkennung einer Sonderrolle Reginars als *marchio*. Zudem griff Karl seit 913 auf die Traditionen einer lotharingischen Sonderkanzlei unter Erzbischof Ratbod von Trier als Erzkanzler und Erzkaplan zurück, die zeitweise neben die westfränkische Kanzlei unter Erzbischof Heriveus von Reims trat. Als Reginar und Ratbod 915 starben, wurden Karls Pläne zur Integration seiner Herrschaftsgebiete in Franzien und Lotharingien deutlicher, indem die lotharingische mit der westfränkischen Kanzlei verschmolzen wurde. Beständigen Konfliktstoff gab fortan die Zurücksetzung von Reginars Sohn Giselbert, da dem König an einer Machtkonzentration in der Hand eines lotharingischen Adligen nicht gelegen sein konnte. 919 kam es zum offenen Bruch. Lotharingische Adlige wählten Giselbert zu ihrem Herrscher, ohne daß das *regnum* allerdings einen eigenständigen Weg zwischen Ost- und Westfranken gehen konnte. Später, nach Karls Sturz, sollte Giselbert dann den Anschluß Lotharingiens ans ostfränkische Reich Heinrichs I. betreiben und dort endlich die Anerkennung als Herzog finden.

Legitimation in der Krise

Immerhin gelang bis 919/920 die Konsolidierung, vor allem durch die Abhaltung von Hoftagen, zu denen Karl die bedeutenden Adelsverbände zusammenrufen konnte. 920 machte sich die wachsende Unzufriedenheit aber auf einem Hoftag in Soissons Luft, als man vom König die Trennung von seinem Vertrauten Hagano forderte. An Rang war er den Fürsten unterlegen, erfuhr aber gleichwohl die besondere Aufmerksamkeit und Förderung des Karolingers. Dieses für die mittelalterliche Standesgesellschaft nicht untypische Ringen um Königsnähe, Einfluß bei Hof und Beachtung von Ritualen des öffentlichen Verkehrs sollte zum Anlaß von Karls Untergang werden. Freilich darf man diesen nicht aus dem bloßen Umgang mit einem «Günstling» deuten, sondern aus Verschiebungen im Miteinander von Königtum und Adel, aus der Behauptung adliger Teilhabe an der Königsherrschaft einerseits und andererseits aus den offensiven Versuchen zur Schaffung einer autonomen monarchischen Sphäre bei Hof und im Reich, basierend auf den politischen Erfolgen Karls im zweiten Jahrzehnt des 10. Jahrhunderts.

Äußere Ereignisse hielten die Entscheidung noch auf. Das Ende von Konrads I. Königtum in Ostfranken 918 und die Wahl des ersten nichtfränkischen Königs, des Liudolfingers Heinrich I., 919 suchte Karl erneut für sein Konzept einer Herrschaft über alle Franken zu nutzen. Der Feldzug in den Wormsgau 920 mißlang allerdings vollkommen, eine bis zum 11. November 921 geschlossene Waffenruhe zwang zum Ausgleich mit dem neuen ostfränkischen König. Anfang November kamen die Könige mit illustrem Gefolge bei Bonn am Rhein zusammen, musterten sich von den Flußufern ausgiebig und trafen sich schließlich unter strenger Beachtung protokollarischer Gleichrangigkeit am 7. November 921 auf einem Boot in der Flußmitte. Der dort ausgehandelte Freundschaftsbund, in einer westfränkischen Kanzleiausfertigung eher schlecht überliefert, gewährt uns wichtige Kunde von den Spielregeln politischer Öffentlichkeit, darüber hinaus aber auch, daß Karl III. das Königtum seines Amtskollegen als (fast?) gleichwertig anerkennen mußte. Den Vertrag schlossen nämlich die Könige der West- und der Ostfranken *(rex Francorum orientalium* und *rex Francorum occidentalium),* ein einmaliges Zeugnis dafür, daß der legitimationsbewußte Karolinger einen Sachsen an fränkischen Traditionen teilhaben lassen mußte.

Immerhin hatte Karl im Bonner Vertrag seine Ostgrenze gesichert und konnte nun ohne äußere Bedrohung den Kampf mit dem führenden Adel der *Francia* aufnehmen. Bis zum Sommer 921 hatte sich Robert von Neustrien als treuer Gefolgsmann des Königs erwiesen, der den Robertiner wiederum förderte und schon 914 die geplante Erbfolge von Roberts Sohn Hugo (Magnus) im väterlichen Herrschaftsbereich sanktioniert hatte. Karls Entschluß von 922, seiner eigenen Tante Rothild, einer Tochter Kaiser Karls des Kahlen, die ehrwürdige karolingische Abtei Chelles wegzunehmen, um sie Hagano zu übertragen, kann nicht allein aus der bloßen Absicht zur Förderung des Vertrauten erklärt werden. Rothilds Tochter Judith war nämlich mit Hugo Magnus verheiratet, so daß Rothilds Verlust zum Affront gegen die Robertiner wurde.

Hugo Magnus nahm im April 922 den Kampf auf und brachte zusammen mit seinem Vater Robert in der Folge einen ansehnlichen Adelsbund gegen den König zusammen, dem neben Roberts Schwiegersohn Rudolf von Burgund auch Graf Heribert II. von Vermandois beitrat. Am 29. Juni 922 erhob die robertinische Partei Robert in Reims zum König. Anfang 923 sicherte sich der neue Herrscher bei einer Zusammenkunft mit dem ostfränkischen König durch einen Freundschaftsbund nach außen, doch wahrte der Liudolfinger in den folgenden Auseinandersetzungen zunächst strikte Neutralität.

Mehrfach wich Karl der direkten Konfrontation nach Lotharingien aus, suchte schließlich aber am 15. Juni 923 bei Soissons die militärische Entscheidung. In dieser verlustreichen Schlacht kam Robert I. ums Leben, jedoch wurde Karl III. von Hugo Magnus und Heribert II. von Vermandois besiegt und flüchtete sich nach Lotharingien. Der westfränkische Adel wählte schon am 13. Juli 923 in Rudolf von Burgund, dem Schwiegersohn des gefallenen Herrschers, einen neuen König.

Karls Schicksal war besiegelt, als er einer Einladung Heriberts II. von Vermandois nach St-Quentin zu vermeintlichen Bündnisverhandlungen folgte und, von seinem früheren Lehnsmann verräterisch in Haft genommen, in Château-Thierry eingekerkert wurde. Daß Heribert perfide handelte, betonen alle Quellen, doch nützte solche Sympathie dem gefangenen Karolinger ebenso wenig wie jene Urkunden fern seiner eigentlichen Stammlande in Südfrankreich, die die Gefangenschaft des Königs und den Verrat des Adels in den Datumszeilen erwähnen. Wenigstens konnte sich Karls Gemahlin Eadgifu mit dem kleinen Thronfolger Ludwig in den Wirren zu ihrer Familie nach Wessex retten, wo sie am Hof des Bruders, König Aethelstan (924–939), verblieb. Zunächst spielte der verbliebene junge Karolinger Ludwig bei den Verhandlungen über den Königsthron ebenso wie sein Vater Jahrzehnte zuvor keine Rolle.

Wie tief Karl durch die Einkerkerung gesunken war, erwies sich in einer Episode 927/928, als Graf Heribert II. bei Auseinandersetzungen mit König Rudolf von Burgund den Karolinger kurzzeitig in Freiheit ließ, ihm huldigte, ein Bündnis mit den Normannen zustande brachte und den «König» nach Reims führte. Nachdem Heribert aber den karolingischen Hauptort Laon von Rudolf erlangt und sich mit dem König wieder ausgesöhnt hatte, wurde Karl III. ein zweites Mal in Péronne eingekerkert, dieses Mal endgültig. Am 7. Oktober 929 ist er gestorben und wurde dort in St-Fursy/Péronne bestattet.

Nachgeborene bezeichneten Karl als «einfältig» *(simplex)*, was sowohl positiv im Sinne der Lauterkeit (Richer v. Reims) als auch negativ als Dummheit (Thietmar von Merseburg) gewertet werden konnte. Seine Herrschaft wird man freilich nicht allein aus dem Scheitern beurteilen dürfen. Sie offenbart den Versuch, bei gewandelten Verfassungsverhältnissen die Idee des karolingischen Königtums zu bewahren und sich die Exklusivität fränkischer Traditionen zu sichern. Zumindest die Kontinuität des fränkisch-französischen Reichs- und Herrschaftsbewußtseins ist zu einem guten Teil der Herrschaft Karls III. zu danken, der seinen Amtsnachfolgern den offiziellen Königstitel *rex Francorum,* König der Franken und später der Franzosen, weitergab.

Franz J. Felten

Robert I. 922/923 und Rudolf I. 923–936

Robert I., geb. vor 866, Sohn Roberts des Tapferen und Adelheids; gest. am 15. 6. 923 in der Schlacht bei Soissons; Bruder: Odo, Kg.; Kinder: aus erster Ehe zwei Töchter, Emma, verh. mit Kg. Rudolf; Lietgard, verh. mit Heribert II. von Vermandois, aus 2. Ehe mit Beatrix von Vermandois, vor 900, Sohn Hugo; 888 Übernahme der Grafschaften und Abteien der Robertiner, wichtige Rolle unter Kg. Odo und Karl III.; 20. 7. 911 Sieg über die Normannen bei Chartres; 920 erste Empörung gegen Karl III.; 29./30. 6. 922 Wahl, Salbung und Krönung in St-Remi-de-Reims; 923 Frühjahr Freundschaftsvertrag mit Kg. Heinrich I.
Rudolf I., geb. vor 890, Sohn Richards (Justitiarius) von Burgund und Adelheids, Tochter Konrads von Auxerre; gest. 14./15. 1. 936 in Auxerre, beigesetzt am 11. 7. 936 in Ste-Colombe-de-Sens; Brüder: Boso (Graf in Lotharingien), Hugo (der Schwarze), Graf etc. in Burgund; verh. mit Emma, Tochter Roberts, vor 919?; evtl. ein Sohn Ludwig, der vor ihm starb; 921 Nachfolge seines Vaters in Burgund; 13. 7. 923 Wahl, Salbung und Krönung in St-Médard-de-Soissons; 923–933 schrittweise Anerkennung im Reich; Kämpfe gegen Normannen, Heribert II. und andere Gegner; 928 Anerkennung durch Karl III. (gest. 929); 935 Dreikönigstreffen am Grenzfluß Chiers.

Eine Geschichtsschreibung, die auf die bleibenden Erfolge sieht, außenpolitische wenn möglich, und sich an den großen Dynastien orientiert, könnte geneigt sein, Robert wie Rudolf zu übergehen: Roberts Regierung war ephemer, so daß sie kaum ein Urteil im Positiven wie im Negativen erlaubt, die Epoche Rudolfs hingegen wurde einerseits als fatal empfunden, fatal für Westfranken und für sein Stammland Burgund, andererseits werden die Jahre von 922–936 als entscheidender Wendepunkt der französischen Geschichte angesehen, bedeutsamer als die Herrschaft Odos (888–898).

Robert I.

Roberts kurze Regierungszeit tritt ganz zurück hinter die vielen Jahrzehnte, in denen er unter den Königen Odo und Karl eine überragende Rolle gespielt hat. 866 war er noch ein Knabe, dem man wie seinem älteren Bruder, angeblich seines geringen Alters wegen, das Erbe des Vaters, Roberts des Tapferen, verwehrte. Seit 886 erscheint Robert als Laienabt von Marmoutier, 888 übernahm er die Grafschaft Paris – und das übrige robertinische Hausgut, das Odo in seinen ersten Jahren als

König noch tatkräftig vermehrte. Zu den Grafschaften Tours, Anjou, Blois und Paris kamen die bedeutenden (ehemaligen Königs-)Klöster Marmoutier, St-Martin in Tours, St-Aignan in Orléans, St-Denis, St-Germain-des-Prés, St-Amand und Morienval, die Robert als Laienabt beherrschte. Der überragenden Macht, über der man aber nicht die ähnlich mächtigen Konglomerate in der Hand Richards «Justitiarius'» in Burgund und vor allem Wilhelms des Frommen in (Groß-)Aquitanien vergessen darf, entsprach das Selbstbewußtsein, wie es sich in eigenen Urkunden und königlichen Diplomen Odos wie Karls des Einfältigen widerspiegelt.

In derselben königsgleichen Stellung diente er Karl mehr als zwanzig Jahre in Treue. Noch 918 bezeichnete ihn Karl als *venerabilis marchio nostri quidem regni et consilium et iuvamen* (verehrenswürdiger Markgraf, Rat und Hilfe unserer Herrschaft, D 92). Ob er bereits wenig später die breite adlige Opposition anführte, ist ungewiß. Nach Flodoard verließen 920 fast alle Grafen der Francia bei Soissons ihren König Karl, weil er seinen Ratgeber Hagano nicht entlassen wollte, den er aus einem «Mittleren» zu einem «Mächtigen» gemacht hatte. Robert wird nicht genannt, die erste Erwähnung bei Flodoard, Ende 921 im Zusammenhang mit Normannenkämpfen, deutet in keiner Weise auf eine besondere Rolle hin. Erst in der Empörung, nachdem Erzbischof Heriveus von Reims mit großer Mühe noch einmal einen Ausgleich vermittelt hatte, treten die Robertiner hervor, als Karl das altehrwürdige Frauenkloster Chelles an Hagano gegeben hatte. Das mußten die frondierenden Adligen als Provokation empfinden, speziell aber die Robertiner, wurde die Abtei doch der Schwiegermutter von Roberts Sohn Hugo weggenommen. Kurz nach Ostern 922 traf Hugo sich bei Fismes (Reims) mit einigen Grafen der Francia und Vasallen des Reimser Erzbischofs und zog mit ihnen gegen Karl und Hagano. Als sie flohen, rückte Hugo mit nunmehr 2000 Kämpfern ihnen nach, bis zur Maas, und traf Giselbert, den 920 «viele Lothringer zum *princeps* gewählt hatten, nachdem sie den König Karl verlassen hatten».

Als Robert, der seinem Sohn gefolgt war, ihn zu einer Unterredung in den Raum von Laon zurückrief, nutzte Karl diesen Rückzug aus, um mit einigen Lothringern Reimser Kirchengut zu verwüsten. Nun ging Robert seinem Schwiegersohn Rudolf von Burgund entgegen, der ein Heer herbeiführte. Nach wochenlangen militärischen Manövern, tagelangen Verhandlungen auch, fiel die wichtige karolingische Festung Laon mit den Schätzen Haganos in die Hände der Aufständischen. Daraufhin verließen die Lothringer den König, «um nach Hause zu gehen», andere liefen zu den Aufständischen über, «täglich schwanden die Truppen Karls, wuchsen die Roberts», und Karl floh heimlich mit Hagano über die Maas.

Nach dieser klassischen Herrscherverlassung wählten «die Franken Robert zu ihrem *senior* und huldigten ihm. Robert wurde also von den

Bischöfen und Ersten in St-Remi vor Reims zum König erhoben» (Flodoard a. 922). Ob der Reimser Erzbischof Heriveus, der langjährige Vertraute Karls, in die Ereignisse der letzten Wochen nicht mehr hatte eingreifen können oder wollen, läßt Flodoard offen; er meldet nur lakonisch, daß er drei Tage nach der Krönung Roberts starb.

Roberts Politik als König ist nur in Ansätzen zu erkennen. Das Erzbistum Reims konnte Robert in seinem Sinne neu besetzen. Er trug den Kampf nach Lothringen, wo Karl Zuflucht suchte, erreichte auch Anfang 923 die Anerkennung König Heinrichs I. in Form eines Freundschaftsbündnisses, ungeachtet der Tatsache, daß der Sachse kaum ein Jahr zuvor im berühmten Bonner Vertrag König Karl Freundschaft zugesichert hatte. Als Karl ihn durch Übersendung einer Reliquie des Hl. Dionysius symbolträchtig daran erinnerte, «nahm Heinrich das göttliche Geschenk mit dem Ausdruck der höchsten Dankbarkeit an, verehrte die heiligen Reliquien» (Widukind I.33) – und tat weder gleich noch später etwas für seinen Freund, obgleich er «doch so geartet war, daß er seinen Freunden nichts abschlug» (Widukind I.39). Ob Robert als Preis für diese «flagrante Verletzung» der *amicitia* schon auf Lothringen verzichtete (Brühl)? Im aktuellen Kampf um die Macht wäre es für ihn kein großer Verlust gewesen, war es doch immer wieder Rückzugsgebiet und Rekrutierungsbasis des Karolingers. Doch fällt auf, daß er noch auf dem Rückweg vom Treffen mit Heinrich sich von einigen Lothringern Geiseln stellen ließ und ihnen einen Waffenstillstand einräumte. Wieweit Robert damit einen Anspruch auf Lothringen erhob, ob er sich hier wie auch im übrigen Reich hätte durchsetzen können, ist nur spekulativ zu beantworten: In Agde bezeichnete man seine Regierung als betrügerisch, im Mâconnais galt er als Insurgent, in Cluny hingegen schon im November als König.

Karl freilich war trotz der Verlassung nicht ausgeschaltet: Am 15. Juni 923, am Pfingstsonntag, überfiel er Robert und seine Anhänger beim Mittagessen. Die blutige Schlacht in der Nähe von Soissons brachte keine Entscheidung: Zwar verlor Robert das Leben, Karl aber mußte fliehen und konnte den Tod des Gegners nicht für seine eigene Anerkennung nutzen.

Rudolf I.

Die Aufständischen erhoben nicht sogleich einen Nachfolger, sondern riefen Rudolf von Burgund herbei, der mit einem großen Heer schnell heranrückte und am 13. Juli in St-Médard bei Soissons zum König erhoben wurde.

Hugo wurde übergangen, obwohl sein Vater wie einst König Pippin, nach der Übernahme der Macht, in der einzigen überlieferten Königsurkunde dynastische Ansprüche formuliert hatte, wenn auch «in ver-

Rudolf I. (923–936)

schlüsselter Form» (B. Schneidmüller), indem er die Mönche von St-Denis zum Gebet für sich, seinen Sohn, für das ganze Geschlecht und die ganze Herrschaft verpflichtet hatte.

Vielleicht war es gerade dieser Anspruch Roberts, der die Wähler Hugo übergehen ließ. Über ihre Motive und die Eignung der drei potentiellen Kandidaten für die Krone ist viel spekuliert worden. Allgemein gilt Rudolf als Kompromißkandidat, der aufgrund der abseitigen Lage seiner *Hausmacht* den beiden Hauptkonkurrenten Hugo und Heribert wie den übrigen, auf den Ausbau ihrer Macht ohne Störung durch einen mächtigen König bedachten Großen weniger hinderlich erschienen sei. Wenig berücksichtigt wird Flodoards deutlicher Hinweis auf die militärische Macht Rudolfs. Das distanzierte Verhältnis des neuen Königs zu Hugo in den ersten Jahren seiner Regierung spricht nicht für einen freiwilligen Verzicht Hugos. Das Argument, er habe mit Rücksicht auf die robertinischen Hausgüter auf das Königtum lieber verzichtet, weil er keinen Sohn oder Bruder hatte, erscheint problematisch, wenn man Rudolfs Verhalten bedenkt. Sein regierungsfähiger Bruder Hugo erscheint gelegentlich als *inclytus archicomes* («sehr berühmter Erzgraf»), doch kontrollierte der König weiterhin die Verhältnisse im angestammten Burgund.

Aus der Konstellation bei seiner Wahl resultieren die Probleme der Königsherrschaft Rudolfs: Anerkennung im Reich, Bekämpfung der Normannen – und schließlich der Kampf um die Macht im Kernland des Reiches mit und gegen Hugo und Heribert, ein Machtkampf, der seine Herrschaft zu bestimmen scheint.

In Burgund, wo er sich während seiner gesamten Regierungszeit bevorzugt aufgehalten hat, wurde Rudolf sofort anerkannt, außer im Mâconnais, wo man bis 925 wartete. In der Francia kam ihm die schnelle Gefangennahme Karls durch Heribert II. und die Unterstützung Hugos zugute, auch wenn Hugo zunächst nicht eng mit Rudolf zusammenarbeitete und Karl in der Hand Heriberts eine gefährliche Bedrohung blieb.

Lothringen ging nicht sogleich zu Heinrich I. über, obwohl dieser mit einem Heer erschien und Rudolfs Bruder Boso die Spannungen verschärfte. Rudolf konnte durchaus Anhänger gewinnen, 924 bot sogar Giselbert seine Unterwerfung an, zunächst vergeblich. Nach Verhandlungen, die Heribert mit Hugo im Frühjahr 925 führte, wurde Giselbert, wie auch Graf Otto von Verdun, Mann Rudolfs, der aus Burgund schnell an die Maas gerückt war.

Als Rudolf daraufhin gegen die eingefallenen Normannen zog, nutzte Heinrich I. die Situation zu einem erneuten Feldzug, eroberte Giselberts Feste Zülpich, zog sich aber wieder schnell hinter den Rhein zurück, als Giselbert Geiseln stellte. Erst Ende des Jahres ergaben sich alle Lothringer Heinrich. Flodoard gibt keine Begründung dafür, erzählt aber zuvor, wie Heribert das Erzbistum Reims unter seine Kontrolle brachte, so daß man einen Zusammenhang mit dieser Machtverschiebung auf Kosten des Königtums vermuten kann.

Rudolf konnte den Widerstand gegen Heinrich I. in Lothringen nicht zu seinen Gunsten ausnutzen und ratifizierte den Verlust de facto durch das Treffen mit Heinrich am Chiers, das allerdings erst 935 stattfand. Glücklicher war er im Süden und Westen: 924 bereits huldigte ihm Wilhelm II. von Aquitanien, um den Preis des Berry. Nach Wilhelms Tod 927 konnte Rudolf seine Position im Süden ausbauen. Karls Tod am 9. Okt. 929 machte den Weg frei für die Huldigung bis dahin abseits stehender Großer, auch wenn sie sich teilweise noch Zeit ließen, so Raimund-Pons von Toulouse (932) und Ermengaud von Rouergue. Wie sie zählten auch Städte wie Nîmes und Narbonne, Klöster wie Conques, Vabres, Montolieu und Lagrasse in Gothien die Regierungsjahre Rudolfs erst ab 929. Daneben gibt es Zeugnisse, daß man Rudolf weiterhin als Usurpator betrachtete. Im Roussillon und in der Spanischen Mark datierte man (fast) überall demonstrativ «nach dem Tode Kg. Karls».

Für die Bretagne und die Normandie fehlen zeitgenössische Urkunden, doch blieben die Normannen nach dem Zeugnis Flodoards Karl treu. Das Arrangement von 911 hatte durchaus nicht ihre kriegerischen Aktivitäten beendet, sie hatten von Konzessionen Roberts profitiert, der sie als «Markgraf» hätte bekämpfen sollen, und waren 923 von Karl als Verbündete zu Hilfe gerufen worden. Trotz mehrfacher Siege sahen sich Rudolf und seine Verbündeten zu Konzessionen gezwungen, zu Gebietsabtretungen und Tributzahlungen, die mit Hilfe außerordentlicher Abgaben aufgebracht wurden. Der König wurde, so scheint es, Opfer der Normannenpolitik Hugos. Im Konflikt mit dem König arbeitete auch Heribert von Vermandois mit den Normannen zusammen. Seit 930 aber konnte Rudolf durch seine Siege «dem Lande Friede geben» und so seine Legitimation verstärken. Wilhelm Langschwert huldigte 933 – und vermochte seine Herrschaft zur Bretagne hin zu erweitern.

Die größten Probleme bereiteten dem König die Machtansprüche seines ursprünglichen Verbündeten Heribert II. von Vermandois, der bis 929 seinen königlichen Gefangenen als gefährliches Druckmittel gegen Rudolf einsetzen konnte.

Heriberts spektakulärer Verrat an Karl, den die übrigen Großen offenbar akzeptierten, auch wenn er Aufsehen erregte, erscheint wie ein Symbol für die Skrupellosigkeit seiner Politik.

Was im Licht der späteren Ereignisse als Anzahlung erscheint, die Überlassung von Péronne 924, ist nicht singulär. Zur selben Zeit bekam Hugo Le Mans, der Erzbischof von Reims Gebiete im Lyonnais.

925 freilich sprengte Heribert die Grenzen des Üblichen, als er seinen erst fünfjährigen Sohn zum Nachfolger des (verdächtig plötzlich) verstorbenen Erzbischofs Seulf von Reims erheben ließ, mit Unterstützung

zumindest von Teilen des Klerus und des Volkes, sowie der Bischöfe von Soissons und Châlons. Die Übernahme der weltlichen Verwaltung sicherte ihm die reichen Ressourcen des Erzstifts.

Ob man mit dieser Störung der Machtbalance in der *Francia* Hugos zwielichtige Haltung gegenüber den Normannen (Durchzugsrecht bei Schonung des eigenen Gebiets, gedämpfter Einsatz bei der Belagerung) erklären kann, ist fraglich. Denn sie steht in einer gewissen Tradition, und Flodoard berichtet darüber vor der Reimser Wahl. Überdies verbündete sich Hugo mit Heribert, als dieser 927 offen gegen Rudolf rebellierte. Noch 926 hatte man gemeinsam gegen die Normannen gekämpft, Heribert seinem Herrn sogar das Leben gerettet und ihn auf einen Feldzug gegen Wilhelm begleitet. Erst als Rudolf ihm nicht die durch Tod frei gewordene Grafschaft Laon für seinen Sohn Odo überließ, schickte Heribert Gesandte zu Heinrich I., der ihn zu einem *colloquium* einlud. Heribert zog mit seinem Verbündeten Hugo zu Heinrich, «sie ehrten ihn durch Geschenke und wurden von ihm geehrt». Von einem Bündnis, einer *amicitia,* wie einst mit Kg. Karl und Kg. Robert, ist bei Flodoard nicht die Rede. Zwar trat Heinrich (viel) später (934/35) für Heribert ein, doch hatte dieser in der Zwischenzeit Bündnisse mit den lotharingischen Großen Boso und Giselbert geschlossen und sich 931 Heinrich kommendiert.

Zunächst trug der Rückhalt an Kg. Heinrich für die beiden Frondeure keine Früchte. Auch Heriberts Freundschaftsbündnisse mit den Normannen, die von ihm verlangten, daß er mit einigen Franken Karl huldigte, die Freilassung des Königs und ein erneuter Besuch bei Heinrich I. brachten keinen merklichen Erfolg, so daß Heribert auf dem Rückweg wieder Rudolf huldigte.

In der Folge profitierte der König von der Rivalität der beiden mächtigen Verbündeten, die noch 929 erfolgreich gegen des Königs Bruder Boso und andere Gegner vorgingen. Die Streitigkeiten entzündeten sich offenbar daran, daß Vasallen von einem zum andern übergingen. Seit 930 erschütterten Kriege die *Francia* und Lothringen, da auch Giselbert und Boso einbezogen wurden. Obwohl Rudolf selbst in Burgund mit Rebellion zu kämpfen hatte, gewann er die Oberhand, als Hugo sich ihm 931 anschloß – wie Flodoard ohne Kommentar berichtet. Vom 24. März 931 datiert die erste Erwähnung in einer Urkunde Rudolfs überhaupt (für St-Martin): als «unser genügend und mehr Getreuer».

In einem verwirrenden Spiel wechselnder Bündnispartner wurde Heribert zwar von Giselbert unterstützt, Heinrich I. aber zog sich vom Chiers über den Rhein zurück, als Rudolf Hugo zu ihm sandte, und begnügte sich mit Geiseln und Sicherheitszusagen. Rudolf und Hugo eroberten Reims und Laon, erhoben einen neuen Erzbischof. Ruhe freilich kehrte nicht ein.

Auch wenn die Kräfte nicht ausreichten, Heribert definitiv zu unterwerfen, so konsolidierte sich Rudolfs Position in den Jahren 931–933 entscheidend. Er profitierte von dem Tod Karls (7. Oktober 929) und der Neutralität Heinrichs I. Gewichtiger blieb die Unterstützung Hugos, nicht zu unterschätzen waren aber auch die militärischen Erfolge des Königs über Normannen und andere Gegner und die wachsende Anerkennung im weiteren Reich.

In dem Maße, wie im Süden immer mehr Gebiete seine Herrschaft anerkannten und 933 sogar der Normannenfürst ihm huldigte, war Rudolfs Herrschaft nicht mehr grundsätzlich gefährdet. Die harten Kämpfe gegen Heribert um einzelne Burgen, Klöster und Städte gingen freilich weiter; sogar Giselbert und seine Lothringer griffen auf Einladung Hugos ein, scheiterten aber vor Péronne. Welcher Art das Gespräch war, das Giselbert bei dieser Gelegenheit auf Vermittlung Hugos mit Rudolf führte, erfahren wir leider nicht.

Nachdem ein erneuter Besuch Heriberts bei Heinrich (Ende 932?) offenbar nichts bewirkt, das Kriegsglück 933 keiner Seite einen klaren Vorteil gebracht hatte, schickte Heinrich 934 endlich eine hochrangige Gesandtschaft (Giselbert, Eberhard und einige Bischöfe) zu Rudolf – «für Heribert». Gegen Auslieferung dreier fester Plätze vermittelten sie Heribert einen ersten Waffenstillstand. Als Giselbert mit Lothringern Heribert zu Hilfe kam – im Auftrage Heinrichs? – schloß Hugo mit ihm einen beschworenen Frieden bis zum Mai folgenden Jahres.

935 nahm Rudolf durch eigene Gesandte Fühlung mit dem ostfränkischen König auf, beriet mit seinen Großen *(primates)* in Soissons und verhandelte mit Gesandten Heinrichs I. Auf einem *colloquium* am Grenzfluß Chiers schlossen Rudolf von Westfranken, Heinrich I. und Rudolf II. von Burgund im Juni 935 ein Freundschaftsbündnis *(amicitia)*. Sie versöhnten Heribert mit Hugo(!), wobei Heribert einige Besitzungen zurückerhielt. Im Gegenzug nahm Heinrich I. Rudolfs Bruder Boso, der 933/34 Positionen in Südlothringen zugunsten Giselberts eingebüßt hatte, wieder auf und gab ihm seinen früheren Besitz zum großen Teil zurück.

Man sieht, wie die Klienten der Könige im Freundschaftsbündnis zwischen den Herrschern berücksichtigt wurden, wobei Flodoard offenbar wiederum bewußt differenziert: *amicitia* zwischen den Königen, die ihrerseits Große «aufnehmen», sich huldigen lassen, Frieden stiften *(pacare)*.

Warum «der König des Jura» (Flodoard) hier gleichsam als Juniorpartner beteiligt war, geht aus dem Bericht nicht hervor. Für den westfränkisch-französischen König wurde damit der Erwerb der Gebiete an der Rhône, über die er schon 931 verfügt hatte, sanktioniert.

Rudolf freilich war eine friedvolle Regierung auch nun nicht beschieden. In Burgund erschienen die Ungarn; die Umsetzung des Abkommens zwischen Hugo und Heribert führte zu bewaffneten Konflikten, in die sogar Lothringer mit einigen sächsischen Grafen, Freunden Heriberts, eingriffen, als Hugo nicht wie vereinbart St-Quentin herausgeben wollte. Hier fiel Rudolfs Bruder Boso, der keineswegs «französische Interessen in Lothringen vertrat», wie man meinte.

Der König akzeptierte diese gewaltsame Umsetzung des Vertrags von 935 offenbar, wies Heriberts Freunde aber in die Schranken, als sie sich anschickten, auch Laon zu belagern: «Auf Anweisung Rudolfs kehrten sie nach Hause zurück» (Flodoard). Die Episode zeigt, wie auch ein formeller Friedensschluß auf höchster Ebene innere Konflikte nicht beendete, und weiterhin, daß auswärtige Interventionen aufgrund von Freundschaftsbündnissen zwischen den Großen der «befreundeten» Könige zu gewärtigen waren. Ihr Ende lehrt aber auch, wie sich die prekäre Autorität des Königs durchsetzte, in diesem Fall sicher gestützt auf das höherrangige Bündnis mit dem Herrn der Lothringer und Sachsen.

Es war die letzte politische Aktion Rudolfs, von der wir wissen. Im Herbst erkrankte er und starb am 14. Januar 936 in Auxerre, seine energische Gattin Emma hatte er schon 934, wohl gegen Ende des Jahres, verloren. Da die von ihm zur Grablege erwählte Kirche von St-Colombe-lès-Sens, wo sein Vater in der Krypta ruhte, kurz vor seinem Tode ein Raub der Flammen geworden war, fand Rudolf erst am 11. Juli sein Grab. Vor seinem Tode hatte Rudolf ihr eine goldene, mit Edelsteinen geschmückte Krone und liturgisches Gerät aus seiner Kapelle geschenkt.

Rudolf und Emma hinterließen keine Kinder. Ob vor seinem Tode über die Nachfolge verhandelt wurde, wissen wir nicht, dürfen also Rudolf auch kein Versäumnis in diesem Punkt vorwerfen. Nach Flodoard könnte man glauben, Hugo habe in einsamem Entschluß dem in England lebenden Karolingersproß Ludwig (IV.) die Krone angeboten. Vereinzelte Urkundenaussteller in der Spanischen Mark hatten diese Nachfolge schon vorweggenommen, als sie vor dem Tode Rudolfs nach Ludwig datierten, «dem Sohne Karls, der König hätte sein sollen und es nicht war».

Indem er auf den Kampf um das Königtum verzichtete, ließ Hugo auch seinen Vater und dessen Nachfolger im nachhinein als Episode, ja als Usurpatoren innerhalb der karolingischen Dynastie erscheinen.

Eine Bilanz der Regierung der «Zwischenkönige» kann nicht von karolingischem Legitimismus bestimmt sein, ebensowenig wie von anachronistisch definierten Interessen der französischen Nation. Die Wahl Roberts wie Rudolfs war nicht die Reaktion der soeben entstandenen französischen Nation gegen die «germanische Rasse» der Karolinger, wie man gelegentlich im 19. Jahrhundert dachte und schrieb. Sie waren auch nicht das Werk «des Adels des Reiches», wie man heute meint, sondern offensichtlich das Werk einer begrenzten Gruppe von

Großen, «der Franken», wie Flodoard schreibt. Mit Robert wählten sie den wohl Mächtigsten unter ihnen, der militärisch aktiv geworden war und überdies als Bruder Odos in besonderer Weise als Gegenkönig in Frage kam. Bei allen strukturellen Verschiebungen im Reichsgefüge bedurfte es freilich, so scheint es, eines gravierenden Anlasses, um eine entschlossene Aktion zum Sturz des Königs zu starten.

Nach dem frühen Schlachtentod ihres Herrn gaben sich die Anhänger Roberts einen neuen Führer, der Macht und Prestige eines großen Vaters besaß und Schwiegersohn des verstorbenen (Gegen-)Königs war, doch stammte er – wie Heinrich I. im Osten – nicht aus der *Francia,* konnte also als «fremd» erscheinen.

Ein Vergleich der Leistungen beider Herrscher ist schwer, denn Roberts kurzes Königtum erlaubt kein Urteil. Dank der längeren Regierungszeit können wir bei Rudolf genauer an den Privaturkunden und der Münzprägung ablesen, wie er schrittweise Anerkennung im Reich fand. Anders als bei Robert, dem diese Erfahrung erspart blieb, sehen wir aber auch, wie die entschlossene Machtpolitik eines Heribert von Vermandois ihm die verbliebenen Königsgüter in der Francia streitig machte und damit die Basis für eine energischere Politik nicht nur in Lothringen entzog.

Den Verlust Lotharingiens «für Frankreich» zu beklagen, gilt als anachronistisch, da es Deutschland und Frankreich noch nicht gegeben habe (Brühl). Ein Verlust war es allemal, und dies wurde auch von Rudolf so empfunden, wie seine Bemühungen um Anerkennung im Lande und Rückgewinnung zeigen. Sie scheiterten nicht nur an persönlichen Entscheidungen lotharingischer Großer, sondern angesichts der begrenzten Aktionsfähigkeit Rudolfs vor allem an den entschlossenen Interventionen Heinrichs I.; dieser verzichtete aber trotz verlockender Möglichkeiten offenbar bewußt auf weitere Ausdehnung nach Westen.

In seiner Politik gegenüber den Normannen braucht Rudolf keinen Vergleich zu scheuen mit seinen Vorgängern Karl III. und Robert oder mit seinem mächtigen Helfer und zeitweiligen Gegner Hugo, dessen genuine Aufgabe die Normannenabwehr hätte sein sollen. Der Blick auf seine Nachfolger bis Hugo Capet dürfte das Urteil relativieren, Rudolfs Königtum bedeute einen «Tiefpunkt der königlichen Gewalt im Westreich» (K.F. Werner), auch wenn die Anerkennung im Süden des Reiches und in südlichen Grenzregionen machtmäßig nicht zu Buche schlug, so wenig wie das Festhalten an Karl III. diesem nutzte. Vielleicht kann man, wie es jüngst geschah, Rudolf mit seinen ostfränkischen Zeitgenossen Konrad I. und Heinrich I. vergleichen – durchaus nicht nur zu seinem Nachteil (C. Brühl).

Ludwig IV. (936–954)

Carlrichard Brühl

Ludwig IV. («der Überseeische») 936–954

Ludwig IV., geb. ca. 921, Eltern: Karl III. «der Einfältige» von Westfranken (gest. 929) und Eadgyfu, Tochter des Angelsachsenkönigs Edward I. (gest. 926) und Schwester des Angelsachsenkönigs Athelstan (gest. 940); 923 flieht Eadgyfu nach der Gefangennahme Karls III. mit dem jungen Ludwig zu ihrem Vater nach England; Anfang Juni 936 landet Ludwig IV. mit Zustimmung Athelstans bei Boulogne-sur-Mer und empfängt die Huldigung der dort anwesenden Großen, an der Spitze Hugos «des Großen»; 19. 6. 936 Krönung und Salbung Ludwigs IV. in Laon von der Hand Erzbischof Artolds von Reims. Im Herbst 939 heiratet Ludwig die ca. sieben Jahre ältere Gerberga, Schwester König Ottos von Ostfranken und Witwe des Herzogs Giselbert von Lothringen; Kinder aus dieser Ehe: 1. der Thronfolger Lothar (geb. 941); 2. eine Tochter Gerberga (geb. 940 oder 942), die Graf Albert von Vermandois heiratete (vor 954); 3. eine Tochter Mathilde (geb. 943), die künftige Königin von Burgund (verh. seit ca. 965/66 mit König Konrad von Burgund); 4. ein Sohn Karl (geb. 945), der bald nach seiner Geburt den Normannen als Geisel übergeben wurde und in normannischer Gefangenschaft verstarb; 5. ein Sohn Ludwig (geb. 948), der kurz vor dem Vater in Laon verstarb (gest. 954); 6. die Zwillinge Heinrich und Karl (geb. 953). Heinrich stirbt bald nach der Taufe, Karl ist der künftige Herzog von Niederlothringen und Rivale Hugos Capet. Sommer 940 Westfrankenfeldzug Ottos I. von Ostfranken im Bunde mit Herzog Hugo Magnus Artold von Reims war schon zuvor zur Abdankung gezwungen worden; Sommer 941 schwere Niederlage Ludwigs in einer Schlacht in den Ardennen gegen Hugo Magnus und Heribert II. von Vermandois; November 942 Treffen Ludwigs IV. mit Otto I. in Visé-sur-Meuse; im Sommer (?) 943 besiegt Ludwig IV. die zum Heidentum abgefallenen Normannen unter ihren Führern Turmod und Setrik, die in der Schlacht fallen; im Sommer 944 bemächtigt sich Ludwig IV. der Normandie; im Juli 945 wird Ludwig IV. in Rouen von normannischen Großen gefangengesetzt und später an Hugo Magnus ausgeliefert; im Frühjahr 946 muß Ludwig IV. Laon an Hugo übergeben und wird daraufhin freigelassen; im Frühherbst 946 zieht Otto d. Gr. im Bunde mit Ludwig IV. vor Reims, das ohne Kampf eingenommen wird; Artold wieder Erzbischof von Reims, sein Gegenspieler Hugo flieht, dankt aber nicht ab; 946–948 erbitterter Streit um das Erzbistum Reims: Synoden von Verdun (Herbst 947) und Mouzon (Januar 948); Papst Agapet mit Reimser Streit befaßt; im Juni 948 Synode in Ingelheim unter Vorsitz des päpstlichen Legaten Marinus und beider Frankenkönige: Hugo wird exkommuniziert und Artold ist erneut rechtmäßiger Erzbischof; im Sommer 949 bemächtigt sich Ludwig IV. überraschend der Stadt Laon mit Ausnahme des großen Turms, der von der Besatzung Hugos gehalten wird; Herbst 949 Ludwig IV. in Burgund; im Frühjahr 950 treffen sich Ludwig IV. und Hugo Magnus unter Vermittlung Herzog Konrads von Lothringen an der Marne; Hugo erneuert seinen Lehnseid und überläßt Ludwig den Turm von Laon; 13. 3. 953 Gerichtstag in Soissons: endgültige Aussöhnung zwischen Ludwig und Hugo Magnus. Am 10. 9. 954 stirbt Ludwig IV., nur 33 Jahre alt, in Reims an den Folgen eines Jagdunfalls; Beisetzung in der Abtei St-Remi/Reims.

An einem unbekannten Tag in der ersten Junihälfte des Jahres 936 warf ein angelsächsisches Schiff vor Boulogne Anker. Es hatte den neuen westfränkischen König an Bord, Ludwig, den Sohn des unglücklichen Karl III. von Westfranken, der seine letzten Lebensjahre in der Gefangenschaft seiner Feinde hatte verbringen müssen. Karls Gemahlin Eadgyfu war daher im Herbst 923 mit ihrem ca. zweijährigen Sohn Ludwig an den Hof ihres Vaters, des Angelsachsenkönigs Edwards I. geflohen; ihre Schwester Eadhild hatte etwa zur gleichen Zeit den *princeps* Hugo Magnus, den gefährlichsten Rivalen Karls III., geheiratet; ihre jüngere Schwester Eadgyd (Edith) wird 929 den künftigen Ostfrankenkönig Otto I. heiraten. Ludwig verbrachte somit seine ganze Kindheit und Jugend in England. Als König Rudolf von Westfranken am 14. oder 15. Januar 936 in Auxerre starb, konnten sich die Großen des Reiches nicht auf einen Nachfolger aus ihren Reihen einigen. So entschloß sich Hugo Magnus, der für seine Person die Königswürde offenbar nicht angestrebt hatte, die Krone dem in angelsächsischem Exil lebenden jungen Ludwig anzubieten. König Athelstan stimmte erst nach förmlichen Sicherheitsgarantien für seinen Neffen der Rückkehr ins Westfrankenreich zu, hielt seine Schwester Eadgyfu aber zunächst noch an seinem Hofe zurück. Die Rückkehr des jungen Herrschers ins Westfrankenreich trug ihm seinen wohl schon von den Zeitgenossen gebrauchten Beinamen *Trans-* oder *Ultramarinus,* der «Überseeische», ein («Louis d'Outremer»). Ludwig wurde am Strand von Boulogne von Hugo Magnus und anderen westfränkischen Großen begrüßt, die dem neuen Herrn sogleich huldigten. Die Großen geleiteten Ludwig nach Laon, wo Erzbischof Artold von Reims am 19. Juni 936 Salbung und Krönung des jungen Herrschers vollzog.

Ludwig wußte sehr wohl, wem er die Krone zu verdanken hatte. Schon in der ältesten von ihm überlieferten Königsurkunde bezeichnet er Hugo als «herausragenden Herzog der Franken» *(dux Francorum egregius),* und in einer am Weihnachtstag des Jahres 936 in Compiègne gegebenen Urkunde betont Ludwig sogar, daß Hugo Zweiter in allen Königreichen sei *(in omnibus regnis nostris secundus a nobis).* Die Bedeutung des Titels *dux Francorum* ist in der Forschung seit über einem Jahrhundert umstritten; es ist hier nicht der Ort, die Frage im einzelnen zu erörtern. Sicher erscheint nur, daß der Rang Hugos über den seiner Mitfürsten herausgehoben werden sollte, auch wenn ich nicht an ein förmliches Vizekönigtum glaube, das man wohl unter dem Eindruck des Verhaltens Hugos in der Folgezeit hat annehmen wollen. Das Verhältnis Ludwigs zu seinem Protektor Hugo war zunächst reibungslos. Ludwig begleitete Hugo auf dessen Feldzug gegen Herzog Hugo «den Schwarzen» (d. h. den Schwarzbärtigen), den Bruder des verstorbenen Westfrankenkönigs Rudolf, der dem übermächtigen *dux Francorum* den Norden Burgunds, insbesondere die wichtige Grafschaft Sens abtreten mußte, die einst Richard «le Justicier», der Vater Hugos des Schwarzen, für Burgund erworben hatte. Anschließend begleitete Ludwig Hugo sogar nach Paris. Der Friede, den Hugo Magnus mit Hugo dem Schwarzen schloß, nutzte allein dem *dux Francorum* und öffnete Ludwig die Augen über die ihm von Hugo zugedachte Rolle. Aber auch die übrigen Großen des Westfrankenreichs konnten sich kaum Illusionen machen über die Machtstellung Hugos, die mit der eines fränkischen Hausmeiers des 8. Jahrhunderts vergleichbar schien. Sie waren daher geneigt, die Position des Königs zu stärken, um ein Gegengewicht gegen die erdrükkende Übermacht Hugos zu schaffen. Ludwig feierte das Weihnachtsfest 936 bereits in der königlichen Pfalz Compiègne, zog von dort nach Laon, wo er seine Mutter traf, die aus England nach Westfranken gekommen war. In Laon ernannte er auch einen neuen Erzkanzler in Gestalt Erzbischof Artolds von Reims, der damit zugleich zu Ludwigs wichtigstem Berater aufstieg. Die Reaktion Hugos ließ nicht lange auf sich warten: er schloß Frieden mit seinem Erzfeind, dem Grafen Heribert II. von Vermandois, während Ludwig den gerade von Hugo gedemütigten Hugo von Burgund zum Markgrafen *(marchio)* erhob und zum Bundesgenossen gewann. Die Fronten waren nun abgesteckt: die Feindschaft zwischen Hugo Magnus und Ludwig war fortan – von ganz kurzen Intervallen abgesehen – der einzige sichere Faktor im politischen Ränkespiel Westfrankens während der Regierungszeit Ludwigs IV. Es ist nicht meine Absicht, die Kämpfe und Intrigen der Folgejahre hier im einzelnen darzustellen; selbst der Fachmann würde rasch die Übersicht verlieren.

Unerläßlich scheint mir dagegen eine knappe Darstellung der an den Kämpfen um die Vorherrschaft in Westfranken beteiligten inner- und außerfränkischen Mächte. Den Fürsten des Südens (Aquitanien, Spanische Mark, Auvergne, Gascogne) kam im inneren Kräftespiel keine hohe Bedeutung zu; weder griffen sie aktiv in das Geschehen nördlich der Loire ein, noch hatten sie Angriffe von dort zu befürchten. Die Fürsten des Südens gelten allgemein als treue Anhänger der Karolinger, was formal fraglos richtig ist. Ich sehe in dieser Anhänglichkeit an die angestammte Dynastie jedoch weniger Treue zum Königshaus als bewußte Distanz zu den Robertinern: mit diesen hatte man gemeinsame Grenzen, mit der Krondomäne des Königs nicht. Immerhin bestanden 941, 944 und 952 lose Kontakte zum westfränkischen König.

Die Beziehungen Ludwigs zu den Fürstentümern im Norden (Bretagne, Normandie und Flandern) waren freundlich. Von der Normandie wird noch mehrfach zu sprechen sein; die Bretagne erkannte – ein Novum seit den Tagen Karls des Kahlen – die formelle Oberhoheit des westfränkischen Königs an. Der Graf und *marchio* von Flandern, ein natürlicher Feind der Herren des Vermandois, gehörte zu den zuverlässigsten Verbündeten Ludwigs. Zu den geschworenen Feinden Ludwigs zählte Heribert II. von Vermandois, ein direkter Nachkomme Karls des Großen über dessen Sohn Pippin von Italien; er besaß u. a. die Grafschaften Amiens, Meaux und Vermandois mit St-Quentin, Grafschaften im Raum Soissons mit der bedeutenden Abtei St-Médard, deren Laienabt er war. Das Verhältnis Ludwigs zu Hugo dem Schwarzen von Burgund war zwiespältig wie zu so vielen großen Herren der Zeit: Er war mehrere Jahre mit ihm verbündet (938–942), zerwarf sich mit ihm und blieb bis zu Hugos Tod (17. Dezember 952) auf Distanz zu dem Burgunder. Der mit weitem Abstand mächtigste Fürst im Westfrankenreich war aber fraglos Hugo «der Große», wobei «Magnus» allerdings zunächst nur «der Ältere» meinte im Gegensatz zu Hugos gleichnamigem Sohn (dem «Capet»). Hugo war der unbestrittene Herr Neustriens und führte schon vor seiner förmlichen Erhebung zum *dux* den Titel eines *marchio;* Hugos Machtbereich (Flodoard von Reims: *terra Hugonis*) umfaßte rund zwanzig (!) Grafschaften, von denen zehn, darunter die Grafschaften Angers, Blois, Chartres, Orléans, Paris, Sens und Tours, dem Robertiner direkt unterstanden; darüber hinaus war er auch noch Laienabt des neben St-Denis reichsten fränkischen Klosters St-Martin in Tours, weshalb er in Urkunden gelegentlich den Titel eines Abt-Grafen *(abba comes)* führte. Wie ärmlich nahm sich daneben die Krondomäne des Königs aus! Er besaß noch einige der alten Pfalzen wie Attigny (seit 951), Compiègne, Corbeny, Douzy, Ponthion u. a., die Grafschaft Laon und insbesondere das feste Laon selbst, wo er sich jedoch erst 938 in den Besitz der Zitadelle setzen konnte, die Laon beherrschte und 928/31 von Heribert II. von Vermandois errichtet worden war. Die Grafschaft Reims hatte Ludwig schon 940 dem Erzbischof übertragen, der damit der erste der sechs Bischöfe (Reims, Laon, Châlons-sur-Marne, Beauvais, Noyon und Langres) ist, die im Westfrankenreich auch Inhaber der gräflichen Gewalt waren, wie dies in Ostfranken im 10. Jahrhundert die Regel wurde. Nicht zufällig stiegen gerade diese Bischöfe im 13. Jahrhundert zu «Pairs de France» auf.

Das Verhältnis Ludwigs zu den fränkischen Reichen in Ostfranken und Burgund wurde früher in Forschung und Literatur unter der Rubrik «Auswärtige Beziehungen» abgehandelt, wovon noch ausführlich zu sprechen sein wird. «Auswärtige Beziehungen» eigener Art unterhielt

Ludwig mit den Ungarn und den Sarazenen, die sich seit ca. 900 im Raum von La Garde-Freinet (im heutigen Dép. Var) verschanzt hatten und von dort aus die Umgegend heimsuchten; sie waren jedoch nur ein Problem für die Fürsten des Südens, Ludwig IV. sah sich niemals direkt mit ihnen konfrontiert. Sehr viel gefährlicher waren die Raubzüge der Ungarn, die das Westfrankenreich mehrfach heimsuchten, insbesondere in den Jahren 937 und 954; beide Male waren vor allem die Diözese Reims und Burgund betroffen. Während diese Züge jeweils über Lothringen geführt hatten, fiel ein ungarischer Raubtrupp des Jahres 951 aus Italien über die Alpen in den Süden ein und kehrte auf demselben Weg nach Italien zurück. In allen Fällen konnte Ludwig es nicht wagen, den Ungarn mit Heeresmacht entgegenzutreten: ein unglücklicher Ausgang des Kampfes hätte mit Sicherheit das Ende seiner Regierung bedeutet und Hugo den Weg zur Herrschaft geebnet; aus demselben Grund waren aber auch Hugo Magnus die Hände gebunden. Die Rivalität zwischen Ludwig und Hugo, die den Ungarn natürlich nicht verborgen geblieben war, verhinderte so – ganz im Gegensatz zu Ostfranken – die Verteidigung des Landes gegen den gemeinsamen Feind.

Das Verhältnis Ludwigs – und Hugos! – zu Ostfranken, konkret: zu Otto dem Großen, ist die zentrale Frage der westfränkischen Politik in den Jahren 939–950 und bedarf daher gesonderter Behandlung. Ich bemerkte bereits, daß die Beziehungen zwischen den genannten Fürsten in der älteren Literatur durchgängig als solche zwischen «Deutschland» und «Frankreich» dargestellt wurden, was einer ganz und gar unhistorischen Betrachtungsweise entspricht, deren Konsequenzen hier an einigen instruktiven Beispielen zu erläutern sein werden. Der Regierungsstil des neuen ostfränkischen Herrschers Otto I. nahm stärker karolingische, die Sonderstellung des Königtums hervorhebende Formen der Herrschaft auf als die eher die «kollegiale» Gemeinsamkeit des Fürstenstandes betonende Politik des Vaters. Dies hatte zu einer schweren Krise des Königtums in Ostfranken geführt, in der mehrere Fürsten, an der Spitze die Herzöge Eberhard von Franken und Giselbert von Lothringen, gemeinsam mit dem jüngeren Bruder des Königs, Heinrich, die Absetzung Ottos anstrebten, wobei sie auch die Tötung des Königs in Kauf zu nehmen gewillt waren. In dieser Situation hatte Giselbert Ludwig IV. die Huldigung für Lothringen angeboten, was Ludwig zunächst abgelehnt, im Frühsommer 939 angesichts der scheinbaren Übermacht der Koalition gegen Otto aber schließlich doch angenommen hatte. Daraufhin verbündete sich Otto mit Hugo Magnus, Heribert II. von Vermandois, Arnulf von Flandern und Wilhelm «Langschwert» von der Normandie, doch in Ostfranken schien nach dem Rheinübergang Giselberts und Eberhards bei Andernach Ottos Niederlage besiegelt. Ein gelungener Überfall zweier fränkischer, mit Otto verbündeter Grafen am 2. Oktober 939 änderte ohne direktes Zutun Ottos mit einem Schlag die politische Großwetterlage: Eberhard von Franken fiel im Kampf, Giselbert ertrank auf der Flucht in den Fluten des Rheins, die Opposition gegen Otto brach zusammen. Ludwig war im Augenblick von Giselberts Tod vielleicht bereits auf dem Zug nach Lothringen gewesen, jedenfalls heiratete er dort sogleich die um etwa sieben Jahre ältere Witwe Giselberts Gerberga, eine Schwester König Ottos. Noch im selben Jahr 939 wurde sie von Erzbischof Artold in Laon gesalbt und gekrönt. Damit war auch Ludwig – zunächst gegen den Willen Ottos – zum Schwager des ostfränkischen Königs geworden, was Hugo Magnus bereits 937 durch die Heirat mit Hathui (Hedwig) erreicht hatte.

Die neue indirekte Verwandtschaft mit Ludwig hinderte Hugo allerdings nicht, sich noch 939 gemeinsam mit Heribert II. von Vermandois zu Otto nach Lothringen zu begeben, was Ludwig mit einer Annäherung an den Normannenfürsten Wilhelm beantwortete, der ihm huldigte und erneut mit den einst von Karl III. von Westfranken an Rollo vergebenen Territorien belehnt wurde. Doch diese Annäherung war nur vorübergehend: Schon im Frühsommer 940 belagerte Wilhelm im Bunde mit Hugo Magnus und Heribert II. die Stadt Reims, wohl aus Zorn darüber, daß Ludwig Erzbischof Artold gerade die Grafschaft Reims verliehen hatte. Artold konnte Reims nicht verteidigen und wurde in das Kloster St-Remi verbannt, während der schon 925 als Fünfjähriger zum Erzbischof von Reims bestellte Hugo, ein Sohn Heriberts II., nun erneut als Erzbischof eingesetzt und der zum Rücktritt gezwungene – von einem Verzichtseid spricht nur Richer – Artold mit den Abteien Avenay und St-Bâle abgefunden wurde. Der Kampf um das Erzbistum Reims, der in den folgenden Jahren im Mittelpunkt der westfränkischen Politik steht, erweist sich so als der auf die Kirchenpolitik übertragene Kampf zwischen Robertinern und Karolingern um die Macht im Westfrankenreich.

Otto war inzwischen von Lothringen aus nach Westfranken vorgestoßen; in Attigny huldigten ihm Hugo Magnus und Heribert, doch von einem Angebot der westfränkischen Krone, wie dies einst 858 in Ponthion geschehen war, ist nicht mehr die Rede. Ludwig zog sich vor der Übermacht nach Burgund zurück, doch auch Hugo der Schwarze wurde zum Nachgeben gezwungen. Hochzufrieden mit dem Erfolg des Feldzuges kehrte Otto im Spätsommer nach Ostfranken zurück, doch Ludwig kämpfte mit dem Mut der Verzweiflung und unternahm einen Einfall nach Lothringen noch im Herbst 940, aber es kam nicht zur Schlacht. Ein Waffenstillstand beendete das lothringische Abenteuer Ludwigs.

Hugo Magnus und Heribert II. beriefen zu Ostern 941 eine Synode nach Soissons, die erwartungsgemäß Artold für abgesetzt erklärte, der seinerseits mit der Exkommunikation der Teilnehmer der Synode reagierte: Hugo, Heriberts Sohn, wurde zum neuen Erzbischof gewählt und in Reims feierlich inthronisiert. Als Ludwig die Belagerung seiner Residenz Laon durch Hugo Magnus und Heribert mit einer eilig zusammengerafften Armee durchbrechen wollte, kam es in den Ardennen zur offenen Feldschlacht, die mit einer vernichtenden Niederlage für Ludwig endete, der nur knapp dem Schlachtentod entrann. Dennoch gelang es den Verbündeten nicht, Laon einzunehmen, wo die Königin Gerberga gerade in diesen Tagen einem Sohn Lothar das Leben schenkte, der dazu berufen war, die Nachfolge des Vaters anzutreten.

Die Niederlage des Jahres 941 lastete freilich immer schwer auf dem König. Ihm wurde unerwartet Hilfe von seiten Papst Stephans VII. zuteil, der eigens einen Legaten nach Westfranken entsandte, um die Großen Westfrankens und Burgunds zur Anerkennung Ludwigs zu ermahnen. Die Intervention des Papstes blieb nicht ohne Wirkung, insbesondere auf die Bischöfe der Reimser Kirchenprovinz, obwohl der Papst dem neu eingesetzten Erzbischof Hugo das Pallium nicht verweigerte und damit ihr Verhalten auf der Synode von Soissons nachträglich billigte.

Auf der Suche nach einem Verbündeten wandte sich Ludwig zunächst an den *marchio* der Normandie, Wilhelm Langschwert, der den König sogleich nach Rouen einlud. Als Ludwig mit neuen Truppen gegen Hugo und Heribert bis zur Oise vorstieß, wurde eine erneute Schlacht vermieden und ein zweimonatiger Waffenstillstand geschlossen. Diese Zeit nutzte Ludwig zu einem Treffen mit Otto I. in Visé-sur-Meuse im Lüttichgau, d. h. auf lothringischem Gebiet. Auf der Seite Ottos nahmen die Erzbischöfe Friedrich von Mainz und Brun von Köln, Ottos Bruder, teil. Die Anwesenheit Hugos, Heriberts II. und Wilhelms Langschwert ist dagegen mehr als fraglich. Schon die Wahl des Treffpunkts in Lothringen implizierte Ludwigs Verzicht auf alle lothringischen Ansprüche, und wahrscheinlich hat er damals auch auf seine Interessen im Viennois verzichtet, wo Konrad von Burgund seit 942 anerkannt war.

Ottos Gegenleistung bestand in der formellen Versöhnung Ludwigs mit Hugo und Heribert, die sich erneut unterwarfen. Für Ludwig war das Treffen von Visé, das wohl nicht ohne das energische Eintreten Gerbergas bei Otto zustandegekommen wäre, von entscheidender Bedeutung, denn fortan stand Otto eher auf seiner Seite denn auf der Hugos. Nicht weniger als siebenmal haben sich Otto und Ludwig zwischen 942 und 950 getroffen, zweimal haben sie bei dieser Gelegenheit das Osterfest in Aachen gefeiert, ein weiteres Mal besuchte Gerberga ihren Bruder in Aachen ohne die Begleitung Ludwigs. Ohne die Beziehungen zu Hugo Magnus je abzubrechen, mit dem er nach Bedarf gleichfalls zusammentraf, neigte Otto fortan doch deutlich Ludwig zu, dessen Position gegenüber Hugo gestärkt war. Doch lag es nicht im

Interesse Ottos, einem der beiden Kontrahenten eine eindeutige Dominanz zu verschaffen.

Nachdem so das Jahr 942 mit einem akzeptablen «modus vivendi» zwischen Ludwig und Hugo Magnus zu Ende ging, war der Grundstein für künftige schwere Auseinandersetzungen schon wieder gelegt: Noch im Dezember fiel Wilhelm Langschwert, der *marchio* der Normandie und Sohn Rollos, einem von Arnulf von Flandern vorbereiteten Mordanschlag zum Opfer. Ludwig zog sofort nach Rouen, um dort Richard, den noch minderjährigen Sohn Wilhelms, mit dem Territorium zu belehnen, über das einst der Vater geherrscht hatte. Aber das war nicht alles: Kurze Zeit später starb Heribert II. von Vermandois, der künftigen Generationen als der Inbegriff des Verräters erschien, da er Karl III. von Westfranken, Ludwigs Vater, lange Jahre gefangengehalten hatte. Eine von Hugo Magnus vermittelte Aussöhnung zwischen den fünf Söhnen Heriberts – darunter Erzbischof Hugo von Reims! – mit dem König blieb nicht von langer Dauer, doch galt das Interesse Ludwigs zunächst der Normandie, wo neu aus Skandinavien eingetroffene Krieger die heidnischen Kulte wiederbelebten und das gesamte Christianisierungswerk der letzten Jahrzehnte in Frage stellten. Der in offener Feldschlacht errungene Sieg Ludwigs über die beiden Anführer der heidnischen Partei, die in der Schlacht fielen, setzte der Gefahr ein Ende und stärkte den Einfluß Ludwigs, der den jungen Richard wahrscheinlich an seinem Hof behielt. Das gute Verhältnis zwischen Hugo Magnus und Ludwig hielt an; neben der – nur vorübergehenden – Aussöhnung mit den Söhnen Heriberts II. vermittelte Hugo auch diejenige mit Arnulf von Flandern, die in der Normandie naturgemäß auf wenig Gegenliebe stieß. Unter dem Eindruck dieser Beweise guten Willens seitens Hugos entschloß sich Ludwig, Hugo erneut den *ducatus Franciae* (Flodoard) und darüber hinaus auch Burgund zu verleihen, was den Bruch mit Hugo dem Schwarzen, seinem alten Verbündeten, bedeutete. Gleichzeitig verschlechterten sich die Beziehungen Ludwigs zu Otto drastisch infolge einer unglücklich verlaufenen Gesandtschaft an dessen Hof.

Innere Streitigkeiten in der Bretagne hatten es den Normannen – in Abwesenheit ihres noch unmündigen *marchio* Richard und des Königs – erlaubt, auf eigene Faust in der Bretagne einzugreifen, die Bretonen in drei blutigen Schlachten zu besiegen und alle Bretonen aus der Normandie zu vertreiben, an deren Stelle Neuankömmlinge aus Skandinavien traten, deren religiöse wie politische Optionen zumindest unsicher erschienen. Ludwig sammelte ein Heer und begab sich nach Norden. Zu seiner eigenen Überraschung zog er ohne Schwertstreich in Rouen ein, während viele ihm feindlich gesonnene Normannen das Land ohne Kampf verließen. Ludwig hatte Hugo aufgefordert, das angebliche Bollwerk des Heidentums, Bayeux, zu belagern, was dieser auch tat. Nach seinem leichten Erfolg in Rouen befahl Ludwig jedoch, daß Hugo die

Belagerung aufgeben solle, wohl weil er diesem den Gewinn von Bayeux nicht gönnte. Kurz darauf hielt Ludwig selbst seinen Einzug in der Stadt, auch hier ohne Kampf und Belagerung. Der König schien auf dem Höhepunkt seiner Macht!

Das seit 942 gute Verhältnis zu Hugo Magnus, auf das jedoch schon im Vorjahr einige Schatten gefallen waren, wurde hierdurch auf das Schwerste belastet. Die im Frühjahr 945 begonnene Belagerung von Reims mit dem Ziel, den seit 943 am Hofe des Karolingers weilenden ehemaligen Erzbischof Artold wieder in seine alte Würde einzusetzen, scheiterte letztlich an der drohenden Haltung Hugos.

Ludwig kehrte in die Normandie zurück, wo er scheinbar allgemein anerkannt war, doch fiel er am 13. Juli 945 zwischen Rouen und Bayeux in einen Hinterhalt, sein Gefolge wurde niedergemetzelt. Ludwig konnte zwar zunächst nach Rouen entkommen, wurde dort jedoch gefangengesetzt und nach längeren Verhandlungen an Hugo Magnus ausgeliefert. Die Normannen hatten die Gestellung des ältesten Sohnes Ludwigs, des damals vierjährigen Lothar, als Geisel gefordert, was Königin Gerberga strikt abgelehnt hatte. Sie mußten sich mit dem Letztgeborenen Karl begnügen, der wahrscheinlich in normannischer Gefangenschaft starb.

Damit schien Ludwig dasselbe Schicksal beschieden wie seinem Vater; in wenigen Monaten war dem Höhepunkt der Macht der tiefste Sturz gefolgt. Hugo Magnus begab sich sogleich nach Lothringen, um die zu erwartenden Demarchen Gerbergas bei ihrem Bruder zu neutralisieren, doch Otto entzog sich der gewünschten Unterredung und entsandte Herzog Konrad von Lothringen. Es konnte nicht in Ottos Interesse liegen, Hugo als den unumstrittenen Herrscher Westfrankens, gewissermaßen als König ohne Krone, anzuerkennen. So zog Hugo unverrichteter Dinge in die *Francia* zurück. Es erscheint unwahrscheinlich, daß er ernsthaft die Absetzung des Königs betrieben hat – er datiert seine Urkunden unverändert nach den Regierungsjahren Ludwigs –, doch der Preis für die Freilassung war hoch: die königliche Residenz Laon, die festeste Stadt Westfrankens, mußte Hugo übergeben werden.

Der freigekommene Ludwig verbündete sich sogleich mit Otto, der an der Spitze eines großen Heeres nach Westfranken zog, dem sich der Karolinger und Arnulf von Flandern anschlossen. Die Einnahme von Laon erwies sich als unmöglich, eine Belagerung als zu zeitraubend, so daß sich das Interesse Ottos auf Reims konzentrierte. Erzbischof Hugo erkannte die Aussichtslosigkeit des Widerstands: Die Belagerer billigten ihm freien Abzug zu, und er zog sich nach Mouzon zurück, ohne formell als Erzbischof abgedankt zu haben. Nach dem Einzug der Könige in Reims wurde Artold feierlich in sein altes Amt eingesetzt.

Das Heer zog noch bis in die Nähe von Paris, doch konnte von einer Belagerung keine Rede sein, zumal Hugo selbst sich nach Orléans zurückgezogen hatte und von dort den Gang der Dinge beobachtete. In der Tat sah Otto sich bald zum Rückzug gezwungen: Der etwa dreimonatige Feldzug hatte als einziges greifbares Resultat die Wiedereinsetzung Artolds gebracht, und der Kampf um das Erzbistum Reims sollte in den Folgejahren im Vordergrund stehen.

Während Ludwig das Osterfest 947 bei Otto in Aachen verbrachte, belagerte Hugo Reims. Doch dieses Mal kapitulierte Artold nicht. Im Sommer 947 trafen Otto und Ludwig erneut am Chiers zusammen, um über die Reimser Frage zu beraten. Die anwesenden Bischöfe bestanden auf einer Synode, die schließlich unter dem Vorsitz Erzbischof Roberts von Trier in Verdun zusammentrat; dort erschien Hugo, obwohl geladen, jedoch nicht. Die Synode erklärte sich einstimmig für Artold als rechtmäßigen Erzbischof, ließ Hugo jedoch eine Einspruchsfrist bis zum 13. Januar 948. Zu diesem Datum trat abermals eine Synode unter Vorsitz des Trierer Erzbischofs zusammen, dieses Mal jedoch in der Peterskirche direkt vor den Mauern von Mouzon, wohin Erzbischof Hugo sich geflüchtet hatte. Dieser begab sich zwar zu einem Gespräch mit Erzbischof Robert vor die Peterskirche, weigerte sich aber, vor der Synode zu erscheinen, die ihn prompt exkommunizierte und Artold erneut als rechtmäßigen Amtsinhaber bestätigte. Die schriftliche Mitteilung an Hugo sandte dieser sofort an Robert zurück mit dem Bemerken, daß er sich in keiner Weise an den Beschluß der Synode gebunden fühle. Artold wandte sich nunmehr direkt an Papst Agapet II. (946–955), um eine endgültige Entscheidung herbeizuführen. Der Papst entsandte in der Tat eigens einen Legaten, den Bischof Marinus von Bomarzo, Bibliothekar der römischen Kirche, zu Otto. Das Konzil wurde zum 7. Juni 948 in die Pfalz Ingelheim bei Mainz einberufen, wo die heilige und Generalsynode *(sancta et generalis synodus)* unter dem Vorsitz des Kardinallegaten in der dortigen Remigius-Kirche (!) zusammentrat. Die päpstliche Kanzlei hatte eigene Einladungsschreiben an bestimmte Bischöfe der *Gallia* und der *Germania* versandt, darunter selbstverständlich auch an Erzbischof Hugo und an dessen Onkel Hugo Magnus, die jedoch beide nicht erschienen, womit der Ausgang des Konzils weitgehend präjudiziert war.

Es verstand sich fast von selbst, daß die Bischöfe aus dem Machtbereich Herzog Hugos an dem Konzil nicht teilnahmen; aber auch Arnulf von Flandern sorgte für die Abwesenheit der Bischöfe von Arras, Thérouanne und Tournai. Mit Ausnahme des Erzbischofs Artold und des aus seinem Sitz vertriebenen Bischofs Rudolf von Laon unterstanden alle übrigen der insgesamt 32 teilnehmenden Bischöfe dem ostfränkischen König. Ludwig war persönlich in Ingelheim erschienen, um die Sache Artolds, die ja auch die seine war, vor dem Legaten und König Otto zu vertreten, dem somit eine Schiedsrichterrolle zufiel.

Die Verhandlungen verliefen im Sinne Ludwigs und Artolds. Schon am 8. Juni fällt das Konzil sein Urteil: Hugo wurde exkommuniziert; die

Bischöfe, die ihn ordiniert hatten (Wido von Soissons und Wido von Auxerre), der von Hugo geweihte Theobald von Amiens und alle übrigen, die von Hugo Weihen empfangen hatten, wurden mit der Exkommunikation bedroht, falls sie nicht bis zur nächsten in Trier angesagten Synode (8. September) Abbitte leisteten. Damit war die «Reimser Frage» endgültig im Sinne Artolds und Ludwigs entschieden; darüber hinaus stellte Otto seinem Schwager ein lothringisches Heer unter Führung Herzog Konrads zur Verfügung. Dieses Heer belagerte zunächst Mouzon, doch glückte es Hugo von Vermandois – Bischof war er nun nicht mehr – zu entkommen. Das Heer belagerte schließlich erfolgreich Montaigu und zog vor das nahe Laon, dessen Einnahme jedoch nicht gelang.

Kurz darauf begab sich Erzbischof Artold mit drei seiner Suffragane zu der auf den 8. September einberufenen Synode von Trier, die sich als die direkte Fortsetzung des Ingelheimer Konzils verstand. Einschließlich des Kardinallegaten waren nur sechs Bischöfe anwesend. Nach einigem Zögern – die Macht Hugos Magnus war ungebrochen – entschloß sich die Synode am 10. September schließlich doch zum letzten Schritt: der Exkommunikation Hugos. Die Synode vermied dabei sorgsam eine politische Begründung wie etwa die Unterstützung Hugos von Vermandois im Kampf um das Erzbistum Reims. Die Exkommunikation Hugos wurde allein mit den Missetaten begründet, die dieser gegen die Besitzungen der Reimser Kirche begangen hatte.

Spätestens hier ist es an der Zeit, den chronologischen Gang der Darstellung für einige Überlegungen grundsätzlicher Natur zu unterbrechen. Es muß auffallen, daß die Entscheidung im Reimser Bistumsstreit im Reiche Ottos und im wesentlichen von Bischöfen aus dessen Reich gefällt wurde; auch zögerte König Ludwig nicht, selbst in Ingelheim zu erscheinen, um dort seine Sache zu vertreten. Nach dem Sprachgebrauch der Historiker des 19. und teilweise auch noch des 20. Jahrhunderts hieße dies nichts anderes, als daß der Streit um das vornehmste «französische» Erzbistum in «Deutschland» und von «deutschen» Bischöfen entschieden wurde, wobei der «französische» König sich nicht scheute, nach «Deutschland» zu reisen, um dort die Sache des «französischen» Bistums Reims zu vertreten – und all dies ohne die leiseste Kritik einer zeitgenössischen Quelle; insbesondere die direkten Gegenspieler Ludwigs, Hugo Magnus und Hugo von Vermandois, um dessen Bistum es ja schließlich ging, kamen offenbar zu keinem Zeitpunkt auf den doch eigentlich naheliegenden Gedanken, die Autorität des Ingelheimer Konzils mit dem Argument zu bestreiten, daß über Angelegenheiten der «französischen» Kirche nicht in «Deutschland» und von «deutschen» Bischöfen entschieden werden dürfe. Hugo Magnus wäre zu einem solchen Einwand am wenigsten berufen gewesen, war er es doch, der 940 Otto I. in Attigny gehuldigt hatte. Dieser Akt des «Hochverrats» hat die französische Historiographie des vergangenen Jahrhunderts stark beschäftigt und zu gewundenen Erklärungen geführt, obwohl der historische Sachverhalt doch eigentlich sehr einfach und eindeutig ist: Alle diese Vorgänge bezeugen lediglich die Tatsache, daß «Deutschland» und «Frankreich» im 10. Jahrhundert noch keine historische Realität sind, sondern das fränkische Großreich, wenn auch geteilt in ein ost- und westfränkisches Reich, noch immer das Denken der Zeit beherrscht. Von «Deutschland» und «Frankreich» wird man erst viel später sprechen können.

Die Jahre 949–953 standen für Hugo Magnus unter dem Motto «Schadensbegrenzung». Die Exkommunikation verfehlte ihre Wirkung nicht, zumal sie im Beisein und unter dem Vorsitz des päpstlichen Legaten ausgesprochen worden war. Eine Exkommunikation durch den Papst selbst mußte daher unter allen Umständen verhindert werden. Ein Wiederaufrollen der Reimser Frage stand nicht zur Diskussion. Die Entscheidung Roms war unwiderruflich, doch Hugos Machtposition hatte sich darum nicht entscheidend verschlechtert, auch wenn Laon Anfang 949 bis auf seinen großen Turm überraschend in die Hände Ludwigs fiel. Alle Versuche Hugos, Laon zurückzugewinnen, blieben ergebnislos.

Zu allem Überfluß bestätigte eine römische Synode unter Vorsitz von Papst Agapet II. die Entscheidungen von Ingelheim und Trier: Hugo Magnus und Hugo von Vermandois blieben somit förmlich exkommuniziert, was seinen Eindruck auf den westfränkischen Episkopat nicht verfehlte. Nachdem Gerberga schon das Osterfest 949 bei Otto in Aachen verbracht hatte, suchte Ludwig Otto nun seinerseits Anfang 950 in Lothringen auf, um Friedensverhandlungen mit Hugo vorzuschlagen. Unter Vermittlung Herzog Konrads von Lothringen kam es im Frühjahr 950 zu einem Grenztreffen Ludwigs mit Hugo an der Marne, an dem auch die Herzöge Konrad von Lothringen und Hugo der Schwarze von Burgund teilnahmen. Hugo erneuerte seinen Lehnseid und gab dem König den Turm von Laon zurück. Als jedoch Ludwig im Frühsommer 950 in Laon krank darniederlag, nutzte Hugo dies sofort zu seinen Gunsten, um sich Amiens' zu bemächtigen, was den gerade erst geschlossenen Frieden sogleich wieder brüchig machte. 951 verbrachte Hugo schließlich das Osterfest bei Otto in Aachen; damit signalisierte Otto, daß ihm die Position Ludwigs hinreichend gefestigt, die Hugos dagegen verbesserungswürdig erschien, um das Gleichgewicht der Kräfte im Westen zu sichern. Die Beziehungen zu Ludwig litten darunter nicht.

Es war kein geringer Schock für Ludwig, als seine Mutter Eadgyfu, die in den Jahren ihres Aufenthalts in Westfranken stets im Schatten der Gerberga gestanden und keinen erkennbaren Einfluß auf die Politik ihres Sohnes gewonnen hatte, ausgerechnet den gleichnamigen Sohn des einstigen Kerkermeisters Karls III. von Westfranken heiratete, der erheblich jünger gewesen sein muß als sie. Eadgyfu floh aus Laon und brach mit ihrem Sohn, der ihr sofort das Wittum Attigny und die Abtei Notre-

Dame in Laon entzog und letztere sogleich seiner Gemahlin Gerberga übertrug. Es war denn auch Gerberga, die nach einer persönlichen Zusammenkunft mit Hugo die erneute Aussöhnung zwischen diesem und ihrem Gemahl einleitete. Am 13. März 953 wurde der Friede in Soissons besiegelt, der zu Lebzeiten Ludwigs nicht mehr gebrochen wurde.

Im Sommer oder Herbst des Jahres gebar Gerberga Zwillinge, die auf die Namen ihrer Großväter Heinrich und Karl getauft wurden. Während Heinrich kurz nach der Taufe starb, war Karl dazu berufen, den Endkampf der karolingischen Dynastie gegen die Robertiner zu führen. Noch im Jahre 953 hatte ihm der Vater Burgund mit dem Königstitel als Ausstattung zugedacht. Die Zeit ist darüber hinweggegangen. Während im Osten Otto mit der Niederwerfung des Aufstandes Herzog Konrads von Lothringen beschäftigt war und in diesem Zusammenhang seinen Bruder Brun zunächst zum Erzbischof von Köln, bald darauf auch zum Herzog von Lothringen machte, ergossen sich von Konrad herbeigerufene Scharen der Ungarn im Frühjahr 954 nach Lothringen und Westfranken. Ludwig scheint das Risiko einer Schlacht gescheut zu haben, jedenfalls ist von kriegerischen Aktivitäten gegen die Ungarn nichts bekannt. Im Sommer verlor Ludwig seinen gleichnamigen, erst fünf Jahre alten Sohn, der offenbar in Laon beigesetzt wurde. Auf dem Weg von Laon nach Reims verfolgte Ludwig einen Wolf; er stürzte vom Pferd und zog sich innere Verletzungen zu. Am 10. September 954 starb er in Reims, wo er im Remigiuskloster (St-Remi) bestattet wurde. Die Beisetzungsfeierlichkeiten wird wohl sein alter Kampfgefährte Artold geleitet haben.

Es ist schwer, ein Urteil über einen Herrscher zu fällen, der in der Blüte des Lebens, nur 33 Jahre alt, gestorben ist. Ludwigs persönlicher Mut und Tatkraft stehen außer Zweifel. Große politische Konzeptionen sind von einem Herrscher, der praktisch sein Leben lang nur um das politische Überleben kämpfte, kaum zu erwarten: Das Ringen mit Hugo Magnus hatte 18 Jahre hindurch seine ganze Kraft in Anspruch genommen. Unter dynastischem Aspekt war es fraglos eine große Tat Ludwigs, die westfränkische Linie des karolingischen Hauses politisch überhaupt wieder zu einem mitbestimmenden Faktor westfränkischer Politik gemacht zu haben, was 923 schon endgültig ad acta gelegt schien. Einen entscheidenden Sieg über die viel mächtigeren Robertiner konnte er nicht erringen, und so hat man ihm denn auch eher vorgeworfen, ihnen auf dem Weg zur Königsherrschaft nur im Wege gestanden und den inneren Machtkampf in Westfranken verlängert zu haben. Eine solche Sicht der Dinge verkennt allerdings, daß sich Hugo Magnus und später auch dessen Sohn Hugo Capet gar nicht ernsthaft um den Erwerb der Königswürde bemühten. Es ist müßig darüber zu spekulieren, ob sich Ludwig bei längerer Herrschaft vielleicht doch gegen Hugo Magnus durchgesetzt haben würde. Wahrscheinlich ist das nicht; sicher ist nur, daß er bis zum letzten Atemzug um seine Königswürde gekämpft hätte.

Lothar (954–986)

Carlrichard Brühl

Lothar 954–986 und Ludwig V. 986–987

Lothar, geb. im letzten Viertel des Jahres 941, 954 Nachfolger des Vaters Ludwig IV.; 960 Belehnung der Brüder Hugo Capet und Otto mit den Dukaten in Franzien und Burgund; 965 Teilnahme am ottonischen Hoftag in Köln; 978 Überfall auf Kaiser Otto II. und Kaiserin Theophanu in Aachen; 984/985 Kämpfe um Lothringen; 984 Einnahme Verduns. Gestorben am 2. 3. 986 in Laon, begraben in St-Remi/Reims. Eltern: Ludwig IV. von Westfranken (gest. 954) und Gerberga, Schwester Kaiser Ottos I. (gest. 968/969). Geschwister: Gerberga, geb. 940 oder 942; Mathilde geb. 943; Karl (945–946), Ludwig (948–954); Zwillinge Heinrich und Karl geb. 953, Heinrich stirbt nach der Taufe, Karl, Herzog von Niederlothringen, stirbt bald nach 992 als Gefangener Hugo Capets. Heirat Anfang 966 mit Emma, Tochter Kaiserin Adelheids aus erster Ehe mit König Lothar von Italien. Kinder: Ludwig V., Kg. 986–987; Otto, gest. 13. 11. vor 986, Kanoniker in Reims. Außerehelich: Arnulf, gest. 5. 3. 1021, 988–991 und 999–1021 Erzbischof von Reims; Richard.
Ludwig V., geb. um 967; am 8. 6. 879 Mitkönig des Vaters Lothar, nach dessen Tod alleiniger Herrscher. Gest. am 21./22. 5. 987 an den Folgen eines Jagdunfalls, begraben in St-Corneille/Compiègne. Keine Nachkommen.
Eltern: König Lothar (954–986) und Emma.
Heirat 982 mit Adelheid (gest. 1026) und Scheidung 984 unsicher.

Der völlig unerwartete Tod des erst 33jährigen Ludwig IV. stürzte das westfränkische Reich erneut in eine schwere Krise. Ludwigs ältester Sohn Lothar (geb. 941) war noch minderjährig und nicht gekrönt, womit der politischen Erpressung Tür und Tor geöffnet war. Zu allem Überfluß konnte Ludwigs Gemahlin Gerberga zu diesem Zeitpunkt keine Hilfe von ihrem Bruder Otto I. erwarten, der in den Jahren zuvor mehrfach zugunsten Ludwigs in die westfränkischen Verhältnisse eingegriffen hatte. Aber Otto war zu diesem Zeitpunkt mit der Niederschlagung des Aufstands seines Sohnes Liudolf in Baiern befaßt, und Brun, der jüngste Bruder Ottos, gerade erst im Vorjahr (953) zum Erzbischof von Köln und wenige Wochen vor Ludwigs Tod zum Herzog Lothringens – *archidux* nennt ihn sein Biograph Ruotger – erhoben worden.

Herr der Situation war somit allein Hugo Magnus. Er unternahm erneut keinen Versuch, sich der Krone zu bemächtigen. Vielmehr empfing er Gerberga (in Paris? in Orléans?), um sie zu «trösten», vor allem aber, um ihr seine Bedingungen zu diktieren, die hart genug waren: Hatte er sich 936 mit einem Herzogtum (Burgund) begnügt, so forderte er jetzt gleich deren zwei: Burgund und Aquitanien. Gerberga blieb gar nichts anderes übrig, als auf Hugos Bedingungen einzugehen, womit Ludwigs IV. Plan, Burgund seinem noch in der Wiege liegenden Sohn Karl zu überlassen, auf der Strecke blieb.

Die feierliche Krönung und Salbung Lothars fand am 12. November 954 in Reims durch Erzbischof Artold statt, der schon 936 Lothars Vater in Laon gekrönt hatte. Hugo Magnus war in Reims anwesend, Brun von Köln dagegen nicht. Nach der Krönung begleitete Hugo den jungen König nach Laon. Im Juni brachen die vereinten Heere Hugos und Lothars zu dem von Hugo schon lange geplanten Feldzug gegen Herzog Wilhelm Werghaupt («Tête-d'Etoupes») von Aquitanien auf. Die Geschichte schien sich zu wiederholen. So wie Ludwig einst mit Hugo gegen den Herzog von Burgund gezogen war, so zog nun Lothar mit Hugo gegen den Herzog von Aquitanien. Dieser hatte sich in die schwer zugängliche Auvergne zurückgezogen. Hugo und Lothar belagerten Poitiers vergeblich und mußten den Rückzug antreten, auf dem ihnen Wilhelm entgegentrat. Hugo beendete die Schlacht zwar siegreich, war aber nicht imstande, den geschlagenen Gegner zu verfolgen. Der Aquitanienfeldzug erwies sich so als ein völliger Fehlschlag. Dennoch durfte Hugo Magnus mit dem Gang der Dinge zufrieden sein, denn Herzog Gislebert von Burgund starb unerwartet am 8. April 956 und hinterließ Hugo das Herzogtum.

Doch es blieb Hugo keine Zeit mehr, sich des gewaltigen Machtzuwachses zu erfreuen, der sich zweifellos auch auf dessen aquitanische Pläne ausgewirkt hätte. Der Herzog erkrankte schwer und starb am 16. oder 17. Juni 956; in St-Denis wurde er neben seinem Großvater Odo bestattet.

Der plötzliche Tod Hugos Magnus war natürlich ein unerwarteter Glücksfall für Lothar und Gerberga. Sie sahen sich von einer erdrückenden Übermacht befreit, zumal Hugos Söhne Hugo, Otto und Odo-Heinrich noch minderjährig waren. Die politisch bisher nie hervorgetretene Witwe Hadwig rückte, ähnlich wie Gerberga für Lothar, in die Rolle der Regentin für ihren ältesten Sohn Hugo ein, der als Hugo «Capet» in die Geschichte eingehen sollte.

Der wahre Regent des Reiches war freilich beider Bruder Brun, Erzbischof von Köln und Herzog von Lothringen, der als der «ehrliche Makler» zwischen Karolingern und Robertinern fast ein Jahrzehnt hindurch, auch nach Lothars Volljährigkeit (seit 956), eine dominierende Rolle in Westfranken spielte. Dies erklärt auch, warum die früher üblichen Königstreffen fast völlig zum Erliegen kamen. In Lothars Regierungszeit begegneten sich der west- und ostfränkische König zwischen 954 und 986 nur zweimal (965 und 980) – gegenüber nicht weniger als sieben oder acht Treffen zwischen 942 und 950. Otto I. wußte allerdings die Angelegenheiten Westfrankens bei Brun in guten Händen, während er selbst nach dem Erwerb der Kaiserwürde (962) fast ausschließlich mit den Geschicken Italiens befaßt war und den Boden Ostfrankens nur noch selten betrat.

Erste Auseinandersetzungen des jungen Karolingers innerhalb seines Reiches mit führenden Adligen, darunter Hugo Capet, waren somit in weitere Bezüge eingebunden. Das Osterfest 959 verbrachten Lothar und Gerberga bei Brun in Köln; bei dieser Gelegenheit forderte und erhielt Brun von Lothar eine förmliche Verzichtserklärung auf Lothringen. Diese auf den ersten Blick befremdlich anmutende Maßnahme Bruns erklärt sich wohl aus der Tatsache, daß die beiden Söhne des lothringischen Grafen Reginar Langhals, Reginar und Lambert, an den westfränkischen Hof geflüchtet waren. Das erregte Bruns nur allzu berechtigtes Mißtrauen.

Das gute Einvernehmen zwischen Brun und Lothar zeitigte noch im selben Jahr seine Früchte: Robert von Troyes hatte Bischof Ansegis aus Troyes vertrieben und sich überdies Dijons bemächtigt. Lothar und Gerberga riefen Brun zu Hilfe, der Troyes belagerte. Der König betrieb die Einnahme Dijons, doch beider Bemühungen waren zunächst vergeblich.

Erst im Herbst 960 erneuerten sie ihre gemeinsamen Anstrengungen, dieses Mal mit besserem Erfolg. Brun konnte Ansegis wieder in sein Bistum einsetzen, und Lothar gewann Dijon zurück. Vor allem aber gelang Brun nun endlich die Aussöhnung Lothars mit den Robertinern: Hugo und Otto suchten den König auf, gelobten Treue und wurden von diesem als Herzöge der Franken und der Burgunder eingesetzt.

Am 30. September 961 war Erzbischof Artold von Reims gestorben. Er hatte sich in jahrelangem erbitterten Kampf gegen Hugo von Vermandois behauptet, der schließlich 948 in Ingelheim abgesetzt und exkommuniziert worden war. Die Brüder Hugos, Albert von Vermandois, ein Schwager Lothars, Heribert der Ältere von Vermandois und Robert von Troyes, forderten nun vom König die Rehabilitierung Hugos und dessen Einsetzung als Erzbischof von Reims. Ein mit Ressentiments gegen das karolingische Herrscherhaus aufgeladener Erzbischof von Reims hätte aber angesichts der schmalen Machtbasis des Königtums eine tödliche Gefahr für Lothar bedeutet. Gerberga eilte daher sogleich zu Brun, um ihn über die erneuten Ansprüche des Hauses Vermandois zu informieren.

Doch der weitere Ablauf des Streits spielte sich in wesentlich ruhigeren Formen ab als in den 40er Jahren. Eine im Gau Meaux auf Befehl Lothars zusammengetretene Synode von 13 Bischöfen der Kirchenprovinzen von Reims und Sens kam zu keiner einhelligen Auffassung und appellierte daher an den Papst. Die Antwort Johannes' XII. ließ nicht lange auf sich warten. Eine römische Synode unter Vorsitz des Papstes und eine weitere Synode in Pavia im Frühjahr 962 erneuerten die Exkommunikation Hugos von Vermandois, die ein römischer Legat im Sommer des Jahres in der Reimser Kirchenprovinz bekannt machte. Damit war die Entscheidung gefallen! Auf Empfehlung Bruns wurde der gelehrte Kanoniker der Kathedrale von Metz, der Lothringer Odelrich zum Erzbischof gewählt und Ende September oder Anfang Oktober 962 geweiht. Hugo zog sich zu seinem Bruder Robert nach Meaux zurück, wo er bald darauf starb.

Rückschläge Lothars in Auseinandersetzungen mit den Normannen wurden damals durch Erfolge in Flandern wettgemacht. Graf Arnulf I. von Flandern, schon zuverlässiger Verbündeter von Lothars Vater Ludwig IV., hatte 958 die Verwaltung der Grafschaft seinem Sohn Balduin übertragen, der jedoch am 1. Januar 962 verstarb. Arnulf sah sich gezwungen, Flandern wieder selbst zu regieren, und übergab Lothar alle seine Lande unter Vorbehalt des Nießbrauchs auf Lebenszeit.

Als Arnulf am 27. März 965 starb, erklärte sich Lothar zu seinem Erben und besetzte Arras, Douai und St-Amand. Der flandrische Adel wählte jedoch den noch minderjährigen Arnulf II., einen Enkel Arnulfs I., zum Grafen. Durch Vermittlung Bischof Roricos von Laon wurde rasch ein Vergleich gefunden: Lothar erkannte Arnulf II. an, und die flandrischen Großen unterwarfen sich dem König, der seine Eroberungen behielt.

Im Mai brach Lothar gemeinsam mit seiner Mutter Gerberga, seinem Bruder Karl und Erzbischof Odelrich von Reims von Laon auf, um das Pfingstfest bei Brun in Köln zu begehen. In Köln trafen sie Kaiser Otto I. und Kaiserin Adelheid mit ihrem Sohn Otto II., die Kaisermutter Mathilde, Herzog Heinrich II. von Baiern, den Neffen Ottos I., die Herzöge Hermann Billung von Sachsen und Friedrich von Oberlothringen, wohl auch dessen Gemahlin Beatrix, die Schwester Hugo Capets, vielleicht sogar König Konrad von Burgund, dazu die Erzbischöfe von Köln und Trier, neun Bischöfe und viele andere mehr. Es war die größte Fürstenversammlung des 10. Jahrhunderts; sie zeigte Otto als den «Familienpatriarchen im gesamtfränkischen Rahmen» auf dem Höhepunkt seiner Macht.

Wir wissen nicht, welche politischen Entscheidungen man auf dem Kölner Hoftag traf. Sehr wahrscheinlich wurden hier jedoch zwei politische Eheverbindungen in die Wege geleitet, zwischen König Lothar und Emma sowie zwischen König Konrad von Burgund und Mathilde. Im folgenden Jahr nämlich erscheint Lothar als der Gemahl Emmas, der Tochter Kaiserin Adelheids aus ihrer Ehe mit König Lothar von Italien. König Konrad von Burgund schließlich empfing im August 966 bereits einen Sohn von seiner zweiten Gemahlin Mathilde, der Schwester König Lothars.

Kaum war Lothar nach Laon zurückgekehrt, standen auch schon neue Zwistigkeiten mit den Robertinern an. Herzog Otto von Burgund war am 23. Februar 965 verstorben. Die burgundischen Großen wählten, ohne sich der Zustimmung Lothars zu versichern, Ottos Bruder Odo-Heinrich zum Herzog, obwohl dieser Kleriker war. Lothar fühlte sich nicht zu Unrecht in seinen burgundischen Interessen bedroht. Der Konflikt brach im Spätsommer 965 in aller Schärfe aus. Wie üblich mußte Brun intervenieren, um seine Neffen zu versöhnen. Während der Verhandlungen in Compiègne erkrankte Brun schwer, wurde nach Reims gebracht und verstarb dort – wahrscheinlich in Gegenwart seiner Neffen und auf jeden Fall Erzbischof Odelrichs – am 11. Oktober 965. Sein Leichnam wurde in Köln beigesetzt.

Der Tod Bruns bedeutet ohne Zweifel einen Einschnitt in der Herrschaft Lothars. Weit über die Zeit der formalen Minderjährigkeit Lothars und später Hugos hinaus hatte Brun als ein «Regent» gemeinsam mit seiner Schwester Gerberga faktisch die Geschicke Westfrankens mitbestimmt und war dabei stets um einen ehrlichen Ausgleich im Interesse beider Neffen bemüht gewesen. Diese Zeit war nun vorbei.

Es ist schon immer gesehen worden, daß der Tod Bruns naturgemäß eine gewisse Entfremdung vom ostfränkischen Hof mit sich brachte, auch wenn Lothar nicht daran denken konnte, zu Lebzeiten Ottos I. eine diesem nicht genehme Politik zu betreiben. Die Distanz zum Kaiserhof vergrößerte sich noch durch den Tod Gerbergas am 5. Mai 968 (oder 969), die in St-Remi/Reims an der Seite ihres zweiten Gemahls Ludwig IV. beigesetzt wurde. Wenige Monate zuvor hatte sie der Abtei reichen Besitz im Raum Meerssen, also in Lothringen, überlassen mit der Maßgabe, für ihr Seelenheil und das ihres ersten Gemahls, Herzog Giselberts von Lothringen, zu beten. Diese enge Bindung Gerbergas an Lothringen könnte für die spätere Lothringenpolitik Lothars durchaus ein Stimulans gewesen sein.

Das Jahr 965 bedeutet aber nicht nur einen Einschnitt in der politischen Geschichte Westfrankens, sondern einen mindestens ebenso wichtigen in der historischen Überlieferung. Der solide, manchmal fast zu wortkarge Flodoard, der seit 919 ein zwar nicht unparteiischer, zumindest aber stets zurückhaltender, um sachlichen Stil bemühter Berichterstatter der politischen Ereignisse vorwiegend im Westen war, legte im Jahre 966 die Feder für immer aus der Hand. Fortan sind wir über die Ereignisse in Ostfranken zuverlässiger unterrichtet als über die im Westen.

Der «Nachfolger» Flodoards, der Mönch Richer aus dem Kloster St-Remi bei Reims, der erst im letzten Jahrzehnt des Jahrhunderts schrieb, ist so ziemlich in allem das genaue Gegenteil Flodoards: Eitel und geschwätzig, siegt bei ihm stets der Literat über den Historiker, der er im Grunde wohl gar nicht sein will. Der Begriff «historische Wahrheit» existiert für ihn so wenig wie «historische Fakten». Diese hatten sich vielmehr seinem frei erfundenen Geschichtsbild, genauer: seiner Gallia-

Ideologie, unterzuordnen. Eine solche Quelle kann natürlich nur mit äußerster Vorsicht benutzt werden und bedürfte theoretisch stets der Bestätigung durch glaubwürdigere Zeugnisse. Doch das Unglück will, daß Richer in diesen Jahrzehnten nur allzu oft unsere einzige Quelle ist. Darum wird selbst in der sogenannten kritischen Geschichtsforschung Richers Darstellung meist einfach nacherzählt. In der Tat liegt es häufig im Ermessen des Historikers, ob er Richer in einem bestimmten Punkt für glaubwürdig halten will oder nicht; verweigert er ihm die Glaubwürdigkeit, so treten an die Stelle der von Richer überlieferten «Fakten» Hypothesen, was gewiß keine befriedigende Lösung ist, aber noch immer besser als die Phantasien Richers.

Für die Jahre 966 bis 973 stellt sich diese Alternative allerdings kaum einmal, weil selbst Richer aus diesen Jahren so gut wie keine Nachrichten zu bieten hat. Hinzu kommt, daß von 970 bis 973 keine einzige Urkunde Lothars überliefert ist. Im Jahre 967 ist Lothar, stets begleitet von seiner Gemahlin Emma, die einen großen Einfluß auf ihn ausübte, sowohl in Flandern (Arras) als auch in Burgund (Dijon) nachweisbar.

Der Tod des kriegerischen, als Kirchenfürst aber wenig beispielhaften Erzbischofs Archembald von Sens Ende August 967 erlaubte Lothar, dem wichtigen Metropolitensitz einen würdigeren Nachfolger in Gestalt des Anastasius zu geben. Nicht viel später, am 6. November 968, starb auch Erzbischof Odelrich von Reims. Zum Nachfolger bestimmte Lothar abermals einen Kanoniker des Metzer Domkapitels, dieses Mal ohne Beeinflussung durch Brun oder Gerberga. Adalbero, ein Neffe Bischof Adalberos I. von Metz (929–964) und Graf Gottfrieds von Verdun, hatte seine Ausbildung im Reformkloster Gorze erhalten. Er sollte der mit Abstand bedeutendste westfränkische Kirchenfürst des 10. Jahrhunderts werden.

Von Lothar hören wir in diesen Jahren praktisch nichts; wir wissen lediglich von einer Gesandtschaft des Archidiakons der Reimser Kirche Gerannus nach Rom im Jahre 972. Auf der Rückreise begleitete ihn mit Erlaubnis Kaiser Ottos der Aquitanier Gerbert, dem eine brillante Karriere beschieden sein sollte.

Der Tod Ottos I. am 7. Mai 973 veränderte schlagartig die politische Großwetterlage. Die Nachfolge Ottos II., der bereits Mitkaiser war, vollzog sich zwar reibungslos, doch alle jene Gewalten, die zu Otto I. in Opposition gestanden hatten, witterten nun Morgenluft. Auch das Verhältnis Lothars zum ostfränkischen Hof war plötzlich ein anderes: Aus dem «jungen Neffen», der den Ratschlägen seiner Onkel Otto und Brun lauschte, war quasi über Nacht ein «elder statesman» geworden, der mit knapp 32 Jahren seinen gerade 18jährigen Vetter Otto II. an Alter und Erfahrung bei weitem übertraf. Der Vorrang des «Patriarchen des Abendlandes» hatte für Lothar außer Frage gestanden; der kaiserliche Ehrenvorrang des jungen Otto war für ihn schwer erträglich. Die erste

Herausforderung des neuen ostfränkischen Herrschers kam denn auch aus dem Westen: Reginar IV. und Lambert, die beiden Söhne des von Otto I. 958 nach Böhmen verbannten Reginar III. Langhals von Hennegau, verließen bei der Nachricht vom Tode Ottos sogleich den westfränkischen Hof, sammelten ein Heer und fielen in ihre alten Stammlande ein. Die Grafen Warner und Rainald, denen Brun 965 die Verwaltung des Hennegaus übertragen hatte, traten ihnen bei Péronne entgegen; beide fielen in der Schlacht.

Die Reaktion Ottos II. ließ nicht lange auf sich warten. Gleich zu Jahresbeginn 974 belagerte er die Brüder in ihrer Burg Boussoit (bei Mons), die zerstört wurde. Reginar und Lambert wurden von Otto II. nach Sachsen exiliert, doch konnten beide entkommen und erneut an den westfränkischen Hof fliehen. Den Hennegau vertraute Otto den beiden Grafen Gottfried von Verdun, dem Bruder Adalberos von Reims, und Arnulf von Valenciennes an.

Die Lage in Lothringen schien damit zunächst wieder stabilisiert, doch Reginar und Lambert waren nicht willens, den Kampf aufzugeben. War Lothar 973 zumindest nach außen nicht in Erscheinung getreten und formal streng neutral geblieben, so gilt dies nicht für den Feldzug von 976. An ihm nahmen sein Bruder Karl teil in der erkennbaren Absicht, sich ein Territorium in Lothringen zu erobern, sowie Otto von Vermandois, Sohn Alberts von Vermandois und Lothars Schwester Gerberga. Karl war inzwischen 23 Jahre alt und nannte noch immer keinen Fußbreit Boden sein eigen, da sich Lothar nicht imstande sah, seinen Bruder aus der Krondomäne standesgemäß auszustatten. Der Feldzug gegen Gottfried und Arnulf begann im Frühjahr 976. Mons, wo sich die beiden Grafen verschanzt hatten, wurde belagert. Es kam zu einer auf beiden Seiten mit Erbitterung geführten Schlacht, in deren Verlauf Graf Gottfried eine schwere Fußverletzung erlitt, während Arnulf sich nach Valenciennes retten konnte. Gottfried wurde nach Mons zurückgebracht, das der Belagerung widerstand, doch wäre es falsch, darum von einem Sieg der ostfränkischen Seite zu sprechen.

Nach dem hennegauischen Unternehmen, das kein voller Erfolg für die westfränkische Seite war, verschlechterte sich das Verhältnis Lothars zu seinem Bruder Karl drastisch. Grund dafür kann nur gewesen sein, daß Karl nach dem in seinen Augen gescheiterten Unternehmen gegen Mons um so energischer eine territoriale Ausstattung einforderte, die Lothar weder gewähren konnte noch wollte. Es ist sehr wohl denkbar, daß Königin Emma ihren Gemahl in dieser Ablehnung bestärkt, ja ihn vielleicht sogar dazu bestimmt hat. Richer macht daraus eine schmutzige Bettgeschichte: Karl habe Emma des Ehebruchs mit dem gerade erst geweihten Bischof Ascelin (Diminutiv von Adalbero!) beschuldigt und sei daraufhin von Lothar des Landes verwiesen worden. In der Tat war Bischof Rorico von Laon am 20. Dezember 976 gestorben, und Lothar hatte noch im Januar 977 seinen Kanzler Adalbero-Ascelin, abermals einen Lothringer und offenbar nicht verwandt mit dem Reimser Metropoliten, zum Nachfolger bestimmt; er wurde zu Ostern 977 in Laon inthronisiert. Lothar konnte nicht ahnen, daß er damit jenen Mann in den Sattel hob, der 14 Jahre später dem karolingischen Geschlecht den Todesstoß versetzen würde. Daß Gerüchte um Emma und Ascelin in Umlauf waren, die wahrscheinlich Karl in die Welt gesetzt hatte, beweist das Konzil von Saint-Macre bei Reims, das wohl in die frühen 80er Jahre datiert werden muß. Es entlastete Ascelin – und damit auch Emma – von allen gegen sie erhobenen Vorwürfen und erhärtet so die Vermutung von Machenschaften Karls gegen die ihm verhaßte Königin.

Während man im Westen einen Rachefeldzug Ottos II. gegen die Reginar-Söhne erwartete, reagierte dieser mit einem diplomatischen Schachzug, den die einen als «coup de maître», andere als schweren politischen Fehler ansahen. Der Kaiser belehnte Reginar IV. und Lambert mit der Grafschaft Hennegau mit Ausnahme von Mons, das Gottfried behalten durfte, der überdies auch noch mit Bouillon entschädigt wurde; vor allem aber erhob er Lothars Bruder Karl zum Herzog von Niederlothringen, der auf diese Weise erstmals über ein größeres Territorium als Lehen gebot. Der westfränkische Hof mußte in dieser Maßnahme eine Brüskierung erblicken. Aber genau das war wohl beabsichtigt als «Dank» Ottos für die mehr oder minder offene Unterstützung, die Lothar 976 dem Feldzug der Reginar-Söhne und Karl gewährt hatte.

Er machte Lothar damit auch deutlich, daß der Kaiser mit einem Herzogtum belohnen konnte, während der König seinem Bruder nicht einmal eine Grafschaft zu bieten hatte. Daß all dies die Gefühle Lothars für seinen ostfränkischen Vetter nicht gerade erwärmte, versteht sich. Otto II. mußte sich übrigens über die Treue Karls sowie Reginars IV. und Lamberts während seiner Regierungszeit nicht beklagen.

Daß Lothar ernsthafte Ambitionen auf Lothringen hegte, mußte dem ostfränkischen Hof spätestens seit 976 klar gewesen sein. Brun hatte schon gewußt, warum er von Lothar 959 eine Verzichtserklärung eingefordert hatte! Lothar hoffte, sich in einem Handstreich der Person Ottos bemächtigen zu können, der im Juni 978 mit seiner schwangeren Gemahlin Theophanu in Aachen weilte. Das Unternehmen scheiterte nur knapp. Es gelang dem kaiserlichen Paar, im letzten Augenblick nach Köln zu entkommen.

Der Zorn Ottos war ungeheuer: Es handelte sich schlicht um einen Überfall, nicht um einen wirklichen Feldzug, zu dem auch gar kein Anlaß bestand. Richer, nach dem die Ereignisse meist erzählt werden, hat hier wieder einmal für Verwirrung gesorgt. Entgegen der Regel, einen Feldzug nicht im Herbst zu beginnen, sagte Otto den Beginn seines Rachefeldzugs auf den 1. Oktober an. Zu diesem Zweck hatte er ein für die Zeit ungewöhnlich großes Heer aufgeboten. An Widerstand war gar nicht zu denken. Das kaiserliche Heer zerstörte Compiègne und Attigny. Laon fiel durch List in seine Hand, der Raum Reims-Laon wurde niedergebrannt und verwüstet mit Ausnahme allerdings der Kirchen, die zu schonen Otto II. befohlen hatte. Er zog bis vor Paris, das er jedoch nicht einnehmen konnte, da Hugo Capet den Seine-Übergang besetzt hielt. Auf dem Rückzug Anfang Dezember, mitten in einer Schlechtwetterperiode, hatte die Armee bei der Überquerung der Aisne Schwierigkeiten. Das Unternehmen gelang, doch der Troß fiel in die Hände des nachrückenden Heeres Lothars. Otto setzte seinen Rückzug unbeirrt fort und war Mitte Dezember wieder in Lothringen.

Dies ist in dürren Worten der Verlauf der militärischen Ereignisse dieses Jahres, wenn man sie allen phantastischen Beiwerks entkleidet, das Richer in reichem Maße bereithält. Natürlich erfordern diese Vorgänge eine politische Erklärung, die nicht einfach zu geben ist. Die Interventionspolitik Lothars besaß keinen konkreten Anlaß, sieht man von den Belehnungen Ottos im Vorjahr ab. Der Vorstoß wurde nur mit der Rückendeckung und ausdrücklichen Zustimmung der Robertiner möglich. Und in der Tat war das Verhältnis Lothars zu Hugo Capet und Heinrich von Burgund spätestens seit 974 ausgesprochen freundlich. Die Robertiner hatten keinerlei Interessen in Lothringen, ein mit Annektionsplänen in Lothringen beschäftigter Lothar konnte ihre Kreise in Burgund und in der *Francia* nicht stören und war damit politisch neutralisiert. Überdies hatte diese Politik Lothars in den Augen der Robertiner den Vorzug, angesichts der realen Machtverhältnisse so gut wie keine Aussichten auf einen dauerhaften Erfolg zu bieten. Es gab in Lothringen keine «westfränkische Partei» mehr, wie dies noch zu Anfang des Jahrhunderts der Fall gewesen war, es gab nur die Absicht Lothars, Lothringen oder zumindest einen Teil seinem Reich einzuverleiben. All dies schloß nicht aus, daß der kleine Erfolg Lothars über die Nachhut Ottos an der Aisne in Westfranken ganz unangemessen zu einem großen Sieg hochstilisiert wurde. Mit der politischen Realität hatte das wenig zu tun, es zeigt aber, wie sehr man sich im Westen nach einem Erfolgserlebnis gegenüber dem übermächtigen Osten sehnte.

Der Feldzug von 978 hatte auch noch eine persönliche Seite in dem Verhältnis Lothars zu seinem Bruder Karl, dem Herzog Niederlothringens, der an Ottos Feldzug teilnahm und sich Laons bemächtigte. In der Forschung wurde mehrfach die Frage erörtert, ob Otto Karl nicht zum Gegenkönig ausersehen und Bischof Dietrich von Metz diesen auch tatsächlich in Laon gekrönt – aber nicht gesalbt – habe. Die Quellenbasis für diese Aussage – eine halbe Zeile in dem von Gerbert redigierten, haßerfüllten Schreiben Bischof Dietrichs von Metz an Karl aus dem Jahre 984 –, ist denkbar schmal. Zunächst einmal wäre zu fragen, warum ein ostfränkischer Bischof gekrönt haben sollte, was doch Sache des Reimser Metropoliten gewesen wäre, der einen solchen Eingriff in seine

Rechte gewiß nicht stillschweigend hingenommen hätte. Adalbero rührte zwar keinen Finger, um Lothar zu helfen, aber eine so entschiedene Kampfansage an Lothar hätte ihm Otto gewiß nicht zumuten wollen und wäre für Adalbero auch nicht akzeptabel gewesen. Pläne für ein Gegenkönigtum Karls mögen bestanden haben, und es kann sogar sein, daß Karl sich in Laon im Schmucke einer Krone gezeigt hat, doch ein förmliches Gegenkönigtum ist 978 nicht ins Leben gerufen worden.

Das Jahr 978 markiert auch insofern einen Einschnitt, als fortan keine militärischen Eingriffe des ostfränkischen Herrschers in Westfranken mehr zu verzeichnen sind. Es mag durch die besondere politische Konstellation des Jahres 978 vorgegeben gewesen sein, verdient aber doch Beachtung, daß Ottos II. einziger «westfränkischer» Verbündeter, Herzog Karl, sein eigener Lehnsmann und geschworener Feind König Lothars war, während die robertinische Karte dieses Mal aus den angegebenen Gründen nicht stach. Dies galt auf der anderen Seite allerdings auch für Lothar, der in Lothringen nicht mehr auf eine «westfränkische Partei» zählen durfte. So unzweifelhaft daher das Jahr 978 einen Markstein im Auseinandertreten Ost- und Westfrankens bedeutet, so gewiß darf dieses Jahr doch nicht als der Beginn einer «deutschen» und «französischen» Geschichte mißverstanden werden.

Eine direkte Folge des Jahres 978 war zunächst, daß Lothar für seine Nachfolge Sorge trug, indem er seinen fast schon volljährigen Sohn Ludwig mit Zustimmung Hugos Capet und anderer Großer zum König wählen ließ, was in dieser Form in Westfranken erstmals geschah. Erzbischof Adalbero krönte und salbte den jungen König am Pfingsttag 979 in Compiègne.

Kaum war klar geworden, daß das Ende der aggressiven Lothringen-Politik Lothars eingeläutet war, da brach auch schon wieder das alte Mißtrauen zwischen beiden Häusern aus. Wohl durch Vermittlung Erzbischof Adalberos begann Lothar geheime Verhandlungen mit Otto, der im Begriffe stand, nach Italien zu ziehen und daher an einem Ausgleich interessiert war. Lothar, Ludwig V. und Otto II. trafen sich an der Grenze im Juni 980 in Margut-sur-Chiers. Lothar verzichtete erneut förmlich auf Lothringen, und man schloß ein Freundschaftsbündnis *(amicitia)*. Bis zu Ottos II. vorzeitigem Tod 983 war Lothringen kein Zankapfel mehr zwischen Ost und West, doch das Treffen von Margut, über das Hugo Capet nicht unterrichtet worden war, trug sogleich zu einer Verschlechterung der Beziehungen zwischen Karolingern und Robertinern bei. Hugo nahm sofort Kontakt zu Otto auf, der sich bereits in Italien befand, und begab sich selbst zum Osterfest 981 nach Rom, wo Otto ein Familientreffen in der Art des Pfingsttags 965 in Köln abhielt. Anwesend waren neben den beiden Kaiserinnen Theophanu und Adelheid Ottos Schwester Mathilde, Äbtissin von Quedlinburg, König Konrad und Königin Mathilde von Burgund, Herzog Otto von Schwaben

Ludwig V. (986–987)
(mit seinen Eltern König Lothar und Königin Emma)

und Baiern, der Sohn Liudolfs (gest. 982), sowie viele Kirchenfürsten Ostfrankens und Italiens, vielleicht auch Adalbero von Reims und Gerbert; im Vergleich zu 965 nahm Hugo Capet den Platz Lothars ein und kehrte als Verbündeter Ottos nach Westfranken zurück.

Dort war inzwischen Emma um eine Heirat ihres Sohnes Ludwig bemüht gewesen. Nach Richer hätte Gottfried «Graumantel» von Anjou die Eheverbindung Ludwigs mit der Witwe des Grafen Raimund von Gothien, Adelheid, einer Schwester Gottfrieds, vorgeschlagen. Das klingt zunächst recht plausibel, doch wird meist vergessen zu betonen, daß Adelheid etwa das Alter von Ludwigs Mutter Emma hatte – eher älter als jünger! – und Ludwig selbst im Jahre 980 bestenfalls 14 Jahre alt war. Die Heirat – wenn sie denn je stattgefunden hat – war nicht glücklich, was niemanden überraschen konnte. Nach Richer hätte Lothar 982 einen eigenen Aquitanienzug unternehmen müssen, um seinen Sohn zurückzuholen. Der Aquitanienzug ist urkundlich belegt, den Grund der Reise nennt nur Richer. Auf jeden Fall blieb das aquitanische Abenteuer, dessen Historizität fragwürdig erscheint, nur Episode.

Nach dem urkundlich gesicherten Aquitanienzug Lothars vom Jahre 982 – Ludwig V. wird nicht ein einziges Mal erwähnt – wurde dessen Interesse wieder ganz von der «lothringischen Frage» beansprucht, nachdem Otto II. am 7. Dezember 983 in Rom verstorben war. Die Nachricht vom Tode des Kaisers war in Ostfranken noch nicht bekannt, als die Erzbischöfe von Köln und Ravenna den dreijährigen Otto III. am Weihnachtstag 983 in Aachen zum König krönten.

Damit wurde der ostfränkische Thronstreit ausgelöst, der erst im Sommer 985 nach erbittertem Ringen sein Ende fand und hier nicht in voller Breite darzustellen ist. Wie wenig noch immer von «deutscher» oder «französischer» Politik gesprochen werden kann, beweist die Tatsache, daß der ranghöchste «französische» Prälat, Erzbischof Adalbero von Reims, die «deutsche», der Trierer Erzbischof Egbert, ein «Deutscher» also, die «französische» Seite unterstützte, ohne daß ihnen dafür von irgendeiner Seite Landesverrat vorgeworfen worden wäre oder ihnen «nationale» Empörung entgegengeschlagen hätte. Der plötzliche Tod Ottos II. hatte die rechtlichen Bande, die er mit Karl von Niederlothringen und den Reginar-Söhnen geknüpft hatte und die sorgsam beachtet worden waren, zerrissen. Es war daher kein Treubruch, daß die Genannten in der neuen Situation die Partei Lothars ergriffen, der wie sein ostfränkischer «Partner» Heinrich der Zänker – beide waren Neffen Ottos I. und somit Vettern zweiten Grades Ottos III. – die Vormundschaft beanspruchte. Lothar war natürlich an der Gewinnung Lothringens interessiert, Heinrich der Zänker dagegen an der Königswürde in Ostfranken. Eine Allianz der beiden Fürsten bot sich an. Gegen eine Unterstützung seiner Aspirationen auf die Königsherrschaft in Ostfranken wollte Heinrich Lothringen dem Westfrankenkönig überlassen

(Herbst 984); der Vertrag sollte am 1. Februar 985 in Breisach, dem «Verräternest» früherer Tage, unterzeichnet werden, doch Heinrich blieb dem geplanten Treffen fern.

Der einzige effektive Weg zur Gewinnung Lothringens war der militärische. Zu einer systematischen Eroberung Gesamtlothringens fehlten Lothar freilich die Mittel. Auch wäre das militärische Risiko sehr hoch gewesen, denn Beatrix von Oberlothringen, die Schwester Hugo Capets und seit Sommer 983 Witwe Herzog Friedrichs von Bar, stand treu auf der Seite Kaiserin Theophanus, der Regentin für ihren minderjährigen Sohn Otto III. So blieb es bei einer Politik der Nadelstiche. Die einzige wirklich umkämpfte Stadt war Verdun, die Lothar nach dem gescheiterten Treffen von Breisach im Februar 985 in einem Überraschungscoup erstmals einnahm, aber bald darauf wieder an eine Koalition der lothringischen Großen verlor. Lothar sammelte eine große Armee – nach Richer 10 000 Mann –, der nicht nur die Wiedereinnahme Verduns gelang, sondern vor allem die Gefangennahme Graf Gottfrieds von Verdun, des Bruders Erzbischof Adalberos. Diese Gefangenschaft sollte die Regierungszeit Lothars und Ludwigs V. überdauern. Die militärischen Ereignisse im Kampf Lothars um Lothringen zeigen, daß Lothar an die Besetzung Gesamtlothringens wohl niemals dachte. In Niederlothringen war sein Bruder Karl Herzog, was ihn von militärischen Abenteuern abhalten mußte, in Oberlothringen stand ihm Herzogin Beatrix entgegen.

Trotz des Friedensschlusses zwischen Theophanu und Heinrich dem Zänker im Sommer 985 in Frankfurt, der wahrscheinlich durch ein Abkommen der Kaiserinnen Theophanu und Adelheid sowie der Herzogin Beatrix im Juli 985 in Metz ratifiziert wurde, scheint Lothar seine aussichtslosen Bemühungen um Lothringen nicht aufgegeben zu haben. Geplante Angriffe kamen freilich nicht mehr zustande. Am 2. März 986 starb Lothar in Laon, nur 44 Jahre alt, und wurde neben seinem Vater im Kloster St-Remi bei Reims beigesetzt.

Der Herrschaftsübergang auf den inzwischen 19jährigen Ludwig V. vollzog sich ohne Schwierigkeiten, da Ludwig seit 979 als Mitregent fungiert hatte. Eine Salbung fand daher nicht statt, doch erneuerten die anwesenden Großen mit Hugo Capet an der Spitze ihren Treueid; eine Krönungszeremonie – zumindest in Form einer Festkrönung – darf als sicher angenommen werden.

Wenn ihm die Geschichte den Beinamen des «Nichtstuers» *(Qui nihil fecit,* «le Fainéant») gegeben hat – der Beiname taucht schon im zweiten Viertel des 11. Jahrhunderts auf –, so ist damit nicht Untätigkeit gemeint. Man könnte ihm mit besserem Recht eine hektische Betriebsamkeit vorwerfen. Doch Ludwigs nur einjährige Herrschaft erlaubte keine effektive Regierung, was spätere Zeiten dann im Sinne herrscherlicher Unfähigkeit deuteten. Königin Emma im Bunde mit Erzbischof Adalbero versuchte, ihren Sohn zu einer Politik der Annäherung an das Ostfrankenreich zu bewegen, was den Verzicht auf eine aggressive Lothringenpolitik impliziert hätte. Dieser Politik dürfte auch Hugo Capet nicht fern gestanden haben, doch entschloß sich Ludwig zu einer Politik der Konfrontation mit Adalbero von Reims, was zugleich den Bruch mit seiner Mutter Emma und seiner Großmutter, Kaiserin Adelheid, bedeutete. Wenn Richer allerdings zu erzählen weiß, einige Ratgeber hätten Ludwig empfohlen, sich unter den Schutz Hugos Capet zu begeben, so ist dies nur eine seiner typischen Dichtungen; für das Regierungsjahr Ludwigs kommt Richer so gut wie keine Glaubwürdigkeit zu.

Als historisch wird der Bruch mit der Mutter zu gelten haben, vielleicht unter dem Einfluß Karls von Niederlothringen vollzogen, der Emma immer haßte. Adalbero von Reims widerstand nur mit Mühe einer Belagerung seiner Bischofsstadt durch Ludwig. Zu einem für Mai 987 in Compiègne geplanten Prozeß gegen den Erzbischof kam es jedoch nicht mehr. Ludwig V., erst zwanzigjährig, erlitt kurz zuvor einen schweren Jagdunfall, an dessen Folgen er am 21. oder 22. Mai 987 starb.

Der König hatte den Wunsch geäußert, an der Seite seines Vaters in St-Remi zu ruhen, doch das politische Interesse gebot rasches Handeln. So wurde er in St-Corneille in Compiègne beigesetzt. Die Beisetzungsfeierlichkeiten leitete Adalbero von Reims, dem für die künftigen Ereignisse eine Schlüsselrolle zufallen sollte, nachdem der letzte direkte Karolingerkönig der westfränkischen Linie gestorben war. Nächster Anwärter auf den Thron war zweifellos Lothars Bruder Karl, Herzog von Niederlothringen, doch dessen Kandidatur war Adalbero nicht erwünscht. Handstreichartig berief er eine Wahlversammlung nach Senlis ein, wo Hugo Capet zum König gewählt wurde. Dieser Dynastiewechsel, der verfassungsgeschichtlich keine Zäsur darstellt, sollte für das künftige Schicksal Westfrankens/Frankreichs von höchster Bedeutung sein.

Hans-Werner Goetz

Hugo Capet
987–996

Hugo Capet, geb. 939/41. Eltern: Herzog Hugo Magnus von Neustrien (923–956), ∞ Hadwig, Tochter König Heinrichs I.; Geschwister: Otto, Herzog von Burgund (960–965), Odo-Heinrich, Herzog von Burgund (965–1002), Beatrix (∞ Herzog Friedrich v. Oberlothringen), Emma (∞ Graf Richard I. v. Rouen). Ehe mit Adelheid, Tochter des Herzogs Wilhelm Werghaupt von Aquitanien, 970; Kinder: Robert (König 987/996–1031). Herzog von Neustrien 960–987; Königswahl 29. 5. 987 in Senlis, Krönung 1. 6. in Noyon, Weihe 3. 7. in Noyon oder Reims; Erhebung Roberts II. zum Mitkönig Ende Dezember 987; 987–991 Auseinandersetzungen (Thronstreit) mit Herzog Karl von Niederlothringen; 991–997 Reimser Bistumsstreit; 991 Synode von St-Basle de Verzy; 992(?) Synode von Chelles; 995 Synode von Mouzon; gest. 24. 10. 996, bestattet in St-Denis.

«Hier endete das Reich Karls des Großen», schrieb zu Beginn des 11. Jahrhunderts ein anonymer Chronist aus dem Bistum Sens, und zu Beginn des 12. Jahrhunderts urteilte Hugo von Fleury: «Als so die zweite ‹Linie› der Frankenkönige [nämlich die Dynastie der Karolinger] endete, wurde das Reich auf eine dritte ‹Dynastie› *(generatio)* übertragen.» Bis weit in unser Jahrhundert hinein betrachtete man aus dem Blickwinkel einer politischen Geschichtsschreibung das Jahr 987, mit dem die neue Herrscherdynastie der Kapetinger einsetzte, die 32 französische Könige stellen sollte, als einen Wendepunkt. Schon im Mittelalter betonte man demgegenüber aber auch die (politische) Kontinuität in einem solchen Maße, daß man den Begründer der neuen Dynastie, Hugo Capet, gelegentlich sogar zu einem Karolinger und legitimen Erben machte. Beides ist historisch natürlich nicht haltbar. Falls Hugos Regierungszeit eine Wendezeit war, dann kaum aus dynastischen, sondern eher aus sozialgeschichtlichen Gründen. Wenn gerade heute wieder eine Reihe vornehmlich französischer Historiker für eine Wende der gesamten Sozialstruktur um die Jahrtausendwende eintritt, so beruht das bislang allerdings eher auf regionalen Studien und ist zur Zeit noch in der Diskussion.

Hugo selbst erntete lange Zeit kein Lob. Ferdinand Lot sah in ihm einen mittelmäßig begabten, schwachen und unsicheren Menschen, der nichts tat, ohne um Rat zu fragen, und dessen Vorsicht zur Kleingeistigkeit verkümmerte. Und noch 1980 meinte Elizabeth Hallam: «Der erste Kapetinger taucht als eine ganz unbedeutende Figur auf.» Erst die umfangreiche Literatur zum 1000jährigen Jubiläum der Krönung (1987) hat hier manches korrigiert und ein angemesseneres Bild des ersten Kapetingers entworfen. Als Hugo Capet bald nach dem frühen Tod des letzten regierenden Karolingers, Ludwigs V., wohl am 29. Mai 987 in Senlis zum König gewählt, am 1. Juni in Noyon gekrönt und am 3. Juli in Reims (oder in Noyon) von Erzbischof Adalbero von Reims geweiht wurde, hatte man tatsächlich, wenig überraschend, den mächtigsten weltlichen Fürsten des westfränkisch-französischen Reichs, den Herzog von Franzien, zum neuen Herrscher gemacht, der schon zuvor die Politik maßgeblich mitbestimmt hatte. Die Thronerhebung Hugo Capets ist daher zu Recht als «logische Konsequenz einer seit langem erworbenen, politischen Vorrangstellung» gedeutet worden (Y. Sassier 314).

Der Sinn einer Kurzbiographie im Rahmen eines Sammelbandes kann nicht darin bestehen, die Ereignisse der Regierungszeit, die in jedem Handbuch nachzulesen sind, nachzuerzählen. Andererseits macht es die Quellenlage des früheren Mittelalters unmöglich, eine anschauliche Persönlichkeitsschilderung zu entwerfen oder gar psychologisierend zu deuten. Im folgenden kann daher nur versucht werden, aus den Handlungen und wenigen Äußerungen Hugo Capets und nicht zuletzt aus dem Bild, das die zeitgenössischen Quellen von ihm entwerfen, nach den Absichten und Richtlinien seiner Politik sowie nach deren Rezeption zu fragen und beides in die strukturellen und ideologischen Rahmenbedingungen und Zeitumstände einzuordnen.

Hugo entstammte der fränkischen Familie der Robertiner, deren Mitglieder, vielleicht ursprünglich in der Gegend um Worms beheimatet, im frühen 9. Jahrhundert Grafen von Angers (Robert der Tapfere) und dann von Paris (Odo) wurden und seither die führende Stellung in Neustrien (dem Gebiet nördlich der Loire), der Kernregion des französischen Königtums, bekleideten. Mit Odo (888–898) und Robert (922–923) hatten sie bereits früher zwei Könige des Westfrankenreichs gestellt. Hugos Vater, Herzog Hugo Magnus, bekleidete in seinem Fürstentum eine königsgleiche Stellung, die auch in seiner Heirat mit Hadwig, einer Schwester des ostfränkischen Königs Otto I., zum Ausdruck kam. Die Nachfolge im Herzogtum hatte der zwischen 939 und 941 geborene Hugo – den Beinamen «Capet», dessen Bedeutung strittig ist, erhielt er erst im 12. Jahrhundert –, nicht schon beim Tod des Vaters (956), sondern erst vier Jahre später, vom König investiert, angetreten. Die Namensgleichheit mit dem Vater deutet an, daß er von vornherein zu dieser Stellung ausersehen war; sein Bruder Otto wurde Herzog von Burgund. Abgesehen von einer kurzen Entfremdung zwischen Hugo und König Lothar in dessen Streit mit dem Ostreich (Otto II.) war Hugo stets königstreu und einer der ersten gewesen, die Lothar den Treueid geschworen hatten (Richer von St-Remi 3,13). Nach dessen Tod im Februar 986 war die Nachfolge Ludwigs V. unstrittig; Hugo wurde gar zu

Hugo Capet (987–996)

dessen Ratgeber bestimmt, «da ein Jüngling durch die Klugheit und Tugend eines solchen Fürsten geformt werden mußte» (Richer 4,1). Als es über der Haltung zum Ostreich jedoch zu einer Entfremdung des jungen Königs mit seiner Mutter Emma und den führenden Bischöfen, voran Adalbero von Reims, kam, stand Hugo auf seiten dieser Fürsten.

Nach Ludwigs unerwartet frühem und söhnelosem Tod infolge eines Jagdunfalls schien Hugos Nachfolge daher nur folgerichtig, und Hugo selbst betonte in einem Antwortschreiben an den Markgrafen von Barcelona, Borrell, daß ihm «das Reich dank der zuvorkommenden Barmherzigkeit Gottes äußerst friedlich zugefallen» sei (Gerbert von Reims, ep. 112); doch ganz so einfach lagen die Dinge wohl nicht. Hugos gut neunjährige Regierungszeit war vor allem von zwei miteinander verwobenen Entwicklungen bestimmt: der Auseinandersetzung mit Herzog Karl von Niederlothringen um die Thronfolge und dem Nachfolgestreit im Erzbistum Reims. Die Karolinger waren nämlich keineswegs ausgestorben, sondern Karl, Bruder König Lothars und damit Oheim Ludwigs V., der früher von der Nachfolge ausgeschlossen worden war, machte nun erbrechtliche Ansprüche geltend und fand dafür wohl auch einen nicht unbeträchtlichen Anhang. Hugos Herrschaft war folglich keineswegs gesichert, und einigen späteren Geschichtsschreibern (wie dem Chronisten von Sens im 11. und Sigebert von Gembloux oder Hugo von Fleury im 12. Jahrhundert) galt Hugo als ein von einer Adelsopposition erhobener Usurpator. Der aquitanische Chronist Ademar von Chabannes glaubte in der jüngsten Fassung seiner Chronik, daß die Franken Karl verlassen und Hugo gewählt hätten. Damit stellte sich die Legitimitätsfrage, und es ist auffällig, daß der wichtigste und ausführlichste Zeitzeuge, der Mönch Richer aus dem Kloster St-Remi bei Reims, dem Erzbischof Adalbero eine lange Rechtfertigung von Hugos Königtum und ein ausführliches Abwehren der Ansprüche Karls in den Mund legte. Formal schien allerdings alles korrekt: Hugo wurde von den Großen gewählt, wie es der Mönch Abbo von Fleury bald darauf im Rahmen seiner politischen Theorie als rechtmäßig fordern sollte, und Erzbischof Adalbero selbst betonte später in einem Brief an Karl, daß es sich hier um einen öffentlichen, nicht um einen «privaten» (familiären) Vorgang handelte (Gerbert von Reims, ep. 122). Ein Erbrecht, so betonte Adalbero, gebe es nicht. Hugos Wahl erfolgte ausgesprochen schnell, wahrscheinlich schon eine Woche nach Ludwigs Tod, wenngleich nicht ganz spontan. Die noch von Ludwig einberufene Versammlung in Compiègne, deren Vorsitz Hugo ohnehin übernahm und die den Erzbischof Adalbero vom Vorwurf des Paktierens mit dem deutschen König freisprach, vertagte sich nämlich noch einmal, weil nicht alle Großen anwesend waren. In Senlis suchte Adalbero, der maßgeblichen Einfluß auf die Wahl nahm, Karls Ansprüche dann mit Erfolg und mit Argumenten zu entkräften, die bezeichnenderweise nicht rechtlicher Natur waren, indem er nämlich auf mangelnde Klugheit, eine – angeblich – unstandesgemäße Heirat mit der Tochter eines Vasallen (Hugos) und vor allem auf die Tatsache hinwies, daß Karl als Herzog von Niederlothringen Lehnsmann des deutschen Königs war. Das war ein gewichtiges Argument in einer Zeit, in der man sich der Eigenständigkeit und der Abgrenzung vom Imperium bewußt wurde, bedeutete aber auch eine Abkehr Adalberos von seiner früheren, ottonenfreundlichen Politik. Die Wahl Hugos empfahl Adalbero, weil dessen Tatkraft *(actus)*, Adel *(nobilitas)* und Macht *(copia)* für ihn sprächen (Richer 4,11), und verschob damit die Kriterien. Sein Wahlvorschlag fand breite Zustimmung, so daß Hugo nach Richer (4,12) einstimmig gewählt wurde. Er war letztlich jedoch von einem Adel erhoben, an dessen Spitze er selbst stand, und in einer Situation, in der ein Eingreifen des Ostreichs wegen der Minderjährigkeitsregierung Ottos III. nicht zu befürchten war (Schneidmüller 170). Hugos Weihe aber folgte vermutlich den erhaltenen, einander recht ähnlichen Krönungsordines, die die sakrale Würde des Königtums betonten.

Schwieriger gestaltet sich die Frage der Legitimität Hugos unter den zuletzt schon angedeuteten ideologischen Gesichtspunkten, war doch die Karolingerherrschaft an sich unbestritten gewesen. (Nach Richer 4, 28 soll Hugo sogar selbst geäußert haben, daß er sich einem *legitimen* Karolinger – nämlich einem unmittelbaren Nachkommen Ludwigs V. – jederzeit gebeugt hätte.) Die früheren Robertinerkönige, auf die die neuere Forschung so gern hinweist, sind kaum als triftiges Argument für Hugos Königtum anzusehen; Gerbert von Reims erblickte in ihnen im Rückblick lediglich *interreges*, königliche Statthalter (ep. 164), und es ist auffällig, daß sich die Zeitgenossen tatsächlich nirgends darauf beriefen, daß Hugo bereits einem Königsgeschlecht entstammte. Ihnen war allein seine Eignung wichtig, galt Ludwig V. einem Klosterchronisten aus Sens doch als der König, «der nichts gemacht hat» (womit er nichts Geschichtswürdiges meinte). In einem Brief an Bischof Adalbero von Laon hatte Erzbischof Adalbero von Reims bereits 985 geschrieben, König Lothar sei eigentlich «nur dem Titel nach König von Frankreich, Hugo [als Herzog] hingegen zwar nicht vom Titel her, wohl aber gemäß Handlung und Tatkraft» (ep. 48); auch Kaiser Otto II. wisse, so Richer (3,83), daß Hugo mächtiger sei als der König.

Gleichwohl suchte Hugo nach seiner Wahl sein Königtum auffällig eng an die karolingische Tradition anzuschließen. Form und Inhalt seiner Urkunden zeugen davon. Sein Titel variierte zwar, doch nannte er sich, mit dem seit Karl dem Einfältigen üblichen Königstitel, meist *Francorum rex*, und auch der Monogrammtyp blieb erhalten. Immer wieder betonte Hugo in seinen Urkunden, daß er dem *mos praedecessorum nostrorum*, der Gewohnheit der Vorgänger, der fränkischen Könige und Kaiser, folge oder daß er bestätigen wolle, «was unsere Vorgänger, die fränkischen Könige, durch die Ausstellung einer Urkunde bekräftigt haben» (Urk. Nr. 4). Die überwiegende Mehrzahl seiner Diplome bestand aus solchen Bestätigungen früherer Verleihungen an Kirchen, «denn es war stets Sitte und Gewohnheit der Könige, unserer Vorgänger, die Kirchen Gottes zu erhöhen» (Urk. Nr. 11). Der konsequente Rückbezug auf die karolingischen Vorgänger und auf das karolingische Herrschaftsverständnis schuf eine Kontinuität des königlichen Selbstverständnisses und der Herrschaftspraxis über den Dynastiewechsel hinweg, ja Hugo entlieh seine Legitimität geradezu aus der karolingischen Tradition, während er gleichzeitig sehr bald die Errichtung einer eigenen Dynastie anstrebte, indem er seinen vielleicht 15jährigen Sohn Robert noch in seinem ersten Königsjahr, Ende Dezember 987, in Orléans zum Mitkönig erhob. Mag das augenblicklich mit der bedrohlichen Situation an den Grenzen gerechtfertigt worden sein – erst dieses Argument soll nach Richer Adalberos Widerstand gegen zwei gleichzeitig regierende Könige gebrochen haben (4,12f.) –, so wurde hier tatsächlich, und offenbar gezielt, die dynastische Erbfolge vorbereitet. Diese Königserhebung hatte ihrerseits nicht nur ottonisch-byzantinische, sondern auch karolingisch-westfränkische Vorbilder, denn Ähnliches hatte Lothar mit seinem Sohn Ludwig veranstaltet (Richer 3,91). Spätestens seit 992 nahm Robert, der *consors regni*, selbständig königliche Handlungen vor.

Hugos Herrschaft war damit noch keineswegs gesichert, denn Karl von Niederlothringen war nicht völlig erfolglos; er nahm Laon und Reims ein und band damit die sonstigen Aktivitäten Hugos, der Laon vergeblich belagerte. Die Bedrohung des jungen Königtums wird in den Quellen anscheinend erst im nachhinein stärker verharmlost, als es der augenblicklichen Situation entsprach. Hugos Herrschaft war auch nicht so unumstritten, wie Richer es hinstellte, denn der König mußte um seine Anhänger werben, wobei viele wahrscheinlich unentschlossen blieben. In einem Brief forderte er den Erzbischof von Sens im September oder Oktober 987 auf, ihm endlich den Treueid zu leisten (Gerbert, ep. 107). Karl wurde schließlich auch nicht im Kampf aufgrund einer etwaigen Übermacht des Königs überwunden, sondern – und das ist bezeichnend – 991 durch eine List Bischof Adalberos von Laon gefangengenommen und in Orléans eingekerkert, wo er bald darauf verstarb. Sein Sohn Otto wurde Herzog von Niederlothringen, spielte im Westen aber keine politische Rolle mehr.

Kennzeichnend für die noch unsicheren Zustände sind auch die Auseinandersetzungen um das Erzbistum Reims, das einen kirchlichen (und politischen) Vorrang in Frankreich ausübte. Wahrscheinlich in der Hoffnung auf Aussöhnung und weitere Annäherung an die Karolinger hatte Hugo als Nachfolger Adalberos hier nicht den designierten Domscholaster Gerbert von Aurillac, den wohl größten abendländischen Gelehrten seiner Zeit, der später als Silvester II. Papst wurde, sondern

Arnulf, einen unehelichen Karolinger, eingesetzt, nachdem dieser ihm Treue geschworen hatte. (Gerbert ging daraufhin, doch nur für kurze Zeit, ins Lager Karls über.) Arnulf aber unterstützte bald, wenngleich nicht ganz offen, Karl. Erst nach dessen Sturz 991 hielt die Synode von St-Basle in Verzy (bei Reims), deren Akten erhalten sind, Gericht über Arnulf und setzte ihn zugunsten Gerberts ab, rief damit aber eine lange Krise hervor. Diese Entscheidung stieß nämlich auf den Widerstand sowohl des Reformmönchtums, dessen Wortführer Abbo von Fleury wurde, wie des Papstes, Johannes XV., der im Zusammenwirken mit dem deutschen Episkopat auf der Synode von Mouzon Anfang Juni 995 Gerbert bis zu einer endgültigen Entscheidung von seinem Amt suspendierte. Diese blieb jedoch aus, und eine Lösung zugunsten Arnulfs wurde erst unter Hugos Sohn und Nachfolger Robert erreicht, der dem Reformmönchtum nahestand. Hugo, der in einem Brief an den Papst zunächst noch beteuert hatte, nicht gegen dessen Entscheidungen angehen zu wollen (Gerbert, ep. 188), war es zeitlebens immerhin gelungen, seinen Kurs zu verteidigen.

Die Krisen und Geschehnisse der Regierungszeit lenken den Blick auf das Verhältnis Hugo Capets zu den Fürsten, auf deren Anhängerschaft er angewiesen war. Das 10. und frühe 11. Jahrhundert war ein Zeitalter des verfassungsgeschichtlichen Wandels in Westfranken/Frankreich. Hatten sich zunächst allenthalben Fürstentümer ausgebildet, deren Herren in ihrem Herrschaftsgebiet eine königsgleiche Stellung bekleideten, so entstanden infolge einer strikteren inneren Organisation und eines verstärkten Burgenbaus bald neue, starke Zwischengewalten in den Kastellanen, die von ihren Burgen aus die Herrschaft über die abhängige Landbevölkerung intensivierten und deren Verwaltungsbezirke immer mehr an die Stelle der alten Grafschaften traten. Man hat deshalb von einer «Atomisierung der Macht» gesprochen (Y. Sassier 290) und die Zeit um 1000 als ein «tragisches Schlüsselmoment in der Geschichte der Landgesellschaft» bezeichnet (Bonnassie, in: Royauté 129). Im Kampf um die Herrschaft befehdeten sich aber auch die Herren untereinander. Im Süden Frankreichs suchten die auf kirchlichen Synoden im Einklang mit den weltlichen Fürsten verkündeten «Gottesfrieden» gerade in dieser Zeit Abhilfe zu schaffen und bedrohten Friedensbrecher mit dem Bann. Eine Ausweitung dieser Bewegung nach Norden fand erst unter Robert II. statt.

Solchen Entwicklungen mußte Hugo Rechnung tragen. Auch als König hielt er sich (mit Ausnahme Compiègnes) mit Vorliebe in den vormals herzoglichen Pfalzen auf. Der französische König war, längst vor Hugo Capet, im wesentlichen auf die Krondomäne beschränkt, die den robertinischen Herrschaftsraum an Loire und Seine (mit den Stützpunkten Orléans, Paris, Senlis) und das karolingische Kerngebiet östlich davon (mit Compiègne, Laon, Reims) umfaßte, jedoch nicht als ein geschlossenes Territorium, sondern als ein Gebiet besonders intensiver Herrschaftsrechte aufzufassen ist: Hier verfügte der Herrscher über Grafschaften, Pfalzen, Grundherrschaften, zahlreiche Kirchen und Klöster, Vasallen, Abgaben, Zölle, Märkte und Gerichtsrechte, aber auch über die Bistümer (vor allem der Kirchenprovinzen Reims und Sens), während ihm außerhalb der Krondomäne nur wenige Kirchen unterstanden und die weltlichen Fürsten – in Ansätzen – nur lose vasallitisch an den Herrscher gebunden waren. Teilnehmer der vom König einberufenen Synoden sowie Empfänger, Intervenienten und Zeugen in Urkunden vermitteln einen konkreten Einblick in die Anhängerschaft und den Einflußbereich Hugo Capets und bestätigen dieses Bild. Auch darin ist eine Kontinuität zu den Karolingern festzustellen. Die Kirchen der Krondomäne spielten eine wichtige Rolle im Reich Hugo Capets und im Königsdienst. Allein aus dem engeren Herrschaftsbereich Hugos sind aus seiner kurzen Regierungszeit immerhin acht Synoden bekannt, die üblicherweise vom König selbst einberufen wurden. Ansonsten scheint Hugo, den von Gerbert überlieferten Synodalakten zufolge, die Reden und Entscheidungen auf der Synode von St-Basle den kirchlichen Teilnehmern überlassen zu haben und trat erst bei der Vollstreckung des Urteils wieder in Erscheinung. Hingegen führte König Robert auf der Synode von Chelles den Vorsitz (Richer 4,89). Auch hier bekräftigte man die Unabhängigkeit des gallischen Episkopats vom Papst. Die Mehrzahl der Bischöfe stand hinter dem König, und es ist bezeichnend, daß der französische Episkopat, von Gerbert abgesehen, geschlossen die vom päpstlichen Legaten anberaumte Synode von Mouzon boykottierte, die über die Reimser Vorgänge entscheiden sollte. Nach Richer (4,99) hatte Hugo den Bischöfen die Teilnahme verboten, begründete sein Fehlen seinerseits aber umgekehrt mit deren Abwesenheit.

Kirchen bzw. vor allem Klöster waren auch die Empfänger der insgesamt wenig zahlreichen (17) erhaltenen, sämtlich im engeren Umkreis Hugos (Compiègne und Paris, Senlis und Saint-Denis) ausgestellten Königsurkunden. Deren Auswertung bleibt allerdings so lange fragwürdig, wie eine kritische Edition fehlt. Die den Robertinern eng verbundenen Klöster St-Vincent in Laon und St-Martin in Tours gehörten zu den ersten Urkundenempfängern. Die Arengen machen eine solche Förderung explizit: «Wenn wir die Forderungen der an etlichen Orten für Gott Streitenden vernehmen und zustimmend entgegennehmen und, indem wir ihnen das Notwendige bereitstellen, der Gewohnheit unserer Vorgänger, der fränkischen Kaiser und Könige, folgen und jenen, von göttlicher Leidenschaft berührt, etwas übertragen oder das Angesammelte durch unsere Verfügungen bestätigen, so wird das ohne jeden Zweifel dem Gewinn der ewigen Seligkeit ebenso nützen wie dem festen Bestand der uns von Gott übertragenen Regierung» (Urk. Nr. 2). Wenngleich für Abfassung und Wortlaut die königlichen Notare verantwortlich zeichnen, spricht aus solchen Äußerungen durchaus das königliche Selbstverständnis. Hugo empfand sein Königtum – traditionell – als ein von Gott übertragenes Amt, die Kirchenförderung als eine königliche Pflicht: «Wenn wir für die Zuträglichkeiten der dem Gottesdienst geweihten Orte und die Notwendigkeiten der dort lebenden Gottesdiener Mittel unserer Erhabenheit aufwenden, so versehen wir unser königliches Amt, und wir zweifeln nicht, dadurch die ewige Seligkeit zu erlangen» (Urk. Nr. 5). Nach Richer (4,37) berief sich Hugo auf das Glück (Fortuna) und den göttlichen Rückhalt. Aus seinen Arengen spricht eine Gottesfürchtigkeit, die doch stets in politischer Ausrichtung auf sein Reich bezogen blieb und damit erneut seine politisch-religiöse Auffassung vom Königtum widerspiegelt: «Denn wir wissen, daß wir zu nichts anderem auf den Gipfel des Königsamts erhoben wurden, als dazu, um, ohne Entgelt von Gott geehrt, ohne Entgelt überall seine Ehre vermehren zu können und sie zu preisen uns zu bemühen» (Urk. Nr. 2). Das gewohntermaßen als Gegenleistung erbetene Gebetsgedächtnis richtete sich durchweg auf den König selbst, seine Gemahlin und seinen Sohn, einmal (Urk. Nr. 8) auch auf seine Vorfahren, aber auch auf den Zustand (Urk. Nr. 6) oder die Stabilität des von Gott verliehenen Reiches (Urk. Nr. 5). Die konkreten Aufgaben erblickten Hugo und sein Sohn Robert darin, »die Reichsrechte genau zu prüfen, alles Schädliche zu beseitigen, alles Nützliche zu verbreiten» (Urk. Nr. 10). Solche Ansprüche mögen einer faktischen «Ohnmacht des Reiches» (Y. Sassier 285) widersprechen, sie zeugen aber von den königlichen Absichten. Wenn Hugo fast nur ältere Rechte bestätigte und kaum neue Verleihungen und Schenkungen vornahm, so mag man das zudem als Absicht werten, seine Rechte zusammenzuhalten. Er bestätigte nicht nur königliche Schenkungen, sondern auch solche von anderer Seite (typisch sind Globalbestätigungen des gesamten Besitzes) und verriet darin eine ebenso pragmatische Auffassung vom Königtum wie in der mehrfachen Betonung des Königsschutzes, der fortan jeden Schaden abwenden sollte.

In der Praxis war Hugo auf die Zustimmung seiner Großen angewiesen, und es ist bezeichnend, daß sich seine Urkunden durchweg «an alle der heiligen Kirche Gottes und unsere Getreuen» richteten, die auch intervenierten und den Vorgang bezeugten. Wenn ein erhaltener Krönungseid sich, wie vermutet wird, auf Hugo Capet bezieht, kommt er einem Wahlversprechen gleich, das den Kirchen ebenso wie dem Volk Recht und Gerechtigkeit sowie königlichen Schutz zusagte. «Wir wollen die königliche Macht in nichts mißbrauchen und ordnen alle Staatsgeschäfte nach dem Rat und Spruch unserer Getreuen», schrieb Hugo wenige Monate nach seiner Wahl an Erzbischof Seguin von Sens (Gerbert, ep. 107), und in einer von Richer (3,82) dem König zugeschriebenen Rede beteuerte dieser, auf den Rat der Getreuen hören zu wollen. *Fideles*, Getreue, war keine leere Worthülse, Hugo forderte vielmehr immer wieder Treue *(fides)* von seinen Untertanen: Siguin wurde ebenso zur Treue (und damit zum Treueid) aufgefordert wie der Markgraf Borrell. «Weil ich mich euch gegenüber als treu erwiesen habe, sollt auch ihr mir nicht treulos werden», soll Hugo den Bürgern von Reims entgegengehalten haben (Richer 4,26), und Arnulf wurde zum Erzbischof erhoben, nachdem er versprochen hatte, Treue zu halten (4,27). Man könnte folgern, daß Hugos gesamtes Regierungssystem auf der *fidelitas*, der – quasi vasallitischen – Treuebindung der Großen, beruhte.

Im engeren Herrschaftsgebiet war Hugo anerkannt. Die Zeugenliste einer Urkunde für Corbie von 988 beweist, daß er nun auch über den vormals karolingischen Herrschaftsbereich verfügte. Durch die Auflösung des Herzogtums wurden die einstigen Vasallen aber zu königsunmittelbaren Fürsten mit selbständigerer Stellung; Graf Odo von Blois etwa betrieb eine eigenständige, letztlich sogar gegen den König gerichtete Politik. Hugo wurde in dessen Fehde mit dem Markgrafen Fulco Nerra hineingezogen und erzwang einen Waffenstillstand. Rodulf Glaber wollte im nachhinein sogar wissen, daß viele Große rebellierten. Letztlich sei, wie man gemeint hat, aus einem starken Herzog ein schwacher König geworden (K.F. Werner).

Außerhalb der Krondomäne besaß Hugo keine konkreten Rechte mehr, wenngleich er als König anerkannt war. Nach Oberlothringen bestanden Verbindungen über Hugos Neffen, den Bischof Adalbero von Metz und den Herzog Dietrich I. Die Hochzeit Roberts II. mit der Witwe des Grafen von Flandern sollte Hugos Kontakte nach Norden erweitern, doch der junge König verstieß seine Frau. Durch Hugos Gemahlin Adelheid, eine Tochter des Herzogs Wilhelm (Werghaupt) von Aquitanien, die er «Gefährtin und Teilhaberin unseres Königtums» nannte (Gerbert, ep. 120), bestand zunächst ein entspanntes Verhältnis zu deren Bruder, Herzog Wilhelm (Eisenarm), der ansonsten aber völlig selbständig in Aquitanien herrschte und mit 32 erhaltenen Urkunden die königliche Urkundentätigkeit weit übertraf! Doch wie schon Lothar in Aquitanien anfangs nicht anerkannt wurde (Richer 3,3), mußte auch Hugo sein Königtum hier anscheinend erst durchsetzen, denn gleich zu Beginn seiner Regierungszeit wollte er ein Heer nach Aquitanien schicken (Gerbert, ep. 112). Die Haltung der Aquitanier gegenüber Hugo schien zu schwanken, wie die verschiedenen Fassungen der Chronik Ademars von Chabannes nahelegen. Wie wenig seine Amtsgewalt hier aber bewirkte, mag eine Anekdote veranschaulichen, die ein späterer Abschreiber dieser Chronik einfügte und die, auch wenn sie in dieser Form erfunden ist, gleichwohl charakteristisch scheint: «Wer hat dich wohl zum Grafen gemacht?» soll Hugo den Grafen Aldebert von Périgueux bei der Belagerung von Tours vorwurfsvoll gefragt haben, worauf jener antwortete: «Wer hat denn dich zum König gemacht?» (Ademar 34). War Hugos tatsächlicher Einflußbereich auch begrenzt, so beanspruchte er dennoch stets die Herrschaft über ganz Westfranken/Frankreich (die «Gallia», wie Richer sagt): Die Wahl machte ihn zum König über «Gallier», Bretonen, «Dänen» (= Normannen), Aquitanier, Goten, Spanier und Wasconen (Richer 4,12) und in einer Urkunde für das Martinskloster in Tours (Nr. 2) bestätigte Hugo den gesamten Klosterbesitz «in Austrien, Neustrien, Burgund, Aquitanien und in den übrigen Teilen unseres Reiches».

Ein entscheidender Gesichtspunkt der Regierungszeit Hugos war das Verhältnis zum ostfränkisch-deutschen Reich und damit zum Kaiserhaus, dem der Kapetinger über seine Mutter verwandtschaftlich verbunden war. Dennoch dachte man kaum mehr an die Existenz des Großfränkischen Reiches zurück, sondern unterhielt gleichsam zwischenstaatliche Beziehungen. Der westfränkische Anspruch auf Lothringen war hingegen keineswegs aufgegeben. Schon unter Lothar war es zu Auseinandersetzungen mit Kaiser Otto II. gekommen. Stand Hugo als Herzog in diesem Streit auch auf seiten Ottos, so rettete ihn nach Richer (3,83) doch ein Bischof davor, in Rom als Schwertträger des Kaisers zu fungieren: Frankreich trat, auch in seinem Selbstbewußtsein, *neben* das Reich. Als König suchte Hugo zunächst noch den Beistand des ottonischen Königshofes gegen Karl zu gewinnen und bat die Regentin, die Kaiserin Theophanu, in Briefen um «Gemeinschaft und Freundschaft», *societas et amicitia* (Gerbert, ep. 120), Elemente, in denen er gleichsam die Grundlagen zwischenstaatlicher Beziehungen erblickte. Nach Karls Ausschaltung aber wurde er deutlicher. Hugo und Robert lehnten es ab, sich dem Urteil von Bischöfen aus dem Osten (auf der Synode von Mouzon) zu unterwerfen. Gerbert von Reims nannte seine Herrscher in einem Brief gar *serenissimi augusti domini nostri* und erhob sie damit begrifflich zu kaiserlicher Würde (ep. 171); Hugo selbst sprach in seinen Urkunden ebenfalls von «unserem Imperium» (Urk. Nr. 10) und betonte, daß er über verschiedene Königreiche verfügte (Urk. Nr. 4). Allenthalben ist eine eifersüchtige Abgrenzung vom Reich zu bemerken (die sich auch darin zeigt, daß ein Lehnsmann der Ottonenkönige als westfränkischer Herrscher nicht mehr in Frage kam). Zumindest aus einer längerfristigen Perspektive war die Wahl von 987 daher, wie man gemeint hat, keine antikarolingische, sondern eine antiostfränkische Entscheidung (B. Schneidmüller 177). Im Wunsch nach Gleichstellung aber orientierte man sich am ostfränkischen Kaisertum. Am deutlichsten wird dies in einem Brief Hugos an die byzantinischen Kaiser Basilius und Konstantin, in dem er – wiederum – um Freundschaft *(amicitia)* und Gemeinschaft *(societas)* warb und eine oströmische Prinzessin für seinen Sohn erbat, da es in den Nachbarreichen keine standesgemäße Frau gebe (ep. 111)! Auch wenn dieser Brief, wie man annimmt, nie abgeschickt wurde, läßt er zumindest die ideologischen Ansprüche erkennen, die das werdende Frankreich in dieser Zeit entwickelte. Gerade zu diesem Zweck mußte Hugo seine Herrschaft aber in die fränkische Tradition stellen.

Aus solchen Entwicklungen, Anschauungen und Tendenzen abschließend Hugos Persönlichkeit und Leistung zu beurteilen, ist nicht leicht. Sonderlich gebildet war Hugo, der die lateinische Sprache nicht oder nicht genügend verstand, anscheinend nicht, denn bei seinem Treffen mit Otto II. in Rom benötigte er einen Bischof als Übersetzer (Richer 3, 85). Der König war absorbiert von den Schwierigkeiten seiner Regierungszeit und machtlos gegenüber den um sich greifenden Strukturveränderungen, jedoch stets bemüht, seine Ansprüche zu betonen, den Rückhalt der Großen zu gewinnen, seine Herrschaft gegenüber allen Bedrohungen zu verteidigen und dem Reich Kontinuität und politisches Selbstbewußtsein zu verleihen. Diplomatische Mittel zog er kriegerischen Auseinandersetzungen vor. Seine Selbstäußerungen zeugen von einer zeitgemäßen Religiosität, doch stellte er darüber konkrete politische Ansprüche nicht hinter (reform-)kirchlichen Forderungen zurück. Sosehr er auch die karolingische Tradition weiterführte, hielt er doch nicht minder am Familienbewußtsein der Robertiner fest und ließ sich nicht, wie die späten Karolinger, in St-Remi, sondern, wie sein Vater, in St-Denis beisetzen, der alten westfränkisch-karolingischen Grablege des 9. Jahrhunderts, in der schon Karl der Kahle, Ludwig III. und Karlmann, aber auch der Robertiner Odo bestattet lagen: Sein Familiensinn verband sich hier symbolisch mit einer Rückkehr zu den alten karolingischen Traditionen.

Die Thronerhebung Hugos beendete die Rivalität wie auch das Gleichgewicht zwischen Karolingern und Robertinern als führenden Familien Nordfrankreichs. Einen Bruch bedeutete Hugos Regierung nach einhelliger neuerer Ansicht nicht, sein Regierungsstil gilt gleichsam als «karolingische Verlängerung» (J.-F. Lemarignier 37). Der konstitutionelle und gesellschaftliche Strukturwandel seiner Epoche aber konzentrierte sich weder auf seine Regierungszeit, noch war er gar durch den König selbst bewirkt oder beeinflußt, doch war Hugo in mancherlei Hinsicht zumindest ein Herrscher *in* einer Phase des Umbruchs. Das prägte seine Zeit und sein Handeln, das von solchen Voraussetzungen her zu beurteilen ist.

Hans-Henning Kortüm

Robert II.
996–1031

Robert II., geb. zwischen 970 und 974 in Orléans; Salbung und Krönung 987 in der Kathedrale Ste-Croix in Orléans; seit dem Tode seines Vaters am 24. Oktober 996 Alleinherrscher; gest. am 20. 7. 1031 in Melun, begraben in St-Denis; Vater: Hugo Capet (gest. 996), Mutter: Adelheid, Tochter des Herzogs Wilhelm Werghaupt von Aquitanien; Stiefbruder(?): Gauzlinus, Erzbischof von Bourges (1012–1030); Schwester: Hadwig, verh. um 1000 mit Reginar IV. vom Hennegau; erste Ehe (988–989) mit Rozala/Susanna, Witwe des Grafen Arnulf II. von Flandern; zweite Ehe (996–1001/1003) mit Bertha, Tochter des Königs Konrad von Burgund und Witwe des Grafen Odo I. von Blois; dritte Ehe (1003/1004–1031) mit Constanze, Tochter des Grafen Wilhelm I. von der Provence und Adelheids von Anjou; vier Söhne und zwei Töchter aus der dritten Ehe: Hugo (gest. 1025), Heinrich I. (1031–1060), Robert (gest. 1076, Hz. von Burgund), Odo (gest.?); Hadwig (verh. mit Reginald von Nevers) und Adela (verh. mit Balduin V. von Flandern). 1006 Erstes Treffen König Roberts II. mit König Heinrich II. an der Maas; um 1015 Übertragung des Herzogtums Burgund an Roberts zweitältesten Sohn Heinrich; 1017 Salbung und Krönung von Roberts ältestem Sohn Hugo zum Mitkönig; 1023 zweites Treffen von Robert II. und Heinrich II. am Chiers; 1027 Salbung und Krönung von Roberts zweitältestem Sohn Heinrich nach dem Tod des erstgeborenen Sohnes Hugo; 1029–1031 Ausbruch von Auseinandersetzungen zwischen Robert II. und seinen Söhnen.

I. Einleitung

Man hat – völlig zu Recht – von der «Porträtlosigkeit» namentlich des frühen Mittelalters gesprochen. Für diesen Zeitraum sieht sich der moderne Historiker auf eine relativ geringe Zahl von biographisch verwertbaren Zeugnissen verwiesen. Es fehlen in aller Regel solche Quellen, die einen unmittelbaren Blick auch in das Innere einer Person ermöglichen könnten. Freilich stellt sich im Falle Roberts II. die Situation als nicht ganz so hoffnungslos dar, wie es zunächst scheinen möchte. Denn im Vergleich zu Hugo Capet (gest. 996), seinem Vater und Vorgänger auf dem Königsthron, erscheint die Überlieferungslage ungleich günstiger. So besitzen wir eine Vita Roberts II. aus der Feder eines Zeitgenossen namens Helgaud, der als Mönch und Priester dem König eng verbunden war und ihn persönlich kannte. Freilich hat dieser Umstand auch dafür gesorgt, daß wir es bei dieser Vita nicht mit einem abgewogenen Bericht über das Leben Roberts zu tun haben. Es handelt sich vielmehr um eine einseitige Parteinahme zugunsten des Königs, die von einem

Robert II. (996–1031)

ausgesprochenen Anhänger der kapetingischen Dynastie verfaßt wurde. Jedenfalls erweisen sich übertriebene Hoffnungen, was den unmittelbaren Quellenwert von Helgaud für die Geschichte Roberts II. angeht, als unbegründet.

Um die Besonderheit Roberts, um die Konturen seiner Persönlichkeit deutlicher hervortreten zu lassen, wird es zunächst notwendig sein, in einem ersten Teil die äußeren Rahmenbedingungen zu skizzieren, an die das Königtum Roberts II. gebunden war. Denn erst, wenn wir in etwa den Spielraum kennen, der dem Kapetinger zur Verfügung stand, die politischen, wirtschaftlichen und geistigen Strukturen, in die sein Königtum eingebunden war, können wir die Leistung und Bedeutung dieses Königs einschätzen. Wir werden dann in einem zweiten Teil versuchen, uns, soweit es die Quellen zulassen, der Person Roberts chronologisch-biographisch zu nähern. Abschließend werden wir uns den wichtigsten Tätigkeitsfeldern Roberts II. zuwenden.

II. Äußere Rahmenbedingungen

Der Tod seines Vaters hatte Robert II. nach neun Jahren der Mitregentschaft 996 zum Alleinherrscher gemacht. Sein Reich stellte ein äußerst komplexes Gebilde dar, das sich schon allein in seinem geographischen Erscheinungsbild grundlegend von dem unterschied, was wir heute unter «Frankreich» verstehen. Seine östliche Grenze verlief damals ungleich weiter westlich und orientierte sich gegenüber seinen beiden Nachbarn, dem deutschen und dem burgundischen Königreich, an den großen Flüssen Schelde, Maas, Saône und Rhône. Mehrfache Versuche der westfränkischen Herrscher, die Grenze weiter nach Osten zu verschieben und insbesondere das alte Stammland der Karolinger, Lotharingien, für sich zu reklamieren, waren – zuletzt am Ende des 10. Jahrhunderts – gescheitert. Die Kapetinger verzichteten für die Dauer von über zwei Jahrhunderten auf eine Grenzkorrektur und erkannten statt dessen die Zugehörigkeit des lotharingischen zum deutschen Reich an. Die Akzeptanz dieser Grenze in der Zeit Roberts II. bezeugen nicht zuletzt die an der Maas und am Chiers stattfindenden Herrscherbegegnungen der Jahre 1006 und 1023. Freilich wäre es verkehrt, moderne Vorstellungen einer nationalstaatlichen Grenze auf mittelalterliche Verhältnisse zumal des 11. Jahrhunderts übertragen zu wollen. Vielmehr ist für diesen Zeitraum von einem Grenzsaum oder Grenzgebiet auszugehen, von Einflußzonen, die jeweils höchst unterschiedlichen Interessen lokaler und regionaler Gewalten ausgesetzt waren. Die Situation an der südwestlichen «Grenze» Frankreichs war dadurch gekennzeichnet, daß sich das ehemals karolingische Einflußgebiet der Spanischen Mark, aus der sich das spätere Katalonien entwickeln sollte, zunehmend dem kapetingischen Einfluß entzog. Aber auch für die anderen Gebiete im Süden und Westen Frankreichs hat man für die Zeit Roberts II. von einer großen «Königsferne» auszugehen. Diese Territorien, die man unter dem Sammelbegriff ‹Aquitanien› subsumierte, umfaßten sich stark voneinander unterscheidende Regionen und Landschaften. Sie wurden vom König nicht aufgesucht. Ein einziges Mal in seiner langen Regierungszeit hat sich Robert II. in den Süden seines Königreichs aufgemacht und in Form einer Pilgerreise zahlreiche heilige Stätten besucht. Wann genau diese Reise stattfand, wissen wir nicht. Sein Biograph Helgaud hat sie als Ausdruck persönlicher Frömmigkeit Roberts II. gewertet, der sein Ende kommen sah.

Auch die damals sehr schwierigen Verkehrsverhältnisse trugen nicht dazu bei, die so unterschiedlich strukturierten Reichsteile enger miteinander zu verbinden. Namentlich das Reisen war aufgrund des schlechten Wegenetzes mit großen Gefahren verbunden. Eines der schwierigsten Probleme stellte immer wieder die Überquerung von Gewässern dar. So wäre Helgaud, wie er berichtet, mitsamt seinen Begleitern fast in der Seine ertrunken, als er diese überqueren wollte. Einzig dem Gebet des frommen Robert hat Helgaud seine Rettung zugeschrieben.

Als besonders fatal erwies sich auch die starke Abhängigkeit der Nahrungsmittelproduktion von der Laune der Natur. So berichtet der zeitgenössische Historiograph Rodulfus Glaber von einer Hungersnot, die man in die Jahre 1005 bis 1006 datiert und die besonders die einfache Bevölkerung traf: «Damals ernährte man sich nicht nur vom Fleisch unreiner Tiere und Reptilien», sondern, wollen wir dem Chronisten Glauben schenken, die Hungersnot nahm ein solches Ausmaß an, daß sogar «erwachsene Söhne ihre Mütter, die Mütter ihre Kinder aufzuessen begannen». Auch wenn moderne Historiker diesem Bericht mit einiger Skepsis gegenüberstehen, so kann doch an der nach wie vor stark schwankenden Verfügbarkeit von Nahrungsmitteln und der entsprechend schwierigen Versorgung kein Zweifel bestehen. Freilich zeichnete sich für die Zeit Roberts II. ein Wandel zum Besseren ab. Dies kann ein Vergleich der sechsundvierzigjährigen Herrschaftszeit Karls des Großen zwischen 768 und 814 mit der ebenso langen Regentschaft von Hugo Capet und Robert II. zwischen 987 und 1031 zeigen. Die Zahl sinkt von acht auf drei Hungerkrisen. Dahinter standen vermutlich Verbesserungen der Agrartechnik und die Erschließung neuer Anbauflächen, die für uns jedoch nur sehr schwer greifbar sind. Ebenfalls spekulativ bleiben im Grunde unsere Kenntnisse auch über jene Gruppe, die zeitgenössische Gesellschaftstraktate als *laboratores*, als die «arbeitenden Menschen» beschrieben. Dieser Umstand ist um so unbefriedigender, als sie die Hauptmasse der Bevölkerung umfaßte, die damals, zumindestens im agrarisch geprägten nord- und mittelfranzösischen Raum, auf dem Lande lebte. Daß wir immer wieder an die Grenzen unseres Wissens stoßen, hängt u. a. damit zusammen, daß authentische Selbstzeugnisse der *laboratores* fehlen. Statt dessen sind wir auf die Berichte der «Beter» *(oratores)* angewiesen. Diese prozentual sehr kleine Gruppe der Weltkleriker und Mönche begegnete der Masse der Bevölkerung mit intellektueller Arroganz, sofern man sie überhaupt zur Kenntnis nahm. Wenn wir den Aussagen führender französischer Sozialhistoriker Glauben schenken dürfen, dann muß die Lage der Bevölkerung und speziell der Bauern zur Zeit Roberts II. ausgesprochen pessimistisch beurteilt werden. Ihnen gelang es nicht, das auf ihnen lastende Joch der Knechtschaft abzuschütteln. Vielmehr nahm der Grad ihrer Unfreiheit eher zu. Bislang noch «freie» Bauern gerieten gegen Ende der Regierungszeit Roberts II. in weiter zunehmende Abhängigkeit und Unfreiheit.

III. Biographisches

«Er war von herausragender Gestalt; sein glattes Haar war wohlfrisiert; die Augen schauten demütig; die Nase war breit und groß; sein süßer Mund eignete sich sehr gut, den heiligen Friedenskuß zu geben; sein Bart sah gepflegt aus; die Schultern waren gerade; die Krone, die er auf dem Kopf trug, machte deutlich, daß er aus einem alten und ehrwürdigen Geschlecht stammte; wenn er auf seinem königlichen Pferde saß, dann berührten – es klingt merkwürdig – die Zehen fast seine Fußsohlen, was bei seinen Zeitgenossen, wenn sie ihn so sehen konnten, als ein Wunder empfunden wurde.» Dieses Porträt Roberts II., das Helgaud uns in seiner Vita gibt, enttäuscht in seiner Dürftigkeit den modernen Leser, der gerne mehr und Genaueres über das äußere Erscheinungsbild des Königs gewußt hätte. Doch lag es gar nicht in der Absicht des Autors, eine realistische Schilderung der königlichen Person zu versuchen. Er konzentrierte sich statt dessen auf wichtige Einzelheiten, die, so wird man mit einigem Recht folgern dürfen, nicht nur für ihn, sondern auch für seine Zeitgenossen bedeutsam waren. Sie stellten mehr als reine Äußerlichkeiten dar. Sie waren immer auch Symbole, Zeichen. So deutete die hervorstechende Größe Roberts auf seinen Adel; mit der Betonung von Haar und Bart verband sich immer auch die Vorstellung von Numinosem und Heilsmäßigem, von königlicher Würde. Nicht ohne Grund hat Helgaud die Demut des königlichen Blicks erwähnt, denn nach mittelalterlicher Vorstellung galten gerade die Augen als ein Spiegel der Seele. Wichtig auch der Umgang Helgauds mit einem körperlichen Defekt Roberts, seiner extremen Zehenverkrümmung. Sie entstellt nicht. Sie ist vielmehr Signum einer besonderen Nähe zu Gott. «Das ständige Gebet zu Gott, das häufige Beugen der Knie, vielfältige Arbeit und Mühsal machten ihn, der an der Spitze des Staates stand, zu einem Vorbild. An ihm konnten die Menschen lernen, wie sie miteinander umzugehen hatten. In der Ratsversammlung wollte Robert am liebsten immer der einfache Mann aus dem Volk sein; er liebte es, sich mit jedermann zu unterhalten; er aß auch nicht allein und mischte sich gerne unter die Leute.» Diese Stilisierung zum Populären und Einfachen dient Helgaud als Nachweis herrscherlicher Demut eines heiligen Königs.

Folgen wir Helgauds Bericht, so ist Robert bei dem berühmtesten Gelehrten seiner Zeit, Gerbert von Aurillac (gest. 1003), ‹zur Schule gegangen›. Seit 972 lehrte dieser mit Ausnahme einer kurzen Unterbrechung zwischen 982 und 984 an der Reimser Domschule. Wenn wir, was am wahrscheinlichsten ist, die Geburt Roberts in das Jahr 973 oder 974 setzen, dann war der junge Robert vielleicht zehn oder elf Jahre alt, als er auf Drängen seiner Mutter Adelheid den Unterricht Gerberts besuchte. Jedenfalls konnte Robert schon lesen, und seine erste Lektüre war, wie damals üblich, der Psalter gewesen. Er verfügte also schon über die elementaren Kulturtechniken des Lesens und Schreibens, als er zu Gerbert kam. Was er bei ihm lernen konnte, war ungleich anspruchsvoller. Die Domschulen bildeten im 10. und 11. Jahrhundert, als es die Universitäten noch nicht gab, die intellektuellen Eliten aus. Auf dem Programm der Reimser Kathedralschule stand eine gründliche Einführung in die sogenannten «Sieben Freien Künste» *(Artes liberales).* Wir besitzen recht detaillierte Informationen über den Lehrplan Gerberts. Der Schwerpunkt lag vor allem auf den mathematisch-naturwissenschaftlichen Fächern des Quadriviums (Musik, Geometrie, Arithmetik und Astronomie). Aber auch die philologischen Disziplinen des Triviums (Grammatik, Rhetorik und Dialektik) wurden intensiv gelehrt. Daher erscheint eine gewisse Skepsis angebracht, inwieweit Robert II. dieses hohe geistige Anforderungen stellende Studienprogramm auch tatsächlich zur Gänze absolvierte, wie man bisweilen mit allzu großem Optimismus angenommen hat. Sicher ist aber, daß Robert, gemessen am Maßstab seiner Zeit, auch «wissenschaftlich» interessiert war. Das zeigt sich an seiner Reaktion auf ein außergewöhnliches Naturphänomen, das sich etwa um das Jahr 1022 im Süden seines Königreiches an der Atlantikküste ereignet hatte. Dort war es drei Tage vor dem Fest von Johannes dem Täufer zu einem «Blutregen» gekommen. Graf Wilhelm von Aquitanien informierte Robert II., der rasch reagierte. Der König setzte eine Kommission ein, die sich aus den führenden Wissenschaftlern der Zeit wie beispielsweise Fulbert von Chartres zusammensetzte und den Ursachen dieses so beunruhigenden Ereignisses nachgehen sollte. Was am Verhalten Roberts II. besonders auffällt, sind zwei Dinge. Einmal wurde das Naturschauspiel in seiner konkreten Manifestation überaus exakt beschrieben, und zum anderen machte der König präzise Lösungsvorschläge, wie man dieses Phänomen «wissenschaftlich» deuten könne. So empfahl er dem Erzbischof Gauzlinus von Bourges, mit Hilfe von Geschichtswerken nach historischen Analogiefällen zu fahnden, wobei er auch eine genaue Quellenangabe der von Gauzlinus herangezogenen Werke erwartete. Robert II. wird sich über den Bericht seiner Untersuchungskommission nicht sonderlich gefreut haben. Denn schon damals trat das ein, was auch heute noch immer wieder geschieht: die Experten kamen zu höchst widersprüchlichen Ergebnissen und Schlußfolgerungen.

Im März oder April 985, also rund zwei Jahre vor der kapetingischen Machtübernahme, ist Robert für uns zum ersten Mal als politische Größe greifbar. Er war damals ungefähr zwölf oder dreizehn Jahre alt. Er befand sich damit nach mittelalterlicher Vorstellung am Ende seiner Kindheit und an der Schwelle der Mündigkeit. Der Eintritt in die Welt der Erwachsenen stand unmittelbar bevor. Sein Vater konnte mit ihm als einer wichtigen Figur auf dem politischen Schachbrett seiner Zeit operieren. So offerierte Hugo Capet sich und seinen Sohn den Ottonen als ideale Bündnispartner. Spätestens das Epochenjahr 987 sollte die immense Bedeutung Roberts für die Konstituierung der kapetingischen Königsdynastie erweisen. Denn in dieses Jahr fiel nicht nur die Wahl und Krönung Hugo Capets, sondern es gelang dem Vater auch, die Krönung seines Sohnes Robert zum *rex Francorum* noch zu Weihnachten durchzusetzen. Zum Zeitpunkt seiner Krönung dürfte Robert etwa fünfzehn oder sechzehn Jahre alt gewesen sein. Es ist daher wenig wahrscheinlich, daß er einen eigenständigen Part in den Ereignissen dieser Zeit spielte. Nach wie vor ist er nur Objekt und nicht Subjekt des politischen Handelns. Dies gilt auch für die weiteren Maßnahmen Hugo Capets, mit denen er versuchte, sein Geschlecht auf dem Königsthron zu etablieren. Ein wichtiger Trumpf in diesem Spiel war sein nunmehr heiratsfähiger Sohn Robert, der eine byzantinische Prinzessin heiraten sollte. Das Vorbild, an dem sich Hugo Capet orientierte, liegt auf der Hand: die Ehe zwischen Otto II. und der aus Byzanz stammenden Theophanu. Die geplante Verbindung kam nicht zustande, weil sie doch wohl die Möglichkeiten der Kapetinger überstieg. Diese sahen sich zudem mit dem Vorwurf der Usurpation konfrontiert. Man wußte auch nicht, ob es sich bei Hugo und Robert nicht doch nur um «Zwischenkönige» *(interreges)* handeln würde, wie feindselig eingestellte Zeitgenossen meinten. Als der Graf von Flandern im März 988 starb und eine Frau und einen Sohn hinterließ, handelte Hugo. Er verheiratete seinen Sohn Robert mit der Witwe Rozala/Susanna. Auf eventuelle Gefühle seines damals wahrscheinlich siebzehnjährigen Sohnes – immerhin war Rozala fast doppelt so alt – nahm der Vater keine Rücksicht. Es handelte sich um eine strategische Allianz. Dies gilt auch für die beiden folgenden Ehen, die Robert in seinem weiteren Leben noch eingehen sollte. Seine zweite Frau Bertha, wie Rozala ebenfalls von königlichem Geblüt und gleichfalls Witwe, war mit dem Grafen Odo I. von Blois verheiratet gewesen. Eine romantische und psychologisierende Geschichtsschreibung hat diese zweite Ehe Roberts (vermutlich April 997) als einen Akt jugendlicher Befreiung gegenüber einem übermächtigen Vater gedeutet. Doch steht dem die Tatsache entgegen, daß sich spätestens 991 Robert von Rozala trennte, «weil sie zu alt war». Diese Aussage eines zeitgenössischen Chronisten erklärt viel besser, warum die Trennung Roberts II. von Rozala unbedingt erforderlich war: Sie hatte ihm – und das mußte auch in den Augen Hugo Capets ihr entscheidendes Manko sein – keine Kinder gebären können. Damit aber war die königliche Dynastie in ihrem Fortbestand existentiell bedroht. Alles hing davon ab, daß Söhne als potentielle Thronfolger zur Verfügung standen. Aber auch die zweite Ehefrau erfüllte die in sie gesetzten Erwartungen nicht, zumal der päpstliche Stuhl Anstoß an dem allzu nahen Verwandtschaftsgrad der beiden Ehepartner genommen hatte. Erst die dritte Gemahlin, Constanze, die Tochter des Grafen Wilhelm von Arles, die Robert 1004 heiratete, schenkte ihrem Gatten die ersehnten männlichen Nachkommen: Hugo, Heinrich, Robert, Odo und darüber hinaus noch zwei Töchter, Hadwig und Adela.

Die Namenswahl ist ein starkes Indiz dafür, daß Roberts ältester Sohn die Nachfolge antreten sollte: Er hieß gleich seinem Großvater Hugo und wurde 1017 zum Mitkönig gekrönt. Auch der Name des zweitältesten Sohnes war Ausdruck eines politischen Programms: Er wurde nach seinem Großonkel väterlicherseits Heinrich benannt, dessen burgundische Herzogswürde er fortführen sollte. Der unerwartete Tod von Roberts II. ältestem Sohn Hugo im Jahre 1025 bedeutete lediglich eine nominelle Modifizierung, aber keine inhaltliche Änderung der Erbfolgeregelung. Nunmehr rückte der zweitälteste Sohn Roberts II., Heinrich, an die Stelle seines verstorbenen Bruders. Er wurde im Mai 1027 zum Mitkönig gekrönt, während umgekehrt sein jüngerer Bruder Robert zwischen 1027 und 1030 zum Erben des burgundischen Herzogtums bestimmt wurde. Die jüngere Forschung hat deutlich machen können, daß Robert II. einem damals im Hochadel üblichen Modell der Erb- und Nachfolgeregelung verpflichtet war, dessen Bedeutung sich bereits Mitte des 10. Jahrhunderts abgezeichnet hatte, als Hugo der Große, also der Großvater Roberts II., eine analoge Maßnahme getroffen hatte. Das Vorgehen Roberts II. bedeutete eine weitere Belastung des ohnehin schon reichlich gespannten Verhältnisses zwischen den beiden Ehegatten. Im Gegensatz zu ihrem Mann hatte Constanze nach dem Tode ihres ältesten Sohnes Hugo eine Krönung von Robert, dem späteren burgundischen Herzog, befürwortet. Sie konnte sich aber nicht durchsetzen, da Odo II. von Blois im Verein mit Wilhelm V. von Aquitanien nach anfänglichem Zögern den königlichen Nachfolgeplan unterstützte. Es war nicht das erste Mal, daß der Hof in zwei Parteien zerfiel. Helgauds Biographie läßt noch etwas von der haßerfüllten Atmosphäre erkennen, die damals am Hofe geherrscht haben muß. Er hat uns Constanze als eine ausgesprochen zänkische, ruhmsüchtige und geldversessene Ehefrau beschrieben, die ihrem Namen «die Beständige» wenig Ehre machte. Freilich hatte die Königin auch allen Grund, mit ihrem Mann ‹unzufrieden› zu sein. Denn dieser war – zusammen mit seiner Exfrau Bertha – vermutlich um das Jahr 1010 nach Rom gereist. Vielleicht machte er sich Hoffnungen auf einen päpstlichen Dispens. Dieser hätte es ihm dann ermöglicht, nach einer Scheidung von Constanze wieder rechtmäßig mit Bertha zusammenzuleben. Da seine zweite Ehefrau aber, wie bereits angedeutet, sehr eng, d. h. im dritten kanonischen Grad mit ihm verwandt war, was nach kirchlicher Auffassung eine Ehe ausschloß, muß Roberts Plan als illusionär bezeichnet werden. Gleichzeitig war er aber auch gefährlich, hätte Robert II. doch die Thronfolge seines damals schon geborenen Sohnes Hugo in Frage gestellt. In dieser schwierigen Situation griff ein Heiliger ein: Sankt Savinianus, der erste Erzbischof von Sens, schlug sich auf die Seite der Königin. Constanze hatte schon befürchtet, «aus dem königlichen Bett vertrieben zu werden». Doch der König kehrte mit leeren Händen aus Rom zurück. «Seit dieser Zeit begann er, seine Frau Constanze zu lieben», meinte wenigstens ein zeitgenössischer Chronist.

IV. Königliche Aktionsfelder

Robert II. hatte auch sonst wenig Glück mit dem päpstlichen Stuhl. Die vermutlich im Jahre 1010 unternommene Romreise bildete den Endpunkt seiner erfolglosen Bemühungen um eine Anerkennung seiner Ehe mit Bertha, die er, entgegen allen Warnungen, 996 geheiratet hatte. Papst Gregor V. (996–999) reagierte empört. Auf zwei Synoden (Pavia 997 und Rom 998) wurden die französischen Bischöfe, die der Ehe ihres Herrschers zugestimmt hatten, exkommuniziert. Robert selbst wurde das Anathem, die ewige Verfluchung, angedroht. Vermittlungsbemühungen des mit den Kapetingern befreundeten Abbo von Fleury, eines der bedeutendsten Repräsentanten des westfränkischen Mönchtums, scheiterten, und das enge Verhältnis zwischen Abt und König begann brüchig zu werden. Erst nachdem Roberts ehemaliger Lehrer Gerbert auf Betreiben Kaiser Ottos III. als Silvester II. (999–1003) den päpstlichen Stuhl bestiegen hatte, kam es zu einer gewissen Klimaverbesserung.

Auch andere königliche Aktionen, wie der langjährige, seit 1005 erbittert geführte Krieg zwischen Robert II. und dem burgundischen Grafen Otto-Wilhelm um das Herzogtum Burgund, belasteten das Verhältnis zwischen König und Mönchtum. Abt Odilo von Cluny (994–1049) machte Robert II. schwerste Vorwürfe, als der König bei einem seiner Feldzüge auch vor einer Zerstörung des Germanus-Klosters in Auxerre nicht zurückschreckte. Ebenfalls zu einem schweren Zwischenfall muß es zwischen dem berühmten Reformabt Wilhelm von Volpiano, dem wir die prächtige Ausgestaltung von St-Bénigne in Dijon verdanken, und dem Königspaar gekommen sein. Constanze und Robert bezichtigten Wilhelm der Kollaboration mit dem burgundischen Widerstand. Doch der Abt wußte sich zu revanchieren. Als die Eltern den Tod ihres ältesten Sohnes Hugo beklagten, empfahl er ihnen mit unverhohlener Kühle, sich doch lieber zu freuen anstatt weiter zu trauern: «Wißt ihr denn nicht, was die Heilige Schrift (2 Sam. 23,13) sagt, daß man unter dreißig Königen kaum drei gute findet?»

Schon eher monastisch geprägten Reformerwartungen entsprach Robert II. mit seinem entschiedenen Auftreten in der Ketzeraffäre von Orléans (1022): «Als der König und alle Anwesenden sahen, daß man die Häretiker nicht von ihrem Irrglauben abbringen konnte, befahl er, in der Nähe von Orléans ein großes Feuer anzuzünden.» Die zeitgenössischen Berichte sind sich uneinig darüber, wieviele «Ketzer» tatsächlich den Tod fanden. Dennoch kommt Robert II. das traurige Verdienst zu, als erster mittelalterlicher Herrscher eine Ketzerverbrennung angeordnet zu haben. So paradox es klingen mag, und so sehr es einem modernen Verständnis christlicher Frömmigkeit widerspricht: Mit seinem entschlossenen Auftreten wahrte Robert seinen Ruf als «Allerchristlichster König». Denn bereits Abbo hatte in seinem Liber apologeticus die entschiedene Ketzerbekämpfung als eine königliche Kardinaltugend definiert. Die harte Reaktion erklärt sich aber vielleicht auch durch den Umstand, daß die als «Manichäer» bezeichneten Ketzer nicht Leute einfacher Herkunft waren. Vielmehr handelte es sich um Intellektuelle, die ausgerechnet in Orléans, in der ‹Hauptstadt› Roberts, kirchliche Führungspositionen innehatten. Sogar der Beichtvater der Königin war als Häretiker überführt worden. Constanze war daher genötigt, in einem spektakulären Akt sich demonstrativ von ihrem geistlichen Vertrauten zu distanzieren: Als er am Morgen zur Richtstätte geführt wurde, schlug sie ihm mit ihrem Stock ein Auge aus. Daß die Affäre von Orléans eine Niederlage für die Königin bedeutete, kann man auch daran erkennen, daß mittlerweile Odalrich, der Kandidat ihres Intimfeindes Odo II. von Blois, als Bischof von Orléans amtierte, während sich Constanzes Favorit Theoderich (1013–1021) aus seinem Bischofsamt hatte zurückziehen müssen. Theoderich hatte anfänglich durchaus auch die Unterstützung Roberts II. genossen. Doch der König konnte es sich zu dem damaligen Zeitpunkt längst nicht mehr leisten, mit seinem mächtigsten Vasallen, Odo II., zu brechen, da dieser im Begriff stand, die Herrschaft auch in der Champagne anzutreten, was durchaus nicht im königlichen Interesse liegen konnte. Denn auf diese Weise wurden die Gebiete königlichen Einflusses durch die ausgedehnten Besitzungen Odos, die sich von der Bretagne im Westen bis an die Grenze Lothringens im Osten erstreckten, gleichsam eingeschnürt und Möglichkeiten königlicher Einflußnahme außerhalb der Krondomänen weiter zurückgedrängt. Bereits die Zeitgenossen haben die prekäre Lage Roberts II. gesehen, dem Odo II. «vieles bald mit Gewalt, bald mit Gerissenheit abgenötigt hatte». Aber auch Odo II. hatte gefährliche Gegner. Besonders mit dem Grafen Fulco III. Nerra von Anjou (987–1040) hatte er zu rechnen. Da Constanze mit dem Hause Anjou, Bertha hingegen, von der sich Robert II. immer noch nicht endgültig zu trennen vermochte, mit dem Hause Blois verwandt war, wurde selbst der königliche Hof zum Schauplatz der Auseinandersetzungen der beiden miteinander rivalisierenden Parteien. Weil Hugo von Beauvais, Pfalzgraf und Vertrauter des Königs, zu Bertha hielt, wurde er auf Anstiften Constanzes und ihres Cousins Fulco Nerra ermordet. Die Attentäter konnten es sich leisten, Hugo vor den Augen eines offensichtlich hilflosen Königs umzubringen.

Auch die Außenpolitik bot wenig Raum für königliche Machtentfaltung. So nimmt man an, daß das zweite Treffen Roberts mit Kaiser Heinrich II. im Jahre 1023 nicht nur der Vorbereitung gemeinsamer kirchenreformerischer Maßnahmen diente, wie Rodulfus Glaber zu wissen glaubte. Die Begegnung fand bei Ivois und Mouzon am Chiers statt. Das diplomatische Zeremoniell betonte die Gleichrangigkeit beider Herrscher, die sich abwechselnd am französischen und am deutschen Flußufer trafen und einander Geschenke überbrachten. Bei ihren Gesprächen dürfte es auch darum gegangen sein, wer im Königreich Burgund das Erbe des söhnelosen Rudolf III. (993–1032) antreten sollte. Dieses Problem begann sich damals bereits abzuzeichnen, obwohl der Burgunder sowohl seinen französischen wie seinen deutschen «Kollegen» überleben sollte. Odo II., der als Enkel König Konrads von Burgund (937–993) Thronansprüche erhob, war als unsichtbarer Dritter am Verhandlungstisch immer präsent. So liegt die Vermutung nahe, Robert II. hätte sich in einer Koalition mit Heinrich II. gegen den Grafen, ihren gemeinsamen Gegner, zusammengefunden. Denn auch der deutsche König fühlte sich als der legitime Erbe des Burgunderreiches. Das gute Verhältnis zum deutschen Nachbarn erfuhr freilich bald eine gewisse Belastung. Robert II. unterstützte die Aspirationen Wilhelms V. von Aquitanien auf die italienische Königskrone und übte deshalb politischen und militärischen Druck auf Lothringen aus. Aufgrund einer fälschlicherweise vermuteten innenpolitischen Instabilität Deutschlands glaubte Robert, einen außenpolitischen Handlungsspielraum zu haben, zumal er mit seinem Hauptwidersacher, Odo II., einen Burgfrieden geschlossen hatte. Doch der neue deutsche König Konrad II. (1024–1039) konnte sich als Nachfolger Heinrichs II. unerwartet rasch durchsetzen; der aquitanische Herzog verzichtete für sich und seinen Sohn auf die italienische Krone, Robert II. selbst war infolge des unerwarteten Todes seines ältesten Sohnes im Jahre 1025 gezwungen, die Thronfolge neu zu ordnen. Daher endete die in der älteren Forschung dramatisierte Krise ebenso schnell, wie sie begonnen hatte.

Wenigstens innenpolitisch konnte Robert II. die Gunst der Stunde nutzen. Er öffnete sich der großen Reformbewegung des Gottesfriedens, als diese aus dem aquitanischen Süden kommend auch in den mittel- und nordfranzösischen Diözesen Einzug hielt. Speziell für das in langwierigen Feldzügen zwischen 1003 und 1015 eroberte Herzogtum Burgund, das so lange und so hartnäckig Widerstand geleistet hatte, bot die Gottesfriedensbewegung die Chance, beschädigtes königliches Ansehen wieder aufzupolieren. Denn dem König war in besonderer Weise der Schutz der Armen, der Witwen und Waisen aufgetragen. Man wird im Fall Roberts gleichwohl die praktische Bedeutung dieser Bewegung, die aus wirtschaftlichen Motiven von den Fürsten unterstützt und auf Diözesanebene von den Bischöfen organisiert wurde, nicht überschätzen dürfen. Für das politische Prestige des Königs ist vielleicht bereits bei den Zeitgenossen, ganz sicher aber bei der Nachwelt ein anderer Umstand ungleich wichtiger geworden, der Robert auch das Etikett eines «Frommen» eintragen sollte. Er erkannte, gezwungen durch seine politische Schwäche, die Chancen, die in der Sakralität seines Königtums lagen: «Die göttliche Kraft verlieh dem vollkommenen Robert auch die überaus große Gnade, Menschen von schmerzhaften Krankheiten heilen zu können. Dazu berührte die so heilige königliche Hand die Wunde und machte über dem Kranken das Kreuzzeichen.» Spätestens mit seiner Erwähnung königlicher Wunderheilungen machte Helgaud unmißverständlich klar, daß es sich bei Robert II. wirklich um einen Heiligen handelte. Dessen – geglückte – Wunderheilungen waren Bestätigung und unwiderlegbarer Beweis der schon früher vom Chronisten behaupteten königlichen Heiligkeit. Wie bereits vor ihm der «heilige» Abbo nahm sich auch Robert in der Nachfolge Christi in besonderer Weise der Aussätzigen an. Und wie der Abt aus Fleury bediente sich der kapetingische König kontaktmagischer Formen. Durch körperliche Berührung übertrug er göttliche Heilkraft auf den Kranken. Die Konzeption des «roi thaumaturge», des wundertätigen Königs, ist von späteren Kapetingern, beginnend mit Roberts Enkel Philipp I. (1060–1108), ausgebaut und verfeinert worden. Dieser Umstand erweist die politische Zugkraft einer Herrschaftsideologie, die auf «Heiligkeit» setzte. Daß Robert II. aus der strukturellen Not seines Königtums eine politische Tugend persönlicher Frömmigkeit zu machen verstand, sichert ihm zu Recht das Gedenken der Nachwelt.

Egon Boshof

Heinrich I.
1031–1060

Heinrich I., geb. 1009/1010; gest. 4. 8. 1060 in Vitry-aux-Loges; bestattet in St-Denis. Zweiter Sohn Roberts II. und der Konstanze von Arles; Brüder: Hugo, Robert, Odo; Schwester: Adele. 1017 Herzog von Burgund; 1027 Mitkönig (Pfingsten Krönung in Reims); 20. 7. 1031 König; Mai 1033 Zusammenkunft mit Kaiser Konrad II. in Deville – Vereinbarung der Ehe mit Konrads Tochter Mathilde (gest. 1034); dann Ehe mit Mathilde (gest. 1044; bestattet in St-Denis), einer Verwandten des Kaisers; 1051 Vermählung mit Anna, Tochter des Großfürsten Jaroslaw von Kiev; Kinder: Philipp (geb. 1052, nach Ende Mai), Robert (geb. vor Juni 1054), Hugo; 10. 11. 1037 Schlacht von Bar; Tod Odos II. von Blois-Champagne; 1041 Niederschlagung des Aufstandes des Bruders Odo; April 1043 Treffen mit Heinrich III. in Ivois; 21. 8. 1044 Schlacht von Nouy; Januar 1047 Schlacht bei Val-ès-Dunes; Oktober 1048 Treffen mit Heinrich III. in Ivois; 3.–5. 10. 1049 Konzil von Reims – Feldzug Heinrichs I. gegen Anjou; 1052/53 Konflikt St-Denis–St. Emmeram um die Dionysiusreliquien; Februar 1054 Feldzug gegen Normandie: Niederlage bei Mortemer; Huldigung Theobalds von Blois-Champagne an Heinrich III.; Ende Mai/Anfang Juni 1056 Treffen mit Heinrich III. in Ivois; August 1057 Feldzug gegen Normandie: Niederlage bei Varaville; 23. 5. 1059 Erhebung des Sohnes Philipp zum Mitkönig in Reims.

Heinrich I. bleibt ein Phantom für den Historiker – das ist das Fazit, das J. Dhondt resignierend aus seinen zahlreichen Arbeiten über die Regierungszeit des dritten Herrschers aus der Kapetingerdynastie gezogen hat. Andere urteilen nicht ganz so skeptisch, aber einig ist sich die Forschung darin, daß der Enkel Hugo Capets zu den am wenigsten bekannten Herrschergestalten der französischen Geschichte gehört. Es gibt keine zeitgenössische Biographie über ihn; die Aussagen der erzählenden Quellen gehen über das Klischee, daß er ein tüchtiger Krieger gewesen sei, nicht hinaus, fassen damit aber gleichwohl ein wesentliches Merkmal seiner Regierung: Sie ist geprägt von dauernden Kämpfen der Selbstbehauptung und der Verteidigung der Monarchie gegen eine Vielzahl von mächtigen Feinden in wechselnden Allianzen. Das spiegelt sich auch in dem von Andreas von Fleury überlieferten Beinamen des Königs, *Municeps*, wider, den der Autor damit erklärt, daß Heinrich, wo immer es möglich war, Burgen erobert habe *(ob ... expugnationem quarumque munitionum)*, wobei er eine andere denkbare Deutung, die Annahme von Geschenken, ausdrücklich zurückweist *(non a captione munerum)*.

Die Epoche der frühen Kapetinger erscheint als eine Geschichte des Niedergangs der Zentralgewalt, die mit Heinrich I. auf den absoluten Tiefpunkt gelangte. Zu fragen ist also nach dem Anteil, den er an der Festigung der Herrschaft der Dynastie und am Wiederaufstieg der Monarchie gehabt hat. Angesichts der desolaten Quellenlage und der Tatsache, daß eine kritische Edition der Urkunden Heinrichs noch nicht zur Verfügung steht, muß manches Urteil unsicher ausfallen und als vorläufig gelten; selbst die Ereignisgeschichte bietet keinen festen Grund, denn nicht immer ist eine eindeutige chronologische Einordnung der Fakten möglich. Mehr und mehr aber tendiert die Forschung zu einem letztlich positiven Gesamturteil über den Kapetinger, dem sie diplomatisches Geschick im Umgang mit den großen Kronvasallen wie mit dem deutschen König und einen wachen Sinn für die politischen Realitäten bescheinigt. In dieser Sicht wird seine Herrschaft zum Ausgangspunkt für eine Konsolidierung und eine Wiedererstarkung der königlichen Gewalt in Frankreich.

Als zweiter Sohn aus der Ehe Roberts des Frommen mit Konstanze von Arles wurde Heinrich wohl 1009/Anfang 1010 geboren. Sein Name, der für die robertinisch-kapetingische Dynastie nicht typisch war, bedeutete ein politisches Programm: Er verwies zurück auf den Herzog Heinrich (Odo) von Burgund (gest. 1002), einen Sohn des Hugo Magnus, und dokumentierte den Anspruch Roberts auf das hart umstrittene Herzogtum, das der König erst 1016 seinem Hause endgültig sichern konnte. Um diese Zeit, wohl im Zusammenhang mit der Erhebung des ältesten Sohnes Hugo zum Mitkönig (9. Juni 1017), erhielt Heinrich die burgundische Herzogswürde, doch machte der Tod des Thronfolgers am 17. September 1025 eine neue Regelung erforderlich. Gegen den Widerstand seiner Gemahlin, die für den dritten Sohn Robert eintrat, setzte der König die Krönung Heinrichs durch, die am Pfingstfest 1027 in Reims erfolgte. Offensichtlich hat es im Episkopat grundsätzliche Kritik an der Institution des Mitkönigtums und Zweifel an der Eignung Heinrichs gegeben, wie aus einem Brief des Bischofs Odalrich von Orléans an Fulbert von Chartres hervorgeht. In diesem Zusammenhang wurde nun auch eine negative Charakteristik des jungen Königs kolportiert, der als falsch, schwerfällig, verweichlicht hingestellt wurde und dem man vorwarf, die Rechte seines Vaters zu mißachten. Das harte Urteil dürfte vom Haß der Mutter diktiert sein, aber der Realitätsgehalt und die Hintergründe des familiären Konfliktes bleiben für uns im dunkeln. Der Erfolg des Königs bedeutete gleichzeitig einen Schritt in Richtung auf eine Durchsetzung des Prinzips der Primogenitur, natürlich ohne daß man hier schon an eine entsprechende verfassungsrechtliche Konzeption denken kann. Bedeutsam ist ohne Zweifel, daß der Anspruch der Dynastie auf den Thron nicht prinzipiell in Frage gestellt wurde. Dem jüngeren Robert dürfte nun Burgund versprochen worden

Heinrich I. (1031–1060)

sein, über das er die Herrschaft allerdings wohl erst beim Regierungswechsel von 1031 übernahm.

In der Zwischenzeit dauerten die innerdynastischen Machtkämpfe an, und die Königin trug mit ihren Intrigen daran eine nicht geringe Schuld. Im Jahre 1030 empörten sich beide Söhne gegen den Vater, Heinrich besetzte feste Plätze in der Francia, Robert in Burgund. Der Tod Roberts II. am 20. Juli 1031, bald nach der Aussöhnung, ließ den Bürgerkrieg erneut aufflammen; ohne Zweifel ging es Konstanze auch jetzt darum, Robert die Krone zu verschaffen. Auf ihre Seite stellten sich die Großen der Ile-de-France und Graf Odo II. von Blois-Champagne; Heinrich fand die Unterstützung der Grafen Fulko Nerra von Anjou und Balduin IV. von Flandern, dessen gleichnamiger Sohn seit 1028 mit des Königs Schwester Adele verheiratet war. Die entscheidende Hilfe aber leistete der Herzog Robert von der Normandie, der ihm in Fécamp Zuflucht gewährte. Ob seine Loyalität diesem damals das Vexin einbrachte, ist nicht ganz sicher. In das Zentrum des Konfliktes rückte die Auseinandersetzung um Sens. Konstanze hatte Odo den königlichen Anteil an der Stadt abgetreten, aber im Ringen um die Besetzung der erzbischöflichen *cathedra* nach dem Tode des Leothericus konnte der König seinen Kandidaten Gelduin gegen Odos Parteigänger Mainard durchsetzen; Odo mußte 1034 auf seinen Anteil an der Stadt verzichten.

Dieser hochbedeutsame Erfolg des Königs war nicht zuletzt dadurch möglich geworden, daß Odos Ehrgeiz sich auf ein weiteres Ziel gerichtet hatte. Am 5./6. September 1032 war König Rudolf III. von Burgund gestorben. Als sein Neffe machte Odo Erbansprüche geltend, die bestens begründet waren, nachdem Kaiser Heinrich II., ebenfalls ein Neffe Rudolfs, der seine Position zudem vertraglich abgesichert hatte, durch seinen vorzeitigen Tod als Mitbewerber ausgeschieden war. In Heinrichs Nachfolger Konrad II. erwuchs dem Grafen aber ein mächtiger Gegenspieler, der seine Ansprüche weniger auf das Erbrecht seiner Gemahlin Gisela, einer Nichte Rudolfs, sondern vor allem auf die Rechtsnachfolge seines Vorgängers gründete. Die gemeinsame Gegnerschaft gegen Odo führte den Kaiser und den französischen König zu einem Freundschaftsbündnis zusammen, das bei einem von Bischof Bruno von Toul und Abt Poppo von Stablo-Malmedy vermittelten persönlichen Treffen der beiden Monarchen zu Deville an der Maas Ende Mai 1033 durch eine Eheabsprache besiegelt wurde: Heinrich verlobte sich mit Konrads zweiter Tochter Mathilde. Der frühe Tod der Prinzessin (1034) hat die Heirat freilich nicht zustande kommen lassen. Einen Angriff Odos auf Lothringen beantwortete der Kaiser mit einem Feldzug in die Champagne; zu gleicher Zeit belagerte Heinrich Sens. Der Graf mußte um Frieden bitten, ein weiterer Feldzug Konrads im Sommer 1034 in Burgund besiegelte die Niederlage Odos und die Eingliederung des Königreichs in das Imperium.

Heinrich I. hatte die schwere Krise erfolgreich bestanden; seine Mutter starb 1034, sein Bruder Robert blieb nun loyal. Die guten Beziehungen zum Reich wurden fortgesetzt, da der König eine Dame aus deutschem Hochadel und Verwandte des Kaisers, mit Namen ebenfalls Mathilde, heiratete. Von ihr, die vielleicht eine Tochter Liudolfs von Braunschweig und damit Enkelin der Kaiserin Gisela war, ist nicht mehr bekannt, als daß sie Heinrich eine – früh verstorbene – Tochter schenkte, im Jahre 1044 starb und in St-Denis bestattet wurde. Im Konflikt der Jahre 1031/34 wird das politische Kräftespiel erkennbar, das die Entwicklung des folgenden Jahrzehnts bestimmte.

Die eigentliche Machtbasis des Königs bildeten die Ile-de-France und die Kronbistümer, in denen er die Kirchenhoheit ausübte. Hier setzte er in der Regel den Bischof ein – «gewohnheitsmäßig» *(ex more)*, wie es 1039 für Auxerre heißt. Wenn auch die Diplome kaum eine statistische Auswertung erlauben, so scheint aus ihnen doch hervorzugehen, daß sich der Schwerpunkt der königlichen Herrschaft allmählich von Orléans nach Paris verlagerte. Insgesamt war ihr Aktionsfeld sehr begrenzt, da die Krondomäne von den großen Lehnsfürstentümern nahezu eingeschnürt wurde.

Hauptgegner war der Graf von Blois-Champagne, der zudem Verbindungen zur Bretagne hatte, da der Herzog Alan III. mit Odos II. Tochter Bertha verheiratet war. Freilich verringerte sich die von hier drohende Gefahr, als Odo bei einem erneuten Einfall in Lothringen am 15. November 1037 in der Schlacht von Bar den Tod fand. Sein Herrschaftsbereich wurde – wie es scheint mit Zustimmung des Königs – unter seine beiden Söhne Theobald I. und Stephan I. aufgeteilt. Als Stephan bereits 1045/48 starb, übernahm Theobald die Vormundschaft für seinen Neffen Odo und vereinigte damit die Macht des Grafenhauses wieder in seiner Hand.

Auch für die Normandie traten zunächst innere Probleme in den Vordergrund, nachdem Herzog Robert der Prächtige im Juli 1035 auf der Rückkehr von einer Jerusalempilgerfahrt in Nikaia gestorben war. Die Regentschaft sicherte dem unmündigen Nachfolger, Roberts Bastardsohn Wilhelm II., zwar die Herrschaft, war aber zur Fortsetzung einer expansiven Politik, die sich u. a. gegen die Bretagne gerichtet hatte, nicht in der Lage. Offenbar ist Heinrich, der die Erbfähigkeit Wilhelms anerkannt hatte, um 1040/41 selbst gegen die Normandie offensiv geworden, doch bleiben die Hintergründe dieser militärischen Auseinandersetzungen im dunkeln.

In das Zentrum des politischen Geschehens rückten mehr und mehr die Grafen von Anjou. Fulko Nerra hatte in der Thronkrise Heinrich I. unterstützt, sein Sohn Gottfried Martell aber, mit dem er sich überworfen hatte, nutzte die schwierige Lage des Kapetingers, um seine ehrgeizigen Pläne durchzusetzen. Diese waren einmal auf das Vendômois gerichtet und erfolgreich, als er mit Zustimmung des Königs die Lehnsoberhoheit über die Grafschaft gewann. Die zweite Stoßrichtung war Aquitanien. Hier war der Herzog Wilhelm V., der Große, 1030 gestorben. Gottfried heiratete die Witwe Agnes, eine Tochter des Grafen Otto-Wilhelm von Burgund. Diese Ehe eröffnete ihm nach seinen Vorstellungen vielleicht sogar Aussichten auf den burgundischen Raum; Agnes selbst ging es aber in erster Linie wohl darum, die Hilfe des Grafen von Anjou gegen Wilhelms Söhne aus dessen erster Ehe zu gewinnen. Tatsächlich führte dieser im Herbst 1033 einen Feldzug gegen Aquitanien und setzte den Herzog Wilhelm VI. gefangen. Auch nach seiner Freilassung im Jahre 1036 hat der Herzog bis zu seinem Tode Ende 1038 seine Autorität nicht wieder festigen können, und gleiches gilt für seinen Bruder und Nachfolger Odo, der bereits im März 1039 den Tod fand. In der Zeit Wilhelms VII. (1039–1058) dominierte Agnes, und über sie konnte auch Gottfried Martell seinen Einfluß in Aquitanien geltend machen; dem Zugriff des Königs aber blieb dieser Raum ganz entzogen.

Ebensowenig hat der Kapetinger in Burgund, wo sein Bruder Robert die herzogliche Macht erst festigen mußte, und in Flandern Regierungsbefugnisse ausüben können. Die flandrische Expansionspolitik war auf die alten Grenzmarken des Reiches, Eename und Valenciennes, sowie auf das Bistum Cambrai ausgerichtet. Mit welcher Konsequenz Graf Balduin V. seine Ziele in diesem Raume verfolgte, zeigt nicht zuletzt die Ehe seines Sohnes Balduin (VI.) mit der Gräfin Richilde nach dem Tode von deren erstem Gemahl Hermann (1051), die den Anfall von Hennegau an Flandern vorbereiten sollte. Für Heinrich I. war immerhin wichtig, daß sowohl der Herzog als auch der Graf Loyalität wahrten; von entscheidender Bedeutung aber war, wie sich das Verhältnis zu Gottfried Martell gestalten würde. Dieser hatte an Macht und Bewegungsfreiheit gewonnen, seit sein Vater auf der Rückkehr von seiner dritten Pilgerreise nach Jerusalem im Juni 1040 gestorben war.

Als der jüngste Bruder des Kapetingers, Odo, der schon 1033 auf seiten Odos II. gestanden hatte, im Jahre 1041 im Bunde mit zahlreichen Großen der Francia und den Grafen von Blois-Champagne den Aufstand wagte und dabei vielleicht von der Krone träumte, hielt der Graf von Anjou zum König und verhalf diesem zum Siege. Dafür ließ ihm Heinrich nun freie Hand gegen die aufrührerischen Grafen, und Gottfried begann den Kampf um die Touraine.

Um diese Zeit wurden auch die deutsch-französischen Beziehungen wieder intensiviert. Im April 1043 traf Heinrich mit dem deutschen König Heinrich III. in Ivois am Chiers zusammen. Was dabei im einzelnen verhandelt wurde, entzieht sich unserer Kenntnis, aber man wird sicher nicht fehlgehen in der Vermutung, daß der Salier hier die Zustimmung des französischen Königs als des Lehnsherrn der Herzogin Agnes zu dem deutsch-aquitanischen Eheprojekt, seiner Heirat mit Agnes von

Poitou, der Tochter der Herzogin, eingeholt hat. Die Hochzeit fand Ende November 1043 in Ingelheim statt. Man hat diese Verbindung häufig als einen auch gegen den französischen König gerichteten politischen Schachzug interpretiert, durch den der Salier sich mit dem Grafen von Anjou, dem Stiefvater der Agnes, verbündet und damit nicht nur Rükkendeckung gegen die Söhne Odos II., sondern auch gegen mögliche Ansprüche Heinrichs I. auf lothringische Gebiete gewonnen habe. Dabei wurde auf die politische Entwicklung im Reich hingewiesen, um eine solche Deutung zu stützen. Hier hatte sich im Laufe des Jahres 1044 der Herzog Gottfried der Bärtige von Lothringen gegen Heinrich III. empört, um die von diesem vorgenommene Teilung seines Herzogtums zu verhindern. Nach den Annalen von Niederaltaich soll er dabei mit dem französischen König konspiriert haben. Konnte das anders verstanden werden als der Versuch des Kapetingers, dem Salier im Gegenzug gegen das Bündnis mit dem Grafen von Anjou Schwierigkeiten im Reich zu bereiten? Nun läßt sich zeigen, daß der Annalenbericht keineswegs glaubwürdig ist, und die Absichten, die Heinrich III. mit seiner poitevinischen Ehe verfolgte, werden zweifellos verzeichnet, wenn man darin eine Spitze gegen Heinrich I. sieht. Sie gehört in den Zusammenhang der burgundischen Politik des Saliers, der mit der Hand der Agnes, der Enkelin des Grafen Otto-Wilhelm, ihre burgundischen Verwandten zu gewinnen suchte. Ob Gottfried Martell an dem Eheprojekt wesentlich beteiligt war, ist nicht so sicher; die treibende Kraft auf aquitanischer Seite war wohl eher seine ehrgeizige Gemahlin, und der Kapetinger dürfte in Ivois sein Einverständnis erklärt haben. Es ist im übrigen völlig undenkbar, daß Heinrich I. sich auf ein ungewisses außenpolitisches Abenteuer eingelassen hätte, ausgerechnet zu einer Zeit, da in seinem eigenen Machtbereich ein entscheidender Waffengang bevorstand.

Das Ringen um die über ein Jahr lang belagerte Stadt Tours beendete Gottfried Martell mit seinem Sieg in der Schlacht von Nouy am 21. August 1044. Dem Grafen Stephan gelang die Flucht, Theobald aber fiel in Gefangenschaft und erkaufte seine Freilassung, indem er dem Sieger nicht nur Tours, sondern auch die anderen befestigten Plätze der Touraine überlassen mußte. Den Friedensvertrag vermittelte der König selbst; die Niederlage Stephans nutzte er unmittelbar, indem er diesem die alte Königsabtei St-Médard in Soissons entzog und wieder königlichem Schutz unterstellte. Mit dem Sieg von Nouy übernahm Gottfried die führende Rolle im Königreich. Die Grafschaft Maine war das nächste Ziel seiner expansiven Politik. Heinrich I. ließ ihm auch hier freie Hand, zumal der Bischof Gervasius von Le Mans ein Parteigänger der Grafen von Blois war. Gottfried nahm Gervasius um 1048 gefangen und gab ihm erst die Freiheit zurück, als er sich nach dem Tode des Grafen Hugo 1051 in Maine voll durchgesetzt hatte. Zu dieser Zeit aber hatte sich die innenpolitische Szenerie bereits gewandelt. In Maine waren auch Interessen der Normandie berührt, und da die steigende Macht des Grafen von Anjou mehr und mehr auch die kapetingische Monarchie einschnürte, näherte sich Heinrich I. dem Herzog Wilhelm II. Als dieser im Januar 1047 bei Val-ès-Dunes eine Rebellion der normannischen Großen niederschlagen konnte, war der Kapetinger mit seinen Truppen an diesem Siege maßgeblich beteiligt. Von nun an konnte Heinrich mit normannischer Unterstützung gegen die ausgreifende angevinische Macht rechnen.

Welche Bedeutung den deutsch-französischen Beziehungen in diesem Kräftespiel zukommt, ist schwer zu sagen und in der Forschung heftig umstritten. Offenbar hat sich das Verhältnis des deutschen Hofes zur Herzogin Agnes und zu Gottfried Martell in diesen Jahren günstig entwickelt. Das könnte Heinrichs I. Mißtrauen geschürt und ihn auf den Gedanken gebracht haben, dem Salier im Gegenzug Schwierigkeiten in dem ohnehin unruhigen Lothringen zu bereiten. So wäre vielleicht der französische Invasionsplan, von dem die Lütticher Bistumsgeschichte zum Frühjahr 1047 berichtet, zu erklären. Der Chronist gibt den Ratgebern des Kapetingers die Schuld an den Verwicklungen. Sie hätten, als sie erkannt hatten, daß die Grenzgebiete des Reiches durch Heinrichs III. Italienzug von Truppen entblößt waren, und daher glauben konnten, leichtes Spiel zu haben, ihren König für einen Vorstoß auf Aachen gewonnen; dabei sei man davon ausgegangen, daß die Eroberung des Hauptortes Heinrich I. schnell das ganze Lothringen einbringen werde. Die offizielle Rechtfertigung des Unternehmens sollte der Erbanspruch des Kapetingers auf die Gebiete sein, die seinen Vorgängern mit List entrissen worden seien. Dem Eingreifen des Bischofs Wazo schreibt der Chronist das Hauptverdienst daran zu, daß der drohende französische Einmarsch verhindert werden konnte. Er habe Heinrich I. brieflich an die alten freundschaftlichen Beziehungen zwischen den beiden Reichen erinnert und, als dies nichts fruchtete, an die Königsehre des Kapetingers appelliert. Das habe Heinrich dann zum Einlenken bewogen.

Der Bericht enthält viele Ungereimtheiten und wird durch keine andere, vor allem nicht durch eine französische Quelle gedeckt. Das oft vermutete Zusammenspiel mit neuen Aufstandsplänen Gottfrieds des Bärtigen ist nicht gegeben. Der lothringische Herzog schlug – im Bündnis mit Balduin V. von Flandern – erst im Herbst 1047 los, nachdem der Kaiser im Konflikt mit Dietrich von Holland eine empfindliche Niederlage hatte hinnehmen müssen, und obwohl Heinrich III. durch diese Rebellion in große Schwierigkeiten geriet, hat der Kapetinger die günstige Gelegenheit zum Eingreifen nicht genutzt. Wie ernst also der französische Invasionsplan tatsächlich gewesen ist, läßt sich nicht abschätzen. Es spricht vieles dafür, daß der Lütticher Bericht lediglich einen Reflex von in der Grenzregion zu Flandern kursierenden Gerüchten darstellt und der Chronist Anselm seinen Bischof Wazo zum Helden hochstilisierte. Immerhin kam es – wohl wieder durch die Vermittlung des Bischofs Bruno von Toul – im Oktober 1048 zu einem erneuten Treffen der beiden Herrscher in Ivois, das den Irritationen, falls solche existiert haben sollten, ein Ende setzte. Sowohl der Kaiser als auch der französische König waren daran interessiert, ihren mächtigen Vasallen die Aussicht auf Rückhalt im Ausland zu nehmen, wenn sie gegen die Zentralgewalt zu opponieren versuchten. So erfolgte nun der Abschluß eines Freundschaftsvertrages, dessen Inhalt uns nicht überliefert ist, der aber im wesentlichen die Verpflichtung zur Nichteinmischung in die inneren Angelegenheiten im Herrschaftsbereich des Vertragspartners zum Gegenstand gehabt haben dürfte.

Offenbar genau ein Jahr später, als Papst Leo IX. Anfang Oktober in Reims ein großes Reformkonzil abhielt, führte Heinrich sein Heer gegen Gottfried Martell und wurde dabei durch starke Truppen Wilhelms von der Normandie, aber wohl auch von Theobald von Blois-Champagne unterstützt. Der Verlauf des Feldzuges bleibt im einzelnen undurchsichtig, am Erfolg des Königs ist jedoch nicht zu zweifeln; er eroberte die Festung Mouliherne bei Angers. Eine Folge dieser Konstellation war aber auch, daß Wilhelm II. zunehmend Bewegungsfreiheit erhielt und sich nun offensiv mit Stoßrichtung Maine in das politische Kräftespiel einschaltete. Zugleich näherte sich der Herzog Flandern und vermählte sich trotz eines von Leo IX. auf dem Reimser Konzil ausgesprochenen Verbotes um 1051 mit Balduins V. Tochter Mathilde, die über ihre Mutter Adele eine Enkelin Roberts des Frommen war. Das päpstliche Eheverbot hatte wohl politische Gründe: Leo IX. wollte offenbar eine weitere Stärkung des antikaiserlichen Lagers verhindern. Die Aktivitäten Wilhelms führten schließlich im Jahre 1052 noch einmal zu einer Umorientierung der königlichen Politik. Heinrich schloß mit Gottfried Martell Frieden; bis zum Tode des Kapetingers hat das Bündnis mit Anjou Bestand gehabt. Daß Gottfried eben jetzt mit seiner Gemahlin Agnes brach und damit einen möglichen Rückhalt am Reich verlor, könnte der neuen Konstellation förderlich gewesen sein.

Um diese Zeit traf Heinrich I. eine persönliche Entscheidung von erheblicher politischer Tragweite: Wahrscheinlich am Pfingstfest des Jahres 1051 vermählte er sich mit Anna, der Tochter des Großfürsten Jaroslaw von Kiev; es war offenbar jene russische Prinzessin, die der Großfürst Ende 1042 mit Heinrich III. zu verheiraten gehofft, die dieser aber zurückgewiesen hatte. Die Ehe, aus der drei Söhne, Philipp (geb. 1052, Ende Mai), Robert (geb. vor Juni 1054) und Hugo, hervorgegangen sind, ist in der älteren französischen Forschung geradezu zu einem Symbol der «amitié franco-russe» hochstilisiert worden. Diese anachronistische Sicht soll uns nicht hindern, die dynastische Verbindung, bei der offenbar eine Initiative Heinrichs I. mit den politischen Ambitionen Jaroslaws zusammentraf, in größere politische Zusammenhänge einzuordnen. Eine Schwester Annas war mit Andreas von Ungarn, eine andere mit Harald von Norwegen verheiratet – beide Könige aber standen dem Reich in erbitterter Feindschaft oder entschiedener Ablehnung gegenüber. Der Herzog Kasimir von Polen, der sicher nicht zu den unbedingt zuverlässigen Vasallen des Reiches gehörte, war ein Schwager Jaroslaws. So wird man dem französischen König zwar nicht weit ausgreifende geopolitische Absichten unterstellen dürfen, aber wohl doch das Bestreben erkennen können, den engen Rahmen königlicher Politik in Frankreich auszuweiten und auch gegenüber dem Reich Bewegungsfreiheit zu gewinnen.

Tatsächlich verschlechterten sich nun die deutsch-französischen Beziehungen schnell. Der Streit zwischen St-Denis und St. Emmeram in Regensburg um den Besitz der echten Reliquien des heiligen Dionysius 1052/53 trug nicht wenig zur Abkühlung des Verhältnisses bei. Die Behauptung der Regensburger Mönche, den wahren Leib des Märtyrers zu besitzen, stellte eine Herausforderung und Beleidigung der ganzen Francia dar. Von noch nachhaltigerer Negativwirkung aber war der überraschende Frontwechsel des Grafen Theobald von Blois-Champagne, der 1054 dem Kaiser huldigte und Hilfe versprach. Die lapidare Notiz in der Chronik Hermanns von Reichenau läßt die Hintergründe im dunkeln. Möglicherweise suchte Theobald, dessen Gegnerschaft zu Gottfried Martell andauerte, durch eine Annäherung an den Kaiser das angevinisch-kapetingische Bündnis zu neutralisieren. Oder lag die Initiative beim Salier, der sich für seinen bevorstehenden Flandernfeldzug Rückendeckung gegenüber dem französischen König verschaffen wollte? Vielleicht hat sogar Heinrichs III. Schwiegermutter Agnes ihre Hand im Spiele gehabt. Für sie ist gerade um diese Zeit eine Verbindung zu Theobald belegt. Wie dem auch sei, der Kapetinger sah sich plötzlich der Gefahr gegenüber, daß sich jene unselige Konstellation der ottonischen Zeit wiederholen könne, als das politische Doppel- und Wechselspiel der Kronvasallen die französische Monarchie in eine Dauerkrise stürzte. Eine persönliche Begegnung der beiden Herrscher sollte den Sprengstoff, der sich angesammelt hatte, entschärfen. Sie fand bald nach dem Pfingstfest 1056 in Ivois statt und endete mit einem Eklat. Wieder lassen uns die Quellen über die Hintergründe im unklaren. Wenn Heinrich I. dem Kaiser Vertragsbruch vorwirft, so dürfte es dabei nicht – wie Lampert von Hersfeld meint – um die «Rückgabe» eines sehr großen Teiles des regnum Francorum, also wohl Lothringens, an den Kapetinger gegangen sein. Daß jemals – etwa 1048 – eine solche Vereinbarung getroffen worden sein sollte, ist zweifellos reine Phantasie; eher wird die Lehnsnahme des Grafen von Blois der Anlaß für die Beschwerde Heinrichs I. gewesen sein. Der Salier wies die Vorwürfe zurück und soll sich bereit erklärt haben, ihre Haltlosigkeit im Zweikampf zu erweisen; dem angebotenen Gottesurteil aber habe sich der französische König durch die Flucht entzogen. Das Treffen endete in offenem Bruch. Die Ereignisse von Ivois und ihre Vorgeschichte lassen einen bemerkenswerten Wandel im deutsch-französischen Verhältnis deutlich werden. Die Methoden der kaiserlichen Politik orientierten sich offenkundig noch am ottonischen Vorbild, aber das französische Königtum war, auch wenn sich seine Macht immer noch als relativ bescheiden darstellt, nicht mehr mit den Maßstäben des 10. Jahrhunderts zu messen. Das beweist nicht zuletzt auch die Ehe des Kapetingers mit einer russischen Prinzessin.

Die innenpolitische Szenerie war in dieser Zeit schon entscheidend durch die Auseinandersetzung mit der Normandie bestimmt. Die Opposition einzelner Großer gegen Wilhelm II. nutzend, griff Heinrich den Herzog im Bündnis mit Gottfried Martell an, mußte sich aber zurückziehen, als sein Bruder Odo im Februar 1054 bei Mortemer eine schwere Niederlage erlitt. Wilhelm triumphierte über die Aufrührer und ließ den zur Opposition zählenden Erzbischof Maugerius von Rouen auf einer Synode in Lisieux absetzen; dessen Nachfolger Maurilius stand der Kirchenreform nahe. Die Vorgänge dokumentieren eindrucksvoll die Konsolidierung der Herzogsherrschaft wie die Kirchenhoheit des Herzogs und lassen auch eine gewisse Aufgeschlossenheit Wilhelms gegenüber den kirchlichen Reformideen erkennen. Der Ausgleich mit Heinrich I. war nur von kurzer Dauer, da Gottfried den Kampf um Maine fortsetzte. Im Jahre 1057 griffen die Verbündeten den Herzog erneut an, wurden aber bei Varaville wiederum besiegt. Nun ging Wilhelm im Vexin in die Offensive gegen den König und eroberte Thimert. Heinrichs Versuche, die Feste zurückzugewinnen, blieben bis zu seinem Tode ohne Ergebnis.

Das Scheitern in der Normandie aber wurde durch einen Erfolg auf anderer Ebene mehr als wettgemacht. Am Pfingstfest (23. Mai) des Jahres 1059 konnte Heinrich seinen Sohn Philipp in Reims zum Mitkönig erheben und durch den Erzbischof Gervasius weihen lassen. Die dynastische Kontinuität und die kapetingische Herrschaft waren damit gesichert. Die Anwesenheit zweier päpstlicher Legaten gab dem Akt ein besonders feierliches Gepräge.

Damit stellt sich nun aber auch die Frage nach dem Verhältnis Heinrichs I. zum Reformpapsttum. Für das historische Urteil hat das Reimser Konzil vom Oktober 1049 dabei eine Schlüsselfunktion gewonnen. Die Einladung Leos IX. hatte der Kapetinger mit der Bitte um eine Verschiebung beantwortet, da ihm wichtiger Staatsgeschäfte wegen eine Teilnahme nicht möglich sei, und unter dem Vorwand oder dem willkommenen Anlaß eines Feldzuges gegen Gottfried Martell war er schließlich der Kirchenversammlung ferngeblieben. Sein Mißtrauen gegenüber einer Reformpolitik, bei der der Papst offensichtlich die tatkräftige Unterstützung des Kaisers genoß, wurde von seinen Ratgebern eifrig geschürt, die ihm mit deutlicher Abneigung gegenüber dem päpstlichen Vorgehen die Reformmaßnahmen als eine Belastung bei der Bewältigung der dringendsten politischen Probleme, nämlich der Festigung der Königsgewalt gegenüber der ausgreifenden Macht der Großen, vor Augen stellten. Leo IX. ging es um moralische Reform, um die Bekämpfung von Simonie und Priesterehe, und in Reims sollten für Frankreich die Weichen gestellt werden. Das Konzil ging gegen simonistische Bischöfe vor, sprach Absetzungen aus, und der Papst nahm Neubesetzungen vor; die Bischöfe, die ohne rechtmäßige Entschuldigung fehlten oder sich aus Furcht vor päpstlicher Strafe dem königlichen Heer angeschlossen hatten, wurden exkommuniziert. Heinrich hat auf die päpstlichen Maßnahmen nicht reagiert; er verfolgte die Taktik, sich zurückzuhalten, solange sein Anspruch auf Kirchenhoheit nicht grundsätzlich in Frage gestellt war. Einen Konflikt mit dem Reformpapsttum, den sich das schwache Königtum nicht leisten konnte, hat er so vermeiden können, aber er hat dafür in Kauf nehmen müssen, daß sein Ruf in Reformkreisen ruiniert war: Für den Kardinalbischof Humbert von Silva Candida, einen gebürtigen Lothringer, der mit seinen «Drei Büchern gegen die Simonisten» um 1058 den Frontalangriff gegen das Staatskirchentum führte, ist der Kapetinger dem «Sohn des Verderbens, dem Antichristen» gleich, ein Tyrann, der die Francia occidentalis zugrunderichtet. Dieses Verdikt erhält seine besondere Schärfe vor dem Hintergrund des überaus positiven Urteils, das der rigorose Vorkämpfer der Reform über den Kaiser Heinrich III. gefällt hat. Auch Papst Nikolaus II. hat Kritik an der Kirchenpolitik des Königs geübt und in einem von Petrus Damiani verfaßten Schreiben die Königin Anna aufgefordert, in kirchlichem Sinne auf ihren Gemahl einzuwirken. Dabei bescheinigt er ihr männliche Tugendkraft in einer weiblichen Brust. Ob mehr dahinter steckt als bloß floskelhafte Schmeichelei?

In Frankreich übernahmen nun die päpstlichen Legaten mehr und mehr die führende Rolle in der Propagierung der Reformideen; auf Synoden griffen sie massiv in die kirchlichen Verhältnisse des Königreiches ein. Offenbar hatte der Papst darüber hinaus dem Erzbischof Gervasius von Reims, dem ehemaligen, von Gottfried Martell vertriebenen Bischof von Le Mans, eine gewisse Vermittlungsfunktion zwischen Rom und der französischen Kirche zugedacht. Er sollte die Zustimmung des Königs für ein bereits von Viktor II. geplantes Reformkonzil in Reims einholen und eine Frankreichreise Nikolaus' II. vorbereiten. Beides ist nicht zustande gekommen. Ob Heinrich selbst die Schuld daran trifft, ist schwer zu sagen; an der Kurie hat man offenbar vor allem seiner Umgebung größtes Mißtrauen entgegengebracht.

An den beiden die gesellschaftlichen Verhältnisse seiner Zeit zutiefst prägenden politisch-religiösen Bewegungen, dem von der Kirche propagierten Gottesfrieden und der monastischen Reform, hat Heinrich keinen erkennbar bedeutsamen Anteil gehabt. Mit der neuen Friedensform der Treuga, dem Fehdeverbot an bestimmten Wochen- und Festtagen, mag er sympathisiert haben, durchsetzen konnte er sie in seinem engeren Machtbereich nicht, und die mächtigen Kronvasallen waren seinem Einfluß ohnehin entzogen. Zu Cluny hat der König keine Verbindung gehabt; bei der Privilegierung von Klöstern – Schenkungen, Bestätigungen und Verleihung von Königsschutz – folgte er vor allem politischen Rücksichten. Der Kanonikerreform stand er anscheinend aufgeschlossen gegenüber. Dabei dürften praktische Gesichtspunkte mit eine Rolle gespielt haben; denn mehr als die Mönchsklöster waren die Kanonikerstifte geeignet, administrative Funktionen zu übernehmen. Das von ihm selbst wiederbegründete Pariser Kloster St-Martin-des-Champs hat er reich dotiert und mit Regularkanonikern besiedelt. In der Zweckbestimmung der Stiftung zum Seelenheil der Eltern und zum Wohle der eigenen Familie wird ein wenig auch eine persönliche religiöse Haltung erkennbar. Aus allen diesen eher bruchstückhaften Einzelheiten ergibt sich, daß seine Kirchenpolitik wesentlich von den Erfordernissen der Herrschaftssicherung bestimmt war. Besonders wichtig war es für ihn, die Verfügungsgewalt über die Kronbistümer zu behaupten. Daß es bei der Besetzung der Bischofsstühle häufig nicht ohne Simonie abging, ist nicht zu bezweifeln und wird auch durch spätere Quellen bestätigt.

Ein abschließendes Urteil über die Regierungstätigkeit des dritten Kapetingers zu fällen erscheint angesichts der fragmentarischen Überlieferung nicht leicht. Unzweifelhaft bewegte sich die königliche Herrschaft in einem enggesteckten Rahmen, der gegenüber der Regierung Roberts des Frommen noch geschrumpft war, und unterschied sich nicht wesentlich von der der großen Kronvasallen. Die Ile-de-France war die kapetingische Machtbasis. Heinrich hat sie zu erweitern versucht, wenn er – wie beispielsweise in Sens oder in Soissons – dazu eine Möglichkeit sah, doch waren die Erfolge bescheiden. Der Niedergang der königlichen Autorität ist ablesbar an der Tätigkeit der Kanzlei. Die Zahl der ausgestellten Urkunden ist, verglichen etwa mit den Ausfertigungen des deutschen Königs, aber auch des Herzogs der Normandie, sehr gering, und der Aktionsradius begrenzt. Der Raum südlich der Loire wird nicht mehr erfaßt; für normannische, flandrische oder burgundische Empfänger urkundet der König nur in Ausnahmefällen und eher zufällig. Häufig bestätigt er lediglich die Urkunden anderer Aussteller, indem er sie signiert oder mit seinem eigenen Siegel versieht. Die Aufnahme von Zeugen in wachsender Zahl nähert die Königsurkunde formal der Privaturkunde an. Dabei ist im Hinblick auf den sozialen Rang der Unterfertigenden deutlich ein Absinken festzustellen. Die großen Kronvasallen sind nicht mehr, die bedeutenderen Grafen der Francia nur spärlich vertreten; statt dessen erscheinen nun zunehmend Vizegrafen, Kastellane und kleine Herren der Krondomäne in den Zeugenlisten – ein Indiz für das sinkende Prestige des königlichen Hofes. Aber diese Entwicklung hat auch ihre positive Seite: Die Konzentration auf einen begrenzten Raum war die Voraussetzung für eine Konsolidierung der Monarchie; mit der Schaffung der Hofämter werden Ansätze zu einer Neuformierung des königlichen Hofes und der Administration erkennbar. Daß Heinrich seinem minderjährigen Sohne die Thronfolge sichern konnte, macht deutlich, daß das Königtum der Kapetinger im Prinzip nicht bestritten wurde. Die Weichen für den Wiederaufstieg der Monarchie waren gestellt, als der König am 4. August 1060 in der Pfalz Vitry-aux-Loges starb. Bestattet wurde er in der alten Königsabtei St-Denis.

Rolf Große

Philipp I.
1060–1108

Philipp I., geb. 1052 als ältester Sohn König Heinrichs I. und der Anna von Kiev. Brüder: Hugo, der spätere Graf von Vermandois, und Robert, der noch im Kindesalter stirbt; 23. 5. 1059 Königswahl in Reims und Weihe durch Erzbischof Gervasius von Reims; 4. 8. 1060 Tod Heinrichs I., Philipp wird alleiniger König; Graf Balduin V. von Flandern übernimmt die Regentschaft; 25. 12. 1066 Krönung Wilhelms des Eroberers zum englischen König; 1067 Übernahme der selbständigen Regierung; 1072 Eheschließung mit Bertha von Holland, der Stieftochter Roberts des Friesen; sie schenkt ihm drei Kinder: Ludwig, Konstanze und vielleicht den als Kind gestorbenen Heinrich; 10.–17. 9. 1077 Verkündung eines Investiturverbots durch den päpstlichen Legaten Hugo von Die auf der Synode von Autun; 15.–16. 1. 1078 Verschärfung des Investiturverbots und Suspendierung zahlreicher Bischöfe wegen unkanonischer Erhebung durch Hugo von Die auf der Synode von Poitiers; 9. 9. 1087 Tod Wilhelms des Eroberers; das anglonormannische Reich wird geteilt; 1092 Verstoßung Berthas und Eheschließung mit Bertrada von Montfort; sie schenkt ihm drei Kinder: Philipp, Florus und Caecilia; 16. 10. 1094 Exkommunikation Philipps auf der Synode von Autun wegen Ehebruchs durch den Erzbischof Hugo von Lyon; 18.–27. 11. 1095 Kreuzzugsaufruf Papst Urbans II. auf dem Konzil von Clermont; Erneuerung der Investiturdekrete, Untersagung des Lehnseids der Geistlichen und Bestätigung der Exkommunikation des Königs; 1100 erstmalige Bezeichnung Ludwigs VI. als «rex designatus»; 1104 Überwindung des Investiturproblems in Frankreich mit der Neubesetzung der Bistümer Beauvais und Paris; 2. 12. 1104 Zustimmung Philipps und Bertradas zu ihrer Trennung, Absolution auf dem Konzil von Paris; 1./2. 5. 1107 Bund Philipps und seines Sohnes Ludwig mit Papst Paschalis II. in St-Denis; gest. am 29./30. 7. 1108 in Melun und beigesetzt in St-Benoît-sur-Loire.

«Viel Zeit ist verflossen, seitdem die Königsherrschaft in Frankreich, einst berühmt und außerordentlich mächtig, sich zu neigen und der meisten Zeichen der Tugend entblößt zu werden begann, während üble Gewohnheiten heranwuchsen ... All dieser Dinge Haupt und Ursache ist auf Einflüsterung des Teufels hin Euer König, der nicht als König, sondern als Tyrann zu bezeichnen ist. Sein ganzes Zeitalter beschmutzt er mit Schand- und Übeltaten, und das Ruder der Herrschaft, das er aufgenommen hat, führt der Elende und Unglückselige ohne Nutzen» (Schmale, Quellen, 97 Nr. 29). Mit diesen scharfen Worten tadelt Papst Gregor VII. in einem Brief an die französischen Bischöfe den König Philipp I., der kurz zuvor wie ein Straßenräuber italienische Kaufleute,

Philipp I. (1060–1108)
(Miniatur des thronenden Königs aus der Chronik
von St-Martin-des-Champs)

die durch sein Reich zogen, überfallen hat. Man schreibt das Jahr 1074. Philipp ist seit vierzehn Jahren an der Herrschaft und hat in dieser Zeit, die erst ein knappes Drittel seiner gesamten Regierung ausmacht, schon herbe Niederlagen einstecken müssen: Sein Versuch, die Streitigkeiten um die Nachfolge in der flandrischen Grafenwürde zu regeln, ist im ersten Anlauf gescheitert. Die Eroberung Englands durch den Normannenherzog Wilhelm, seinen eigenen Lehnsmann, hat er nicht verhindern können; statt dessen muß er nun mitansehen, wie ihm im anglonormannischen Reich ein gefährlicher Rivale erwächst. Und nun auch noch der Konflikt mit dem Papst, der droht, ihm die Bischöfe und damit eine der wichtigsten Stützen seiner ohnehin schon angeschlagenen Macht abspenstig zu machen. Im deutschen Reich wird diese Auseinandersetzung zwischen *regnum* und *sacerdotium*, die man auch als «Investiturstreit» bezeichnet und die in Kaiser Heinrich IV. und Papst Gregor VII. ihre bekanntesten Protagonisten findet, das Imperium in eine schwere Krise stürzen. Ganz anders hingegen die Entwicklung in Frankreich. Als Philipp 1108 stirbt, ist das Papsttum zum engen Verbündeten der französischen Krone geworden, und die monarchische Gewalt, die im Laufe eines Jahrhunderts an Ansehen und Macht ständig einbüßen mußte, hat die Wende vollzogen zu einem Aufstieg, der den König von Frankreich zum wichtigsten Herrscher Europas machen wird. Grund genug also, sich für Person und Regierung dieses Herrschers zu interessieren.

I

Auffällig ist bereits sein Name: Philipp, so hatte vor ihm noch niemand in der Königsfamilie geheißen. Was mag die Eltern, Heinrich I. und seine dritte Gemahlin Anna von Kiev, dazu bewogen haben, den 1052 geborenen Thronfolger so zu nennen? Während die jüngeren Brüder Hugo, der spätere Graf von Vermandois, und Robert, der noch im Kindesalter starb, Namen erhielten, die in der Kapetingerdynastie auf eine lange Tradition zurückblicken konnten, benannte man den Erstgeborenen nach dem vor allem in Byzanz verehrten Apostel Philipp. Dies läßt sich aus der familiären Herkunft von Heinrichs Gemahlin Anna erklären: Sie war die Tochter des Kiever Großfürsten Jaroslav des Weisen und über ihre gleichnamige Großmutter mit dem byzantinischen Herrscherhaus verwandt, das zudem in König Philipp von Makedonien, dem Vater Alexanders des Großen, seinen Stammvater sah. So wurde mit Philipp I. ein byzantinischer Name im französischen Königsgeschlecht eingeführt, den noch der letzte gekrönte Nachfahre der Kapetinger, Louis-Philippe (1830–1848), tragen sollte.

Die Anfänge des jungen Prinzen liegen völlig im dunkeln, und seine Person wird in den Quellen erst wieder greifbar, als er im Alter von sieben Jahren zum König geweiht wird. Heinrich I. war damals bereits von Alter und Krankheit gezeichnet, und man rechnete allgemein mit seinem baldigen Tod. So entschloß sich der König, dem Beispiel seiner Vorgänger Hugo Capet und Robert des Frommen zu folgen und seinen ältesten Sohn zum Mitkönig erheben zu lassen. Offenbar hatten dazu auch die Großen des Reiches geraten. Angesichts der Schwäche des französischen Königtums mag die hier zutage tretende Stärke des Erbgedankens erstaunen.

Die Königserhebung fand am Pfingstfest des Jahres 1059 in der Kathedrale von Reims statt. Erzbischof Gervasius von Reims legte den versammelten geistlichen und weltlichen Großen dar, daß ihm als Nachfolger des hl. Remigius, der einst Chlodwig getauft und geweiht habe, vor allen anderen das Recht zustehe, den König zu wählen und zu weihen. Beim Wahlakt übte er dann auch das Erststimmrecht aus; ihm folgten die anwesenden Geistlichen, unter ihnen zwei päpstliche Legaten, mehr als zwanzig Erzbischöfe und Bischöfe, und schließlich die weltlichen Magnaten, an ihrer Spitze Herzog Wilhelm VIII. von Aquitanien. Mit der Akklamation durch Adel und Volk endete die Kur, der sich die Weihe des neuen Königs, die ebenfalls von Gervasius vorgenommen wurde, anschloß.

Als Heinrich I. ein Jahr später, am 4. August 1060, starb, war die Nachfolge nicht mehr offen. Philipp war nun alleiniger König – der jüngste übrigens im französischen Mittelalter –, aber wenn auch in seinem Namen Urkunden ausgestellt wurden, so war er doch zur selbständigen Herrschaft nicht fähig. Es stellte sich also die Frage der Regentschaft für den minderjährigen König, und auch sie scheint Heinrich noch selbst geregelt zu haben, indem er seinen Schwager, den Grafen Balduin V. von Flandern, damit betraute. Balduin gehörte zu jenen Großen, die den französischen König zwar als ihren Lehnsherrn anerkannten, im übrigen aber selbständig regierten und auf Unabhängigkeit bedacht waren. Denn man darf nicht voraussetzen, daß die königliche Herrschaft das gesamte Reich erfaßte. Philipp nannte sich *Dei gratia Francorum rex*, «von Gottes Gnaden König der Franken», und zeitgenössische Geschichtsschreiber sprachen vom *regnum Francorum*, dem «Königreich der Franken». Den anderen Fürsten gegenüber war er durch die Salbung, die ihm der Erzbischof von Reims gespendet hatte, ausgezeichnet, und Philipp hat dies auch durch mehrere Festkrönungen (1071, 1098, 1100 und 1104) unterstrichen. In seiner tatsächlichen Macht aber sah sich der König auf die sogenannte Krondomäne beschränkt; unter ihr versteht man alle Rechte, Besitzungen und Einkünfte des Königs, deren Kernbereich sich beim Tode Heinrichs I. ungefähr von Orléans über Paris bis ins Tal der Oise erstreckte. Diese Landschaften waren zentral gelegen und ragten durch ihre Wirtschaftskraft hervor. Zudem verfügte der König über die Kronbistümer, die etwa ein Drittel aller französischen Diözesen ausmachten; sie lagen vor allem in den Kirchenprovinzen Reims und

Sens und umschlossen wie ein Ring die weltliche Krondomäne. Der weitaus größte Teil Frankreichs aber befand sich in der Hand mächtiger Fürsten, der Grafen von Flandern, der Herzöge der Normandie, der Herzöge der Bretagne, der Grafen von Anjou, der Herzöge von Aquitanien, der Grafen von Toulouse, der Grafen von Barcelona, der Herzöge von Burgund, der Grafen von Blois und der Champagne. Von ihnen war nur Herzog Wilhelm VIII. von Aquitanien persönlich zu Philipps Krönung in Reims erschienen; Burgund, Flandern und Anjou waren durch Gesandte vertreten, während die übrigen Fürsten, allen voran der Herzog der Normandie, durch Abwesenheit glänzten. Es sollte eine der wichtigsten Aufgaben des neuen Königs sein, sich gegen die mächtigen Vasallen zu behaupten und die Krondomäne auszubauen.

Graf Balduin V. von Flandern, der die Regentschaft für den minderjährigen Philipp ausübte, beherrschte eines der wichtigsten Fürstentümer. Es ging zum größten Teil vom französischen König zu Lehen, für einige Gebiete aber war der Graf Vasall des Kaisers, und deshalb unterscheidet man zwischen «Kronflandern» und «Reichsflandern». Seine Stellung wußte Balduin durch eine geschickte Heiratspolitik abzusichern: Er war der Schwiegersohn König Roberts II. von Frankreich, und seine Tochter Mathilde hatte den Herzog der Normandie, Wilhelm den Eroberer, geheiratet. Bei Übernahme der Regentschaft nach dem Tode Heinrichs I. ließ der Graf sich von den Großen Frankreichs einen Treueid leisten und begab sich mit dem jungen König sofort in die wichtigsten Orte der Krondomäne, nach Dreux, Paris, Senlis, Etampes und Orléans. Offensichtlich war es beim Thronwechsel hier und da zu kleineren Revolten des lokalen Adels gekommen, die Balduin jedoch im Keim zu ersticken vermochte.

Neben Balduin nahm mit der Königinwitwe Anna noch eine zweite Person maßgeblichen Einfluß auf die Regierungsgeschäfte. Philipp selbst brachte dies zum Ausdruck, als er in einer Urkunde für die Pariser Abtei St-Germain-des-Prés sagte: «Als König Heinrich starb, habe ich, sein noch unmündiger Sohn Philipp, zusammen mit meiner Mutter die Königsherrschaft übernommen» (Prou, Recueil, 40 Nr. 13). Tatsächlich war Anna zunächst ständig am Hofe nachweisbar, bis ein unerhörter Skandal die Welt des jungen Königs erschüttern sollte. Denn bereits kurz nach dem Tode ihres Mannes hatte sie sich dem Grafen Rudolf von Valois zugewandt und ihn schließlich, wohl im Laufe des Jahres 1061, geheiratet. Diese neue Ehe war für Philipp und den Grafen Balduin nicht ungefährlich, denn Rudolfs Herrschaftsbereich bedrängte die Krondomäne im Westen wie im Norden und drohte zudem, sie von Flandern abzuschneiden. Um die Verbindung mit Anna eingehen zu können, hatte Rudolf seine damalige Frau kurzerhand verstoßen. Die Angelegenheit wurde dem Papst vorgetragen und Rudolf exkommuniziert. Von nun an spielte Anna in der Regentschaft keine Rolle mehr.

II

1067 wurde Philipp fünfzehn Jahre alt und volljährig. Der Sohn des Grafen Balduin umgürtete ihn mit dem Schwert, und auf einem in Paris abgehaltenen Hoftag übernahm er die selbständige Regierung. Ein Jahr zuvor hatte sich die politische Situation sehr zu seinen Ungunsten gewandelt, als Wilhelm, der Herzog der Normandie, England eroberte und das anglonormannische Reich begründete. Balduin V., der zu jener Zeit noch die Regentschaft ausübte, hatte dies nicht verhindert; er war Wilhelms Schwiegervater und ließ als Graf von Flandern zu, daß viele seiner Untertanen sich dem normannischen Heereszug anschlossen. Hatten die englisch-französischen Beziehungen bislang nur eine untergeordnete Rolle gespielt, so mußte Philipp, der in seiner faktischen Herrschaft ohnehin auf die Krondomäne beschränkt war, nun mitansehen, wie ihm im Westen ein übermächtiger Rivale erwuchs, der während des gesamten Mittelalters eine Bedrohung für die Kapetinger darstellen sollte. Philipps Beziehungen zum deutschen Reich waren mehr oder weniger spannungsfrei; die Auseinandersetzung mit Wilhelm und seinen Erben hingegen wurde ein zentrales Thema seiner Regierung.

An eine direkte Auseinandersetzung mit dem Normannenherzog war zu diesem Zeitpunkt natürlich nicht zu denken. Für Philipp galt vielmehr, zunächst die eigene Machtbasis zu erweitern. Eine erste Möglichkeit bot sich dem jungen Herrscher bereits 1068, als er von Streitigkeiten um die Erbfolge im Anjou profitieren konnte, die nach dem Tode des Grafen Gottfried II. Martell unter dessen beiden Neffen ausgebrochen waren. Philipp unterstützte Fulko den Griesgram gegen dessen Kontrahenten Gottfried den Bärtigen und ließ sich seine Hilfe mit der Übertragung des Gâtinais bezahlen. So vermochte er die Krondomäne im Gebiet zwischen Paris, Orléans und Sens auszubauen.

Wechselnder Erfolg sollte hingegen seinem Eingreifen in Flandern beschieden sein. Dort war im Jahre 1070 Graf Balduin VI., der gleichnamige Sohn und Nachfolger von Philipps Vormund, verstorben. Die Herrschaft ging nun auf seinen Sohn Arnulf über, doch suchte Balduins Bruder, Robert der Friese, sie ihm streitig zu machen. In dieser Situation bot Arnulfs Mutter Richilde ihre Hand Wilhelm fitzOsbern, dem Truchseß Wilhelms des Eroberers, an und machte ihn zum Vormund ihres Sohnes. Zugleich wandte sie sich an den französischen König, dem sie in Erwartung seiner Hilfe die in der Picardie gelegene Abtei Corbie übertrug. Philipp eilte mit einem Truppenkontingent herbei, doch endete die militärische Auseinandersetzung bei Cassel (südlich von Dünkirchen) mit einem Sieg Roberts; Arnulf und Wilhelm fitzOsbern fielen im Kampfe, Richilde geriet in Gefangenschaft, und Philipp ergriff die Flucht. Es blieb ihm nun nichts anderes mehr übrig, als Robert anzuerkennen: 1071 schloß man einen Frieden, der Robert die Grafenwürde sicherte und Philipp im Besitz des reichen Klosters Corbie beließ. So war es dem französischen König gelungen, trotz seiner Niederlage die Krondomäne im Norden zu erweitern. Besonders im Hinblick auf die wachsende Bedrohung, die von Wilhelm dem Eroberer ausging, war es wichtig, die traditionell guten Beziehungen zu Flandern wiederhergestellt zu haben. Zudem war Roberts Politik, bedingt durch die Verbindung Richildes mit Wilhelm fitzOsbern, gegen die Anglonormannen ausgerichtet. Der Graf von Flandern und der französische König waren sich bewußt, aufeinander angewiesen zu sein, und um zu zeigen, daß der soeben geschlossene Friede zugleich ein langfristiges Bündnis bedeuten sollte, heiratete Philipp die Stieftochter Roberts, Bertha von Holland.

Ein wichtiger Schritt, die Grenze zur Normandie zu sichern, war der Erwerb des westlich von Paris gelegenen sogenannten «Vexin français» (im Unterschied zum «Vexin normand») mit den Orten Mantes, Pontoise und Chaumont-en-Vexin. Rudolf von Valois, der bereits erwähnte zweite Ehemann Annas von Kiev, hatte es bis zu seinem Tod im Jahre 1074 beherrscht. Das von ihm aufgebaute Fürstentum zerfiel jedoch, als sein Sohn und Erbe Simon ins Kloster eintrat. Philipp wußte diese Situation zu nutzen und sicherte sich das Vexin bis zur Epte. Der neue Besitz war strategisch wichtig und sollte im 12. Jahrhundert eine noch weiterreichende Bedeutung erlangen, als Abt Suger von St-Denis eine Lehnsabhängigkeit des Vexin von seinem Kloster reklamierte. Als Graf des Vexin war der französische König somit Lehnsmann des hl. Dionysius.

Im Jahre 1076, kurz vor dem Erwerb des Vexin, war Philipp ein Schlag gegen Wilhelm den Eroberer gelungen, als er die von den Anglonormannen belagerte bretonische Festung Dol entsetzen konnte. Wilhelm mußte sich zurückziehen, und eine mögliche Ausdehnung seines Machtbereichs um die Bretagne war somit vorerst gescheitert. Es blieb weiterhin das Ziel Philipps, die 1066 geschaffene Verbindung der Normandie mit England wieder rückgängig zu machen. Militärisch gab sich Wilhelm nur selten eine Blöße, aber seine Schwachstelle, so wurde immer deutlicher, waren die Auseinandersetzungen innerhalb der eigenen Familie. Diese suchte Philipp mit diplomatischem Geschick auszunutzen, indem er Wilhelms ältesten Sohn Robert, der wegen seiner geringen Körpergröße den Beinamen «Kurzhose» erhielt, unterstützte. Robert war als Erbe der Normandie vorgesehen, doch forderte er deren Übertragung bereits zu Lebzeiten des Vaters. Als er damit auf Ablehnung stieß, kam es zur offenen Empörung. Unterstützung fand er beim französischen König, der ihm die Burg Gerberoy (bei Beauvais) überließ. Hier verschanzte sich Robert mit seinen Anhängern und trotzte der Belagerung durch den Vater. Bei einem Ausfall zu Beginn des Jahres 1079 gelang es ihm sogar, die Normannen in die Flucht zu schlagen, und in diesem Ereignis sahen Zeitgenossen die tiefste Demütigung, die Wilhelm dem Eroberer jemals zugefügt worden ist.

Erst 1087 sollte der Normanne den französischen König wieder ernsthaft bedrohen können, als er in das Vexin einfiel, es verwüstete und Mantes in Schutt und Asche legen ließ. Er mußte das Unternehmen jedoch abbrechen, da er schwer erkrankte und kurz darauf starb. Auf dem Totenbett hatte er die Teilung seines Erbes verfügt: Robert Kurzhose erhielt die Normandie, sein zweiter Sohn Wilhelm der Rote England, und der jüngste, Heinrich, wurde mit Geld abgefunden. Die Einheit des anglonormannischen Reiches schien der Vergangenheit anzugehören, doch sollte der Erfolg der kapetingischen Politik nicht von Dauer sein. Philipps Position erlitt zunächst 1092 eine entscheidende Schwächung, als er seine Gattin Bertha verstieß und somit das Bündnis mit Flandern aufs Spiel setzte. Wilhelm der Rote nutzte diese neue Konstellation, indem er freundschaftliche Beziehungen zu Graf Robert dem Friesen und dessen Nachfolger Robert II. knüpfte. Noch bedrohlicher wurde es für den französischen König, als Robert Kurzhose 1096 dem Kreuzzugsaufruf Papst Urbans II. folgte. Um seine Heerfahrt zu finanzieren, nahm er einen Kredit bei seinem Bruder Wilhelm auf und übertrug ihm als Pfand die Normandie. Wilhelm starb 1100, und es folgte ihm Heinrich, der jüngste der drei Brüder; ihm gelang es 1106, den inzwischen aus dem Heiligen Land zurückgekehrten Robert in der Schlacht bei Tinchebray (bei Domfront) zu besiegen. Das anglonormannische Reich war somit wiederhergestellt, ohne daß Philipp eingegriffen hätte.

War die kapetingische Politik in diesem entscheidenden Punkt fürs erste gescheitert, so sollte es Philipp dennoch gelingen, in seinen letzten Lebensjahren die Krondomäne weiter auszubauen. Wir schilderten bereits den Erwerb des Gâtinais, der Abtei Corbie und des Vexin. Erwähnt zu werden verdient nun noch das Berry, dessen Zentrum der Vizegraf von Bourges, Odo Harpin, beherrschte. Als er zum Kreuzzug aufbrach, verpfändete er das Berry an Philipp, der es ab 1100 der Krondomäne einverleibte. Zwar kehrte Odo wenige Jahre später aus dem Heiligen Land zurück, doch verzichtete er auf seine früheren Rechte und trat ins Kloster ein. Das Berry war nunmehr zu seinem größten Teil endgültig in den Besitz der Krone übergegangen und sollte als Basis für ein späteres Ausgreifen der Kapetinger in die Regionen südlich der Loire dienen.

Mit der Erweiterung der Krondomäne hatte es Philipp erreicht, die unmittelbare Machtbasis der Kapetinger zu stärken. Zugleich zeigt sich, daß unter seiner Regierung der seit Generationen spürbare Verfall der Königsmacht aufgehalten und die Grundlage für einen Wiederaufstieg geschaffen werden konnte. Zeugnis dafür legen die Königsurkunden ab, in deren Zeugenlisten seit der Regierung Roberts des Frommen im zunehmenden Maße der lokale Adel auftaucht, während die Unterschriften der bedeutenden Fürsten immer seltener werden. Dies erklärt sich aus dem enger werdenden Wirkungsbereich des Königs, belegt aber gleichzeitig, daß auch in der Krondomäne seine Autorität bestritten wurde; denn wenn selbst ein kleiner Adliger ein Herrscherdiplom als Zeuge unterschreibt, dann heißt dies, daß das Ansehen des Herrschers alleine nicht mehr ausreicht, um die Durchsetzung seiner in der Urkunde formulierten Verfügung zu garantieren. Die monarchische Gewalt sinkt, sie nähert sich dem Adel, und dementsprechend nimmt das Königsdiplom immer mehr die Form einer Privaturkunde an. In diese Entwicklung fügt es sich, daß Philipp während der ersten Jahre seiner Regierung die programmatischen Hinweise auf die königliche Gewalt, mit denen die karolingischen Herrscherdiplome zumeist eingeleitet wurden, fallenläßt. Erst seit Mitte der siebziger Jahre greift er wieder auf diesen «klassischen» Typ zurück, und bald gewinnt auch die Zeugenreihe eine neue Form: In verstärktem Maße unterschreiben nun die Inhaber der vier Hofämter, die *grands officiers du roi,* Seneschall, Mundschenk, Connétable und Kämmerer. In einer Urkunde des Jahres 1085 sind sie die einzigen Zeugen, ebenso 1091, 1104, 1106 und 1107, und in der Folgezeit wird die ausschließliche Unterschrift der vier *grands officiers* zum Merkmal des kapetingischen Diploms: Das Königtum hatte die Gefahr, in den Adel abzusinken, gebannt.

III

Philipps Herrschaft fällt in eine Epoche, die in ganz Europa von der Auseinandersetzung zwischen *regnum* und *sacerdotium,* zwischen weltlicher und geistlicher Gewalt, gekennzeichnet ist. Seine Regierungszeit deckt sich fast völlig mit der Kaiser Heinrichs IV. (1056–1105), und dessen Namen verbinden wir noch heute mit dem sogenannten «Investiturstreit». Indes berührt dieser Begriff nur einen Aspekt und greift zu kurz. Man spricht besser vom Zeitalter der Kirchenreform, die nicht nur die Investitur, also die Einführung in ein Kirchenamt, regelte, sondern – um die wichtigsten Punkte zu nennen – auch den römischen Primat durchsetzte und sich gegen die Käuflichkeit von Kirchenämtern und Sakramenten, die Simonie, sowie die Priesterehe wandte. Die Auseinandersetzung zwischen Kaiser und Papst stürzte das deutsche Reich in eine tiefe Krise, in Frankreich hingegen führte sie zu einem engen Bündnis des Königs mit dem Papst. Wie ist diese gegensätzliche Entwicklung zu erklären?

Zunächst müssen wir berücksichtigen, daß die königliche Kirchenherrschaft in Deutschland von anderen Voraussetzungen ausging als in Frankreich. Heinrich IV. verfügte über sämtliche Bistümer und die bedeutendsten Stifte und Klöster seines Reiches. Er bestimmte maßgeblich die Berufung eines Bischofs oder Abtes und führte ihn durch die Überreichung von Ring und Stab in sein neues Amt ein; anschließend versprach ihm der Geistliche in Form eines Eides Treue und Gefolgschaft. Diese Kontrolle der Reichskirche war um so wichtiger, als die Prälaten zu den wesentlichen Stützen der Königsmacht gehörten. Mit dem von Gregor

VII. ausgesprochenen Verbot der Bischofsinvestitur durch Laien mußte die Reichsverfassung also in ihren Grundfesten erschüttert werden.

Im Unterschied zum deutschen König beherrschte Philipp I. von insgesamt 77 Diözesen seines Reiches nur rund 25, also ein knappes Drittel. Zu ihnen zählten im wesentlichen die Bistümer der Kirchenprovinzen Reims und Sens sowie einige Bistümer der Provinzen Lyon, Bourges und Tours. Die übrigen Diözesen hingegen befanden sich schon seit der ausgehenden Karolingerzeit in Händen der Lehnsaristokratie. Existierte in Deutschland eine Reichskirche, so spricht man für Frankreich vom Kronepiskopat. Der Neugewählte wurde zunächst vom König mit Ring und Stab investiert, leistete dem Herrscher sodann einen Treu- oder Lehnseid und empfing schließlich auf königliche Anweisung hin die Weihe. Wurde ein Bistum vakant, so kam es *in manu regis*, «in die Hand des Königs», der bis zur Bestellung eines Nachfolgers über die Einkünfte verfügen konnte. Ohnehin in seinen Machtmitteln beschränkt, war Philipp auf die materielle und oft auch militärische Unterstützung durch den Episkopat angewiesen. Gleichzeitig besaßen aber auch die Bischöfe ein Interesse an der königlichen Kirchenhoheit, die sie davor bewahrte, in die Abhängigkeit des Adels zu geraten.

War im deutschen Reich Kaiser Heinrich III. als entschiedener Freund der Kirchenreform aufgetreten, so mußte in Frankreich zunächst das Papsttum selbst eingreifen. 1049 veranstaltete Leo IX. ein Konzil zu Reims, und in den kommenden Jahrzehnten bemühten sich päpstliche Legaten, auf zahlreichen Synoden den Vorstellungen der Kurie zur Durchsetzung zu verhelfen. Dabei geriet auch Philipp I. ins Kreuzfeuer der Kritik, doch sollte es niemals zu einer grundsätzlichen Auseinandersetzung zwischen König und Papst kommen. Dieser Umstand unterscheidet die Vorgänge in Frankreich ganz erheblich vom Investiturstreit im deutschen Reich. Beharrte Heinrich IV. starr auf seinen königlichen Prärogativen, so zeigte sich Philipp I. pragmatisch und flexibel in der Bewahrung seiner Rechte. Dabei kam ihm zugute, daß das Papsttum voll und ganz vom Konflikt mit dem Kaiser in Anspruch genommen wurde und deshalb auch seinerseits zu einer vermittelnden Haltung Frankreich gegenüber neigte.

Zu einem ersten Konflikt Philipps I. mit Gregor VII. kam es 1072/74, als der König sich weigerte, dem kanonisch gewählten Bischof Landerich von Mâcon die Investitur zu erteilen. Klerus und Volk von Mâcon trugen die Angelegenheit dem Papst vor, der Philipp mit Bann und Interdikt drohte. Da der zuständige Metropolit, Erzbischof Humbert von Lyon, ohne königliche Genehmigung die Weihe nicht erteilen wollte, nahm Gregor sie selbst in Rom vor. Der neue Bischof konnte sein Amt antreten und soll auch bald ein gutes Verhältnis zum Hof unterhalten haben. Von einem energischen Widerstand Philipps ist hingegen nichts zu spüren, und diese nachgebende Haltung ist charakteristisch für ihn. Schärfere Töne schlug Gregor jedoch nur kurze Zeit später an, als er von dem erwähnten Raubüberfall Philipps auf italienische Kaufleute erfuhr. Er warf den französischen Bischöfen vor, an den Untaten des Königs mitschuldig zu sein, und forderte sie auf, ihn zur Umkehr zu bewegen. Sei er dazu nicht bereit, so sollten sie sich von ihm lossagen und das Interdikt über Frankreich verhängen; nütze auch dies nichts, dann werde man ihm die Königsgewalt entreißen. Philipp zeigte sich unbeeindruckt, und Gregor machte keine Anstalten, seine Drohungen zu verwirklichen – auch dies ein Zeichen dafür, daß Rom eine Konfrontation vermeiden wollte. Immerhin unternahm Gregor einen neuen Anlauf, die Kirchenreform in Frankreich voranzutreiben, und ernannte die beiden Bischöfe Hugo von Die und Amat von Oloron zu ständigen Legaten. Sie griffen in der Folgezeit wiederholt in Bischofswahlen, auch in der Krondomäne, ein. 1077 leitete Hugo eine Synode in Autun, auf der die Laieninvestitur sehr wahrscheinlich ausdrücklich untersagt wurde. Es folgte ein Jahr später die Synode von Poitiers, die das Investiturverbot noch verschärfte und zahlreiche Bischöfe wegen unkanonischer Erhebung suspendierte. Philipp hatte die Tragweite dieser Beschlüsse erkannt und vorsorglich seinen Bischöfen die Teilnahme an der Synode verboten. Trotzdem kam es zu keinem offenen Bruch zwischen König und Papst.

Hatte schon Gregor VII. das Verhalten Philipps gemaßregelt und mit Strafmaßnahmen gedroht, so blieb es Papst Urban II. vorbehalten, ihn zu exkommunizieren. Der Grund lag nicht etwa in der Frage der Investitur, sondern in der neuen Ehe, die der König 1092 geschlossen hatte. Wir erinnern uns, daß Philipp 1072 Bertha, die Stieftochter des Grafen Robert von Flandern, geheiratet hatte. Aus dieser Verbindung, die lange unfruchtbar geblieben war, gingen schließlich der Thronfolger Ludwig, eine Tochter namens Konstanze sowie vielleicht der als Kind gestorbene Heinrich hervor. 1092 verstieß Philipp seine Frau; sie war ihm, wie der zeitgenössische Historiker Wilhelm von Malmesbury berichtet, zu dick geworden. Ihre Stelle sollte Bertrada von Montfort einnehmen, die allerdings noch mit dem Grafen Fulko von Anjou verheiratet war und deshalb zunächst von Philipp entführt werden mußte. Die Tat glückte, und der Bischof von Senlis erklärte sich bereit, das Paar zu trauen. Der Ehebruch rief Urban II. auf den Plan. Da seine Aufforderung an den französischen Episkopat, den König auf den rechten Weg zurückzuführen, nichts nutzte, beauftragte er Hugo, der bereits Gregor VII. als Legat gedient hatte und inzwischen Erzbischof von Lyon geworden war, mit der Angelegenheit. Hugo berief eine Synode nach Autun ein, die 1094 den König exkommunizierte. Ein Jahr später begab sich Urban II. selbst nach Frankreich und versammelte ein großes Konzil in Clermont; dort rief er zum Kreuzzug auf, erneuerte die Investiturdekrete, untersagte den Lehnseid der Geistlichen und bestätigte die Exkommunikation des Königs. Es entsprach der bisherigen päpstlichen Politik, daß man die Verurteilung Philipps mit persönlichen Verfehlungen begründete, nicht etwa mit mangelndem Reformeifer. Eine Herrscherabsetzung, wie sie Heinrich IV. widerfuhr, drohte Philipp nicht. Auch Urban II. hatte in der Frage der Investitur kein Interesse an einer grundsätzlichen Auseinandersetzung mit dem französischen König; dies galt um so mehr, als er verhindern mußte, daß Frankreich zum kaiserlichen Gegenpapst Wibert-Clemens III. überging.

Mehrmals hat man in den folgenden Jahren versucht, Philipp vom Bann zu lösen. Er versprach schon bald nach dem Konzil von Clermont, seiner Verbindung mit Bertrada zu entsagen, doch stand er allzu sehr im Banne dieser Frau, als daß er dem auch Taten hätte folgen lassen können. So blieb er fast zehn Jahre exkommuniziert und konnte deshalb auch nicht am ersten Kreuzzug teilnehmen. Erst 1104 sollte es zu einer Verständigung kommen: Auf dem Konzil von Paris erklärten sich der König und Bertrada unter Eid zur Trennung bereit und wurden absolviert. Zwar hielten sie sich nicht an ihre Zusage, doch drückte Papst Paschalis, der immer stärker von der Auseinandersetzung mit Heinrich V. in Anspruch genommen wurde, beide Augen zu.

Inzwischen war auch die Frage der Investitur einer Lösung nähergerückt. Eine entscheidende Rolle spielte dabei der Bischof Ivo von Chartres, einer der bedeutendsten Kirchenrechtler seiner Zeit. 1090 war er zum Nachfolger des von Urban II. abgesetzten Bischofs Gottfried gewählt und von Philipp investiert worden. Da ihm der zuständige Metropolit, Erzbischof Richer von Sens, die Weihe verweigerte, reiste er nach Rom und ließ sich von Urban II. weihen. In der Ehefrage stellte er sich gegen Philipp und mußte für seine Haltung zeitweise im Kerker büßen. Trotzdem trat er als Vermittler zwischen königlichen und päpstlichen Ansprüchen auf. Deutlich wurde dies in seinem 1097 verfaßten, berühmt gewordenen Brief an den päpstlichen Legaten Hugo von Lyon: Mit der von ihm als *concessio*, «Übertragung», bezeichneten Investitur, so argumentierte Ivo, verleihe der König *nihil spirituale*, «nichts Geistliches», sondern lediglich die *bona exteriora*, «die weltlichen Güter» der Bischofskirche. Die Investitur war somit ein rein weltlicher Akt. Um dies besser zu verstehen, müssen wir uns vor Augen halten, daß Philipp zu jenem Zeitpunkt noch exkommuniziert war; die persönliche Investitur mit Ring und Stab konnte er wahrscheinlich nicht mehr ausüben, da jedem Bischof der Umgang mit ihm untersagt war. Statt dessen dürfte damals die *concessio* aufgekommen sein, die vielleicht durch königlichen Erlaß oder durch eine Erklärung gegenüber Abgesandten des neugewählten Bischofs vorgenommen wurde. Diese neue Investiturpraxis und die Unterscheidung zwischen Spiritualien und Temporalien (die übrigens schon auf eine gewisse Tradition vor Ivo zurückblicken konnte) sollte in Frankreich zu einer Lösung führen, die seit der Neubesetzung der Bistümer Paris und Beauvais im Jahre 1104 üblich wurde: Der König schloß sich dem Ergebnis der kanonischen Wahl an, verzichtete auf die symbolische Investitur mit Ring und Stab, nahm aber eine *concessio* der weltlichen Güter vor und ließ sich dafür von dem neugewählten Bischof einen Treueid leisten.

So wurde die Frage der Investitur in Frankreich durch einen Kompromiß gelöst, der sich an der Wende vom 11. zum 12. Jahrhundert ergeben hatte. Er wurde wahrscheinlich auf der Synode von Troyes im Jahre 1107 gebilligt, während eine förmliche Vereinbarung mit dem Papsttum, wie sie etwa für das Imperium im Wormser Konkordat vorliegt, nicht mehr nötig war. Genaugenommen können wir auch nicht von einem französischen Investiturstreit sprechen, sondern nur von Konflikten bei Bistumsbesetzungen. Dementsprechend ist auch, im Gegensatz zu Deutschland und Italien, die Investiturpublizistik in Frankreich nur vereinzelt anzutreffen. Offenbar waren König und Kronepiskopat weder willens noch in der Lage, den Forderungen des Reformpapsttums mit Streitschriften zu begegnen.

Das Verhältnis des französischen Herrschers zum Papst sollte sich sogar vom Gegensatz zum engen Bündnis wandeln, als Paschalis II. 1106/07 nach Frankreich kam. In der alten Königsabtei St-Denis traf er mit Philipp und dem Thronfolger Ludwig zusammen; er erinnerte sie an die Hilfe, die die Karolinger, vor allem Karl der Große, dem Nachfolger Petri geleistet hatten, und bat sie um Unterstützung gegen Kaiser Heinrich V. Philipp und Ludwig knieten vor dem Papst nieder und versprachen *auxilium et consilium*, «Rat und Hilfe». Als sich Paschalis anschließend nach Châlons-sur-Marne begab, um dort mit einer Gesandtschaft Heinrichs V. über die Investiturfrage zu verhandeln, wurde er von Philipp und Ludwig begleitet. Die Gespräche scheiterten, und Paschalis kehrte, um mit den Worten des Abtes Suger von St-Denis zu sprechen, «erfüllt von Liebe zu den Franzosen und von Furcht und Haß auf die Deutschen», nach Rom zurück (Waquet, Suger, 60 Kap. 10). Der 1107 geschlossene Bund zwischen König und Papst sollte zukunftsweisend sein. Die französische Kirche wurde fortan zur entscheidenden Stütze des Papsttums, und bei zwiespältigen Wahlen wurde in Frankreich entschieden, welcher Kandidat die Oberhand behalten sollte.

IV

«Während der Sohn von Tag zu Tag Fortschritte machte, verlor Philipp, sein Vater, an Kräften. Denn seit er mit der Gräfin von Anjou in ehebrecherischer Verbindung zusammenlebte, tat er nichts mehr, was seiner königlichen Würde angemessen gewesen wäre. Voller Verlangen nach der Frau, die er geraubt hatte, ging es ihm nur noch darum, seine Lust zu befriedigen. Deshalb kümmerte er sich nicht mehr um sein Reich und schonte auch nicht die Gesundheit seines Körpers...» (Waquet, Suger, 80–82 Kap. 13). Das Urteil, das Abt Suger von St-Denis über Philipp I. abgibt, ist vernichtend. Der König lebte ganz im Banne der Bertrada von Montfort, er litt unter Fettleibigkeit und vernachlässigte seine Regierungspflichten. Seine zweite Frau schenkte ihm drei Kinder: Philipp, Florus und Caecilia. Zuvor hatte er sich entschlossen, Ludwig, seinen ältesten Sohn aus der Ehe mit Bertha, als Erben anzuerkennen, und ihm Mantes, Pontoise und die Grafschaft Vexin übertragen. Bertrada setzte sich dagegen zur Wehr und soll sogar geplant haben, Ludwig umzubringen, um ihrem eigenen Sohn Philipp die Thronfolge zu sichern. Ihre Intrigen blieben jedoch erfolglos, und seit dem Jahre 1100 wird Ludwig als *rex designatus* bezeichnet; wenngleich er die Königsweihe erst nach dem Tod des Vaters empfing, wurde sein Einfluß auf die Regierung von nun an immer stärker. Seit 1100 war er der eigentliche Machthaber.

Philipp I. starb am 29. oder 30. Juli 1108 in Melun (südöstlich von Paris). Die Bischöfe von Paris, Senlis und Orléans sowie der Abt von St-Denis zelebrierten die Totenmesse, bevor man den Leichnam in das Kloster St-Benoît-sur-Loire (östlich von Orléans) überführte und dort beisetzte. Philipp hatte zu Lebzeiten den Bau der Klosterkirche gefördert und sich (wohl aus Verehrung für den hl. Benedikt von Nursia) gewünscht, dort und nicht in St-Denis, der traditionellen Grablege der französischen Könige, bestattet zu werden. St-Denis wurde während der französischen Revolution geplündert, die Gräber wurden geschändet und die Knochen außerhalb der Kirche verscharrt. St-Benoît-sur-Loire hingegen blieb von diesem Vandalismus weitgehend verschont und birgt noch heute die sterblichen Überreste Philipps.

Unterzieht man Philipps Regierung einer abschließenden Bewertung, so fällt das Urteil positiv aus. Sicher, der entscheidende Schlag gegen das anglonormannische Reich war ihm nicht geglückt. Aber er hatte es lange destabilisieren und seine weitere Expansion auf dem Kontinent verhindern können. Persönliche Verfehlungen, seine Eheaffäre und seine Freßsucht mochten ihn in den Augen der Zeitgenossen, etwa Sugers von St-Denis, lächerlich und zur Herrschaft unfähig erscheinen lassen. Aber die französische Monarchie hatte es ihm zu verdanken, daß ihr jahrzehntelanger Niedergang aufgehalten und ein Wiederaufstieg vorbereitet wurde. Philipp hatte die Krondomäne erweitert und die Basis für ein Ausgreifen in die Regionen südlich der Loire geschaffen. In der Auseinandersetzung mit dem Papsttum hatte ihn die Exkommunikation getroffen und seine Regierung jahrelang gelähmt. Aber sie führte nicht zum Bruch, sondern zu einem engen Bündnis mit Rom. An Philipps Erfolge konnten seine Nachfolger anknüpfen: Unter ihnen wurde Frankreich zur führenden Macht Europas.

Dietrich Lohrmann

Ludwig VI.
1108–1137

Ludwig VI., geb. Ende 1081 in Paris; erzogen 1085/86–1092 in St-Denis; 1092 Belehnung mit der Grafschaft Vexin, den Städten Mantes und Pontoise; 24.5. 1098 Schwertleite in Abbeville (Grafschaft Ponthieu); vor dem 25.12. 1100 Designation als König, Besuch in London; 1101 Intrige und Vergiftungsversuch der Bertrada von Montfort gegen Ludwig; Verlust des Vexin bis 1103; 1101–1105 Übernahme der Grafschaft Vermandois; Feldzüge gegen die Burgherren von Montmorency, Beaumont, Roucy, Meung-sur-Loire, Montaigu, Montlhéry etc.; 1104 Versöhnung mit Bertrada, Übernahme von Montlhéry, Zusage von Mantes und Montlhéry an Bertradas Sohn Philipp; 30.4.–3.5. 1107 Bündnis mit Papst Paschalis II. in St-Denis; 23.5. 1107 Auflösung von Ludwigs Eheversprechen mit Lucienne von Rochefort; Seneschalat der Garlande; 8.8. 1108 Krönung in Orléans durch den Erzbischof von Sens; 1108–1112 Kämpfe gegen wechselnde Koalitionen des Königs von England, des Pfalzgrafen von Blois, der Herren von Crécy-en-Brie; Bertrada im Anjou, dann im Kloster Bruyère; Vertreibung ihres Sohnes Philipp aus Mantes; Ende März 1115 Heirat mit Adelaide von Maurienne (gest. 1154); erster Feldzug gegen Thomas von Marle, Sicherung von Amiens; 1117–1120 Vorstöße in die Normandie, Friede mit Heinrich I. nach Tod des englischen Thronfolgers; Oktober–November 1119 Besuch Papst Calixts II. und neues Bündnis; 1124 Doppelbedrohung durch Heinrich I. von England und Kaiser Heinrich V.; großes französisches Heer bei Reims; 1126 Erfolgreicher Feldzug in die Auvergne; Behinderung des Königs durch starkes Übergewicht von Suger hervorgehoben; 1127–1128 Sturz des Stephan von Garlande; Eingreifen in Flandern endet mit Tod des Wilhelm Clito; Januar 1130 Empfang Papst Innozenz' II.; Oktober–November 1130 Unternehmen gegen Thomas von Marle und Coucy; dessen Tod; 13.10. 1131 Tod des 1129 gekrönten Thronfolgers Philipp; 25.10. 1131 Salbung des zweiten Sohnes, Ludwig, in Reims durch Papst Innozenz II.; 1132–1133 Krieg gegen Theobald IV., Graf von Blois und Champagne; Herbst 1135 Letzter Feldzug nach Châteauneuf-sur-Loire, schwere Dysenterie; Juli 1137 Heirat des Thronfolgers mit Eleonore von Aquitanien; 1.8. 1137 in Paris gestorben, in St-Denis begraben.

I. Bild in der Geschichtsschreibung

Ludwig VI. erweiterte das französische Kronland, die Domäne, keineswegs im gleichen Ausmaß, wie das seinem Vater, Philipp I., mit dem Erwerb von Gâtinais und Vexin, Corbie und Bourges gelungen war. Trotzdem leistete er für das Königtum wesentlich mehr: er konsolidierte diese erweiterte Krondomäne, in der sein Vater nicht wirklich Herr im Hause gewesen war. Ludwig schuf innere Sicherheit, er schleifte Burgen, befreite gefangene Kaufleute, öffnete Straßen und traf dabei auf eine Fülle von Gegnern. Unermüdlich zog er gegen sie zu Felde. Die 37 Jahre seines Wirkens als Thronfolger und König sind fast ganz erfüllt von gefahrvollen Zügen, Gefechten, Belagerungen, Siegen und Niederlagen.

Als unermüdlichen, meist gut gelaunten Kämpfer hat ihn bereits sein Biograph Abt Suger von St-Denis geschildert. Schon bald nach Ludwigs Tod erinnert Suger, der wohl wie Ludwig im Jahr 1081 geboren wurde und ihn seit der Jugendzeit kannte, an den König. Er schreibt Texte zur Lesung an dessen Anniversartag, aus denen später, etwa 1144, die offizielle Vita des Königs hervorgehen wird.

Fast in allen kritischen Phasen war Suger dabei. Er ist in demselben Kloster aufgewachsen, in dem auch Ludwig mehrere Jahre, etwa ab 1086, verbracht hat. Er hat die Kämpfe des jugendlichen Prinzen im Vexin verfolgt, als dieses Gebiet nordwestlich von Paris, das Land des hl. Dionysius, den Angriffen des weit überlegenen Königs von England, Wilhelm Rufus, ausgesetzt war. Er kannte auch Ludwigs politischen Hauptgegner, Heinrich I. von England, der ab 1106 zugleich die Normandie beherrschte und sich an immer neuen Koalitionen gegen Ludwig beteiligte. Und genauestens glaubt er die in seinen Augen aufsässigen, räuberischen Adeligen zu kennen, die als Burgherren durch Überfälle, Raub und Geiselnahme den Frieden des Königs stören, was zugleich Störung des Friedens für die Kirchen bedeutete.

Sugers Sicht dieser sich unabhängig gebärdenden Burgherren ist die des Königs und die einer neuen Auffassung von königlicher Autorität. Sie steht im Dienst der Kirchen und der Bevölkerung. Vor dem hellen Grund dieser Zielvorstellungen erscheinen die ehrgeizigen Aufrührer in tiefster Schwärze. Nur rasches militärisches Eingreifen kann sie niederzwingen, denn sie verweigern sich dem königlichen Gericht; List, Wortbruch und Gewalt kennzeichnen ihr Handeln. Suger beschreibt genauestens die Lage jeder umkämpften Burg, die Verteidigungsanlagen, die einzelnen Maßnahmen des Königs. Dessen persönliches Engagement zu Fuß oder zu Pferde geht ihm gelegentlich sogar zu weit, denn er wagt sich stärker ins Getümmel, als es der königlichen Majestät wohl ansteht. Doch in der Gefahr kann den König nichts rühren. Suger hat dann gern einen Vergleich aus der antiken Kriegsliteratur zu Hand: Wenn alle Vasallen dem König ihre Hilfe versagen, stört das diesen so wenig, wie es den Ozean verändern würde, wenn ihm alle Flüsse ihr Wasser entzögen (Lukan, Pharsalia). Immer bleibt Grund zur Zuversicht. So starb ein Herausforderer des Königs Philipp, wie der Biograph des Sohnes zu berichten weiß, noch am gleichen Tage, an dem er den König herausgefordert hatte; seinen Krieg gegen den König nahm der Herausforderer solchermaßen mit sich in die tiefste Hölle.

Ludwig VI. (1108–1137)

Sugers Bild des Königs Ludwig ist lange ziemlich kritiklos auch in die Geschichtsbücher eingegangen, und es hat vor allem den Eindruck bestimmt, der jedem jungen Franzosen in der Schule vermittelt wurde: Ludwig als ein König, der nach langen Zeiten der Schwäche Frankreichs endlich den Grund zu dessen Wiederaufstieg legt und als wirklicher König handelt. Darüber hinaus ist er lebensfroh, von stattlicher Körperfülle, in der Jugend ausschweifend, dann treuer Ehemann, Vater zahlreicher Söhne und einer Tochter, vor allem aber Retter des Vaterlandes, der Frankreich nicht nur aus der feudalen Anarchie befreit, sondern (1124) auch vor einer doppelten Invasion des englischen Königs und des bedrohlichen Kaisers Heinrich V. bewahrt. In keiner Gefahr verzagt er, auch in höchster Not bleibt er geistvoll – so soll er einem Ritter, der ihn allzu hartnäckig verfolgte, zugerufen haben, die Gefangennahme des Königs sei nicht nur im Schachspiel verboten.

Auch die gesamte historische Literatur Frankreichs im 19. wie im 20. Jahrhundert ist auf den Grundton des Dankes für eine große, unverkennbare Leistung gestimmt. Guizot (1839) erkennt bereits im Anschluß an Suger, daß mit Ludwig VI. eine völlig neue Auffassung vom Königtum zum Durchbruch kam, einem Königtum, das nicht nur den Schutz der Kirche gewährleistete, sondern nach langen Versäumnissen nun auch die Sicherheit der Bauern, Handwerker und kleinen Leute erstrebte; das bedeutet für Guizot im Verhältnis zur vorausgegangenen Zeit eine Revolution. Für Michelet (1869) bringt die Regierung Ludwigs das Erwachen des Königtums: Dieser König steht dem Volke nahe, er fördert dessen Schwureinungen in den Städten und kämpft in den Augen der Liberalen nur etwas zu stark im Dienst der Kirche. Besonders intensiv hat Achille Luchaire (1890) sämtliche Nachrichten über Ludwig gesammelt, sie kritisch gesichtet und seiner Persönlichkeit einleitend ein lebendig gestaltetes Denkmal gesetzt.

Die neuere Forschung bemüht sich um ein vertieftes Verständnis von Ludwigs Persönlichkeit innerhalb der Struktur der Königsfamilie. Sie verfügt dabei über ein hervorragendes Spektrum direkter Aussagen von Zeitgenossen, die zunächst allerdings vordergründig bleiben. Sugers Portrait einer hochgewachsenen, in der Jugend eleganten und anziehenden Erscheinung, ansehlich im Schwertkampf und trotzdem von sanftem, fröhlichem, gutmütigem Charakter, wird auch von anderer Seite bestätigt. Der Chronist von Morigny und der kluge Bischof Ivo von Chartres stimmen in ihrer Einschätzung vollkommen überein: ein junger Mann von einfachem, unkompliziertem Wesen *(homo simplicis nature)*, großmütig, sanft und heiter, aber zu naiv in der Aufnahme von Klagen oder Verleumdungen – und von seiner Umgebung auch leicht zu täuschen – so, als er 1106 seine Zustimmung zur Übernahme der Normandie durch den König von England gewährte. Auch ist er anfangs noch zu flexibel und läßt sich dazu hinreißen, einen Bösewicht wie

Thomas von Marle, den er später immer wieder bekämpft, zunächst zu unterstützen. Bischof Ivo rügt ihn 1111 wegen einer Bitte um kostbare, offenbar von Kürschnern in Chartres gefertigte Pelze; eine solche Bitte sei mit der königlichen Ehre nicht vereinbar.

In einer Zeit, in der das Geld längst alle Schichten des wirtschaftlichen und politischen Lebens durchdringt, zeigt sich auch der König von Frankreich diesem Zahlungsmittel gegenüber als empfänglich. Das bringt ihm den Tadel eines adeligen Abtes aus der Picardie ein, der gerade die Entwicklung der Geldwirtschaft mit Sorge und Ablehnung beobachtet. Ludwigs Erscheinung entspricht zwar auch für diesen klugen Literaten (Guibert von Nogent) voll der einer königlichen Majestät, aber er mißbilligt seinen Umgang mit Personen niederer Herkunft (zu denen auch Suger zählt) und er ist verärgert über den Widerruf eines königlichen Kommuneprivilegs, den ein massives Geldangebot des korrupten Bischofs von Laon bewirkt hat.

Der Normanne Ordericus Vitalis schließlich sieht Ludwig durchaus nicht als Feind; er anerkennt seine Leistung im Dienst der öffentlichen Ordnung, aber er mißbilligt es, wenn deren Prinzipien bei Einfällen Ludwigs in die Normandie nicht mit gleicher Strenge gewahrt werden, und er protestiert, wenn die Franzosen plündernd durchs Land ziehen und ihre Bischöfe nicht dagegen einschreiten. Auch die königliche Familie des Kapetingers wird von ihm nicht geschont. Vielmehr berichtet Ordericus Dinge, die sich bei Suger und den anderen Berichterstattern der Krondomäne nur angedeutet finden oder ganz bei ihnen fehlen.

II. Familie: Jugend und frühe Königszeit

Ludwigs Kindheit muß überschattet gewesen sein von einem nicht einfachen Verhältnis der Eltern. Zwar war die Freude bei seiner Geburt nach acht Jahren Kinderlosigkeit groß gewesen, doch als Zehnjähriger erlebte der Prinz die Verstoßung seiner Mutter, Bertrada von Holland, die schon bald danach starb. An ihre Stelle trat die ehrgeizige, selbstbewußte, mit Schönheit und weiblichem Charme wohlversehene Bertrada von Montfort, die sowohl den König wie bald auch wieder den verlassenen Ehemann, den Grafen Fulco V. von Anjou, in ihren Bann zu ziehen verstand.

Die Macht dieser Frau wird in der neueren Literatur zuweilen unterschätzt. Ludwig lebt nun fern vom Königshof. Den Ritterschlag erhält er 1098 nicht vom Vater, sondern durch den Grafen von Ponthieu. Bertrada, bald Mutter zweier Söhne (Philipp und Florus), sinnt unterdessen auf Möglichkeiten, die Thronfolge für ihr eigenes Geschlecht zu sichern. Bei einem Besuch Ludwigs in London versucht sie, mit einem nachgesandten, zwar echt besiegelten, aber trotzdem gefälschten Königsmandat den Stiefsohn auf Lebenszeit festsetzen zu lassen. Nach Frankreich zurückgekehrt wünscht ihr der Prinz den Tod. Sie beauftragt nun drei ihrer Kleriker, Ludwig zu töten. Dieser Anschlag wird rechtzeitig entdeckt und vereitelt, gegen das anschließend ausgeführte Giftattentat aber war man machtlos: Der Prinz erkrankte lebensgefährlich; er aß nicht mehr, schlief nicht mehr, kein Arzt konnte ihm helfen. Rettung kam schließlich von einem fremden – vermutlich jüdischen – Arzt, der in Nordafrika (Barbarie) die arabische Medizin erlernt hatte.

Diese Informationen hat uns der normanische Chronist Ordericus verraten, aber sie gehören deshalb noch lange nicht ins Reich der Fabeln (M. Chibnall), denn sie entsprechen in vieler Hinsicht der nachfolgenden Entwicklung. Bertrada betreibt nun Heiratspolitik: Für ihren etwa zehnjährigen Sohn Philipp gewinnt sie als Gemahlin die Erbin einer strategisch zentral gelegenen Burg im Süden von Paris, von der aus seit langem der Verkehr auf der Straße nach Orléans verunsichert wird (Montlhéry). Diese Ehe des Halbbruders ist auch für den Thronfolger akzeptabel, da die Burg, solange Bertradas Sohn noch minderjährig ist, vom Vater zunächst Ludwigs Obhut anvertraut wird. Der Thronfolger erweist sich deshalb auch seinerseits entgegenkommend. Er versöhnt sich, zumindest vorübergehend, mit der Stiefmutter und verspricht seinem Halbbruder die Grafschaft Mantes an der Seine. Er selbst gibt 1104 der noch minderjährigen Tochter des neuen Seneschalls, Guido von Rochefort, ein Eheversprechen, in den Augen vieler eine mésalliance, von Bertrada jedoch begrüßt, denn Ludwigs Verlobte war nun eine Kusine der Frau ihres Sohnes.

Die Folgen treten nach dem Tod des alten Königs zutage (1108–10). Ludwigs Thronfolge ist keineswegs gesichert. Seine Krönung muß eilends in Orléans vollzogen werden, ohne Beteiligung des Erzbischofs von Reims und ohne Huldigung der meisten Großen des Reiches. Ivo von Chartres rechtfertigt dieses Vorgehen mit der Gefahr von Wirren und Blutvergießen, der Bedrohung für Reich und Kirche; Störer lägen bereits auf der Lauer, um die Herrschaft einer anderen Person zu übertragen. Suger seinerseits spricht zweimal von eidlich vereinbarter *machinatio* böser und treuloser Elemente. Die gesamte Sippe der Montfort, an der Spitze Bertrada, hoffte, so versichert er, auf den Ruin des Königs und die dann mögliche Nachfolge des Halbbruders, Philipp. Ein Zeuge aus Sens endlich betont die verweigerte Mannschaftsleistung seitens der Herzöge der Normandie, Burgunds und Aquitaniens für die nachfolgende Zeit. Der junge Pfalzgraf Theobald IV. von Blois seinerseits bringt den König in höchste Gefahr, und schließlich dekuvriert sich auch Ludwigs Halbbruder Philipp, der inzwischen als Graf in Mantes eingesetzt ist und von dort aus Unruhe ins Land trägt. Gegen ihn geht der neue König am entschlossensten vor. Die Burg von Montlhéry hat er ihm zum Glück nicht übergeben. Mantes wird eingenommen, Philipp vertrieben, und Bertrada, die sich ins Anjou abgesetzt hat, muß bzw. darf gerade noch ihr Wittum verkaufen, mit dem Erlös ein Kloster gründen (Fontevristinnen von Haute-Bruyère) und sich dorthin zurückziehen.

Aus heutiger Sicht klingen diese Geschichten fast wie ein Märchen, und doch ist alles aus zeitgenössischen Quellen bezeugt. Verfassungsrechtliche Strukturen lassen sich daraus vorerst nicht ableiten. In die Zukunft weist nur die starke Betonung der Salbung und des Erbrechts im Ordo von Ludwigs Krönung durch den Erzbischof von Sens. Vor allem die Kirche trägt zur Sicherung der Dynastie bei. Von ihren Vertretern denkt insbesondere Bischof Ivo von Chartres schon an die künftige Thronfolge. Ludwigs Königtum bleibt für Ivo so lange gefährdet, wie keine angemessene Eheschließung erfolgt und kein Erbe geboren ist. Das frühe Engagement mit Lucienne de Rochefort ist bereits 1107 vom Papst gelöst worden, eine Verbindung mit dem Hause Montferrat 1109 nicht zustande gekommen. Länger angedauert hat, wie es scheint, eine freie Verbindung mit einer Tochter Rainalds von Breuillet, aus der eine uneheliche Tochter hervorgegangen ist, Isabelle. Schon regen sich spöttische Zungen, da ermutigt Ivo von Chartres den bereis dreiunddreißigjährigen König, eine Verbindung einzugehen, die von der Gräfin Flanderns angebahnt worden war. Diesem Rat schließt sich Ludwig an. Ende März 1115 heiratet er Adelaide von Maurienne, eine Nichte des künftigen Papstes Calixt II. aus burgundisch-savoyischem Hochadel. Die Angabe, die Braut sei «sehr häßlich» gewesen und deshalb zuvor vom jungen Grafen des Hennegau zurückgewiesen worden, beruht auf Verwechslung. Giselbert von Mons meint eine ganz andere Braut.

III. Personelles Umfeld am Hof

Mit dieser zweiten Ehe kommt Beständigkeit in das Privatleben Ludwigs, und zunehmend auch in die Regierungsgeschäfte des Königs. Die Geburt mehrerer Söhne (Philipp 1116, Ludwig 1120, Heinrich 1121/23, danach werden noch drei weitere Söhne geboren) sichert bald die Nachfolge. Die Königin Adelaide wird hoch geehrt; sie ist nicht nur Mutter, sondern tritt häufig auch als Intervenientin bei Regierungshandlungen auf. In den Datierungen der Königsurkunden stehen ihre Regierungsjahre neben denen des Königs (bis 1124), eine formale Berücksichtigung, die nur dieser französischen Königin zuteilgeworden ist. Da sie eine Nichte des Papstes ist, spielt sie ab 1119 eine wachsende Rolle im Verhältnis des französischen Königtums zum Papsttum. Innerhalb der französischen Kirche fördert sie die Reformpartei und scheut deshalb auch nicht einen langanhaltenden Konflikt mit dem mächtigsten Mann am Königshof, Stephan von Garlande.

Dieser jüngere Sohn einer Adelsfamilie aus dem Grenzbereich zur Grafschaft Brie-Champagne ist Kleriker, Inhaber zahlreicher Pfründen,

Archidiakon von Paris und seit 1103 Kanzler des Königs, während seine Brüder Ansellus und Wilhelm von 1107 bis 1120 als Inhaber des Seneschalats die höchsten militärischen Aufgaben versehen. Danach gelingt es Stephan, trotz seines Klerikerstandes und des Konfliktes mit der Königin, 1120 beim Tode seines Bruders Wilhelm nun auch das Amt des Seneschalls hinzuzugewinnen. Faktisch führt er es eher in der Art eines königlichen Hausmeiers. So nennt ihn denn auch ausdrücklich der ihm nicht wohlgesonnnene Beobachter aus Morigny. Suger pflegt ein gutes Verhältnis zu Stephan von Garlande; er handelt sich damit indes den Tadel des Bernhard von Clairvaux ein. Plastisch schildert Hildebert von Lavardin, Erzbischof von Tours, den allmächtigen Minister an der Seite des Königs: Über ganz Frankreich verfügt er nach Belieben, das Vertrauen des Königs ist ihm sicher, Reichtümer hat er aufgehäuft, Türme und Paläste errichtet und mit den Schätzen des Königs und der Provinzen genießt er das Leben. Aber jetzt (1127–28) verfolgt ihn der König wie einen Feind, und er verliert sein Geld durch Kriegsausgaben.

Tatsächlich hat Stephan von Garlande während der Abwesenheit des Königs in Flandern versucht, über die Ehe einer Nichte mit Amalrich von Montfort das Seneschalat, das heißt nunmehr das höchste Hof- und Kriegsamt, seiner Familie beziehungsweise der von Montfort (!) auf Dauer zu bewahren, es gleichsam «erblich» zu machen, wie er selbst erklärt haben soll. Damit war eine entscheidende Grenze überschritten. Zudem war als Mitgift der Nichte die Burg Rochefort gedacht, eines der Glieder der alten königsfeindlichen Burgenkette im Süden von Paris. Das traf einen doppelten neuralgischen Punkt des Königs. Die Königin tat ein übriges, den Sturz ihres alten Gegners herbeizuführen. In Paris läßt sie die Häuser des Verbannten niederreißen, seine Weingärten entwurzeln. Allerdings droht nun eine neue große Auseinandersetzung, denn die Garlande und Amalrich von Montfort finden Unterstützung bei Pfalzgraf Theobald und dem englischen König. Ludwig konzentriert das militärische Geschehen auf eine Burg der Garlande im Osten von Paris, Livry. Er nimmt sie ein, wird aber selbst am Bein verwundet; sein Vetter Radulf von Vermandois verliert ein Auge. Rückschläge in Flandern und die englische Gegnerschaft zwingen sogar zur Versöhnung mit Garlande, woran die Königin sich beteiligt. Ab 1132 erhält Stephan sein Amt als Kanzler zurück, nicht aber das des Seneschalls. Politisch bleibt er ausgeschaltet.

An die Stelle des gestürzten Seneschalls tritt ab 1128 vor allem Graf Radulf von Vermandois, der bei Livry schwer verwundete Vetter des Königs. Daneben erscheint nun aber offiziell stärker hervortretend auch der Abt Suger von St-Denis. Als Berater diente er dem König seit langem. Im Kronrat scheint er als geschickt plädierender Sachwalter vor allem die Eingaben der Kirchen und der unteren Bevölkerungsschichten vertreten zu haben. Seit 1118 hat er diplomatische Aufgaben im Verhältnis zum Papsttum wahrgenommen. Wie meisterlich er es verstand, eine außenpolitisch bedrohliche Lage in eine Manifestation innerer Geschlossenheit fast ganz Frankreichs umzukehren, zeigte er dann 1124. Dem im wesentlichen von ihm mittels der Oriflamme von St-Denis motivierten riesigen Heeresaufgebot bei Reims wagte Kaiser Heinrich V. erst gar nicht entgegenzutreten. So war der Ausfall des Garlande an sich kein wesentlicher Verlust. Er wurde gravierend nur durch das Eingreifen des englischen Königs.

IV. Ludwig VI. und die Fürstentümer

Der Kampf mit den kleineren Burgherren innerhalb der Krondomäne ist in dieser Zeit weitgehend gewonnen. Jene stolzen Geschlechter der Herren von Crécy-en-Brie, Rochefort und Le Puiset sind längst bezähmt, der Sperriegel ihrer Burgen im Süden von Paris aufgebrochen, und auch das Bündnis der Garlande mit Amalrich von Montfort vermochte das nicht rückgängig zu machen. Einzig den Räubereien eines Thomas von Marle und Coucy muß der König 1130 noch einmal entgegentreten. Dabei vernichtet Ludwig VI. die Existenz solcher unabhängiger Burgherrschaften wie Coucy in der Picardie keineswegs. Er zwingt sie jedoch zur Anerkennung der königlichen Autorität, beendet die Willkür ihrer Kirchenherrschaft und unterdrückt die Gefahr für eine freie Entwicklung des Handels. Die Herren werden gezwungen, auf Ladung vor dem Königsgericht zu erscheinen. König und Herren stehen nicht mehr auf einer Rangstufe mit diesem freiherrlichen Adel, wie das noch 1104 beim Verlöbnis des Thronfolgers mit Lucienne von Rochefort gegeben schien. Auch Philipp I. hatte sich bei der Entführung der Bertrada von Montfort noch auf dieses Niveau herabgelassen. Aber jetzt herrscht ein neues Königtum und ein neues Bewußtsein königlicher Majestät.

Im Verhältnis zu den großen Fürstentümern Frankreichs freilich vermag sich diese Autorität vorerst nur in Einzelfällen durchzusetzen. Einen Erfolg verzeichnet Ludwig bei seinem zweimaligen Eingreifen in der Auvergne, 1122 und 1126. Der König reagiert hier auf Klagen des Bischofs von Clermont gegen den dortigen Grafen, der auf Unterstützung seines unmittelbaren Lehnsherrn, des Herzogs von Aquitanien, hofft. Doch die Heeresmacht des Königs ist insbesondere 1126 so stark, daß der herbeigeeilte Herzog ganz zu ihm übergeht und ihm das Erscheinen seines Vasallen bei einem Hoftag in Orléans zusichert. Heerfolge bei diesem Zuge leisten Flandern, Anjou, Bretagne und sogar ein normannisches Aufgebot des Königs von England. Das große Fürstenheer von 1124 ist also kein Einzelfall. Solche fürstlichen Aufgebote hat schon das 10. und 11. Jahrhundert gekannt. Aber in einem stärkeren Maße als zuvor werden die Heereskontingente der Fürstentümer unter

Ludwig VI. freiwillig bereitgestellt. Sie sind nicht zu erzwingen, denn die innere Struktur der Fürstentümer und ihre Verwaltung ist um 1120–30 mindestens ebenso erstarkt wie die der Krondomäne.

Wo die Grenzen der königlichen Macht liegen, zeigen nicht nur die letzthin immer vergeblichen Einfälle in die Normandie. Noch deutlicher wird dies nach Ludwigs Eingreifen von 1127 in Flandern. Suger schildert hierzu die anfänglichen Erfolge, die harte und energische Bestrafung der Mörder des Grafen Karl von Flandern. Mutig sei der König tief in das barbarische Land bis nach Brügge vorgedrungen. Nur ein kurzer Einschub hingegen erwähnt die Einsetzung von Ludwigs besonderem Schützling, Wilhelm Clito, als neuem Grafen von Flandern. Dieser unglückliche Sohn des bis zu seinem Tode eingekerkerten Herzogs Robert von der Normandie ist zuvor mit einer Schwester der Königin, Johanna von Maurienne, verheiratet worden. Auch auf das flandrische Unternehmen hat die Königin befürwortenden Einfluß genommen. Indes, Heinrich I. von England fürchtet für sein Herzogtum in der Normandie. Er läßt die Dinge nicht geschehen. Mit Geld und Truppen greift er in Flandern ein, und schon im Frühjahr 1128 ist der junge Wilhelm Clito erneut auf Hilfe Ludwigs VI. angewiesen. Als dieser die Bürger der Stadt Brügge vermahnt, antworten diese frech, dem König von Frankreich komme keinerlei Recht zu, sich in die Wahl des Grafen von Flandern einzumischen. Tatsächlich haben die flandrischen Großen und Städte ihrerseits Dietrich vom Elsaß gewählt. Als Wilhelm Clito dann im August vor Alost fällt, findet auch Ludwig VI. keine andere Möglichkeit, als diesen neuen Grafen anzuerkennen.

V. Umgestaltung von Paris zur Hauptstadt

Der eigentliche Gestaltungsrahmen des Königs bleibt somit vorerst die Krondomäne. Sie hat Ludwig, wie wir sahen, grundlegend neu strukturiert. Ein wesentlicher Teil von ihr blieb freilich bisher ausgespart, die Umgestaltung von Paris zur Hauptstadt.

Paris am Anfang des 12. Jahrhunderts war im wesentlichen noch immer die Stadt der Seine-Insel, bewohnt von kaum mehr als 3000 Menschen. Auf dem nördlichen Ufer der Seine liegt ein kleiner Hafen, der Uferstrand (Grève) und darüber eine Gruppe älterer Kirchen mit dem *burgus* Monceau um die Kirche St-Gervais. Weiter außen, schon in den Feldern – der Name hat sich gehalten – ist um 1060 das Kloster St-Martin-des-Champs entstanden; inzwischen zum Cluniazenserpriorat verändert. Ähnlich steht es um das südliche Ufer. Auch hier sind die alten Namen aufschlußreich: Das ehrwürdige Kloster St-Germain/St-Vincent liegt noch weit auswärts, in den Wiesen. Von der Höhe grüßt das ebenfalls alte Königsstift Ste-Geneviève. Dagegen erscheint eine Siedlung in der Nähe des Brückenkopfes beim Petit-Pont, wo Stephan

Garlande noch Wein pflanzen ließ, erstmals 1176. Einem arabischen Geographen, dessen Informationen auf das frühe 12. Jahrhundert zurückgehen dürften (Idrisi), gelten Rouen und Troyes, die Hauptstädte der Normandie und Champagne, im Vergleich zu Paris noch als wesentlich bedeutender.

Unter Ludwig VI. wandelt sich das Bild. Die Stadt wird aus ihrer Isolation im Süden wie im Norden befreit. Die wichtigsten Straßen nach Orléans, nach Corbeil und Sens, im Norden nach Senlis, Beauvais, Amiens, St-Quentin, Laon, Soissons und Reims, sind der Gefahr ständiger Überfälle nicht mehr ausgesetzt. Die Bevölkerung nimmt stark zu. Neue kirchliche Institutionen zeigen das unmittelbare königliche Eingreifen. So entsteht an der Seine mit nachdrücklicher Förderung Ludwigs VI. das Stift St-Victor, das sich bald zu einem wichtigen geistigen Zentrum entwickelt (1113). Im Norden weist das neue Leprosenstift St-Lazare (vor 1122) auf eine wachsende Zahl von Kranken hin. An der Gründung eines Damenstiftes auf dem Montmartre ist naturgemäß die Königin beteiligt (1134). Schließlich liegen vor 1137 auch die ersten Ansätze der sehr bald danach als Finanzzentrum hervortretenden Niederlassung des Templerordens in Paris.

Wichtiger noch ist die Verlegung der Hauptbrücke, die von der Cité zum nördlichen Seineufer führt. Über den Zeitpunkt dieser urbanistischen Maßnahme ist viel gestritten worden. Nach Bautier sind alle älteren Erwähnungen der Verlegung gefälscht. Den Anlaß zum Neubau der Brücke, 125 Meter unterhalb der alten römischen Achse, bot ihm zufolge ein Überfall des Grafen von Meulan im März 1111. Der Graf nutzte dabei seine Herrschaft über den Monceau-St-Gervais und die Grève unmittelbar beim alten Brückenkopf. Ludwig verlegte diesen deshalb in die Nähe seines Königspalastes. Auf der neuen, nun steinernen Brücke beginnt vor 1133 der Bau von Häusern für die Wechsler. Zum Brückenkopf gehört zwangsläufig auch ein neues Châtelet. Jenseits davon auf dem rechten Seineufer organisiert der König eine Neustadt für Gewerbe und Handel. 1121 verzichtet er auf Abgaben der Pariser Weinschiffer, denen seitdem auf der Seine ein Monopol zusteht. Zur alten Lendit-Messe (die 1124 an St-Denis übertragen wird) tritt ab 1137 die Schaffung einer weiteren Messe bei St-Lazare. Paris wächst an, es blüht auf und mit ihm das gesamte Umland. Für den Chronisten von Morigny überragt es 1137 beim Tode des Königs bereits alle anderen Städte.

VI. Krankheiten und Tod des Königs

Spätestens seit seinem 45. Lebensjahr wird die Körperfülle des Königs so unübersehbar, daß selbst sein Biograph sie nicht länger übergehen kann. Die Fettsucht Ludwigs ist offenbar ein erbliches Leiden von beiden Elternteilen her. Der Aufstieg aufs Pferd gelingt ihm nur noch mit

Hilfe. Von seinem zweiten Zug in die Auvergne (1126) wird Ludwig allgemein abgeraten, doch nicht einmal die Sommermonate schrecken ihn, und Jüngere, die über Hitze klagen, verlacht er.

Sein Gewicht durch strenge Abstinenz zu reduzieren, liegt nicht im Temperament des lebensfrohen Mannes. Ein englischer Chronist legt ihm wie seinem Vater darum Gefräßigkeit zur Last. Doch verweist Ordericus neben der Korpulenz auch auf ständige Blässe, ein Indiz, das Leberprobleme vermuten läßt und nach Ansicht eines modernen Arztes (A. Brachet) auch auf Wassersucht deuten kann. Kriegsverletzungen kommen hinzu: 1115 eine vermutlich nicht schwere Wunde an der Brust, 1128 ein Beindurchschuß mit einem Armbrustbolzen; selbst diese letzte, ernste Verletzung will der König zunächst nicht behandeln lassen.

Sein körperlicher Gesamtzustand erscheint indes schon 1131–32 erheblich geschwächt. Schwere Durchfälle plagen ihn häufig. Im Herbst 1135 an der Loire nehmen sie ein Ausmaß an, daß man sein Ende nahe sieht. Er legt die Insignien seines Königtums ab, übergibt seinen Siegelring dem Thronfolger und findet noch einmal den Weg zur Genesung. Er überlebt so selbst seinen alten, an Geld und Machtmitteln meist überlegenen Gegner, den König von England, dessen Nachfolge nach dem 1. Dezember 1135 schwere innere Wirren auslöst. Endlich ist damit für Ludwig der Weg zu größeren Unternehmungen gebahnt. Pfalzgraf Theobald muß sich mit ihm versöhnen. Mit Genugtuung empfängt er die Gesandten, die für Eleonore, die Erbin Aquitaniens, um die Hand des Thronfolgers nachsuchen, und mit Bedauern spricht er von vielen Reichen *(regna)*, die zu bezwingen ihm in der Jugend nicht vergönnt gewesen und jetzt im Alter nicht mehr möglich sei. Dann trifft ihn in einem besonders heißen Sommer eine neue Dysenterieattacke; ihr erliegt er. Am 1. August 1137 stirbt mit Ludwig VI. einer der verdienstvollsten, aber auch sympathischsten Könige des französischen Mittelalters. Am Ende seiner Herrschaft gehorchen ihm, der am Anfang kaum die Straße von Paris nach Orléans kontrolliert hatte, mit Ausnahme der Normandie und Flanderns ganz Nordfrankreich und kurzfristig sogar die weiten Gebiete Aquitaniens.

Joachim Ehlers

Ludwig VII.
1137–1180

Ludwig VII., geb. 1120; Vater: König Ludwig VI. (1108–1137); Mutter: Adelaide von Maurienne (gest. 1154); Brüder: Philipp (gest. 1131); Heinrich, Erzbischof von Reims (gest. 1175); Robert, Graf von Dreux (gest. 1188); Peter, Graf von Courtenay (gest. vor 1183); Philipp, Archidiakon von Notre-Dame/Paris, Elekt von Paris (gest. 1161); Schwester: Konstanze (gest. nach 1176), verheiratet mit (1) Eustachius, Graf von Blois, (2) Raimund V. Graf von Toulouse; 15. 10. 1131 Königsweihe durch Papst Innozenz II. in Reims; 1137 Heirat mit Eleonore von Aquitanien, Tochter Herzog Wilhelms X. von Aquitanien; Töchter: Marie (gest. 1198), verheiratet mit Heinrich I., Graf von Blois-Champagne; Alix (gest. nach 1195), verheiratet mit Tedbald V., Graf von Blois-Chartres; 1146 Gottfried von Anjou als Herzog der Normandie anerkannt; 1147 Aufbruch zum 2. Kreuzzug, 4. 10.: Ludwig VII. vor Konstantinopel; 1149 Rückkehr nach Frankreich; 13. 1. 1151 Tod Sugers von St-Denis, Heinrich «Plantagenêt» als Nachfolger seines Vaters Gottfried von Anjou Herzog der Normandie; 21. 3. 1152 Auflösung der Ehe mit Eleonore von Aquitanien, die Heinrich von Anjou heiratet; 1153 2. Ehe Ludwigs VII. mit Constanze von Kastilien (gest. 1160); Tochter: Margarethe, verheiratet mit Heinrich d. J. von England; 19. 12. 1154 Heinrich von Anjou als Heinrich II. König von England; 1156 Heinrich II. huldigt Ludwig VII. für die Normandie; 3. 8. 1158 Abkommen von Gisors mit Heinrich II.; September 1159 Beginn des Alexandrinischen Schismas; 1160 3. Ehe Ludwigs VII. mit Adela von Champagne (gest. 1206), Tochter des Grafen Tedbald IV. von Blois-Champagne; Sohn: Philipp II., König von Frankreich (gest. 1223); Tochter: Agnes (gest. 1240), verheiratet mit (1) Alexios II. Komnenos, Kaiser von Byzanz, (2) Andronikos I. Komnenos, Kaiser von Byzanz; April 1162 Flucht Papst Alexanders III. nach Frankreich; 29. 8. Gescheitertes Königstreffen bei St-Jean-de-Losne; ab 1164 französisches Exil des Erzbischofs Thomas Becket von Canterbury; 1165 Bestätigung der Charta caritatis der Zisterzienser durch Papst Alexander III; 29. 12. 1170 Erzbischof Thomas Becket in Canterbury ermordet; 1179 Schlaganfall Ludwigs VII., 1. November Königsweihe Philipps II. in Reims; 18. 9. 1180 Ludwig VII. in Paris gestorben, beigesetzt im Kloster Notre-Dame-de-Barbeau (nahe Fontainebleau).

Am 1. August 1137 trat Ludwig VII. im Alter von 16 Jahren die Nachfolge seines Vaters an. Als zweiter Sohn Ludwigs VI. hatte er ursprünglich nicht an Regierung denken dürfen, für die vielmehr sein älterer, 1116 geborener Bruder Philipp vorgesehen war. Ihn, der im April 1129 im Reims zum Mitkönig gekrönt wurde, nennen die Diplome Ludwigs VI. schon seit 1121 *rex designatus,* aber am 13. Oktober 1131 verunglückte er tödlich bei einem Sturz vom Pferd in den Straßen von Paris. Um keine Unsicherheit bei der Königsfolge aufkommen zu lassen, nutzte der Hof auf Rat des Abtes Suger von St-Denis das eben in Reims unter Leitung des Papstes tagende Konzil und ließ Ludwig durch Innozenz II. weihen. Obwohl der französische Klerus das Königtum nicht als Erbe, sondern als Amt begriff und in der Kirche gerade zu dieser Zeit das Wahlprinzip für die Ämtervergabe immer systematischer begründet und geregelt wurde, förderten die Bischöfe in diesem Falle den Erbgedanken, denn sie wollten die Monarchie gegen das Fürstentum stärken, von dem die Freiheit der Kirche stärker bedroht war als von den Königen. Dem Hochadel wiederum fehlten wirksame Argumente gegen das Erbrecht, weil er es durchweg zum Ausbau seiner eigenen Stellung nutzte und Erbfolge auch beim Übergang der *honores,* der vom König zu vergebenden Ämter und Rechtstitel, innerhalb der Familien in Anspruch nahm. Ludwig war damals zehn Jahre alt und Schüler der Kathedralschule von Notre-Dame in Paris; seine Mitschüler kamen als Gäste zum Reimser Weiheakt. In einer Urkunde für das Pariser Domkapitel gedachte der König noch im Jahre 1157 seiner dort verbrachten Kinderjahre.

Nach wie vor war das kapetingische Königtum theoretisch im gesamten Raum des ehemaligen westfränkischen Reiches anerkannt, so daß sich der Legitimationsbereich des Königs von Frankreich zwischen der flandrischen Nordseeküste und den Pyrenäen, vom Atlantik bis in die Flußgebiete von Schelde, Maas, Saône und Rhône erstreckte. Der Sanktionsbereich, d. h. das Gebiet, in dem der König faktische Regierungsgewalt ausüben konnte, war dagegen wesentlich kleiner und beschränkte sich auf jene Summe von Besitz, Gütern und Rechten, die als Krondomäne bezeichnet wird. Dieser hergebrachte Ausdruck darf nicht zu der Annahme verführen, daß es sich dabei um ein geschlossenes Territorium gehandelt habe: Zwar lag der Schwerpunkt in der *Francia,* also zwischen Oise, Maas und Loire, aber in die vom König unmittelbar verwalteten Gebiete waren fremde Herrschaftsbezirke eingelagert. Ludwig VI. hatte indessen schon energisch auf Abrundung, strukturelle Festigung und Konsolidierung der Krondomäne hingearbeitet, so daß der Sohn eine bessere Ausgangsbasis hatte als sein Vater. Besonders hoffnungsvoll war eine Aussicht, die dem Thronfolger durch Verfügung Wilhelms X. von Aquitanien eröffnet wurde. Der Herzog war 1137 zu einer Wallfahrt nach Santiago de Compostela in den äußersten Nordwesten der iberischen Halbinsel aufgebrochen und hatte vor Antritt dieser anstrengenden, gefährlichen Reise sein Land und seine fünfzehnjährige Erbtochter Eleonore unter den Schutz seines Lehnsherrn, des Königs von Frankreich gestellt. Ludwig VI. gab Eleonore sogleich dem Thronfolger zur Frau, und als sowohl der Herzog als auch der König 1137

Ludwig VII. (1137–1180)
(Hochzeit Ludwigs VII. mit Eleonore von Aquitanien)

starben, wurde Ludwig VII. in Personalunion König von Frankreich und Herzog von Aquitanien. Neben der Francia beherrschte er den Raum zwischen Creuse und Adour, oberer Loire und Atlantikküste.

Damit bot sich endlich eine Möglichkeit, die anglonormannische Position in Frankreich zu neutralisieren und so einer schweren Bedrohung des Königreichs entgegenzutreten. Die Gefahr hatte sich 1066 ergeben, als Herzog Wilhelm von der Normandie England eroberte und sich dort zum König krönen ließ; sie war 1127 noch größer geworden, denn damals heiratete Graf Gottfried von Anjou Mathilde, die Erbtochter König Heinrichs I. von England: Das englische Königtum drohte außer mit dem Herzogtum Normandie noch mit dem Block der mächtigen Loiregrafschaften verbunden zu werden und der französischen Monarchie jede Entwicklungschance zu rauben. Zwar wurde Mathilde nach dem Tod ihres Vaters (1135) von dessen Neffen Stephan von Blois usurpatorisch verdrängt, aber Stephan war der jüngere Bruder Graf Tedbalds II. von der Champagne, eines Gegners der Kapetinger.

Die Konstellation, der sich Ludwig VII. in seinen Anfängen gegenübersah, war demnach ambivalent, und mit großer Dynamik versuchte der junge König, das Beste aus ihr zu machen. Zeitgenossen haben uns kein deutliches Bild der Persönlichkeit überliefert, sondern lassen nur den allgemeinen Eindruck eines gebildeten und wegen seiner einfachen Lebensweise verhältnismäßig populären Herrschers erkennen. Bekannt ist seine Äußerung gegenüber Walter Map, dem walisischen Hofkleriker Heinrichs II.: «Deinem Herrn, dem englischen König, fehlt nichts: Männer, Pferde, Gold, Seide, Edelsteine, Wild, Früchte – all das hat er im Überfluß. Wir in Frankreich haben nur Brot, Wein und die Heiterkeit.» Sein Gerechtigkeitssinn ist immer wieder von unberechenbar-spontanen Reaktionen getrübt worden, mit denen ein Hang zur verantwortungsscheuen Entscheidungsschwäche deutlich kontrastierte.

Gleich nach dem Regierungsantritt befreite sich Ludwig VII. vom Einfluß seiner Mutter, Adelaide von Maurienne, die den Hof verlassen mußte; an ihre Stelle trat für kurze Zeit Suger von St-Denis, der schon seinem Vater große Dienste geleistet hatte. Wenn dennoch eine den kirchlichen Freiheiten weniger gewogene Haltung des Sohnes beobachtet wird, dann mag das auf seine Gemahlin zurückzuführen sein, denn Eleonore hatte vom aquitanischen Hof eine dem Klerus gegenüber deutlich kritische Position mitgebracht. 1138 verweigerte der König einem Kandidaten des mächtigen Zisterzienserabts Bernhard von Clairvaux die Zustimmung für das Bischofsamt in Laon, 1139 förderte er eine gegen den Erzbischof gerichtete kommunale Bewegung in Reims, 1146 handelte er in Sens ebenso. Weil der Erzbischof von Bordeaux im Jahre 1141 einen Bischof von Poitiers weihte, ohne Ludwig konsultiert zu haben, ließ dieser die Stadt absperren, und er scheute auch schwere

Konflikte mit der kirchlichen Reformpartei nicht, wenn andere Loyalitäten ihm zweckmäßiger waren. Als der königliche Seneschall Rudolf von Vermandois seine Gemahlin, die Nichte Tedbalds II. von der Champagne, verstieß und statt ihrer die Schwester der Königin heiratete, leitete ein päpstlicher Legat die in Lagny (also in der Grafschaft Champagne!) tagende Kirchenversammlung, auf der die erste Ehe des Seneschalls für gültig erklärt und das Vermandois mit dem Interdikt belegt wurde. Während des darauf folgenden Feldzugs Ludwigs VII. gegen den Grafen, den großen Förderer Bernhards von Clairvaux und der Zisterzienser, verbrannten bei der Eroberung von Vitry durch königliche Truppen mehr als 1000 Menschen in der Kirche, die sie zu ihrem Schutz aufgesucht hatten. Eine Intervention Bernhards von Clairvaux bei Papst Innozenz II. zugunsten Tedbalds erzwang im Jahre 1143 den Frieden von Vitry, aber Tedbald suchte nun ein dauerhaftes Bündnis mit dem Grafen von Flandern gegen Ludwig einzugehen, dem nun auch die Reformer feindlich gesonnen waren.

Diese in gewisser Weise unhaltbare Situation mag den König schließlich veranlaßt haben, auf einem Hoftag zu Weihnachten 1145 in Bourges seinen Entschluß bekanntzugeben, eine bewaffnete Wallfahrt zur Unterstützung der Christen im Heiligen Land anzutreten. Offensichtlich war das Unternehmen nicht im Sinne des Kreuzzuges von 1095 konzipiert, denn nicht der Papst oder ein päpstlicher Legat, sondern Bischof Gottfried von Langres rief zum Kampf für die Ziele des Königs auf, weshalb Abt Suger grundsätzliche Bedenken hatte. In der Tat bestand die in Bourges heraufbeschworene Problematik darin, daß ein König auf dem besten Wege war, unabhängig vom Papst, der sich gerade diesen Führungsanspruch vorbehalten hatte, einen Kreuzzug auszuschreiben. Man verschob deshalb die Entscheidung auf Ostern des folgenden Jahres und übertrug sie Bernhard von Clairvaux, der allerdings jeden Autoritätsverlust des Papstes vermeiden wollte und sich weigerte, ohne dessen Votum ein Urteil abzugeben. Direkte Verhandlungen Ludwigs mit der päpstlichen Kurie wurden am 1. März 1146 in einer Bulle zusammengefaßt, in der sich Papst Eugen III. zum Urheber des Projekts erklärte und die Predigt Bernhard von Clairvaux übertrug. Das Römische Reich wollte der Papst möglichst nicht beteiligen, weil er Konrad III. als Bundesgenossen gegen die römische Kommune unter Arnold von Brescia und gegen Roger II. von Sizilien brauchte.

Die erste Predigt Bernhards auf dem Hoftag von Vézelay in Burgund machte einen fundamentalen Unterschied zum Ersten Kreuzzug deutlich, denn der Aufruf wandte sich nicht an das Volk im allgemeinen, sondern an die *milites*, die Elite der adligen und nichtadligen Panzerreiter, denen gerade damals jene besonderen ethisch-spirituellen Qualitäten zugesprochen wurden, die mit der Kirchenreform eng verbunden waren und das europäische Rittertum bestimmen sollten. Hatte Ludwig VII. am 31. März 1146 in Vézeley das Kreuz genommen, so zog die von Nordfrankreich bald auf die Rheinlande ausgedehnte illegale Kreuzzugspredigt des Zisterziensermönchs Radulf das Reich gegen den Willen des Papstes in die Vorbereitungen hinein. Weihnachten 1146 schloß sich Konrad III. in Speyer dem Kreuzzug an.

Beide Könige wählten den beschwerlichen Landweg nach Konstantinopel, das die Ankunft der Kreuzfahrer mit gutem Grund mißtrauisch erwartete. Die westlichen Heere banden in höchst unerwünschter Weise Kräfte, die dringend zur Abwehr normannischer Angriffe auf Korfu und auf die byzantinische Seidenindustrie in Theben und Korinth nötig gewesen wären. Am 4. Oktober 1147 langte Ludwig VII. vor der Hauptstadt des Oströmischen Reiches an und war seinerseits zu einer Übereinkunft mit Kaiser Manuel I. Komnenos bereit, doch Bischof Gottfried von Langres, der eine starke antibyzantinische Fraktion im französischen Heer mit demagogischem Eifer aufstachelte, betrieb den Angriff auf die Stadt und ließ sich nur deswegen neutralisieren, weil der Papst eine Eroberung Konstantinopels nicht vorgesehen hatte. Mit seiner deutlichen Tendenz zum Mißbrauch des Kreuzzugsgedankens wies der Zwischenfall auf die 1204 von westlichen Kreuzfahrern tatsächlich herbeigeführte Katastrophe der oströmischen Hauptstadt voraus.

Nach einer Sicherheitsgarantie Ludwigs VII. für alle kaiserlichen Städte und auf Grund des Lehnseides der französischen Herren gegenüber Manuel I. wiesen byzantinische Führer dem französischen Heer seinen Weg durch Anatolien, wo man auf die Überreste des inzwischen mehrfach von den Seldschuken geschlagenen Heeres Konrads III. stieß und gemeinsam weiterzog, über Smyrna nach Ephesus und von dort nach Laodicaea, einer schweren Niederlage entgegen. Die Überlebenden erreichten an der Küste einige byzantinische Schiffe, die den König, den Klerus und das engere Gefolge nach Antiochia brachten. Dort erwartete Fürst Raimund, ein Onkel der Königin Eleonore, Ludwigs Unterstützung für einen Zug gegen Aleppo, aber nach dem Verlust seines Heeres war der französische König größeren militärischen Aufgaben nicht mehr gewachsen. Gerüchte über eine Liaison Eleonores mit Raimund von Antiochia trübten die Allianz noch mehr, so daß Ludwig sich nach Süden wandte, um die heiligen Stätten zu besuchen und sich mit Konrad III. in Akkon zu treffen. Als die Truppen durch neu eingetroffene provençalische Kreuzfahrer verstärkt worden waren, beschloß der um Abgeordnete des deutschen und des französischen Heeres erweiterte Kronrat des Königreichs Jerusalem am 24. Juni 1148 einen Angriff auf Damaskus, der vier Wochen später mit der Belagerung der Stadt begann. War schon die Bestimmung des Kriegsziels ein schwerer politischer Mißgriff, weil seit 1139 ein Bündnis des Königreichs Jerusalem mit dem Atabeg von Damaskus bestand, so mußte die Belagerung angesichts eines von Aleppo her geführten Entlastungsangriffs schmählich aufgegeben werden. Ostern 1149 verließ Ludwig VII. das Heilige Land und kehrte nach Frankreich zurück, wo das offenkundige Scheitern des Kreuzzuges scharfe und anhaltende Kritik hervorrief.

Während Ludwigs Abwesenheit hatte Abt Suger von St-Denis das Reich regiert und dabei Bedeutendes geleistet. Wohl 1080/81 in einer Familie kleiner *milites* nahe der berühmten Benediktinerabtei geboren, wurde Suger im Alter von zehn Jahren als *puer oblatus* dorthin gegeben und erhielt eine gründliche Ausbildung, die seine hohe Begabung rasch offenbar machte und ihm das Wohlwollen seiner Oberen sicherte. Im März 1107 war er im Kloster La-Charité-sur-Loire Zeuge der Verhandlungen, die das historische Treffen Papst Paschalis' II. mit König Philipp I. und dem Thronfolger Ludwig in St-Denis vorbereiteten. Dort hatten die Könige in lehnrechtlichen Formen dem Papst Rat und Hilfe versprochen und ihm ihr Reich dargebracht: Das besondere Bündnis der französischen Monarchie mit dem Papsttum ist damals auf einen ersten Höhepunkt geführt worden. Als wichtiger Berater Ludwigs VI. hatte Suger im Jahre 1137 die königliche Gesandtschaft nach Bordeaux geleitet, die den Thronfolger zur Hochzeit mit Eleonore von Aquitanien brachte. Sugers führende Stellung am Hof überdauerte den Tod Ludwigs VI. freilich nur kurze Zeit, denn bald traten Männer wie der Kanzler Cadurc und der Seneschall Rudolf von Vermandois in den Vordergrund. Es dürfte kein Zufall sein, daß die Jahre zwischen 1140 und 1147, in denen Sugers Einfluß beim König auffallend gering war, durch rege Bautätigkeit an der Abteikirche von St-Denis und die Arbeit an der Lebensbeschreibung Ludwigs VI., der *Vita Ludovici Grossi*, bestimmt wurden.

Erst im Zusammenhang mit Ludwigs VII. Kreuzzugsplan scheint Suger nach einer Phase der Distanz wieder in die Nähe des Königs gekommen zu sein. Auf einer Reichsversammlung in Etampes schlug Bernhard von Clairvaux 1147 den Abt von St-Denis und den Grafen von Nevers für die Regentschaft vor; der Papst unterstützte die Kandidatur Sugers, während Ludwig durch Benennung des Erzbischofs Samson von Reims und des Grafen Rudolf von Vermandois ein Regentenkollegium bildete, an dessen Spitze sich freilich bald der Abt von St-Denis durchsetzte und den König 1149 gegen Umtriebe seines Bruders Robert von Dreux schützte, der den verhängnisvollen Ausgang des Zuges ins Heilige Land zum Sturz Ludwigs nutzen wollte.

Durch rasche Auffassungsgabe, ein vorzügliches Gedächtnis und den Sinn für historische Zusammenhänge, durch große Formulierungs- und Überzeugungskraft war Suger der ideale Ratgeber, wenngleich wir den individuellen Einfluß an Höfen nicht überschätzen dürfen, deren Eigenart gerade durch Vielfalt der Stimmen, Kräfte und Ziele bestimmt wird, die auf den Monarchen wirkten. Wenn Suger im Bewußtsein der Nachwelt als Leitfigur der Monarchie erscheint, so liegt das wesentlich an seinem Sinn für die Wirkung des Kontinuität schaffenden, repräsentativen Erinnerns, am Bezug des Gedächtnisses auf zentrale Orte, in erster Linie auf seine eigene, von ihm selbst zum Monument ausgebaute Klosterkirche mit den Grablegen der Könige. In elf Monaten des Jahres gedachte der Konvent von St-Denis jeweils an einem bestimmten Tage gleichzeitig Sugers und Karls des Kahlen: Eine deutliche Hochschätzung der karolingischen Tradition aus dem Bewußtsein exzeptioneller Förderung des Klosters und des Heiligen Dionysius durch die fränkischen Herrscher, den westfränkischen König Karl den Kahlen im besonderen. Daraus ergab sich die immer wieder betonte Königsnähe des Klosters bis in die Gegenwart des 12. Jahrhunderts, denn die Kapetinger waren nicht nur faktisch die Amtsnachfolger der Karolinger, sondern sie taten auch alles, um legitimatorisch so gesehen zu werden. Viele geistliche Institutionen unterstützten sie dabei, denn auf diese Weise konnten die Könige genötigt werden, Schutz- und Ausstattungsversprechen ihrer Vorgänger zu übernehmen. Förderung des Königtums durch den Klerus mußte demnach die Förderung geistlicher Einrichtungen durch den König nach sich ziehen; je mehr der Vasall des Heiligen Dionysius an Stärke zunahm, um so wirkungsvoller konnte er seinen Verpflichtungen nachkommen. Aus dieser Einsicht heraus wurde Suger zum Theoretiker des französischen Königtums.

Am 13. Januar 1151 ist der Abt von St-Denis im Alter von 70 Jahren gestorben. Sein Tod bedeutete insofern eine Caesur in der Regierung Ludwigs VII., als der König nun die Trennung von seiner Gemahlin vollziehen konnte und damit einen Schritt tat, von dem Suger bis an sein Lebensende abgeraten hatte. Am 21. März 1152 traf das Königspaar auf der südwestlich von Orléans an der Loire gelegenen Burg Beaugency mit den Erzbischöfen von Sens, Reims, Rouen und Bordeaux, einem Teil ihrer Suffragane und Großen des Reiches zusammen. Mit Billigung dieser Versammlung wurde Ludwigs Ehe geschieden; formell wegen zu naher Verwandtschaft, tatsächlich in gegenseitigem Einvernehmen nach zerrüttender Entfremdung und auf Grund der dynastiebedrohenden Tatsache, daß Eleonore nach fünfzehnjähriger Ehe nur zwei Töchter zur Welt gebracht hatte: Marie, die mit dem Grafen Heinrich I. von Blois-Champagne verheiratet wurde, und Alix, später Gemahlin Tedbalds V. von Blois-Chartres. Unmittelbar nach dem Tag von Beaugency verließ Eleonore den Hof und die Francia. Sie kehrte nach Aquitanien zurück, um schon zwei Monate später eine neue Ehe einzugehen, diesmal mit dem Grafen Heinrich «Plantagenêt» von Anjou. Damit war der König von Frankreich territorial auf die Ebene eines mittleren Fürsten zurückgefallen, eingeschnürt von der anglonormannischen Monarchie, die sich nun zum angevinischen Reich umformte, zur stärksten europäischen Macht nach dem Imperium, aber, anders als dieses, expansiv und aggressiv.

Graf Gottfried von Anjou, Heinrichs Vater, hatte für die Rechte seiner Gemahlin Mathilde in der Normandie gekämpft und war 1146 in Rouen als Herzog anerkannt worden; Mathildes Anspruch auf den englischen Thron hat er nie aufgegeben. Als er 1151 starb, übernahm sein Sohn mit den Loiregrafschaften und dem Herzogtum Normandie auch den englischen Rechtstitel. Verzweifelt suchte Ludwig VII. eigene Ansprüche auf Aquitanien zu erhalten, aber ein Feldzug, den er im Bunde mit Heinrichs Bruder Gottfried und abtrünnigen Großen des Anjou unternahm, unterstützt von seinem Schwiegersohn Heinrich von Blois-Champagne, den Grafen Eustachius von Boulogne und Robert von Dreux, fiel schwach aus und hinderte Heinrich Plantagenêt nicht an der Überfahrt nach England, wo er König Stephan von Blois zu einer Nachfolgevereinbarung zwingen konnte: Heinrichs Thronrecht, gegründet auf das Erbe seiner Mutter Mathilde, wurde anerkannt und sollte nach dem Ableben König Stephans realisiert werden. Ludwigs VII. Zug nach Aquitanien hängt mit dieser bedrohlichen Konstellation eng zusammen, denn sein Mitkämpfer Eustachius von Boulogne war der Sohn Stephans von Blois und strebte selbst nach der englischen Krone. Dies alles war nun verloren. Am 25. Oktober 1154 starb König Stephan und wenig später, am vierten Adventssonntag (19. Dezember), krönte der Erzbischof von Canterbury Heinrich von Anjou und seine Gemahlin Eleonore zum König und zur Königin von England.

Für Ludwig VII. bedeutete das weit mehr als nur einen Rückfall auf den Stand der letzten Regierungsjahre seines Vaters, denn der Kontinentalbesitz Heinrichs II. reichte mit der Normandie, Anjou, Maine, Touraine und Aquitanien als nahezu geschlossenes Herrschaftsgebiet vom Kanal bis zu den Pyrenäen, wurde sehr wirksam nach anglonormannischer Praxis verwaltet und drohte, das kapetingische Königtum für eine Übergangszeit, bis zur endgültigen Vernichtung, auf die Ile-de-France zu beschränken. Die Lehnshuldigung, mit der Heinrich II. 1156 den karolingisch fundierten Legitimationsbereich des *rex Francorum* anerkannte, hat für sich genommen den Fortbestand der französischen Monarchie nicht garantiert; was sie am Leben erhielt, war ihr inzwischen durch lange und enge Beziehungen zum Papsttum erreichtes Ansehen als spirituelle Großmacht, deren König von dem gelehrten Engländer Johann von Salisbury bald als *rex christianissimus* bezeichnet werden sollte, als allerchristlichster König unter den Monarchen Europas. Während Heinrich II. in England gekrönt wurde, begab sich Ludwig VII. auf eine Wallfahrt nach Santiago de Compostela; anstatt die Grenzen der Normandie zu beunruhigen, schützte er die Mönche von Vézelay gegen Angriffe des Grafen von Nevers; auf einer Versammlung in Soissons erließ er einen zehnjährigen Gottesfrieden.

Am 31. August 1158 kam es auf der normannischen Grenzburg Gisors zum Ausgleich mit Heinrich II.: Dessen dreijähriger erstgeborener Sohn und Erbe Heinrich wurde mit der sechs Monate alten Tochter Margarethe aus Ludwigs VII. zweiter Ehe mit Constanze von Kastilien verlobt. Wenn dieser Bund Bestand und der französische König keinen männlichen Nachfolger hatte, konnte durch Erbfall ein anglonormannisch-französisches Großreich entstehen. Als der englische König bald darauf Paris besuchte, wurde er mit großen Ehren empfangen. Auf seinem Rückweg besetzte er Nantes und nahm damit den französischsprachigen Teil der Bretagne in Besitz, während Ludwig VII. eine Wallfahrt zum Berg des Heiligen Michael in der Normandie vorbereitete.

Moderne, von «realpolitischen» Erwägungen geleitete Kritik an solchen Verhaltensweisen wird ihnen schon deshalb nicht gerecht, weil sie ihre eigene Auffassung von Realität naiv ins hohe Mittelalter überträgt: Jüngste Erfahrungen mit hochideologisierter Politik, mit der Umformung fundamentalistischer Bewegungen zu Staaten und Parteiorganisationen sollten den Blick dafür geschärft haben, daß aufgeklärt-bürgerliches Verständnis von politischer und mentaler Wirklichkeit nicht anthropologisch begründet, sondern historisch entstanden, gefährdet und vergänglich ist.

Am 4. Oktober 1160 starb Constanze von Kastilien, und schon fünf Wochen später heiratete der König Adela von Champagne, Schwester des Grafen Heinrich I. von der Champagne aus dem Hause Blois. Die Hochzeit war Ausdruck einer Wendung der bisher königsfeindlichen Politik des Hauses Champagne. Heinrich I. hatte 1152 die Herrschaft übernommen und die Loiregrafschaften gegen Mannschaftsleistung seinen jüngeren Brüdern überlassen, um sich selbst auf die Champagne zu konzentrieren. Stete Annäherung an die Kapetinger ließ ihn zum Schwager des Königs werden; vier Jahre später wurde er durch Vermählung mit Ludwigs VII. Tochter Marie auch sein Schwiegersohn. Ein Gegengewicht zum angevinischen Druck ergab sich hieraus allerdings noch nicht, denn Heinrich II. reagierte auf das neue Bündnis mit der unabweisbaren Forderung, das Verlöbnis seines Sohnes mit der Prinzessin Margarethe in eine Ehe umzuwandeln: Margarethes Heiratsgut, die Grafschaft Vexin, schob die Herrschaft des englischen Königs bis auf 40 Kilometer an die Mauern von Paris. Gleichwohl war die Verbindung mit dem champagnischen Grafenhaus eine Stärkung Ludwigs VII. angesichts der schwersten Krise seiner gesamten Regierungszeit, ausgelöst durch ein Bündnis Heinrichs II. mit Kaiser Friedrich I.

Rettung brachte das nach dem Tod Papst Hadrians IV. im September 1159 ausgebrochene Schisma. Eine Mehrheit der Kardinäle entschied sich bei der Nachfolgeregelung für Roland Bandinelli, den Kanzler der römischen Kurie, der als Papst den Namen Alexander III. annahm. Aus einer vornehmen Familie in Siena stammend, hatte Roland in Bologna die Rechte gelehrt und eine Summe zum Dekret Gratians verfaßt; souverän beherrschte er die philosophisch-wissenschaftlichen Methoden der französischen Frühscholastik und war als Gegner des Kaisers bekannt. Die Minderheit der Wahlkörperschaft erhob in tumultuarischer Form den Kardinal Octavian, einen Mann Friedrichs I., als Victor IV. Entscheidung über die Rechtmäßigkeit einer der beiden Wahlen konnte nur die Anerkennung des einen oder des anderen durch die gesamte Christenheit bringen, weil im Verständnis der Zeit einfaches Zählen der Stimmen nicht zur hinreichenden Legitimation führte. Letztlich ging es um die Frage, ob geistliche, d. h. päpstliche, oder weltliche, d. h. kaiserliche, Gewalt in der Christenheit den Vorrang vor der anderen haben sollte. Während Friedrich I. sich erwartungsgemäß für Victor IV. erklärte, sprachen sich Heinrich II. von England, der Episkopat Ludwigs VII. und die Zisterzienser für Alexander III. aus. Der König von Frankreich zögerte.

In den Zisterziensern hatte Alexander III. mächtige Unterstützung. Diese rasch zum Orden erweiterte benediktinische Mönchsgemeinschaft war aus dem 1098 durch Robert von Molesme südlich von Dijon gegründeten Kloster Cîteaux hervorgegangen und hatte mit Bernhard von Clairvaux eine charismatische Führergestalt erhalten, die so starke Impulse gab, daß 1153, beim Tod des großen Abtes, im Gebiet der lateinischen Kirche schon 350 Zisterzienserklöster bestanden. Ihre durch jährliche Generalkapitel zentral überwachte und modifizierte Verfassung brachte ein nach Maßstäben der Zeit weltweites Kommunikationssystem hervor; Zisterzienser erlangten bedeutende Kirchenämter, 1145 bestieg einer der ihren, Schüler Bernhards von Clairvaux, als Eugen III. den päpstlichen Thron.

Große Wirkung ging auch von den französischen Hohen Schulen aus, denn dort hörten aus aller Herren Ländern zusammengeströmte Scholaren die intellektuell besser fundierten Argumente zugunsten Alexanders III. Besonders unter den Studenten der Pariser Schulen befanden sich die künftigen Führungskräfte der europäischen Landeskirchen; Bischöfe, Schulleiter, Pröpste, Archidiakone und andere Dignitäre der großen Stiftskapitel verdankten ihre Karrieren auch im Römischen Reich nicht mehr nur adliger Abstammung und Förderung durch ihre Familien oder den König, sondern sie mußten darüber hinaus immer häufiger eine im Sinne der Zeit moderne wissenschaftliche Ausbildung nachweisen, um sich Konkurrenten gegenüber zu behaupten. Die führenden Schulen aber gab es in Frankreich, in Paris vor allem, und man fand sie nicht nur an den Kathedralen, sondern auch im privaten, von freien Magistern gegen Honorar angebotenen Unterricht. Im Milieu dieser Schulen mit ihrer internationalen Ausstrahlung dominierten die Anhänger Alexanders III., den kaiserlicher Druck im April 1162 aus Italien nach Montpellier vertrieb. Von dort nahm er Verbindung zu Ludwig VII. auf, der im Gegensatz zu seinen Bischöfen und der Mehrheit des übrigen Klerus immer noch keine Stellung bezogen hatte. Nachhaltig wirkte seine Verstimmung über den Dispens, den Alexander III. auf Ersuchen Heinrichs II. für die Ehe der minderjährigen Königskinder Heinrich und Margarethe hatte gewähren müssen; der um seine Anerkennung kämpfende Papst brauchte aber die Voten der Könige und war deshalb erpreßbar.

Für Ludwig VII. eröffnete das Schisma Aussicht auf Annäherung an den Kaiser gegen Heinrich II.; die Verwandtschaft der Champagner Grafen mit Victor IV. bildete eine Brücke, die der König von Frankreich im Sommer 1162 betrat. Für den 29. August 1162 vereinbarte man ein Treffen beider Monarchen und des Episkopats ihrer Länder in St-Jean-de-Losne an der Saône südöstlich von Dijon, auf dem die Rechtmäßigkeit eines der beiden Päpste öffentlich und für die übrige Welt verbindlich festgestellt werden sollte. War allein die Haltung der französischen Bischöfe ein schweres Hindernis für den Konferenzzweck, so belastete das undiplomatisch formulierte Ladungsschreiben des Kaisers an den Episkopat seines Reiches jede Verhandlung dadurch, daß es die Anerkennung Victors IV. als sichere Tatsache bereits voraussetzte. Der französischen Delegation mißfiel überdies eine unverhältnismäßig starke kaiserliche Heeresabteilung in der Nähe des Treffpunktes, so daß es gar nicht erst zu Verhandlungen kam.

Für den französischen wie für den englischen König bestand das Grundproblem darin, den jeweils anderen am Bündnis mit dem Kaiser zu hindern, ohne selbst in der Papstfrage die Position Friedrichs I. übernehmen zu müssen. Die Emanzipation der westlichen Monarchien vollendete sich darin, daß sie die Entscheidung über eine Kirchenleitung, die naturgemäß ständig in die Belange der Königreiche eingriff, nicht mehr allein dem deutschen König in seiner Eigenschaft als römischem Kaiser überließen. Vor diesem Hintergrund muß es als diplomatisches Meisterstück Alexanders III. gewertet werden, daß er Heinrich II. dazu brachte, dem französischen König für den Fall eines kaiserlichen Angriffs militärische Hilfe zu versprechen. In einem Brief an Bischof Bartholomäus von Exeter überliefert Johann von Salisbury die Bemerkung des Kaisers, daß seine ihm bis dahin günstige Fortuna in St-Jean-de-Losne begonnen habe, ihn zu Boden zu drücken.

In der Tat zeigte das 1163 in Tours abgehaltene Konzil Frankreich und England geschlossen in der Oboedienz Alexanders III., dem die Lage gleichwohl unbefriedigend erscheinen mußte, weil seine Sache offensichtlich nur mehr ein Indikator für jenen Grad an Eigenständigkeit war, den Ludwig VII. und Heinrich II. mittlerweile gegenüber dem Imperium erreicht hatten. Im Wechsel des päpstlichen Exils von Déols und Tours, also aus dem Reich Heinrichs II., nach Bourges und Sens unter die Hoheit Ludwigs VII., kommt das zum Ausdruck, denn obwohl der Papst seine bisherige Behauptung im wesentlichen Heinrich II. verdankte, ließ es dessen Haltung gegenüber der englischen Landeskirche doch geraten erscheinen, vorsichtig Distanz zu halten.

Seit seinem Regierungsantritt als König von England versuchte Heinrich II., die unter Stephan von Blois stark erweiterten Rechte der Bistümer und großen Abteien zu mindern, um die Kirchenhoheit der früheren Könige seit Wilhelm dem Eroberer wiederherzustellen. Er wurde dabei von seinem Kanzler Thomas Becket unterstützt, dem Archidiakon der Kirche von Canterbury, der in erstaunlicher Weise die progressiven Kräfte verkörperte, denen die Zukunft gehören sollte. Aus dem reichen Londoner Handelsbürgertum stammend war er an den neuen Schulen von Paris und Bologna zum Theologen und Kanonisten ausgebildet worden, hatte Sinn für fürstliche Repräsentation und ein bemerkenswertes administratives Geschick, gepaart mit Durchsetzungsvermögen. 1162 erhob Heinrich II. ihn deshalb zum Erzbischof von Canterbury, aber schlagartig, als wirkliche *conversio,* traten nun die asketischen Züge seiner Persönlichkeit hervor. Fortan verteidigte Thomas die Rechte der Kirche und stellte die übergeordnete Geltung des kanonischen Rechts den römischrechtlich begründeten Forderungen des Königs entgegen, wie sie in den Konstitutionen von Clarendon (Januar 1164) niedergelegt waren. Der Erzbischof sah die Gefahr der Unterordnung des Klerus unter die königliche Gerichtsbarkeit und insoweit die Aussonderung der englischen Kirche aus der päpstlichen Jurisdiktion, ihre institutionelle Trennung von der einen lateinischen Kirche. Als Becket schließlich in das französische Zisterzienserkloster Pontigny flüchten mußte und in Frankreich die Unterstützung Alexanders III. genoß, kam es zum Bruch zwischen Papst und englischem König.

Er führte nicht zum Krieg, sondern zu einer unsteten Folge von Fehdehandlungen und Grenzkämpfen, ständig begleitet von Verhandlungen zwischen den Königen, dem Papst und Thomas Becket, unwillig beobachtet von den Zeitgenossen, die des Schismas sichtlich überdrüssig geworden waren. Die unnachgiebige Haltung Beckets mußte Heinrich II. in die Arme des Kaisers treiben, falls Alexander III. dem Erzbischof von Canterbury Unterstützung gewährte; unterließ er sie, lieferte er die englische Kirche ihrem König aus. In dieser Lage fiel Ludwig VII. die Rolle des Vermittlers zu. Zwischen Januar 1169 und Juli 1170 legte er auf drei Konferenzen die dünne Decke pragmatischer Kompromisse über nach wie vor unvereinbare Standpunkte, so daß Thomas Becket nach England zurückkehren konnte. Schon die ersten Amtshandlungen mit Disziplinar- und Rechtssprüchen führten zu einer Fülle von Appellationen an Heinrich II., der im Dezember 1170 bei der Tafel seinem Ärger Luft machte und fragte, ob ihn denn niemand von «diesem Priester» befreien könne. Vier Ritter des königlichen Gefolges verstanden das unbedachte Wort als Auftrag und erschlugen den Erzbischof am 29. Dezember vor einem Altar der Kathedrale von Canterbury.

Damit war die moralische Position des englischen Königs vernichtet. Ludwig VII. konnte sich auf dem Höhepunkt einer populären Grundwoge fühlen, als er, nunmehr treuester Verbündeter des vom Kaiser immer noch nicht anerkannten Papstes Alexander III., Heinrich II. zur öffentlichen Kirchenbuße drängte. Vor dem Hintergrund einer rasch europaweit wirkenden Becket-Verehrung, die schon 1173 mit der Heiligsprechung approbiert wurde, wuchs das Ansehen des mit seinem Episkopat und dem überwiegenden Teil des Klerus, dem Zisterzienserorden und den hohen Schulen einigen Königs von Frankreich weit über das Maß seiner materiellen Machtgrundlage hinaus. Erstmals erschien der König und mit ihm die Monarchie als Integrationsfaktor für die Bevölkerung eines Reiches, dessen historische Grenzen keineswegs mit dem damals noch engen Wirkungsbereich der königlichen Verwaltung identisch waren.

Daß die höhere Autorität des Königs über die aktuelle politische und kirchenpolitische Konstellation der europäischen Mächte hinaus Bestand hatte, ist im wesentlichen auf eine innere Konsolidierung der Reichsverwaltung zurückzuführen.

Schon Ludwig VI. hatte begonnen, ein im Gegensatz zur fluktuierenden Hofgesellschaft ständiges Gefolge *(chevaliers royaux)* zu unterhalten, eine Praxis, die sein Sohn fortsetzte, um die kleine und mittlere Aristokratie an sich zu binden und dem drückenden, in Form der Beratung ausgeübten Einfluß großer Herren allmählich zu entgehen. In den 50er Jahren des 12. Jahrhunderts hatte sich dieser Kreis der *chevaliers* nicht zuletzt durch Heiraten zwischen ihren Familien gefestigt, so daß allmählich eine homogene Gruppe entstehen konnte, deren Mitglieder ihre gesellschaftliche Stellung dem König verdankten und deshalb (ähnlich den großen Ministerialen im Römischen Reich) schon aus Eigeninteresse loyal waren. Anders als im Reich aber und insoweit italienischen Verhältnissen vergleichbar war in Frankreich der Adel auch in den Städten seßhaft und für deren neue Lebensformen offen; ein Hauch urbanen Geistes kam auf diese Weise an den Königshof.

Anders und schwieriger war das Verhältnis des Königs zu den Inhabern der großen Hofämter, den *grands officiers,* denn diese Ämter lagen traditionell in der Hand des Hochadels, der sie als Ehren beanspruchte und samt der Ausstattung immer wieder in den Familien vererben wollte. Ludwig VII. konnte einerseits die königliche Zustimmung als Voraussetzung für Amtsübernahmen wieder geltend machen, andererseits beschleunigte er die Entwicklung jener *honores* zu Würden ohne praktische Funktion. Indem er einem aristokratischen Urbedürfnis nach Repräsentation entgegenkam, nahm er den Würdenträgern binnen kurzem die Kompetenz, weil ihnen die nur im aktiven Dienst erwerbbare Sachkenntnis abhanden kam. Den Durchbruch erreichte Suger von St-Denis während seiner Regentschaft zwischen 1147 und 1149, indem er den Kämmerer *(chambrier)* als Inhaber eines großen Hofamtes faktisch durch seine früheren Gehilfen verdrängen ließ, die *camberlani* oder *cubi-*

cularii, die nun alle Tätigkeiten der Finanzverwaltung ausführten und seit 1150 mit der neuen Amtsbezeichnung *camerarii* in den Urkunden erscheinen. Unmittelbarer politischer Einfluß und Verwaltung begannen auseinanderzutreten; ihre endliche Trennung ist das entscheidende Kennzeichen für den qualitativ neuen Staat, Zeichen einer beginnenden Modernisierung, wie sie das Römische Reich nie erlangen sollte. Am Ende bahnte sich eine neue Vorstellung von der Monarchie als transpersonaler Staatsordnung den Weg, in der die Person des jeweiligen Königs hinter der Institution einer dem Gemeinwohl verpflichteten Krone zurücktrat.

Schon die Anfänge dieses langanhaltenden Prozesses haben praktische Auswirkungen gehabt. Sie zeigen sich am besten in der letzten großen Auseinandersetzung mit Heinrich II., weil Ludwig VII. in seiner Eigenschaft als Lehnsherr für den Kontinentalbesitz des Hauses Plantagenêt erfolgreiche Initiativen zu dessen Spaltung ergreifen konnte. Heinrich der Jüngere und Richard, später «Löwenherz» genannt, erwarteten ungeduldig den Tag, an dem sie selbst zur Herrschaft kommen würden, sei es durch den Tod des Vaters, sei es durch Ausstattung mit Teilen des Reiches. Besonders die zweite Hoffnung konnte sich auf Autonomiewünsche des bretonischen, normannischen und aquitanischen Adels stützen, denen Heinrich II. durch Einsetzung seiner Söhne als Herzöge hätte Rechnung tragen können. Als Schwiegervater empfing Ludwig den englischen Kronprinzen im Jahre 1173 in Paris wie einen regierenden König und ermutigte damit eine allgemeine, zwischen Schottland und der Loire um sich greifende Erhebung, die Heinrich II. zwar niederschlagen konnte, deren strukturelle Ursachen aber nicht beseitigt wurden und in die 80er Jahre des 12. Jahrhunderts, in die Anfänge Philipps II., hineinwirkten. Vermutlich haben diese Erfahrungen mit dem anglonormannischen Königshaus Ludwig VII. veranlaßt, die an sich übliche Krönung seines Sohnes Philipp zum Mitkönig immer wieder hinauszuzögern.

Im Herbst 1179 erlitt Ludwig VII. einen Schlaganfall, der ihn halbseitig lähmte. Jetzt erst konnte ein Hoftag in der Pariser Bischofspfalz die Erklärung entgegennehmen, daß der regierende König seinen Sohn mit Zustimmung dieser Versammlung krönen lassen werde. Beifall besiegelte den Willen des Monarchen, von einer Königswahl konnte keine Rede mehr sein. Am Allerheiligentag (1. November) krönte Erzbischof Wilhelm seinen Neffen Philipp in der Kathedrale von Reims. Gerade rechtzeitig hatte er ein Privileg des dankbaren Papstes Alexander III. erhalten, demzufolge er und seine Amtsnachfolger allein das Recht haben sollten, den König von Frankreich zu krönen. Knapp ein Jahr später, am 18. September 1180, starb Ludwig VII. in Paris und wurde in dem von ihm selbst gegründeten Zisterzienserkloster Notre-Dame-de-Barbeau bei Fontainebleau beigesetzt. Er hinterließ seinem Sohn eine im

Vergleich zu den eigenen Anfängen stark reduzierte Herrschaft, die aber in den verbliebenen Kerngebieten administrativ gut organisiert war und im ganzen an Autorität gewonnen hatte. Mit ihrem starken Sinn für Kontinuität hat die geistlich dominierte Führungsschicht der französischen Monarchie dieses Erbe gehütet, so daß es der Zukunft erhalten blieb.

Joachim Ehlers

Philipp II.
1180–1223

Philipp II., geb. am 21. 8. 1165; Vater: König Ludwig VII. (1137–1180), Mutter: Adela von Champagne (gest. 1206), Schwestern: Marie (gest. 1198), verheiratet mit Heinrich I., Graf von Blois-Champagne; Alix (gest. nach 1195), verheiratet mit Tedbald V., Graf von Blois-Chartres; Agnes (gest. 1240), verheiratet mit (1) Alexios Komnenos, Kaiser von Byzanz, (2) Andronikos I. Komnenos, Kaiser von Byzanz. 28. 4. 1180 1. Ehe Philipps II. mit Elisabeth (gest. 1190), Tochter des Grafen Balduin V. von Hennegau, Sohn: Ludwig VIII., König von Frankreich (gest. 1226). 1185 Vertrag von Boves mit Flandern und Champagne; 1187 Treffen Philipps II. mit Kaiser Friedrich I. in Ivois; 1188 Richard Löwenherz huldigt Philipp II. für den angevinischen Festlandsbesitz; 1187/89–1192 Dritter Kreuzzug; 1191 Landung Philipps II. und Richards I. vor Akkon; 15. 8. 1193 2. Ehe Philipps II. mit Ingeborg (gest. 1237 oder 1238), Tochter König Waldemars I. von Dänemark; 1194–1199 Krieg gegen Richard I. Löwenherz von England; Juni 1196 3. Ehe Philipps II. mit Agnes (gest. 1201), Tochter Herzog Bertholds von Meran-Tirol; Sohn: Philipp Hurepel, Graf von Clermont und von Boulogne (gest. 1234); Tochter: Marie, verheiratet mit Heinrich I., Herzog von Brabant; 1200 Päpstliches Interdikt über Frankreich; 1202 Prozeß gegen Johann Ohneland; 1204 Eroberung der Normandie und des Poitou; 1208 Aufruf zum Kreuzzug gegen die «Albigenser»; 13. 9. 1213 Schlacht bei Muret; 27. 7. 1214 Schlacht bei Bouvines, Vertrag von Chinon mit Johann Ohneland; 1218 Simon von Montfort vor Toulouse gefallen; 14. 7. 1223 Philipp II. in Mantes gestorben, beigesetzt im Kloster St-Denis bei Paris.

Der Thronfolger war dem Vater spät geboren worden. Nach 28 Ehejahren Ludwigs VII. hatte seine dritte Gemahlin, Adela von Champagne, am 21. August 1165 den heißersehnten Sohn zur Welt gebracht, den man infolgedessen Dieudonné rief, die Gottesgabe. Seinen Namen Philipp erhielt er zur Erinnerung an den Urgroßvater. Endlich schien die Fortsetzung der Dynastie sicher.

Gegen Ende seines Lebens stand der durch Krankheit nahezu regierungsunfähig gewordene Ludwig VII. weitgehend unter dem Einfluß der Königin und ihrer Brüder, des Erzbischofs Wilhelm von Reims und der Grafen Heinrich von Champagne, Tedbald von Blois-Chartres und Stephan von Sancerre. Mit ihnen gemeinsam dachte Adela eine faktische Regentschaft des Königreichs Frankreich durch das Haus Champagne auch für ihren Sohn zu führen, und aus Furcht vor den Rivalitäten in der eigenen Familie zögerte Ludwig lange, Philipp nach alter

Gewohnheit zum Mitkönig zu erheben. Erst 1179 rief er einen Hoftag nach Paris und ließ seiner Erklärung akklamieren, daß er mit Zustimmung der Versammlung den Sohn krönen lassen wolle. Von einer Königswahl konnte nicht mehr gesprochen werden, und am Allerheiligentag des gleichen Jahres weihte Erzbischof Wilhelm seinen Neffen in der Kathedrale Notre-Dame in Reims zum König von Frankreich.

Sogleich bewies der Vierzehnjährige ein erhebliches Maß an innerer Freiheit. Er löste sich vom Einfluß seiner Mutter und des Hauses Champagne, indem er sich dem Grafen Philipp von Flandern zuwandte, einem alten Verbündeten Ludwigs VII. mit großem Einfluß auf die Hofparteien. Der kinderlose Graf bekräftigte die Verbindung, indem er Philipp II. seine Nichte Elisabeth von Hennegau zur Frau gab und sie mit einer Mitgift im Raum Arras/St-Omer/Aire/Hesdin versah. Dieser Affront veranlaßte Adela von Champagne zur Flucht in die Normandie, wo sie die Unterstützung König Heinrichs II. von England suchte, der aber im Interesse Heinrichs des Löwen, seines als Herzog von Sachsen und Bayern gestürzten Schwiegersohns, ein umfassendes Bündnis gegen Kaiser Friedrich I. betrieb. Deshalb verschob er die Auseinandersetzung mit dem kapetingischen Königtum und schloß am 28. Juni 1180 in Gisors mit Philipp II. einen Friedens- und Beistandsvertrag.

Wenige Monate später, am 19. September 1180, starb Ludwig VII. und hinterließ seinem Sohn eine kleine, im Westen und Süden vom Festlandsbesitz der Plantagenêt, im Norden von den Fürstentümern Champagne und Flandern bedrängte, aber administrativ gut erfaßte Krondomäne. Die Häuser Flandern und Champagne waren durch den Vertrag von Gisors zu der Einsicht gekommen, daß der König fortan selbständig zu regieren gedachte und verbündeten sich gegen ihn, aber nach einer Phase wenig koordinierter Kampfhandlungen ließ Heinrich II. erkennen, daß er Philipp gegen ernsthafte Gefährdung durch die Koalition in Schutz nehmen würde. Dennoch dauerte es lange, bis das feindliche Bündnis zerbrach: Zuerst schieden Tedbald von Blois und der Erzbischof von Reims aus, aber es bedurfte noch jahrelanger, intensiver Mühen besonders der Königin Elisabeth, ehe im Juli 1185 der Friede auch mit Flandern erreicht war: Das Abkommen von Boves bei Amiens bestätigte nicht nur Philipps Anwartschaft auf das Artois, sondern sprach ihm auch die Stadt Amiens nebst 65 Burgen im Vermandois zu, so daß er gestärkt aus der ersten, kritischen Phase seiner Regierung hervorging.

Als langfristig vorteilhaft für den französischen König erwies sich die offene Rivalität in der Familie Heinrichs II. von England, dessen Söhne als Feinde des Vaters und auch gegeneinander auszuspielen waren. 1187 eröffnete Philipp II. dem englischen Thronfolger Richard Löwenherz seine Absprache mit Heinrich II., wonach Philipps Halbschwester Alix Richards Bruder Johann heiraten und dem Paar der gesamte angevinische Festlandsbesitz außer der Normandie als Mitgift übergeben werden

Philipp II. (1180–1223)
(Krönung in der Kathedrale von Reims)

sollte. Damit hätte Richard einen erheblichen Teil seines kontinentalen Erbes verloren. Da Alix aus der Ehe Ludwigs VII. mit Eleonore von Aquitanien stammte, der späteren Gemahlin Heinrichs II. und Mutter beider englischer Königssöhne, vermutete Richard Löwenherz ein weitgreifendes Komplott und verbündete sich mit Philipp II. Gleichzeitig gab es diplomatische Kontakte des französischen Königs zum Kaiser, um die seit 1180 wieder offene Feindschaft zwischen dem staufischen Haus und den Welfen samt ihrem englischen Verbündeten zu nutzen. Anläßlich eines Treffens mit Friedrich I. bei Ivois und Mouzon an der Maas erreichte Philipp ein Bündnis, das für Jahrzehnte eine Konstante der europäischen Politik bleiben sollte.

Daß es dennoch nicht zu einer für Philipp unvorteilhaft klaren Lage der Allianzen – hier Staufer und Kapetinger, dort Welfen und Plantagenêt – kam, war vornehmlich seiner Annäherung an Richard Löwenherz zu danken. Damit gelang es, die Uneinigkeit des angevinischen Königshauses zu erhalten und gelegentlich auf so spektakuläre Höhe zu treiben wie im November 1188 beim Treffen von Bonmoulins. Dort huldigte Richard in Gegenwart seines überraschten Vaters Philipp II. für die Normandie, das Poitou, Anjou, Maine, Berry und Toulousain, erkannte ihn damit als seinen persönlichen Oberlehnsherrn an und führte, zumindest lehnrechtlich, eine Teilung des angevinischen Reiches zwischen England und dem Kontinent herbei. Als Philipp die Gelegenheit nutzte und Teile der Touraine eroberte, konnte er den schon schwerkranken Heinrich II. am 4. Juli 1189 zum Vertrag von Azay-le-Rideau zwingen, in dem auch der regierende englische König die traditionelle Lehnsoberhoheit des Königs von Frankreich über den Festlandsbesitz anerkannte. Zwei Tage später starb Heinrich II. und wurde im Kloster Fontevraud beigesetzt, das die Anjou-Plantagenêt seit seiner Gründung durch Robert von Arbrissel zu Anfang des Jahrhunderts stets gefördert hatten.

Die Konferenz von Azay-le-Rideau gehört schon in die Vorbereitungsphase des Kreuzzuges, den beide Könige dort gelobt hatten. Papst und westliche Christenheit waren tief beunruhigt, seit ein vom König von Jerusalem, Guido von Lusignan, geführtes Heer am 4. Juli 1187 bei Hattin in Galiläa durch Saladin eine vernichtende Niederlage erlitten hatte, die den Verlust Jerusalems und das Ende der ersten Kreuzfahrerherrschaft im Heiligen Land eingeleitet hatte. Die Verpflichtung der Könige war angesichts der Popularität des geplanten Unternehmens offensichtlich, andererseits galt es, die notwendigen politischen Voraussetzungen dafür zu schaffen. Nach dem Tod Heinrichs II. mußte Philipp Vereinbarungen mit Richard Löwenherz treffen, den er als König von England, Herzog der Normandie und Aquitaniens anerkannte; außerdem aber war die Regentschaft in Frankreich zu regeln nebst einer Verwaltungsordnung für die Zeit der Abwesenheit. Im übrigen durften beide Könige nur gemeinsam gehen, damit dem Zurückbleibenden keine Vorteile entstanden. Unter solchen Voraussetzungen kann es nicht überraschen, daß erst der 4. Juli 1190 den Aufbruch Philipps II. aus Vézelay in Burgund sah, begleitet von Richard Löwenherz, der am 3. September 1189 in London zum König von England gekrönt worden war und seitdem gleichberechtigt auftreten konnte. Philipp II. und Richard I. durften den Kreuzzug als ihre Sache ansehen, weil Kaiser Friedrich I. am 10. Juni 1190 als Führer des römisch-deutschen Heeres in Kleinasien tödlich verunglückt war.

Für die Regentschaft hatte Philipp umsichtige Verfügungen getroffen. Seine Mutter Adela und ihr Bruder, Erzbischof Wilhelm von Reims, saßen einem Rat vor, der aus Großen der königlichen Kurie bestand, aber nicht unmittelbar über den Kronschatz verfügen durfte. Dieser war vielmehr den Templern zur Verwaltung anvertraut, und dreimal jährlich sollten Boten den König über den Stand des Reiches und seiner Finanzen unterrichten. Wie sehr Philipp daran gelegen war, die Zügel wieder selbst zu führen, zeigte er im Juli 1191 nach dem Fall Akkons, indem er den Kreuzzug nun für erfolgreich beendet erklärte und gegen alle kritischen Einwände sofort abreiste. Im Dezember schon war er wieder in Paris. Er wäre allein damit Richard Löwenherz zuvorgekommen, aber der Vorteil vergrößerte sich noch. Der englische König war bis in den Oktober 1192 im Heiligen Land geblieben und anschließend durch Schiffbruch gezwungen worden, einen Teil des Rückweges über Land durch römisch-deutsches Reichsgebiet zu nehmen. Das war nicht ungefährlich, weil Richard den Babenberger Herzog von Österreich vor Akkon schwer beleidigt hatte und nun mit Recht Vergeltung fürchtete. Er reiste deshalb inkognito, wurde aber von Ministerialen des Herzogs erkannt. Dieser hielt ihn fest und lieferte ihn schließlich an Kaiser Heinrich VI. aus. Als wertvolles politisches Faustpfand blieb der englische König bis 1194 in Gefangenschaft, denn auf seinem Weg nach Frankreich hatte Philipp II. den Kaiser in Mailand getroffen und das staufisch-kapetingische Bündnis erneuert.

Während dieser Zeit führte der französische König intensive Verhandlungen mit Richards Bruder. Johann war bald bereit, Philipp II. zu huldigen und das normannische Gebiet rechts der Seine als Bestandteil der königlichen Domäne anzuerkennen, also faktisch abzutreten, aber seine Mutter Eleonore kämpfte gemeinsam mit den Erzbischöfen von Canterbury und von Rouen für die ungeschmälerten Rechte Richards und der englischen Krone. So führten Philipps Initiativen kaum zu positiven Resultaten und belasteten außerdem seine Beziehungen zu Heinrich VI., weil ein kapetingisch-angevinischer Ausgleich die staufische Allianz mit dem französischen König entwerten mußte. Wenn der Kaiser Richard im Februar 1194 freiließ, war das eine erste Reaktion auf die angebahnte neue Konstellation.

Als im Mai der erwartete Krieg zwischen Philipp und Richard Löwenherz ausbrach, hatte das Ereignis kaum Folgen für die Haltung Heinrichs VI. In militärgeschichtlicher Hinsicht aber ist bemerkenswert, daß nun auf beiden Seiten erstmals und in der Folge regelmäßig in nennenswertem Umfang Soldtruppen eingesetzt wurden, eine höchst wirksame, aber exzeptionell teure Formation, die ihre jeweiligen Herren dem Zwang aussetzte, laufend die nötigen Mittel bereitzustellen, um die anspruchsvolle Truppe regelmäßig zu befriedigen. Wenn die Grandes Chroniques de France melden, daß Philipp der Kriegskasse höchste Priorität zubilligte, so zeigt das einerseits den Wandel der Wehrverfassung, der seine Auswirkungen auf die staatliche Verwaltungsstruktur hatte, zum anderen weist es auf die mittlerweile erreichte Bedeutung der Geldwirtschaft hin, die solche Veränderungen erst erlaubte.

Auch auf englischer Seite wurden erhebliche Ressourcen eingesetzt. So baute Richard oberhalb des Seinebogens bei Les Andelys das Château Gaillard, eine der modernsten europäischen Wehranlagen des Jahrhunderts, errichtet mit großem materiellen Aufwand als Teil eines umfangreichen Befestigungssystems zum Schutz der Normandie. Es ergab sich eine erbitterte Auseinandersetzung, bei der beiden Seiten die Bedeutung von Sieg oder Niederlage immer klarer geworden sein dürfte. In schwieriger Lage mußte Philipp II. im Januar 1199 Friedensverhandlungen beginnen und am Ende schwere Verluste hinnehmen: Nicht nur waren alle seine mittlerweile besetzten Positionen in der Normandie und im Vexin wieder zu räumen, es wurden auch langfristige Zugeständnisse erwartet, indem der französische Thronfolger Ludwig die Tochter König Alfons' VIII. von Kastilien heiraten sollte, des Schwagers und damals engen Verbündeten des englischen Königs. Das war als Friedens- und Bündnissicherung im Sinne der Plantagenêt nicht abwegig gedacht, denn niemand konnte voraussehen, daß «Blanche de Castille» als früh verwitwete Königin von Frankreich gegen eine starke Opposition französischer Großer energisch, klug und erfolgreich zugunsten der Rechte ihres Sohnes, des späteren Königs Ludwig IX., eintreten und den Erwerb des Languedoc für die Krone einleiten würde.

Auch ein weiteres damals vereinbartes Ansinnen betraf Grundlagen der bisherigen kapetingischen Außenpolitik: Philipp sollte die angestrebte Kaiserkrönung des Welfen Otto IV. unterstützen und damit gegen die verbündeten Staufer in den seit der Doppelwahl von 1198 tobenden deutschen Thronstreit eingreifen. Nur ein Zufall enthob den französischen König seiner Last: der überraschende Tod Richards Löwenherz, der im März 1199 vor der Burg Châlus, die er gegen den Vizegrafen von Limoges belagerte, verwundet wurde und an den Folgen starb. Da Richard keine Nachkommen hatte, lag der nächste Anspruch auf die Krone bei seinem Bruder Johann, aber auch Arthur von Bretagne bewarb sich, indem er Rechte als Sohn Gottfrieds geltend machte, des 1186 verstorbenen nächstjüngeren Bruders Richards. Das alte Leitmotiv des Hauses Plantagenêt erklang aufs neue.

Sogleich bemühte sich Philipp II. um das Vertrauen Arthurs, holte ihn an seinen Hof und erreichte sogar eine förmliche Huldigung, die freilich erst dann voll wirksam geworden wäre, wenn Arthurs Ansprüche über die Bretagne hinaus weithin, vor allem in England, anerkannt worden wären. Dieser Erfolg aber blieb aus, denn England und die Normandie wandten sich Johann zu, der am 27. Mai in London zum König gekrönt wurde. Dennoch ließ Philipp seinen Verbündeten nicht fallen und suchte durch Angriffe in der Normandie und in der Grafschaft Maine die nicht unumstrittene Herrschaft König Johanns zu belasten, als eine päpstliche Intervention ihn zwang, am 22. Mai einen Waffenstillstand zu vereinbaren.

Ansatzpunkt für Innozenz III. waren die Eheverhältnisse des Königs von Frankreich, dessen Handlungsweise dem Kirchenrecht hohnsprach und seit Jahren Aufsehen erregt hatte. 1193 war es Philipp gelungen, König Knut VI. von Dänemark für ein Bündnis gegen das angevinische Reich zu gewinnen; Kräfte, die von der dänischen Seemacht in der Auseinandersetzung mit der insularen Basis des Gegners zu entfalten waren, mußten für den französischen König Grund genug sein, sich ihrer mit allen Mitteln zu versichern. Deshalb sollte Knuts Schwester Ingeborg zur Befestigung des Bundes Philipps Gemahlin werden, und am 15. August 1193 fand in der Kathedrale von Amiens die Trauung statt. Von Anfang an aber war diese Ehe durch eine unverhohlen zur Schau gestellte Abneigung des Königs gegen seine Frau belastet, die ihrerseits jeden Gedanken an Scheidung von sich wies und auf den Rechten einer Königin von Frankreich bestand. Als Philipp sie dennoch vom Hof entfernen ließ, appellierte Ingeborg an den Papst. Der König hingegen heiratete trotz erdrückender Rechtsbedenken Coelestins III. und der Öffentlichkeit wegen seiner nach wie vor bestehenden Ehe im Juni 1196 Agnes von Meran.

Nach dem Tode des Papstes aber handelte sein Nachfolger Innozenz III. sofort. Anders als sein Vorgänger setzte er schon im Januar 1198, nur wenige Tage nach seiner Wahl, das schärfste kirchliche Rechtsmittel gegen Philipp II. ein und verkündete das Interdikt über die gesamte französische Monarchie, verbot also die Spendung der Sakramente, alle gottesdienstlichen Handlungen und das kirchliche Begräbnis so lange, wie der König sich unkanonisch verhalten würde. Gestützt auf Teile seines Episkopats widersetzte sich Philipp zunächst, mußte im September 1198 aber einlenken und versprach, seinen Fall einem Konzil vorzulegen, dessen Entscheidung er in jedem Falle anerkennen würde. Als die Versammlung endlich, im Mai 1201, in Soissons zusammentrat, stellte sich bald heraus, daß es kaum positive Stimmen für Philipp geben würde; der König holte deshalb, um einer förmlichen Verurteilung zuvorzukommen, Ingeborg an den Hof zurück, und als Agnes von Meran wenige Wochen später starb, waren die Rechtsgründe für eine künftige päpstliche Pression entfallen.

Der mit Johann bereits am 22. Mai 1200 in Le Goulet nahe Évreux geschlossene Friede hatte Philipp II. wichtige Zugeständnisse gebracht, darunter die förmliche Huldigung des englischen Königs für den Festlandsbesitz des Hauses Plantagenêt. Philipp trat damit in die ihm von Rechts wegen zustehende Rolle des Oberlehnsherrn ein und er nutzte sie auf völlig neue Weise, sobald die Lösung seiner Ehefrage im Umfeld des Konzils von Tours ihm dazu freie Hand gab.

Im Sommer 1200 hatte Johann Isabella von Angoulême geheiratet und damit einen heftigen Streit ausgelöst, denn die Erbin der Grafschaft war Hugo von Lusignan versprochen, Repräsentant der vornehmsten Familie des Poitou und Vasall Johanns. Die Lusignan klagten wegen Entführung der Braut und schöpften den Rechtsgang aus, indem sie sich an den von Johann soeben anerkannten Oberlehnsherrn wandten. Philipp II. wurde Herr des Verfahrens und zog den Prozeß an sein Hofgericht, das alsbald ein Versäumnisurteil erließ, weil der englische König selbstverständlich alle Ladungen nach Paris ignoriert hatte. Das Urteil erkannte Johann seine französischen Lehen insgesamt ab und war als juristischer Endpunkt eines politischen Prozesses dem Verfahren ähnlich, das Kaiser Friedrich I. gegen Heinrich den Löwen geführt und 1179/80 mit dessen Sturz als Herzog von Sachsen und Bayern beendet hatte. Sofort nach dem Urteilsspruch huldigte Arthur Philipp für die Bretagne, Aquitanien, Anjou, Maine und trat die Normandie faktisch ab, indem er sie als Bestandteil der französischen Krondomäne anerkannte.

Damit wurde der folgende Angriff Philipps II. zur Exekution eines ordentlichen Gerichtsurteils gegen einen rechtskräftig verurteilten Vasallen und formal vom Odium des Eroberungskrieges befreit. Auf dem Hoftag von Mantes wies der König am 22. August 1203 einen päpstlichen Vermittlungsversuch mit dem bisher unerhörten Argument zurück, daß der Papst in Lehnssachen keinerlei Kompetenz und Zuständigkeit habe. Der im Juni 1202 eröffnete Krieg ging weiter, obwohl Arthur im Poitou gefangengenommen und in Rouen eingekerkert wurde. Philipp eroberte das Anjou und die Touraine, bevor er sich gegen die Normandie wandte; im April 1203 fiel Château Gaillard nach achtmonatiger Belagerung und mit ihm die Normandie. Rouen kapitulierte am 24. Juni; bereits im April war Arthur dort gestorben, wahrscheinlich als Opfer eines von Johann befohlenen Mordes. Das nach Süden gewandte Heer des Königs von Frankreich nahm am 10. August Poitiers. Am 13. Oktober 1206 verzichtete Johann im Waffenstillstand von Thouars auf allen Besitz nördlich der Loire.

Der politische und militärische Erfolg Philipps II. war beachtlich, aber schon mittelfristig ungesichert. Das zeigte sich, als König Philipp von Schwaben am 21. Juni 1208 in Bamberg ermordet und das staufisch-kapetingische Bündnis damit gegenstandslos wurde. Als neues Gewicht gegen die Verbindung Johanns mit Otto IV. hätte Philipp gern Herzog Heinrich von Brabant als Nachfolger des Staufers gesehen, aber nicht nur dessen Anhang erkannte Otto IV. an, sondern auch Papst Innozenz III. auf der Suche nach Kompensation der staufischen Macht in Sizilien. Erst 1212 bot der Aufstieg Friedrichs II. dem französischen König neue Möglichkeiten, die seine Gegner aber militärisch zerschlagen wollten.

Otto IV., Sohn Heinrichs des Löwen und seit 1209 Kaiser des Römischen Reiches, war als siebenjähriges Kind 1182 mit dem Vater ins englische Exil gegangen, hatte sich eng an Richard Löwenherz angeschlossen und war von ihm zum Grafen von Poitou gemacht worden. Als er gegen die Erwartungen des Papstes auf die Linie der staufischen Italienpolitik einschwenkte, begann Innozenz III. Friedrich (II.) zu fördern, so daß sich die alte europäische Bündniskonstellation wieder anbahnte. Sie wurde schließlich Realität, als der französische Thronfolger Ludwig sich am 19. November 1211 mit dem Staufer traf. Fortan waren die Anhänger Ottos IV. Verbündete Johanns, während Philipp II. auf die staufische Partei rechnen konnte. Eine Entscheidung des welfisch-staufischen Thronstreits war damit fest an die Entscheidung zwischen Johann und Philipp, England und Frankreich, gebunden.

Schon im April 1213 bereitete Philipp eine Invasion Englands vor, scheiterte mit seinen Plänen freilich am Widerspruch des Papstes. Ein gutes Jahr später sammelte sich die Allianz der Gegner zu einem großangelegten Angriff, dessen Ziele der bretonische Kapellan Philipps, Wilhelm, überliefert hat. Demnach ging es um nichts Geringeres als um die Vernichtung des kapetingischen Königtums und seines Reiches; Philipp sollte beseitigt und die Krondomäne zwischen den Alliierten aufgeteilt werden. Um das zu erreichen, führte der Bruder Johanns, Wilhelm von Salisbury, ein starkes Heer ins Feld, während Otto IV. nur wenige westfälische und niederrheinische Kontingente beibrachte und auf die bewährten Aufgebote der geistlichen Herren ganz verzichten mußte, weil Innozenz III. den Klerus zur Loyalität gegenüber Friedrich II. verpflichtet hatte. Am 27. Juli 1214 trafen die Armeen bei Bouvines in der Nähe von Lille aufeinander, und in einer der denkwürdigsten Schlachten des Mittelalters befreite sich Philipp II. durch einen glänzenden Sieg nicht nur von der angevinischen Last, sondern entschied auch den deutschen Thronstreit. Der König von Frankreich sandte den erbeuteten Reichsadler an seinen Bundesgenossen Friedrich II., nachdem er dem Wappentier die Schwingen hatte brechen lassen. Im Vertrag von Chinon verzichtete Johann nochmals ausdrücklich auf allen Besitz nördlich der Loire. Das angevinische Reich existierte nicht mehr.

Der Erfolg war dauerhaft und er konnte es vor allem deshalb sein, weil militärische Überlegenheit auf zähe Konsolidierungsarbeit mehrerer Herrschergenerationen bauen konnte. Eine in personalen Beziehungen und unmittelbarer persönlicher Erfahrung lebende Gesellschaft hatte ein ihr angemessenes Rechtsbewußtsein entwickelt, dem täglich praktizierte Gewohnheit die Norm verbindlicher vorgab als ein Gesetz. Wer die Norm ändern wollte, mußte bei der Gewohnheit beginnen.

Philipp II. ließ die auf Lehnrecht basierenden Urteile seines Hofgerichts aufzeichnen und als *us et coutume de France* definieren; mit dem königlichen Sanktionsbereich dehnte sich auch diese *coutume* aus, zersetzte durch tägliche Praxis regionale Eigentümlichkeiten und minderte die Stellung des Adels, dessen autogene Rechte anhaltend bestritten wurden, damit «Adel» nur noch im Bezug auf den König sinnvoll blieb. Längst war das Lehnrecht dadurch instrumentalisiert, daß dem Vasallen zwar das Abschließen mehrerer Lehnsverträge möglich blieb, einer der Herren aber das *homagium ligium* beanspruchen durfte, den alleinigen Anspruch auf Heeresfolge. Dieser eine Herr wurde der König, der zudem die Praxis des Geldlehens ausbaute, weil er dabei auf die Übertragung eines Dienstgutes verzichten konnte.

Zentrale Bedeutung für Verwaltung und Mehrung dieser Rechte hatte das Hofgericht, weil dessen Urteile die Grundlage für Regierungshandlungen selbst dann bilden konnten, wenn sie so entscheidend in die große Politik eingriffen wie im Prozeß gegen König Johann. Im übrigen bemühte sich der König auch dort Präsenz zu zeigen, wo er nicht persönlich erscheinen konnte, indem er Baillis im Norden und Sénéchaux südlich der Loire einsetzte, die als seine Vertreter die öffentlichen Rechte in festen Amtsbezirken so effektiv handhabten, daß er im ganzen Reich ohne Delegation an eingesessene Adlige auskam: «Sanktionsbereich» der Monarchie und ihr «Legitimationsbereich» begannen deckungsgleich zu werden; die Domäne dehnte sich auf das ganze *regnum Francorum* aus.

Wachsende Schriftlichkeit der königlichen Verwaltung ist an absoluter Zahl der Urkunden meßbar, die nun eine Kanzlei verließen, deren Leistungskraft es Philipp erlaubte, keine Empfängerausfertigungen mehr zu akzeptieren. Das nach äußeren Merkmalen und sprachlicher Form umständlich gestaltete Diplom älteren Stils wich immer häufiger dem durch kleines Geschäftssiegel beglaubigten Mandat, das den Willen des Königs knapp und unverblümt zum Ausdruck brachte. Jede Vereinbarung Philipps wurde schriftlich festgehalten, und umgekehrt verlangte er von jedem schriftliche Beweismittel für sein Anliegen; jede ligische Huldigung wurde beurkundet und das Schriftstück im Archiv abgelegt. Neben der Sammlung von Originalurkunden führte das Archiv auch Register, sowohl im Sinne der älteren Kopialbücher als auch (und das war neu) zum Zweck einer jederzeit nutzbaren Dienstunterlage für Kanzlei und Gericht.

Diese Verwaltung trieb nicht nur das Geld ein, mit dem der König seine Herrschaft stärkte; in erster Linie verursachte sie selbst hohe Kosten, die durch Strafgelder, Sondersteuern, Wegnahme jüdischer Vermögen, *péage* auf Straßen mit königlichem Geleitrecht und königliche Gewinnbeteiligung an Märkten gedeckt werden mußten. Eine reine Agrarwirtschaft hätte abschöpfbare Erträge dieser Art nicht bringen können; Handel, Gewerbe und Geldumlauf mußten zusammenwirken, damit der König 1202/03 im Zusammenhang mit der Vorbereitung des Feldzuges persönliche Dienstleistungen der Städter durch Geldzahlungen ersetzen lassen konnte. Der Kampf mit den englischen Königen war über das politisch-militärische Feld hinaus zur Konkurrenz der Wirtschaftskraft zweier Reiche geworden: Derjenige König, der die Ressourcen seines Herrschaftsgebiets effektiver nutzte, mußte die größeren Erfolgschancen haben. Seit 1180 schlugen die Champagnemessen in diesem Sinne zu Buche, denn sie gewannen fortan auch als Finanzplätze an Bedeutung, als Drehscheibe des stärker werdenden Austauschs zwischen Nord und Süd, zwischen den großen, dichtbevölkerten Wirtschaftsräumen Flanderns, Nordfrankreichs, Norditaliens und des westlichen Reichsgebiets.

Politische, administrative und wirtschaftliche Veränderungen wirkten auf die Gesellschaft der Zeit, vor allem auf den Adel, der in den häufigen Kriegen nicht nur steigende Kosten für die technisch verbesserte Ausrüstung des Panzerreiters aufbringen mußte, sondern auch die Gefahren des Einsatzes zu tragen hatte. In dieser Hinsicht waren Söldner wenig entlastend, weil adliges Selbstverständnis die Bereitschaft zum Kampf forderte; im übrigen war der hochprofessionalisierte Soldritter eine ernstzunehmende Konkurrenz auf dem ureigensten Legitimationsfeld der Aristokratie. Diese wurde damit trotz fortwährend erlittener Unbill durch des Königs Verwaltung an diesen herangeführt, weil letztlich nur er den Sonderstatus garantierte. Dabei gab es freilich Unterschiede zwischen dem Norden und den Gebieten südlich der Loire, denn im Süden war das Lehnrecht mit allen seinen gesellschaftlichen Folgen weniger ausgeprägt und die aus dem römischen Recht überkommene Testierfreiheit des Erblassers hatte vielfach Realteilung des auf diese Weise schrumpfenden Familiengutes zur Folge. Der höhere Adel freilich und erst recht das Haus der Grafen von Toulouse hatten längst die Primogenitur eingeführt, aber insgesamt war die Gesellschaft des Südens mehr vom kleinen Allodialbesitz geprägt; sie kannte das Lehnswesen, aber es bestimmte die Lebensordnung nicht so stark wie in den Gebieten nördlich der Loire. Man war weniger feudalisiert, das aber hieß auch: weniger militarisiert als das Land des Königs. Darüber hinaus unterschied sich der okzitanische Süden durch sein Verhältnis zu Kirche und Klerus von der französischen Monarchie.

Seit dem 11. Jahrhundert hatte die Kirchenreform nicht nur Kathedralkapitel, Stifte und Klöster erfaßt, sondern in weiten Teilen der westlichen Christenheit auch den niederen Weltklerus mit ihren Forderungen nach Regeltreue, kanonischem Leben und spiritueller Erneuerung erreicht. Somit wurde einer scharfen Kritik an Amtsführung und Lebensweise der Geistlichen zumindest in dieser Hinsicht weniger Angriffsfläche geboten, und die Erwartungen der Gläubigen standen in einem nicht so krassen Mißverhältnis zur Wirklichkeit. Das Bild war freilich von regionalen Unterschieden geprägt, und für das Herrschaftsgebiet der Grafen von Toulouse galt, daß ein von der Reform weitgehend unberührt gebliebener Klerus mehr und mehr die Fähigkeit verloren hatte, den Forderungen nach apostolisch vorbildlicher Lebensführung zu genügen.

Die so entstandene Lücke füllte eine Gemeinschaft aus, die sich seit Anfang des 12. Jahrhunderts auch in anderen Ländern der westlichen Christenheit ausbreitete und sich für die wahre Kirche Christi hielt. Armut, tägliches gemeinsames Brotbrechen statt der Messe, Handauflegung statt der Taufe, gleichberechtigtes Mitwirken von Frauen auf allen Stufen der Hierarchie verbanden sich als Lebensform mit einer radikal dualistischen Lehre, die das Wirken des Bösen in der Welt nicht mit komplizierter christlicher Argumentation als partielle Abwesenheit des Guten in einer vom Schöpfer auf menschliche Freiheit angelegten Welt erklärte, sondern aus dem Kampf zweier gleichberechtigter Prinzipien, in dem der Gläubige nur durch Lösung seiner Seele aus dem Gefängnis des Körpers Rettung finden könne. Jede Zeugung bereite einer reinen Seele neue Gefangenschaft in der vom Bösen erschaffenen Welt.

Seit 1163 ist für diese ihrer Dogmatik nach nicht mehr christliche Glaubensgemeinschaft der Name «Katharer» belegt, möglicherweise aus dem Griechischen καθαροί, «die Reinen», abgeleitet und zur Grundlage der deutschen Bezeichnung «Ketzer» geworden. Hinsichtlich der Verbreitung dieser Religion schwanken die Schätzungen für den okzitanischen Süden mit dem Zentrum Albi (daher «Albigenser») zwischen einem Viertel und einem Drittel der Bevölkerung; stark war sie jedenfalls in einer Führungsschicht vertreten, die über ihre Opposition gegen eine zehntfordernde Amtskirche hinaus nicht abgeneigt war, sich auch politisch anders zu orientieren, als es die großfränkische Tradition der französischen Monarchie zuließ. War die Oberherrschaft des Königs von Frankreich in seiner Eigenschaft als Nachfolger der Karolinger bisher stets im Grundsatz anerkannt worden, so verdichteten sich jetzt Beziehungen zum Haus Barcelona-Aragón in Richtung auf die Bildung eines pyrenäenübergreifenden Reichsverbandes.

Das konnte Philipp II. nicht hinnehmen. Er beteiligte sich wegen seiner Kämpfe mit König Johann von England zwar nicht persönlich am Kreuzzug gegen den Grafen Raimund von Toulouse, welchen Papst

Innozenz III. 1208 als Freund der Katharer angeklagt hatte, aber er erklärte immerhin, daß er die Güter Raimunds einziehen werde, sobald dieser der Häresie überführt sei. In den folgenden Jahren eroberten die hauptsächlich aus der Ile-de-France stammenden Kreuzfahrer unter Führung Simons von Montfort fast die gesamte Grafschaft Toulouse und konnten am 13. September 1213 die Heere König Peters II. von Aragón, Graf Raimunds VI. von Toulouse und des Grafen von Comminges bei Muret vernichtend schlagen. Als Simon von Montfort Anfang 1218 vor Toulouse fiel und sein Sohn Amalrich in der Folgezeit die politischen und militärischen Qualitäten seines Vaters entschieden vermissen ließ, kam der Zeitpunkt für den Zugriff der französischen Krone. 1222 schickte Philipp ein Heer in den Süden, erkrankte aber schon im September dieses Jahres schwer und starb am 14. Juli 1223.

Unter den französischen Königen des Mittelalters gehört Philipp II., den schon Zeitgenossen seit der Schlacht von Bouvines als Mehrer des Reiches würdigten und deshalb mit dem Beinamen «Augustus» schmückten, neben Philipp IV. und Ludwig XI. zu den großen Gestalten einer nationalen Geschichte, die weit über das Mittelalter hinaus von der Monarchie und den Monarchen bestimmt worden ist. Politisch, militärisch und diplomatisch gleichermaßen begabt, hat er Frankreich geformt, indem er es aus der angevinischen Bedrohung führte, die eroberten Länder mit der unter seiner Leitung administrativ weitgehend erschlossenen Krondomäne integrierend verband und schließlich den Grund für die Ausdehnung bis zum Mittelmeer legte.

Gert Melville

Ludwig VIII.
1223–1226

Ludwig VIII., geb. 5. 9. 1187; vergeblicher Prätendent auf die englische Krone 1213 und 1215/1217; König von Frankreich, Weihe und Krönung 6. 8. 1223 in Reims; beträchtliche Erweiterung der Krondomäne durch Einverleibung der bislang englischen Saintonge (1224) und durch einen Albigenserkreuzzug (1226); gest. 8. 11. 1226 in Montpensier (Dép. Puy-de-Dôme), begr. in St-Denis. Vater König Philipp II. August von Frankreich (gest. 1223); Mutter Elisabeth [Isabella] (gest. 1189), Tochter Graf Balduins V. von Hennegau (gest. 1195); Halbbruder Philipp Hurepel (gest. 1234); Heirat 23. 5. 1200 mit Blanche (gest. 1252), Tochter König Alfons' VIII. von Kastilien (gest. 1214); u. a. 1 Tochter, 4 Söhne, darunter König Ludwig IX., der Heilige, von Frankreich (gest. 1270), Karl I. von Anjou, König von Sizilien und Jerusalem (gest. 1285).

Als der 35jährige Ludwig, Sohn Philipps II. August und Elisabeths von Hennegau, nach dem Tod des Vaters am 6. August 1223 in Reims zum König geweiht und gekrönt wurde, hatte er den größten Teil seines unruhigen, mit kriegerischer Politik ausgefüllten Lebens bereits hinter sich gebracht. Ihm waren zu jenem Zeitpunkt nur noch gut drei Jahre gegeben. Zu kurz war diese verbleibende Regierungsspanne, um einen eigenen Wesenszug zu gewinnen. Die königlichen Zielsetzungen beschränkten sich darauf, den Kampf um die innere Festigung der kapetingischen Monarchie, um die Erweiterung der Krondomäne und um die Bezwingung des englischen Gegners im Stil der vorangegangenen Jahrzehnte weiterzuführen. Nahtlos rückte der Kronprinz in das Königsamt ein, keine beratende Versammlung ging seiner Herrscherweihe voraus, vollständig obsiegte zum ersten Mal in der Geschichte der kapetingischen Dynastie das reine Erbrecht, und ebenso nahtlos setzte Ludwig die Politik seines Vaters fort, die er nach direkten Anweisungen wie auch unter selbst zu tragendem Risiko mit Erfolgen und mit Rückschlägen seit jeher mitgetragen hatte. So waren auch jene zwei Unternehmungen, die ihm dann als König von Frankreich allein eine gewisse geschichtliche Bedeutung verliehen, nichts anderes als der Abschluß von langfristigen Entwicklungen, an deren Prägung Ludwig unter der Ägide des Vaters selbst maßgeblich beteiligt gewesen war. Es handelte sich um seinen poitevinischen Feldzug und die Einverleibung der englischen Saintonge in die Krondomäne sowie den Kreuzzug gegen die Albigenser, der ansehnliche Teile des Südens unter die unmittelbare Herrschaft des Königtums brachte. Will man Ludwig als König verstehen, muß man demnach seinem Werdegang als Kronprinz eine etwas ausführlichere Betrachtung als bei manchen anderen französischen Herrschern widmen.

Ludwig wurde am 5. September 1187 in Paris geboren. Bald schon, als er im Jahre 1191 lebensgefährlich an der Ruhr erkrankte, erwies sich, daß sein Körper nicht besonders widerstandsfähig war – ein Umstand, auf den er zeit seines Lebens wenig Rücksicht nahm. Dies sollte ihm letztendlich sogar zum tödlichen Verhängnis werden. Mit hoher intellektueller Auffassungsgabe versehen, erfuhr er eine profunde geistige Ausbildung, für die Stephan von Tournai verantwortlich war. In Arthur von Bretagne, der als Sohn Gottfrieds, des älteren Bruders Johanns ohne Land, die französischen Länder Johanns rechtmäßig zu beanspruchen glaubte und der von Philipp August seit 1199 an seinem Hofe aufgenommen worden war, besaß Ludwig einen Studiengefährten und engen Freund. Arthurs späteres Schicksal – seine englische Gefangenschaft und seine höchstwahrscheinlich von Johann ohne Land veranlaßte Ermordung im Jahre 1203 – prägte Ludwigs haßerfüllte Abneigung gegenüber diesem englischen König, dem er wenige Jahre später die Krone streitig machen wird.

Wie es noch von Richard Löwenherz und Philipp II. im Friedensschluß von 1199 abgesprochen war, heiratete Ludwig am 23. Mai 1200 Blanche, die Tochter Alfons' VIII. von Kastilien und Enkelin Heinrichs II. von England. Blanche sollte den Plantagenêts am französischen Hofe nützlich sein; sie schloß sich jedoch vollauf der Politik ihres Gemahls an und war diesem, nicht zuletzt wegen ihres äußerst energischen Charakters, zeitlebens eine wertvolle Stütze.

Obgleich Ludwig bereits in den Jahren 1204 bis 1206 an Feldzügen seines Vaters teilgenommen hatte, mußte er auf die Schwertleite bis zum Erreichen der Volljährigkeit warten. Erst am 17. Mai 1209 wurde er in Compiègne zum Ritter geschlagen, nicht ohne daß ihm sein mißtrauischer Vater zuvor einen umfänglichen Treueeid abverlangt hatte. Auch nachdem er 1212 zu seinem ersten selbständig durchgeführten Kriegszug in das Artois aufgebrochen war, um dort recht erfolgreich seine Rechte aus dem Erbe der Mutter gegen Ansprüche des flandrischen Grafen Ferrand zu verteidigen und damit den Kapetingern eine feste Position an der Südflanke Flanderns zu verschaffen, spürte er die Zügel des Vaters, der angesichts des plötzlichen Machtzuwachses seines Sohnes diesem harsche Garantien abverlangte. Besonders bei den Planungen zur Eroberung Englands im Jahre 1213 war Ludwig dann seinem Vater willfährig zur Hand. Die Exkommunikation des zudem noch durch einen Angriff aus Wales und eine Adelsrevolte geschwächten Johann ohne Land ausnützend, wurde auf einem Hoftag in Soissons am 8. April beschlossen, Ludwig auf den englischen Thron zu bringen. Die Aussicht auf eine solche Karriere, die Ludwig späterhin ein Doppelkönigtum eingebracht hätte, war jedoch zunächst stark eingeschränkt. Der Prätendent mußte insbesondere zusichern, zu Lebzeiten des Vaters auf alle Besitzungen der Plantagenêts in Frankreich zu verzichten, damit die entsprechenden Gebiete – Aquitanien und Poitou – wieder unmittelbar unter die französische Krone kämen. Ferner behielt sich Philipp vor, Teile des Ludwig'schen Artois an den Grafen von Flandern zu vergeben, um sich dessen Allianz zu versichern; des weiteren mitzuwirken bei der Vergabe englischer Lehen an den am Feldzug beteiligten Adel und schließlich Johann ohne Land festzusetzen und dessen bewegliche Güter in Besitz zu nehmen. Das Vorhaben kam jedoch vorerst nicht zur Ausführung, denn Johann unterwarf sich dem Hl. Stuhl, und Innozenz III. untersagte scharf jegliche Invasion. Ludwig zog daraufhin mit dem für England bereitgestellten Heere unter der Führung Philipps gegen Flandern, erhielt vom Vater die annektierte Stadt Douai und blieb nach Abzug des französischen Hauptkontingents bis zum Beginn des Jahres 1214 in dieser Region, um auf eigene Rechnung, jedoch ohne größere Erfolge einen Verwüstungsfeldzug durchzuführen und um zugleich sein Artois zu verteidigen.

Wenig später sieht man den Thronfolger in Chinon. Dort erwartete er das Heer Johanns, welches den französischen König mit einem südlichen Zangengriff in Ergänzung zu einem nördlichen, der von Ferrand von Flandern und Kaiser Otto IV. durchgeführt werden sollte, einzukreisen gedachte. Am 2. Juli schlug Ludwig bei der Burg La Roche-au-Moins (in der Nähe von Angers) Johann vernichtend, zwang ihn zu einer überstürzten Flucht und begann anschließend, die Grafschaft Anjou zügig der kapetingischen Herrschaft zu unterstellen. Philipp hatte den Rücken frei für ein Vorgehen gegen seine im flandrischen Raum stehenden Feinde, die er in der für die kapetingische Monarchie so entscheidenden Schlacht von Bouvines am 27. Juli besiegte.

Aus der neuen Position der Stärke heraus wurde nun wieder der alte Plan aufgegriffen, die englische Krone für Ludwig zu gewinnen. Die Lage schien günstig. Verdrossen durch die finanziellen und militärischen Forderungen des besiegten Johann hatte eine starke englische Adelsfraktion dem König am 15. Juni 1215 die Zustimmung zur Magna Charta abgepreßt, die jedoch von Innozenz III. alsbald für nichtig erklärt worden war. Es kam zur offenen Revolte, der sich auch zahlreiche englische Prälaten, darunter der Erzbischof von Canterbury, Stephan Langton, und die Stadt London anschlossen, obgleich die Aufständischen sich der Exkommunizierung gewiß sein mußten. An Ludwig erging eine förmliche Einladung, den englischen Thron zu besteigen. Auf französischer Seite reagierte man rasch. Unter anderem versuchten Gesandte Ludwigs, der sich nun endlich aus der Bevormundung des Vaters deutlich gelöst zu haben schien, in Rom Innozenz III. umzustimmen. Ihre Argumente bezogen sich vor allem auf die evidente Gewaltherrschaft

Johanns, wobei der Ermordung Arthurs besonderes Gewicht beigemessen wurde, und auf die Rechtmäßigkeit der Thronansprüche Ludwigs aufgrund der Abstammung seiner Gemahlin Blanche.

Doch unabhängig von dieser politischen Überzeugungsarbeit wurden ohne Verzögerung militärische Fakten geschaffen. Noch im Dezember 1215 landete eine französische Vorhut an der englischen Küste und erreichte im Januar London. Am 21. Mai 1216 folgte Ludwig selbst nach, und bereits im Laufe des Jahres gelang ihm und der Heeresmacht der aufständischen Barone, unterstützt durch den schottischen König Alexander II., die Eroberung nahezu des gesamten östlichen England. Am 12. Oktober 1216 starb Johann ohne Land. Mit seinen Anhängern, unter deren wirkungskräftigsten der betagte Guillaume le Maréchal hervorragte, hatte er sich bis zuletzt erbittert gewehrt. Die stete Kriegsführung hatte Ludwig wiederum keine Zeit gelassen, eine solide Regierung zu organisieren, geschweige denn seine Krönung zu betreiben. Dies sollte sich sogleich als äußerst verhängnisvoll erweisen, da die gegnerische Partei unter der Führung von Guillaume le Maréchal und dem Kardinallegaten Guala unverzüglich Heinrich, den noch minderjährigen Sohn Johanns, am 26. Oktober 1216 krönen ließ und somit ein unbescholtenes Kind nun publikumswirksam zum Gegner Ludwigs machte. Der neue Papst, Honorius III., stellte den jungen König sofort unter seinen Schutz und versuchte mit aller diplomatischen Kunst, die Partei Ludwigs auseinanderzubrechen. Anfang 1217 sah sich Ludwig gezwungen, vorübergehend nach Frankreich zurückzukehren, um neue Truppen zu sammeln, ohne daß er dabei Unterstützung von seinem Vater erwarten durfte, der sich auch innerlich mehr und mehr von dem englischen Abenteuer zurückzog. Im Mai kam es dann bei Lincoln zu einer Schlacht, die auf seiten der Partei Heinrichs III. von Guillaume le Maréchal erfolgreich dirigiert wurde. Das Blatt hatte sich gewendet. Ludwig mußte sich am 11. September auf einen in Lambeth vollzogenen Friedensschluß einlassen und noch im Herbst seine Truppen endgültig von der Insel abziehen.

Diesem Mißerfolg gesellte sich alsbald ein zweiter, wenn auch weniger gravierender hinzu. Um ein Gelübde einzulösen, aber ebenso um die Interessen seines Hauses durch eine Stützung Simons von Montfort wahrzunehmen, war Ludwig im Frühjahr 1215 – also unmittelbar vor seiner Expedition nach England – bereits einmal auf eine kurze Kreuzfahrt in den Süden gezogen. Nachdem dann Simon von Montfort bei der Belagerung von Toulouse im Juni 1218 gestorben war, entstand unter seinem wenig begabten Sohn und Nachfolger Amaury ein Machtvakuum in der von den Katharern dominierten Region, so daß Honorius III. von Philipp August unter Zugeständnis des halben Zwanzigsten der französischen Kirche aktive Hilfe forderte. Philipp sandte Ludwig, obgleich dieser nach seinen schlechten Erfahrungen mit der Politik des

Hl. Stuhls dem Auftrag äußerst reserviert gegenüberstand, mit einem Kreuzfahrerheer in den Süden. Die ersten Kampfhandlungen im Juni 1219 endeten mit einem unsinnigen, allenfalls der Abschreckung dienenden Massaker an der Bevölkerung von Marmande, einem kleinen Städtchen an der Grenze zum englischen Aquitanien. Die zweite und auch schon letzte kriegerische Aktion bestand in einer vergeblichen Belagerung von Toulouse, die nach 45 Tagen abrupt abgebrochen wurde. Ludwig strebte nach Norden zurück und hinterließ ein freies Feld sowohl für die Rückeroberungspolitik Raimunds VI. von Toulouse und seines Sohnes Raimund VII. als insbesondere auch für die Erholung der häretischen Bewegung. Die Macht der Montfort und damit auch die unmittelbare Einflußnahme des Königtums im Midi brachen binnen kurzem zusammen.

Das väterliche Erbe war ansonsten gut bestellt, als Ludwig VIII. im August 1223 seine Herrschaft antrat. Der neue König konnte auf den erfahrenen und loyalen Beraterkreis Philipps zurückgreifen. Die Krondomäne – darunter erst kürzlich annektierte Gebiete: Normandie, Anjou, Touraine und Artois – befand sich in einem Zustand des Friedens und stand zuverlässig zum König, wovon sich Ludwig bei zwei Reisen im Herbst desselben Jahres sogleich überzeugen konnte. Die vordringlichen Aufgaben aber waren die Austragung des weiter zugespitzten Machtkampfes mit England und die Befriedung des Midi. Sie waren zugleich Ludwigs eigenes Vermächtnis aus versäumten Chancen.

Bis Ostern 1224 galt noch ein Friedensabkommen, das Philipp August auf Druck Honorius' III. mit England eingegangen war. Ludwig sah sich nun gleichermaßen vom Papst gedrängt, einer Verlängerung zuzustimmen, um die Kräfte für einen Kreuzzug gegen die Albigenser freizuhaben. Auch England war nach kurzem Zögern für eine Fortführung des Friedens, da sich die Position Heinrichs III. seit dem Tode von Guillaume le Maréchal (1219) rapide verschlechtert hatte. Doch gerade in der gegenwärtigen Schwächung des Plantagenêt erblickte Ludwig VIII. die besten Voraussetzungen, jetzt für seine Schmach als vergeblicher Prätendent auf den englischen Thron Vergeltung zu üben. Sein geplanter Hieb zielte auf die englischen Kernlande im Südwesten, auf die Gascogne. Mit diplomatischer Sorgfalt nahm er sich zunächst als erste Etappe das unruhige, von Spannungen zwischen englisch und französisch gesinnten Gruppierungen zerrissene Poitou vor. Es gelang ihm, den mächtigsten Herrn dieser Region, Hugo von Lusignan, der mit der Witwe Johanns ohne Land verheiratet war, auf seine Seite zu ziehen und von ihm das Homagium für die Grafschaften La Marche und Angoulême zu erhalten. Gottfried von Lusignan, Vizegraf von Châtellerault, schloß sich an und gewährte dem König, eine Garnison auf seiner strategisch wichtigen Burg Vouvant zu halten. Am 24. Juni 1224 griff Ludwig von Tours aus die zu England haltenden Gebiete an und zog über die Vizegrafschaft Thouars, mit deren Herrn, Aimery VII., er zunächst einen Friedensvertrag von der Dauer eines Jahres abschloß, und über die rasch eingenommene Stadt Niort sowie über die freiwillig zu ihm übergegangene Stadt St-Jean-d'Angély rasch auf sein eigentliches erstes Ziel, La Rochelle, zu. Nach einer knapp einmonatigen Belagerung fielen am 13. August diese Stadt und mit ihr einer der wichtigsten Häfen Englands auf dem Festland in seine Hände. Weitere Teile des Poitou sowie der Vizegraf und die Bürger von Limoges unterwarfen sich daraufhin freiwillig.

Viel lag Ludwig daran, den neuen Besitz zu sichern. An zahlreiche Adelige vergab er Pensionen, den Städten und Klöstern bestätigte und vermehrte er die zumeist von den Engländern verliehenen Privilegien. Dies schien ihm eine hinreichende Grundlage zu sein, nun auch die Gascogne zu gewinnen. Ein unter der Führung Hugos von Lusignan ausgesandtes Heer erzielte jedoch nur geringe Erfolge, scheiterte vor allem am Widerstand von Bordeaux, und Ludwig selbst zog sich, der Hoffnung auf weitere Erfolge beraubt, noch vor Winterbeginn nach Paris zurück.

Daraufhin rüstete England im Frühjahr 1225 zum Gegenschlag. Richard von Cornwall, der Bruder Heinrichs III., wurde über Bordeaux in die Gascogne gesandt und binnen kurzem gelang es ihm, dort nahezu alle französischen Stützpunkte wieder unter die Herrschaft der Plantagenêt zu bringen. Beide Parteien suchten weiträumig nach Bündnispartnern. Ludwig versicherte sich der Freundschaft Friedrichs II. – auch gegen den Willen von dessen Reichsverweser, des Kölner Erzbischofs Engelbert. Das englische Netz von Allianzen war wesentlich enger um den Gegner gezogen. Die Auvergne und die Bretagne schlossen sich der Partei der Plantagenêt an, Graf Raimund VII. von Toulouse erhielt von Heinrich III. ein Bündnisangebot und sah sich von ihm an der Kurie energisch unterstützt. Nach und nach begann auch der eben von Ludwig gewonnene Adel des Poitou, sich wieder auf die englische Seite zu schlagen.

Die Lage spitzte sich im Laufe des Jahres 1225 für Ludwig VIII. dramatisch zu. Doch bevor es zu einer entscheidenden Auseinandersetzung kommen konnte, betrat Ludwig einen anderen politischen und militärischen Schauplatz. Dem Drängen des Papstes auf Frieden mit England war er nicht gefolgt, wohl aber zeigte er sich nun dessen Verlangen nach einem Eingriff im häretischen Süden aufgeschlossen. Die Bedingungen für dieses Vorhaben standen gut. Bei einem Konzil, das im November 1225 zu Bourges unter der Leitung des Legaten Romano Frangipani, Kardinal von St. Angelo und – im Gegensatz zu Honorius III. – Freund der französischen Sache, stattfand, wurde Raimund VII. von Toulouse trotz seiner Unterwerfung exkommuniziert. Darüber hinaus wurde die Abtretung aller Rechte Amaurys von Montfort an den französischen

König erreicht und vor allem Ludwig ein Bündel von Forderungen zugestanden, das er in ähnlicher Form bereits gut eineinhalb Jahre zuvor vergeblich versucht hatte, beim Papst durchzusetzen: Der König selbst sollte mit völliger Entscheidungsfreiheit in den zu besetzenden Gebieten ein Kreuzfahrerheer anführen, dessen geistliche Leitung sich allein aus Bischöfen seiner Krondomäne rekrutieren sollte; die Kosten sollten voll aus dem Kirchenvermögen bestritten werden, die Teilnehmer den gleichen Ablaß wie bei einem Zug ins Hl. Land erhalten; der Besitz Raimunds VII. und aller überführten Häretiker sollte voll in die Hand des Königs übergehen und jeder, der Frankreich mit Krieg überzöge, exkommuniziert werden.

Somit vor der englischen Bedrohung einigermaßen gesichert, frei in der politischen Ausgestaltung des erhofften Gewinns und finanziell unbelastet, konnte Ludwig VIII. im Mai 1226 sein Heer in Bourges sammeln und durch das Rhônetal südwärts ziehen. Er wählte das linke Ufer, die Reichsseite, wo ihm dann allerdings das gut befestigte kaiserliche Avignon, das sich schon Raimund VI. oft als wichtige Stütze angeboten hatte, den Durchzug verweigerte. Eine längere Belagerung folgte. Obgleich sie Seuchen im königlichen Heere mit sich brachte und obgleich sich der mächtige Graf Tedbald IV. von Champagne mit seinem starken Kontingent zurückzog, konnte die Stadt am 9. September eingenommen und dem päpstlichen Legaten übergeben werden. Die Bewohner erfuhren gegen beträchtliche Bezahlungen Schonung. Die Wirkung dieser Eroberung auf die nächsten Kriegsziele war jedoch groß. Kampflos ergaben sich Nîmes, Beaucaire, Narbonne, Carcassonne, Montpellier, Pamiers und Castres. Toulouse allerdings widerstand, und auf eine Belagerung wurde angesichts des bereits gesundheitlich geschwächten Heeres verzichtet. Ludwig begann sogleich, den eroberten Gebieten eine strikte Ordnung aufzuerlegen. Auf einer Versammlung in Pamiers erließ er auf Wunsch des Kardinallegaten eine Ordonnanz, die jedem der Ketzerei Überführten harsche weltliche Strafen androhte. Ferner setzte er jene Statuten wieder in Kraft, die Simon von Montfort im Jahre 1212 verabschiedet hatte und die auch jetzt wieder der Durchsetzung des strengen nordfranzösischen Lehnrechts dienen sollten. In die Städte legte er Garnisonen und teilte erneut – wiederum nach Vorbild des Simon von Montfort – das Land in *sénéchaussées* auf. Das kapetingische Königtum hatte im Midi, an den Küsten des Mittelmeeres, an der Grenze zur iberischen Halbinsel und an der Eingangspforte zu Italien unverrückbar Fuß gefaßt, wenngleich noch große Teile dieses Raumes weiterhin zu Raimund VII. hielten und die Kraft der Albigenser keineswegs gebrochen war.

Schon im Oktober zog sich Ludwig über Lavaur, Albi, Rodez und Clermont wieder in Richtung Norden zurück; er hatte erste Anzeichen einer Erkrankung. Am 29. Oktober traf er in Montpensier, südwestlich von Vichy gelegen, ein, wo er am 3. November an der Ruhr – der Krankheit schon seiner Kindheit und auch der seines Heeres vor Avignon – im Alter von neununddreißig Jahren starb. Auf dem Sterbebett hatte er noch die versammelten Großen seines Reiches beschworen, seinem minderjährigen Sohn Ludwig den Treueid zu leisten und ihn so rasch wie möglich krönen zu lassen. Schon im Juni 1225 war in einem Testament präzis die Ausstattung der vier Söhne und des Halbbruders Philipp Hurepel mit Apanageleistungen aus Gebieten der Krondomäne festgelegt worden.

Aegidius von Paris hatte dem späteren König Ludwig VIII. in dessen Jugend einen Fürstenspiegel mit dem Titel *Karolinus* verfaßt. Ziel des Werkes war, dem Kronprinzen die Taten Karls des Großen als ein überzeitliches Richtmaß darzustellen, das ihn ermuntern sollte, die alte Größe und europäische Vormachtstellung der Franken wieder aufzurichten. Der flandische Geschichtsschreiber Andreas von Marchiennes sah in der Person Ludwigs die direkte Rückkehr des Blutes Karls des Großen in das *regnum Francorum,* da sich die Linie seiner Mutter auf die Karolinger zurückführen ließ. Die Geburt Ludwigs konnte daher als eine legitimationsstiftende Zäsur in der Geschichte der kapetingischen Dynastie gedeutet werden, gleichermaßen verbunden mit hohen Erwartungen. Etwa zwei Jahre nach dem Tode wird Ludwig VIII. von Nicolas de Brai in einem Poem allzu panegyrisch als *magnus Alexander* besungen. Eine passendere Charakterisierung traf wohl ein anonymer Minnesänger aus Reims jener Zeit: *Dieser Ludwig war mutig, kühn und kampfeslustig, er besaß das Herz eines Löwen. Aber so wie er lebte, fehlte es ihm nicht an Leid und Mühe.* Seine lange Zeit als Kronprinz und sein kurzes Königtum verhinderten, daß er die Erwartungen an eine eigene kraftvolle Herrschaft erfüllen konnte. Im Kontinuum der kapetingischen Dynastie stand er zwischen zwei großen Königen. Den politischen Zielen des Vaters diente er immerhin so erfolgreich, daß er seinem Sohn Ludwig IX. einen vermehrten Besitz vermachen konnte.

Ludwig Vones

Ludwig IX.
1226–1270

Ludwig IX., geb. am 25. 4. 1214 in Poissy; Salbung und Krönung in Reims am 29. 11. 1226; gest. am 25. 8. 1270 in Karthago; begr. am 21. 5. 1271 in St-Denis; heiliggesprochen am 11. 8. 1297 durch Papst Bonifaz VIII. Vater: Ludwig VIII. (1187, König 1223–1226); Mutter: Blanche (Blanca) von Kastilien (1188–1252), Tochter König Alfons VIII. von Kastilien (1158–1214) und der Eleonore von England (1161–1214). Geschwister u. a. Robert, Graf von Artois (1216–1250); Alfons, Graf von Poitiers und Toulouse (1220–1271); Karl, Graf von Anjou und der Provence, später König von Sizilien (1227 [posthum]–1285); Isabella (sel.), lebte seit 1263 bei den Klarissen von Longchamp (ca. 1223–1270). Heiratsverhandlungen seit Februar 1234 und Vermählung am 27. 5. 1234 in der Kathedrale zu Sens mit Margarete von der Provence (1221–1295), Tochter von Raimund Berengar V., Graf von der Provence (1209–1245), und der Beatrix von Savoyen (1220–1266) [Krönung der Königin am 28. 5. 1234]. Elf Kinder, darunter Ludwig, Erbprinz von 1244–1260; Philipp III. der Kühne (1245, König 1270–1285); Johann-Tristan, Graf von Nevers (1250–1270); Peter, Graf von Alençon (1251–1284); Robert, Graf von Clermont (1256–1317); Isabella, Gemahlin Theobalds V. von der Champagne, als Theobald II. König von Navarra (1242–1271); Blanche, Gemahlin Ferdinands de la Cerda, Infant von Kastilien (1253–1323); Margarete, Gemahlin des Herzogs Johann von Brabant (1254–1271); Agnes, Gemahlin des Herzogs Robert II. von Burgund (1260–1327).

Welche Herrschertugenden mußte ein mittelalterlicher König aller Welt vor Augen führen, um nur wenige Jahrzehnte nach seinem Tod heiliggesprochen zu werden, obwohl doch zu seinen Pflichten auch der Schutz seiner Untertanen und die Bestandssicherung seines Reiches bis hin zum blutigen Kampf gehörten? Wie mußte er sein Leben, seine Politik und sein Verhältnis zur Kirche gestalten, um noch vor seinem Tod in den Geruch der Heiligkeit zu geraten und schon bald danach jene Verehrung zu erfahren, jene Wunder zu bewirken, die die Aufnahme eines offiziellen Kanonisationsverfahrens rechtfertigen? Kurzum: Wie wurde man im Mittelalter ein ‹Heiliger König›? Solche und ähnliche Fragen könnten zur Regierungszeit des französischen Königs Ludwig IX. gestellt werden, um den wirklichen Kern jener Epoche zu erfassen, die von vielen Historikern als das ‹Zeitalter Ludwigs des Heiligen› – *Le siècle de Saint Louis* – bezeichnet wird. Als Papst Bonifaz VIII., der als Kardinal selbst am Heiligsprechungsverfahren beteiligt gewesen war, 1297 den

Ludwig IX. (1226–1270)

König endgültig zur Ehre der Altäre erhob, ließ er nicht nur die Kanonisationsbulle ‹Gloria laus› veröffentlichen, sondern widmete ihm auch zwei *Sermones,* die er im alten Papstpalast sowie in der Franziskanerkirche von Orvieto hielt. Die zweite dieser Predigten stellte er unter das Thema *Rex pacificus magnificatus est,* und sah so Ludwig in der Nachfolge des alttestamentarischen Königs Salomon, als der der Kapetinger schon in dem gemeinsam mit seiner Mutter der Kathedrale von Chartres gestifteten Kirchenfenster abgebildet war. Hier, in den gleichzeitig oder kurze Zeit danach verfaßten Lebensbeschreibungen und in den bald entstandenen Offizien erscheint Ludwig IX., manchmal auch wie ein neuer Josias, als *rex pacificus,* als friedliebender und friedensbringender König; als *rex iustus,* als gerechter und die Rechte wahrender Herrscher, für den die Herstellung der Gerechtigkeit, der *iustitia,* den Weg zum Frieden bereitet; als *rex pius,* als frommer und barmherziger Verteidiger der Kirche; als *rex magnus,* als mächtiger König, der in die Ferne wirkt, seine Herrschaft zur Geltung bringt, ausdehnt und selbst Erhöhung erfährt, aber immer geleitet wird von christlicher Barmherzigkeit, Demut und der rechten Absicht; als *rex christianissmus,* als allerchristlichster König, dessen ganzes Streben auf Gott gerichtet ist und der seine höchste Erfüllung in der Liebe zu Gott, im *amour de Dieu,* findet, ja den man als *amicus Dei* mit menschlichen Maßstäben nicht mehr messen kann, der nicht nur das Leben eines Menschen geführt hat, *sed super hominem* – jenseits menschlichen Fassungsvermögens, eben das Leben eines *rex sanctus,* der allen anderen Königen die Norm für die Heiligkeit gesetzt hat: *norma sanctitatis regibus.*

Schon dem jungen Ludwig sollte sich reichlich Gelegenheit bieten, sich als *rex pacificus* zu erweisen, der seinem Volk die ersehnten Zeiten von Frieden und Gerechtigkeit brachte. Als sein Vater unerwartet früh am 8. November 1226 in Montpellier starb, war die Thronfolge durch die vorsorglich niedergelegten Verfügungen eines ersten Testaments zwar grundsätzlich gesichert, so daß der Zwölfjährige nur drei Wochen später die Krone, *totum regnum Francie et tota terra Normandie* als Ausstattung empfangen konnte, doch sollte er trotz gleichzeitiger Schwertleite die Regierungsgeschäfte noch nicht übernehmen. An seiner Statt führte seine Mutter Blanche von Kastilien, die nach dem Zeugnis des Jean de Joinville in seiner *Histoire de saint Louis* in Frankreich weder Verwandte noch Freunde hatte, die Regentschaft an der Spitze eines Beraterkreises, der die monarchische Kontinuität sicherstellte. Der dahinscheidende König sollte noch auf dem Totenbett seiner Gattin in Form eines letzten mündlichen Willens die Vormundschaft *(tutela)* über den Thronerben und seine Geschwister sowie die *balla,* die Schutzaufsicht, über das Königreich übertragen haben. Durch dieses Zeugnis wurde ein früherer Akt modifiziert, mit dem der todkranke Ludwig VIII. die Krönung seines ältesten Sohnes oder, falls dieser sterben sollte, seines jüngeren

Bruders Robert in die Hand der anwesenden Vertreter des Hofes und des Hochadels gelegt hatte. Es scheint vor allem die Furcht vor Philipp Hurepel, dem Grafen von Boulogne und legitimierten Halbbruder Ludwigs VIII., genauer vor seinen Ansprüchen als nächster männlicher Verwandter des Thronerben gewesen zu sein, die die Entscheidung der traditionellen Machtträger zugunsten der Königinmutter beeinflußt hatte. Dem unberechenbaren Halbbruder Ludwigs VIII. traute man die Duldung adliger Umtriebe zu und meinte damit den befürchteten Machtgewinn jener Kräfte, die, gestützt auf ein regionales Sonderbewußtsein und die daraus resultierende partikulare Rechtsstellung, eine Loslösung vom beherrschenden Einfluß des Königshofes anstreben konnten. Deshalb bemühte man sich, durch die vor Salbung und Krönung vollzogene Schwertleite Ludwigs den Einfluß Philipps als Schwertmage einzuschränken. In dieser Konstellation – der Durchsetzung der Vormundschaft und Regentschaft der Königinmutter als Werk der alten, die Reichseinheit verteidigenden Führungsschicht, um den Zugriff wegstrebender Potentaten auf die Macht zu verhindern – lagen die jahrelangen Wirren begründet, die die Jugend und Erziehung Ludwigs IX. begleiten sollten, bis er allmählich in die Rolle des zumindest nach außen hin alleinregierenden Monarchen hineinwuchs. Der Übergang war fließend und hatte nur wenig mit dem Erreichen der Volljährigkeit am 25. April 1234 oder seiner Heirat mit Margarete von der Provence zu tun. Die Machtübernahme schlug sich vielmehr nur im allmählichen Verschwinden seiner Mutter als Mitausstellerin der königlichen Diplome nieder, ohne daß sie sich aus den politischen Geschäften zurückziehen, sondern vielmehr als Beraterin weiterhin an seiner Seite bleiben und sogar wieder die Regentschaft führen sollte, als ihr Sohn auf den Kreuzzug ging.

Angesichts solcher Voraussetzungen kann es nicht verwundern, daß sich schon bald nach der Krönung eine Koalition jener Fürsten zusammenfand, die von einer starken Monarchie auf die Dauer eine Einbuße ihrer herausragenden Stellung zu erwarten hatten. Dazu gehörten der ehrgeizige, aber wenig geschätzte Graf Theobald IV. von der Champagne, dem Blanche am Krönungstag den Zugang nach Reims verweigert hatte, Hugo von Lusignan, Graf von der Marche, den seine Gattin Isabella, als Witwe Johanns Ohneland ehemalige Königin von England und Mutter Heinrichs III., zur Opposition trieb, und Pierre Mauclerc, der als Graf von der Bretagne nach dem Tod seiner Gemahlin nur noch Statthalter für seinen unmündigen Sohn war und eine eigene Herrschaft suchte – alle drei hatten schon Ludwig VIII. vor seinem Tod verlassen und zählten auf die Unterstützung des englischen Königs, der Hugo von Lusignan die Insel Oléron und die Saintonge, Pierre Mauclerc die Restitution der Grafschaft Richmond und eine Eheschließung mit der Grafentochter in Aussicht stellte. Obwohl noch weitere Regionen zu dieser Zeit der Königsherrschaft nur schwankend zuneigen, Toulouse und Flandern weiterhin Unruheherde sein sollten, blieb diese Koalition, aus der schon bald Theobald IV. abgezogen wurde, ebenso wie eine weitere noch gefährlicheren Ausmaßes in ihrem Hauptziel erfolglos. Einerseits verstand es die Königin ausgezeichnet, sich politisch fähiger und einflußreicher Berater wie des Kardinals Romano Frangipani und des Kämmerers Barthélemy de Roye zu bedienen, andererseits konnte sie die Schwäche der gegnerischen Position, die Lehnsabhängigkeit von der französischen Krone – unter die auch der englische König fiel –, ausnutzen. Als Pierre Mauclerc eine neue Rechtslage schaffen wollte und Heinrich III. das *Homagium* anbot, schlug das Pendel in die andere Richtung aus, da sich nun selbst seine früheren Verbündeten aufgrund lehnrechtlicher Normen dem königlichen Heeresaufgebot anschließen mußten, um nicht der Anklage der *Felonie* zu verfallen. Ohne daß die Tendenzen des Adels zu Aufständen hätten vermieden und die Gelüste des englischen Königs, der nach wie vor den Lehnseid verweigerte, zur Intervention in Frankreich bis zur Mitte der 40er Jahre wirklich hätten gestillt werden können, bedeuten die Friedensverträge von Vendôme (16. März 1227) mit Pierre Mauclerc und Hugo von Lusignan sowie von Meaux-Paris (12. April 1229) mit Raimund VII. von Toulouse, der sich wieder eine unabhängigere Stellung im Languedoc erkämpfen wollte, einen realen Machtgewinn für die königliche Seite. In Paris wurde zudem die Heirat von Ludwigs Bruder Alfons (von Poitiers) mit Johanna, der Erbtochter Raimunds, ausgehandelt. Zusammen mit den Apanagen für seine jüngeren Brüder, die bereits im Juni 1225 durch Ludwig VIII. festgelegt worden waren – das Artois für Robert (1237), das Poitou für Alfons (1241) und Anjou mit Maine für den 1232 verstorbenen Johann (dies sollte 1246 der nachgeborene Karl erhalten) –, sowie den Heiratsverbindungen zu Toulouse und der Provence sollte Ludwig IX. 1234 auf eine konsolidierte Machtstellung zurückgreifen können, die er noch durch die endgültige Unterwerfung des Pierre Mauclerc (1234) und des Theobald von der Champagne (1237), die Siege von Taillebourg und Saintes über Heinrich III. (1242), den Frieden von Lorris mit Raimund VII. (1243) und den Waffenstillstand mit England in der Gascogne (1243) entscheidend erweiterte. Als sich diese erste Phase der selbständigen Regierung Ludwigs IX. dem Ende zuneigte, war seine Fähigkeit als Friedensbringer offenkundig und die Monarchie gestärkt aus dem Kampf gegen die Unbotmäßigkeit des oppositionellen Adels hervorgegangen, dessen Spitzen unter Führung Theobalds IV. von der Champagne, Hugos von Burgund und des Pierre Mauclerc 1239 auf einen Kreuzzug nach Akkon gezogen waren.

Erst als die gravierendsten Anfangsschwierigkeiten der Regierungsübernahme überwunden waren, konnte sich Ludwig IX. verstärkt jenem Aufgabenfeld widmen, das ihn für seine Zeitgenossen zu einem *rex iustus*, zu einem gerechten König, werden ließ: der Herstellung von *iustitia* und *aequitas,* wie es die mittelalterlichen Fürstenspiegel nach Maßgabe des augustinischen Verlangens nach *pax et iustitia* forderten, denn ohne Gerechtigkeit war Friede nicht möglich. Ein solches Streben mußte in der Vollendung und Bewahrung der inneren Ordnung, in der Rechtspflege und Rechtseinheit, schließlich auch in einer durchgreifenden Verwaltungsreform seinen Ausdruck finden. Die größte Leistung des Königs bestand zweifellos darin, daß er seine Jurisdiktionsgewalt über die ursprünglichen Grenzen der Krondomäne hinaus auf die bis dahin weitgehend unabhängigen königlichen Lehnsherrschaften ausdehnte; dort zog er die Rechtsprechung, die Friedewahrung sowie den Kirchenschutz an sich und legte auf diese Weise das Fundament für die Rechtseinheit der späteren *nation France.* Geleitet von einem Kreis angesehener, am römischen Recht geschulter Juristen, darunter Gui Foucois, der spätere Papst Clemens IV., Odo Rigaud, der Erzbischof von Rouen, Jules de Péronne und Pierre de Fontaine, sowie berühmter Theologen wie Wilhelm von Auvergne, Thomas von Aquin und Bonaventura, trachtete Ludwig mit Hilfe konkreter Rechtsentscheidungen danach, die lokal und regional unterschiedlichen Rechtsbräuche und Gewohnheitsrechte, die *coutumes,* zugunsten einer übergeordneten Jurisdiktion des Königshofes zurückzudrängen und letzten Endes durch die Anwendung einer übergreifenden Rechtsnorm, einer *consuetudo generalis,* zu ersetzen. Diesem Ziel dienten sowohl die persönlichen Eingriffe des Königs in die Rechtsprechung bis hin zu jener bekannten Szene, in der Joinville Ludwig IX. unter einer Eiche in Vincennes selbst als Richter auftreten läßt, als auch reichsweite Maßnahmen wie die Abschaffung des gerichtlichen Zweikampfes als Gottesurteil von 1258, der durch die Inquisitions- und Appellationsgerichtsbarkeit *(appellationes de pravo iudicio)* ersetzt und nicht zu Unrecht vom Adel als Einschränkung seines auf ritterlichen Normen beruhenden Rechtsverständnisses empfunden wurde. Die vereinheitlichende Wirksamkeit des königlichen Hofgerichts führte nicht nur auf lange Sicht zu einer Gleichbehandlung der Streitfälle um weltliche Güter und Kirchenbesitz, sondern leitete auch einen auf das Königtum ausgerichteten Zentralisierungsprozeß ein, dessen Fernwirkung gar nicht überschätzt werden kann.

Eine Reform der Gerichtsbarkeit wäre jedoch unvollkommen geblieben, wenn sie nicht zugleich von einer Verwaltungsreform begleitet worden wäre, die sowohl der jurisdiktionellen Spitze als auch den ausführenden Organen einen neuen, effektiveren Zug verliehen hätte. Dazu gehörten einerseits die 1254 einsetzende schriftliche Sammlung der Beschlüsse und Urteile des Hofes und des Pariser Parlaments in den *Olim,* andererseits die Verabschiedung wichtiger königlicher Ordonnanzen, durch die die Administration des Königreichs vereinheitlicht und dem direkten Einfluß der Monarchie geöffnet wurde. Der Forderung nach allgemeiner *pax et tranquillitas* konnte so gezielter Nachdruck verliehen und die bereits seit 1247 von königlichen Amtsträgern systematisch durchgeführten *Enquêtes* über Klagen der Bevölkerung gegen die als bedrückend empfundene unmittelbare Machtausübung wirksamer behandelt werden. Die große Ordonnanz von Dezember 1254, die – *ex debito regiae potestatis* – in ihren verschiedenen Redaktionen für die Gebiete der Krondomäne des Languedoïl, den gesamten kapetingischen Besitz und die meridionalen *Sénéchausséen* Nîmes-Beaucaire sowie Carcassonne im Languedoc bestimmt war, für den Norden in französischer, für den Süden in lateinischer Sprache veröffentlicht wurde, verfolgte als Zielsetzung eine Reform der Verwaltung durch die königlichen *Baillis* unter Zurückdrängung lokaler Interessen. Sie wandte sich zusätzlich noch gegen Wucher, Gotteslästerung, Prostitution, Glücksspiel und die Unsicherheit der Wirtshäuser. Diese Ordonnanz, die im Kern als Werk Ludwigs und der ihn umgebenden Legisten zu betrachten ist, atmete den Geist der Normen römischen Rechts- und Staatsdenkens, unterschied zwischen Zivil- und Kriminalgerichtsbarkeit, führte das Rechtsprinzip ein, daß niemand ohne Schuld und Verfahren seines Rechts beraubt werden dürfte. Sie bezog sich auf frühere Verwaltungsreformen, die bereits Alfons von Poitiers in seinem Machtbereich, aber auch in den Krongütern hatte propagieren lassen, und hatte als Vorstufen zwei königliche *Mandements* für Saint-Gilles und Nîmes. Sie stellte den Gipfelpunkt einer Entwicklung dar, die 1230 und 1240 mit zwei Ordonnanzen zur Stellung der Juden und der Bedeutung ihres Talmuds begonnen hatte und zu den Ordonnanzen von 1262 sowie 1269 über die Zügelung der städtischen Machtgruppen sowie die Vertreibung der Geldhändler bzw. Wucherer hinführen sollte. Die Umgestaltung der Gerichtsbarkeit im Sinne königlicher Rechtshoheit, die Heranziehung des römischen Rechts als Grundlage für die monarchische Gewaltausübung, die Festlegung des Rechts nicht nur durch die Sammlung königlicher Urteilssprüche sondern auch durch die niemals offiziell sanktionierte Aufzeichnung herrschenden Rechts in den *Établissements de Saint Louis*, den *Livres de Jostice et de Plet*, dem *Livre des métiers*, dem *Grand Coutumier de Normandie*, dem *Conseil à un ami*, die Einführung der Inquisition zur Bekämpfung der Ketzer, die Reform des Geldwesens und der Münze (Schaffung des *Gros Tournois d'argent*, des *Agnel d'or* bzw. *Écu*) unter Betonung der Herrscherrechte über die Staatsfinanzen, die Kontrolle des Handels mittels einer gezielten Wirtschafts- und Geldpolitik, die Heranbildung einer neuen staatstragenden Regierungsschicht, die sich aus Mitgliedern der Bettelorden, Absolventen der Universitäten und am römischen Recht geschulten Juristen zusammensetzte – dies alles waren Instrumentarien einer Königsmacht, die durch die Vereinheitlichung des Rechts und der Verwaltung, die Stärkung des Glaubens und die Aufrechterhaltung von Sitte und Moral ein ursprünglich auseinanderstrebendes und zerrissenes Machtgebilde zu einem zukünftigen unteilbaren Ganzen zusammenfügen wollte.

Es steht außer Frage, daß das Gelingen einer solchen Konzeption in erster Linie vom Monarchen und seiner persönlichen Glaubwürdigkeit abhing, einer Glaubwürdigkeit, die sich zwingend aus seiner Lebensführung ergeben mußte. Es kann kein Zweifel daran bestehen, daß dies Ludwig IX. glänzend gelungen ist. Kaum ein anderer Herrscher des Mittelalters hat sich wie er als ein *rex pius* erwiesen, der durch seine Frömmigkeit, seine Barmherzigkeit, seine Liebe zu Gott und seine Verehrung der Kirche und ihrer Heiligen hervorragte, aber natürlich auch durch seinen Glaubenseifer, der sich einerseits in Zwangsmaßnahmen wie der Verbrennung des jüdischen Talmud von 1242, andererseits in friedlichen Bekehrungsversuchen wie der Mongolenmission niederschlagen konnte. Obwohl er bereits 1228 die Zisterzienserabtei Royaumont gründete – vermutlich auf Betreiben seiner Mutter, die selbst 1236 die Zisterze Maubuisson stiftete –, sollte der König zeit seines Lebens mehr den Bettelorden zuneigen, deren neuartige, sich durch Predigten direkt mitteilende Spiritualität ihn offenbar besonders anrührte und aus deren Mitte er manche seiner Ratgeber, seiner Vertrauten bei der Durchführung seiner Reformvorhaben und seine Beichtväter berief. Befanden sich darunter auch viele Dominikaner und förderte er ihre Einrichtungen in Rouen, Mâcon, Jaffa, Compiègne, Béziers, Carcassonne, Caen sowie den Pariser Konvent Saint Jacques, so scheint ihn doch der Franziskanerorden, dessen Konvente er ebenfalls in vielen Städten ausbaute und häufig besuchte, mehr angesprochen zu haben, wohl nicht zuletzt aufgrund der Pariser Predigttätigkeit des Generalministers Bonaventura zwischen 1257 und 1269, dessen *Sermones* die königliche Familie häufig beiwohnte. Grundsätzlich beeindruckten die Mendikanten Ludwig so stark, daß er manche ihrer Lebensgewohnheiten annahm, ihrem Beispiel, vor allem dem Vorbild des Franz von Assisi, nachzueifern und gewissermaßen in der Verwirklichung der *vita apostolica* sich selbst wie ein Ordensbruder zu geben suchte. Seine eigene Frömmigkeit wurde durch ihre Predigten geprägt, und er entwickelte sich zu einem entschlossenen Verteidiger der Predigtfreiheit der Bettelorden, als diese im Mendikantenstreit an der Pariser Universität durch die Angriffe des Magisters Wilhelm von Saint-Amour gefährdet war. Er bemühte sich trotz seiner Stellung ein denkbar einfaches und sittenstrenges Leben zu führen, einfache Kleidung zu tragen, die Sünde und die Gotteslästerung zu meiden, ja selbst in der Ehe ein größtmögliches Maß an Keuschheit einzuhalten, so daß ihm Papst Bonifaz VIII. im *Sermo* zu seiner Kanonisation die Tugend der Virginität zugestand, eine Virginität, die in der Beschränkung auf den ehelichen Verkehr und in der Vermeidung des Kontakts mit anderen Frauen bestand. *«Iste numquam carnem suam divisit in plures nec cum aliqua peccatum commisit, ita quod excepta uxore propria virgo ab aliis permansit»*. Hier erscheint Ludwig IX. als Vorläufer einer neuen Spiritualität, die ihren Ausdruck in den keuschen Ehepaaren späterer Jahrhunderte finden sollte, sich aber beim französischen König darüber hinaus in der Bereitschaft zeigte, Christus zu imitieren – bis hin zu seinen Erniedrigungen und Leiden.

Wie jeder mittelalterliche Herrscher maß Ludwig IX. der Verehrung von Heiligenreliquien eine große Bedeutung zu, was sich in zahlreichen Erwerbungen und Translationen äußerte, deren bedeutendste gewiß der Kauf der Dornenkrone Christi sowie weiterer Passionsreliquien, darunter Stücke des Heiligen Kreuzes und der Heiligen Lanze, von Kaiser Balduin von Konstantinopel war. Diese Dornenkrone Christi, als Sinnbild des irdischen Jerusalem sogleich Gegenstand höchster Verehrung, gelangte 1239 nach Frankreich, als gleichzeitig der französische Hochadel die erwähnte Kreuzfahrt ins Heilige Land unternahm. Dieses Unternehmen gelangte zwar bis 1241 über Akkon nach Jerusalem und erzielte nur einen mäßigen Fortschritt bei der Rückeroberung der christlichen Gebiete, schadete aber insgesamt dem Ansehen des abwesenden Königs. Deshalb entschloß sich Ludwig 1244 angesichts der ayyubidischen Hoheit über Jerusalem, der vernichtenden Niederlage eines christlichen Heeres bei Gaza und der zusätzlichen Gefahr durch die aus Osten herandrängenden Tataren nicht nur zum Bau der Sainte-Chapelle, um die Dornenkrone unter führender Aufsicht der Bettelorden würdig aufbewahren zu können, sondern auch zur Vorbereitung eines neuen Kreuzzuges. Das Gelübde legte er im Dezember nach überstandener schwerer Krankheit ab, doch sollte die Durchführung Gegenstand der Beratungen des Konzils von Lyon 1245 sein und die Teilnehmer, darunter auch Ludwigs Gemahlin Margarete, erst am 25. August 1248 vom eigens dafür gebauten französischen Mittelmeerhafen Aigues-Mortes aus aufbrechen, um im September auf Zypern anzukommen. Es zeigte sich schon bald, daß der Glaubenseifer des Königs größer war als seine militärischen und strategischen Fähigkeiten. Dazu kamen noch Eifersucht und Kompetenzstreitigkeiten mit seinem machtbewußten Bruder Karl von Anjou. Bereits die Auswahl Ägyptens als erstes Angriffsziel sollte sich als verhängnisvoller Irrtum erweisen, da im Nildelta die klimatischen und topographischen Bedingungen für ein Kreuzfahrerheer noch härter und unberechenbarer waren als in Syrien und Palästina. Zwar gelang die Einnahme von Damiette überraschend leicht, doch versäumte man die sofortige Vernichtung der ägyptischen Armee, die in al-Mansura eine neue Verteidigungsstellung beziehen konnte. In der Folge verzögerte sich der Angriff auf Kairo so lange, bis sich der wenig vorbereitete Vorstoß der christlichen Truppen zur Katastrophe auswuchs. Die muslimischen Verteidiger konnten von Alexandrien aus eine Seeblockade errichten und die Kreuzfahrer von ihrem Nachschub abschneiden. Robert von Artois sollte in heldenhaftem Kampf bei der Belagerung von al-Mansura fallen und der König selbst schließlich zusammen mit seinem Gefolge in eine ausweglose Gefangenschaft geraten, aus der er sich und seine Getreuen nur durch die Übergabe von Damiette und die Zahlung eines hohen Lösegeldes befreien konnte. Gezwungenermaßen mußte Ludwig seine Operationsbasis nach Syrien verlegen, wollte er überhaupt noch etwas erreichen. Dort gelang es ihm, die Verteidigung Jerusalems und den militärischen Ausbau des Heiligen Landes zu organisieren, indem er den Zwiespalt zwischen den Ayyubiden von Aleppo und den gerade in Ägypten an die Macht gekommenen Mamluken ausnutzte, eine Situation, die er vergeblich noch weiter zu seinen Gunsten zu verändern trachtete, als er Verhandlungen mit dem Großkhan und seinen Stellvertretern in die Wege leitete, um auch von Osten her Druck auf das muslimische Lager auszuüben. Alle weiteren Pläne im Heiligen Land wurden indes hinfällig, da Blanche von Kastilien am 27. November 1252 gestorben war und ihr Tod trotz der sofortigen Entsendung der jüngeren Brüder des Königs, Alfons von Poitiers und Karl von Anjou, zur Unterstützung des minderjährigen Erbprinzen Ludwig die Verhältnisse im Königreich zunehmend destabilisieren sollte, bis sich Ludwig IX. zur Rückkehr aus Akkon entschließen mußte. Am 17. Juli 1254 hielt er feierlichen Einzug in Paris.

Die Beziehungen des Königs zum Papsttum waren seit den Zeiten des Kardinallegaten Romano Frangipani ausgezeichnet, zumal die Kurie seine Unterstützung gegen die Ketzer im Languedoc, gegen die ehrgeizigen Pläne des englischen Königs und gegen die universalistische Herrschaftsauffassung Kaiser Friedrichs II. benötigte. Nachdem durch den Vertrag von Paris 1229 der lange Kreuzzug gegen die Albigenser im Languedoc und ihren Toulousaner Schutzherrn beendet worden, die französische Krone nach dem Niedergang der okzitanischen Grafengewalt und der Einrichtung der *Sénéchausséen* von Nîmes-Beaucaire und Carcassonne endgültig an die Gestade des Mittelmeeres vorgedrungen war, blieb für die Kirche als dringendste Aufgabe die völlige Ausmerzung der Häresie in diesem Raum bestehen. Zur Bewältigung dieser Aufgabe mußte vor allem nach der Einführung der Inquisition im Jahr 1231 die Hilfe durch die königlichen Amtsträger indispensabel werden. Dies galt vor allem, als nach den Anfangserfolgen der dominikanischen Inquisitoren und bald wachsendem Widerstand sowohl im Episkopat als auch in der Bevölkerung die Ermordung des Inquisitors Guillelmus Arnaldi in Avignonnet 1242 zu einem erneuten Aufflackern der kriegerischen Auseinandersetzungen führte. Die Macht des französischen Königs und insbesondere die Durchsetzungsfähigkeit der königlichen Amtsträger sollten die entscheidenden Faktoren für die Herrschaftssicherung in diesem Raum sein. Der Graf von Toulouse, der sich nach anfänglichem Zögern wieder auf die Seite der Albigenser gestellt und Albi sowie Narbonne erneut seiner Gewalt unterworfen hatte, mußte sich, von seinen Verbündeten im Stich gelassen, den überlegenen Kräften Ludwigs unterwerfen und im Vertrag von Lorris 1243 seine Niederlage anerkennen. Dies führte zur Eroberung von Montségur, wo 1244 mehr als 200 Ketzer verbrannt wurden, und zu einem fortwährenden erbitterten Kampf gegen die letzten Rückzugsgebiete der Albigenser, deren hartnäckiger Widerstand erst 1255 durch die Einnahme von Quéribus endgültig gebrochen werden konnte. Indes, nicht nur zum Kampf gegen die verbliebenen Ketzer im Languedoc benötigte das Papsttum die Hilfe der französischen Truppen. Zur gleichen Zeit hatte sich das in der Vergangenheit oft nur mühsam gekittete Verhältnis zu Kaiser Friedrich II. immer bedrohlicher gestaltet, als zuerst Gregor IX. und dann Innozenz IV. darangegangen waren, die Machtposition des Staufers mit ihren Pfeilern im Königreich Sizilien und im Deutschen Reich zu brechen, durch die der Bestand des Kirchenstaates und damit die Eigenständigkeit der päpstlichen Herrschaft zunehmend gefährdet wurden. Ludwig IX. versuchte, mit Papst und Kaiser ein gutes Einvernehmen zu wahren. Den Höhepunkt der Auseinandersetzungen bildete zweifellos die Absetzung Friedrichs II. durch Innozenz IV. auf dem Konzil von Lyon 1245, wo der Papst seinerseits nur wegen der unmittelbaren Nähe der schützenden französischen Macht Aufenthalt nehmen konnte. Diese Absetzung, durch zahlreiche Vorwürfe gegen den Staufer und eine Aufzählung seiner schlimmsten Vergehen untermauert, erfolgte auf der Grundlage der päpstlichen Machtvollkommenheit *(plenitudo potestatis)*, die Innozenz IV. ungeschmälert auch für weltliche Entscheidungen beanspruchte *(potestas directa in temporalibus.)* In der Folge sollte ein heftiger publizistischer Kampf entbrennen, in dessen Verlauf Kaiser und Papst Versuche unternahmen, den französischen König für ihre Seite zu gewinnen, dieser sich jedoch eher neutral und abwartend verhielt, da die Feindschaft eines jeden von beiden die seit 1244 geplante Kreuzfahrt hätte in Frage stellen können. Nichtsdestoweniger zeitigte die vom Papst gegenüber dem König in der Enzyklika ‹Etsi cause nostre› vorgebrachte Urteilsschelte wenigstens den Erfolg, daß Ludwig den Papst zu einer Unterredung nach Cluny befahl, um sich die rechtlichen Gründe für die Absetzung darlegen zu lassen und, wenn möglich, eine Versöhnung in die Wege zu leiten. Innozenz IV. dachte allerdings nicht daran, sich auf eine Diskussion kirchenrechtlicher Normen einzulassen, sondern setzte auf eine politische Lösung. Da soeben Graf Raimund Berengar V. von der Provence ohne männlichen Nachkommen gestorben war und testamentarisch unter Ausschluß seiner übrigen Töchter Margarete, Eleonore und Sancha, Gemahlinnen Ludwigs IX., Heinrichs III. von England und Richards von Cornwall, seine jüngste Tochter Beatrix zu seiner Universalerbin bestimmt hatte, bot sich die Gelegenheit für einen politischen Handel. Nicht zuletzt auf Betreiben der Blanche von Kastilien verhalf der Papst unter Gewährung der erforderlichen Dispense und unter Abwehr anderer Ansprüche Ludwigs Bruder Karl von Anjou zur Heirat mit Beatrix und damit zur Grafschaft Provence, deren Besitz sogleich durch französische Truppen gesichert wurde. Wenn auch Ludwig IX. trotz dieser Erweiterung der kapetingischen Einflußsphäre, durch die die zukünftige Mittelmeerpolitik geprägt werden sollte, seine grundsätzliche Neutralität nicht aufgab und den Staufer weiterhin als Kaiser der Römer bzw. König von Sizilien anerkannte, war er doch nun auch machtpolitisch enger an das Papsttum gebunden und fortan in einem latenten Gegensatz zum Kaiser befangen, dessen oberster Lehnshoheit die Grafschaft Provence eigentlich unterstand. Angesichts dieses Einvernehmens sollte die spätere Sizilienpolitik der Kurie, nach dem Tod Friedrichs II. die staufische Herrschaft dort durch eine Anjou-Nachfolge im Königreich zu beenden, nur folgerichtig sein.

Damit sind wir schon mitten in das komplexe Geflecht der europäischen Politik hineingeraten, in dem der französische König vor allem als unparteiischer ‹Schiedsrichter Europas› (Kienast) eine weitreichende Wirksamkeit entfalten sollte. Da er daraus auf den ersten Blick keinen persönlichen Nutzen zog, trug ihm dies von päpstlicher Seite das ehrende Epitheton eines *rex magnus* ein. Gestärkt durch den Frieden von Meaux und Paris, dessen Auswirkungen vorerst die Verhältnisse im Westen und Süden trotz der letztlich ungeklärten Machtfrage stabilisieren sollten, wurde die Aufmerksamkeit des jungen Königs schon bald nach seiner Regierungsübernahme auf die Grenzgebiete des Imperiums gelenkt, wo sich vor allem in Burgund ein Feld für den Zusammenstoß gegensätzlicher Interessen eröffnete. Andererseits konnte am staufischen Hof und im Bündnis mit Friedrich II. sowie seinem Sohn Heinrich (VII.) ein Gegengewicht zum bedrohlichen englischen Einfluß aufgerichtet werden. Die Sorge wegen des möglichen Vordringens englischer Interessen bedingte nicht zum geringsten die von Ludwig geduldig verfolgte Linie der Neutralität im Streit zwischen Papst und Kaiser, die er nur verließ, wenn eigene Belange unmittelbar tangiert waren. Härtere Interessenkonflikte mit dem Reich kündigten sich an, als sich in den Grafschaften Flandern und Hennegau – letztere gehörte zu den Reichsfürstentümern – die Nachfolgefrage stellte, zumal in diesem Raum seit der Vermählung Roberts von Artois mit Mathilde von Brabant im Jahr 1237 die kapetingische Präsenz deutlich zugenommen hatte. Das verstärkte Engagement hatte sich wohl 1238 in dem durch Ludwig veranlaßten Abschluß eines Waffenstillstandes im Krieg von Poilvache als auch 1239 durch den Erwerb der Grafschaft Namur als Pfand niedergeschlagen. Den sich aufgrund der beiden anfechtbaren Ehen der Gräfin Margarete von Flandern, seit 1244 Erbin der Grafschaft, und der Legitimität der daraus entsprossenen Nachkommenschaft entspinnenden flandrisch-hennegauischen Erbfolgestreit zwischen den Häusern Avesnes und Dampierre versuchte Ludwig IX. im Juli 1246 durch den *Dit de Paris* zu entschärfen. In diesem Urteil sprach er Flandern einschließlich Reichsflanderns Dampierre, den Hennegau einschließlich der Hoheit über Namur Avesnes zu. Gleichzeitig bereitete er unter Beiseiteschiebung der eigentlichen Lehnsherrn, des Lütticher Bischofs sowie des soeben abgesetzten und gebannten Kaisers, auf diese Weise die Auflösung eines Machtblocks vor, der die Ausdehnung des kapetingischen Einflusses behinderte. Auch als nach dem Tod Friedrichs II. der neue König Wilhelm von Holland die verlorenen Gebiete wieder an das Reich zu ziehen suchte und Reichsflandern sowie Namur als Reichslehen an Avesnes mit dem Argument vergab, Margarete von Flandern habe seinerzeit die Mutung versäumt, die erzürnte Gräfin ihrerseits den Hennegau Karl von Anjou übertrug, um französische Unterstützung zu gewinnen, änderte dies trotz eines wenig erfolgreichen Feldzugs des provenzalischen Grafen nichts mehr an den einmal festgefügten Verhältnissen. Der von seinem Kreuzzug heimgekehrte König, der die Handlungsweise seines Bruders nicht billigen konnte, da sie seinem Spruch von Paris zuwiderlief, fällte, begünstigt durch den überraschenden Tod Wilhelms von Holland, am 24. September 1256 den *Dit de Péronne.* Durch diesen neuen Spruch wurde die ursprüngliche Regelung bezüglich des Erbrechts, im Kern die Trennung von Flandern und Hennegau, mit einigen Korrekturen bestätigt, Karl von Anjou entschädigt, ein dauerhafter Friede zwischen Flandern und Holland in die Wege geleitet und der Einfluß des Reiches weiter zurückgedrängt. In ähnlicher, nicht immer uneigennütziger Weise sollte Ludwig IX. nach dem Tod Friedrichs II. und der Schwächung der Reichsgewalt im burgundischen Raum als Friedensstifter eingreifen. Zwischen Karl von Anjou und Beatrix von Savoyen, der Witwe Raimund Berengars V. von der Provence, vermittelte er 1257 in ihrem Streit um die Grafschaft Forcalquier zugunsten der angiovinischen Ansprüche, und noch 1268 legte er einen Konflikt zwischen dem Grafen von Bar und dem Grafen von Luxemburg um die lothringische Herrschaft Ligny-en-Barrois bei, wovon hauptsächlich sein Schwiegersohn Graf Theobald V. von der Champagne profitierte. Die Grafen von der Champagne wiederum waren seit Theobald IV. gleichzeitig Könige von Navarra. Dieser hatte 1234 als Neffe des letzten, ohne Kinder gestorbenen Herrschers als Theobald I. den Thron bestiegen. 1253 war ihm sein damals noch unmündiger Sohn als Theobald II. nachgefolgt, nicht ohne daß es Ludwig während der Auseinandersetzungen mit Kastilien und Aragón um den Einfluß im Pyrenäenkönigreich verstanden hätte, seine Tochter Isabella dort als Gemahlin des Königs unterzubringen und die zukünftige Ausrichtung der Dynastie auf den französischen Machtbereich sicherzustellen.

Hatten sich bereits im Verhältnis der kapetingischen Monarchie zu Toulouse, zum Languedoc und zur Provence noch verhaltene Tendenzen zur Ausdehnung des eigenen Machtbereichs gezeigt, so traten sie offen zutage, als die Ambitionen Ludwigs auf den aragonesischen Expansionismus im Mittelmeerraum trafen, wie ihn das Haus Barcelona seit einem

Jahrhundert erfolgreich praktizierte. Der Konsolidierung des französischen Herrschaftsanspruchs bis an die Gestade des Mittelmeers und im gesamten okzitanischen Raum standen zahlreiche Stützpunkte aragonesischer Macht nördlich der Pyrenäen entgegen, nach dem Verlust der Provence außer dem Seniorat von Montpellier in der Hauptsache die Grafschaften Roussillon und Cerdanya, das Capcir, das Val d'Aran, die Vizegrafschaften Bigorre und Béarn sowie die Lehnshoheit über Carlat, Donezan und Sabartès. Um den aragonesischen König zur Aufgabe seiner Rechtsansprüche in diesen Gebieten zu zwingen, griff Ludwig IX. auf die alten, fast vergessenen karolingischen Herrschaftsrechte über die einstigen Grafschaften der «Spanischen Mark» zurück, indem er behauptete, es sei von einer kapetingischen Rechtsnachfolge in diesen Regionen des nordöstlichen Pyrenäenraums auszugehen, die dortigen Grafschaften rührten *«de regno Francie et de feodis suis»* her. Diese Forderung stand in engem Zusammenhang mit der endgültigen Ausformung der kapetingischen Ideologie dieser Epoche, die 1253/54 durch den Enzyklopädisten Vincenz von Beauvais in seinem für Ludwig IX. kompilierten *Speculum historiale* kundgetan worden war und von der Vorstellung des *reditus regni Francorum ad stirpem Karoli* ausging, von der in der Person Ludwigs VIII. als Sohn der Isabella von Hennegau vollendeten ‹Rückgabe› des fränkischen Reiches an das Geschlecht Karls des Großen, von der seit Hugo Capet bestehenden Nachfolge der Kapetinger anstelle der Karolinger, von der Übertragung des Karlsreiches auf die Familie der Grafen von Paris – eine Übertragung, die nach 1260 durch den Umbau und die Erweiterung der Grablege von Saint-Denis gewissermaßen in Stein gehauen wurde, als auf der rechten Seite der Vierung der Klosterkirche das ‹Geschlecht› *(genus)* Karls des Großen seine letzte Ruhestätte fand, auf der linken Seite aber die Nachfahren Hugos Capet, während Philipp II. August und Ludwig VIII. gleichsam als Verbindung beider Dynastien in die Mitte des Raumes gebettet wurden, um unter der Regierung Philipps IV. noch durch das Grabmal Ludwigs des Heiligen ergänzt zu werden. Bedarf es noch des weiteren Hinweises, daß um 1256 der Legist Jean de Blanot die Formel *Rex Francie in regno suo princeps est* prägte, seinem königlichen Herrscher mit dem *imperium* über alle Einwohner in seinem *regnum* eine kaisergleiche Stellung zusprach, ihm die Ausübung einer *jurisdictio generalis* mit der Fähigkeit zur Gesetzgebung zugestand und zugleich der dem römischen Recht entliehene Rechtssatz auftauchte: *ce que plest au prince vaut loi*?

Durch den juristischen, ideologisch abgesicherten Schachzug einer kapetingisch-karolingischen Rechtsnachfolge, der mit der Grafschaft Barcelona die eigene Machtbasis in Frage stellte, in arge Verlegenheit gebracht, mußte Jakob I. von Aragón letztlich einen Vergleich schließen und durch den Vertrag von Corbeil (11. Mai 1258) unter Ausnahme Montpelliers und des Carladès auf alle Ansprüche im Languedoc verzichten, darüber hinaus im Juli 1258 offiziell die Provence an Königin Margarete von Frankreich abtreten. Für dieses Entgegenkommen, durch das Ludwig IX. ungeachtet des Testaments Graf Raimund Berengars V. einen eigenen Rechtstitel auf die Provence und damit eine Handhabe gegen eventuelle Unbotmäßigkeiten seines Bruders erhielt, wurde die Tochter des aragonesischen Königs mit Philipp, dem späteren (seit 1260) Thronerben, verlobt. Da zur gleichen Zeit der englische König Heinrich III. ebenfalls einen Ausgleich mit Frankreich finden mußte, um seine vom Papsttum unterstützten Pläne einer Thronfolge in Sizilien für seinen Sohn Edmund durchsetzen zu können, gestalteten sich die Perspektiven für Ludwig noch günstiger. Endlich war Heinrich III. bereit, im Vertrag von Paris (28. Mai 1258) mit Ausnahme der Guyenne und einiger weiterer Gebiete auf den Kern des einstigen, auf dem Festland gelegenen Plantagenêt-Erbes zu verzichten – auch Aquitanien war ja Bestandteil des Karolingerreichs gewesen, die englischen Festlandslehen Teil des *reaume de France* – und zudem dem französischen König das längst fällige *homagium* zu leisten. Zwar sollte schließlich die Sizilienfrage allen staufischen, englischen und aragonesischen Ansprüchen zum Trotz durch eine Anjou-Thronfolge gelöst werden, doch waren die Zugeständnisse Heinrichs III., die im Oktober 1259 ratifiziert wurden, nicht mehr rückgängig zu machen. Fast gleichzeitig geriet der englische König in einen langwierigen Verfassungskonflikt mit seinen Baronen unter Führung des Simon de Montfort, Earl von Leicester, durch den ihm die Hände gebunden wurden, ja durch den er sogar zeitweise entmachtet und in einen Bürgerkrieg gezogen werden sollte. Da Heinrich III. nicht gewillt war, das ihm vom Parlament im Juni 1258 oktroyierte Reformprogramm, die über die ‹Magna Carta› hinausgehenden ‹Provisionen von Oxford›, zu akzeptieren, den Kampf vorzog und schließlich in seiner Not Ludwig IX. als Schiedsrichter anrief, kam es am 23. Januar 1264 zum *Dit d'Amiens*. Durch diesen Spruch wies der französische König, selbst erfüllt von den Vorstellungen monarchischer Vollgewalt, die seinem Wesen fremden Forderungen zurück und vertrat den Rechtsstandpunkt seines ‹königlichen Bruders›. Als Simon de Montfort und seine Anhänger diese Entscheidung nicht annehmen mochten, folgten wechselhafte kriegerische Auseinandersetzungen, die durch den Tod Simons am 4. August 1265 entschieden wurden, so daß Heinrich nunmehr die Provisionen aufheben konnte. Der wahre Sieger war hingegen auch hier Ludwig IX., dessen Machtstellung nun in Europa ungefährdet war, dessen Autorität nicht ihresgleichen kannte, dessen Bruder Karl von Anjou soeben vom Papst mit dem Königreich Sizilien belehnt worden war, der auf dem Höhepunkt seines Lebens stand und vielleicht als «der ungekrönte Kaiser des Abendlandes» (Kienast) zu betrachten ist.

In dieser Situation erreichte die Christenheit 1265 die beunruhigende Nachricht von einer großangelegten muslimischen Offensive im Heiligen Land durch den mamlukischen Sultan Baybars I. (Rukn ad-Din Baybars Bunduqdari), der Ludwig IX. schon bei Damiette gegenübergestanden, mittlerweile die Mongolen besiegt und neben Ägypten auch Syrien unter seine Botmäßigkeit gebracht hatte. Er eroberte Caesarea und Arsuf, besetzte und zerstörte eine Reihe weiterer christlicher Städte, bevor er 1266 mit Safad ganz Galiläa in seine Hand brachte und 1268 Jaffa zur Kapitulation zwingen konnte. Als der christliche Entsatz lediglich die Einnahme von Akkon zu verhindern mochte, fühlte sich Ludwig IX. ungeachtet seines ersten Kreuzzugsdesasters berufen, zum Entsetzen seiner engeren Umgebung als Verteidiger des Heiligen Landes 1267 zum zweiten Mal ein Kreuzzugsversprechen abzulegen. Mit Unterstützung des Papsttums brachte er ein stattliches Heeresaufgebot zusammen, nachdem neben dem zögernden Karl von Anjou, der sich Vorteile für seine Expansionsabsichten in den östlichen Mittelmeerraum versprach und Konstantinopel als eigentliches Ziel vor Augen hatte, der König von Aragón, König Theobald II. von Navarra und der englische Thronfolger Edward (I.) ihre Teilnahme zugesagt hatten. Obwohl ihm der Titel *rex christianissimus* erst nach seinem Tod zugelegt und zuvor die gesamte Familie, durchaus in seinem Sinne, vom Papsttum als *christianissimum genus* oder *electa domus Francie* bezeichnet wurde, hatte er ihn sich spätestens mit dieser unübersehbaren Demonstration seiner Glaubenskraft verdient, die keine Rücksichtnahme auf seine persönlichen Umstände und seine Gesundheit kannte, wenn es um die Verteidigung des Christentums gegen seine Feinde ging. Allerdings entschloß sich der König, der vor seinem Aufbruch die *Oriflamme*, das vermeintliche Kriegsbanner Karls des Großen, vom Altar der Kirche Saint-Denis aufgenommen hatte, um mit ihr gegen die Ungläubigen zu ziehen, am 13. Juli zu einem Umweg. Für die anderen Teilnehmer überraschend, von ihm selbst hingegen länger geplant, lenkte er nach der Abfahrt von Aigues-Mortes, die am 2. Juli 1270 ohne die angiovinischen und englischen Kontingente noch mit dem Ziel Ägypten und Palästina erfolgt war, das Kreuzfahrerheer über Tunis, um den dortigen Hafsidensultan zu bekehren und die Heimat des Heiligen Augustinus zum christlichen Glauben zurückzuführen, wenn nötig mit Gewalt. Nach einigen Anfangserfolgen in Nordafrika, die am 24. Juli die Einnahme von Karthago, aber auch den Tod seines jetzt zweitältesten Sohns Johann-Tristan brachten, erkrankte der König schwer und starb am 25. August im Feldlager vor Tunis, bevor Karl von Anjou und Edward von England angekommen waren – der König von Aragón hatte schon vorher seine Flotte nach dem ersten Sturm auf See umkehren lassen. Nach seiner Ankunft übernahm Karl von Anjou gemeinsam mit Theobald II. von Navarra die Führung des Kreuzzuges, doch begnügte sich der sizilische König, dem von Anfang an nicht viel an dem wenig erfolgversprechenden Unternehmen gelegen hatte, mit einem Verhandlungsfrieden und dem Abzug der Kreuzfahrer nach Sizilien. Einzig der verspätet auftauchende Edward von England setzte den Kreuzzug fort und segelte nach Akkon, um dort zwar nichts auszurichten, sich aber dennoch einen politisch nutzbaren Ruf als Glaubenseiferer zu erwerben. Demgegenüber trafen die heimkehrenden und erschöpften Kreuzfahrer noch auf ihrem Rückweg harte Schicksalsschläge, die zum Teil das Ergebnis der aus Nordafrika mitgeschleppten Erkrankungen waren – es starben alsbald Theobald II. von Navarra, Isabella von Aragón, die Gattin des neuen Königs, und schließlich noch Alfons von Poitiers.

Noch in seinem Tod hatte sich Ludwig IX. als unverdrossener Kämpfer für seinen Glauben erwiesen und damit seinen *amour de Dieu* allen deutlich vor Augen geführt. Diese brennende Liebe zu Gott fand ihren deutlichen Ausdruck in jenen *Enseignements,* die der König als Fürstenspiegel für seinen ältesten Sohn Philipp und seine Tochter Isabella verfaßt hatte. Die Liebe zu Gott, ohne die alles seinen Wert verliert, erscheint als beherrschende Antriebskraft für die königlichen Handlungen, und die Liebe Gottes, deren Ludwig sich durch den Erwerb der Dornenkrone versichert hatte, wiederum enthüllte dem Herrscher, im Zweifelsfall durch die Stimme des Gewissens, den göttlichen Willen, bewahrte ihn vor einer Mißachtung göttlicher Wünsche. Entscheidende Grundlage für die Ausübung der Königsgewalt war die Vereinbarung des Herrscheramtes und seiner durch die *ratio* gebotenen Pflichten mit den Forderungen der göttlichen Liebe. Der König war gehalten, die Gerechtigkeit als Voraussetzung für den Frieden zu verwirklichen, in dieser Hinsicht größten Wert auf die Wahrheitsfindung und die sich daraus ergebende Rechtssicherheit zu legen und Kampf ebenso wie Krieg als untaugliche Mittel zur Rechtsfindung oder zur Verwirklichung des göttlichen Willens zu vermeiden, ohne indes den Schutz des Volkes oder der Kirche als vorrangige Herrscheraufgaben zu vernachlässigen. Die *Enseignements* enthalten, entkleidet aller belehrenden Haltung, ein Regierungsprogramm, dessen Kern in der engsten Verbindung des Königs zu Gott, in der Übereinstimmung von königlicher Handlungsweise und göttlichem Willen besteht, das den König für seine Seele und sein Gewissen nur Gott allein Rechenschaft ablegen läßt und das in der Verwirklichung der *justicia,* wie sie vom *amour de Dieu* gefordert wurde, den direkten Weg hin zum Frieden – zum Frieden für das Königreich und zum Herzensfrieden – sah.

Die innere Überzeugung Ludwigs IX., seine tiefe Frömmigkeit, sein *amour de Dieu,* seine Handlungen für sein Reich und für die Christenheit entsprachen jedoch der Haltung eines *rex sanctus,* so daß es nicht verwunderlich war, wenn er, früher manchmal als ‹Mönchskönig› getadelt, schon unmittelbar nach seinem Tod bei seinen Zeitgenossen in den Ruf der Heiligkeit kam, ja ‹heilig› genannt wurde. Während das Herz des Königs auf Verlangen seines Heeres in Nordafrika blieb, um seither verloren zu sein, und seine Eingeweide in der Kathedrale von Monreale bei Palermo beigesetzt wurden, gelangten die Gebeine nach einem langen und beschwerlichen Trauerzug am 21. Mai 1271 nach Paris, um nach einer Messe in Notre-Dame sodann in der Abteikirche von Saint-Denis, der Grablege für die französischen Könige, bestattet zu werden. Nachdem sich bereits während der Überführung in Italien und Frankreich mehrere Wunder ereignet hatten, nahmen sie am Grab des Königs unverhältnismäßig zu, gaben Anlaß zu den ersten Ausprägungen eines Kults und bewirkten unter anderem das schnelle Interesse der Kurie für das Leben Ludwigs IX. Dieses Interesse äußerte sich bereits 1272 im offiziellen Auftrag für seinen ehemaligen Vertrauten Geoffroi de Beaulieu, seine *Vita et sancta conversatio piae memoriae Ludovici quondam regis Francorum* zu verfassen. Pflichtgemäß gelangte er zu dem Ergebnis, der verstorbene König sei würdig, unter die Zahl der Heiligen aufgenommen zu werden. Obwohl diese zuversichtliche Auffassung und zahlreiche Suppliken, eine Kanonisation zu erwägen, die Aufnahme eines Verfahrens begünstigten und bald der Kardinallegat Simon von Brie, der spätere Papst Martin IV., als früherer *conseiller* und *garde des sceaux* Ludwigs IX. zuerst mit einer geheimen, dann öffentlich geführten Untersuchung über die Heiligkeit des Königs betraut wurde, dauerte es noch weitere Jahre, bevor das offizielle Verfahren Ende 1281 eingeleitet, in der Folge mehr als 330 Zeugen über die Wunder befragt, 38 Aussagen und eine Vielzahl von Materialien über sein Leben gesammelt wurden. Trotz dieses Eifers sollte sich das Kanonisationsverfahren bis 1297 hinziehen, bis Bonifaz VIII., der selbst an der Materialsammlung beteiligt gewesen war, als er als Kardinal persönlich die Aussage Karls von Anjou über das Leben seines Bruders entgegengenommen hatte, die Heiligsprechung vollzog. Dabei wurde er allerdings nicht nur von frommen, sondern auch, vielleicht sogar vornehmlich, von politischen Motiven geleitet, da er sich zu dieser Zeit um einen Ausgleich in jenem tiefgreifenden Konflikt mit Ludwigs Enkel Philipp IV., dem Schönen, bemühte, der sich zum letzten großen Machtkampf zwischen der weltlichen und der geistlichen Gewalt auswachsen sollte. Ludwig IX. wurde also als *rex sanctus* zu einem politischen Heiligen der kapetingischen Dynastie gemacht, doch sollte dies der enormen Ausstrahlungskraft seines Kultes, die weit über Frankreich und die benachbarten Reiche bis nach Skandinavien reichte, keinen Abbruch tun. Im Gegenteil, nach seiner Heiligsprechung nahm die Verehrung nochmals zu, nicht zuletzt wegen der Förderung durch Philipp IV., der am 17. Mai 1306 Ludwigs Haupt in die Sainte-Chapelle überführen ließ und zahlreiche weitere Partikel von Körperteilen an Kirchen im gesamten Reich vergab, eine Praxis, die im Laufe des Spätmittelalters auf ganz Europa ausgedehnt wurde, so daß Ludwig IX., wenn nicht zu einem Reichsheiligen, so doch zu einem Heiligen wurde, der für Frankreich stand.

Philipp III. (1270–1285)

Thomas Zotz

Philipp III. der Kühne
1270–1285

Iste Philippus, qui tanti viri fuit filius . . .
Maius Chronicon Lemovicense

Philipp III. (Beiname «der Kühne» bereits zu Beginn des 14. Jahrhunderts), geb. 3. 4. 1245; König von Frankreich seit 25. 8. 1270 (Tod Ludwigs des Heiligen in Karthago); Krönung in Reims am 15. 8. 1271; gest. 5. 10. 1285 in Perpignan, begraben in St-Denis. Vater: König Ludwig IX., der Heilige (1214–1270), Sohn König Ludwigs VIII. (1187–1226) und Blancas von Kastilien (1188–1252); Mutter: Margarete von Provence (ca. 1221–1295), Tochter des Grafen Raimund Berengar V. von Provence (1205–1245) und der Beatrix von Savoyen. Verheiratet 1. mit Isabella von Aragón (gest. 1271), Tochter des Königs Jakob I. von Aragón (Eheschließung 1262); 2. mit Maria von Brabant (gest. 1322), Tochter Herzog Heinrichs III. von Brabant (Eheschließung 21. 8. 1274, Krönung 24. 6. 1275). Kinder aus 1. Ehe: Ludwig (Thronerbe, angeblich auf Anstiften Marias von Brabant durch Gift beseitigt), Philipp (IV., der Schöne, Thronerbe), Karl von Valois (Anwärter für die Krone von Aragón, Vater König Philipps VI. von Frankreich, Begründer des Hauses Valois), Robert; aus 2. Ehe: Ludwig von Évreux, Margarete (2. Gemahlin König Eduards I. von England), Blanca (Gemahlin Herzog Rudolfs von Österreich, Sohn König Rudolfs von Habsburg).

Der zweite Sohn Ludwigs des Heiligen und Margarethes von Provence trug seinen Namen nach seinem Urgroßvater König Philipp II. Augustus; bereits mit 15 Jahren wurde er nach dem Tod seines älteren Bruders Ludwig im Jahre 1260 Thronerbe und galt von da an als Primogenitus. Als Ausstattung erhielt Philipp u. a. die waldreichen Gebiete im Orléanais, und dieser Gegend an der mittleren Loire brachte er zeit seines Lebens besondere Zuneigung entgegen; hier begann er 1271 mit dem Bau von Schlössern, so namentlich des Jagdschlosses Montargis. Sein Vater ließ ihm wie auch dem ein Jahr älteren Bruder Ludwig eine strenge Erziehung zuteil werden, und auf Bitten Königin Margaretes schrieb der mit dem französischen Königshof eng verbundene Vinzenz von Beauvais für beide, vornehmlich aber für Philipps Erzieher, den Kleriker Simon, um 1250/52 das Werk «De eruditione regiorum puerorum». Trotz dieser Unterweisung in litteris galt Philipp später als wenig gebildet, andererseits verfügte er über die ritterlichen Qualitäten großer Tapferkeit (daher wohl der Beiname) und Courtoisie. 1262 feierte er in Clermont Hochzeit mit Isabella von Aragón, womit das gute Einvernehmen zwischen den beiden Königreichen sichtbar bestätigt wurde, und am Pfingstfest des Jahres 1267 erlangte Philipp zusammen mit vielen Adeligen des Regnum Franciae in Paris die Ritterwürde. Selbst ein Freund von Turnier und Jagd, erließ er als König 1280 in der Tradition seines Vaters ein Turnierverbot für den Adel seines Reiches. Die Zeitgenossen rühmten an ihm seine Leutseligkeit, die ohne Anflug von Hochmut war, seine Freigebigkeit, die in mancher Augen indes allzu weit ging, und seine nachgiebige Milde; diese wurde ihm allerdings auch als Schwäche ausgelegt.

Kaum war Philipp im Jahre 1260 für den Thron vorgesehen, entstand zwischen König Ludwig und Königin Margarete Dissens darüber, in wessen Händen die Lenkung des künftigen Königs liegen solle. Während Margarete selbst diese Rolle zu übernehmen beabsichtigte, entschied sich Ludwig für Pierre de la Broce, den Sohn eines aus der Touraine stammenden königlichen Amtmannes, der zum engen Vertrauten Philipps wurde und im Jahre 1266 mit dem Amt des Chambellans eine der einflußreichsten Positionen am Hof König Ludwigs erlangte. Margarete sah hier offenkundig Gefahr im Verzug und ließ sich von Philipp um 1263 einen geheimen Eid leisten, mit dem er sich verpflichtete, bis zu seinem 30. Lebensjahr unter ihrer Vormundschaft zu bleiben. Zwar sorgte Ludwig bald für die Aufhebung dieses Eides durch Papst Urban IV., doch bewegte auch ihn letztlich die Sorge um den rechten Weg seines Sohnes, wie die *Enseignements à son fils* von 1270 erkennen lassen. Hierin fordert er Philipp auf, seine Mutter zu ehren und zu lieben und ihre guten Ratschläge zu befolgen.

Als Philipp zusammen mit seiner Gemahlin Isabella den Vater im Juli 1270 auf dessen zweitem, über Tunis führenden Kreuzzug begleitete, wurde er durch Ludwigs IX. Tod im Feldlager von Karthago am 15. August 1270 mit dem Nachfolgeproblem konfrontiert. In dieser Situation erfuhr er Unterstützung durch seinen Onkel Karl von Anjou, der unmittelbar nach dem Tod König Ludwigs in Tunis eingetroffen war; Philipp schloß auf Karls Rat Frieden mit dem Sultan und kehrte in Begleitung Karls über Italien nach Frankreich zurück. Er bestätigte noch von Afrika aus die von seinem Vater eingesetzte Regentschaft des Abtes Matthäus von St-Denis und des Bischofs Simon von Clermont; seine an sie gerichtete Aufforderung, für die Verteidigung aller Grenzen des Königreiches zu sorgen, kann als einer der frühesten Belege für die Auffassung von der raumgreifenden Schutzverpflichtung des Königs und seiner Amtsträger gelten. Matthäus von St-Denis blieb wichtigster Berater und Geschäftsträger Philipps III. während dessen gesamter fünfzehnjähriger Regierungszeit.

Auf dem Rückweg mußte der Thronfolger einen zweiten persönlichen Schmerz erleben, als seine Frau Isabella Anfang 1271 infolge eines Reitunfalls in Cosenza verstarb. Nach der Ankunft in Paris im Mai sorgte Philipp zunächst für die Beisetzung seines Vaters, seiner Gemahlin und anderer, die auf dem Kreuzzug gestorben waren, in der Kirche von St-Denis, dann beging er am 15. August mit der Krönung in Reims den feierlichen Antritt seiner Regierung. Wegen der Sedisvakanz in der Metropole ließ Philipp die Salbung durch den Bischof von Soissons vornehmen, als Schwertträger diente sein Vetter Graf Robert von Artois. In diesem Zusammenhang erwähnen die Quellen erstmals die Gewohnheit der Könige Frankreichs, sich bei der Krönung die *iocosa spata,* das Schwert Karls des Großen, in Erinnerung an diesen siegreichsten Princeps vorantragen zu lassen.

Zu den ersten Regierungsgeschäften des neuen Königs gehörte die Bemühung um den umfangreichen Territorialbesitz seines 1271 kinderlos gestorbenen Onkels Alfons von Poitiers; er bestand einerseits aus dem Poitou und der Auvergne als Kronlehen und andererseits aus dem Toulousain und Agenais, der Grafschaft Rouergue und dem seit 1229 zum Hl. Stuhl gehörenden Venaissin aus dem Erbe seines Schwiegervaters, Graf Raimund VII. von Toulouse. An der Frage der Besitznachfolge, in welche auch König Eduard I. von England und das Papsttum involviert waren, entspann sich eine intensive und grundsätzliche Auseinandersetzung zwischen Karl von Anjou, der als Bruder Alfons' Ansprüche erhob, und König Philipp mit seinen Juristen, ein Streit, der sich bis 1284 hinzog; durch ihn wurde ein grundsätzlicher und zukunftsweisender Diskurs über Königsnachfolge und *genus regium* mit der alle Mitglieder auszeichnenden Deszendenz als Söhne von Saint Louis und ihrer Benennung «von Frankreich» in Gang gebracht.

Während sich dieser Konflikt innerhalb der königlichen Familie abspielte, erwuchs Philipp im Grafen Roger Bernhard von Foix ein Gegner, der ihm Gelegenheit bot, seine Kompetenz bei der Rechts- und Friedenswahrung unter Beweis zu stellen. Als der Graf 1272 im Rahmen einer Adelsfehde eine königliche Burg angegriffen hatte, bot Philipp ein großes Heer auf und belagerte den Grafen in seinem Stammsitz. Dieser mußte sich schließlich ergeben und geriet in Gefangenschaft, wurde jedoch später ein mit königlicher Huld bedachter treuer Gefolgsmann Philipps. Offenbar konnte die Expedition gegen Foix dem neuen König als Testfall für das Verhältnis von Zentralgewalt und Adel dienen: Etliche *milites* verweigerten ihre Hilfe, was Philipp 1274 zu Strafmaßnahmen gegen Adelige veranlaßte. Hierauf läßt sich wohl das Urteil zeitgenössischer Beobachter beziehen, daß sich der König anfangs der Ritterschaft gegenüber sehr grausam verhalten habe.

Mochte sich Philipp innerhalb des Regnum Franciae mit solchen Taten Anerkennung verschaffen und profilieren, so war seine Politik doch entscheidend durch andere Kräfte geprägt, die ihn die von seinem Vater vorgezeichnete Linie nicht konsequent weiterverfolgen ließen. Früh Witwer geworden, stand er zunächst einerseits unter dem Einfluß seiner

Mutter Margarete von Provence, andererseits wurde er zum Mittel in der energischen und weit ausgreifenden Politik seines Onkels Karl von Anjou, der ihm bereits am Anfang seines Königtums in Nordafrika zur Seite war. Da die beiden starken Persönlichkeiten vor allem wegen Margaretes Wittum aber einander feindlich gesinnt waren, geriet Philipp in eine zwiespältige Lage. Im Jahre 1273 ließ er sich in die Mittelmeerpolitik Karls als König von Sizilien einspannen, als dieser versuchte, nach dem Tod des deutschen Königs Richard von Cornwall bei Papst Gregor X. die Thronkandidatur seines Neffen zu betreiben. Allerdings rief Karl wegen seiner auf Byzanz gerichteten Politik und der generellen Machtentfaltung des französischen Hauses die Bedenken des um eine Kirchenunion bemühten Papstes hervor. Zwar empfahl Karl seinen Neffen als geeigneten Kandidaten, als einen für den Papst idealen, da nicht an Italien interessierten künftigen Kaiser und als einen durch seine Allianz mit sechs Königen (Kastilien, Aragón, Navarra, England, Sizilien und Ungarn) besonders geeigneten Anführer der europäischen Ritterschaft im geplanten Kreuzzug. Doch Gregor X. wußte wohl, wie sehr Philipp ein Herrscher von Karls Gnaden sein würde, und glaubte, auch die deutschen Fürsten in dieser Angelegenheit nicht übergehen zu können. Ende Juli wandte er sich an sie mit der Aufforderung, binnen einer bestimmten Frist einen König zu wählen, andernfalls er selbst für ein Oberhaupt des Reiches sorgen würde. Sollte er dabei an Philipp gedacht haben, so erledigte die Wahl des Grafen Rudolf von Habsburg zum römischen König am 1. Oktober 1273 jegliche Ambition der französischen Seite. Die Initiative Karls von Anjou bildete indes den Anfang einer Reihe von Kandidaturen französischer Könige für den Thron des römischen Königs bis zu Karl IV. dem Schönen (1324).

Philipp dürfte von dieser Wende der Angelegenheit, die nicht er, sondern sein Onkel betrieben hatte, weniger berührt worden sein, zumal er sich nach dem Wechsel auf dem englischen Thron von Heinrich III. zu Eduard I. (1272) Fragen des Verhältnisses von Frankreich und England zuzuwenden hatte; die bei Hofe einflußreiche Partei seiner Mutter Margarete, deren Schwester Eleonore mit Heinrich III. verheiratet war, orientierte sich ohnehin auf das englische Königshaus. Im Vertrag von Amiens von 1279 fanden langwierige Verhandlungen mit England ihren Abschluß, indem die englischen Ansprüche auf das Agenais befriedigt wurden. Wirkte hier das Problem der Erbschaft Alfons' von Toulouse nach, so gilt dies auch für die Frage der Grafschaft Venaissin, die 1274 auf dem Konzil von Lyon zwischen Papst Gregor X. und Philipp zugunsten des Hl. Stuhles verhandelt wurde. Die Anwesenheit des Papstes in der zum Imperium gehörenden Stadt bot Philipp Gelegenheit, durch seine und seiner Ritterschaft Präsenz zu Ehren Gregors den Anspruch Frankreichs auf dieses Gebiet zum Ausdruck zu bringen, das später sein Sohn Philipp IV. dem Regnum Franciae einverleiben sollte. Außerdem ließ sich der französische König vom Papst für dessen Kreuzzugsplan gewinnen. 1275 leistete Philipp wie auch der römische König das Kreuzzugsversprechen, doch vereitelte der Tod Gregors X. im Jahr 1276 das Vorhaben.

Das Jahr 1275 brachte mit der Wiederverheiratung des Königs eine entscheidende Wende in der Regierungszeit Philipps III. Die Hochzeit mit Maria von Brabant fand im August 1275 in Vincennes statt, und am Fest Johannes' des Täufers wurde Maria in Anwesenheit der geistlichen und weltlichen Großen fast ganz Frankreichs und auch einiger Fürsten aus Deutschland in Paris durch die Hand des Reimser Erzbischofs feierlich gekrönt und gesalbt. Allerdings wurde die Feierstimmung dadurch getrübt, daß der Erzbischof von Sens öffentlich Klage führte, weil der Reimser die Weihe der Königin unzulässig außerhalb seiner Provinz vollzogen habe. Hiergegen argumentierte die königliche Seite, daß die Kapelle des Königs zu Paris exemt sei.

Die Heirat Philipps mit Maria von Brabant veränderte die Situation bei Hofe und damit auch die Politik des Königs. Mit der Hofhaltung Marias brachte sich in glanzvollen, den Adel Europas zusammenführenden Turnieren die ritterlich-höfische Kultur zur Geltung, voller Bewunderung für den tapferen und siegreichen Karl von Anjou, der nun erneut Einfluß auf Philipp gewann und die Partei der Königinmutter Margarete in den Hintergrund drängte. Nicht minder wirkte sich die Macht Marias bei Hofe auf die Stellung des Chambellan Pierre de la Broce aus. Er war inzwischen zum Stein des Anstoßes für den Adel geworden, hatte sich mit vielen Herrschaften bereichert, seine Töchter mit Adeligen verheiratet und die eigene Familie und Klientel in einträgliche Positionen gebracht. Erst Maria von Brabant widersetzte sich dieser Konstellation, und Pierre de la Broce versuchte, den Einfluß Marias auszuschalten, indem er auf sie den Verdacht lenkte, den im Jahre 1276 plötzlich verstorbenen erstgeborenen Sohn des Königs namens Ludwig vergiftet zu haben, um ihren eigenen Kindern das Recht auf Nachfolge zu verschaffen. Doch konnte sich die Königin von dem Verdacht reinigen, und im Gegenzug erreichten die Gegner von La Broce seinen Sturz; 1278 wurde er hingerichtet. Allerdings blieb auch danach der Hof des Königs in mehrere Lager gespalten: die Freunde Marias von Brabant in enger Verbundenheit mit Karl von Anjou, die Freunde der Königinmutter Margarete, die Leute aus dem Hôtel du roi.

Ab der Mitte der 70er Jahre begann Philipp eine aktive Außenpolitik zu treiben, ließ sich allerdings auch auf diesem Feld letztlich von seinem Onkel Karl beeinflussen. In unmittelbarer Nachbarschaft Frankreichs kamen die Dinge in Bewegung, als im Juli 1274 König Heinrich III. von Navarra starb und die unmündige Erbtochter Johanna unter der Regentschaft seiner Witwe Blanca von Artois zurückließ. An dieser territorialen Verfügungsmasse zeigten Kastilien wie Aragón Interesse, so daß eine Verschiebung der Kräfteverhältnisse in Südwesteuropa zu erwarten war, der Frankreich nicht tatenlos zusehen wollte. Auch hier trat Karl von Anjou für Frankreich handelnd hervor und erreichte im Vertrag von Orléans 1275, daß die Regentin Navarras Blanca von Artois die Vormundschaft über ihre Tochter Johanna an König Philipp III. abtrat. Als im Jahre 1284 der durch den Tod des erstgeborenen Sohnes Ludwig zum Thronerben gewordene Sohn Philipp (IV. der Schöne) am Fest Mariä Himmelfahrt in Paris zum Ritter promoviert und am Tag darauf mit Johanna von Navarra verheiratet wurde, war der territoriale Zugewinn der französischen Krone besiegelt.

Diesem Erfolg steht der große Autoritätsverlust gegenüber, den Philipp III. der französischen Monarchie dadurch zufügte, daß er das gute Einvernehmen mit Aragón aufgab, wie es noch sein Vater durch die Heirat Philipps mit Isabella bekräftigt hatte. Im Frühjahr 1282 verlor Karl von Anjou durch den Aufstand der Sizilischen Vesper die Herrschaft über Sizilien an König Peter III. von Aragón, der über seine Frau Konstanze, Tochter König Manfreds, staufisch begründete Erbansprüche auf die Insel geltend machte. Philipp III. empfand dies offensichtlich als Kränkung Frankreichs, aber auch zahlreiche französische Adelige zogen nach Apulien, um Karl von Anjou zu Hilfe zu kommen. Dieser hatte in dem aus Frankreich stammenden und mit Karls Hilfe 1281 Papst gewordenen Martin IV. eine entscheidende Stütze. Noch 1282 verhängte der Papst über Peter von Aragón den Kirchenbann und verkündete Anfang 1283, der Krieg gegen Peter und die Rebellen auf Sizilien wie gegen ihre Helfershelfer gelte als Kreuzzug. Hierfür suchte Karl durch einen fast einjährigen Aufenthalt in Frankreich seinen Neffen zu gewinnen und ließ über den päpstlichen Legaten Johannes Cholet den Thron Aragóns für einen der Söhne Philipps III. anbieten. Zwar mißbilligten viele Franzosen die Beteiligung an einem solchen «Kreuzzug», darunter Abt Matthäus von St-Denis, und es wurde geltend gemacht, daß Philipps Vater niemals den päpstlichen Angriff auf einen weltlichen Fürsten gutgeheißen hatte; auch der Thronerbe Philipp der Schöne hielt als Sohn Isabellas zu seinem Onkel Peter von Aragón. Diese Bedenken verstand Philipp indes zu nutzen und veranlaßte die päpstliche Seite, von den Kirchen Frankreichs einen mehrjährigen Zehnten abzufordern, der die Finanzierung des Unternehmens erleichterte. Auf einer großen Reichsversammlung in Paris im Februar 1284 nahm Philipp das Angebot Papst Martins für seinen jüngeren Sohn Karl von Valois an, und dieser wurde durch den Kardinallegaten mit dem Königreich Aragón und mit der Grafschaft Barcelona investiert. Auf die Kreuzzugspredigt desselben Legaten hin ließ sich Philipp mit dem Kreuz bezeichnen; viele Adelige wie Nichtadelige folgten ihm dabei.

Damit wurde ein unglückliches, finanziell trotz des Kreuzzugszehnten enorm kostspieliges Unternehmen der französischen Krone eingeleitet, welches das Ende des Königs überschattete. Obgleich Philipp in den ersten Monaten des Jahres 1285 mit dem Tod Karls von Anjou und Martins IV. seine zwei wichtigsten Stützen in dieser Angelegenheit verlor, setzte er die Vorbereitungen fort und eröffnete um Pfingsten mit einem großen Heer den Angriff auf Katalonien. Nach der Durchquerung des mit Frankreich verbündeten Roussillon begannen die Franzosen Ende Juni die monatelange kräftezermürbende Belagerung von Gerona. Als die Stadt am 7. September kapitulierte, waren die Angreifer durch die aragonesische Flotte vom Nachschub bereits abgeschnitten, und das seuchengeschwächte Heer mußte am 13. September den Rückzug antreten. Zuvor veranstaltete Frankreich noch eine Krönungsfarce: Statt mit der Krone wurde Karl mit einem Kardinalshut zum König von Aragón gekrönt, was ihm den Spitznamen «Roi du chapeau» einbrachte. König Philipp III. erkrankte auf dem Rückweg und starb am 5. Oktober 1295 in Perpignan. Während seine Eingeweide in Narbonne beigesetzt wurden, fanden die Gebeine des Königs ihre letzte Ruhe in St-Denis neben dem Grab seines Vaters.

Schon bald nach seinem Tod erfuhr Philipp III. eine negative Beurteilung wegen des Aragón-Kreuzzugs, und sein Sohn und Nachfolger Philipp IV. der Schöne, ohnehin dem Unternehmen abgeneigt, beendete den Krieg sofort. Seine kritische Haltung gegenüber dem Vater scheint auch darin zum Ausdruck zu kommen, daß er bei der Neuanordnung und -gestaltung der Königsgrablege in St-Denis 1306 die Grabmäler der drei Kapetinger Philipp II. August, Ludwig VIII. und Ludwig IX. in Gold und Silber ausführen ließ, während das Monument Philipps III. aus bemaltem und verziertem Stein bestand. Auch im Urteil der Folgezeit, das letztlich bis heute nachwirkt, hatte und hat Philipp III. einen schweren Stand zwischen den berühmtesten französischen Königen, seinem Vater Ludwig dem Heiligen und seinem Sohn Philipp dem Schönen. Der schon von den Zeitgenossen des öfteren als «fils de Saint Louis» apostrophierte König hat in der Tat vieles von dem gefährdet und verspielt, was sein Vater politisch aufgebaut hatte, und ließ sich allzu sehr zum Spielball der verschiedenen Interessengruppen bei Hofe und vor allem zum Werkzeug seines mächtigen Onkels Karl von Anjou machen, der seinen Regierungsweg fast bis zuletzt begleitete. Andererseits ist nicht zu verkennen, daß es Philipp gelungen ist, die Krondomäne nach Süden beträchtlich und dauerhaft zu erweitern. Seine Regierungszeit ist als «Wendepunkt in der französischen Geschichte des Mittelalters» (J. Ehlers) zu beschreiben, denn die Eigengesetzlichkeit der Macht brachte sich erstmals deutlich zur Geltung, damit aber auch der Ansatz zur Herausbildung der auf zentralisierter Verwaltung basierenden modernen Staatlichkeit. Diese neuen Strukturen mit der Institution des Königtums in Einklang zu bringen sollte Aufgabe der in der Folgezeit einflußreichen Juristen werden.

Philipp IV. (1285–1314)

Jürgen Miethke

Philipp IV. der Schöne
1285–1314

Philipp IV. «der Schöne» (der Beiname ist schon zeitgenössisch), geb. 1268 in Fontainebleau; Thronfolger seit dem Tod des älteren Bruders Ludwig (1276); König seit dem Tod des Vaters (am 5. 10. 1285 in Perpignan), gest. am 29. 11. 1314 in Fontainebleau; begr. in Saint Denis. Vater: König Philipp III. («der Kühne») (1245/1270–1285) [siehe oben], Sohn König Ludwigs IX., des Heiligen (1214/1226–1270) [siehe oben]; Mutter: Isabella von Aragón (gest. 1271), Tochter König Jakobs I. von Aragón. Vermählt (am 16. 8. 1284) mit Johanna (Jeanne) von Champagne-Navarra (1271–2. 4. 1305), Tochter des Grafen Heinrich III. «des Dicken» von Champagne und Brie, als Heinrich I. König von Navarra (gest. 1274): durch diese Eheschließung fällt das mit der Champagne vereinigte Navarra an Frankreich. Söhne: Ludwig «Hutin» [d. h. «der Zänker»] (4. 10. 1289–5. 6. 1316), als Ludwig X. König von Frankreich (1314–1316); Philipp (ca. 1291–3. 1. 1322), als Philipp V. «der Lange» König von Frankreich (1316–1322); Karl (getauft 18. 6. 1294, gest. 1. 2. 1328), als Karl IV. «der Schöne» König von Frankreich (1322–1328) – [Dessen Nachfolger wird Philipp VI. (1293/1328–1350), der Sohn Karls von Valois, des Bruders Philipps IV., der sich u. a. gegen die Ansprüche König Eduards III. von England durchsetzen kann (die dieser als Sohn von Philipps IV. Tochter Isabella, der Gemahlin Eduards II. von England, erhob): er ist der erste Valois auf dem Thron Frankreichs]; Robert (1297–1308). Töchter: Marguerite (1288–1300); Blanche (1290–1314); Isabella (ca. 1295–23. 8. 1358), vermählt (Januar 1308) mit König Eduard II. von England [der mit ihrer Hilfe 1327 abgesetzt und umgebracht wird; bis 1330 ist Isabella zusammen mit ihrem Liebhaber Graf Roger Mortimer (1286–1330) faktisch Regentin Englands, danach vom Hofe des Sohnes verbannt].

Die lange Regierungszeit dieses letzten bedeutenden Kapetingers auf dem Thron Frankreichs begann in einem militärischen Desaster und endete bei leicht getrübtem Himmel. Die 30 Jahre, die dazwischen liegen, waren – stärker als sonst – eine Zeit des Wandels und damit eine Epoche dramatischer Konflikte: eine Epoche, in der Frankreich endgültig zu einer europäischen Großmacht heranwuchs, ja in der überhaupt erst definiert wurde, was es heiße, eine europäische Großmacht zu sein; in der Frankreich seine innere Verfassung weiterentwickelte, die Institutionen königlicher Herrschaft festigte und auf dem Wege zu seiner Integration und Stabilisierung so große Fortschritte machte, daß selbst die heftigen Erschütterungen des sogenannten «Hundertjährigen Krieges» im späteren 14. und 15. Jahrhundert das damals Erreichte wohl noch gefährden, aber nicht mehr zunichte machen konnten.

Philipp der Schöne ist nicht älter geworden als 46 Jahre, gleichwohl hat er fast dreißig Jahre lang als König regiert. Sein Vater Philipp III. war, als er 1285 in Perpignan starb, gerade 40 Jahre alt geworden. Das Amt eines Königs von Frankreich gönnte seinen Trägern damals kein langes Leben, wenn auch bisweilen eine lange Regierungszeit, wie Philipps des Schönen Großvater Ludwig IX. «dem Heiligen», der 44 Jahre regierte, aber auch nicht älter als 56 Jahre wurde. Auch die Prinzen der königlichen Familie hatten teil an der hohen Kindersterblichkeit des Zeitalters: Ludwig, der ältere Bruder, war 1276, als Philipp gerade 8 Jahre alt war, noch minderjährig gestorben, erst dadurch war Philipp zum offiziellen Thronfolger aufgerückt, ohne daß er in seinem jugendlichen Alter am Hofe seines Vaters zu politischen Geschäften bereits einen eigenen Zugang gesucht oder gehabt hätte.

In diesen frühen Jahren widmete der Augustinereremit und Theologe Aegidius Romanus dem Kronprinzen seine (ca. 1277–1279 entstandene) Schrift «De regimine principum», die er, wie es im Prooemium heißt, auf Geheiß des Thronfolgers niedergeschrieben habe. Es wäre ein Mißverständnis, wollte man daraus folgern (wie das immer wieder geschieht), die Erziehung des Königskindes wäre nach der Anleitung dieses berühmten Buches erfolgt: Weder der Inhalt der Schrift, die nicht mehr und nicht weniger als eine politische Theorie der Königsherrschaft entwirft, noch auch die allgemeinen Usancen literarischer Widmung jener Zeit, die den Widmungsempfänger nur zu einer besonderen Förderung von Schrift und Autor anhielten, sprechen für eine solch kurzschlüssige Annahme. Aegidius behauptet ja auch nur, der – damals etwa zwölfjährige – Kronprinz habe von ihm die Abfassung verlangt, nicht aber, daß der Hof von ihm ein Handbuch *ad usum Delphini* erbeten habe. Immerhin zeigt sich hier schon relativ früh im Leben Philipps, daß die Universität von Paris auf den königlichen Hof hinblickte. Während seiner Regierungszeit sollte sich erweisen, daß die Universität noch viel unmittelbarer in den Dienst politischer Absichten des Hofes genommen werden konnte, was immer im einzelnen der Herrscher von universitären Debatten und Problemen verstehen mochte.

Der väterliche Hof stand unter dem starken Einfluß verschiedener Hofparteien, der jugendliche Thronfolger hatte noch kein eigenes Zentrum gebildet, zumal die Stiefmutter, die zweite Gemahlin des Königs, Maria von Brabant, mehr und mehr vorherrschenden Einfluß gewann. Noch der im Fiasko endende Kreuzzug gegen Aragón, den der König auf Drängen der Kurie und des Hofes von Neapel unternahm, um die durch den Aufstand der «Sizilischen Vesper» (1283) dem unteritalienischen Königreich der Anjous verlorengegangene Insel Sizilien zurückzugewinnen, war gegen den erklärten Rat des Prinzen erfolgt. Die militärische Katastrophe, die nach kräftezehrenden Belagerungsbemühungen vor Gerona wegen der (zeitüblichen) Seuchen im Heer und wegen ernster Nachschubschwierigkeiten alle stolzen Hoffnungen der «Kreuzfahrer» zunichte gemacht hatte, hat ihn nicht nach Revanche streben lassen: Den Kampf führte Philipp als König nach dem Tod des Vaters, der auf dem Rückweg vom Feldzug in Perpignan verstorben war, nicht weiter, beendete vielmehr den Krieg nach langen Verhandlungen durch einen – nicht zufällig unter den Augen des Papstes Bonifaz VIII. abgeschlossenen – Vertrag (in Anagni 1295) und erreichte damit einen dauerhaften Ausgleich mit den südlichen Nachbarn, der sich später auch darin bewährte, daß ein lange strittiges Grenzgebiet, das Tal von Aran, in einem friedlichen Verfahren den Aragonesen zufiel.

Vom Beginn seiner langen Regierungszeit an, die er etwa 17jährig antrat, scheint Philipp, den schon die Zeitgenossen «den Schönen» nannten, weil sein Aussehen ganz dem adligen Ritterideal entsprach, entschlossen gewesen zu sein, sich – anders als der Vater – nicht von seinem Entourage und dessen wechselnden Konstellationen bestimmen zu lassen. Sein Selbstverständnis als König aus dem Hause der Kapetinger und als Enkel Ludwigs IX. (der noch während seiner Regierungszeit heiliggesprochen wurde) war früh und dauerhaft entwickelt. Philipp der Schöne regierte selbst, wobei freilich die Entscheidungen nicht in einsamer Isolierung, sondern in seinem königlichen «Rat», also gewissermaßen in einem geregelten Verfahren, fielen. Der König regierte im Rat, wie es die mittelalterlichen Könige im allgemeinen taten. In Philipps Zeit freilich zeigte sich dieser königliche Rat in starker und rascher Wandlung begriffen zu festeren Formen und frühbürokratischer Versteifung, zu Verschriftlichung und Institutionalisierung, um so ein wirksames Herrschaftsinstrument zu werden – ein Wandel, den Philipp selber durch seine Herrschaftspraxis stark gefördert hat.

Daß ein Herrscher sich mit den Großen seines Landes aus Adel und Geistlichkeit beriet, war damals altes Herkommen, daß der König zu seinem Rate wechselnd und nach eigener Wahl die Großen seines Vertrauens aus dem Hochadel und weitere interessierte oder ihn interessierende Personen heranziehen konnte, war ebenfalls keineswegs ungewöhnlich. Stärker als zuvor hat aber Philipp Spezialisten aus der Regierungspraxis, Rechtskundige, Gerichtserfahrene, Finanzfachleute und überhaupt im königlichen Dienst Bewährte in seinen Rat gezogen, hat sie dort gehört und dauerhaft an den Entscheidungen, auch an der Entscheidungsfindung beteiligt, fast unangesehen ihrer ständischen Herkunft, so daß sich darin auch ritterbürtige gelehrte Rechtskenner wie Wilhelm von Nogaret, ja «bürgerliche» (wenn wir dieses mißverständliche Wort für Männer aus der Oberschicht oberitalienischer Städte verwenden dürfen) Spezialisten des Geldwesens finden, wie die beiden Florentiner Bankiersbrüder Albizzo und Muscato Guidi dei Franzesi, in Frankreich *Biche* und

Mouche genannt, die bis zu ihrem Tode (1307) in der königlichen Regierung eine wichtige Rolle zu spielen berufen waren.

Aus der Regierungszeit dieses Herrschers ist uns eine Reihe solcher königlicher Helfer und Räte bekannt, und dank dem schriftlichen Niederschlag ihrer Tätigkeit in dem Verwaltungsschriftgut der Archive ist es der Forschung auch gelungen, einige von ihnen individuell zu profilieren. Der König pflegte die Entscheidungen, die im Rat gefallen waren, auch wenn sie von höchster Bedeutung waren, nicht selber bekannt zu geben, sondern, umgeben von seinem Rat, durch einen der Ratsleute vortragen und begründen zu lassen. Der bramarbasierende Bischof von Pamiers Bernard Saisset hat einmal aus Enttäuschung über eine derartige Audienz, wie später berichtet wurde, über Philipp in Paris verlauten lassen: «non erat homo, nec bestia, sed imago» (der König war nicht Fisch, nicht Fleisch, sondern eine bloße Statue), der ganze Hof sei falsch, treulos und korrupt. Bezeichnend ist allein schon, wie in diesem *dictum* die alte lehnrechtliche Tugend der Treue betont gegen die kalte Bürokratie abgehoben wird.

Die moderne Forschung hat eine heftige Diskussion darüber geführt, wieweit Philipp der Schöne persönlich die Verantwortung für die politischen Entscheidungen seines Rates und seines Hofes trug. Die Mehrheit der Kenner neigt seit langem der Meinung zu, daß seine Helfer wirklich in seinem Auftrag und unter seiner Verantwortung handelten und daß ihm jeweils die letzte Entscheidung zufiel, so sehr Philipp auch die Ausführung, vielleicht auch die strategische, erst recht die taktische Planung seinen Spezialisten überlassen haben mag. Wo wir den Gang der Geschäfte etwas deutlicher zu fassen bekommen, stellt sich in der Regel heraus, daß in fast bürokratischer Weise nach schriftlichen Vorlagen und in ausführlicher Erörterung Entscheidungen getroffen wurden, wobei der König seine Rolle stets zu wahren wußte, auch Wert darauf legte, nicht übergangen zu werden. Gleichwohl hat er seine führenden Bediensteten nicht als Sündenböcke gebraucht, wenn etwas nicht wunschgemäß verlief. Keinen einzigen seiner führenden Berater hat er einem politischen Prozeß unterworfen. Enguérran de Marigny, der verhaßte leitende Staatsmann seiner letzten Jahre, wurde erst vom Sohn und Nachfolger nach Philipps Tod auf das Schafott geschickt. Philipps hohe Meinung von der Bedeutung seines königlichen Amtes scheint jedenfalls für ihn nicht nur ein Spiel mit Worten gewesen zu sein; er achtete geradezu peinlich darauf, hier keine Einbußen hinzunehmen. Er verschob Entscheidungen, setzte auf den Zeitablauf, entzog sich der persönlichen Anwesenheit lieber, als rasch und überstürzt zu handeln. Er und sein Hof vermochten auch lang angelegte strategische Konzepte mit zäher Hartnäckigkeit in die Tat umzusetzen und zu einem Ende zu führen, auch wenn naturgemäß dieses Ende nicht immer den anfänglichen Erwartungen und Zielen entsprechen konnte.

Daß in den Archivalien eine eigene Initiative des Königs vor allem bei bestimmten frommen Schenkungen und ähnlichen Routineentscheidungen sichtbar wird, daß seine allseits bekannte Jagdleidenschaft den Herrscher auch in politisch bewegten, spannungsreichen Zeiten dem Hofe fernhalten konnte, widerspricht diesem Urteil nur scheinbar: Die Tätigkeit des Hofes ist gleichwohl der Verantwortlichkeit des Königs selber zuzurechnen, jede andere Einschätzung würde auch die Chancen zu langfristiger Planung politischer Aktivitäten im späten Mittelalter bei weitem überschätzen.

Die Regierungszeit Philipps des Schönen fiel in eine Zeit des Übergangs und des raschen Wandels, prägte sich aus in harten Konflikten und überraschenden, ja bereits die Zeitgenossen bestürzenden Entscheidungen. Philipp und sein Hof ließen es an Entschlossenheit bei der Wahrnehmung ihrer Interessen, an Findigkeit in der Nutzung von Handlungsmöglichkeiten, an Kaltblütigkeit im Beschreiten auch ungewöhnlicher Wege, an Konsequenz in der Durchführung von Vorsätzen, die sich bis zur brutalen Härte steigern mochte, niemals fehlen. Dabei kam es Philipps Ratsmitgliedern zugute, daß sie sich in zweierlei Hinsicht von denen eines herkömmlichen hochadligen Rates unterschieden: Durch ihre persönliche Herkunft waren sie weder ständisch noch regional für ihre Tätigkeit im königlichen Dienst prädestiniert, vielmehr hatten sie ihren Aufstieg – neben der Gunst des Monarchen – ihrer Bewährung, ihren erwiesenen Fähigkeiten zu verdanken. Sodann ist die besondere Nähe zu den Universitätswissenschaften der Zeit, insbesondere zur Rechtswissenschaft auffällig, und hier besonders die Schulung im Römischen Recht. Das heißt nun nicht, daß alle oder auch nur die meisten Helfer des Königs promovierte Legisten gewesen wären. Der einflußreichste Mann am Hof der letzten Regierungsjahre, Enguérran de Marigny, hatte nicht studiert und verstand offenbar auch nur in beschränktem Maße die lateinische Gelehrtensprache. Aber die wissenschaftliche Weise des Umgangs mit den Problemen, rationalistische Schärfe und methodisch konsequentes Vorgehen waren auch damals nicht von einer Promotion abhängig.

Der königliche Justizdienst brachte viele unter den führenden Beratern des Königs in den inneren Kreis der Macht. Gelehrte Juristen machten sich damals nicht allein in Frankreich bemerkbar. Hier waren es in besonders hohem Maße die Legisten aus dem erst im Laufe des 13. Jahrhunderts Frankreich angeschlossenen Languedoc, Spezialisten des Römischen Rechts, die an den Rechtsuniversitäten dort eine unterschiedlich weit führende Karriere hinter sich gebracht hatten, bevor sie im königlichen Dienst, zunächst der Region, dann auf höherer Ebene, die Gelegenheit erhielten, sich auszuzeichnen und aufzusteigen. Wilhelm von Nogaret, 1287 zum *doctor legum* in Montpellier promoviert, der auch an der dortigen Universität unterrichtet hat, bevor er als Richter in königlichem Auftrag tätig wurde, ist das bekannteste Beispiel für diese Gruppe, der sich freilich auch Vertreter aus anderen Regionen anschlossen: Pierre Flote stammte aus dem Dauphiné, Marigny aus der Auvergne. Nach einer Auszählung des amerikanischen Historikers Joseph Strayer stammten 84 Mitglieder der königlichen Zentrale aus der traditionellen Krondomäne (63 davon aus der Ile-de-France und aus Paris), 15 aus der Normandie, 9 aus dem Languedoc, 9 aus Burgund, 6 aus der Champagne, je 5 aus der Auvergne und dem Anjou-Poitou, 4 aus der Bretagne und zusätzlich sind noch 8 Nichtfranzosen (darunter 5 Italiener) zu zählen, ein recht buntes Bild, wenn diese Ziffern auch nicht spektakulär zu nennen sind. Sie zeigen, daß hier mehr als im gleichzeitigen Deutschland und mehr, als es zuvor üblich war, die regionale Herkunft an Karrierebedeutung eingebüßt hatte. Auch mag man es als ein Zeichen für die wachsende Integration des Königreichs nehmen.

Insgesamt gelang es, die Verwaltung stark zu intensivieren, die königlichen Direktiven gegen lokale und regionale Widerstände in zuvor unbekanntem Maße zuverlässig durchzusetzen, auch die wirtschaftlichen und finanziellen Möglichkeiten des Landes in zuvor nicht geahntem Umfang für die von der Zentrale gesetzten Zwecke zu mobilisieren. Die Einkünfte des Königs, herkömmlich vor allem aus den Revenüen der königlichen Grundherrschaften und aus Gerichtsgefällen gezogen, waren nach damaliger Auffassung durch regelmäßige Beiträge der Untertanen in Form von Steuern nicht eigentlich, vor allem nicht dauerhaft zu ergänzen: Nur bei besonderen Notfällen, im Falle eines Krieges vor allem und bei besonderen Anlässen (wie der Verheiratung einer Tochter oder der Mündigkeitserklärung eines Sohnes), konnte der König einen Beitrag der Untertanen erbitten, um dem Bedarf aufzuhelfen und der Not zu steuern. Die ungemeine Intensivierung dieser Quelle von Einkünften durch Philipp und seinen Rat wäre eine eigene Darstellung wert; die Regierungszeit Philipps des Schönen ist gerade für die Finanzgeschichte des Königreichs von einschneidender Bedeutung gewesen. Dem König kam es zugute, daß sein großes und reiches Land – mehr als bei Nachbarn und Gegnern – ihm durchaus die Mittel zur Verfügung stellen konnte und zur Verfügung stellte, da es von einer auf den König und seinen Willen eingeschworenen Beamtenschaft – im Norden des Landes von den Baillis, im Süden von den Seneschällen – dazu angehalten und angetrieben wurde.

Die finanziellen Ressourcen wurden durch eine relativ straffe zentrale Behörde zusammengefaßt, die Chambre des Comptes, über die alle finanziellen Leistungen abgerechnet wurden. Zuerst waren in dieser zentralen Finanzbehörde des Landes noch die Templer als besonders geübte und erfahrene Bankiers beteiligt, später allein noch Bedienstete. Auch hier begann der «Staat», sich von «fremder» Hilfe zu emanzipieren.

Ein besonderes Problem stellte das Münzrecht des Königs, der in der ersten Zeit seiner Regierung dieses Recht – ähnlich wie sein Vater – kräftig dazu nutzte, finanzielle Engpässe durch Münzverschlechterungen auszugleichen. Die darauf folgende Preisinflation, die für die Zeitgenossen erst sehr langsam wirklich durchschaubar wurde – eine erste ernstzunehmende wirtschaftliche Theorie darüber hat erst zwei Generationen später der französische Theologe und königliche Rat Nicole Oresme (gest. 1382) anbieten können –, die aber sofort empfindlich zu spüren war und die besonders auch den Adel des Landes hart traf, der im 13. Jahrhundert weithin Dienstpflichten von Hörigen und sonstigen Abhängigen durch fixierte Geldbeträge hatte ablösen lassen, wurde ein ständiger Streitpunkt bei den Verhandlungen des Königs mit seinen Ständen, zu deren Sprechern sich auch immer wieder die Vertreter der Kirche machen konnten. Zum guten Geld, zur guten Zeit des Großvaters, Ludwigs des Heiligen, zurückzukehren, wurde immer wieder gefordert, vom König und seinem Hof auch immer wieder zugesagt, ohne daß sich das wirklich hätte erreichen lassen. Immerhin ist am Ende der Regierungzeit, das viel friedlicher war als der Anfang, eine gewisse Beruhigung nicht zu verkennen.

Der Wille des Königs hatte also gute Chancen, bis in die Provinzen hinein effizient durchgesetzt und durchgeführt werden zu können. Die Ressourcen des Reiches ließen sich finanziell und militärisch in hohem Maße mobilisieren, was in kritischen Situationen besonders deutlich zu merken war. All das bedeutete zugleich auch einen Modernisierungsschub, der sich für den rückblickenden Historiker freilich deutlicher abzeichnet als für die Zeitgenossen, die sich über Abweichungen von herkömmlichen Prozeduren wundern mochten oder verschreckt reagierten, wenn sie sie denn bemerkten.

Waren also die Voraussetzungen für zentrale Entscheidungen im Frankreich Philipps des Schönen auch günstiger als in vielen anderen Ländern, so ist doch die Frage nach der «Politik» dieses Herrschers äußerst schwierig zu beantworten. Schwieriger noch als in späteren Zeiten ist für das Mittelalter die Vorstellung einer planvollen äußeren und inneren Politik zu verifizieren. Die Instrumente solcher Politik, die planvolle Anwendung militärischen oder diplomatischen Druckes, die geschickte Ausnutzung der Schwächen des Gegners, schließlich die kriegerische Durchsetzung der eigenen Ziele waren damals kaum kohärent zu verfolgen. Der Extremfall, der Krieg, kann das schlagend verdeutlichen: Dem König stand kein stehendes Heer zu Gebot, vielmehr mußte er sich hauptsächlich auf das Aufgebot seiner Vasallen stützen, wobei das Lehnrecht deren Pflichten recht sorgfältig und mit kasuistischer Starre, regional unterschiedlich, insgesamt aber wirksam eingegrenzt hatte, zumindest dort, wo nicht unmittelbare Verteidigung der engeren Region, der *patria* anstand. Solche Landesverteidigung bezog sich aber nur auf die heimatliche Nachbarschaft, keineswegs bereits auf das gesamte Königreich. Die Ausweitung und Ausfüllung dieses Begriffs, bis er das ganze Land umfaßte, sollte eine noch lange Entwicklung nötig machen, deren erste Schritte schon vor Philipp dem Schönen zu fassen sind. Nur für eine streng begrenzte Zeit, etwa sechs Wochen lang, mußte ein Lehnsmann seinem Herrn auf eigene Kosten in dessen Krieg folgen, danach hatte er Anspruch auf Kostenerstattung, wenn es ihm nicht überhaupt freistand, sich nach Hause zurückzuziehen.

Diese Voraussetzungen machten eine längere Kriegführung auch dann zu einem extrem kostspieligen Unterfangen, wenn dramatische militärische Niederlagen nicht zu verkraften waren. Jeder Versuch, militärische Erfolge für eine längere Dauer zu sichern, etwa durch eine militärische Besatzung oder gar durch ein Militärregime, bedeutete einen unverhältnismäßigen Kostenaufwand, der leicht jede ursprüngliche Planung über den Haufen werfen konnte. So finden wir in den vorsorglichen Verträgen dieser Zeit immer wieder ganz andere Zeitvorstellungen ausgesprochen, als sie sich dann später einhalten ließen. Zudem führte der Krieg der Ritterheere in aller Regel zu einer Kampfführung der Konfliktvermeidung, um die eigenen kostbaren und kostspieligen Truppen nach Möglichkeit zu schonen, was wiederum die Finanzbedürfnisse der Zentrale in die Höhe trieb.

Diese Rahmenbedingungen galten selbstverständlich auf allen Seiten und für alle möglichen Konfliktbeteiligten gleichermaßen. Sie benachteiligten Frankreich nicht einseitig. Die fortgeschrittenen Techniken zentraler Lenkung und Durchsetzung des königlichen Willens im gesamten Königreich boten hier vielmehr eine günstige Chance. Auch die große Finanzkraft, die sich geballt für kriegerische Maßnahmen einsetzen ließ, bot einen weiteren Vorteil. Es kennzeichnet den auf Frankreich konzentrierten Blick des Königs, daß sich Philipp der Schöne keineswegs in weit ausgreifende Abenteuer stürzte, so wie sie noch Ludwig IX. mit seinem Kreuzzugsunternehmen und seiner Expedition nach Nordafrika unternommen hatte oder wie sie etwa Karl von Anjou oder auch der jüngere Bruder des Königs, Karl von Valois, immer wieder versuchten. Philipp benutzte zwar mehrfach das Versprechen eines Kreuzzugs (so wie es in seiner Zeit schon weithin üblich geworden war) dazu, sich die Steuerkraft seiner Landeskirche durch päpstlich gewährte Kreuzzugszehnten unmittelbar nutzbar zu machen. Jeder ernsthaften Planung eines wirklichen Kreuzzuges aber traten dann immer wieder weit dringlichere Vorhaben in den Weg. Die erheblichen Summen an kirchlichen Beisteuern zur Vorbereitung der bewaffneten Wallfahrt ins Heilige Land hat Frankreich – wie andere Länder damals auch – stets zu anderen, zu europäischen Zwecken verwendet.

Hier können nur exemplarisch einige Fragen aufgegriffen werden, die sich in der Regierungszeit dieses Herrschers stellten und auf eine Antwort warteten. All das, was den Alltag des Königs ausmachte, die täglichen mehr oder minder rechtlich weitreichenden Entscheidungen oder Rechtsverbriefungen, die finanziellen Verfügungen, Gnadenerweise, Gunstbezeugungen, gerichtlichen Entscheidungen, erst recht aber der Zeitvertreib bei Hofe, Fest und Turnier sowie die Jagd, all das kann hier keine Darstellung finden. Auch das immer schwierige, weil niemals zu einer wirklich konsistenten «Außenpolitik» zusammenfaßbare Verhältnis zu den großen und auf Dauer für Frankreichs Stellung in Europa entscheidenden Nachbarn, zu den iberischen Königreichen im Süden, zum deutschen Reich im Osten, zum englischen Königreich im Norden, kann hier nicht zusammenhängend dargelegt werden. Überall waren auch hier die Verhältnisse in Bewegung, überall wurde die europäische Landkarte erst genauer vermessen, wurden Interessensphären, Hoheitsansprüche, Herrschaftsrechte erst deutlicher abgesteckt.

Das Frankreich Philipps des Schönen hat sich an solchen Aktivitäten teilweise mit einigem Einsatz und mit wachsendem Selbstbewußtsein beteiligt, besonders wenn sie sich nicht in nebelhafter Ferne, sondern in praktischer Reichweite bewegten. Kreuzzugsunternehmen hatte die französische Krone das ganze 13. Jahrhundert hindurch verfolgt. Noch der Kriegszug gegen Aragón, den Philipps Vater nicht überlebte, war als Kreuzzug ausgerufen worden. Der jüngere Bruder des Königs, Karl von Valois, faßte immer wieder großartige Pläne, ohne jemals zum (wechselnden) Ziel zu gelangen. Auch seine Kandidatur für die römische Königswürde und Kaiserkrone nach dem gewaltsamen Tod des Habsburgers Albrecht I. (1309) blieb erfolglos, da sich die deutschen Kurfürsten auf den Luxemburger Grafen Heinrich (VII.) einigten, der zum französischen König in lehnrechtlicher Verbindung stand.

Wenn Frankreich sich also durchaus an der Suche nach der künftigen Gestalt Europas beteiligte, so ließ sich der König auf der näheren europäischen Bühne von den irrlichternden Unternehmungen und hochfliegenden Aspirationen seines Bruders nicht zu größeren Investitionen oder gar Interventionen hinreißen, auch nicht zugunsten von dessen italienischen Unternehmungen im Interesse des angevinischen Königreichs von Unteritalien. Das einzige Mal, als wirklich ein kleineres französisches Heer in Sizilien operieren sollte, hat die Niederlage von Kortrijk den König gezwungen, den Bruder lange vor dem gesteckten Ziel zurückzubeordern. Auch Frankreich war damals nicht in der Lage, zwei kostspielige Kriege auf einmal durchzustehen. Und Flandern lag Paris und dem König näher als Sizilien.

Mit Selbstbewußtsein und konsequenter Zähigkeit, kaum aber mit jener bewußten und planmäßigen expansiven, ja aggressiven Tendenz, die ihr die deutsche Geschichtsschreibung gerne unterstellte, hat sich die französische Politik dieser Zeit dem Römischen Reich gegenüber verhalten. 1299 wurde in Fortsetzung alter französisch-staufischer Bindungen im Vertrag von Vaucouleurs mit dem Habsburger Albrecht I.

besiegelt, daß die lange strittige Freigrafschaft Burgund künftig dauerhaft dem französischen Königreich zugehören sollte. 1300 wurde die lothringische Stadt Toul der Hoheit des französischen Königs unterworfen, 1301 wurde der Graf von Bar gezwungen, all seine links der Maas gelegenen Besitzungen vom französischen König zu Lehen zu nehmen und damit die französische Oberhoheit zu festigen. 1307 konnte schließlich in einem energisch unter Einsatz militärischer Mittel durchgeführten Zugriff klargestellt werden, daß Lyon künftig eindeutig der Hoheit des französischen Königs unterstand und nicht dem Reich. Diese Daten sind nur scheinbar allein der Ausdruck einer berechnenden Absicht, sie müssen ebensosehr als Ausdruck der unklaren Verhältnisse in einer jahrhundertelang umkämpften Grenzzone und als Ergebnis der Schwäche der deutschen Königsmacht jener Zeit gelesen werden. Den Beziehungen Philipps zu den wechselnden deutschen Herrschern hat das alles jedenfalls nicht sichtbar geschadet: Eine wechselnde Haltung zu den (verschiedenen) Trägern der Römischen Königskrone half bei dieser stückweisen Fixierung des französischen Interesses durchaus mit. Das ganze 14. Jahrhundert hindurch sollte die seit den späten Staufern schon traditionell gewordene Verbindung zu Frankreich den deutschen Herrschern einen festen Orientierungspunkt ihrer internationalen Optionen liefern.

War also das Verhältnis zu Deutschland zwar nicht von Gegensätzen frei, ohne doch zu brisanten Konflikten zu führen, so war der englische Nachbar jenseits des Kanals für den französischen König seit langer Zeit ein traditioneller Gegner. Der «Aquitanische Krieg» (1294–1304) machte das erneut deutlich. Das Verhältnis Frankreichs zu England war bereits das ganze 13. Jahrhundert hindurch dadurch belastet, daß die Plantagenêts seit dem 12. Jahrhundert große französische Gebiete in ihrem Besitz hatten. Seit Philipp II. Augustus seine Lehnsoberhoheit energisch durchgesetzt hatte, waren immer wieder offene Konflikte ausgetragen worden. Im Frieden von Paris (1259) zwischen Ludwig IX. von Frankreich und Edward I. von England war aber schließlich verbindlich anerkannt worden, daß der König von England für das Herzogtum Aquitanien Vasall des Königs von Frankreich war. Nicht geklärt werden konnten damit freilich einige damals ausdrücklich oder stillschweigend offengelassene Probleme im beiderseitigen Verhältnis. Schon über die genauen geographischen Grenzen des lehnsabhängigen Herzogtums haben sich die beiden Parteien noch lange nicht einigen können, erst recht war offengeblieben, welche Rechte das königliche Gericht und das Parlement in Paris gegenüber den vom englischen König als Herzog eingesetzten Herrschaftsträgern und ihren Maßnahmen behielten. Konnte hier die französische Zentrale direkt durchgreifen und eingreifen, oder nur dann, wenn sie angerufen wurde? Welche Rechte kamen dem Oberlehnsherrn gegenüber den Amtsträgern seines Lehnsmannes zu, welche gegenüber dessen Untertanen? In einem Zeitalter, in dem Herrschaftsbeziehungen intensiviert und verrechtlicht wurden, hatten solche Fragen eine explosive Wirkung, konnten vor allem nicht durch Präzedentien ruhiggestellt werden.

Es kann nicht überraschen, daß sich diese und ähnliche Fragen noch lange nicht wirklich klären ließen. England und Frankreich sollten noch den ganzen sogenannten «Hundertjährigen Krieg» hindurch darum ringen müssen, bevor die moderne Vorstellung eines geschlossenen Herrschaftsgebietes in einem nationalstaatlich verfaßten Königreich auch in dieser komplexen Gemengelage von Herrschaftsrechten sich dadurch realisieren ließ, daß die Engländer ihren Festlandbesitz endgültig verloren. Aber noch war es lange nicht soweit. Philipp der Schöne, der bei seinem Regierungsantritt von Edward I. erfolgreich die Lehnshuldigung verlangt und erhalten hatte, scheint damals viel eher zu einem kriegerischen Eingreifen bereit gewesen zu sein als der englische König, der sich zunächst verhandlungsbereit zeigte. Schließlich kam es 1294 doch zum Krieg. Ein französisches Heer besetzte Aquitanien, aus England konnte, da ein Aufstand in Schottland die Kräfte band, nur unzureichende militärische Unterstützung kommen, so daß nach langwierigen Kämpfen die Guyenne mit Ausnahme der Gebiete um Bayonne, Bourg und Blaye französisch besetzt wurde. Ein Waffenstillstand brachte (1297) praktisch ein Ende des Krieges, wenn auch nicht ein Ende der Kosten. Erst auf der Höhe des neuen Konflikts um Flandern wurde dann ein Friede geschlossen (1303), der England Aquitanien zurückgab und ein schiedlich-friedliches Auskommen für die nächsten zwei Jahrzehnte begründete. Der französische König setzte die Anerkennung seiner rechtlichen und politischen Oberhoheit durch, ohne freilich ein Ende aller Streitigkeiten zu erreichen. Bezeichnend immerhin war es, daß ihm eine förmliche Anerkennung genug schien, daß er Aquitanien seinem Vasallen nicht auf Dauer entzogen hat, ja nicht einmal, so scheint es, entziehen wollte.

Schon als der französisch-englische Krieg um Aquitanien im letzten Jahrzehnt des 13. Jahrhunderts seinen Höhepunkt erreichte, entwickelte sich ein weiterer Konflikt, der nicht allein ungleich kostspieliger werden sollte, der vielmehr schließlich auch eine Konzentration aller Mittel erzwang und damit den Krieg in Aquitanien beenden half, der Krieg um Flandern. Die Grafschaft Flandern, ein Zentrum spätmittelalterlicher Stadtwirtschaft und Tuchproduktion, teils von einer französischsprachigen, teils von einer vlämisch sprechenden Bevölkerung bewohnt, war, anders als das weit überwiegend agrarische Aquitanien, Teil einer der wichtigsten Städtelandschaften Europas, teilte auch die sozialen Spannungen, die die rasche Stadtentwicklung im 14. Jahrhundert nicht allein am Niederrhein hervorrief. Da gab es Konflikte der einzelnen Städte mit dem gräflichen Stadtherrn, dessen Versuche zur Durchsetzung seiner landesherrlichen Autorität nicht nur in den die Städte beherrschenden Oligarchien, sondern auch im französischen König als dem Lehnsherren des Grafen argwöhnisch eifersüchtige Gegner fanden. Ein stillschweigendes Miteinander dieser beiden Kräfte verstrickte freilich den französischen Hof fast wider Willen auch tief in die sozialen Spannungen zwischen der kleinen Schicht reicher Fernhandelskaufleute, die in aller Regel die städtischen Ämter und Positionen fest in ihrer Hand hielten, und den aufstrebenden Schichten aus Zünften und Gewerbe, die ihren eigenen Anteil an den Stadtregierungen einforderten.

Ein Königshof war nicht eigentlich ein natürlicher Verbündeter solcher Bestrebungen, die Ausgangslage scheint klar: Der Krieg begann, als der Graf sich nach mancherlei unterschiedlichen Bemühungen schließlich stärker als je zuvor auf ein Bündnis mit dem König von England einließ. England, Hauptlieferant der Wolle, die in Flandern zu Tuch verarbeitet wurde, hatte durch ein Embargo während des aquitanischen Krieges die wirtschaftlichen Schwierigkeiten in den flandrischen Städten verschärft, die auch durch französische Steuerforderungen zur Finanzierung des Krieges nicht gerade erleichtert wurden. 1294 hatte der Graf einen ersten Schritt in diese neue Orientierung getan, als er einen Heiratsvertrag für eine seiner Töchter mit einem englischen Prinzen verabredete. Der französische Lehnsherr hatte diese Pläne aber dadurch durchkreuzt, daß er seine lehnrechtlich notwendige Einwilligung verweigerte und den Grafen vor sein königliches Gericht zitierte, wo dieser künftiges Wohlverhalten versprechen mußte. 1297 jedoch erneuerte der Graf seinen Versuch einer englischen Neuorientierung. Freilich sicherte der damals geschlossene Vertrag mit dem englischen König dem Flandrer keine ausreichende militärische Unterstützung. Als Edward I. im August 1297 endlich in Flandern eintraf, war bereits fast das gesamte Territorium von französischen Truppen besetzt, nur in den Städten Gent, Ypern und Douai konnte sich der Graf behaupten.

In den Waffenstillstand zwischen Frankreich und England (vom 9. Oktober 1297) wurde dann der Graf von Flandern wohl einbezogen, aber damit war seine schwierige Lage nicht leichter geworden. Die folgenden Friedensverhandlungen waren langwierig, vor allem höchst kompliziert, da zwei völlig verschiedene Konflikte zu regulieren waren. Zum Hauptstreitpunkt des französisch-englischen Krieges konnten sich beide Seiten nicht so rasch einigen, obwohl sich auch Papst Bonifaz VIII. als Vermittler einschalten wollte. Dieser freilich sollte und wollte dazu, merkwürdig genug, ausdrücklich nur als Privatmann, nicht als Papst tätig werden, wohl nicht zuletzt deshalb, weil sich damit die schwierige Frage umgehen ließ, wie es mit dem Gehorsamsanspruch des Stellvertreters Christi gegenüber christlichen Herrschern bestellt war. Soviel jedenfalls stellte sich alsbald heraus, daß die Sache des Grafen von Flandern für den englischen König keineswegs unverbrüchlich mit seiner eigenen verbunden war. Als der französisch-englische Waffenstillstand im Januar 1300 auslief, ohne daß ein Friede erreichbar gewesen wäre, flammte dann der flandrische Krieg (nicht dagegen der aquitanische) erneut auf. Eine französische Armee unter dem Kommando Karls von Valois besetzte jetzt auch noch den letzten Teil des Landes. Der Graf und sein Erbprinz wurden in (ritterliche) Haft, die Grafschaft unter die Verwaltung königlich französischer Bediensteter genommen. 1301 bereiste König Philipp in eigener Person und mit allem Pomp eines Herrscherbesuchs das Land und wurde mit dem prunkvollen Zeremoniell empfangen, das das Spätmittelalter als Erbe antiker Usancen für solche Gelegenheiten bereithielt.

Das Problem der militärischen Besetzung des Landes war damit freilich keineswegs geringer geworden. Die hohen Kosten mußten durch Steuern aufgebracht werden, deren unausgewogene Verteilung noch dadurch verschärft wurde, daß zugleich Bußgelder zur Strafe früheren Widerstandes und Exemtionen zur Belohnung für eine rechtzeitige «richtige» Wahl der Loyalität auferlegt wurden. In der Folge wuchsen die Spannungen zwischen den sozialen Gruppen, vor allem in den großen Städten, zumal da die wohlhabenderen Bürger politisch ohnedies eher mit Frankreich sympathisierten und nun der Belastung eher ausweichen konnten.

Die Unruhe wuchs. In Brügge, in Gent kam es zu Handgreiflichkeiten. Einige Häuser von Angehörigen der Stadtoligarchien wurden geplündert und zerstört. Der französische Statthalter besetzte daraufhin beide Städte, gewährte freilich den Aufständischen zuvor freien Abzug. So konnten sie schließlich beim liturgischen Morgenläuten am 18. Mai 1302 in Brügge die französische Besatzung im Schlaf noch in ihren Quartieren überwältigen und eine größere Zahl von Soldaten (wahrscheinlich mehrere hundert) umbringen. Die französischen Offiziere entkamen unverletzt. Bedeutete diese «Matutin» von Brügge nun keineswegs eine schwere militärische Niederlage, so sollte der Versuch, die Stadt zu strafen, doch in einer Katastrophe enden: Als die Franzosen schließlich ein großes Ritterheer unter dem Befehl des Grafen Robert von Artois (eines Neffen Ludwigs IX. und somit eines Onkels Philipps des Schönen) versammelt hatten, waren die Aufständischen militärisch gerüstet. Ein sumpfiges Gelände und eine den Gegebenheiten nicht angepaßte Taktik ließen die Schlacht, die am 11. Juli 1302 bei Kortrijk (Courtrai) geschlagen wurde, zum Desaster für die Franzosen werden. Alle Anführer des französischen Heeres, Graf Robert von Artois, der Statthalter des Königs Jacques de Châtillon, der Connetable, zwei Marschälle und die Blüte des französischen Adels fielen im Kampf, auch der leitende Rat des Königs, Pierre Flote, der bisher die Richtlinien in Paris mitbestimmt hatte, wurde erschlagen. In der «Schlacht der Goldenen Sporen» hatten bewaffnete Bürger zu Fuß die ritterlichen Panzerreiter spektakulär überwunden. Wenn auch noch jahrhundertelang Reiterschlachten in der

Form einer Summe ritterlicher Einzelkämpfe stattfinden sollten, hatte sich hier doch der Übergang zur Effizienz der Fußsoldaten des 15. und 16. Jahrhunderts unzweideutig angekündigt.

Mit der Katastrophe von Kortrijk war der Krieg, wie sich zeigen sollte, keineswegs entschieden, er war aber in eine für den französischen Hof äußerst kritische Phase getreten. Durch Konzentration aller Kräfte und durch Mäßigung der Ziele gelang es jedoch, einen erträglichen Abschluß zu finden: Mit England wurde 1303 in Paris ein Friede erreicht, der zwar keinen der Konfliktstoffe wirklich beseitigte, der aber für einige Jahrzehnte relative Ruhe erreichte. Die Flandrer wurden am 18. August 1304 in einer Schlacht bei Mons-en-Pévèle (unter der persönlichen Teilnahme des Königs) geschlagen, wenn auch keineswegs vernichtet. Ein Frieden mit ihnen kam dann nach langwierigen Verhandlungen im Juni 1305 in Athis-sur-Orges zustande, der den Grafen und sein Haus erneut in den Besitz seines Lehens setzte.

Hatte sich hier erwiesen, daß Philipp und sein Hof vor einer kriegerischen Anstrengung nicht zurückscheuten und sie auch durchzuhalten vermochten, so zeigte ein weiterer Konflikt, daß die königlichen Räte durch eine entschlossene Wahrnehmung auch ungewöhnlicher Handlungsmöglichkeiten zu einem zukunftsträchtigen Erfolg zu kommen wußten. Jeder mittelalterliche Herrscher hatte es allein schon in seinem eigenen Herrschaftsgebiet mit seiner Landeskirche zu tun, mit den Amtsträgern der kirchlichen Institutionen, mit den großen Vermögensmassen, die der Kirche, weltlichem Zugriff weitgehend entzogen, im Laufe der Zeit zugefallen waren. Kirchliche Prälaten (die sich weit überwiegend aus dem Adel des Landes rekrutierten) nahmen selbstverständlich am politischen Leben, an Festen, Ratsversammlungen, Verhandlungen des Reiches teil und wachten eifersüchtig über ihre Stellung. Konflikte mit ihnen bildeten aber nicht den einzig möglichen Ausdruck dieser Reibungsfläche zwischen königlichem Herrschaftsanspruch und kirchlicher Selbstbehauptung. Seit die mittelalterliche Kirche im Papst nicht mehr nur den vornehmsten und wichtigsten, sondern den höchsten und prinzipiell alles entscheidenden Bischof der Gesamtkirche zu sehen begann, der für Einheit und Integrität der Kirche Verantwortung trug, konnte der Papst jede Frage, die die Kirche einer Region berührte, an sich ziehen und somit königlichen Ansprüchen entgegentreten. Im 11., noch im 13. Jahrhundert hatte der Papst das zunehmend getan, freilich zunächst und vor allem dem römischen Kaiser und deutschen Herrscher gegenüber, wenngleich auch die Könige der übrigen Christenheit durchaus im Blickfeld päpstlicher Entscheidungen geblieben waren. Je stärker sich die Tendenz zur Zentralisierung kirchlicher Entscheidungen beim Heiligen Stuhl und der Kurie durchsetzte, je schwächer die Stellung des Kaisers wurde, desto wahrscheinlicher wurde auch ein Konflikt zwischen Papst und König.

Ebendieses Problem stellte sich nun Philipp dem Schönen mit aller Schärfe. Am Ende des Jahrhunderts, das seit 1250, seit dem Tod des Staufers Friedrich II., keinen Kaiser mehr gesehen hatte und das durch die Eckpontifikate Innozenz' III. und Bonifaz' VIII. charakterisiert ist, durch die dem Papsttum eine zuvor nicht gekannte Kompetenzfülle in der Gesamtkirche zugewachsen war, hatte der französische Herrscher einen exemplarischen Kampf zu führen. Er und seine Berater taten dies mit Entschiedenheit, Einfallsreichtum und in beispielhaften Formen, unterstützt von den Gelehrten der Pariser Universität, die in der Lage waren, dem faktischen Tun auch eine theoretisch befriedigende Erklärung zu geben, so daß noch lange Zeit die Beziehung zwischen Staat und Kirche hier Maßstab und Orientierung finden konnte.

Lagen die Ursachen des Konflikts demnach in sehr langfristigen Entwicklungen begründet, nehmen sich Anlaß und Verlauf zunächst eher bescheiden aus. Papst war 1294 ein brillanter Jurist geworden, Bonifaz VIII., der – auf den Schultern einer langen Tradition, die von den gelehrten Theologen und Kirchenjuristen der Scholastik des 13. Jahrhunderts gebildet worden war – alle dort theoretisch formulierten Vorrechte und Kompetenzen seines Amtes wahrzunehmen und auszufüllen gedachte. Dieser Papst, dem taktische Zurückhaltung zwar nicht absolut unmöglich war, der aber seinen Gegnern viel lieber in der vollen Rüstung extrem ausformulierter Ansprüche gegenübertrat, hatte dementsprechend in seinem nur knapp zehn Jahre währenden Pontifikat (1294–1303) eine ganze Reihe von erbitterten Kämpfen zu bestehen, die er zum Teil bereits von seinen Vorgängern ererbt hatte (wie den Konflikt um Sizilien nach der Sizilischen Vesper), teils aber selber erst heraufbeschwor (wie seinen Kampf mit den Colonna-Kardinälen). Seine Auseinandersetzung mit Philipp dem Schönen sollte mit seiner tiefsten Niederlage enden. Die Aufräumungsarbeiten sollten die Kurie, den Königshof und die Kirche noch bis in die letzten Lebensjahre Philipps des Schönen hinein beschäftigen.

Der Zusammenstoß begann unscheinbar, er endete hochdramatisch. Zunächst hatte der Papst – angesichts der intensiven Bemühungen des französischen Hofes, für die Kosten des aquitanischen Krieges auch die Landeskirche durch die Auflage bestimmter Beisteuern heranzuziehen – im Januar 1296 durch eine Erklärung den Grundsatz ins Gedächtnis gerufen, daß kirchliche Beisteuern, Subsidien und Geschenke an einen Herrscher im Normalfall der päpstlichen Einwilligung bedürften, hatte aber verschärfend hinzugefügt, wer immer von der Kirche Zahlungen fordere oder entgegennehme, solle dem Kirchenbann verfallen. Die Anfangsworte der Bulle stellen, ganz dem Stil Bonifaz' VIII. entsprechend, den aktuellen Fall in einen weiten Horizont: «Daß Laien den Klerikern ganz feindselig gegenüberstehen, das lehrt uns die Geschichte, und das machen uns auch die Erfahrungen der Gegenwart deutlich».

Wenn der Papst erwartet haben sollte, er könnte allein durch die Drohung mit seiner geistlichen Zwangsgewalt Gehorsam erzwingen, so hatte er sich gründlich getäuscht. Der französische Hof erließ am 17. August 1296 ein Verbot, Gold, Silber oder andere Edelmetalle, gemünzt oder ungemünzt, Edelsteine, Wertgegenstände, Waffen, Pferde und andere kriegswichtige Dinge ohne schriftliche Erlaubnis des Hofes aus Frankreich auszuführen, bei Strafe des völligen Vermögensverlustes. Solch ein Embargo war für Kriegszeiten keine absolute Neuerung, hier freilich traf es weniger den englischen Kriegsgegner als die Kirchenzentrale, die zwar an Pferden, Waffen und Kriegsbedarf nicht unmittelbar interessiert war, an der jedoch spätestens seit dem 12. Jahrhundert zahlreiche Kleriker lebten, die ihren Lebensunterhalt durch eine oder mehrere Pfründen bestritten, die sie weit entfernt von Rom (u. a. auch in Frankreich) innehatten. Was schon unter normalen Umständen schwierig genug war und mancherlei Anstrengungen kostete, nämlich die Einkünfte aus der Pfründe auch einzutreiben und die Beträge dann über weite Entfernungen sicher zu transferieren, hier wurde es mit einem Federstrich unmöglich gemacht: Der französische Hof traf die Kurie an einer hochempfindlichen Stelle. Wenn auch der Papst versuchte, den König durch Drohgebärden einzuschüchtern, stand nach längerem Hin und Her, da sich Bonifaz VIII. zugleich durch den Beginn seines offenen Konflikts mit den Colonna-Kardinälen zu einer mäßigeren Gangart gezwungen sah, schließlich einer friedlichen Beilegung nichts mehr im Wege. Am 31. Juli 1297 erließ der Papst eine feierliche apostolische Konstitution («Etsi de statu»), in der er die in «Clericis laicos» eingeschärften Bestimmungen fühlbar dämpfte: Was dort verfügt worden sei, gelte nicht für Geschenke, Kredite oder freiwillige Leistungen, vor allem nicht in einem Notfall (sofern dieser ausdrücklich vom König als solcher festgestellt sei); dann nämlich bleibe eine Entscheidung den französischen Prälaten vorbehalten. Man kann nicht recht erkennen, was bei diesen Einschränkungen die ursprüngliche Verfügung in Frankreich noch sollte regeln können.

Der Streit jedenfalls schien beigelegt. Noch am 9. August desselben Jahres wurde der Heiligsprechungsprozeß für König Ludwig IX., den Großvater Philipps des Schönen, in Rom abgeschlossen, ohne Zweifel als ein Zeichen guten Willens gedacht und absichtsvoll in zeitlicher Nähe der Streitbeendigung placiert. Als der Papst für das Jahr 1300 ein großes Jubeljahr nach alttestamentarischem Vorbild, aber ohne Vorläufer im Mittelalter, verkündete (und damit eine bis heute nicht abgerissene Tradition begründete), nahmen französische wie deutsche, englische wie spanische Pilger in hellen Scharen die Gelegenheit einer Reise in die Heilige Stadt wahr. Eintracht und Frieden schienen eingekehrt.

Die Frage, ob beide Seiten auf der Basis bloßen guten Willens auf die Dauer miteinander auskommen konnten, wurde aber alsbald wieder kritisch: Die Schwierigkeit bestand ja darin, daß der umfassende Anspruch des Papstes auf absoluten Gehorsam in der ganzen Christenheit keineswegs aufgegeben war und daß auf der anderen Seite der Integrations- und Intensivierungsprozeß staatlichen Zugriffs auf die Untertanen im Königreich nicht an den Grenzen der kirchlichen Immunitäten haltmachen wollte, vielleicht auch nicht konnte. Künftige Konflikte waren fast unvermeidlich. Es scheint kein Zufall, daß der neue Streit sich an einem seit alters sensiblen Problem entzündete: der gerichtlichen Privilegierung des Klerus.

Der Anlaß als solcher erscheint unerheblich. Der Papst hatte aus der Diözese Toulouse ein neues Bistum um Pamiers errichtet und den früheren Abt eines Kanonikerstifts in Pamiers, Bernard de Saisset, zum neuen Bischof ernannt. Bernard hatte alle alten Probleme geerbt, die durch die zwischen ihm und dem Grafen von Foix geteilte jährlich wechselnde Herrschaftsübung *(paréage)* in Pamiers entstanden, und zugleich durch seine scheinbar größere Bewegungsfreiheit als Bischof im Grenzland zwischen Frankreich und Aragón neue dazu gewonnen. Er konnte, besonders wenn der Wein ihm nach dem Mahle die Zunge löste, offenbar sehr impulsiv sprechen. Spekulationen über eine von Frankreich unabhängige politische Stellung des Languedoc mögen eine vage Rolle gespielt haben. Nichts aber spricht dafür, daß von ihm eine ernstliche Gefahr für Integrität und Bestand des Königreichs ausgegangen wäre. Die königlichen Amtleute aber sahen das anders. Kaum erfuhren sie von den Redereien des Bischofs, nahmen sie ihn fest (1301), verhörten alle seine Bediensteten und Bekannten mit peinlicher Sorgfalt (teilweise unter der Androhung der Folter) und klagten ihn wegen Majestätsverbrechens an; am 24. Oktober 1301 wurde Saisset vor dem königlichen Rat in Senlis verhört. Damit stand das kirchliche *privilegium fori,* der Anspruch eines Klerikers auf Gehör vor einem geistlichen Gericht, in Frage. Wenn der Rat des Königs auch beschloß, der Form Genüge zu tun, indem man das Haus in Senlis, wo Saisset gefangen war, der Hoheit von Gilles Aycelin unterstellte, einem Angehörigen des königlichen Rates und (als Erzbischof von Narbonne) kirchlichen Oberen des Bischofs von Pamiers, warf allein das Verfahren bis zu diesem Zeitpunkt schwerwiegende Fragen kirchlicher Exemtion aus der königlichen Gerichtsbarkeit auf.

Bonifaz VIII. war nicht der Mann, das alles stillschweigend auf sich beruhen zu lassen. Der Fall Saisset zwar wurde im weiteren Verlauf geräuschlos geregelt, weil niemand an ihm Interesse hatte. Im Februar 1302 wurde der Bischof nach Rom überstellt, um dort den sich entfaltenden Streit zwischen Papst und König zu überdauern. 1307 konnte er sogar wieder in seine Diözese zurückkehren, wo er 1312 starb. Zwischen Kurie und königlichem Hof freilich sollte der Kampf sich noch zuspitzen und für Bonifaz VIII. ein böses Ende nehmen.

Der Papst, dessen Waffe ausschließlich das Wort war, wie ihm Pierre Flote bei Verhandlungen des Jahres 1300 entgegengehalten hatte, und der darüber hinaus verbale, von Rhetorik hallende Erklärungen liebte, zögerte nicht, in einer ausführlichen Bulle den König zur Besinnung zu mahnen, ihm die Wohltaten der Römischen Kirche für Frankreich, sein Königshaus und für Philipp persönlich in glühenden Farben zu schildern, dessen jetzige Missetaten zu beklagen und mit aller Verve die päpstliche Amtskompetenz zu unterstreichen. Alle Prälaten Frankreichs wurden für den nächsten Winter nach Rom zu einer synodalen Versammlung der französischen Kirche eingeladen, um mit dem Papst weitere Maßnahmen zu beraten («Ausculta fili», vom 5. Dezember 1301).

Dieses päpstliche Schreiben wurde dem französischen Hof nicht etwa durch eine ordentliche Legation, durch einen Kardinal oder hohen Prälaten der Kurie übermittelt, sondern durch einen päpstlichen *notarius*, einen Kanzleischreiber. Der französische Hof nahm diesen unüberlegten Nadelstich zum Anlaß, das päpstliche Schreiben seinerseits nicht in einer förmlichen königlichen Audienz entgegenzunehmen, sondern gleichsam am Hintereingang abliefern zu lassen. Dem päpstlichen Beauftragten wurde bedeutet, er solle sich sogleich nach Rom zurückverfügen.

Darüber hinaus setzte der Rat auch ein Verfahren in Gang, das eine «Öffentliche Meinung» in Frankreich gegen den Papst mobilisieren sollte. Die königlichen Räte fertigten eine Kurzfassung der Bulle an, in der der ursprüngliche Text zu knappen Formeln geronnen war: «Wir wollen, daß Du wissest», so lautete diese Depeschenfassung, «daß Du in geistlichen und weltlichen Dingen uns untertan bist. Die Zuteilung kirchlicher Pfründen steht Dir keineswegs zu. Sofern Du gerade provisorisch über einige vakant stehende Pfründen die Verfügung hast, hast Du deren Einkünfte dem künftigen Amtsinhaber aufzubewahren. Wenn Du aber eine Pfründe zugeteilt haben solltest, erklären wir diese Übertragung für nichtig und widerrufen sie als widerrechtlich vollzogen. Wer anderes für richtig hält, den erklären wir für einen Ketzer.»

Gewiß war hier alles, was der Papst angedeutet hatte, vereinseitigt und auf eine juristisch präzise Formulierung gebracht. Man wird den Verfassern aber zugute halten, daß sich der päpstliche Brief derart lesen ließ, vielleicht sogar so gelesen werden sollte, wenngleich jetzt auch alles bewußt Zweideutige in klare Ansprüche übersetzt war. Insofern war es wohl eine Verschärfung, nicht eigentlich aber eine Verfälschung von Bonifaz' VIII. Epistel. Diese provozierenden Sätze, und sie allein, nicht die Deklamationen der Originalfassung, machte der französische Hof alsbald bekannt. Damit bediente er sich eines Instruments, das einerseits die an der Universität üblichen Formen der Argumentation und des Meinungskampfes geschickt nutzte, Positionen mit begrifflicher Schärfe zusammenzufassen, um sie dann Stück für Stück zerpflücken zu können. Andererseits benutzte man als Adressaten der Kurzfassung nun keineswegs etwa nur die Universität mit ihren theologischen und juristischen Experten. Vielmehr berief man eine Versammlung ein, in der die kirchlichen Prälaten, die Doktoren der Universität, der Adel des Landes, Vertreter der weltlichen und geistlichen Kollegien, der Bürgerschaft der Stadt zusammen mit dem König und seinem Rat am 10. April 1302 in Notre Dame zusammentrafen.

Man hat die Zahl der Teilnehmer an dieser Veranstaltung auf etwa 1000 Personen geschätzt. Ohne Zweifel sollten diese Männer als Repräsentanten des «Volkes» verstanden werden. So sehr daher diese Versammlung auch zur Vorgeschichte des repräsentativen Verfassungsmodells in Frankreich gehört, so fehlte ihr doch jede juristisch fixierbare geregelte Vertretungsvollmacht, Bindekraft und vielleicht daher auch entsprechende Folgewirkung. Die Anwesenden vertraten und waren das französische Volk, ohne daß im einzelnen geklärt war oder zu klären wäre, mit welchen Entscheidungen sie die von ihnen Vertretenen hätten verbindlich verpflichten können. So war diese Versammlung kein Parlament, keine Ständeversammlung, sie erweist sich als Instrument der königlichen Regierung, die auf der Klaviatur mittelalterlicher korporativer Vorstellungen durch die Postulierung von Repräsentativität vorzüglich zu spielen vermochte.

Pierre Flote, Großsiegelbewahrer und damaliger Leiter der königlichen Politik, hielt in Anwesenheit des Königs eine Ansprache, in der er eine lange Klageliste über die jüngsten Übergriffe der Kurie vortrug und damit sehr verschiedenartigen Interessen der Anwesenden unmittelbar Rechnung tragen konnte. Die Einberufung einer französischen Nationalsynode nach Rom durch den Papst erschien dann am Ende als Konsequenz eines Angriffs auf die Rechte und Freiheiten des Königs von Frankreich. Reform des Königreichs und der «ecclesia Gallicana» sei genuine Aufgabe des Königs selbst, die päpstlich geleitete Synode erscheint als Störfaktor. Rat und Hilfe erwarte der König von seinen versammelten Leuten.

Die Vertreter des Adels und der Bürgerschaft zogen sich daraufhin zu getrennten Beratungen zurück. Bei ihrer Rückkehr ins Plenum hatten sie jeweils Erklärungen (in der Form von Schreiben an das Kardinalskolleg) formuliert, wohl nicht ohne tatkräftige Hilfe des königlichen Rates, in denen die Laien ihre volle Unterstützung der königlichen Rechtswahrung bekundeten. Größere Schwierigkeiten machte der Klerus, der zunächst auf Zeitgewinn hoffte und eine Vertagung der Frage verlangte. Aber der König verweigerte jeden Aufschub. So erklärten die versammelten Prälaten dem König ihre bleibende Treue, baten gleichwohl um die Erlaubnis, zur päpstlich berufenen Synode nach Rom reisen zu dürfen, was ihnen aber erneut verweigert wurde. Erst daraufhin wurde auch vom Klerus ein Brief, diesmal an den Papst, verfaßt, der über die Versammlung genau Bericht erstattete und den Papst im letzten Satz darüber informierte, daß man eine Revision der Synodalberufung für opportun hielte.

Eine französische Gesandtschaft an die Kurie hatte diese verschiedenen Schreiben zu überbringen und zu erläutern. Ende Juni traf man Papst und Kardinäle in Anagni. Die Sitzung des Konsistoriums, auf der die französischen Wünsche verhandelt wurden, ist in einer protokollähnlichen Niederschrift festgehalten. Der Papst fuhr schweres Geschütz auf. Der Dekan des Kollegiums, der Franziskanerkardinal Matthaeus von Aquasparta, hielt zunächst eine knappe Ansprache, in der er in schneidender Schärfe die kurialen Maximalvorstellungen über die päpstliche Gewaltenfülle darlegte, wobei er freilich auch einige verbindliche Töne einfließen ließ. Auch der Papst selbst ergriff das Wort, um kurz und präzise die eigenen Forderungen zu formulieren: Frankreich dürfe von der Kirche, die ihm eine Fülle von Wohltaten erwiesen habe, keinesfalls abgetrennt werden, der König solle die diabolischen Einflüsterungen seiner Ratgeber, insbesondere des Pierre Flote, nicht befolgen. Alle Prälaten, die nicht in Rom zur Synode erschienen, bedrohte er mit der Absetzung.

Wohl zur gleichen Zeit wurde an der Kurie eine kleine Schrift eines Juristen vorgelegt und offenbar auch den französischen Gesandten bekannt, in der in einfacher Gedankenführung Autoritäten aus der Bibel und dem Kirchenrecht zusammengestellt waren, die die kurialen Auffassungen zu stützen schienen. Der Verfasser, Heinrich von Cremona, war im April 1302 vom Papst zum Bischof von Reggio (Emilia) erhoben worden. Dieser kurialen Publizistik freilich wurde auf der französischen Seite eine ganze Reihe von Texten gegenübergestellt, die aus der Mitte der Universität von Paris den kurialen Argumenten eine schulgerechte Antwort gaben: teils als anonyme Gemeinschaftsarbeiten formuliert (wie die sogenannte «Quaestio in utramque partem» oder die Quaestio mit den Anfangsworten «Rex pacificus Salomon»), teils als bestimmten Autoren *expressis verbis* zugeschriebene Traktate, die die Positionen des Hofes auf der Höhe der damaligen scholastischen Wissenschaft gegenüber den papalistischen Vorstellungen der Kurialen verteidigten. Fast wichtiger noch als der Fortgang der politischen Auseinandersetzung ist für die Zukunft diese Schlacht der «publizistischen» Argumente geworden. Haben sich an der Kurie neben Heinrich von Cremona vor allem die Augustinereremiten und Theologen Aegidius Romanus und Jakob von Viterbo um eine geschlossene Darlegung kurialistischer Konzeptionen von der päpstlichen Gewaltenfülle verdient gemacht, so hat von den Parisern insbesondere der Dominikanertheologe Johannes Quidort (1302/3) unter ingeniöser Benutzung der – freilich selber unentschiedenen – Formulierungen des Thomas von Aquin eine klare, später oft benutzte Gegenposition abgesteckt, in der die universitären Diskussionen dieser Jahrzehnte für die Zukunft fruchtbar gemacht worden sind.

Der politische Streit wurde durch diese publizistische Debatte freilich nicht aufgehalten, auch keinesfalls entschieden. Im Winter 1302 kam es vielmehr zu der – aus Frankreich nur schlecht beschickten – Synode in Rom, auf der der Papst seine Absicht, die französische Kirche auf seine Linie zu verpflichten, nur höchst unvollkommen verwirklichen konnte. Immerhin gab ihm diese Versammlung willkommenen Anlaß, eine päpstliche Erklärung zu publizieren, die seither als der äußerste Ausdruck papaler Ansprüche gelten darf, die Bulle *Unam sanctam*. Hier wurde die päpstliche Gehorsamsforderung ekklesiologisch begründet und verbindlich gemacht. Im Schlußsatz erscheint die Unterwerfung unter den Papst als heilsnotwendig für jedes menschliche Wesen, also nicht nur für Christen. Nie hat ein Papst seine Postulate höher gestimmt vorgetragen, nie hat einer den Titel eines Vikars Christi wörtlicher ausgelegt.

Die praktischen Folgen dieses sorgfältig redigierten Dokuments, an dessen Sätzen anscheinend viele Köpfe und Federn mitgewirkt haben – besonders deutlich schimmern Formulierungen des Aegidius Romanus durch –, setzte dem Kampf freilich keinen triumphalen Schlußpunkt: Der französische Hof, durch den katastrophalen Stand des damaligen Flandernkrieges in äußerster Bedrängnis, zeigte sich keineswegs bereit, klein beizugeben. Wenn der Papst gehofft haben mochte, mit dem Tod des Pierre Flote in der Schlacht bei Kortrijk seinen härtesten Gegner ausgeschaltet zu sehen, so sah er sich getäuscht. Wilhelm von Nogaret nahm zwar noch nicht sofort das königliche Siegel in seine Verwahrung, bestimmte aber in dieser Frage Strategie und Taktik der königlichen Politik, und er war nicht nachgiebiger als sein Vorgänger.

Zunächst blieb man miteinander im Gespräch. Der Papst schickte eine Legation, diesmal unter der Leitung des Kardinals Johannes Monachus, eines gelehrten Kanonisten, aber anscheinend weniger geschickten Diplomaten, vor allem aber, was Bonifaz wohl entgangen war, keineswegs eines überzeugten Anhängers des Papstes. Der französische Hof ging auf die Forderung der Kurie nur sehr allgemein und allenfalls teilweise ein, versprach eine «Reform» der französischen Kirche, die eine bessere Abgrenzung der weltlichen und geistlichen Kompetenz bringen solle, zeigte sich aber keineswegs zur Unterwerfung bereit. Vielmehr erhoben Nogaret im königlichen Rat und Wilhelm von Plaisians in einer weiteren Versammlung von Repräsentanten des Adels und der Geistlichkeit, diesmal im Louvre abgehalten, schwere persönliche Anklagen gegen Bonifaz, über die eine allgemeine Synode, ein Generalkonzil entscheiden sollte. Damit kehrte man den Spieß um. Unter Nutzung der Vorstellungen der Kanonisten über eine mögliche Papstabsetzung (wie sie dem Hof auch durch die Colonna-Kardinäle nahegebracht worden sein mögen, zu denen man in Paris freilich offiziell immer eine gewisse Distanz zu halten wußte) spielte man diese Karte der Absetzungsdrohung aus, die man auch praktisch in die Tat umzusetzen versuchte. Eine eigene Gesandtschaft unter der Leitung Nogarets wurde nach Italien abgeordnet, anscheinend um die Möglichkeiten einer Konzilsberufung in Verhandlungen mit den Kardinälen und italienischen Potentaten zu ventilieren. So zog sich das diplomatische Spiel mehrere Monate hin, verzögert durch taktische Finessen, erneuerte Verhandlungsaufträge und die Schwierigkeiten einer relativ langsamen Kommunikation über so weite Entfernungen.

Beiden Seiten war die unmittelbare Konfrontation nicht genug, beide suchten sie, für die Zukunft ihre Position zu stärken. Der königliche Hof holte sich in planvollem Vorgehen die Unterstützung zahlreicher Gruppen und Versammlungen aus dem ganzen Lande ein, die alle ein Konzil zur Absetzung des Papstes forderten und diese Forderung bei der königlichen Kanzlei schriftlich einreichten. Noch heute werden diese Schriftsätze im Staatsarchiv aufbewahrt. Der Papst seinerseits suchte anscheinend ebenfalls Verbündete. Er beendete im März 1303 sein langes Zögern und intensive Verhandlungen mit der ausdrücklichen Anerkennung des Habsburgers Albrecht I. als «Römischem König» durch die Bestätigung («Approbation») seiner Wahl. In einem öffentlichen Konsistorium erklärte Bonifaz, dem römischen Reich sei auch Frankreich von Rechts wegen unterworfen (womit er freilich nur eine der gegensätzlichen Auffassungen zeitgenössischer Juristen aufgriff). Man darf solche Aktionen, von denen nicht einmal deutlich ist, ob sie dem französischen Hof überhaupt bekannt wurden, gewiß nicht überbewerten. Mit solchen Deklarationen wurde nichts entschieden, und selbst der Treueid, den die Gesandten des Habsburgers dem Papste damals leisteten, der den Amtseiden päpstlicher Amtleute im *Patrimonium Petri* nachempfunden war und nicht die herkömmlichen Formulierungen aus Gratians Dekret gebrauchte, entschied nicht über die Unklarheiten im Verhältnis zwischen Papst und Kaiser, geschweige denn über das Verhältnis von Staat und Kirche.

Der Konflikt mit Frankreich dauerte an. Der Papst wollte, wie es seine Art war, mit einer apostolischen Konstitution die Entscheidung erzwingen. Am 8. September 1303 sollte das Pergament, wie Bonifaz selbst das Publikationsverfahren festgelegt hatte, durch Anschlag an die Türen der Kathedrale in Anagni rechtsgültig veröffentlicht werden, wo der Papst seine Sommerresidenz bezogen hatte. Der König sollte gebannt, seine Untertanen ihrer eidlichen Treuepflichen entbunden werden, d. h. faktisch wollte der Papst den König absetzen. Nogaret hatte als Abgesandter des französischen Hofes in Italien inzwischen mit geringem Widerhall versucht, den Konzilsplan auf den Weg zu bringen. Aber beiden Seiten wurde die Probe darauf erspart, wie die Zeitgenossen des beginnenden 14. Jahrhunderts auf eine jeweilige Absetzung reagieren würden. Der quälenden Wartezeit und der unsicheren Lage überdrüssig, wohl auch in Kenntnis des für den 8. September geplanten päpstlichen Schrittes, entschloß sich Nogaret zu einem Handstreich. Wenn es gelang, dem Papst die Ladung vor das künftige Konzil vor der Publikation der Bulle zuzustellen, war die Bannsentenz ungültig, zumindest zweifelhaft.

So erklärt sich ein Teil der dramatischen Ereignisse, die jetzt folgten, aus dem Termindruck, in dem sich der französische Gesandte sah. Kompliziert wurde die Lage freilich dadurch, daß gleichzeitig mit ihm und seiner bewaffneten Begleitung auch eine Truppe (von vielleicht 300 Mann) vor Anagni anlangte, die unter dem Befehl Sciarra Colonnas stand, eines Verwandten der beiden Kardinäle, die Bonifaz seit 1297 mit Feuer und Schwert verfolgt, ihrer Ämter enthoben, ihrer Benefizien und Besitztümer entsetzt hatte. In heute unentwirrbarer Beziehung zueinander, unkoordiniert oder nach vorheriger Absprache, wirkten diese beiden in ihren Interessen und Absichten grundverschiedenen Kräfte neben- oder miteinander. In der Nacht vom 6. zum 7. September 1303 wurden sie von einem bestochenen Bürger heimlich in die Stadt eingelassen. Sofort wurden der päpstliche Palast und das Haus der Caëtani nahe dem Dom belagert. Am Abend des 7. September endlich werden die Tore erbrochen, der Palast verwüstet und geplündert, Bonifaz (der in der Verwirrung schweigend seine Würde bewahrt) von Nogaret mit der Ladung vor ein Konzil, von Sciarra Colonna mit der Forderung nach seinem Rücktritt konfrontiert. Den ganzen 8. September hindurch sind sich die Angreifer nicht schlüssig, was mit dem in Gefangenschaft gehaltenen Papst geschehen solle: Einige wollen ihn nach Frankreich führen, andere ihn auf der Stelle richten und abstrafen. Endlich entschließen sich die Bürger Anagnis am folgenden Tage zum Eingreifen. Nach einigen Stunden Kampfes sind die Eindringlinge auf der Flucht, der Spuk war vorbei, das «Attentat» gescheitert.

Gleichwohl markiert dieses kurze gewaltsame Zwischenspiel eine wichtige Epoche, nicht nur deswegen, weil der Papst, nach seiner Befreiung in mühsamen Etappen nach Rom zurückgekehrt, dort als gebrochener Mann bereits am 1. Oktober 1303 verstorben ist, ehe er auch nur hätte andeuten können, wie er den Kampf weiterzuführen gedachte. Die noch ein Halbjahr zuvor in *Unam sanctam* extrem übersteigerten Ansprüche auf Weltgeltung seines Amtes, ja auf Weltregierung, waren vor einem Haufen marodierender Soldateska zerstoben. Noch jahrzehntelang sollten die Folgen die Kurie und den französischen Hof beschäftigen. Die Übersiedlung der Kurie nach Avignon, in den Strahlkreis des französischen Königreiches (wo sich Papst Clemens V. 1309 zum ersten Male auf größere Dauer niederließ) war zwar nicht eine unmittelbare Folge des Attentats von Anagni, hängt aber doch mit den Erfahrungen zusammen, die Bonifaz dort machen mußte. Auf der anderen Seite gewann das französische Königtum aus der erfolgreichen Selbstbehauptung neue Kraft und deutliches Gewicht. Die Weltambitionen der Kurialisten waren zunichte. Sie wurden an der Kurie verbal zwar noch lange Zeit unvermindert festgehalten, einer Verwirklichung jedoch blieben sie ferner als je zuvor, während die Nationalstaaten bis zur Frühmoderne allmählich zu Selbstbewußtsein kamen und als politisch bestimmende Faktoren das Feld der europäischen Bühne zu beherrschen begannen.

All diese Entwicklungen vollzogen sich langsam und sehr allmählich. Die Auseinandersetzung zwischen Bonifaz VIII. und Philipp dem Schönen macht all das sinnfällig, ohne daß die Zeitgenossen bereits imstande gewesen wären, das Geschehen voll zu erfassen. Unmittelbar stellte sich für beide Seiten zunächst das Problem, wie die Geschehnisse in Anagni selbst und wie der Konflikt, der sie heraufgeführt hatte, bereinigt werden konnten. Die Bestrafung der Täter lag im Interesse der Kurie, der französische Hof dagegen hielt demonstrativ an dem Plan fest, den verstorbenen Papst auf einem Konzil verurteilen zu lassen; dieses Druckmittel gegenüber der Kurie gab der Hof nicht so rasch aus der Hand. Die einzelnen Phasen und Schritte der Ausgleichsbemühungen und der Verhandlungen sind hier nicht zu verfolgen. Sie dauerten noch bis zum Konzil von Vienne (1311–1312). Dabei fiel dem französischen Hof mehr als ein Jahrzehnt nach dem Handstreich von Anagni eine neue Waffe in die Hand, mit der er Kurie und Papst empfindlich beunruhigen konnte: die Templerfrage, richtiger die Vernichtungsaktion gegen die Templer.

Der Templerorden, der älteste der Ritterorden des 12. Jahrhunderts, der im Zuge der frühen Kreuzzugsbewegung entstanden war und im bewaffneten Heidenkampf, im Schutz der Pilger und in der Verteidigung der Kreuzfahrerstaaten seine wichtigsten Aufgaben gesehen hatte, war wie die anderen Ritterorden seit dem Verlust Palästinas in eine tiefe Krise geraten. Reich dotiert und auch in den europäischen Heimatländern mit Grundherrschaften und anderen Vermögenswerten überreich ausgestattet, hatte der Orden bereits im 13. Jahrhundert seine guten Dienste bei dem Transfer von Geld und Geldeswert zuerst von Europa ins Heilige Land, schließlich auch innerhalb Europas anbieten und entwickeln können, so daß er eines der wenigen, zu dieser frühen Zeit relativ gut funktionierenden internationalen Instrumente für einen Zahlungsmittelverkehr anzubieten hatte. Insbesondere die kapetingischen Könige Frankreichs hatten sich der Templer gern und immer wieder bei ihrer Finanzverwaltung bedient, sie als Sachkenner und Spezialisten bei Abrechnung und Transfer großer Summen ausgiebig und regelmäßig herangezogen.

Mit dem Fall Akkons, des letzten christlichen Brückenkopfes im Heiligen Land (1291), hatten die Ritterorden ihren Gründungszweck verloren. Schon die Zeitgenossen erörterten ihre künftige Bestimmung heftig und kontrovers. Der Gedanke, die drei großen Ritterorden der Templer,

Johanniter und des Deutschen Ordens zu einem neuen schlagkräftigen Instrument der Rückeroberung des Heiligen Landes zu verschmelzen, wurde mehrfach erwogen, sogar vom Großmeister der Templer in einer Denkschrift für den Papst eigens zurückgewiesen. Solche Ideen ließen sich naturgemäß nicht verwirklichen, zeigen aber das Krisenbewußtsein und den technizistischen Rationalismus des Zeitalters deutlich an. Der Deutsche Orden fand im Preußenlande ein neues Zentrum und eine neue Aufgabe, die Johanniter suchten beides auf Rhodos. Die Templer wurden vom französischen König brutal vernichtet. Finanziell sollte diese Aktion freilich dem französischen Hof längst nicht jene Vorteile bringen, die man sich dort erhofft hatte.

In die Einzelheiten des blutigen Geschehens können wir uns wiederum hier nicht vertiefen. Wie so oft begann alles scheinbar harmlos damit, daß ein Bürger Béziers namens Esquiou de Floyran beim König von Aragón auftauchte und sich anheischig machte, aus eigenem Wissen schwer belastendes Material gegen die Templer mitteilen zu können. Während aber der Hof von Aragón ihm diplomatisch verklausuliert die kalte Schulter zeigte, fand der Denunziant, als er 1306 in Paris dasselbe Anerbieten machte, offene Ohren. Der Orden wurde der Ketzerei, der Abgötterei, sexueller Ausschweifungen und zynischer Praktiken im gegenseitigen Umgang bezichtigt, insbesondere die rauhbeinigen Initiationsriten des Männerbundes und der interne Umgang der Brüder miteinander wurden der sodomistischen Ausschweifung verdächtigt. Der französische Hof entschloß sich zum Handeln.

Nach insgeheim eingeholten weiteren Auskünften, die naturgemäß vor allem die mißgünstigen Gerüchte aus der Umwelt der beneideten Templerkonvente fixierten, wandte man sich an die Kurie um die Erlaubnis einer offiziellen Untersuchung dieser schwerwiegenden Vorwürfe. Ein päpstliches Einverständnis war nach der Anschauung der Zeit nötig, weil der Orden als exemte geistliche Gemeinschaft rechtlich das Privileg der Kleriker genoß und unmittelbar dem Papst verantwortlich war. So war die Einwilligung, die Clemens V. leicht zögernd im August 1307 schließlich doch erteilte, das Signal für weitere Aktivitäten. Nogaret selbst übernahm die technische Leitung der Maßnahmen und nutzte sie nach längeren internen Vorberatungen schließlich zu energischem Zugriff. Am 14. September wurden die Mandate unterzeichnet, am Morgen des 13. Oktober wurden in ganz Frankreich alle Templer auf Geheiß des Königs verhaftet, das große Ordensvermögen wurde in königliche Verwaltung genommen, auch die zeitüblich in Mauerhöhlen und Schatzkisten versteckten Wertsachen wurden aufgespürt und konfisziert.

Die verhafteten Ritter wurden einer peinlichen Befragung unterworfen. Der Großmeister des Ordens, in völliger Verkennung der Lage und ihrer Gefahren, scheint die Hoffnung gehegt zu haben, durch Zeitgewinn dem Papst ein rettendes Eingreifen zu ermöglichen, jedenfalls hat er durch ein eigenes Rundschreiben seinen Brüdern angeraten, zunächst ruhig alles zu gestehen (vielleicht um dann später vor kirchlichen Gerichten die eigentliche Verteidigung zu führen). Aber all diese Hoffnungen erfüllten sich nicht. Die Geständigen – und das waren dank der verfehlten taktischen Marschroute der Ordensleitung fast alle Brüder einschließlich des Großmeisters selbst – wurden in Haft gehalten und, sofern sie dort ihre «Geständnisse» widerriefen, als rückfällige Ketzer mit all der Härte behandelt, die das Inquisitionsverfahren gegen Ketzerei im Laufe der letzten beiden Menschenalter ausgebildet hatte, d. h. sie wurden erbarmungslos auf den Scheiterhaufen geschickt. Auch der Großmeister selbst, der die verfehlte Taktik wenn nicht ersonnen, so doch wirksam propagiert hatte, wurde, nachdem er auch unter der Folter nicht von seinem Widerruf der zuerst leichthin gegebenen Eingeständnisse abgerückt war, noch am 19. März 1314, Jahre nach der Aufhebung seines Ordens, in Paris zusammen mit einem gleichgesinnten Bruder verbrannt.

Das Ziel, das Ordensvermögen zu gewinnen, erreichte der königliche Hof freilich nur in sehr beschränktem Umfange. Zwar wurde die Ordensliquidation dem französischen Wunsch entsprechend von Clemens V. auf dem Konzil von Vienne verkündet, allein schon um der stetigen Drohung mit einem Verfahren gegen den verstorbenen Bonifaz' VIII. wegen Ketzerei zu entgehen. Das Ordensvermögen jedoch wurde den Johannitern übertragen, abzüglich der – gewiß recht großzügig abgerechneten – Verwaltungskosten, die dem französischen König zu erstatten waren.

Die brutale Vernichtung des Templerordens hat sich jedenfalls materiell für die Krone nicht in dem vielleicht erhofften Umfang ausgezahlt. Die Aktion bleibt ein häßliches Beispiel für den kühl und schnöde kalkulierten Einsatz staatlicher Zwangsgewalt zur Vernichtung einer ganzen Gruppe von Menschen. Der werdende Staat zeigte also schon in der Phase seiner Formierung sein Vernichtungspotential und seine ethisch bindungslose technizistische Rationalität, wenn es auch damals natürlich nicht an der Verkündung hehrer Grundsätze und einer fast peinlichen Beachtung eines rechtsförmlichen Verfahrens gemangelt hat. Es bleibt durchaus vorstellbar, daß Philipp der Schöne selbst von den vielfachen Vorwürfen gegen die Templer persönlich überzeugt war. Das entschuldigt aber nicht die grausame Härte und den kalten Vernichtungswillen, mit dem der Templerorden auf sein Geheiß ausgelöscht wurde.

Mit dem erfolgreichen Streich gegen die Templer kamen der König und sein Hof unzweifelhaft nicht in allen ihren Absichten wirklich zum Erfolg. Ebensowenig gelang ihnen eine weitere «zukunftsweisende» Unternehmung, die in dem letzten Jahrzehnt von Philipps Regierungszeit und parallel zu dem Templerverfahren eine andere, eine größere Minderheit traf, der Schlag gegen die Juden und Lombarden: Auch hier sind fiskalische Motive nicht von der Hand zu weisen, auch hier erscheint die Aktion wie ein Vorgriff auf zahlreiche spätere gleichartige Vertreibungen, die ebenfalls eine ganze Bevölkerungsgruppe aus dem Lande wies, ohne doch die angeblichen oder wirklichen Ziele in nennenswertem Maße erreichen zu können. 1306 wurden alle Juden des Königreichs verwiesen. Sie hatten schon lange dem König immer wieder durch Zahlung ansehnlicher Summen gedient. Ganz zu Beginn seiner Regierung hatten sie als Begrüßungsgeschenk nicht weniger als 25 000 lb. aufgebracht. Auch danach waren sie immer wieder hart besteuert worden. Da auch ihre wirtschaftliche Leistungsfähigkeit unter dem allgemeinen Konjunkturrückgang litt, waren ihre Zahlungen freilich nicht eben leicht und immer stockender geflossen. Jetzt verfügte der Hof ihre Ausweisung und die Konfiskation ihrer Vermögen, eine ins Absurde gesteigerte Konsequenz ihrer institutionellen Abhängigkeit vom königlichen Schutz- und späteren Eigenherrn. Nach Schätzungen wurden damals etwa 100 000 Juden aus Frankreich ausgewiesen, die in die Nachbarländer ringsum, bis nach Ungarn hin, auswanderten. Der Gewinn aus der Konfiskation ihrer Häuser, Liegenschaften, Vermögenswerte war zwar immens, allein in der Sénéchaussée von Toulouse flossen aus der Versteigerung jüdischer Vermögen im Verlaufe mehrerer Jahre insgesamt mehr als 75 000 lb. in die königlichen Kassen. Der amerikanische Historiker W.C. Jordan hat deren Gesamteinnahmen aus dieser Aktion auf über 3 000 000 lb. geschätzt.

Trotzdem ließen sich die königlichen Finanzen damit keineswegs sanieren, sowenig, daß nach demselben Schema 1309–1311 eine gleichartige Aktion gegen die lombardischen Geldhändler und Kaufleute gestartet wurde, diesmal auf der Basis des Fremdenrechts und zur Strafe für den – kirchlich verbotenen – «Wucher», d. h. den Geldverleih gegen Zinsen, ohne den die spätmittelalterliche Wirtschaft nicht mehr auskommen konnte. Auch in diesem Falle blieb der Erfolg der Aktion weitgehend aus, die Maßnahmen sind von den Söhnen und Nachfolgern Philipps teils schleunigst wieder rückgängig gemacht worden (selbstredend ohne daß man zu einer Entschädigung bereit gewesen wäre), teils wurden sie mehrfach wiederholt.

So bleibt die Regierungszeit Philipps des Schönen eine Epoche nicht der Lösungen, sondern der sichtbar werdenden Probleme, eine Zeit des Übergangs und der raschen Wandlungen. Unter diesem Herrscher vollzog Frankreich seinen Eintritt ins Spätmittelalter. Zügen einer erstaunlichen «Modernität», die oft wie ein Vorgriff auf neuzeitliche Entwicklungen erscheinen wollen, stehen retardierende Momente gegenüber, und in einigen seiner Entscheidungen, die Philipp im Kreise seines Rates traf, zeigt sich auch bereits die dauernde Gefahr durch eine rationale Intensivierung staatlicher Zwangsmittel, die sich an ihren Opfern bedenkenlos schadlos hält. Die Entwicklung der nationalen Monarchie hat unter diesem König ohne Frage einen frühen Höhepunkt erreicht. An Integrationsleistung, an Intensivierung staatlicher Herrschaft, an Durchsetzung königlicher (und das hieß fortan mehr und mehr auch staatlicher) Hoheit hat er relativ früh einen hohen Grad erreicht und gehalten. In den Konflikten mit der Weltkirche, in denen er unbeugsam auf seinen fest eingewurzelten Überzeugungen beharrte, unterstützt durch die Gelehrten der Pariser Universität, die dafür zukunftsträchtige begründende Theorien entwickelten, hat er seinen Standpunkt weithin sichtbar zu wahren gewußt. Mit alledem erwies er die Möglichkeiten seines Zeitalters, die er wie kaum ein Herrscher neben ihm in Europa in ihren Chancen und Gefahren auszuschöpfen wußte und sichtbar machen konnte. So hat er, fast am Ende des kapetingischen Königshauses stehend, gleichsam die Summe aus der hochmittelalterlichen Geschichte Frankreichs gezogen und dessen Weg in die Zukunft bahnen helfen.

Bernhard Töpfer

Die letzten Kapetinger Ludwig X. (1314–1316), Philipp V. (1316/17–1322), Karl IV. (1322–1328)

Ludwig X. (Hutin, der Zänker), geb. 4. 10. 1289; April 1305 König von Navarra und Graf der Champagne; am 1. Oktober 1307 in Pamplona zum König von Navarra gekrönt; 29. 11. 1314 König von Frankreich, gekrönt am 3. 8. 1315; gest. 5. 6. 1316 in Vincennes; begraben 7. 6. in St-Denis. Vater: König Philipp IV.; Mutter: Johanna von Navarra, gest. 2. 4. 1305. 23. 9. 1305 Heirat mit Margarete, Tochter Herzog Roberts von Burgund, gest. 30. 4. 1315 in Château Gaillard; Tochter: Johanna (1312–1349), 1318 verheiratet mit Graf Philipp von Evreux. Zweite Heirat am 31. 7. 1315 mit Clementia, Tochter des Königs Karl Robert von Ungarn, gest. 13. 10. 1328; Sohn: Johann, geb. 13./14. 11. 1316, gest. 19. 11. 1316 (König Johann I.). Philipp V. (le Long, der Lange), geb. 1291; 1311 Graf von Poitiers, 12. 7. 1316 Regent der Königreiche Frankreich und Navarra, am 9. 1. 1317 zum König gekrönt; gest. 3. 1. 1322 in Longchamp bei Paris; begr. 8. 1. in St-Denis. Eltern: wie sein Bruder Ludwig X. 1307 Heirat mit Johanna, Tochter des Pfalzgrafen Otto IV. von Burgund und der Gräfin Mathilde von Artois, gest. 1329. Sohn Ludwig, gest. 18. 2. 1317. Vier Töchter: Johanna (1308–1347), verheiratet am 18. 6. 1318 mit Herzog Odo (Eudes) IV. von Burgund; Margarete (1310–1382), verheiratet am 22. 7. 1320 mit Ludwig, Sohn des Grafen Ludwig von Nevers, ab 1322 Graf von Flandern; Isabella (1312–1348), verheiratet mit dem Dauphin Guido VII. von Vienne; Blanche (1314–1358), wird Nonne im Klarissenkloster Longchamp. Karl IV. (le Bel, der Schöne), geb. 1295; 1314 Graf von La Marche, 3. 1. 1322 König von Frankreich und Navarra, am 21. 2. 1322 zum König gekrönt; gest. 1. 2. 1328 in Vincennes, begr. 5. 2. in St-Denis. Eltern: wie Ludwig X. April 1307 Heirat mit Blanche, Tochter des Pfalzgrafen Otto von Burgund und der Mathilde von Artois, Ehe am 19. 5. 1322 für ungültig erklärt; Blanche 1326 im Kloster Maubuisson gest. Zweite Heirat am 21. 9. 1322 mit Marie von Luxemburg, Tochter Kaiser Heinrichs VII.; gest. März 1324 (kurz nach Geburt des Sohnes Philipp, gest. nach der Taufe). Dritte Heirat am 5. 7. 1325 mit Johanna, Tochter des Grafen Ludwig von Evreux, gest. 1371; Töchter: Johanna, geb. Mai 1325, als Kind gest.; Blanche, geb. 1. 4. 1328, gest. 1392, 1345 verheiratet mit Herzog Philipp von Orléans.

Als König Philipp IV. am 29. November 1314 starb, folgte ihm den anerkannten Grundsätzen des französischen Thronfolgerechts entsprechend sofort und ohne Probleme sein ältester, 1289 geborener Sohn Ludwig. Seit dem Tod seiner Mutter im April 1305 war er als deren Erbe König von Navarra und Graf der Champagne. Offenbar auf Grund des letzteren Titels beauftragte ihn Philipp IV. kurz vor seinem Tode, in Provins mit den rebellierenden Adligen der Champagne und benachbarter Gebiete zu verhandeln. Da der Thronfolger hierbei nachdrücklich die königlichen Rechte betonte und den verbündeten Adligen Gewalt androhte, dürfte diese Unterredung die Entschlossenheit der Adelsopposition eher bestärkt und deren Mißtrauen gegenüber dem künftigen König gefördert haben.

So befand sich König Ludwig X. zum Zeitpunkt der Übernahme des Königsamtes in einer überaus schwierigen Situation. Die Steuererhebungen im Zusammenhang mit dem im September 1314 vorzeitig abgebrochenen Feldzug gegen die Grafschaft Flandern hatten dazu geführt, daß sich im Laufe des November Adlige und teilweise auch Städte der Champagne, des Herzogtums Burgund einschließlich der Region Auxerre/Tonnerre sowie weiter nördlich gelegener, zur königlichen Domäne gehörender Gebiete (Vermandois, Amiens) und der Grafschaften Artois und Pontoise zuerst in regionalen Bündnissen, dann in einer übergreifenden Allianz zusammenschlossen, um den Steueranforderungen, Münzverschlechterungen und sonstigen Eingriffen königlicher Amtsträger entgegenzuwirken. Auch in anderen Gebieten, insbesondere in den Städten des Languedoc, wuchs der Widerstand gegen die Erhebung von Steuern, zumal diese trotz der von Philipp IV. kurz vor seinem Tode verfügten Einstellung von eifrigen Amtsträgern häufig weiter eingetrieben wurden. Daher erließ Ludwig X. im Januar und Februar 1315 Mandate, in denen er die königlichen Beauftragten dringend anwies, die von seinem Vater angeordnete Einstellung der Besteuerung zu beachten und danach erhobene Gelder zurückzuzahlen.

Während jener unruhigen ersten Monate seiner Regierung formierte sich um den König ein neuer Kreis von Ratgebern, so daß der Einfluß der unter Philipp IV. maßgeblichen Persönlichkeiten weitgehend ausgeschaltet wurde. Bereits um die Jahreswende wurde ein neuer Kanzler eingesetzt, Etienne de Mornay, der bis dahin im Dienste des Grafen Karl von Valois, des Onkels des Königs, gestanden hatte. Dies deutet zugleich darauf hin, daß Karl von Valois selbst einen starken Einfluß auf das Handeln des Königs gewann; das gleiche gilt von dem Bruder des Königs, dem Grafen Philipp von Poitiers. Aus dem bisherigen Kreis um Ludwig stieg der Connetabel der Champagne, Béraud de Mercœur, in den engeren Kreis der königlichen Berater auf. Auf diese Weise formierte sich in Gestalt des sogenannten Großen Rats *(Grand conseil)* ein engerer, abgegrenzter Kreis von Ratgebern, welche die Politik der königlichen Regierung in hohem Maße mitbestimmten und im Unterschied zu den Verhältnissen unter König Philipp IV. teils Fürsten, teils Hochadlige waren, so daß die Rolle der sogenannten Legisten deutlich zurückgedrängt wurde. Der spektakulärste Fall in diesem Zusammenhang war die Entmachung des Enguerrand de Marigny, der in den letzten Jahren des vorherigen Königs dessen entscheidender Berater gewesen war. Die Tatsache, daß die königliche Kasse beim Antritt Ludwigs X. absolut leer war, veranlaßte Karl von Valois, den Verdacht zu schüren, daß sich Enguerrand persönlich unrechtmäßig bereichert habe. Nach einem offenen Zusammenstoß zwischen Karl und Enguerrand am königlichen Hof wurde letzterer im März 1315 gefangengesetzt und am 30. April öffentlich in Paris hingerichtet, sein Vermögen ebenso wie das anderer Ratgeber Philipps IV. konfisziert.

In dem Gestalt gewinnenden Großen Rat dominierten also hochadlige Kräfte, die schwerlich geneigt waren, im Geiste der Politik Philipps IV. dem opponierenden Adel in entschiedener Weise entgegenzutreten. Erstmalig zeigte sich das Eingehen auf Beschwerden des Adels und der hohen Geistlichkeit in einer Mitte März 1315 ausgestellten Urkunde des Königs; sie betraf allerdings ein Gebiet, dessen Adel sich Ende 1314 nicht an den Ligen beteiligt hatte, nämlich die Normandie. Normannische Adlige und Prälaten waren am königlichen Hof in Vincennes erschienen und hatten sich beklagt, daß seit den «idealen» Zeiten König Ludwigs IX. unter Mißachtung ihrer Rechte und Freiheiten beschwerliche Neuerungen und Steuern verschiedener Art eingeführt worden seien. In der ausführlichen königlichen Urkunde wurde ihnen darauf unter anderem zugesichert, künftig nur in Fällen offensichtlicher, dringender Notwendigkeit außerordentliche Steuern zu erheben und Vasallen nicht über Gebühr zu Diensten heranzuziehen. Diese von nachfolgenden Königen wiederholt bestätigte Urkunde fand Eingang in das Gewohnheitsrecht der Normandie und wurde so zu einem Kernstück der ständischen Rechte dieses Gebietes. Kurze Zeit später, am 1. April, erlangten Vertreter der Städte des Languedoc eine ihre Beschwerden berücksichtigende, 19 Artikel umfassende Urkunde. Danach sollte etwa die Eintreibung von Strafgeldern für die im Süden sehr häufige Überlassung von Lehen an Nichtadlige und kirchliche Institutionen eingeschränkt werden, ebenso die vom König geforderte Zahlung der Schulden, welche die Bewohner dieses Gebietes bei den unter Philipp IV. vertriebenen Juden gemacht hatten. Hinzu kamen Zusagen, welche die Ausübung der Gerichtsbarkeit betrafen. Diese Festlegungen wurden zum einen in königlichen Briefen den dort tätigen Seneschällen übermittelt, zum anderen erhielten die einzelnen Städte entsprechende Urkunden, so daß im Register der königlichen Kanzlei etwa 30 Ausfertigungen eingetragen sind. Es zeigt sich damit deutlich, daß im Süden nicht wie im Norden die Adligen, sondern die zahlreichen Städte die wirksamste Kraft im Widerstand gegen Eingriffe königlicher Amtsträger waren.

Die entscheidenden Verhandlungen mit Vertretern des Adels der nördlichen Gebiete fanden erst im Mai 1315 um die Pfingstzeit in Anwesenheit zahlreicher Mitglieder des *Grand conseil* in Paris und Vincennes statt. Zum Auftakt gewährte Ludwig X., offenbar um die Spannungen zu überwinden, am 10. Mai eine Bestätigung der großen Ordonnanz *pro reformatione regni,* die König Philipp IV. in der kritischen Situation des Jahres 1303 den Adligen und Prälaten zugestanden hatte. Nach Prüfung der zahlreichen erhobenen Forderungen durch den Großen Rat folgten dann Mitte Mai königliche Urkunden für den Adel der Picardie (Amiens, Vermandois), des Herzogtums Burgund und der Grafschaft Champagne. Auch ein führender Vertreter des Adels der Grafschaft Artois, dem die Gräfin Mathilde in allerdings nur vager Form die Wahrung der alten Gewohnheiten aus der Zeit König Ludwigs IX. versprochen hatte, war anwesend und erhielt vom König entsprechende Zusicherungen sowie einen in befehlendem Ton gehaltenen Brief an die Gräfin, sich an ihre Zusagen zu halten.

Die meist relativ ausführlichen, in Anlehnung an die vorgelegten Beschwerden formulierten königlichen Urkunden enthielten unter anderem Zusicherungen hinsichtlich der Besteuerung, der königlichen Münzprägung, der eigenen Gerichtsrechte der Adligen sowie deren vasallitischer Pflichten gegenüber dem König. In bestimmten Fällen wurde auch das Fehderecht des Adels anerkannt. Zur Eindämmung der Übergriffe königlicher Amtsträger versprach der Herrscher die Entsendung von Untersuchungsrichtern *(enquêteurs),* und überdies sollten jene Amtsträger künftig bei Dienstantritt einen Eid leisten, daß sie die gemachten Zusagen einhalten und die Rechte der Adligen und Prälaten nicht beeinträchtigen würden. Schließlich vereinbarte man, noch offene Fragen bis zum Pfingstfest des nächsten Jahres zu klären. Bis dahin sollte Karl von Valois die Bündnisurkunden verwahren; falls bis zu diesem Zeitpunkt Streitfragen offen blieben, hätte er den Verbündeten die Urkunden zurückzugeben und damit deren Widerstandsrecht anzuerkennen. Würde aber allgemeines Einverständnis erreicht, sollten die Urkunden dem König übergeben werden zum Zeichen dafür, daß kein Anlaß mehr für einen Fortbestand der Ligen bestand.

Eine endgültige Klärung der Streitfragen wurde demnach bis Pfingsten 1315 noch nicht erreicht, aber durch das Eingehen auf die Forderungen des verbündeten Adels hatten der König und sein Rat doch eine weitgehende Beruhigung der Situation erreicht. Die nächsten größeren Vorhaben Ludwigs X. waren jetzt die noch immer ausstehende Salbung in der in der Champagne gelegenen Krönungsstadt Reims und vor allem ein Kriegszug gegen den weiter widerspenstigen Grafen Robert III. von Flandern. In der Zwischenzeit geleiteten Beauftragte Ludwigs X. die für dessen zweite Ehe vorgesehene Frau, Clementia – eine Tochter des dem Hause Anjou angehörenden ungarischen Königs – nach Frankreich. Die erste Frau, Margarete, eine Tochter des 1306 verstorbenen Herzogs Robert von Burgund, war im letzten Regierungsjahr Philipps IV. ebenso wie die Frau Philipps von Poitiers wegen Ehebruchs im Château Gaillard eingekerkert worden, wo sie im Frühjahr 1315 starb. So stand der Hochzeit des Königs mit Clementia, die am 31. Juli stattfinden sollte, nichts mehr im Wege; nach der Trauung begab sich das Paar nach Reims, wo der Erzbischof am 3. August die Salbung und Krönung vornahm.

Schon vor diesem Akt hatte der von Ludwig X. zusammengerufene Gerichtshof der Pairs den Grafen von Flandern, der ein Erscheinen verweigert hatte, die Grafschaft abgesprochen. Darauf erklärte der König am 12. Juli 1315 dem Grafen für den Fall, daß er sich nicht bis zum 29. Juli stelle, den Krieg. Noch vor der Krönung holte er zum Zeichen des Beginns der Kriegshandlungen am 24. Juli die Oriflamme im Kloster St-Denis ein. Von Reims aus begab er sich zu seinem Heeresaufgebot, das bei Lille nahe dem Fluß Lys lagerte. Aber das kriegerische Unternehmen endete ergebnislos im Morast, da anhaltende, heftige Regenfälle jede Kampfhandlung unmöglich machten. Das Heer war kaum mit Lebensmitteln zu versorgen; um eine Tonne Wein zu transportieren, habe man – wie die *Grandes Chroniques* berichteten – 30 Pferde benötigt. So mußte das Unternehmen im September abgebrochen werden. Die zum Kriegszug erschienenen Adligen der Auvergne nutzten die Gelegenheit, um vom König als Dank für ihre Bereitschaft eine Urkunde zu erbitten, derzufolge auch für sie die anderen Regionen gewährten Rechte gelten sollten.

Für den König bedeutete der ruhmlose Abbruch des Angriffs gegen Flandern eine persönliche Enttäuschung. Er hatte bereits 1314 am Kriegszug seines Vaters gegen Flandern als Führer einer Heeresabteilung teilgenommen und dabei auf eine Weiterführung des Kampfes gedrängt. Nach Aussage der im frühen 15. Jahrhundert unter Verwendung älterer Aufzeichnungen in St-Denis verfaßten «Chronographia regum Francorum» soll sein Beiname «Hutin» (Zank, der Zänker) darauf zurückzuführen sein, daß er stets mit aller Leidenschaft den Kampf mit den Flandrern wünschte.

Der Zug gegen sie verursachte ungeachtet seines vorzeitigen Abbruchs hohe Kosten. Natürlich hatte die königliche Regierung wie stets im Falle eines Krieges die Eintreibung von Subsidien angeordnet. Aber diese Gelder gingen erst mit einer gewissen Verspätung ein, zumal den Steuereintreibern wegen der Rebellion gegen die Belastungen beim vorherigen Zug gegen Flandern ein gemäßigtes Vorgehen nahegelegt worden war. Daher war man genötigt, vor Beginn der Kriegshandlungen zusätzliche Einnahmequellen zu erschließen. Im Juli erlaubte Ludwig X. den unter seinem Vater vertriebenen Juden und Lombarden die Rückkehr – eine Maßnahme, die natürlich mit Geldzahlungen verknüpft war; unter anderem beanspruchte der König zwei Drittel der den Juden geschuldeten Summen. Etwa zur gleichen Zeit, am 3. Juli, ordnete er eine umfassende Freilassungs- bzw. Freikaufaktion für die seiner Herrschaft unterstehenden Leibeigenen *(serfs)* an. Beauftragte wurden in die einzelnen *bailliages* entsandt, um mit den dort ansässigen *serfs* gegen eine «soffisant recompensation» die Entlassung aus der *servitude* auszuhandeln. In der Präambel der entsprechenden Ordonnanz erklärt der König, daß nach Naturrecht alle Menschen frei geboren werden; aber seit langem seien entsprechend dem Gewohnheitsrecht viele unfrei geworden, «was uns sehr mißfällt». Das ihm unterstehende Königreich trage den Namen «royaume des Francs» (*franc* = frei), und er wünsche, daß Name und Realität übereinstimmen sollten; deshalb verfüge er nach Beratungen mit dem *Grand conseil* die Freilassung der königlichen Leibeigenen.

Die hier vertretene Auffassung, daß nach dem Naturrecht alle Menschen frei seien, war damals allgemein verbreitet, aber eine Aufhebung der auf menschlichem Recht beruhenden Unfreiheit wurde daraus in der Regel nicht abgeleitet. Auch in diesem Fall ist nicht zu verkennen, daß die königliche Regierung den Freikauf keineswegs in dem hehren Wunsch, naturrechtlichen Prinzipien Geltung zu verschaffen, sondern aus fiskalischen Interessen beschloß. Zwei Tage später erging eine weitere Anordnung, derzufolge von denjenigen, die im Status eines *serf* verbleiben wollten, als «Hilfe für unseren gegenwärtigen Krieg» eine ihrem Besitz entsprechende Abgabe erhoben werden sollte. Die Leibeigenen unterstanden voll der Herrschaft des Königs und konnten daher im Bedarfsfall ohne besondere Bewilligung zu Leistungen herangezogen werden.

Außerdem drängte Ludwig X. die französische Kirche, den Krieg gegen Flandern durch Zahlungen zu unterstützen. Im Herbst 1315 traten Provinzialsynoden zusammen, die dem König einen Zehnt bewilligten. Dafür erhielten zahlreiche Bischofskirchen im Dezember königliche Privilegien, in denen ihnen ihre Rechte und Freiheiten sowie die Zusicherungen, die dem Adel im Mai 1315 gemacht worden waren, bestätigt wurden.

Um Weihnachten brach der König, dem Brauch seiner Vorgänger entsprechend, die zumindest sporadisch auch entferntere Gebiete ihres Machtbereichs persönlich aufsuchten, zu einer größeren Reise auf. Sie führte über Fontainebleau zunächst nach Orléans, wo er im Januar 1316 den Adligen des Languedoc eine umfassende Urkunde ausstellte, in der er ihnen eine weitgehende Verfügungsfreiheit über ihren Besitz garantierte und das Fehderecht bestätigte. In den ersten Februartagen war der König in der Normandie, um sich sodann über Compiègne und Meaux nach Sens zu begeben, wo er Anfang März einer Abordnung des Adels der Champagne in einer weiteren Urkunde neue Zusicherungen gab. Anschließend traf er in Bourges mit den dorthin berufenen, aber nur spärlich erschienenen Vertretern der drei Stände des Languedoc zusammen. Hier kündigte er für den Sommer einen neuen Kriegszug gegen Flandern an. Zugleich erhielten die Adligen des Gebietes um Bourges, des Berry, auf ihre Beschwerden über Bedrückungen durch königliche Amtsträger hin ebenfalls eine ausführliche Urkunde mit entsprechenden Zugeständnissen.

Nachdem der König im Beisein des Großen Rates Anfang Mai nochmals ergebnislose Verhandlungen mit Vertretern des Grafen von Flandern geführt hatte, starb er plötzlich am 5. Juni 1316 in Vincennes an einer fiebrigen Erkrankung; er soll zuvor, erhitzt durch Ballspielen, in einem kalten Keller Abkühlung suchend, eine große Menge Wein getrunken haben.

Ludwigs X. kurze Regierungszeit war geprägt durch die starke, allerdings nicht geschlossen handelnde Adelsopposition, die durch die zentralistische, kostenaufwendige Politik Philipps des Schönen hervorgerufen worden war. Eine kompromißlose Konfrontation mit diesen Kräften wäre schwerlich erfolgversprechend gewesen, so daß die Politik der Zugeständnisse, die in zahlreichen königlichen Urkunden für den Adel der einzelnen Regionen ihren Niederschlag fand, als einzig möglicher Weg erscheint, eine Beruhigung der Situation herbeizuführen. Tatsächlich hat der König bis zu seinem Ableben eine solche Beruhigung erreicht; nur in der Grafschaft Artois, wo die Gräfin Mathilde ungeachtet der Vermittlungsbemühungen der königlichen Regierung Zugeständnisse ablehnte, beherrschten opponierende Kräfte weiterhin das Feld. Natürlich beeinträchtigten die Konzessionen die königliche Zentralisierungspolitik und bedeuteten eine Stärkung teilweise überholter feudaler Interessen. Aber dem damaligen Stand der staatlichen Entwicklung in großen Teilen Europas entsprach, wie die verbreitete Ausbildung ständestaatlicher Strukturen zeigt, durchaus die Tendenz zu stärkerer Betonung ständischer Interessen als Gegengewicht zur fortschreitenden Zentralisation. Bedenklich war nur, daß sich dabei in den nördlichen Regionen meist ein eindeutiges Übergewicht des Adels gegenüber den Städten einstellte und dies sowie die regionale Differenzierung dieser ständischen Aktivitäten ein gemeinsames Geltendmachen berechtigter Interessen der Stände erschwerten.

Als König sowohl von Frankreich wie auch von Navarra hinterließ Ludwig X. bei seinem Tod eine Tochter aus einer ersten Ehe, Johanna, und eine Witwe, die ein Kind erwartete. Sollte dieses Kind als Sohn geboren werden, dann käme ihm nach dem französischen Thronfolgerecht unbestritten die Nachfolge auf dem Königsthron zu. Bis zur Geburt mußte somit eine Zwischenregelung getroffen werden, bei der von vornherein dem älteren der beiden noch lebenden Brüder Ludwigs X.,

Philipp dem Langen, die Vorzugsrolle zufiel. Philipp hatte von seinem Vater die Grafschaft Poitiers als Apanage erhalten und befand sich zum Zeitpunkt des Todes seines Bruders in königlichem Auftrag in Lyon, um die seit dem Tode Papst Clemens' V. im April 1314 noch immer ausstehende Wahl eines neuen Oberhauptes der römischen Kirche herbeizuführen. Er ließ beim Eintreffen der Nachricht vom Tode seines Bruders die weiterhin uneinigen Kardinäle einsperren und brach nach Paris auf, wo er am 12. Juli 1316 eintraf, während in Lyon inzwischen tatsächlich ein neuer Papst, der aus Cahors stammende Johannes XXII., gewählt wurde. In Paris bestellte eine Versammlung der Großen Philipp sogleich zum Regenten für die Königreiche Frankreich und Navarra, mit der Maßgabe, daß die Regentschaft fortdauern sollte, falls die Königinwitwe Clementia einen Sohn zur Welt brächte. Er führte nunmehr den Titel «Philipp, Sohn des Königs von Frankreich, die Königreiche Frankreich und Navarra regierend» *(Philippe, fils de roy de France, regent les royaumes France et Navarre).*

Schwierigkeiten ergaben sich sofort im Verhältnis zu Herzog Odo IV. von Burgund, an dessen Hof sich die Tochter Ludwigs X. aus der ersten Ehe, Johanna, befand, die als Enkelin der Frau Philipps des Schönen Erbansprüche auf das Königreich Navarra und die Grafschaft Champagne hatte, da in beiden Gebieten nicht wie im Königreich Frankreich ein die männlichen Nachkommen bevorzugendes Erbrecht galt. Bereits am 17. Juli wurde jedoch ein die Situation vorerst entspannender Vertrag zwischen dem Regenten und Herzog Odo geschlossen; darin wurden die Rechte Johannas und einer eventuell hinzukommenden Tocher aus der zweiten Ehe Ludwigs X. auf Navarra und die Champagne anerkannt, während sich Philipp bis zu einer Heirat der beiden Damen die Regentschaft vorbehielt.

Obwohl mit dem Grafen von Flandern am 1. September 1316 unter Mitwirkung Karls von Valois ein allerdings nur vorübergehend haltender Friede geschlossen wurde, tauchten für Philipp neue Probleme dadurch auf, daß Robert, ein Neffe der noch immer in Paris weilenden Gräfin Mathilde von Artois, unter Ausnutzung der Unzufriedenheit des dortigen Adels die Grafschaft an sich zu reißen suchte. Der Regent, der mit der seit Anfang 1314 eingekerkerten Tochter Mathildes, Johanna, verheiratet war, verteidigte die Interessen der Gräfin und entsandte zunächst den Connetabel Gaucher von Châtillon mit Truppen, um dann selbst mit einem Aufgebot gegen Robert und die mit diesem verbündeten Adligen vorzugehen. Robert von Artois fügte sich und begab sich nach Paris, wo er einige Zeit eingekerkert wurde.

Inzwischen schenkte Clementia in der Nacht vom 13. zum 14. November einem Sohn, der den Namen Johannes erhielt, das Leben, der jedoch bereits am 19. November starb, aber für die wenigen Tage seines Daseins als König von Frankreich galt. Nach seinem Tode traf Philipp zur Sicherung seiner Position sofort Vorbereitungen für die Krönung in Reims, die am 9. Januar 1317 in Anwesenheit einer begrenzten Zahl von Fürsten und Baronen vollzogen wurde. So erschien der Herzog von Burgund nicht, da er vor der Königsweihe Philipps von diesem eine verbindliche Garantie der Rechte seiner Nichte Johanna, der Tochter Ludwigs X., verlangte. Der neue König berief nach der Rückkehr nach Paris dorthin eine große Versammlung von Prälaten, Baronen und Vertretern von Städten, die Anfang Februar unter Hinzuziehung von Magistern der Pariser Universität stattfand. Die Versammelten billigten die Königserhebung Philipps und erklärten grundsätzlich, daß Frauen kein Anspruch auf die französische Königskrone zustehe.

Allerdings verharrten der burgundischen Herzog, Teile des Adels von Burgund und der Champagne, der Graf Ludwig von Nevers, ein Sohn des Grafen von Flandern, sowie Adlige des Artois im Widerstand. Die Opposition war also beachtlich, hatte aber nicht solche Ausmaße wie um die Jahreswende 1314/15 und fand auch kaum Rückhalt in breiteren Bevölkerungsschichten. Verhandlungen führten im Frühjahr 1318 zu einer Einigung mit Herzog Odo von Burgund: Johanna, der Tochter König Ludwigs X. und Margaretes von Burgund, wurde für den Fall, daß der neue König söhnelos starb, die Champagne zugesichert, während der Herzog die älteste Tochter Philipps V. zur Frau erhielt. Der Widerstand im Artois aber hielt an, und überdies spitzte sich ungeachtet der Vermittlungsbemühungen der Kurie der Gegensatz zwischen dem Grafen Robert von Flandern und dem französischen König erneut zu. Dieser suchte zunächst angesichts der fortdauernden inneren Schwierigkeiten und wegen des chronischen Geldmangels kriegerische Auseinandersetzungen zu vermeiden. Aber nach einem im Oktober 1318 ausgehandelten, bis Ostern 1319 angesetzten Waffenstillstand war mit großer Wahrscheinlichkeit der Ausbruch offener Feindseligkeiten zu erwarten. Philipp V. verschickte in dieser ungewissen Situation bereits seit dem Juli 1318 Einladungen an Städte und an Adlige zu größeren Versammlungen, die im Herbst 1318 und Anfang 1319 zusammentreten sollten. Mitte Oktober fand in Paris eine solche Zusammenkunft von Vertretern der nordfranzösischen Städte, Anfang Januar in Toulouse eine von Delegierten der Städte des Languedoc statt. In beiden Fällen wurden in vager Form Subsidien für einen Krieg gegen Flandern zugesagt. Die im November in Bourges zusammengerufenen Adligen des Berry versprachen ebenfalls Unterstützung. Der Großteil des nordfranzösischen Adels, der zu einer Versammlung in Paris im Februar eingeladen worden war, machte aber keine nennenswerten Zusagen. Somit waren durchweg weitere Verhandlungen im kleineren Rahmen notwendig, um die Bewilligung von Subsidien oder die Stellung von Aufgeboten auszuhandeln. Mit den überregionalen Versammlungen in Paris und Toulouse verfolgte die königliche Regierung offenbar vor allem den Zweck, die

Philipp V. (1316/17–1322)

öffentliche Meinung auf kommende Belastungen einzustimmen. Es zeigt sich deutlich, wie schwierig es für das französische Königtum seit dem Ausbruch der Oppositionsbewegung am Ende der Regierungszeit Philipps IV. war, die für größere Aktionen unerläßlichen finanziellen Mittel zu erlangen.

Abgesehen von diesen gezielten Bemühungen um die Jahreswende 1318/19 hatte Philipp V. schon bald nach Erlangung der Königskrone verschiedene Initiativen ergriffen, um seine Geldeinnahmen zu steigern und die militärischen Potenzen seines Königreiches zu verbessern. Bereits am 12. März 1317 hatte er im Zusammenhang mit einer in Paris abgehaltenen Beratung mit Vertretern der *bonnes villes* der nördlichen Gebiete einschließlich der Normandie eine Ordonnanz erlassen, in der festgelegt wurde, daß zur Sicherung des Friedens in den Städten jeweils ein Kapitän mit vornehmlich militärischen Aufgaben einzusetzen und eine Bürgermiliz aufzustellen sei. Auch wenn die militärische Bedeutung dieser Milizen nicht überschätzt werden sollte, so dürfte diese Maßnahme doch zu einer Stärkung der Verteidigungsfähigkeit der Städte beigetragen haben.

Um die Jahreswende 1317/18 sandte der König seinen Butler *(buticularius)*, den in Finanzfragen entscheidenden Einfluß gewinnenden Adligen Henri de Sully, an den päpstlichen Hof, um die Bewilligung von Zehntzahlungen aus dem Besitz französischen Kirchen zu erwirken. Wie Papst Johannes XXII. anschließend in einem Brief an Philipp V. schrieb, habe Sully im päpstlichen Konsistorium «gewandt, um nicht zu sagen zudringlich» auf die Überlassung von Zehnten für mehrere Jahre gedrängt; doch wollte der Papst angesichts der Belastungen der Kirche nicht mehr als zwei Jahreszehnten zugestehen. Immerhin waren damit begrenzte Einnahmen aus dem Kirchenbesitz gesichert. Außerdem wurde im Januar 1318 zur Steigerung der Einnahmen eine Weiterführung der 1315 begonnenen Freikaufaktion von Leibeigenen angeordnet, und für den März dieses Jahres berief der König eine neue Versammlung von Beauftragten der Städte nach Paris, auf der vor allem Probleme der königlichen Münzprägung, die durch fehlendes Edelmetall beeinträchtigt war, beraten wurden.

Überdies unternahm der König, in dessen Rat jetzt zunehmend Fachleute aus der Rechenkammer *(Chambre des comptes)* Einfluß gewannen, seit 1318 beachtliche Anstrengungen, die gesamte Verwaltungsorganisation effektiver zu gestalten. Im Juli 1318 erließ er in Zusammenarbeit mit dem Großen Rat, dem auch Sully angehörte, eine Ordonnanz, in der festgelegt wurde, daß dieser Rat monatlich einmal mit dem König zusammentreten sollte, wobei jeweils über den Stand der königlichen Finanzen berichtet werden mußte. Zahlreiche Einzelfestlegungen zielten darauf, das Veruntreuen königlicher Einnahmen zu vermeiden. Im gleichen Monat folgte eine Ordonnanz, die eine Kontrolle von Vergabungen aus der königlichen Domäne unter seinen beiden Vorgängern anordnete. Einleitend erklärte der König, er wolle das Königreich entsprechend den guten Bräuchen und Gewohnheiten in der Weise, wie es zu Zeiten König Ludwigs des Heiligen üblich war, regieren; mißbräuchliche Besitzentfremdungen aus der Zwischenzeit sollten daher rückgängig gemacht werden. Da in der öffentlichen Meinung die Überzeugung vorherrschte, der König müsse, von Kriegszeiten abgesehen, von den regulären Einnahmen aus seiner Domäne leben, gewann das Erhalten dieses Komplexes von Besitzungen und Rechten erhöhtes Gewicht. Eine weitere, am 18. November 1318 in Bourges verabschiedete Ordonnanz regelte die Regierungstätigkeit teilweise bis in Einzelheiten. So sollten während der regelmäßigen Morgenmesse des Königs keine Bittgesuche entgegengenommen werden. Keiner dürfe Bitten um Schenkungen auf Kosten der königlichen Domäne vorbringen, es sei denn in Anwesenheit des Großen Rates. Die Beschlüsse dieses monatlich zusammentretenden Rates würden durch königliche Notare registriert, Baillis, Seneschälle (sénéchaux) und andere vom Herrscher ernannte Amtsträger ihr Amt persönlich ausüben und nicht Vertreter einsetzen, denn insbesondere deren Mißbräuche hätten zu Rebellion geführt. Sie sollten die Untertanen nicht bedrücken, von ihnen keine unstatthaften, neuen Abgaben fordern und jährlich ihre Einnahmen abrechnen.

Es gelang dem König offenbar, mit solchen Maßnahmen die Wirksamkeit der königlichen Regierung und nicht zuletzt auch die Einnahmen des Fiskus zu steigern, so daß er dem Ende des Waffenstillstands mit dem Grafen von Flandern im nächsten Frühjahr ohne Befürchtungen entgegensehen konnte. Überdies erklärte sich im Mai 1319 auch der Adel der Auvergne zur Leistung von Subsidien bereit. Als Gegenleistung erhielten die dortigen Adligen ihrer Bitte entsprechend ebenfalls eine 15 Artikel umfassende Urkunde, in der ohne allzu weitgehende Zugeständnisse deren Gerichtsrechte und die Befugnisse des in diesem Gebiet tätigen Bailli präzisiert wurden. In der Präambel hebt der König hervor, daß er die seinen Vorgängern und ihm geleisteten Dienste sowie den Gehorsam der dortigen Herren zu schätzen wisse und überdies berücksichtige, daß sie in zurückliegenden Zeiten, als das Königreich durch andere Untergebene mit Forderungen bedrängt wurde, treu gedient hätten, ohne besondere Gnadenerweise zu erbitten. Diese Formulierungen zeigen deutlich, daß man am Hofe Philipps V. die 1315 in offener Opposition erzwungenen Zugeständnisse mit einem gewissen Unwillen betrachtete.

Im Spätsommer 1319 standen sich im Norden die Heere des Grafen von Flandern und des französischen Königs gegenüber. Doch es kam zu keinen nennenswerten Kämpfen, da sich das Aufgebot der Stadt Gent weigerte, den Fluß Lys nach Süden zu überschreiten und die dem König unterstehende Stadt Lille anzugreifen. Damit war der Weg für die Vermittlungstätigkeit eines vom Papst entsandten Kardinals geebnet. Graf Robert von Flandern erschien Anfang Mai 1320 in Paris und leistete dem König das *homagium* eines Lehnsmannes. Der endgültige Friedensschluß verzögerte sich nochmals, da der Graf die Rückgabe der Städte Lille, Douai und Béthune forderte und angesichts der strikten Weigerung des Königs verärgert aus Paris abreiste. Aber wegen des Drucks der flandrischen Städte, die endlich Frieden wünschten, gab Graf Robert kurz darauf nach. Sein Enkel Ludwig, der Sohn des Grafen Ludwig von Nevers, erhielt im Juli zur Besiegelung des Friedens Margarete, eine Tochter des Königs, zur Frau. Er übernahm, als Graf Robert zwei Jahre später starb, die Grafschaft Flandern und vermied jeden Konflikt mit dem französischen König.

Inzwischen war infolge des Eingreifens des königlichen Connétabel auch die Adelsopposition im Artois endgültig niedergeschlagen worden, so daß die Gräfin Mathilde in ihre Grafschaft zurückkehren konnte. Überdies erreichte Philipp V. im selben Jahr, daß der englische König, Edward II., nach mehrfachen Verzögerungen und widerwillig nach Frankreich kam, um am 29. Juli 1320 vor dem Hochaltar der Kathedrale von Amiens das *homagium* für das Herzogtum Aquitanien zu leisten und damit die Lehnshoheit des französischen Königs für dieses Gebiet anzuerkennen. Die fortbestehenden Spannungen zwischen beiden Herrschern zeigten sich wenige Tage später, als bei weiteren Verhandlungen ein Berater des französischen Königs erklärte, Edward II. habe nur das *homagium,* also den Handgang mit der entsprechenden Willenserklärung («Ich werde euer Mann...») geleistet, nicht aber den für eine Lehnsbindung ebenfalls erforderlichen Treueid *(féauté, fidelitas).* Der englische König wies dies mit Hinweis darauf, daß sein *homagium* in gleicher Form wie 1308 erfolgt sei, entschieden zurück.

Die Erfolge Philipps V. im Jahre 1320 zeigen, daß sich die Position des französischen Königtums nach den Erschütterungen der vorhergehenden Jahre deutlich stabilisiert hatte. Er nutzte die Situation, um 1321 ein komplexes Reformvorhaben zur weiteren Stärkung der königlichen Gewalt im Inneren anzuregen. Ende März und Anfang April ergingen Einladungsschreiben an die meisten Städte des Königreichs; die des Languedoc und der zentralen Regionen sollten zum 14. Juni bevollmächtigte Vertreter nach Poitiers zu Beratungen entsenden, die des Nordens Anfang Juli nach Paris. Im überlieferten Schreiben an die Bürger von Narbonne betont der König, daß er bestrebt sei, das Königreich in Frieden zum Nutzen der Untertanen, die in zurückliegenden Zeiten oft sehr bedrückt worden seien, zu regieren. Vorher führten im kleineren Rahmen königliche Beauftragte Versammlungen durch, auf denen sie die Delegierten eingeladener Städte genauer informierten. In einem Memorandum, das Hinweise zur Vorgehensweise dieser Beauftragten enthält, wird diesen nahegelegt, auf die durch die großen Allianzen zu

Beginn der Regierungszeit des Königs verursachten Schwierigkeiten hinzuweisen und hervorzuheben, daß bisher kaum außerordentliche Steuern erhoben worden seien; vielmehr habe Philipp im Interesse des Gemeinwohls *(bien commun)* viele gute Ordonnanzen erlassen, und zudem denke er an einen Kreuzzug. In diesem Schriftstück werden auch die entscheidenden Punkte der geplanten Reform genannt: Das Münzwesen solle stabilisiert werden, und zu diesem Zweck sei es wünschenswert, die Münzprägung der Barone bzw. Fürsten abzuschaffen, damit es künftig nur das einheitliche königliche Münzsystem gebe, was sicher zum Wohlstand *(grand prosperité)* des Volkes beitragen werde. Außerdem seien Maße und Gewichte zu vereinheitlichen und überdies im Interesse des Gemeinwohls veräußerter oder entfremdeter Besitz aus der königlichen Domäne zurückzugewinnen. Angesichts dieser deutlichen Bemühungen des Königs um den gemeinen Nutzen aber sei eine Unterstützung des mit beträchtlichen Kosten verbundenen Vorhabens durch die Untergebenen, also die Bewilligung einer Steuer, dringend erwünscht.

Dieser Plan enthält insbesondere mit dem Vorschlag einer Vereinheitlichung von Maßen und Gewichten sowie des Münzwesens in königlicher Regie unverkennbar zukunftweisende Züge; er ist überdies insofern bemerkenswert, als damit die königliche Regierung erstmals versuchte, in Friedenszeiten die Zustimmung zur Erhebung einer außerordentlichen Steuer zu erlangen. Offenkundig hoffte man, daß die vorgeschlagenen Reformen die Bürger der Städte zu größeren Leistungen bewegen würden. Die Zusammenkünfte in Poitiers und Paris, zu denen wohl auch Prälaten und Barone eingeladen wurden, blieben jedoch ergebnislos, so daß der König weitere regionale Beratungen sowie eine erneute große Versammlung in Orléans für den 10. Oktober ansetzte. Dort führten, da Philipp V. inzwischen erkrankt war, der Graf von Boulogne und Henri de Sully den Vorsitz; sie konnten an der ablehnenden Antwort der städtischen Delegierten nichts ändern. Offenbar war in den *bonnes villes* die Furcht vor neuen Steuerbelastungen größer als die Hoffnung auf positive Auswirkungen der vorgeschlagenen Maßnahmen.

Überhaupt verschlechterte sich die öffentliche Meinung über den Regierungsstil Philipps des Langen wegen der ständigen Geldforderungen in jener Zeit beträchtlich. Die hartnäckige, fiebrige Dysenterie, die den Herrscher im August befiel, bringt selbst der dem Königshaus durchaus ergebene Mönch des Klosters St-Denis, der die Chronik des Guillaume de Nangis für jene Jahre fortsetzte, in Zusammenhang mit den durch die königliche Finanzpolitik ausgelösten Verwünschungen des Volkes. Am 3. Januar 1322 starb Philipp V.; er wurde wie seine Vorgänger in St-Denis begraben. Da sein Sohn Ludwig aus der Ehe mit der noch unter Philipp IV. eingesperrten, aber 1319 freigelassenen Johanna Anfang 1317 gestorben war, hinterließ er nur für die Thronfolge nicht in Frage kommende Töchter.

König Philipp V. hat unbestreitbar das Verdienst, die Position des Königtums in einer schwierigen Zeit durch eine sich in zahlreichen Ordonnanzen niederschlagende, konsequente Politik der Straffung und Kontrolle der Regierungsführung gefestigt zu haben. Wenn seine Versuche, die königlichen Finanzen zu sanieren, auf zunehmenden Widerstand stießen und nur mäßigen Erfolg hatten, dann war das wohl nicht nur eine Spätfolge der überzogenen Fiskalpolitik Philipps IV., sondern auch eine Konsequenz der komplizierten wirtschaftlichen Gesamtsituation in jenen Jahren. Im Scheitern des Flandernfeldzugs von 1315 in Regen und Morast spiegelt sich die katastrophale Wetterentwicklung der Jahre 1314 bis 1318, die nicht nur in Frankreich Teuerung, Hungersnot und Seuchen zur Folge hatte. Ausdruck der gereizten, spannungsgeladenen Atmosphäre ist es, daß im Sommer 1321, als Philipp V. seine einstige Apanage Poitou besuchte, das Gerücht auftauchte, die Leprosen wollten in ganz Südfrankreich und in weiteren Gebieten die Brunnen vergiften; angeblich seien sie von Juden auf Betreiben des muslimischen Emirs von Granada dazu angestachelt worden. Der König befahl die Leprosen einzukerkern und als schuldig Befundene zu verbrennen. Auch Juden wurden verfolgt und in größerer Zahl verbrannt; andere erkauften durch hohe Zahlungen an den Fiskus ihr Bleiberecht.

Philipp V. starb ohne Thronerben; aber es lebte noch ein jüngerer Bruder, der 1295 geborene Karl, der von seinem Vater die Grafschaft La Marche als Apanage erhalten hatte. Auf Grund der Regelungen nach dem Tode Ludwigs X. war klar, daß er als letzter der drei Söhne Philipps IV. die Königswürde übernehmen würde. Karl IV., der wie sein Vater den Beinamen «der Schöne» erhielt, wurde bereits am 21. Februar 1322 in Reims gekrönt. Er hatte 1308 Blanche, der Tochter des Pfalzgrafen von Burgund und der Mathilde von Artois, geheiratet. Sie war wie ihre Schwester Johanna, die Frau Philipps des Langen, Anfang 1314 eingekerkert worden. Ehebruch konnte nach damaligem Recht kein Grund für eine reguläre Ehescheidung sein; andererseits war aber für Karl IV., den jüngsten der Söhne Philipps des Schönen, nach dem söhnelosen Tod seiner beiden älteren Brüder im Interesse der Weiterführung der Dynastie eine neue Eheschließung dringend erwünscht. Man fand einen Ausweg: Dem Papst wurde mitgeteilt, daß Mathilde, die Mutter Blanches, Taufpatin Karls des Schönen gewesen sei. Da nach kanonischem Recht Ehen zwischen Paten und Täufling als unstatthaft galten, erklärte Johannes XXII. im Mai 1322 die Ehe des Königs mit Blanche tatsächlich für ungültig, so daß es jenem nunmehr möglich war, sich in rechtmäßiger Weise erneut zu verheiraten. Bereits am 21. September 1322 fand die Hochzeit mit Marie von Luxemburg, der Tochter Kaiser Heinrichs VII. und Schwester König Johanns von Böhmen, statt. Blanche durfte den Kerker im Château Gaillard verlassen und wurde in ein Kloster gebracht.

Die damit geknüpften Beziehungen zwischen der französischen Herrscherdynastie und dem Haus Luxemburg führten unter anderem dazu, daß der böhmische König seinen ältesten Sohn, den damals sechsjährigen Wenzel, für einige Jahre an den Pariser Königshof schickte, um ihn dort erziehen und in die Anfangsgründe der Wissenschaften einführen zu lassen. Bei der 1323 in Anwesenheit Karls IV. vollzogenen Firmung des böhmischen Königssohns erhielt dieser zusätzlich den Namen seines Firmpaten. Unter diesem Namen ist er als Kaiser Karl IV. in die Geschichte eingegangen. Überdies wurde er damals mit einer Tochter Karls von Valois verheiratet.

Karls des Schönen Gemahlin Maria brachte zwar im März 1324 auf der beschwerlichen Rückreise von einem Aufenthalt der königlichen Familie in Toulouse vorzeitig einen Sohn zur Welt; aber dieser starb ebenso wie die Königin selbst wenige Tage nach der Geburt. Bereits am 5. Juli 1324 verheiratete sich Karl der Schöne erneut, mit Johanna, der Tochter des Grafen Ludwig von Evreux, deren Bruder Philipp mit der gleichnamigen Tochter König Ludwigs X. vermählt war.

Die Übernahme der Königsherrschaft durch Karl IV. war erneut mit Veränderungen im Kreis der engeren Berater des Herrschers verbunden. Karl von Valois gewann abermals größeren Einfluß, ebenso dessen Sohn Philipp; auch der unter Ludwig X. als Kanzler tätige Etienne de Mornay trat wieder in den Vordergrund. Dafür verringerte sich der Einfluß der Juristen und der Fachleute der *Chambre des comptes*. Ein veränderter Regierungsstil zeigt sich auch darin, daß sogleich 1322 – im Gegensatz zu den Bemühungen Philipps V. um eine stabile Münze – eine Münzverschlechterung vorgenommen wurde, um dem Fiskus zusätzliche Einnahmen zu erschließen. Überdies haben Karl IV. und seine Berater im Unterschied zum vorherigen König darauf verzichtet, überregionale, große Versammlungen der Stände, insbesondere von Vertretern der Städte, einzuberufen. Um Subsidien zu erlangen, beschränkte man sich auf die üblichen Verhandlungen im Rahmen der einzelnen *bailliages* und *sénéchaussées*. Das bedeutete wohl einen gewissen Gewichtsverlust der *bonnes villes* im Rahmen des Kräftespiels der französischen Monarchie.

Eine wichtige Rolle in der Regierungszeit Karls des Schönen spielten die Beziehungen zum englischen König Edward II. Dieser mußte nach lehnrechtlichem Brauch dem neuen französischen König für das Herzogtum Guyenne das *homagium* leisten, und Karl IV. hatte ihn bereits im September 1323 hierzu aufgefordert. Während Edward II. diesen für einen souveränen König demütigenden Akt hinauszuzögern suchte, spitzte sich die Situation im Grenzbereich des englischen Besitzes im Süden Frankreichs zu. Der französische König veranlaßte die Anlage einer befestigten Siedlung *(bastide)* beim Priorat St-Sardos im westlichen Agenais. Aber Krieger des englischen Herrschers zerstörten im November 1323 diese Siedlung, wobei der in der Nähe ansässige Herr von

Karl IV. (1322–1328)

Montpezat eine führende Rolle spielte. Als Verhandlungen ergebnislos geblieben waren, erklärte Karl IV. das Herzogtum Guyenne ebenso wie die im englischen Besitz befindliche Grafschaft Ponthieu (an der Mündung der Somme) für konfisziert. Im Juli 1324 brach ein französisches Heer unter Führung des Grafen Karl von Valois nach Süden auf. Es vermochte große Teile des Agenais zu besetzen; die Burg Montpezat wurde zerstört, und auch die am Unterlauf der Garonne nur etwa 50 km von Bordeaux entfernt gelegene Stadt La Réole fiel in französische Hand. Darauf wurde im September ein Waffenstillstand bis Ostern nächsten Jahres geschlossen; nur begrenzte Gebiete um Bordeaux und Bayonne blieben währenddessen unter englischer Herrschaft.

Im folgenden Frühjahr erschien die englische Königin Isabella, die Schwester Karls IV., in Frankreich, um zu vermitteln. Unter Mitwirkung päpstlicher Legaten einigte man sich darauf, daß nach Leistung des *homagium* durch den englischen König diesem die eroberten Gebiete zurückzugeben seien. Als jedoch Edward II. zum angesetzten Termin im August 1325 nicht erschien, fand man eine neue Lösung: Edward II. übergab das Herzogtum Guyenne seinem gleichnamigen Sohn, der sodann dem französischen König das *homagium* für dieses Gebiet leisten sollte, so daß dem englischen König dieser Akt erspart blieb. Tatsächlich erschien der englische Kronprinz im September in Vincennes, um Karl IV. zu huldigen. Da dieser aber vorerst die in der Gascogne eroberten Gebiete nicht zurückgab, hielten die Spannungen weiter an. Erst nach dem Sturz des englischen Königs und der Thronbesteigung Edwards III. am 1. Februar 1327 wurde am 31. März wiederum unter der Vermittlung päpstlicher Legaten ein Friedensvertrag vereinbart, wodurch – gegen die Zahlung einer beträchtlichen Geldsumme an den französischen König – die besetzten Gebiete wieder unter englische Herrschaft kamen.

Während der Verhandlungen im Frühjahr 1325 erwartete Königin Johanna ihr erstes Kind. Da man am französischen Königshof dringend auf einen Thronfolger wartete, wurden Astrologen bemüht, die wunschgemäß die baldige Geburt eines Sohnes prognostizierten. «Aber» – so heißt es in den königsnahen *Grandes Chroniques* – «Gott ordnet die Dinge, wie es ihm gefällt». Kurz vor Pfingsten wurde eine Tochter geboren.

Der 1324 in der Gascogne ausbrechende Krieg stellte auch Karl den Schönen vor die Aufgabe, zusätzliche finanzielle Mittel einzutreiben. Zuerst wurden in den südlichen, an das Herzogtum Guyenne grenzenden Gebiete, dann auch im Norden königliche Beauftragte tätig, die in den einzelnen *sénéchaussées* und *bailliages* über die Gewährung von Subsidien verhandelten. Ende 1324 wurden Exportzölle eingeführt. Darüber hinaus machte die königliche Regierung seit Januar 1325 verstärkt von einem weiteren Mittel Gebrauch, Gelder für den Fiskus zu erlangen. Seit dem ausgehenden 13. Jahrhundert waren wiederholt Strafgelder für die ungenehmigte Veräußerung von Lehnsbesitz an Nicht-Adlige und an kirchliche Institutionen erhoben worden, um einer Reduzierung der Lehnsverpflichtungen entgegenzuwirken. Von der Eintreibung derartiger Strafgelder, die als *franc-fief* und *amortissement* bezeichnet wurden, hatte unter anderen auch König Philipp V. Gebrauch gemacht. Nunmehr entsandte Karl IV. systematisch *enquêteurs-reformateurs* mit umfassenden Vollmachten. Sie sollten vor allem Strafgelder für unrechtmäßige Lehnsveräußerungen, aber auch für Verstöße gegen das Wucherverbot eintreiben. Während die erstmals von König Ludwig IX. ausgesandten *enquêteurs* vor allem Übergriffe von königlichen Amtsträgern gegenüber den Untertanen geahndet hatten, traten sie nunmehr als zusätzliche Geldeintreiber auf, was naturgemäß dazu beitrug, daß die ursprüngliche Popularität dieser königlichen Beauftragten schnell schwand. Aber gerade in Friedenszeiten, in denen keine außerordentlichen Steuern erhoben werden konnten, erwiesen sich diese zusätzlichen Kontrollen seitdem als eine gern genutzte Einnahmequelle.

Von den Bemühungen Karls IV., die fiskalischen Potenzen der königlichen Domäne besser zu erschließen, zeugt ein offenbar in den letzten Monaten des Jahres 1327 in Auftrag gegebenes, 1328 fertiggestelltes Verzeichnis der Pfarrgemeinden *(paroisses)* und Herdstellen *(feux)* des königlichen Machtbereiches. Gegliedert nach *bailliages* und *sénéchaussées* wird darin bis auf geringfügige Lücken die gesamte königliche Domäne erfaßt, in der es demnach annähernd 24 000 Pfarreien und knapp 2½ Millionen Herdstellen (mit je ca. 4 bis 5 Personen) gab.

Um Weihnachten 1327 erkrankte der König plötzlich. Eine seiner letzten Handlungen war ein folgenreicher Besitztausch. Karl, auf der Burg Clermont im Beauvaisis geboren, erwarb am 27. Dezember vom Grafen Ludwig von Clermont, der einer auf Ludwig IX. zurückgehenden Linie des Königshauses angehörte und auch über die südlich der oberen Loire gelegene Herrschaft Bourbon verfügte, dessen Grafschaft; dafür überließ er ihm die an die Seigneurie Bourbon grenzende Grafschaft La Marche, die vor seiner Thronbesteigung seine eigene Apanage gewesen war. Den neuen Besitzkomplex in der Hand einer Seitenlinie des kapetingischen Königshauses erhob Karl IV. zum Herzogtum und den Inhaber dieses neuen Herzogtums Bourbon zugleich in den Rang eines Pair. Damit war eine für die weitere Entwicklung Frankreichs bedeutsame Herrschaft geschaffen.

Wenige Wochen später, am 1. Februar 1328, starb Karl IV. in Vincennes im Alter von nur 32 Jahren. Er hinterließ eine Witwe, die erneut schwanger war. Würde sie einen Sohn zur Welt bringen, dann wäre dessen Thronfolge völlig selbstverständlich. Andernfalls aber müßten sich beträchtliche Probleme ergeben, da diesmal kein weiterer Bruder vorhanden war, der einen nahen Erbanspruch hätte geltend machen können. Das kapetingische Königshaus war in direkter männlicher Linie vom Aussterben bedroht.

Im Vergleich zu seinem ideenreichen, ständig neue Maßnahmen einleitenden Vorgänger wirkt die Gestalt Karls IV. ungeachtet der Erfolge in der Auseinandersetzung mit Edward II., dessen schwache Position er nur maßvoll ausnutzte, etwas farblos. Aber angesichts der kurzen Regierungszeit aller drei Söhne König Philipps IV. ist es nicht verwunderlich, daß sie keine weiterreichenden Zielvorstellungen entwickelten und in die Realität umsetzten. Insbesondere die Finanzierung einer bereits sehr weitgehend zentralisierten Monarchie stellte die Herrscher in einer Zeit, da das alte Lehnsaufgebot für eine erfolgreiche Kriegsführung nur mehr bedingt brauchbar war, vor schwer lösbare Probleme.

Bernhard Töpfer

Philipp VI.
1328–1350

Philipp VI. von Valois, geb. 1293; Dezember 1325 Graf von Valois (und von Anjou-Maine); Februar 1328 Regent der Königreiche Frankreich und Navarra; 1. 4. 1328 König von Frankreich, gekrönt am 29. 5. 1328; gest. am 22. 8. 1350 in der Abtei Coulombs, begr. am 28. 8. in St-Denis. Vater: Graf Karl von Anjou und Valois, gest. am 16. 12. 1325; Mutter: Margarete von Neapel, Tochter König Karls II. von Anjou-Neapel, gest. 31. 12. 1299. 1313 Heirat mit Johanna, der Tochter Herzog Roberts II. von Burgund; gest. 12. 9. 1348. Sohn: Johann, geb. 26. 4. 1319 (= König Johann II.); Tochter: Marie, geb. 1326, 29. 9. 1332 verheiratet mit Johann von Brabant, gest. 22. 9. 1333; weiterer Sohn: Philipp, 1344 Herzog von Orléans, 1345 verheiratet mit Blanche, der Tochter König Karls IV. von Frankreich; gest. 1375. Zweite Ehe 19. 1. 1350 mit Blanche, Tochter König Philipps von Navarra; gest. 1398; posthume Tochter: Johanna, geb. 1351, gest. 1371.

Die Frage der Thronfolge war bei dem Anfang Februar 1328 eingetretenen Tode Karls IV., der keinen Sohn, aber eine schwangere Witwe hinterließ, noch komplizierter als beim Tode Ludwigs X. 1316. Eine klare Lösung konnte nur dann herbeigeführt werden, wenn die Königswitwe einen Sohn zur Welt bringen würde. Auf jeden Fall war zunächst die Einsetzung einer Regentschaft erforderlich, die jedoch unter den gegebenen Umständen bereits eine Vorentscheidung über die Thronfolge bedeuten mußte. Nach den Grundsätzen, auf die man sich zwischen 1316 und 1322 geeinigt hatte, bedeutete das, daß nur ein Mann, nicht eine Frau die Krone und damit im Grunde auch die Regentschaft übernehmen konnte. Offen blieb allerdings die Frage, ob man Ansprüche eines männlichen Erben, die über Frauen weitergegeben worden waren, akzeptieren würde, oder ob Frauen nicht nur das Recht auf die Krone, sondern auch jegliches Recht auf Weitergabe des Thronrechts abzuerkennen sei. Falls man eine Übertragung von Thronrechten durch Frauen bejahte, war der junge englische König Eduard III., der Sohn einer Schwester der drei letzten kapetingischen Könige, der nächste Anwärter auf die französische Königskrone.

Die wenige Tage nach dem Tode Karls IV. in Paris zusammentretende Versammlung von Pairs, Baronen und Juristen stand also vor einer wichtigen Grundsatzentscheidung, und der englische König versäumte nicht, durch Gesandte seine Ansprüche geltend zu machen. Offenbar trug aber gerade die sich andeutende Möglichkeit, daß die französische Krone an den englischen König fallen könnte, zu der Entscheidung der Mehrheit der Versammelten bei, daß Frauen, die keinen Anspruch auf die Krone haben, diese auch nicht vererben können. Man erklärte ausdrücklich, daß das französische Königreich niemals einem englischen Herrscher unterstanden habe. Neben der Furcht vor der Übermacht eines beide Reiche regierenden Herrschers wirkte bei dieser Entscheidung offenbar im Ansatz auch ein nationales Fühlen mit. Die Regentschaft wurde dementsprechend Philipp von Valois zuerkannt, einem Enkel König Philipps III. Sein Vater, Karl von Valois, seinerseits ein jüngerer Bruder Philipps d. Schönen, hatte von Philipp III. die nordwestlich von Paris zwischen Oise und Marne gelegene Grafschaft Valois als Apanage erhalten und überdies unter Philipp IV. auch die Grafschaften Anjou-Maine sowie Alençon erlangt. Beim Tode Karls von Valois im Dezember 1325 übernahm sein ältester, 1293 geborener Sohn Philipp die Grafschaften Valois und Anjou, während dessen jüngerer Bruder Karl die zwischen dem Herzogtum Normandie und Maine gelegene Grafschaft Alençon erhielt. Die Übertragung der Regentschaft an Philipp von Valois, die zugleich eine Anwartschaft auf den Thron bedeutete und sich für den Fall, daß die Witwe Karls IV. einem Sohn das Leben schenken würde, zumindest auf dessen Jugendjahre erstrecken sollte, war eine das französische Thronfolgerecht nachhaltig beeinflussende Entscheidung. Der völlige Ausschluß von Frauen, für den man sich noch im Laufe des 14. Jahrhunderts auf das kurz nach 500 niedergeschriebene fränkisch-salische Recht *(Lex Salica)* berief, schloß eine durch Heirat mit französischen Prinzessinnen erworbene Anwartschaft fremder Herrscher aus und war zweifellos ein die Verwurzelung des französischen Königtums im Lande fördernder Faktor.

Als dann die Königswitwe am 1. April 1328 eine Tochter zur Welt brachte, übernahm Philipp VI. sofort den Königstitel. Da sein Anspruch erst in der spezifischen Situation des Jahres 1328 durch eine Versammlung der Großen des Königreichs eindeutig begründet worden war, empfand man seinen Antritt zugleich als Beginn einer neuen Herrscherdynastie, als Beginn der bis 1589 währenden Herrschaft des Hauses Valois, obwohl dieses Haus im Grunde nur ein Seitenzweig der Dynastie der Kapetinger war. Ein ähnlicher Vorgang im Jahre 1498, als mit Ludwig XII. ein Seitenzweig des Hauses Valois die Königskrone übernahm, wurde nicht als Dynastiewechsel gewertet, da diese Übernahme ohne weitere Beratungen entsprechend den 1328 formulierten Prinzipien erfolgte, während bei der Thronfolge des Jahres 1328 neben erbrechtlichen Erwägungen das seit dem frühen 13. Jahrhundert in Frankreich völlig verdrängte Prinzip einer Königswahl bis zu einem gewissen Grade wieder zur Geltung kam. Die bei der Thronfolge nochmals wirksam gewordene Zustimmung der Großen bedeutete für den neuen

Philipp VI. (1328–1350)
(Ausschnitt aus: Philipp VI. und sein Hof)

König mithin auch ein Moment der Schwäche, denn er blieb damit mehr als andere französische Herrscher auf die Unterstützung durch die Fürsten des Königreiches angewiesen.

Um eine eventuell aufkeimende Unzufriedenheit zu vermeiden, war unter diesen Umständen eine schnelle Regelung der Herrschaft über das Königreich Navarra und die Grafschaft Champagne geboten. Diese beiden Gebiete hatten die drei Söhne Philipps IV. während ihrer Regierung einbehalten, obwohl die Tochter König Ludwigs X., Johanna, einen vorrangigen Anspruch darauf hatte. Das Haus Valois konnte keinerlei Rechte an diesen Herrschaftsbereichen geltend machen. Im April wurde auf einer von Philipp VI. einberufenen Versammlung französischer Barone und Adliger aus Navarra dem mit Johanna verheirateten Grafen Philipp von Evreux das Königreich Navarra zugesprochen. Über die an die königliche Domäne grenzende Grafschaft Champagne, die Philipp VI. nicht aufgeben wollte, wurde weiter verhandelt, bis im März 1336 entschieden war, daß dieses wirtschaftlich entwickelte und durch seine geographische Lage wichtige Gebiet gegen beträchtliche Geldzahlungen an das navarresische Königspaar und andere Anwärter der königlichen Domäne zuzuschlagen sei.

Im Mai 1328 begab sich der König mit seiner Frau Johanna, der Schwester des burgundischen Herzogs Odo, nach Reims, wo am 29. Mai, dem Dreifaltigkeitssonntag, in Anwesenheit zahlreicher Pairs und Barone sowie des Königs Johann von Böhmen die besonders feierlich und kostenaufwendig ausgestaltete Königsweihe stattfand. Es folgten 5 Tage währende Festlichkeiten. Der erste Vertreter der neuen Königsdynastie wollte auf diese Weise offensichtlich seine Würde und sein Ansehen unterstreichen. Bei dieser Gelegenheit drängte der anwesende Graf Ludwig von Flandern, der durch einen seit längerem anhaltenden Volksaufstand seiner Macht beraubt war, auf ein Eingreifen des neuen Königs; in Beratungen wurde auf Betreiben des greisen Konnetabel Gaucher de Châtillon trotz der Bedenken zahlreicher Barone ein sofortiges Vorgehen beschlossen; Ende Juli sollte sich das Heer bei Arras versammeln. Der König holte nach seiner Rückkehr nach Paris bei einem Besuch in St-Denis die Oriflamme ein und begab sich zum vorgesehenen Zeitpunkt nach Arras. Bereits am 28. August besiegte das französische Heer die Aufständischen in der Schlacht bei Cassel; Graf Ludwig war dank des entschlossenen Handelns des Königs wieder Herr seiner Grafschaft und erwies sich seitdem als treuer Gefolgsmann seines königlichen Lehnsherrn.

Philipp VI. nutzte sein durch diesen schnellen Erfolg gefestigtes Ansehen, um über eine Gesandtschaft an den englischen Königshof Eduard III. zur Leistung des Homagium für das Herzogtum Aquitanien an den neuen französischen König auffordern zu lassen. Isabella, die Mutter des englischen Königs und Schwester der drei letzten französischen Könige, soll den lange wartenden Gesandten – so eine Fassung der Grandes Chroniques – erklärt haben, daß ihr Sohn, der Sohn eines Königs sei, Philipp von Valois, dem Sohn eines Grafen, niemals das Homagium leisten werde; überdies habe Eduard III. nähere Ansprüche auf Frankreich als Philipp. Als aber eine zweite französische Gesandtschaft dem englischen König die Konfiskation des Herzogtums Aquitanien androhte, sah sich Eduard III. im April 1329 zu der Versicherung genötigt, daß er sobald wie möglich nach Frankreich kommen werde, um das geforderte Homagium zu leisten. Im Juni trafen sich darauf beide Könige in Amiens, wo der englische Herrscher, zweifellos mit innerem Widerwillen, im Chor der Kathedrale das Homagium leistete. Wiederum folgten große, mit Turnieren verbundene Festlichkeiten zu Ehren des hohen Gastes. Es sollte sich aber bald zeigen, daß damit die problematischen Beziehungen zwischen den beiden Königen keineswegs dauerhaft geregelt waren. Immerhin hatte Philipp VI. in der Anfangsphase seiner Regierung nach seinem militärischen Sieg auch einen eindrucksvollen diplomatischen Erfolg errungen.

In die Bemühungen Philipps, seine junge Königsherrschaft zu festigen, ordnet sich offenbar auch die Einberufung zahlreicher Prälaten und Barone zu einer Beratung ein, die Mitte Dezember 1329 in Paris begann. Im Einberufungsschreiben war der Wunsch ausgesprochen worden, die Einheit von Geistlichen und Laien zu stärken, die durch gegenseitige Beschwerden getrübt sei. Gemeint waren damit einerseits häufige Klagen über Eingriffe der kirchlichen Gerichtsbarkeit in die weltliche Sphäre, andererseits Vorwürfe der Geistlichkeit wegen der Aktivitäten von weltlichen Machthabern und deren Amtsträgern zur Einschränkung der Rechte der Kirche. Bei der ersten Zusammenkunft im königlichen Palais in Paris trat der Rat des Königs, Pierre de Cuignières, sehr entschieden für eine klare Trennung des geistlichen und des weltlichen Bereichs ein, wobei er Bestrebungen nach einer Ausweitung der kirchlichen Gerichtsbarkeit scharf attackierte. Demgegenüber beharrten die Prälaten bei den im Januar 1330 in Vincennes fortgesetzten Beratungen auf den traditionellen Besitz- und Gerichtsrechten der Kirche; Inhaber geistlicher Würden seien zur Ausübung weltlicher Rechte befugt, und der unbestritten als Vorbild aller französischen Könige anerkannte heilige Ludwig sei stets für die Privilegien der Kirche eingetreten. Philipp VI. sah sich schließlich zu der Erklärung genötigt, daß er die Rechte und Gewohnheiten der Kirche schützen werde. Die Einberufung der Versammlung durch den Herrscher zeugt zwar von seinem Wunsch, die Ansprüche der königlichen Gewalt gegenüber der Kirche zu verdeutlichen, aber letztlich vermied er durch seine Erklärungen jede Zuspitzung der Beziehungen zur hohen Geistlichkeit.

In welchem Maße der neue König ungeachtet seiner Erfolge in Flandern und gegenüber Eduard III. auf das Kräfteverhältnis der einflußreichen Fürsten Rücksicht nehmen mußte, zeigte sich auch bei der Regelung der Nachfolge in der Grafschaft Artois nach dem Tod der Gräfin Mahaut Ende November 1328. Philipp VI. entschloß sich zunächst, die Erbansprüche von Johanna, der Tochter der Mahaut und verstoßenen Frau König Philipps V., zu berücksichtigen, obwohl wie schon bei früheren Gelegenheiten der damals zum engsten Beraterkreis des Königs gehörende Neffe der Mahaut, Robert, ebenfalls die Grafschaft beanspruchte. Er wurde zur Entschädigung als Herr der Grafschaft Beaumont zum Pair erhoben. Als Johanna bereits Anfang 1330 starb, fand deren gleichnamige, mit Herzog Odo von Burgund verheiratete Tochter die nachdrückliche Unterstützung ihres Gatten, während der König daran dachte, die Grafschaft Artois seiner Domäne einzugliedern. In einem Prozeß vor dem Pariser Parlement Ende 1330 legte der weiterhin nach dem Besitz des Artois strebende Robert von Beaumont zur Bekräftigung seiner Ansprüche Urkunden vor, die man jedoch schnell als Fälschungen erkannte, so daß er abgewiesen wurde. Daher setzte sich Johanna von Burgund durch, was zugleich dazu beitrug, daß seitdem der Einfluß Herzog Odos in der königlichen Regierung wuchs. Robert von Artois wurde im April 1332 wegen der Benutzung gefälschter Urkunden vom Gericht der Pairs zur Verbannung verurteilt. Er floh über Zwischenstationen schließlich an den Hof des englischen Königs, wo er eifrig gegen seinen einstigen Herrn agierte.

Bereits vor der Verbannung Roberts war deutlich geworden, daß mit der Leistung des Homagium durch Eduard III. im Juni 1329 keineswegs die zwischen den beiden Herrschern bestehenden Gegensätze überwunden waren. Der englische König verlangte die Rückgabe jener aquitanischen Gebiete, die 1324 besetzt worden waren. Auf französischer Seite stellte man fest, daß Eduard III. das Homagium nur in sehr allgemeiner Form geleistet hatte – ohne Hinweis auf ein ligisches Lehnsverhältnis, wie es für französische Pairs üblich war. Im Laufe des Jahres 1330 lud Philipp VI. darauf den englischen Herrscher zweimal vor den königlichen Gerichtshof in Paris, mit der Aufforderung, den ligischen Charakter seines Homagium ausdrücklich zu bestätigen. Dieser lenkte schließlich ein und erklärte in einem Schriftstück vom 30. März 1331, daß sein in Amiens geleistetes Homagium solchen Charakters gewesen sei. Kurz darauf, Mitte April, trafen sich die beiden Herrscher ohne großes Aufheben in oder bei Pont-St-Maxence an der Oise. Der französische König verzichtete, vermutlich durch Vermittlungsbemühungen des Papstes Johannes XXII. beeinflußt, auf eine neuerliche Leistung des Homagium und begnügte sich mit besagter Erklärung Eduards III. Zugleich gab er die Burg Saintes, die sein Bruder Karl kürzlich erobert hatte, zurück. Der Frieden war damit vorerst gewahrt, wobei Zugeständnisse allerdings in erster Linie vom englischen König gemacht worden waren.

Der Festigung der Position des neuen Königshauses diente die im Februar 1332 vorgenommene Übertragung des Herzogtums Normandie an den damals einzigen Sohn des Herrschers, Johann, der damit zugleich die Würde eines Pairs erlangte. Im Juni erreichte Philipp VI. bei Compiègne den Abschluß von Bündnissen mit König Johann von Böhmen, mit Herzog Johann von Brabant, dem Grafen von Geldern sowie dem Bischof von Lüttich. Während der damit verbundenen Festlichkeiten wurde die Eheschließung des ältesten Sohnes des Herzogs von Brabant mit Philipps Tochter Marie vereinbart. Am 6. August fand in Melun abermals mit großem Gepränge die Hochzeit des Königssohnes Johann mit Bonne, der Tochter König Johanns von Böhmen, statt. Einen Höhepunkt erreichten die Festlichkeiten dieses Jahres, als der König am Tag des heiligen Michael, am 29. September, seinen Sohn Johann in Anwesenheit der Könige von Navarra und von Böhmen, der Herzöge von Burgund, der Bretagne und von Brabant sowie zahlreicher Adliger zum Ritter schlug. Überdies wurde damals die Hochzeit der Königstochter mit dem Sohn des Herzogs von Brabant gefeiert, und kurz darauf verkündete der König seinen Entschluß, in Bälde einen Kreuzzug zu unternehmen. Mit diesem Vorhaben und den im Beisein vieler hervorragender Fürsten veranstalteten Festlichkeiten sollten erneut der Rang und die Integrationskraft des Königshofes der ersten Valois verdeutlicht werden.

Natürlich verschlangen diese Demonstrationen sehr viel Geld. Aber gerade der Ritterschlag des ältesten Sohnes und die Verheiratung der ältesten Tochter galten nach damaligem Lehnrecht als ein Anlaß, von Vasallen bzw. Untergebenen besondere Geldleistungen *(aides)* zu fordern. Bereits am 13. November 1332 ergingen königliche Mandate an die Baillis und Seneschälle, mit Vertretern der Bewohner ihrer Amtssprengel Beratungen über diese beiden Beihilfen aufzunehmen. Da – so heißt es ausdrücklich – das Volk sehr belastet würde, wenn beide *aides* gleichzeitig gefordert würden, sollten sie zeitlich gestaffelt werden und die zweite Beisteuer erst im Laufe des nächsten Sommers eingetrieben werden. Dennoch stießen die Versuche, diese Gelder einzutreiben, sogleich auf verbreiteten Widerstand, besonders im Languedoc, wo derartige lehnrechtliche Forderungen teilweise als unüblich angesehen wurden. Als schließlich im folgenden Jahr, im September 1333, die mit dem Brabanter Erben verheiratete Königstochter starb, sah sich Philipp VI. bald genötigt, die Erhebung der Heiratssteuer einzustellen. Bezüglich der Beisteuer für den Ritterschlag des Königssohnes entschied das Parlement am 6. Dezember 1333, daß diese von allen dem König unmittelbar Unterstehenden zu zahlen sei. Aber vor allem zahlreiche südfranzösische Städte verharrten im Widerstand, so daß infolge vieler Beschwerden eine weitere Parlementsentscheidung notwendig wurde, die am 20. Dezember 1334 erfolgte. Demnach sollten alle Bewohner von Städten, die gänzlich oder teilweise zur königlichen Domäne gehörten, die Beihilfe zum Ritterschlag voll oder teilweise zahlen, aber diejenigen, die in nur lockeren Formen der königlichen Gerichtsbarkeit unterstanden, davon befreit sein. Das bedeutete mit nur geringen Einschränkungen eine Bekräftigung des Standpunktes der königlichen Regierung. Zahlungen aus den im Norden gelegenen Städten flossen jetzt zwar etwas reichlicher, aber im Süden hielt der Widerstand an. Da erkrankte im Juni 1335 der Thronerbe; nach dem vorausgegangenen Tod der Tochter mußte der König nun um den Fortbestand der neuen Dynastie fürchten. Er ordnete Gebete und Prozessionen im ganzen Königreich an; die Mönche von St-Denis brachten Reliquien nach Taverny, wo sich das Krankenlager befand. Als Johann bald darauf gesundete, verfügte Philipp VI. Mitte Juli zum Dank «für die guten Gebete, die das uns untergebene Volk geleistet hat», die Einstellung der Steuererhebung für den Ritterschlag und die Rückzahlung bereits gezahlter Gelder.

Die Bemühungen der königlichen Regierung, in den Friedensjahren seit 1329 neben den regulären Einnahmen aus der königlichen Domäne zusätzliche Finanzquellen zu erschließen, hatten damit einen schweren Rückschlag erlitten. Die von Papst Johannes XXII. wegen der Kreuzzugspläne des Königs wiederholt gewährten Kirchenzehnten und die Anfang 1332 verfügte Beschlagnahme der italienischen und jüdischen Wucherern geschuldeten Gelder vermochten die ständige Finanznot der Krone nur begrenzt zu mindern. Zugleich zeigt das Verhalten Philipps VI. im Zusammenhang mit der Anforderung von Beihilfen zum Ritterschlag seines Sohnes und zur Heirat seiner Tochter, daß die erfolgreiche Widerstandsbewegung von 1314/15 nachwirkte und von seiten der königlichen Regierung ein massives Vorgehen bei der Eintreibung von Steuern bewußt vermieden wurde.

Im September 1335 brach Philipp VI. zu einer großen, mehrmonatigen Reise durch sein Königreich auf. Die französischen Könige hielten sich in jener Zeit natürlich sehr häufig in Paris oder im nahegelegenen Vincennes auf, daneben auch in anderen in der Umgebung von Paris gelegenen Orten wie St-Germain-en-Laye oder Poissy. Aber sie unternahmen doch in gewissen Abständen immer wieder größere Reisen, um die königliche Gewalt in weiteren Gebieten präsent zu machen. Diesmal begab sich der Herrscher zunächst in das Gebiet des Artois, dann in die Normandie und von dort nach Chartres und Tours. Anschließend suchte er Anfang 1336 im Süden die Städte Toulouse, Carcassonne und Montpellier auf, um sich sodann im März in Avignon mit Papst Benedikt XII. zu treffen. Von dort unternahm er eine Wallfahrt nach Marseille zum Grab des 1317 heilig gesprochenen, dem französischen Königshaus nahestehenden Ludwig von Anjou, der Franziskanermönch und Bischof von Toulouse gewesen war. Über Lyon und Mâcon und burgundische Orte reisend traf Philipp VI. im Mai 1336 wieder in Paris ein. Bei seinen

Unterredungen mit dem Papst hatte er hinnehmen müssen, daß dieser angesichts des Scheiterns aller Bemühungen, die Spannungen zwischen dem französischen und dem englischen König abzubauen, die Kreuzzugspläne absagte und damit auch die weitere Eintreibung von Kreuzzugszehnten in Frankreich beendete. Die Finanzprobleme der französischen Krone spitzten sich dadurch weiter zu.

Die Beziehungen zum englischen Herrscher hatten sich derweil weiter verschlechtert, nachdem im Jahre 1333 Verhandlungen gescheitert waren, unter anderem deshalb, weil Philipp VI. einen Verzicht Eduards III. auf die Eroberung Schottlands gefordert hatte. Angesichts des fortgeschrittenen Ausbaus der staatlichen Organisation erwies sich die durch den Besitz Aquitaniens bedingte lehnrechtliche Abhängigkeit des auf seine Eigenständigkeit bedachten englischen Königs als ständige Quelle unüberbrückbarer Gegensätze. Der seit Mitte der 30er Jahre am französischen Hof vorherrschende Einfluß des aus Burgund stammenden Adligen Miles de Noyers, der zugleich eine führende Position in der Rechenkammer (Chambre des comptes) einnahm, trug offenkundig ebenfalls zu einer Versteifung der französischen Haltung gegenüber dem englischen König bei. Man verstärkte die Kontakte mit Vertretern der gegen Eduard gerichteten schottischen Opposition. Die französische Flotte wurde 1336 aus dem Mittelmeer, wo sie wegen der Kreuzzugspläne konzentriert war, in Häfen am Ärmelkanal verlegt. Als schließlich Philipp VI. am 24. Mai 1337 das Herzogtum Aquitanien für konfisziert erklärte, weil Eduard III. seinen Lehnspflichten nicht nachkomme, bedeutete dies praktisch die Kriegserklärung. Im folgenden Oktober überbrachte der Bischof von Lincoln im Auftrage seines Herrschers dessen Aufkündigung jeder Treueverpflichtung gegenüber «Philipp von Valois, der sich König von Frankreich nennt».

Allerdings kam es zunächst zu keinen größeren Kriegshandlungen, weil auf beiden Seiten die erforderlichen Gelder fehlten. Da der englische König 1337 Bündnisse mit lothringischen und rheinischen Fürsten sowie schließlich auch mit Kaiser Ludwig dem Bayern schloß, lagerte Philipp VI. im August 1338 und im Frühherbst 1339 mit einem Heer in den nördlichen Grenzgebieten. Dabei konnte er 1339 einen Einfall Eduards III. in die Region um Cambrai und St-Quentin abwehren. Doch erreichte dieser Ende 1339 einen wichtigen Erfolg durch den Abschluß eines Bündnisses mit der auf englische Wolleinfuhren angewiesenen Grafschaft Flandern, aus welcher der mit der Krone verbundene Graf nach einem Anfang 1338 in Gent ausgebrochenen Volksaufstand vertrieben worden war. Bei einem Aufenthalt in Gent wurde Eduard III. im Januar 1340 von den flandrischen Städten als französischer König anerkannt; er führte seitdem in der Regel den Titel «par la grace de Dieu roi d'Angleterre et de France». In einem während der vergeblichen Belagerung von Tournai am 29. Juli 1340 verfaßten Schreiben forderte er den

«Herrn Philipp von Valois» auf, seine Rechte am Königreich Frankreich zu respektieren. Obwohl das französische Heer wiederum ein Eindringen englischer Truppen verhindern konnte, fiel in jenen Wochen eine erste, für Philipp VI. verhängnisvolle Entscheidung. Die französische Flotte, die Ende Mai zum flandrischen Hafen Sluis aufgebrochen war, um den englischen Nachschub nach Flandern zu unterbinden, wurde dort am 24. Juni von der englischen Flotte vernichtet. Damit war auf längere Zeit ein offensives Vorgehen gegen England ausgeschlossen. Dieser schwere Rückschlag für den französischen Herrscher und das Scheitern des englischen Versuchs, nach Nordfrankreich vorzudringen, ermöglichten am 25. September 1340 den Abschluß des Waffenstillstandes von Esplechin (bei Tournai).

Dieser Waffenstillstand steigerte die Schwierigkeiten Philipps VI., die notwendigen finanziellen Mittel einzutreiben. Im März 1340 hatten aufgrund des Kriegszustandes zwar zahlreiche nordfranzösische Städte auf einer Versammlung in Amiens eine Verkaufssteuer zugesagt, und auch der Adel nordfranzösischer *bailliages* hatte sich dazu bereit erklärt. Aber angesichts des Waffenstillstandes war eine Weiterzahlung dieser Mittel fraglich. Die zur Steigerung der Einnahmen seit 1337/38 wieder vorgenommenen Münzverschlechterungen waren sehr unpopulär. Hinzu kam, daß von einer gänzlichen Einstellung der Kriegshandlungen keine Rede sein konnte. Als im April 1341 Herzog Johann III. von der Bretagne söhnelos starb, standen sich je ein vom englischen und vom französischen König unterstützter Prätendent gegenüber. Im September 1341 griff eine französische Abteilung unter dem Thronfolger Johann von Normandie und dem Bruder des Königs, Karl von Alençon, in die Auseinandersetzungen ein. Als im Herbst 1342 auch der englische König mit Truppen in der Bretagne erschien, brach Philipp VI. seinerseits mit einem Heer dorthin auf. Von Papst Clemens VI. beauftragten Kardinälen gelang es zwar, im Januar 1343 die beiden Könige zum Waffenstillstand von Malestroit zu bewegen, aber trotz des damit erreichten Ausscheidens der beiden Herrscher aus der kriegerischen Auseinandersetzung gingen die Kämpfe weiter.

Um sich einigermaßen stabile Einnahmen zu sichern, führte König Philipp VI. mit einer am 16. März 1341 erlassenen Ordonnanz eine Salzsteuer *(gabelle)* ein, womit praktisch ein staatliches Monopol für den Salzverkauf beansprucht wurde. Eine weitere Ordonnanz vom 20. März 1343 zielte auf eine Straffung der Organisation zur Eintreibung der *gabelle* ab. Aber die dadurch und durch die anhaltenden Münzverschlechterungen gesteigerte allgemeine Unzufriedenheit, die sogar in den Grandes Chroniques offen angesprochen wird, zwangen die königliche Regierung zu neuen Überlegungen. Man strebte jetzt eine Verbesserung der Münze an, vorausgesetzt, daß ausreichend Steuern gewährt wurden. Zu diesem Zweck wurde für August 1343 eine große Ständeversammlung nach Paris einberufen; eine Versammlung der Generalstände, die seit den Zeiten Philipps V. nicht mehr zusammengetreten war. Die Vertreter der Stände bejahten die Erhebung einer Verkaufssteuer und ermöglichten damit zugleich die Einleitung der dringend gewünschten Münzreform. Wenn sich in den folgenden Verhandlungen auch die Städte des Languedoc anstelle der Verkaufssteuer für die Zahlung von Pauschalsummen entschieden, deren Eintreibung sie selbst übernahmen, war diese Ständeversammlung doch ein Erfolg für das Königtum, denn es kam so wenigstens vorübergehend und relativ schnell in den Genuß größerer Geldbeträge.

Allerdings lebte vor allem im Languedoc der hinhaltende Widerstand der Städte gegen die Besteuerung bald wieder auf. Als englische Truppen im August 1345 von der Gascogne aus zur Offensive übergingen, errangen sie schnell beträchtliche Erfolge, ohne daß die französische Seite sofort wirksam reagieren konnte. Daraufhin wurden für den Februar 1346 Ständeversammlungen nach Paris – für den Norden – und nach Toulouse – für den Süden – einberufen. Im Einladungsschreiben betonte der König, daß er großes Mitgefühl (*grant compassion*) wegen der Bedrückung des Volkes durch Steuern und Abgaben habe und daher, um Abhilfe zu schaffen, den Rat der Prälaten, der Adligen und der «guten Städte» einholen wolle. Da der zu Frankreich neigende Papst Clemens VI. kurz vorher beträchtliche Darlehen zur Verfügung gestellt hatte, sah man am königlichen Hof offenbar einen gewissen Handlungsspielraum. Überdies waren im engeren Beraterkreis des Königs 1344/45 Veränderungen eingetreten. Der Einfluß der Angehörigen der Chambre des comptes und des Miles de Noyers war zurückgedrängt worden; statt dessen wuchs im königlichen Rat die Bedeutung des seit 1338 amtierenden Kanzlers Guillaume Flote, des Sohnes des unter König Philipp IV. wirkenden Pierre Flote, sowie des Bischofs Hugo von Laon und des Herrn von Offémont, Jean de Nesle. Überdies stieg das Gewicht des Thronerben Johann, der im Languedoc praktisch als Stellvertreter des Königs fungierte.

Die teilweise veränderte königliche Regierung ging bei den Beratungen mit den Vertretern der drei Stände in Paris bis zu einem gewissen Grade auf deren Wünsche ein. Am 15. Februar 1346 wurde eine königliche Ordonnanz erlassen, in welcher der König wegen der Beschwerden über die hohen Steuerlasten und die Vielzahl der königlichen Amtsträger einen Verzicht auf die *gabelle,* auf die Verkaufssteuer, auf erzwungene Darlehen sowie eine Einschränkung der häufigen Requisitionen in Aussicht stellte. Dafür erklärten sich die Stände grundsätzlich bereit, Krieger zu stellen oder die Kosten für bestimmte Kontingente zu übernehmen, wofür dann in der Regel doch wieder Verkaufssteuern erhoben werden mußten. Auch im Languedoc erreichte der vom König beauftragte Thronfolger durch Reformmaßnahmen ähnliche Zusagen, wobei hier die erforderlichen Gelder durch die in diesem Gebiet übliche Herdsteuer *(focagium, fouage)* aufgebracht werden sollten.

Aber die durch die Versammlungen in Paris und Toulouse eingeleiteten Ansätze, tragfähige Grundlagen zur Erlangung der für den Krieg erforderlichen Mittel zu schaffen, konnten nicht ausgebaut werden. Bereits am 11. Juli 1346 landete Eduard III. mit einem Truppenkontingent unerwartet in der Normandie, wo er sich sofort auf Burgen des von Philipp VI. abgefallenen Adligen Geoffroy d'Harcourt stützen konnte. Sein Ziel war aber wohl von vornherein die Gewinnung einer Basis am engsten Abschnitt des Ärmelkanals. Dazu mußte er die Seine überqueren, was ihm Mitte August bei Poissy, also sehr nahe bei Paris, gelang. Der zunächst nur sehr zögernd reagierende französische König hatte inzwischen nach Verkündigung des allgemeinen Volksaufgebotes *(arrière-ban)* bei Paris ein größeres Heer zusammengezogen. Der Abzug des zahlenmäßig begrenzten englischen Heeres über die Seine machte klar, daß Eduard III. nicht an eine Eroberung von Paris dachte, und Philipp VI. nahm nun energisch die Verfolgung auf. Nachdem dem englischen Heer am 24. August das Überschreiten der Somme geglückt war, lagerte es bei Crécy nördlich von Abbeville. Am Nachmittag des 26. August näherte sich Philipp VI. mit seinen an Zahl weitaus stärkeren Truppen nach ermüdendem Marsch den englischen Stellungen. Nach dem vernünftigen Rat von Kundschaftern wollte er die Schlacht auf den nächsten Tag verschieben, um sein Heer nach einer Ruhepause geordnet aufstellen zu können, aber die vorrückenden französischen Ritter waren nicht mehr aufzuhalten. Der planlos vorgetragene Angriff wurde in erster Linie durch die englischen Langbogenschützen, die dank der wesentlich schnelleren Schußfolge zunächst die im französischen Dienst stehenden genuesischen Armbrustschützen abwehrten, zurückgeschlagen, wobei das französische Ritteraufgebot verheerende Verluste erlitt. Zu den Toten zählten König Johann von Böhmen und der Herzog von Lothringen, die auf französischer Seite mitgekämpft hatten, der vertriebene Graf Ludwig von Flandern sowie der Bruder des Königs, Karl von Alençon.

Eduard III. marschierte nach seinem Sieg mit dem Heer in Richtung Calais, das er im September zu belagern begann, während Philipp VI. zunächst in Amiens Schutz suchte. Er mußte damals weitere Rückschläge hinnehmen: Sein Sohn hatte nach der Landung der Engländer in der Normandie am 20. August 1346 die Belagerung der im Vorjahr von gegnerischen Truppen aus der Gascogne eroberten Feste Aiguillon (an der Garonne) aufgegeben und war nach Norden abgerückt. Darauf gingen weite Gebiete Aquitaniens und schließlich sogar Poitiers verloren. Philipp VI. hielt sich im Winter 1346/47 im Umkreis von Paris auf und bemühte sich, Gelder einzutreiben, um ein neues Heer aufstellen zu können. Am 12. Februar ordnete er die Arrestierung lombardischer Geldverleiher und die Annullierung von deren Darlehensverträgen an. Die Schuldner – es waren zu einem großen Teil französische Adlige – sollten die geliehenen Summen, zumindest den größeren Teil derselben, an die königliche Kasse zahlen. Im Frühjahr wurden vor allem von den im Norden gelegenen Städten Subsidien gefordert, wobei erneut der *arrière-ban* ausgerufen wurde. Adlige wurden unter Strafandrohung zum Kriegsdienst aufgefordert. Offensichtlich war die königliche Regierung entschlossen, diesmal auch die Aristokratie stärker zu fordern.

Im Mai 1347 begab sich Philipp VI. nach Arras, wo er ein großes Heer zusammenzog, um das belagerte Calais zu entsetzen. Als die Truppen vor der Stadt eintrafen, wurde schnell klar, daß ein direkter Angriff auf die stark befestigten Stellungen der Engländer aussichtslos war. Philipp VI. entsandte darauf Unterhändler zum englischen König, um diesen zum ritterlichen Kampf auf offenem Feld aufzufordern, was die englische Seite natürlich ablehnte. Vermittlungsversuche vom Papst beauftragter Kardinäle blieben ergebnislos. So mußte sich Philipp VI. am 2. August zutiefst gedemütigt zum Abzug entschließen. Zwei Tage darauf ergaben sich die ausgehungerten Bürger von Calais. Eduard III. hatte ein wesentliches Ziel seines Unternehmens, die Gewinnung eines leicht zugänglichen Stützpunktes auf dem französischen Festland, erreicht. Das Ansehen des französischen Königtums aber war auf einem Tiefpunkt angelangt. Typisch ist die Wertung des mit den französischen Verhältnissen recht vertrauten Lütticher Chronisten Jean Le Bel, der in seiner um 1360 verfaßten Chronik erklärt, daß er Eduard III. stets als «noble roy», Philipp VI. aber einfach als «roy» bezeichne; denn dieser habe im Gegensatz zu seinem Rivalen nach dem Rat von Prälaten und Geistlichen Gefahren gescheut, sein Land durch den Gegner verwüsten lassen und durch Steuern und schlechtes Geld bedrückt; seine Krieger seien nicht angemessen bezahlt worden und so sei er von seinen Leuten auch weniger geliebt worden als der englische König von den Seinen. Dieses Urteil ist sicher einseitig, aber es mag als Ausdruck der öffentlichen Meinung gelten.

Ende September 1347 führten die Bemühungen der von Papst Clemens VI. beauftragten Kardinäle zum Abschluß eines Waffenstillstandes, der zunächst bis Juli 1348 dauern sollte. Philipp VI. berief im Oktober für Ende November 1347 erneut eine Versammlung der Generalstände nach Paris ein in der Hoffnung, mit deren Rat eine Stabilisierung der Situation zu erreichen und Vorsorge für den Fall zu treffen, daß der Waffenstillstand im nächsten Sommer enden sollte. Zugleich erweiterte er die Befugnisse seines Sohnes Johann, der jetzt die volle Regierungsgewalt in dem ihm bereits 1332 zugesprochenen Herzogtum Normandie erhielt und sich so besser auf die spätere Übernahme der Krone vorbereiten konnte. Auf der folgenden Versammlung der drei Stände in Paris trugen vor allem die Vertreter der Städte heftige Beschwerden vor: Der König solle überlegen, ob er in den vergangenen Jahren gute Ratgeber gewählt habe; den Engländern sei er zu zögerlich entgegengetreten und durch den schnellen Abschluß des Waffenstillstandes habe er seiner Ehre geschadet. Überdies seien Steuergelder verschleudert worden. Andererseits zeigten sich die Ständevertreter nach den verheerenden Niederlagen durchaus bereit, durch die Gewährung von Steuern die militärische Schlagkraft zu erhöhen. Nach Aussage der Grandes Chroniques sagten sie Hilfe zu und empfahlen die Aufstellung einer großen Armee, die über See nach England vordringen sollte. In den folgenden Wochen einigte man sich auf regionalen Versammlungen relativ schnell über die Modalitäten der Steuererhebung, die in den Händen von Beauftragten der Stände *(élus)* liegen und zum Unterhalt bestimmter Truppenkontingente dienen sollte. Man knüpfte also an die Regelungen von 1346 an. Aber wieder konnten die beschlossenen Maßnahmen nur teilweise verwirklicht werden, denn Anfang 1348 erfaßte die große Pestepidemie zunächst den Süden, dann die übrigen Gebiete Frankreichs. Bis zum Sommer 1349 wurden dadurch die Aktivitäten der königlichen Regierung und des Verwaltungsapparates schwer beeinträchtigt.

Dennoch fallen in diese letzte Phase der Regierung Philipps VI. einige Erfolge. Anfang 1349 kaufte er dem König von Mallorca dessen Rechte an der Stadt Montpellier ab. Ende März realisierte der Thronfolger Johann in Anknüpfung an bereits 1343/44 ausgehandelte Verträge mit dem kinderlosen Dauphin Humbert II., der sich bald darauf in ein Kloster zurückzog, den Anspruch auf das nominell zum Reich gehörende Delphinat (Dauphiné, Grafschaft Vienne), das sogleich Karl, dem ältesten Sohn Johanns, übertragen wurde.

Philipp VI. heiratete, nachdem seine Frau Johanna im Dezember 1349 gestorben war, bereits am 19. Januar 1350 Blanche, die Tochter König Philipps von Navarra. Einige Monate später, am 22. August 1350, starb er in der Abtei Coulombs südöstlich von Paris im Alter von 57 Jahren.

Das letzte Jahrzehnt seiner Regierung, die durchaus erfolgreich begonnen hatte, war geprägt von dem mit schweren militärischen Niederlagen verbundenen Krieg gegen Eduard III. Die damit verbundenen Kosten belasteten die gesamte wirtschaftliche und gesellschaftliche Situation im Königreich nachhaltig, und die 1348/49 hereinbrechende Pestkatastrophe verschlimmerte die Lage in verheerender Weise. Es wäre aber ungerecht, die negativen Entwicklungen in der Zeit Philipps VI. allein seinen persönlichen Unzulänglichkeiten, seiner unverkennbaren Abhängigkeit von Ratgebern und von jenen Fürsten, denen er seine Erhebung zum König verdankte, vor allem von Herzog Odo von Burgund, oder auch seinem leichtfertigen Umgang mit staatlichen Geldern zuzuschreiben. Es ist zu bedenken, daß er in einer Zeit herrschte, in der die regulären Einkünfte aus der königlichen Domäne für die geordnete Regierung eines so großen Königreiches mit einer stets anschwellenden, aber keineswegs durchweg effektiven Verwaltung nicht mehr ausreichten und daher die Erhebung zusätzlicher Steuern und Abgaben unerläßlich wurde. Aber gerade dies war seit der Oppositionsbewegung von 1314/15 nur schwer durchzusetzen. Insofern ist die gesamte Zeit vom Tode König Philipps des Schönen 1314 bis zur Mitte des 14. Jahrhunderts durch eine ähnliche Problemlage gekennzeichnet, und der oft als Zäsur gewertete Übergang von der Dynastie der Kapetinger zu derjenigen der Valois im Jahre 1328, der für die Entwicklung des Thronfolgerechtes sicher von großer Bedeutung war, erscheint in der historischen Gesamtentwicklung Frankreichs keineswegs als ein Epocheneinschnitt.

Johann II. (1350–1364)
(Einzug König Johanns des Guten in Paris)

Heinz Thomas

Johann II.
1350–1364

Johann II., geb. am 26. 4. 1319 im Schloß Gué de Maulny, Le Mans. Salbung und Krönung zu Reims am 26. 9. 1350, gefangen in der Schlacht von Maupertuis/Poitiers am 19. 9. 1356, Freilassung am 25. 10. 1360, gest. in London am 8. 4. 1364. Vater: Philipp VI. (geb. 1293, König 1328–1350), Sohn des Grafen Karl von Anjou und Valois (1270–1325) und der Margarete von Sizilien-Neapel (gest. 1299); Mutter: Johanna von Burgund (gest. 1348), Tochter Herzog Roberts II. von Burgund (geb. vor 1248, 1272–1306) und der Agnes von Frankreich (Tochter König Ludwigs IX.; gest. 1327). Bruder: Philipp, Herzog von Orléans (geb. 1333, 1344–1375). 1. Ehe, Heirat am 6. 8. 1332 mit Bonne (Guta) von Luxemburg-Böhmen (1315–1349), Tochter König Johanns von Böhmen, Graf von Luxemburg (geb. 1296, 1310–1346), und Elisabeths von Böhmen (1292–1330). Zehn Kinder, darunter Karl, König von Frankreich (geb. 1338, 1364–1380), Ludwig, Graf (1350) und Herzog von Anjou (1360), König von Sizilien-Neapel (1383) (geb. 1339–1384); Johann, Herzog von Berry und Auvergne (geb. 1340, 1360–1416); Philipp (der Kühne), Herzog von Burgund (geb. 1342, 1364–1404); Johanna, Gemahlin König Karls II. von Navarra (1343–1373); Maria, Gemahlin Herzog Roberts von Bar (1344–1404); Margarete (1347–1352); Isabella, Gemahlin des Herrn von Mailand, Gian Galeazzo Visconti (1348–1372). 2. Ehe, Heirat am 9. 2. 1350 mit Johanna von Boulogne und Auvergne, Witwe Philipps von Burgund (1326–1360). Stiefkind aus dieser Ehe: Philipp von Rouvres, Herzog von Burgund (geb. 1346–1361).

Seit frühester Kindheit muß Johann von auffallend schwacher Konstitution gewesen sein. Über sein Aussehen glaubte man bis vor kurzem sehr gut informiert zu sein, indes wird neuerdings ein heute im Louvre befindliches Gemälde trotz der zeitgenössischen Inschrift «Jehan, roy de France» als Bildnis Karls V. gedeutet. Ein Vergleich des Gemäldes mit Johanns Grabstatue aus St-Denis läßt diese neue These jedoch als fragwürdig erscheinen: Der Maler präsentiert das nach links gewendete Profil eines Mannes mit dichtem rötlichen, bis auf den Kragen fallenden Haar. Der gestutzte Bart an Kinn und über der Lippe wirkt ein wenig ungepflegt. Als besonders charakteristisch scheint der Maler die lange, bis zur Höhe der Oberlippe herabreichende Nase empfunden zu haben, die das sichtbare braune Auge als etwas zu weit zurückgesetzt erscheinen läßt. Das Grabmal legt die Vermutung nahe, daß Johann am Ende seines Lebens auf die Zeitgenossen einen etwas behäbigen, fast bäuerischen Eindruck gemacht haben könnte.

Auf einen für den Fortbestand des französischen Königtums ungemein wichtigen Bereich hatte Johanns Anfälligkeit für mehr oder minder schwere Krankheiten keine Auswirkungen: Von den sieben die kritische Frist nach der Geburt überlebenden Kindern aus seiner Ehe mit Bonne von Luxemburg entwickelten sich drei zu überragenden Persönlichkeiten ihrer Zeit: Karl V. gilt als einer der größten mittelalterlichen Könige Frankreichs, Philipp war der erste in der einzigartigen Reihe der vier Herzöge von Burgund aus dem Hause Valois, Johann wurde als Herzog von Berry einer der bedeutendsten Mäzene des Mittelalters, und selbst der umtriebige Ludwig kann als Herzog von Anjou und Titularkönig von Sizilien noch zu den auffälligeren Gestalten unter den Fürsten seiner Zeit gerechnet werden.

Nachdem Philipp VI. 1328 zum König gewählt worden war, setzte er alles daran, die Thronfolge seines Hauses sicherzustellen. Bereits am 17. Februar 1332 erklärte er Johann für volljährig und übertrug ihm die Titel eines Herzogs von Normandie sowie eines Grafen von Anjou und Maine. Wenig später, am 6. August, heiratete Johann in Melun Guta, die zweite Tochter König Johanns von Böhmen, die in ihrer neuen Heimat Bonne genannt wurde.

Johann bewährte sich bei der Verwaltung einiger ihm vom Vater anvertrauter Schloßherrschaften, aber auch im Felde. Im Rahmen des bretonischen Erbfolgekrieges konnte er 1341 Nantes zur Kapitulation zwingen und nahm dabei den von Eduard III. geförderten Prätendenten Johann von Montfort gefangen. Überdies wurde er mit wichtigen diplomatischen Aktionen beauftragt. So war er maßgeblich an den Verhandlungen beteiligt, die mit dem kinderlosen Dauphin Humbert II. über den Kauf der Grafschaft Vienne geführt wurden, und galt seit 1344 als Humberts künftiger Nachfolger.

Im Frühjahr 1346 belagerte Johann die von Engländern gehaltene Stadt Aiguillon (bei Agen), brach das Unternehmen aber eine Woche vor der Katastrophe von Crécy ab. An dieser Schlacht nahm er nicht teil. Man hat vermutet, in den folgenden Monaten sei es zu einem schweren Konflikt zwischen Vater und Sohn gekommen, und Philipp habe sogar mit dem Gedanken gespielt, Johanns Bruder Philipp als Thronfolger einzusetzen. Das gewichtigste Argument für diese These ist der Freundschaftsbund zwischen Johann und dessen im Juli 1346 zum römischen König gewählten Schwager Karl von Böhmen. Bei näherem Zusehen erweist sich jedoch, daß der Bund zwischen Johann und seinem Schwager den Intentionen Philipps VI. keineswegs zuwiderlief. Im Gegenteil: Während der König weiterhin sein 1341 mit Karls Rivalen, Kaiser Ludwig dem Bayern, geschlossenes Bündnis aufrechterhalten konnte, hielt der Thronfolger für ihn die Alternative dazu offen. Wenige Monate später machte allerdings Karl IV. diese Rechnung zunichte: Nach dem Tode des Kaisers (11. Oktober 1347) verbündete er sich im Frühjahr 1348 mit dem Sieger von Crécy und schloß dabei nicht einmal Militäraktionen gegen den Schwager aus. Den Ehen zwischen Valois und Luxemburg war damit die politische Basis entzogen, kurz bevor sie durch den Tod geschieden wurden: Karls Gemahlin Blanche starb am 1. August 1348, seine Schwester Bonne am 11. September 1349. Bonne ist vermutlich wie wenig später auch ihre Schwiegermutter der Pest zum Opfer gefallen, indes gab es Gerüchte, sie sei auf andere Weise ums Leben gekommen.

Vier Wochen nach dem Tode von Johanns Mutter heiratete Philipp VI. zum zweiten Mal, und zwar Blanche, die damals achtzehnjährige Schwester König Karls II. von Navarra. Johann folgte dem Beispiel des Vaters vier Wochen später: Am 9. Februar fand die Hochzeit mit Johanna von Boulogne-Auvergne statt, deren dreijähriger Sohn Philipp aus erster Ehe Erbe des Herzogtums Burgund und einiger anderer Territorien war, z. B. der vom römisch-deutschen Reich lehnsrührigen Grafschaft Burgund sowie des Artois, die nunmehr bis zur Volljährigkeit des Knaben unter die Herrschaft des Stiefvaters gestellt wurden.

Am 22. August 1350 starb König Philipp. Die Übernahme der Krone geschah ohne erkennbare Probleme: Am 26. September wurde Johann in Reims geweiht und gekrönt. Am 17. Oktober folgte der feierliche Einzug des neuen Königs in seine Hauptstadt. Wenig später wurden die bei dieser Gelegenheit üblichen Feste und Empfänge jäh durch ein ebenso schreckenerregendes wie rätselhaftes, vom König selbst in Szene gesetztes Drama beendet. Schon vor Crécy war der Konnetabel Raoul von Brienne, Graf von Eu und Guines, ein wegen seiner Courtoisie allenthalben geschätzter Herr, in englische Gefangenschaft geraten, aus der man ihn wohl unter der Bedingung entlassen hatte, den Rest des für ihn festgesetzten Lösegeldes aufzubringen. Der nach wie vor im Amt befindliche Konnetabel erschien zur Audienz des neuen Königs, wurde in eine Kammer gebeten, wo ihm Johann einen Brief vorgehalten und ihn voller Wut beschimpft haben soll, anschließend ließ er ihn in den Kerker abführen. Am Morgen des 22. Oktober wurde der Konnetabel in Gegenwart einiger Verwandter des Königs enthauptet.

Die Brienne waren eine hochangesehene Dynastie, die einst Könige von Jerusalem gestellt hatte. Raoul gehörte zu den mächtigsten Baronen Frankreichs und nahm als Konnetabel in der Hierarchie der königlichen Amtsträger noch vor dem Kanzler den ersten Rang ein. Über das todbringende Delikt des Konnetabel haben auch die Zeitgenossen gerätselt. Wenn es politischer oder militärischer Verrat gewesen wäre, hätten der König und seine Mitwisser darüber kaum so striktes Stillschweigen bewahrt. Daher liegt es nahe, den Vermutungen Glauben zu schenken, die der Lütticher Chronist Jean Le Bel damals notierte, daß nämlich Raoul vor seiner Gefangennahme eine Affäre mit König Johanns Gemahlin Bonne gehabt haben soll. In die Gerüchte wurde auch deren plötzlicher Tod einbezogen: Der englische Chronist Galfrid le Baker behauptete ohne Umschweife, Johann habe seine Frau zu Tode gefoltert. Als seriöser einzuschätzen ist eine der zahllosen im Jahre 1358 vom Dauphin gegen den Bischof von Laon, Robert Le Coq, erhobenen Anklagen, wonach dieser mehrfach erklärt haben soll, König Johann sei des Lebens unwürdig, weil er seine Frau habe ermorden lassen. Eindeutige Klarheit über den Hintergrund des Dramas konnte indes bislang nicht erzielt werden. Es bleibt das Faktum eines düsteren Beginns von Johanns Königtum. Der Tod des Konnetabels, so meinte ein Chronist, verstörte einen großen Teil von Frankreichs Adel.

Zu Raouls Nachfolger wurde Karl von La Cerda, genannt von Spanien, erhoben. Dieser war Enkel einer Tochter König Ludwigs des Heiligen, deren spanische Familie später nach Frankreich emigriert war. Ebenfalls aus dem Blute der Könige Frankreichs stammte ein weiterer von Johanns Günstlingen, König Karl II. von Navarra, zugleich Graf von Evreux. Karls Mutter, eine Tochter König Ludwigs X., hatte zusammen mit ihrem Gemahl, dem Grafen Philipp von Evreux, das fast zu einer französischen Provinz herabgesunkene Navarra wieder zum Rang eines souveränen Reiches erhoben, jedoch war ihr 1331 geborener Sohn schon in den Tagen Philipps VI. mit Erfolg bemüht, an dessen Hof Fuß zu fassen. Ein Chronist des 16. Jahrhunderts hat ihm den Beinamen zugeschrieben, unter dem er heute oft genannt wird: ‹el Malo›, ‹der Böse›. Johann, der ebenfalls erst seit dem 17. Jahrhundert ‹der Gute› genannt wurde, gab ihm am 12. Februar 1352 seine neunjährige Tochter Johanna zur Gemahlin.

Indes profitierten nicht nur Verwandte des Königs vom Thronwechsel. Johann sorgte dafür, daß die bislang in einigen Kollegien der Zentralverwaltung herrschende Gleichberechtigung der Mitglieder aufgehoben und jeweils einer zum Premier ernannt wurde. Die unter seinem Vater zuletzt vernachlässigte Verbindung zwischen dem Grand Conseil und den Spitzen der zentralen Verwaltung wurde gestärkt oder wiederhergestellt. Daß einige von Johanns Personalentscheidungen Fehlgriffe waren, gehört zum üblichen Risiko solcher Maßnahmen. Im übrigen hatten die meisten von Johanns Amtsträgern ihre Karriere bereits unter seinem Vater begonnen, darunter auch Robert Le Coq, der sich in den Tagen Philipps VI. als Advocat du roi im Parlament, danach im Hôtel des Königs bewährt hatte, und nunmehr von Johann zum Bischof von Laon und damit zum Pair de France erhoben wurde. Über Le Coq sollten die vielen anderen nicht vergessen werden, die als kompetente Fachleute ihre gewohnte Arbeit fortsetzten, so der bereits unter Philipp VI. tätige Raoul de Louppy aus der Grafschaft Bar, der auch noch unter Karl V. für die Beziehungen zu den lothringischen Fürstentümern und zum römisch-deutschen Reich zuständig war. Unter den Neuentdeckungen Johanns kann der Bretone Bertrand Du Guesclin registriert werden. Bertrand gehörte zur Klientel des von Johann zum Marschall ernannten

Arnoul d'Audrehem, der sich als einer der zuverlässigsten Helfer des Königs erweisen sollte. Auch in dem von ihm überaus geschätzten Bereich der Geldpolitik griff Johann auf einen bereits bewährten Experten zurück, den mit dem Pariser Kaufmann Étienne Marcel verschwägerten Jean Poilevilain, der jetzt seine Karriere mit den ihm schon vertrauten Erfolgen und Katastrophen fortsetzte. Kurzum: Die Personalpolitik König Johanns war nicht besser, aber auch nicht schlechter als die seiner Vorgänger oder Nachfolger. Als fatal sollte sich freilich erweisen, daß Karl von Navarra und sein jüngerer Bruder Philipp von allem Anfang an eine tiefe Abneigung gegen den mit Johann eng befreundeten Karl von La Cerda hegten, die dieser aus vollem Herzen erwiderte. Dabei sollte das Alter der Rivalen bedacht werden: 1350 war Karl von Navarra 19 Jahre alt, La Cerda 24.

Ein Jahr nach der Hinrichtung des Konnetabel von Brienne gründete Johann den Sternenorden der Ritter unserer Lieben Frau vom Edlen Hause zu St-Ouen. Maßgeblich für den Titel des Ordens war die Gottesmutter mit ihrem Sternensymbol sowie ein Haus, das der König dem Bund in St-Ouen zwischen Paris und St-Denis zur Verfügung stellte.

Dieser weltliche Ritterbund war das französische Analogon zum Order of the Garter, dem Hosenbandorden, den Eduard III. nach dem Triumph von Crécy gestiftet hatte. Eduard und Johann scheinen beinahe gleichzeitig auf die Idee verfallen zu sein, eine solche Gemeinschaft zu gründen. Anfang 1344 hatte Eduard die Absicht bekundet, die Tafelrunde des Königs Artus wiederaufleben zu lassen, während sich Johann einige Monate später von Clemens VI. eine Serie von Privilegien ausstellen ließ, die seinen Plan absegneten. Johanns Bund sollte der Dreifaltigkeit, der hl. Jungfrau und dem hl. Georg geweiht sein.

Als die beiden Orden gegründet wurden, hatten sich die Pläne ihrer Stifter zum Teil beträchtlich geändert. Im Hinblick auf die Zahl der Mitglieder hatten beide Fürsten anfangs ähnliche Vorstellungen verfolgt. Am Ende reduzierte Eduard die Zahl der Ritter von 300 auf 26, Johann erweiterte seine um 300 auf nunmehr 500. Der englische Bund trat somit als exklusiver Club einer kleinen Elite in Erscheinung, der andere sollte einen schon beachtlichen Teil der französischen Ritterschaft umfassen, die damals kaum mehr als etwa 2400 bis 4000 Herren zählte.

Die beiden Orden unterschieden sich indes auch unter anderen Aspekten. Zwar wurde die geistliche Komponente der Ritterschaft auch im Hosenbandorden gewährleistet, z. B. durch das Patronat der Gottesmutter und des Ritterheiligen Georg, unter dessen Anrufung die Engländer zu kämpfen und bemerkenswert oft zu siegen pflegten. Der eigentliche Patron des Hosenbandordens aber war der mythische Fest- und Turnierveranstalter des europäischen Mittelalters, der Briten-König Artus. König Johann hatte inzwischen den Frankreich sichtlich nicht gewogenen hl. Georg verworfen und allein der Gottesmutter das Patronat anvertraut. Ein wesentliches Element aller Ritterschaft, ihre spielerische Selbstbestätigung im Turnier, wurde zwar nicht explizit, aber doch unmißverständlich aus dem Leben des Sternenordens verbannt: Verdienste der Mitglieder durften bei der Ehrung nur berücksichtigt werden, wenn sie in ernsthaftem Kampf erworben waren. Nicht beim Spiel, sondern durch tugendhaftes Leben und Fasten sollten sich die Sternenritter auf ihre Aufgabe vorbereiten, das Wohl Frankreichs und des Königs zu sichern und zu mehren. Der Hosenbandorden verfolgte zwar das gleiche Ziel, indes mit anderen Mitteln: Er war im Vergleich zu seiner Konkurrenz in einem kaum überbietbaren Ausmaß elitär, er rekurrierte auf die profan-mythische Tradition des Königshauses – und er erwies sich als der weitaus erfolgreichere. Bisher hat er den Sternenorden um rund 650 Jahre überlebt.

Wer Johann den Guten als einen in überholten Kategorien lebenden Mann charakterisieren möchte, kann den Sternenorden mithin nicht als Beweis dafür ins Feld führen. Der adelige Ritter war trotz mancher Niederlagen, die Heere von gewappneten Reiterkriegern in voraufgegangenen Jahren hatten hinnehmen müssen, das Rückgrat jeder halbwegs ernstzunehmenden Streitmacht. Kronzeuge dafür ist König Eduard III.: Trotz der entscheidenden Rolle seiner Bogner im Kampf um die Krone Frankreichs gründete er keinen Schützenverein, sondern einen Club hochadeliger Angehöriger der Ritterschaft.

Im übrigen ist zu berücksichtigen, daß König Johann am 30. April 1351, also schon vor der Gründung des Sternenordens, eine große Ordonnanz erlassen hatte, mit der er ebenso triviale wie wichtige Fragen der Heeresorganisation zu regeln versuchte. Anlaß des Edikts war die Erkenntnis, daß die geltenden Soldsätze nicht mehr ausreichten, den Lebensunterhalt der allein darauf angewiesenen Krieger zu bestreiten, und zwar galt das für alle Chargen der im Dienste des Königs stehenden Söldner, für die schwergewappneten wie für die zu Fuß kämpfenden. Das Dekret verfügte als höchste Tarifstufe 2 Tournosenpfund für den Bannerherrn, die niederen Ränge lagen wie seit langem üblich jeweils um 50% unter der nächsthöheren Charge. Der König von England zahlte nach demselben System, der Bannerherr erhielt 4 Schillinge, die anderen entsprechend weniger. Zwischen den beiden Besoldungssystemen bestand allerdings in zwei Punkten ein beträchtlicher Unterschied: Zum einen war das englische Pfund die beständigste Silberwährung Europas. 1 Pfd. entsprach durchweg 6,6 fl. Demgegenüber herrschte in Frankreich Inflation. Den 4 s. des englischen Bannerherrn entsprachen beständig 1,3 fl., die 2 Pfund des französischen hatten im Februar 1352 einen Gegenwert von 3,2 fl., im Oktober waren es 1,6 fl., Ende 1353 nur noch 1 fl. Dabei ist zusätzlich zu beachten, daß der englische Söldner ziemlich sicher sein durfte, sein Geld so lange zu erhalten, wie er erfolgreich auf dem Kontinent kämpfte, während sein französischer Kollege damit rechnen mußte, im Zweifelsfall ohne jeden Anspruch auf den Bezug seines Soldes nach Hause geschickt zu werden. Der zweite, noch wichtigere Unterschied zwischen den Aussichten der Krieger beider Parteien lag darin, daß der Sold auf englischer Seite nur als Sockelbetrag angesehen wurde, der mit einigem Glück leicht vervielfacht werden konnte. In dieser Hinsicht waren die Söldner des Königs von Frankreich hoffnungslos benachteiligt. Man mochte zwar gelegentlich hochrangige Gefangene machen und dann einen Anteil am Lösegeld erhalten; das relativ gefahrlose Plündern und Brennen aber kam nur in Frage, wenn Gebiete durchzogen wurden, die unter der Herrschaft des Königs von England oder seiner Bundesgenossen standen.

Die Heeresreform verlief zunächst allerdings im Sande: Die Abwertung des Tournosenpfunds ließ den Sold der Krieger rasch dahinschmelzen, und die ebenfalls dekretierte Vergrößerung der Kampf- und Besoldungsverbände, der Rotten, hat sich offenbar fürs erste nicht durchsetzen lassen. Indes belegen die Reformpläne doch, daß Johann sich im klaren darüber war, daß die Gründe für die Unterlegenheit der französischen Krieger gegenüber denen aus England nicht allein im moralischen Versagen des Adels zu suchen waren.

Der Krieg mit England war nach der Eroberung von Calais und dem Auftreten des Schwarzen Todes durch einen Waffenstillstand unterbrochen, der mehrfach verlängert wurde, zuletzt noch bis zum April 1355. Allerdings hinderte das beide Parteien nicht daran, den Gegner ständig durch Nadelstiche zu beunruhigen. Die gefährlichste Niederlage erlitt Johann damals allerdings innerhalb der eigenen Familie: Im Auftrag Karls von Navarra wurde am 7. Januar 1354 sein Konnetabel von einer unter dem Befehl von Karls Bruder Philipp stehenden Bande ermordet. Der Anstifter bekannte sich offen zu seiner Tat, die Johann über Tage hinweg in stumme Trauer und Wut versetzte. Dann aber ließ er sich davon überzeugen, daß es angesichts der englischen Gefahr besser sei, Rachegelüste zurückzustellen. Karl der Böse indes mußte trotz eines am 22. Februar 1354 zu Mantes geschlossenen Friedens mit dem Schwiegervater von nun an als potentieller Bundesgenosse des Königs von England gefürchtet werden.

Nachdem an der Kurie geführte Friedensverhandlungen gescheitert waren, verkündete Eduard III. am 1. Juni 1355 die Wiederaufnahme des Krieges. Wenig später konnte sein Sohn Eduard, der seit dem 16. Jahrhundert so genannte Schwarze Prinz, im Süden Frankreichs einen aufsehenerregenden Erfolg erzielen: Am 5. Oktober verließ er mit 8000 Mann Bordeaux, am 8. November erreichte er Narbonne, den östlichsten Punkt seiner chevauchée, am 2. Dezember war er wieder in der Gascogne. Der Statthalter König Johanns, Graf Johann von Armagnac, hatte sich mit 15 000 Mann nach Toulouse zurückgezogen und scheint nur einmal erwogen zu haben, dem Feind entgegenzutreten. Die Grande

Chevauchée Prinz Eduards war eine Meisterleistung ritterlicher Kriegführung. Entlang einer rund 900 km langen Marschroute waren sämtliche unbefestigten Orte in Schutt und Asche gelegt worden. Damit hatte der Prinz aller Welt vor Augen geführt, daß König Johann unfähig war, seine Untertanen wirksam zu schützen.

Im Norden wurde Johann vor andere Probleme gestellt: Der hier als sein Statthalter amtierende Thronfolger ließ sich von Karl von Navarra und dem Bischof Robert Le Coq zur Beteiligung an einem Komplott bewegen, dessen Ziel allem Anschein nach die Beseitigung des Königs war. Ob der Dauphin in diese letzte Konsequenz eingeweiht war, muß bezweifelt werden. Seine Aufgabe bestand darin, sich zu seinem Oheim, Kaiser Karl IV., nach Prag zu begeben. Vermutlich war er es, der die Verschwörung zum Scheitern brachte, indem er dem Vater die ihm bekannten Details offenbarte. Möglicherweise ist der ganze Umfang des Komplotts aber erst durch einen Mann des Königs von Navarra aufgedeckt worden, der im April 1356 zusammen mit seinem Herrn arretiert wurde und dann alles ausplauderte, was man von ihm wissen wollte. Jedenfalls wurde die Angelegenheit in einer seltsam moderaten Weise beigelegt: Am 7. Dezember 1355 übertrug Johann seinem Sohn definitiv das Herzogtum Normandie und gewährte ihm und seinen Komplizen, darunter Karl von Navarra, am 6. und 23. Januar mit zwei Urkunden Verzeihung für die Affäre. Vermutlich war der König aber schon zu diesem Zeitpunkt entschlossen, den Machenschaften des Schwiegersohns ein radikales Ende zu setzen.

In diesen Tagen versammelten sich in Paris die drei Stände Nordfrankreichs. Unter dem Eindruck des englischen Beutezugs im Süden erwiesen sich Klerus, Adel und Bürger als kooperationsbereit und bewilligten die enorme Summe von 5 Mio. Pfund Tournosen (ca. 10 Mio. fl.), die von allen drei Ständen aufgebracht werden sollte; dies allerdings ohne große Rücksicht auf das Vermögen der Betroffenen, denn es handelte sich im wesentlichen um eine Verbrauchssteuer, die vor allem die Ärmeren treffen mußte. Mit dem Geld sollten 30 000 Schwergewappnete besoldet werden. Als Preis für die Bewilligung mußte der König u. a. versprechen, künftig auf Währungsmanipulationen zu verzichten.

Außer den König von Navarra ließ Johann in diesen Tagen noch einen weiteren Gegner ins Leere laufen, nämlich den seit 1348 mit Eduard III. verbündeten römisch-deutschen König Karl IV., der seit 1354 versuchte, den dominierenden Einfluß Frankreichs auf die am Oberlauf der Maas gelegenen Fürstentümer und Kirchen zurückzudrängen. Als Gefahrenherd erwies sich dabei die Grafschaft Bar, denn die Mutter des noch minderjährigen Grafen Robert, Yolande von Flandern, hatte 1353 Philipp von Navarra geheiratet. Zwar wurde Yolande nach einem ergebnislos verlaufenen Verfahren vor dem Pariser Parlement das Recht auf die Regentschaft aberkannt, aber die Gräfin verstand es, ihre Rivalen zu verdrängen und Karl IV. für sich zu gewinnen. Karl faßte am 13. März 1354 in Metz die zum Reich gehörenden Teile der Grafschaft östlich der Maas zu einem Reichsfürstentum zusammen, der Markgrafschaft von Pont-à-Mousson, und bestätigte Yolandes Recht auf die Regierung des Landes.

Johann hat mit seinen Räten auf die Aktivitäten des einstigen Schwagers an der Ostgrenze Frankreichs flexibel reagiert: Die Rechte des römischen Königs in Bar, Lothringen, Verdun und anderswo respektierte er, konnte aber darauf vertrauen, daß die stete Präsenz seiner Regionalbeamten nach dem Abzug Karls IV. bald wieder für den alten Zustand sorgen werde. Nach seiner Kaiserkrönung (Ostern 1355) unternahm dieser einen neuen Vorstoß: Unmittelbar nach der Rückkehr aus Rom schickte Karl zwei Urkunden nach Paris – eine eigene, bereits besiegelte und datierte sowie die entsprechende Gegenurkunde des Königs von Frankreich, die Johann nur noch hätte datieren, siegeln und nach Prag zurücksenden müssen. Der Kaiser mochte glauben, daß Johann nach der neuerlichen Kriegserklärung Eduards III. seinen Vorschlag als indirekte Absage an den Engländer werten und freudig akzeptieren werde. Johann reagierte wiederum in verhaltener Manier: Am Tage, nachdem er dem Thronfolger seine Verzeihung dafür gewährt hatte, daß er zum Kaiser hatte fliehen wollen, schickte er beide Urkunden an den Absender zurück, erklärte sich aber zu weiteren Verhandlungen bereit. Im Mai ließ er einen eigenen Vertragsentwurf nach Böhmen expedieren, in dem mehrere ihm unannehmbar erscheinende Formulierungen des Prager Entwurfs getilgt waren, der zugleich aber dem Bemühen des Kaisers um die Wahrung von dessen Recht und Prestige entgegenkam. Karl IV. hat diesem Entwurf erst nach der Änderung der Gesamtlage durch Johanns Niederlage bei Maupertuis zugestimmt, worauf im Kapitel über Karl V. noch einzugehen sein wird.

Dieser soll auch nach der Aussöhnung mit dem Vater weiterhin mit Karl von Navarra konspiriert haben. Möglich ist aber auch, daß er die Verschwörer nur in eine Falle locken sollte. Am 5. April 1356 veranstaltete er in der Burg von Rouen ein Diner für den hohen Adel des Landes, in das völlig unvermutet der König mit einer von Audrehem kommandierten Eskorte hineinplatzte. Johann soll den Schwiegersohn am Kragen gepackt und mit dem Tode bedroht haben, ließ ihn dann aber nur in den Kerker schleppen. Der Graf von Harcourt und drei weitere Herren wurden in Ketten gelegt, vor die Stadt gekarrt und in Gegenwart von König und Dauphin enthauptet. Vor dem Coup hatte Johann befohlen, alle Anhänger des Navarresen zu arretieren. So ließ Raoul von Louppy in Paris die Gemahlin von Karls Bruder Philipp, des Kaisers Favoritin Yolande von Bar, ins Gefängnis bringen. Philipp selbst aber entkam. Zunächst bemühte er sich mit Rücksicht auf das Leben des Bruders um eine Versöhnung mit dem König und beteuerte dabei Karls und seine

Unschuld. Aber Johann beabsichtigte, dem Vetter einen schönen Prozeß zu machen. Am 28. Mai war Philipps Geduld erschöpft, und er erklärte Johann den Krieg.

Vier Wochen später führte Herzog Heinrich von Lancaster von La Hogue aus eine chevauchée in Richtung Rouen. Johann konnte ihn zum Rückzug zwingen und begann dann mit der Belagerung von Breteuil, das von Engländern und Navarresen gehalten wurde. Als ihm Mitte August gemeldet wurde, daß Prinz Eduard im Berry erschienen war, konzedierte er den Belagerten freien Abzug, nahm die Feste in Besitz und marschierte dann nach Süden – seiner Katastrophe entgegen.

Prinz Eduard hatte seine chevauchée am 4. August in Bergerac eingeleitet. Er scheint vorausgesetzt zu haben, daß sein Vater von Calais aus in Richtung auf Paris vorstoßen werde und er selbst an der Loire mit Lancaster zusammentreffen könne. Indes fand der Zug des Vaters gar nicht statt, und Lancaster war zwar in Richtung Angers aufgebrochen, kam aber zu spät, um seine Truppen mit denen des Prinzen vereinigen zu können.

Ende August erfuhr Eduard, daß König Johann ihm entgegenzog. Er drehte nach Westen ab und wandte sich vor Tours in Richtung auf seine Bastionen in der Gascogne. Im Süden von Poitiers, bei dem Dörfchen Maupertuis, konnte Johann den Prinzen einholen und stellen. Sein Aufgebot dürfte 14 000 bis 20 000 Mann umfaßt haben, während Eduard nur über etwa 8000 Krieger verfügt haben wird. In Johanns Heer befanden sich seine vier Söhne sowie sein Bruder, d. h. alle für die Thronfolge in Frage kommenden Mitglieder seiner engeren Familie.

Am 17. September, einem Samstag, konnten zwei in Johanns Begleitung reisende Kardinäle für den Sonntag eine Waffenruhe aushandeln. Der König soll Bedingungen offeriert haben, unter denen er den Prinzen ungeschoren abziehen lassen würde, indes waren diese so hoch angesetzt, daß er mit ihrer Ablehnung rechnen durfte.

Als gesichert kann gelten, daß die Masse der französischen Krieger zu Fuß kämpfen sollte. Nur zwei kleinere Abteilungen unter den Marschällen Audrehem und Clermont sollten zu Pferde den ersten Stoß führen. Die im Nordwesten stehenden Franzosen waren an ihrer rechten Flanke durch einen zum Flüßchen Miosson abfallenden Hang daran gehindert, ihre zahlenmäßige Überlegenheit zu entfalten. Vermutlich waren sie in vier tief gestaffelten Schlachtreihen aufmarschiert, wobei der König sich zusammen mit seinem jüngsten Sohn in weiter Entfernung von der vordersten Linie befand. Die Engländer waren in drei Treffen gegliedert. Der linke Flügel mit dem Grafen Warwick stand an besagtem Abhang, der rechte mit Salisbury hielt die Front beiderseits einer nach Süden führenden Straße und war an der Flanke durch umgestürzte Troßwagen geschützt. Das Zentrum unter Prinz Eduard und Lord Chandos stand hinter den Flügeln auf dem Rücken eines flachen Hügels. Gegen den ersten Anprall einer Attacke waren die Engländer durch eine dichte Hecke geschützt.

Der Kampf begann am frühen Morgen des 19. September, nachdem Warwick seinen Trupp aus unbekanntem Grund nach der Seite hin in Bewegung gesetzt hatte. Audrehem und Clermont nutzten die vermeintliche Chance zum Angriff auf die äußersten Flügel der beiden vorderen Schlachtreihen des Prinzen. Die Reiter gerieten in den Pfeilhagel der englischen Bogner, der aber erst Wirkung zeigte, als es Warwicks Leuten gelang, den rechten Flügel der Franzosen in der Flanke zu fassen. Audrehem wurde gefangengenommen, sein Kollege fiel.

Allem Anschein war das zweite Treffen der Franzosen unter dem Dauphin den Reitern unmittelbar gefolgt und geriet mit den beiden vorderen Abteilungen des Feindes in einen Nahkampf, der am Ende von den Franzosen abgebrochen werden mußte. Die Pause wurde dazu genutzt, den Dauphin sowie dessen Brüder Ludwig und Johann aus der Gefahrenzone zu bringen. Einige Herren kamen daraufhin zu dem Schluß, es sei wohl besser, die Gesundheit ebenfalls gar nicht erst aufs Spiel zu setzen. Unter ihnen war Johanns Bruder Philipp von Orléans, der zusammen mit seinen Leuten das Schlachtfeld geräumt haben soll, ohne überhaupt in die Kämpfe eingegriffen zu haben.

Der König verfügte trotzdem noch immer über ein frisches, dem Feind zumindest ebenbürtiges Aufgebot. Eduard ergriff jetzt selbst die Initiative: Während der gascognische Captal (Baron) von Buch, Jean de Grailly, mit einem Trupp berittener Leute die linke Flanke der Franzosen zu umgehen suchte, trat er selbst der Attacke des Königs entgegen. Der Captal griff im rechten Moment ein, die Reihen der Franzosen lösten sich auf. Der König soll sich am Ende allein verteidigt haben, während einige seiner Gegner schon in Streit gerieten, wer von ihnen den einzigartigen Fang bergen dürfe.

Prinz Eduard bezifferte die eigenen Verluste auf 40 Mann, die des Feindes auf 2446. Glaubwürdiger sind die Angaben über die Gefangenen: 1994 Mann, darunter Johanns jüngster Sohn Philipp, 13 Grafen, 5 Vizegrafen und 25 Bannerherren.

Im Hinblick auf die Frage nach der Schuld an der Katastrophe kann festgestellt werden: Das Scheitern der beiden ersten Attacken gehört zu den Fehlschlägen, die auch geniale Heerführer schon einmal einstecken müssen. Auch das Beharren auf der Fortsetzung des Kampfes nach den ersten Mißerfolgen gehört nicht zur Kategorie tödlicher Fehler, denn die Franzosen konnten damit rechnen, daß der Gegner erschöpft war. Als gravierende Fehler müssen jedoch registriert werden: die Anwesenheit der Söhne Johanns, die Hinnahme des von den Engländern ausgesuchten Schlachtfeldes und schließlich die Sorglosigkeit, die es dem Captal von Buch ermöglichte, unbehelligt in Flanke oder Rücken des Feindes zu stoßen.

Die Zeitgenossen erörterten die Frage nach der Schuld an der Katastrophe vor allem unter moralischem Aspekt. Zum einen wurde der Adel generell bezichtigt, seiner im Grunde einzigen Aufgabe, nämlich zu kämpfen, nicht nachgekommen zu sein, ja mit den Engländern gemeinsame Sache gemacht zu haben, und zum anderen bürdete man die Hauptschuld an der Niederlage dem gerade einundzwanzigjährigen Philipp von Orléans auf. Während die erste Variante der Schuldzuweisung offenbar weit verbreitet war und keiner Pflege bedurfte, scheint die zweite später besonders im Umkreis Karls V. kultiviert worden zu sein: Der Onkel Philipp wurde offenbar als schwarzes Schaf der Familie geopfert, um König und Thronfolger zu salvieren.

Die folgenden Jahre ließen sichtbar werden, daß in Frankreich nicht nur die Person des Königs von der politischen Bühne verschwunden war: Das monarchische System des Landes schien in sich zusammenzusinken. Der Bericht darüber gehört in die Biographie Karls V. Allerdings hat der König mehrfach auf den Lauf der Dinge einzuwirken versucht. Zunächst war er nach Bordeaux gebracht worden, wo Kardinäle einen auf zwei Jahre befristeten Waffenstillstand aushandeln konnten. Am 11. April 1357 ging es nach London, wo König Eduard dem König von Frankreich mit dem Manor of Savoy an der Straße von der City nach Westminster ein standesgemäßes Domizil zur Verfügung stellte.

Den Bürgern von Paris ließ Johann erklären, daß es unmöglich sei, ihn durch Krieg zu befreien, sondern nur durch einen Friedensvertrag. Indes wollte König Eduard sich nicht mit Geld begnügen. Zwar ließ er erkennen, daß er den Anspruch auf die Krone Frankreichs fallenlassen wolle, das aber nur als Preis für Konzessionen, die ihn zu einem dem König von Frankreich überlegenen Herrscher auf dem Kontinent hätten aufsteigen lassen.

Im Januar 1358 wurde zu London ein Vertrag beurkundet, wonach das Herzogtum Guyenne mit einigen anderen Regionen und Orten, darunter Poitou und Limousin, Calais und Ponthieu, zu vollem, souveränem Eigentum an England übergehen sollte, alles in allem ein gutes Drittel des französischen Königreiches. Als Lösegeld für den König wurden 4 Mio. écus (ca. 5 Mio. fl.) festgesetzt. Der Dauphin stimmte dem Ergebnis zu, geriet aber in dieser Zeit durch den Aufstand des Étienne Marcel in arge Bedrängnis; außerdem kehrten die Lösegeldeintreiber mit fast leeren Händen nach England zurück. Eduard III. glaubte, die Gunst der Stunde nutzen zu können, ließ Johann in ein weniger komfortables Gefängnis bringen und nötigte ihn am 24. März 1358 zu einem zweiten Vertrag, der über die ursprünglichen Abtretungen hinaus das gesamte Gebiet nördlich der Loire sowie die Küstenregionen zwischen Somme und Calais unter englische Herrschaft gestellt hätte: Frankreich wäre vom direkten Zugang zum Atlantik abgeschnitten gewesen.

Indes hatte Eduard sich verkalkuliert: König Karl von Navarra sah sich übergangen und schloß mit dem Dauphin den Frieden von Pontoise. Daraufhin entschied sich Eduard, das Auslaufen des Waffenstillstands zur Fortsetzung des Krieges zu nutzen. Als er damit scheiterte, handelte Prinz Eduard mit dem Dauphin einen neuen Vertrag aus, der am 8. Mai 1360 in Brétigny paraphiert, danach von den beiden Thronfolgern und schließlich auch von deren Vätern beschworen wurde. Am 24. Oktober erfolgte in Calais die definitive Ratifikation. Das Lösegeld war auf 3 Mio. écus gemindert worden und sollte in sechs Raten gezahlt werden. Auch die territorialen Verluste blieben hinter denen des 2. Londoner Vertrags zurück. Betroffen waren aber immer noch Guyenne, Gascogne, Poitou, Saintonge, Périgord, Limousin, Quercy, Guines, Ponthieu und Calais. Als sehr folgenreich sollte sich ein Zusatzabkommen erweisen, das die Realisierung des Vertrages regelte. Die darin enthaltene Vereinbarung, daß Eduards Verzicht auf die Krone Frankreichs und die Anerkennung der englischen Souveränität über die abgetretenen Regionen durch Johann II. bis zum November 1361 zu erfolgen habe, wurde nicht eingehalten – der Krieg konnte jederzeit von neuem begonnen werden. Eingehalten aber wurde eine der Bedingungen für Johanns Freilassung: Frankreich hatte für die Erfüllung des Vertrags Geiseln zu stellen, darunter die drei jüngeren Söhne des Königs sowie dessen Bruder Philipp.

Nach der Bezahlung eines Großteils der ersten Lösegeldrate konnte Johann am 25. Oktober 1360 das englische Calais als freier Mann verlassen. In Boulogne wurde er vom Dauphin empfangen, dem er schon vorher eine generelle Bestätigung von dessen Verfügungen als Regent gewährt hatte. Wenig später verließ Karl den Vater und kehrte nach Paris zurück, wo binnen weniger Tage seine beiden bis dahin einzigen Kinder verstorben waren. Indes waren diese Trauerfälle wohl nicht das einzige Motiv für den Rückzug des Thronfolgers aus der Sphäre der königlichen Politik. Für die Reise in die Hauptstadt ließ sich Johann viel Zeit, nutzte sie jedoch, um ohne erkennbare Beteiligung des Dauphin einige Zentralbehörden neu zu ordnen und die Mitglieder des Grand Conseil zu benennen. In Paris folgte dann noch die Einsetzung von Géneraux réformateurs, Bevollmächtigten für die Reform des Reiches, sowie die Inhaftierung Jean Poilevilains, den Johann für die inflationäre Geldpolitik des Regenten verantwortlich machte, wogegen dieser zunächst vergeblich protestierte. Am Ende hatte er aber doch noch Erfolg damit: Poilevilain wurde im April 1361 erneut zum maître général des monnaies ernannt.

Als wichtigste Maßnahme von Johanns gesamter Regierungszeit gilt eine am 5. Dezember 1360 in Compiègne erlassene Ordonnanz: Sie dekretierte die Prägung einer Goldmünze, mit deren abgekürztem Namen noch heute die französische Münz- und Währungseinheit benannt wird, des Franc. Der franc d'or à cheval lag mit 3,89 g unter dem écu (4,5 g) und über dem alten Gulden von Florenz (3,53 g). Die seit Jahrzehnten arg malträtierte Silberwährung wurde fest an die neue Münze gekoppelt. Trotz einiger Kursschwankungen war damit die inflationäre Tendenz der königlichen Geldpolitik in nachhaltig wirksamer Weise unterbrochen.

Indes stellte das nur die goldene Kehrseite jener Ordonnanz dar, deren primäres Ziel die Sicherung der Lösegeldzahlungen war. Johann hielt es für sinnvoll, die Notwendigkeit seiner Maßnahmen wortreich zu erläutern und ließ dabei die Worte «nostre pueple» ungewohnt häufig in den Text einfließen. Diesem Volk wurde nunmehr auferlegt, die Kosten des verlorenen Krieges zu übernehmen, u. a. mit einer Salzsteuer (gabelle) und Abgaben auf den Kauf anderer Waren des täglichen Bedarfs. Zwar wurde ausdrücklich erklärt, daß diese aides nur bis zur Bezahlung des Lösegeldes erhoben würden, aber die Ordonnanz von Compiègne markierte dann doch den Beginn einer dauerhaften Besteuerung des «pueple de France», wobei freilich einschränkend anzumerken ist, daß die Könige Frankreichs schon seit geraumer Zeit das Sozialprodukt des Landes in einem Ausmaß abzuschöpfen pflegten, von dem römisch-deutsche Kaiser nur träumen konnten.

Die Besteuerung war jedoch nur eines der vielen Übel, von denen Johanns Volk heimgesucht wurde. Ein nicht unerheblicher Teil davon hatte mit ihm freilich nichts mehr zu tun, sondern mußte die Herrschaft des Königs von England anerkennen. Schlimmer erging es der Bevölkerung jener Regionen, die von den herrenlos gewordenen Söldnern und ihren Kompanien heimgesucht wurden. Die Anfänge dieser Plage gehen in die Zeit des Regenten Karl zurück und werden daher in dessen Biographie berücksichtigt. Die Kompanien setzten nach dem Frieden von Brétigny ihr Treiben fort und blieben bis über das Ende von Karls V. Herrschaft hinaus eine Last, die Frankreich mitunter zu erdrücken drohte. Die Kriegsfurie entledigte sich ihrer letzten Fesseln und ließ ganze Landstriche im Chaos versinken. Johann hat dem Terror keineswegs tatenlos zugesehen, jedoch waren die Banden zu stark und ihre Hauptleute zu kaltblütig, um sich von den kleinen Militäreinheiten schrecken zu lassen, über die der König von Frankreich jetzt noch verfügte.

Zwar hat Johann in Urkunden mehrfach ausdrücklich Recht und Würde seines ältesten Sohnes und Nachfolgers hervorgehoben. Indes scheint er den Sohn gezielt von der Regierung ausgeschlossen zu haben. Bei Abwesenheit oder Verhinderung des Königs trat ein ständig in Paris präsenter Conseil in Aktion, dem der Dauphin nicht angehörte.

Am 21. November 1361 starb Johanns Stiefsohn Philipp von Rouvres, der letzte kapetingische Herzog von Burgund. Während einer Reise nach Dijon nahm Johann das Fürstentum, auf das auch Karl von Navarra Ansprüche erheben konnte, als sein persönliches Erbe in Besitz, nachdem er zuvor noch in Paris dekretiert hatte, daß es zusammen mit den Grafschaften Champagne und Toulouse sowie – unter Vorbehalten – dem Herzogtum Normandie der Krone Frankreichs einzuverleiben sei: Nur der König und der Thronfolger sollten künftig diese Fürstentümer innehaben. Die Ordonnanz war im Conseil erlassen worden und zwar allem Anschein nach, ohne daß zuvor die Zustimmung des Dauphin eingeholt worden wäre, der ja auch den Titel eines Herzogs von Normandie führte. Johann erklärte, daß er dessen Rechte nicht mindern wolle, verfügte jedoch, daß Karl zu Beginn seiner eigenen Herrschaft die Vereinigung der Normandie mit der Krone unter Eid zu bestätigen habe. Die Ordonnanz richtete sich allerdings auch kaum gegen den Dauphin, sondern gegen Karl von Navarra, der nicht nur auf Burgund, sondern auch auf Champagne und Normandie Ansprüche geltend machen konnte. Von nun an wäre Karls Beharren auf diesen Rechten gleichbedeutend mit einer Kriegserklärung an die Krone Frankreichs gewesen. Es war jedoch nicht Karl von Navarra, sondern der Thronfolger, der den Kampf um die Erbrechte kurz vor dem Tode des Vaters und während dessen Abwesenheit in London eröffnete.

Im Herbst 1362 unternahm Johann eine längere Reise, die ihn durch die Champagne wiederum bis nach Burgund und weiter nach Lyon führte. Vermutlich hier erhielt er die Nachricht vom Tode Papst Innozenz' VI. am 12. und der Wahl von dessen Nachfolger Urban V. am 28. September. Er beschloß, den neuen, nicht aus dem ihm vertrauten Kardinalskolleg gewählten Papst aufzusuchen und einige Bitten an ihn zu richten. Johann hatte die Kurie bereits mit nahezu leeren Händen wieder verlassen, als er die Nachricht erhielt, daß König Peter von Zypern erscheinen werde, um für die Ausrufung eines neuen Kreuzzuges zu werben, der zugleich ein Feldzug zur Eroberung desjenigen Reiches sein würde, als dessen Herrscher Peter sich wähnen durfte, führte er doch als ersten Titel den eines Königs von Jerusalem.

Johann kehrte nach Avignon zurück. Am 31. März 1363 rief Urban zum Kreuzzug auf und setzte dessen Beginn auf den 1. März 1365 fest. Zum Hauptmann ernannte er den König von Frankreich, dem damit die Aussicht auf einen gewichtigen Anteil an der vom Papst auszuschreibenden Kreuzzugssteuer eröffnet wurde. Außerdem wollten er und der Papst die Chance nutzen, um die allenthalben marodierenden Kompanien unter Sold zu nehmen, übers Meer zu schicken und sie beim Kampf um das Heilige Land ausbluten zu lassen. Obendrein aber galt der Krieg gegen die Heiden nach wie vor als primäre Pflicht eines jeden christlichen Herrschers: Der König von Frankreich hätte mit einem Schlage das dahingeschwundene Prestige eines kaisergleichen Herrschers der Christenheit zurückgewinnen können.

Nach der Heimkehr verbrachte Johann nur wenige Wochen in Paris. Es folgten Gespräche mit Vertretern der Städte in Reims, anschließend fand im Dezember 1363 zu Amiens eine große Versammlung aller Stände statt, zu der auch der Dauphin erschien. Karls Rückkehr an die Spitze der Zentralregierung war erforderlich geworden, weil Johann sich mit dem Gedanken trug, nach London zu reisen, um mit Eduard III. einige offene Probleme zu regeln. Zuvor jedoch wurde auf der Versammlung von Amiens beschlossen, zur Verteidigung des Königreichs gegen die Kompanien eine Truppe von 6000 Mann aufzustellen und zu deren Finanzierung eine Steuer auf jedes Herdfeuer (fouage) zu erheben, die je nach Vermögen des betreffenden Haushalts bis zu 9 fr. betragen und einen durchschnittlichen Ertrag von 3 fr. je Feuer erbringen sollte. Die Stände stimmten zu. Die ins Auge gefaßte Truppenstärke wurde dann bis zum Ende der Regierung Karls V. als für die Verteidigung Frankreichs ausreichend angesehen.

Die Versammlung zu Amiens stand unter dem Eindruck eines dem Ansehen der Dynastie höchst abträglichen Vorgangs. Nachdem der Termin verstrichen war, bis zu dem beide Könige den Verzicht auf ihre unterschiedlichen Ansprüche hätten erklären sollen, schlossen die in Geiselhaft befindlichen Mitglieder der königlichen Familie im November 1362 mit Eduard III. einen Vertrag, der diesem andere Unterpfänder und ihnen die sofortige Freilassung einräumte. Zwar berührten die Konzessionen in kaum einem Punkt die der Krone Frankreichs belassene Souveränität, jedoch erregte das unautorisierte Vorgehen der Geiseln beträchtlichen Unmut. Dann brach Johanns zweiter Sohn Ludwig das Gelöbnis, bis zur Erfüllung der Vertragsklauseln in der Haft zu verbleiben, und kehrte aus einem ihm gewährten Urlaub nicht mehr nach Calais zurück, wohin die Geiseln im Mai verbracht worden waren. Ludwigs Eidbruch war zwar ein schmachvoller Vorgang, wurde aber von Eduard III. fürs erste nicht als gravierende Verletzung der Vereinbarungen bewertet, da er ja noch immer über andere hochrangige Geiseln verfügte.

Johanns Entschluß, in Englands Hauptstadt zu reisen, war nach mittelalterlichen Vorstellungen ungewöhnlich: Normalerweise trafen sich ebenbürtige Herrscher an der Grenze ihrer Reiche. Das hat der Meinung Vorschub geleistet, Johann habe dem ritterlichen Ehrenkodex den Vorzug vor der Staatsraison gegeben und sich anstelle des Sohnes selbst als Geisel in englischen Gewahrsam begeben. Jedoch spricht gegen diese Deutung von Johanns Englandreise schon die Tatsache, daß er sich von Eduard III. einen Geleitbrief für sich selbst sowie für eine Eskorte von 200 Rittern ausstellen ließ. Gewiß sollte auch über Genugtuung für das Verhalten von Johanns Sohn Ludwig gesprochen werden, aber das eigentliche Ziel der Reise bestand darin, die Befreiung der anderen Geiseln zu erreichen. Vermutlich wollte Johann sich auch um eine Zusage Eduards bemühen, sich bei einem künftigen Konflikt mit Karl von Navarra neutral zu verhalten.

Johann scheint schon zu Beginn der Reise nicht bei bester Gesundheit gewesen zu sein. Anfang März erkrankte er und starb in der Nacht vom 8. auf den 9. April 1364 im Alter von 44 Jahren. Sein Gastgeber war zutiefst erschüttert und ließ den Leichnam mit allen königlichen Ehren nach Dover geleiten. Von dort aus wurde der tote Herrscher über Calais nach Paris gebracht, wo er am 5. Mai eintraf und in dem nahe der Stadt gelegenen Kloster St-Antoine mit der Lilienkrone auf dem Haupt – einem Schlafenden gleich – auf einem Bett aufgebahrt wurde. Erst einen Monat nach seinem Tode wurde Johann am 7. Mai in der Kirche von St-Denis beigesetzt.

Johann II. wurde in der Historiographie seines Landes durchweg sehr negativ beurteilt. Das geht wenigstens im Ansatz wohl schon auf die Chronisten zurück, die unter Karl V. die Geschichte der ersten Könige aus dem Hause Valois konzipierten. In jüngerer Zeit hat Raymond Cazelles dieses Urteil in Frage gestellt und zu revidieren versucht. Er konnte darauf verweisen, daß Johann von einigen Zeitgenossen, darunter Petrarca, als höchst kultivierte und umgängliche Persönlichkeit gewürdigt worden sei. Umstritten ist mittlerweile kaum noch, daß die Gründung des Sternenordens nicht nostalgisch geprägter Verschwendungssucht entsprang, sondern unter dem Aspekt der «Sozialpolitik» jener Zeit eine durchaus sinnvolle Maßnahme war, die freilich nicht ausreichte, die militärische Überlegenheit der Engländer zu kompensieren. Im übrigen unterschied sich Johanns Regierungsstil nicht grundsätzlich von dem seines Vaters, und sein Sohn wiederum hat im wesentlichen das Personal des Vaters beibehalten. Insofern gab es Kontinuität im Guten wie im Schlimmen. Auch die Währungsmanipulationen der Könige Frankreichs setzte Johann fort, aber als er 1360 die Herrschaft wieder übernahm, erklärte er diese Methode der Sanierung von Staatsfinanzen als verderbliches Übel und zog die Konsequenzen aus dieser Erkenntnis. All das kann allerdings nicht Anlaß sein, Johann den Guten zum grandiosen Herrscher und Staatsmann aufzuwerten. Die Hinrichtungen des Konnetabel sowie des Grafen von Harcourt und seiner Gefährten mögen nach Maßgabe der zeitgenössischen Anschauungen berechtigt gewesen sein, die Begleitumstände ließen sie indes in den Augen von Frankreichs Adel als Willkürakte eines Tyrannen erscheinen. Entscheidend für seine Stellung im Geschichtsbild war jedoch letztlich eine einzige, binnen weniger Stunden erlittene Niederlage, die allerdings nicht mit einem Mangel an Fortüne entschuldigt werden kann. Seinem durchaus erkennbaren und wohl auch erfolgversprechenden Bemühen, Land und Leute aus dem von ihm mitverursachten Elend herauszuführen, setzte dann der Tod das abrupte Ende.

Karl V. (1364–1380)

Heinz Thomas

Karl V.
1364–1380

Karl V., geb. am 21. 1. 1338 in Vincennes; 1349 Graf von Vienne (Dauphin); 1355 Herzog von Normandie; 1356 Statthalter des in englische Gefangenschaft geratenen Vaters; 1358 Regent; Salbung und Krönung in Reims am 22. 5. 1364; gest. am 16. 9. 1380 in Beauté bei Vincennes, beigesetzt am 26. 9. 1380 in St-Denis. Vater: Johann II. (geb. 1319, König 1350–1364); Mutter: Bonne (Guta) von Luxemburg-Böhmen (1315–1349), Tochter König Johanns von Böhmen (geb. 1296, 1310–1346) und der Elisabeth von Böhmen (1292–1330). Geschwister: s. Kinder unter Johann II. Heirat am 8. 4. 1350 in Tain-en-Viennois mit Johanna von Bourbon (1338–1378), Tochter des Herzogs Peter I. von Bourbon (1311–1356) und der Isabella von Valois (1313?–1383). Kinder: Johanna (1357–1360); Bonne (gest. 1360); Johanna (geb. u. gest. 1366); Karl (1368, König 1380–1422); Maria (1370–1377); Isabella (1373–1378); Ludwig (geb. 1372, 1376 Graf von Valois, 1386 Herzog von Touraine, 1392 Herzog von Orléans, gest. 1407); Katharina (1378–1388).

Karls erster Auftritt auf der politischen Bühne war ein für die Geschichte des französischen Königtums epochales Ereignis: Am 16. Juli 1349 verzichtete der Dauphin Humbert II. in Lyon auf sein Fürstentum, die Grafschaft Vienne, und investierte damit den Enkel König Philipps VI. So wurde Karl zum ersten Dauphin aus dem Königshaus. Der bereits zum Titel der Grafen von Vienne avancierte Tiername Delphin wurde freilich erst unter Karls gleichnamigem Sohn und dann unter seinem Enkel Karl VII. zur quasi-amtlichen Bezeichnung des Thronfolgers. Im Zusammenhang mit der Übernahme der Grafschaft stand Karls Verlobung mit der nahezu gleichaltrigen Johanna, Tochter Herzog Peters von Bourbon: Die Hälfte von deren Mitgift – 100 000 fl. – war zur Begleichung des Kaufpreises für den Dauphiné bestimmt. Die Hochzeit wurde ein Jahr später, am 8. April 1350, in Tain an der Rhone gefeiert. Johanna muß eine sehr schöne Frau gewesen sein, die allerdings des öfteren von Unwohlsein befallen wurde und zumindest einmal Anzeichen einer Geisteskrankheit erkennen ließ. Das erste Kind, eine nach der Mutter benannte Tochter, wurde ein Jahr nach der Katastrophe von Poitiers, neun Monate nach Karls Rückkehr von der Reise zum Kaiser nach Metz im September 1357 geboren. Johanna und ihre etwa ein Jahr jüngere, auf den Namen der Großmutter Bonne getaufte Schwester starben kurz nacheinander im Herbst 1360, unmittelbar vor der Rückkehr von Karls Vater aus der englischen Gefangenschaft.

Karl hat sein erstes Fürstentum kurz nach dem Tode des Großvaters verlassen und es zeitlebens nicht wieder betreten: Der Dauphiné wurde von nun an durch Statthalter verwaltet. Selbständig hätte Karl die Grafschaft fürs erste ohnehin nicht regieren können: Zwar wurde er bei Gelegenheit von Johanns Krönung in Reims am 26. September 1350 zum Ritter gemacht, jedoch scheint der Vater gezögert zu haben, die Geschäftsfähigkeit des Sohnes durch eine Mündigkeitserklärung zu dekretieren. Erst der mit dem Mord am Konnetabel Karl von La Cerda (Februar 1354) ausgebrochene Konflikt mit Karl von Navarra scheint eine Änderung seiner Position bewirkt zu haben: Der Vater gewährte ihm zunächst die Grafschaft Poitiers als Apanage, die Ende 1354 durch das Herzogtum Normandie ersetzt wurde.

Im März 1355 wurde der Thronfolger vom Vater als dessen Statthalter in dieses von den Engländern bedrohte Fürstentum geschickt, um die Stände zur Zahlung einer Subsidie zu veranlassen. Spätestens im September muß Karl von Navarra im Bunde mit Robert Le Coq sein Komplott gegen König Johann geschmiedet haben. Mit welchen Argumenten die beiden den Dauphin für das Vorhaben zu gewinnen wußten, bleibt im dunkeln. Der Vater, so soll Le Coq ihm suggeriert haben, hege Haß gegen ihn. Das Motiv dieses angeblichen Hasses wird nicht genannt. Sicher ist aber, daß der Bischof die Gerüchte um den Tod von Karls Mutter ins Spiel brachte und Johann des Mordes an seiner Gemahlin bezichtigte: Wurde dabei dem Vater unterstellt, Karls Existenz als Folge eines Ehebruchs zu verdächtigen? Der unversöhnliche Groll, mit dem Karl später Le Coq verfolgte, läßt jedenfalls auf ein sehr tief sitzendes Ressentiment gegen den Bischof schließen.

Die Verschwörer haben Karl offenbar einzureden gewußt, daß er die Hauptperson des Komplotts sei und dessen erstes Ziel in seiner Flucht zum Kaiser nach Prag bestehen solle, wobei ihn sein Schwager von Navarra begleiten würde. Kurz vor dem Beginn des Unternehmens hat Karl dem Vater seine Absichten offenbart. Dieser scheint sich mit dem Geständnis des Sohnes zufriedengegeben zu haben – oder er tat so, als ob er die Geschichte glaube und tatsächlich den Sohn als den Hauptschuldigen ansehe. Jedenfalls hat er ihm spätestens am 7. Dezember verziehen und das Herzogtum Normandie definitiv übertragen. Danach scheint es weitere Überlegungen gegeben zu haben: Am 6. und am 23. Januar 1356 gewährte der König dem Sohn und seinen Komplizen, darunter auch Karl von Navarra und dem normannischen Grafen Johann von Harcourt, in Gestalt von zwei Gnadenbriefen Straffreiheit für das gescheiterte Unternehmen.

Ohne daß es eine ausdrückliche Erklärung darüber gegeben zu haben scheint, galt Karl nunmehr, mit der Vollendung des achtzehnten Lebensjahres, als volljährig. Er begab sich in sein Herzogtum, um hier die Huldigung der Vasallen entgegenzunehmen. Am 5. April 1356 kam es in Rouen zu dem schrecklichen, in der Skizze von Johanns Biographie geschilderten Drama: Karls Vater überfiel den im Schloß an der Tafel des Sohnes versammelten Adel der Normandie. Karl von Navarra wurde gefangengesetzt, Graf Johann von Harcourt zusammen mit drei anderen Herren in Karls Gegenwart enthauptet. Es folgten die Allianz Philipps von Navarra mit den Engländern sowie die Schlacht bei Maupertuis, in deren Verlauf Karl von mit seinem Schutz beauftragten Herren in Sicherheit gebracht wurde. Am 29. September 1356 zog er als Generalstatthalter des Königs in Paris ein und übernahm die Regierung des Landes.

Christine de Pisan, die allerdings erst 1368 nach Paris kam, hat Karls äußere Erscheinung so beschrieben: «Sein Körper war gerade gewachsen, groß und wohlgestaltet, breit in den Schultern, schmal in den Hüften. Der König hatte kräftige Arme und schöne Gliedmaßen ... Das Gesicht war schön, ein wenig länglich. Er hatte eine ausgeprägte Stirn, bogenförmige Augenbrauen. Auch die Augen hatten eine schöne Form, waren gut plaziert, kastanienbraun und ruhig beim Blick. Die Nase war recht lang, der Mund nicht zu klein und mit feinen Lippen. Ein wenig zeichneten sich die hohen Wangenknochen ab. Der König trug einen Bart, das Haar war weder blond noch schwarz, die Haut war hellbraun, das Gesicht eher ein wenig blaß. Ich glaube, daß dies sowie die schmale Gestalt von einer Krankheit verursacht waren und eigentlich nicht seiner sonstigen Erscheinung entsprachen.» Karl war in der Tat wie sein Vater von sehr kränklicher Konstitution, litt vermutlich wie sein Oheim, Kaiser Karl IV., an der Gicht. Eine wandernde Fistel, anfangs im linken Arm, muß ihm zeitweise arg zugesetzt haben. Anders als der im Alter etwas füllig gewordene Vater Johann II. hat Karl auch in seiner hochgewachsenen Gestalt den Zeitgenossen das Bild eines wahrhaften Edelmannes vermittelt.

Johann der Gute hatte sich in der Schlacht so verhalten, wie er es seinen Sternenrittern zur Pflicht gemacht hatte, während der Thronfolger, wie einst sein Großvater Philipp, noch vor der Niederlage davongeritten war. Die Kritik am Verhalten der französischen Armee konzentrierte sich zwar auf den Adel und auf Karls Onkel Philipp von Orléans, aber ritterlichen Ruhm hatte der Thronfolger ganz anders als sein Bruder Philipp nicht an sein Banner geheftet. Er war mithin zum Zeitpunkt, da er die Regierung Frankreichs übernahm, für die Masse der Bevölkerung ein Jüngling, der geflohen war, während der Vater in Gefangenschaft geriet; dem Adel aber galt er obendrein noch als unreifer, leicht beeinflußbarer und daher unzuverlässiger Sproß einer Sippe, deren Häupter das Königreich binnen eines Jahrzehnts zweimal in eine Katastrophe geführt hatten.

Zunächst war es erforderlich, die Gelder für eine neue Armee aufzubringen. Nicht der Statthalter, sondern der königliche Conseil berief am 27. September die Stände ein, die am 17. Oktober im großen Saal des

Parlements zusammentraten: Klerus, Adel und der Rest, d.h. im wesentlichen die Vertreter der königlichen Städte. Der Name «Generalstände» für eine derartige Versammlung ist zwar erst aus dem Jahre 1484 bezeugt, wäre jedoch auch für einige der voraufgegangenen Konvente zutreffend gewesen, ganz gewiß aber für die vom Oktober 1356. Karl wurde sofort vor Augen geführt, daß es diesmal nicht nur um die Bewilligung von Sondersteuern gehen werde. Zwei Gruppierungen traten hervor, ein Teil der Kaufmannschaft unter dem Vorsteher der Pariser Kaufmannsgilde, dem «prévôt des marchands» Etienne Marcel, sowie eine Adelsfronde, die in dem nach wie vor inhaftierten Karl von Navarra eine Alternative zum Dauphin oder zum gefangenen König selbst sah. Wortführer dieser Partei war König Johanns einstiger Günstling Robert Le Coq. Etienne Marcel vertrat demgegenüber eine dem Hause Valois durchaus gewogene Haltung: Ihm und seiner Klientel ging es zunächst einmal um eine Konsolidierung der Finanzen, die nur durch eine dauerhafte Kontrolle des königlichen Monopols im Geldwesen und darüber hinaus der gesamten Regierung des Landes gewährleistet schien. Man einigte sich auf eine Kommission von achtzig Vertretern (élus), deren Funktion man mit der eines modernen Parlaments vergleichen kann. Der Statthalter wurde aufgefordert, die königlichen Amtsträger zu entlassen. Zwar räumte man ihm das Recht ein, die neuen Räte selbst auszuwählen, allerdings nur aus dem Kreis der Ständevertreter. Außerdem beschlossen diese die Periodizität ihrer Tagungen: Zweimal im Jahr wollten sie sich versammeln, bei Bedarf waren zusätzliche Tagungen vorgesehen. Le Coq insistierte unterdessen auf der Freilassung des nach wie vor inhaftierten Königs von Navarra.

Der Thronfolger entzog sich seit dem 3. November weiteren Pressionen durch eine Reise zu seinem Oheim, dem römischen Kaiser Karl IV., der gerade einen Hoftag nach Metz einberufen hatte, um hier den zweiten Teil der Goldenen Bulle zu verkünden. Im Grunde war der Kaiser noch immer mit Eduard III. verbündet, denn seine im Frühjahr 1348 geschlossene Offensivallianz hatte er nie aufgekündigt, indes war er auch nie in die Verlegenheit versetzt worden, den vorgesehenen Verpflichtungen nachkommen zu müssen. Unmittelbar nach der Kaiserkrönung hatte er einen von ihm bereits besiegelten Vertrag nach Paris geschickt, den König Johann jedoch wegen einiger ihm zugemuteter Konzessionen nicht akzeptierte und im Mai 1356 mit einem eigenen Entwurf beantwortete, der in vager Form den Status quo beider Reiche garantieren sollte, ohne die von Karl IV. benannten konkreten Streitpunkte zu berücksichtigen. Der Kaiser nutzte jetzt die veränderte Lage, indem er einige kleinere Probleme im Grenzsaum zwischen Regnum und Imperium bereits vor der Ankunft des Neffen in seinem Sinne regelte. Als Karl dann am 23. Dezember zusammen mit dem Kardinal Hélie Talleyrand von Périgord in Metz erschien, wurde ihm bedeutet, daß eine Bestätigung des französischen Vertragsentwurfs erst nach Regelung zweier Vorbedingungen erfolgen könne: Er habe für die Grafschaft Vienne persönlich, der noch minderjährige Herzog Philipp von Burgund durch einen Stellvertreter für die Grafschaft Burgund die Huldigung zu leisten. Beides geschah am Weihnachtsfest 1356. Am selben Tag wurde Karl die Ehre zuteil, im Metzer Teil der Goldenen Bulle als Zeuge für die Verkündigung dieses Reichsgrundgesetzes erwähnt zu werden. Erst drei Tage später ließ der Kaiser den Vertrag mit König Johann besiegeln. Obendrein gewährte er dem Neffen eine Anleihe von 50 000 fl. In den Tagen von Karls IV. Vater war das noch ganz anders gewesen: Da hatte der König von Frankreich gezahlt und derjenige von Böhmen als Söldner gedient – bis hin zur Opferung seines Lebens.

Am 14. Januar 1357 war Karl wieder in Paris. Als erstes hatte er eine zuvor dekretierte Geldentwertung zu widerrufen, am 3. März fügte er sich den Forderungen der Stände, entließ die alten Räte, garantierte die Periodizität der Ständetage, versprach Sparsamkeit bei Regierung und Hofhaltung und erhielt dafür die Zusage einer Sondersteuer in Höhe von 5 Mio. Pfund, die allerdings von den Ständen selbst erhoben werden sollte und zur Besoldung von 30 000 Schwergewappneten vorgesehen war. Als Erfolg konnte der Dauphin verbuchen, daß der Fall seines Schwagers von Navarra offenbar als quantité négligeable angesehen wurde: Der König blieb weiterhin in Haft.

Bei der schon sehr weit fortgeschrittenen Institutionalisierung der französischen Monarchie war es kaum zu vermeiden, die verwaisten Ämter mit neuen Leuten zu besetzen, wobei aber auch Marcel Können und Erfahrung als Einstellungskriterien nicht missen wollte. So wurde zum neuen Kanzler der Bischof von Thérouanne, Gilles Aycelin de Montagut, bestellt, der sich dann als loyaler Diener der Valois erwies, obwohl der Dauphin ihm mit einiger Reserve begegnet zu sein scheint. In Karls Umkreis dominierten nach dem Sturz der alten Räte die Militärs: Die Marschälle von Normandie und Champagne, Robert von Clermont und Johann von Conflans, nahmen dabei eine herausragende Position ein.

Mittlerweile waren die Verfassungsänderungen in London bekannt geworden, woraufhin König Johann die Aufhebung der Stände dekretierte. Indes war dieses Mandat schwerlich der entscheidende Grund dafür, daß die ständische Bewegung in den folgenden Monaten ins Stocken geriet. Die relative Ruhe fand ein jähes Ende, als in der Nacht vom 8. auf den 9. November 1357 Karl von Navarra gewaltsam befreit wurde. Wenig später erschlug in Paris ein Anhänger von Etienne Marcel einen Schatzbeamten des Dauphin. Der Mörder wurde von Leuten des königlichen Prévôt ergriffen und aufgehängt. Die Beisetzungen von Täter und Opfer gerieten zu Parteidemonstrationen. Marcels Leute präsentierten sich in rot und hellblau gefärbten Hüten. Am 22. Februar 1358 tobte der Aufruhr durch die Straßen. Ein königlicher Anwalt wurde umgebracht, dann stürmte ein Trupp unter Marcel das Palais. In Karls Gegenwart wurden seine wichtigsten Vertrauensleute, die Marschälle Robert von Clermont und Johann von Conflans, massakriert. Marcel soll dem Dauphin dazu erklärt haben: «Herr, fürchtet Euch nicht vor dem, was Ihr seht. Das ist so angeordnet, und es ist gut so.»

In den folgenden Tagen versuchte er, seine Stellung durch Absprachen mit Städten im Umkreis von Paris zu sichern. Währenddessen änderte der Dauphin seinen Titel: Er bezeichnete sich nicht mehr als Statthalter des Königs, sondern als Regent des Königreichs. Damit mag er beabsichtigt haben, seine Macht auf eine eigene Basis zu stellen, um neuerlichen Einsprüchen des Vaters einen Riegel vorzuschieben. Es kann sein, daß Marcel diesen Vorteil ebenfalls erkannte und die ohne seine Zustimmung kaum mögliche Änderung des Titels akzeptierte. Mitte März aber vollzog Karl den Bruch mit dem Revolutionär, flüchtete aus der Hauptstadt aufs Land und demonstrierte seine Freiheit durch die Ernennung des Jean de Dormans zum «Kanzler des Regenten», während Montagut weiterhin den Titel «Kanzler von Frankreich» führte.

Karl fand sofort Unterstützung beim Adel der Pikardie, des Artois und der Champagne, wo die Ermordung des Marschalls Conflans Empörung ausgelöst hatte. Marcel scheint zunächst noch gehofft zu haben, angesichts der Machenschaften Karls von Navarra den Regenten zum Einlenken bewegen zu können und versicherte ihn seiner Loyalität. In diese ohnehin aufs äußerste gespannte Situation platzte ein weiterer Aufruhr: Am 28. Mai erschlugen bei dem Dörfchen St-Leu-d'Esserent nahe Chantilly einige Bauern vier Ritter und fünf Edelknechte, die Abgaben einzutreiben oder – was aufs selbe hinauslief – zu plündern versuchten. Die Tat löste innerhalb weniger Tage den ersten großen Bauernaufstand Frankreichs aus, die Jacquerie, so genannt nach dem damaligen Spitznamen für die Bauern, Jacques Bonhomme – wobei der Name Jacques zugleich das charakteristische Kleidungsstück des Landmanns, die «jacque», bezeichnete. Erfaßt wurden das Pariser Becken, Teile der Pikardie und Champagne bis hin nach Lothringen. Geführt wurde der Aufstand kaum von armen Bauern, sondern von reicheren Grundbesitzern. Einer ihrer Führer, Guillaume Cale, verfügte über militärische Erfahrungen, indes erwies er sich gegenüber den Gegnern als zu treuherzig: Karl von Navarra, der rasch die Gelegenheit erkannte, sich als Retter der adeligen Ordnung zu erweisen, nahm ihn unter Bruch freien Geleits gefangen und ließ dann das Bauernaufgebot niedermetzeln. Das geschah bereits am 10. Juni, zwei Wochen nach dem Beginn des Aufruhrs. Schon diese kurze Zeitspanne läßt Skepsis angebracht erscheinen, ob die Horrorberichte über die zahllosen Morde der Bauernbanden nicht als Propagandaprodukte der Sieger zu werten sind, da diese allein über den Verlauf der Ereignisse berichten konnten.

Indes hat der Aufstand enormes Aufsehen erregt und weitreichende Auswirkungen gehabt, die am Ende freilich nicht Karl von Navarra, sondern dem Regenten zugute kamen. Etienne Marcel seinerseits verbündete sich zwar nicht mit den Bauern, nutzte aber die Lage dazu, einige Besitzungen des Adels im Umkreis von Paris verwüsten zu lassen. Den Städten, auf deren Hilfe er hoffte, versuchte er einzureden, der Dauphin habe sich an die Spitze des Adels gesetzt, um den Nicht-Adel zu verderben. Dem wolle sich der König von Navarra nicht anschließen. Er selbst mißbillige das Wüten der Bauern, wobei er darauf verweisen konnte, daß Tausende von Adeligen in Paris Zuflucht gefunden hatten.

Karl von Navarra war am 14. Juni in der Hauptstadt erschienen und von Marcel zum Hauptmann ausgerufen worden, was den König bei einem Großteil des Adels um jeden Kredit brachte. Die Kreise der Pariser Bevölkerung, die bis dahin Marcels Politik neutral begegnet waren, trieb der Navarrese ins Lager seiner Gegner, als er Söldner, darunter einige Engländer, in die Stadt einrücken ließ, deren Treiben bereits nach zehn Tagen zu Unruhen führte. Marcel und sein Kapitän versuchten, die Leute zu beschwichtigen, aber am 31. Juli wurde er während einer gut vorbereiteten Revolte umgebracht. Am 4. August konnte der Regent wieder in die Hauptstadt einziehen. Den Racheaktionen der ersten Tage fielen manche Anhänger Marcels zum Opfer. Danach aber erließ Karl eine allgemeine Amnestie, die allerdings dem Kanzler des Königs von Navarra nichts half: Beim Transport in ein geistliches Gefängnis wurde er totgeschlagen.

In mancher Hinsicht wirkt Etienne Marcels Umsturzversuch wie die Vorwegnahme der Großen Revolution von 1789: Da war das auslösende Moment, die Finanzkrise, da war das Ziel einer Einschränkung der monarchischen Allgewalt, da gab es den Treibsatz, die Großstadt Paris, die sich – ob sie nun 200 000 Bewohner hatte oder nur 80 000 – zu einem nur schwer beherrschbaren Moloch entwickelt hatte, und es gab die Revolte der Bauern auf dem Land. Aber daneben lassen sich selbstverständlich auch enorme Unterschiede zu den Vorgängen am Ende des 18. Jahrhunderts registrieren: Das Einebnen der Schranken zwischen den Ständen war um 1358 wohl noch ganz unvorstellbar. Karl von Navarra war kein Mirabeau, und einen Abbé Sieyès hat Marcel nicht vorgefunden. Die Revolution von 1789 gründete in einer über Jahrzehnte hinweg entwikkelten theoretischen Basis. Etienne Marcel versuchte zwar gelegentlich, sein Tun als Fürsorge für das gesamte Königreich zu rechtfertigen, aber eine umfassende politische Ideologie hat er nicht kreieren, geschweige denn verbreiten können. So blieb und bleibt die Revolte von 1358 zu Recht allein mit seinem Namen verknüpft.

Der erwähnte Mord an dem Kanzler des Königs von Navarra erklärt sich auch aus der Haltung von dessen Herrn: Der außerhalb von Paris verbliebene König hatte sich unmittelbar nach dem Verlust der Stadt den

Engländern in die Arme geworfen, für die er freilich kaum mehr als eine Schachfigur im Spiel gegen den Regenten war. Das scheint der Navarrese schon bald eingesehen zu haben, jedenfalls wurde im Juli 1359 ein Vertrag ausgehandelt, und wenig später kam es in Pontoise zu einem rührseligen Treffen beider Kontrahenten: Karl von Navarra erklärte, von nun an ein «bon François» sein zu wollen. An dieser Loyalitätserklärung erhoben sich allerdings schon im Dezember Zweifel, als in Paris eine Verschwörung gegen den Regenten aufgedeckt und der Verdacht geäußert wurde, daß Karls Schwager der Drahtzieher gewesen sei.

Nur wenige Wochen nach dem Vertrag von Pontoise eröffnete Eduard III. aufs neue den Krieg: Der König, der Schwarze Prinz und Herzog Heinrich von Lancaster führten gleich drei Armeen ins Feld, die im Herbst die Champagne heimsuchten, bis nach Burgund und in die Umgebung von Paris vorstießen. Indes brachte auch dieser Feldzug keine strategische Entscheidung. Mitte April begannen Verhandlungen, die am 8. Mai 1360 in Brétigny zum vorläufigen Frieden, zur Freilassung des Königs und damit zum Ende von Karls Regentschaft führten. Der Thronfolger verlor fürs erste nahezu jeden Einfluß auf die Regierung des Landes, das er in den voraufgegangenen Jahren durch bis dahin kaum für möglich gehaltene Stürme geführt hatte.

Ein Erbe aus der Regentenzeit sollte den zurückgekehrten Vater, von 1364 an aber auch Karl selbst wieder, vor allem aber die Bevölkerung des besiegten Landes in fast unerträglicher Weise bedrängen: die nach dem Waffenstillstand von 1357 umherstreifenden Söldner, die sich ihre Einkünfte nun auf eigene Faust besorgten. Als vereinzelte Straßenräuber hätten sie keine ungewöhnliche Gefahr dargestellt, aber sie traten als geschlossene Einheiten, als Kompanien in Erscheinung, die, von oft adeligen und stets kriegserfahrenen Hauptleuten geführt, ganze Landstriche ihrer Herrschaft unterwarfen und die Bewohner fast wie Sklaven hielten. Jean Froissart, der große Chronist der Zeit, rühmte die ritterlichen Tugenden einiger dieser Herren über die Maßen. Besonders schätzte er den Hennegauer Eustache d'Auberchicourt, der 1359 die Champagne ausplünderte und zugleich wegen seiner Romanze mit einer jungen Witwe aus dem Hause Jülich das Interesse der vornehmen Welt auf sich zog. Im Juni 1359 wurde Eustache vom Statthalter des Herzogs von Lothringen, Burchard von Finstingen, gefangengenommen, wenig später aber von seinen Leuten für 22000 fl. ausgelöst. Da der Regent den mit dem Finstinger vereinbarten Sold nicht zahlen konnte, malträtierte nun dieser die Bewohner der Ost-Champagne noch ärger als zuvor Auberchicourt und zog sich erst zurück, als ihm die Zahlung von 90000 fl. zugesagt wurde. Der berüchtigtste dieser Söldnerführer, Arnold von Cervole, sollte ursprünglich Kleriker werden und verdankte einer früh erworbenen Pfründe seinen Kriegsnamen «Erzpriester». Zunächst diente er als Söldner des Königs, wurde dann

Hauptmann eines den «Grandes Compagnies» zugerechneten Trupps und plünderte 1357/58 in der Provence, was ihm den Zorn des Papstes zuzog. Aber Herren wie er ließen sich vom Kirchenbann noch weniger schrecken als in den Jahrhunderten zuvor die Könige und Kaiser der Christenheit. Gefährlicher waren da die eigenen Kumpane: 1366 brachte einer von ihnen den «Erzpriester» um.

Der Thronfolger trat auf königlicher Ebene erst wieder in Erscheinung, als sein Vater im Herbst 1362 eine Reise in den Süden unternahm, um die burgundische Erbschaft zu sichern. Johann ernannte den Sohn zum Statthalter, jedoch scheinen die in Paris verbliebenen Räte des Königs die Ordonnanz anfangs ignoriert zu haben. Karl konzentrierte inzwischen sein Interesse auf die Normandie, wo der von ihm zum Hauptmann ernannte Bertrand Du Guesclin zusammen mit Philipp von Navarra gegen englische Briganten operierte. Als kurz nach Philipps frühem Tod (29. August 1363) König Johann das nach Ansicht Karls von Navarra ihm zustehende Herzogtum Burgund definitiv auf seinen Sohn Philipp übertrug, war ein Wiederaufflammen der Fehde mit dem Navarresen abzusehen. Es war der Thronfolger, der sie in Abwesenheit des Vaters eröffnete: Anfang April 1364 befahl er Du Guesclin, die festen Plätze Karls von Navarra in der Nähe von Paris zu nehmen. Mantes und Meulan wurden erobert. Am 16. April erreichte die Nachricht von König Johanns Tod Paris, am Tage danach urkundete Karl zum ersten Mal als König und ließ wenig später die navarresische Besatzung von Mantes, die ihn vor ihrer Gefangennahme verhöhnt hatte, nach Paris führen und wegen Beleidigung der königlichen Majestät exekutieren.

Karl hat von Anfang an kaum einen Zweifel daran gelassen, daß er die Nachfolge des Vaters antreten werde. Ein gewisses Zögern gegenüber den von Johann II. eingesetzten oder bestätigten Amtsträgern erklärt sich möglicherweise aus der noch ungesicherten Lage im Kampf gegen Karl von Navarra. Am 22. Mai fanden Salbung und Krönung in Reims statt. Am Tage zuvor soll frohe Botschaft eingetroffen sein: Du Guesclin hatte am 16. Mai Karls von Navarra Heerführer, den Captal von Buch Jean de Grailly, einen der Sieger von Maupertuis, bei Cocherel geschlagen und gefangengenommen.

Christine de Pisan hat die Weihe von Reims als Wendepunkt in Karls Leben erscheinen lassen: Der König habe sich von den Sitten der Jugend abgewandt, die Augen geöffnet und die Lage seines geschlagenen, verzweifelten Volkes und Reiches erkannt. Diese Deutung gehört zu dem Königskult, wie er in Karls Umkreis kreiert und verbreitet wurde. Karl hat der Propagierung von Rang und Würde seines Herrschertums einen enormen Wert beigemessen: Miniaturmaler, Literaten und Historiographen sorgten in seinem Auftrag dafür, seine majestätische Erscheinung, seine Weisheit, seine Leistungen ins rechte Licht zu setzen. Der theoretischen Untermauerung der Herrschaft widmete er große Aufmerksamkeit. So ließ er Nicolas Oresme, der in den Tagen Johanns II. einen Traktat zugunsten der Unantastbarkeit des Geldes geschrieben hatte, die einschlägigen Werke des Aristoteles ins Französische übersetzen. Raoul de Presles, vom König legitimierter Sohn eines Klerikers, sorgte für eine Übersetzung der «Civitas Dei» des Augustinus und einiger Staatsschriften aus der Zeit Philipps IV. Philippe de Mézières, einst Kanzler des Königs von Zypern, später Verfasser eines großen, dem jungen Karl VI. gewidmeten Königsspiegels, gehörte zu Karls V. bevorzugten Gesprächspartnern. Dem Interesse an der Sternkunde verdankte Karl einen nicht unbedeutenden Teil seines Nachruhms: Mit ihrem Vater, einem in Venedig tätigen Mediziner und Astrologen, kam 1368 die damals dreijährige Christine de Pisan an den Pariser Hof, wo sie die Eindrücke empfangen sollte, die sie 1404 im «Livre des fais et bonnes meurs du sage roy Charles V.» festhielt. Kurzum: Karls V. Hof war ein Zentrum höfisch geprägter Wissenschaft, das im Europa jener Zeit seinesgleichen suchte. Zum Grundstock der heutigen Bibliothèque Nationale gehört vor allem auch die von Karl im Louvre eingerichtete Büchersammlung. Seine Vorliebe für luxuriöses und repräsentatives Wohnen schlug sich u. a. im Ausbau des Hôtel St-Pol nieder, das er gegenüber dem mit den schlimmen Erinnerungen an die Morde von 1358 behafteten Palais auf der Ile-de-Cité bevorzugte.

Im Bereich der Staatsverwaltung knüpfte Karl nahtlos an die Tradition des Vaters an, die ja teilweise schon die eigene gewesen war: Jean de Dormans, einst sein Kanzler als Regent, 1361 von Johann II. als Nachfolger Gilles Aycelins zum Kanzler berufen, behielt dieses Amt bis 1372. Nach einem kurzen Intermezzo unter Jeans Bruder Guillaume folgte Pierre d'Orgemont, der seine Karriere bereits unter Philipp VI. begonnen und unter Johann fortgesetzt hatte. Eine ähnliche Kontinuität läßt sich auch bei anderen Ämtern und Würden beobachten. Eine beachtliche Rolle spielte dabei eine Personengruppe aus Sens um den Erzbischof dieser Stadt, Guillaume de Melun, zu der auch Orgemont gehörte.

Das Königreich war mit dem Vertrag von Brétigny beträchtlich verkleinert worden. Zu beachten sind ferner die Folgen von König Johanns Kindersegen. Die Ausstattung der jüngeren Königssöhne mit Apanagen (appanare = mit Brot versehen) war zwar keine Erfindung der Valois, allerdings nahm diese Tradition nunmehr besorgniserregende Ausmaße an: Johanns Bruder Philipp (gest. 1375) bezog aus dem 1342 eigens für ihn geschaffenen Herzogtum Orléans mehr Einkünfte als der König aus den Regionen der langue d'oc. Johann hatte die Gefahren der Apanagen offenbar erkannt und 1362 die Inkorporation der Normandie, Burgunds und der Champagne in die königliche Domäne dekretiert, verstieß allerdings sofort wider die eigene Regelung, als er seinen jüngsten Sohn Philipp mit dem Herzogtum Burgund belehnte. Alles in allem verblieb dem König ein breiter Streifen von der Ile-de-France bis zur Grenze an der Maas, der im Norden von der Grafschaft Flandern begrenzt wurde. Dazu kam das Herzogtum Normandie, das aber entgegen den Absichten König Johanns seine selbständige Stellung weitgehend bewahrte. Nicht zu vergessen sind die Regionen der langue d'oc, insbesondere die Grafschaft Toulouse, sowie der Dauphiné. Indes beschränkte Karl V. seine Reisen auf einen engen Kreis um Paris, der mit den Städten Rouen, Chartres, Orléans und Reims umschrieben werden kann. Seinem Bruder Ludwig, der zugunsten der Engländer auf den Poitou verzichten mußte, wurde als Herzog von Anjou ein Großteil der nach 1369 zurückgewonnenen Regionen zugeschlagen. Johann und Philipp erhielten die Herzogtümer Berry und Burgund.

Auf den ersten Blick unterschied sich der Zustand Frankreichs kaum noch von dem des römisch-deutschen Reiches, dessen Oberhaupt sich ja auch mit einem Teil des Landes begnügen mußte, während der größere Rest unter der Herrschaft von Territorialfürsten stand. Indes gab es doch beträchtliche Unterschiede: Zum einen waren im Westen die meisten Fürsten Angehörige der Königsfamilie; auch Karl von Navarra berief sich auf die Abstammung von den Kapetingern. Im Osten gab es demgegenüber, trotz aller Verwandtschaft und Verschwägerung, zumindest drei königsfähige Häuser, die auf ihre Eigenständigkeit großen Wert legten. Aber das war nicht alles: Der König von Frankreich verfügte über ein nahezu vollendetes Monopol im Bereich von Währung und Münze, während im römisch-deutschen Reich das Münzrecht bereits seit langem praktisch in die Hände der Fürsten übergegangen war. Außerdem gab es in Frankreich ein erstaunlich präzise funktionierendes Gerichtssystem, das im Pariser Parlement seine oberste Instanz hatte. Nur der burgundische Gerichtshof von Beaune war und blieb ihr gegenüber souverän. Schon während des von den Kompanien bewirkten Chaos erwies sich das Parlement als schlagkräftiges Machtinstrument des Königtums, und einige Jahre später sollte der sich als souveräner Herr des Herzogtums Guyenne wähnende Schwarze Prinz es mit diesem Gericht zu tun bekommen.

Der Niedergang der Monarchie hatte sich binnen weniger Monate vollzogen, der Wiederaufbau erwies sich als ein sehr langwieriges Unterfangen mit manchen Rück- und Fehlschlägen, dessen Erfolge den Zeitgenossen zum Teil wohl erst im Rückblick erkennbar wurden. Schon kurz nach dem Triumph über das Aufgebot Karls von Navarra bei Cocherel (16. Mai) erlitt Du Guesclin eine seiner nicht eben wenigen Niederlagen: Am 29. September 1364 zog er mit Karl von Blois, Herzog von Bretagne, in die Schlacht von Auray und wurde gefangengenommen. Der Herzog selbst fiel; damit war der Weg frei für den bis dahin von Eduard III. unterstützten Johann von Montfort. Zwar erkannte dieser im Frieden von Guérande am 12. April 1365 die Lehnshoheit des Königs von Frankreich an, im Rahmen der Vorbereitungen zur Wiederaufnahme des Krieges mußte Johann jedoch nahezu zwangsläufig als potentieller Bundesgenosse Eduards III. eingeschätzt werden. Einen Monat nach der Übereinkunft mit dem Montfort konnte auch mit Karl von Navarra Frieden geschlossen werden. In Pamplona gelobte der König aufs neue, ein «bon François» sein zu wollen, wurde zum Kammerherrn des Königs von Frankreich ernannt und erhielt als Ausgleich für manchen Verlust die Herrschaft Montpellier. Diesmal hielt der Frieden zwischen Frankreich und Navarra länger als bis dahin üblich. Karls Schwager konzentrierte sein Wirken fortan auf das eigene Land und begann erst zehn Jahre später wieder, im Reich Karls V. als Störenfried aufzutreten, ohne aber nennenswerte Erfolge erzielen zu können.

Entlang der Ostgrenze Frankreichs konnte die dominierende Stellung des Königtums rasch wiederhergestellt werden: Unmittelbar nach der Krönung in Reims heiratete Karls Schwester Maria den Herzog Robert von Bar. Drei Jahre später wurde Herzog Johann von Lothringen für die Untaten einiger seiner Amtsleute vor dem Conseil zur Rechenschaft gezogen. Den gewichtigsten Erfolg erzielte Karls Diplomatie im Norden: Am 19. Juni 1369 heiratete sein Bruder Philipp in Gent Margarete, die Tochter und Erbin Graf Ludwigs von Flandern. Zuvor hatte Karl mit Hilfe des Papstes gegen eine Ehe Margaretes mit Eduards III. drittem Sohn, Johann von Gent, seit 1362 Herzog von Lancaster, gewirkt: Urban V. verweigerte dem Paar die erforderliche Dispens wegen zu naher Verwandtschaft und verhinderte damit den Übergang Flanderns an die Plantagenêt.

Die Genter Hochzeit konnte als Sieg in dem wiederaufgeflammten Krieg gegen England gefeiert werden. Der Konflikt war zunächst auf einem Nebenschauplatz fortgesetzt worden: in Spanien, wo Heinrich von Trastámara, ein unehelicher Sohn König Alfons' XI., mit seinem Stiefbruder Peter I. um die Krone Kastiliens kämpfte. Heinrich konnte mit Hilfe Du Guesclins und seiner «Weißen Kompanie» den mit Eduard III. verbündeten Rivalen zunächst zur Flucht in die Gascogne zwingen und sich krönen lassen. Dann aber schlug ihn der Schwarze Prinz am 3. April 1367 bei Nájera. Du Guesclin geriet wieder einmal in Gefangenschaft, aus der ihn Karl V. und einige andere für 100 000 fl. freikaufen mußten. Trastámara nahm den Kampf wieder auf, erschlug den Bruder (23. März 1369) und konnte die Krone erfolgreich gegen den mit einer Tochter Peters verheirateten Johann von Gent behaupten.

Inzwischen war der Krieg in Frankreich wieder ausgebrochen. Es war Karl V., der ihn ausgelöst hatte. Am 28. Dezember 1368 akzeptierte er die Klage des seit Brétigny unter englische Oberherrschaft geratenen Grafen Johann I. von Armagnac gegen die Erhebung einer Sondersteuer. Prinz Eduard wurde vor den königlichen Conseil geladen, was einen offenen Verstoß gegen einen der Zusatzartikel des Vertrags von Brétigny bedeutete, wonach dem König von England die volle Souveränität über die abgetretenen Gebiete zustehen sollte. Indes war diese Klausel ja nie ratifiziert worden. Eduard reagierte auf die Vorladung mit den Worten, er werde in Paris erscheinen, und zwar mit dem Helm auf dem Kopf. Am 2. Mai erklärte das Parlament den Prinzen zum Rechtsverweigerer und verfügte die Konfiskation der von der Krone rührenden Lehen.

Karl V. und seine Fachleute hatten den Krieg vermutlich von allem Anfang an systematisch vorbereitet. Dazu gehörte die Sicherung von Städten und Burgen, die, zum Teil mit Zuschüssen aus königlichen Kassen, besser befestigt wurden. Die Verfügung, daß nicht verteidigungsfähige Plätze geschleift werden sollten, führte zur Preisgabe einiger bereits blühender Vororte (faubourgs) von Paris, das damit auf den Bereich der großen Mauern zurückgeworfen wurde. Über die Defensivmaßnahmen hinaus wurden die Städte angewiesen, in verstärktem Maße Bogner auszubilden. Die in einigen Städten zu beobachtende Vermehrung von mit Pulver betriebener Artillerie war zwar durchaus beachtlich, indes spielten die Feuerwaffen damals noch eine eher periphere Rolle. Als bedrohlich mußten die Engländer allerdings den in der Normandie forcierten Bau von eigens zu Kriegszwecken bestimmten Galeeren ansehen. Indes blieb die offenbar ins Auge gefaßte Invasion Englands schon im Stadium der Vorbereitung stecken, als Johann von Gent Ende 1369 von Calais aus eine chevauchée in Richtung auf Rouen und Harfleur begann.

Die Kosten für Vorbereitung und Weiterführung des Krieges stellten eine enorme Bürde für die Bevölkerung dar: Im Durchschnitt wurden allein für die nahezu ständig unter Waffen gehaltenen Söldner 800 000 fl. pro Jahr ausgegeben, damit konnten ab 1369 zwischen 3400 und 5200 Mann besoldet werden. Zum Vergleich: Der Ertrag der Städtesteuer, der einzigen nennenswerten Einkommensquelle des römischen Kaisers aus dem deutschen Teil seines Reiches, belief sich um 1370 auf nicht mehr als 13 000 fl. Allerdings gab es hier auch nicht die zwingende Notwendigkeit der Abwehr eines auswärtigen Feindes, die es dem Kaiser vielleicht ermöglicht hätte, außerordentliche Steuern von Untertanen und Vasallen zu verlangen. Demgegenüber verstärkten in Frankreich Krieg, Chaos und Not die seit langem wirksame Entwicklung hin zum modernen Staat, der bis heute nicht zuletzt auf einem funktionsfähigen, dauerhaften Steuersystem ruht.

Zu Beginn der neuen Kämpfe war König Eduard III. 58 Jahre alt, der Schwarze Prinz zwar erst 40, dafür jedoch krank. Johann von Gent erstickte zwar mit seinem Feldzug den Versuch einer Invasion Englands im Keim, aber die Art, wie er dabei einer Begegnung mit dem ebenso vorsichtig agierenden Philipp von Burgund auswich, löste in England Entrüstung aus. Die allmähliche Zernierung der englischen Festlandbesitzungen verlief für die Franzosen freilich nicht ohne herbe Fehlschläge.

Bei der Rückeroberung von Limoges im September 1370 ließ Prinz Eduard die Stadt einäschern und einen Großteil der Bevölkerung massakrieren.

Zur selben Zeit operierte weiter im Norden der Söldnerführer Robert Knolles und gelangte bis in die Nähe von Paris, woraufhin Du Guesclin zum Konnetabel ernannt wurde. Knolles mußte sich in die Bretagne absetzen, wo ihm der Herzog Aufnahme gewährte und seine Karl V. geleistete Huldigung widerrief. Jedoch emigrierte er dann nach England, als Du Guesclin mit Ausnahme von Brest und drei weiteren Festungen die gesamte Bretagne eroberte. Im September 1372 wurde mit Hilfe einer kastilischen Flotte La Rochelle isoliert und zur Kapitulation gezwungen. 1374 waren mit Ausnahme von Calais und einiger Gebiete um Bordeaux die englischen Bastionen auf dem Festland zurückgewonnen.

Im März 1375 begannen in Brügge unter Vermittlung des Grafen Ludwig von Flandern Verhandlungen, die am 27. Juni mit einem zunächst auf ein Jahr terminierten, später bis 1377 verlängerten Waffenstillstand abgeschlossen wurden. In dieser Zeit starben der Schwarze Prinz (8. Juni 1376) und König Eduard (21. Juni 1377). Prinz Eduards zehnjähriger Sohn Richard bestieg den Thron und übernahm zugleich den Anspruch auf die Krone Frankreichs. Die Wiederaufnahme der Kämpfe nach Eduards III. Tod führte nicht zu den erhofften Erfolgen. Weitere Einbrüche in die Gascogne konnten nicht erzielt werden. Der nach dem Muster des Verfahrens gegen Prinz Eduard geführte Prozeß gegen Herzog Johann von Bretagne endete zwar am 18. Dezember 1378 mit der Konfiskation von dessen Lehen, dies trieb jedoch den Teil des bretonischen Adels, der bis dahin die französische Besetzung des Landes akzeptiert oder doch ohne offenen Widerstand hingenommen hatte, ins gegnerische Lager. Der Herzog kehrte aus dem Exil zurück und konnte seine Herrschaft im Westen der Bretagne durchsetzen.

Gleichwohl durfte Karl V. um die Jahreswende 1377/78 der Meinung sein, sein Reich wieder zur dominierenden Position in der lateinischen Christenheit geführt zu haben. Damals, Anfang Januar 1378, erschien in Paris unverhoffter Besuch: der römische Kaiser und sein bereits zum römischen König gewählter Sohn Wenzel. Der Staatsbesuch sollte nach den Vorstellungen Karls IV. ganz allgemein die Entente cordiale zwischen den Häusern Böhmen-Luxemburg und Frankreich-Valois stärken oder wiederherstellen, die nur selten und kurzfristig die bei der Gründung (1323) in sie gesetzten Erwartungen erfüllt hatte. Der Kaiser hatte einige konkrete Wünsche: Karl V. sollte Wenzel keine Steine in den Weg legen und des Kaisers Pläne zum Gewinn der Krone Polens unterstützen. Karl IV. wußte, daß seine Hausmachtpläne im Osten des römisch-deutschen Reiches mit den Interessen seines Neffen verflochten waren und daß er dies nutzen konnte: Polen stand seit 1370 unter der Herrschaft König Ludwigs des Großen von Ungarn. Des Kaisers zweiter Sohn Siegmund (geb. 1368) war 1372 mit Ludwigs zweitältester Tochter Maria (geb. 1371) verlobt worden, während König Karls zweiter Sohn Ludwig (geb. 1372) seit 1374 mit Ludwigs ältester Tochter Katharina (geb. 1370) verlobt war und demgemäß ebenfalls auf einen Teil des polnisch-ungarischen Erbes hoffen konnte. Dazu gehörten auch Ansprüche auf das Königreich Sizilien-Neapel und auf die Grafschaft Provence.

Im Hinblick auf die Provence hatte der Kaiser einen beachtlichen Trumpf in der Hand: Die Grafschaft gehörte zum Römischen Reich, und er wußte, daß Frankreich spätestens seit dem Erwerb des Dauphiné die Rechte über das Königreich Burgund oder Arelat zu erlangen wünschte, zu dem auch die zum Erbe von Karls V. Schwägerin Margarete von Flandern zählende Grafschaft Burgund gehörte. Als dritten Teil des Arelats hoffte Karl V. mit Hilfe Ludwigs von Ungarn nunmehr auch noch die mit Sizilien-Neapel verbundene Provence an sein Haus ziehen zu können. Und er hatte Erfolg: Unter dem Datum vom 7. Januar 1378 ernannte der Kaiser den siebenjährigen Dauphin auf dessen Lebenszeit und unwiderruflich zu seinem Vikar im gesamten Arelat. Schon einige Zeitgenossen haben über die Gegenleistung Karls V. gerätselt. Daß ein Einvernehmen im Hinblick auf die Regelung der Erbfolge in Ungarn und Polen zu den Voraussetzungen des kaiserlichen Privilegs für den Dauphin gehörte, kann unterstellt werden, auch wenn Karl V. in einem Brief an Ludwig von Ungarn erklärte, daß er in dieser Frage dem Kaiser keinerlei Zugeständnisse gemacht habe. Ohne eine vom Kaiser als halbwegs ausreichend angesehene Versicherung, dessen polnische Interessen respektieren zu wollen, hätte der sonst stets nach dem Do-ut-des-Prinzip verfahrende Oheim aus Prag schwerlich seine Rechte über ein ganzes Reich preisgegeben, so vage diese auch sein mochten.

Wahrscheinlich wird jedoch noch eine weitere Konzession des Königs von Frankreich bei diesem Geschäft eine Rolle gespielt haben, von der Karl V. freilich behaupten konnte, sie bereits erbracht zu haben: die Zulassung der Rückkehr von Papst und Kurie nach Rom. Daß diese vom Kaiser als irreversibler Vorgang gewertet wurde, kann schon aus der Übertragung des Vikariates über das Arelat geschlossen werden. Denn das Gebiet von Avignon hatte Clemens VI. 1348 zwar von der Königin Johanna gekauft, womit aber die Zugehörigkeit zum Arelat und damit zum Amtsbereich des Kaisers oder eines von diesem ernannten Vikars nicht berührt worden war. Wenn Karl IV. nicht davon überzeugt gewesen wäre, daß der Aufenthalt von Papst und Kurie in Avignon mit Papst Gregors XI. Ankunft in Rom (1377) wirklich sein Ende gefunden hatte, hätte er schwerlich dem König von Frankreich seine Stellvertretung anvertraut, die ein mächtiger Vikar auch an diesem Ort ins Spiel bringen konnte.

So verlief des Kaisers Besuch in Paris, von kleineren Unstimmigkeiten abgesehen, in familiärer Harmonie. Nur vier Wochen nach der Abreise des Oheims starb am 6. Februar 1378, zwei Tage nach der Geburt ihrer Tochter Katharina, Karls V. Gemahlin Johanna von Bourbon. Ebenso unerwartet folgte am 27. März der Tod Papst Gregors XI., der eine der folgenreichsten Krisen der europäischen Geschichte auslöste: Unter dem Druck der Römer wählten die mit Gregor in die alte Hauptstadt gezogenen Kardinäle am 8. April den Erzbischof von Bari, Bartolomeo Prignano, zum Papst. Urban VI. entpuppte sich binnen weniger Tage als einer der herrischsten Vertreter der in dieser Hinsicht nicht eben armen Schar von Nachfolgern des hl. Petrus. Manche gewannen den Eindruck, er habe den Verstand verloren. Indes boten die anfangs keineswegs als anomal gewerteten Umstände der Wahl einen überzeugenderen Grund, die Legitimität dieses Papstes in Frage zu stellen.

Die Dauer einer Hin- und Rückreise von Prag oder Paris nach Rom reduzierte zwar die Möglichkeit der Einwirkung auf die Kurie für Karl V. und seinen Onkel in beträchtlichem Ausmaß, gleichwohl vollzog sich die am 2. August vollendete Sezession der Kardinäle und die Wahl des Gegenpapstes am 20. September keineswegs als ein gegenüber Einwirkungen ferner Mächte abgeschirmter Vorgang. Karl V. verfügte im Kardinal Jean de la Grange, Bischof von Amiens, über einen zuverlässigen Rat und Informanten, der überdies den Vorzug hatte, erst nach Urbans Wahl in Rom eingetroffen zu sein, wo er dann im Bunde mit anderen die Fronde gegen den Papst organisierte. Es soll einen Versuch des Kaisers gegeben haben, den Neffen in Paris zu einer gemeinsamen Aktion zu gewinnen, der aber, wenn er denn unternommen wurde, im Sande verlief. Am 25. September erkannte Karl IV. öffentlich Urban VI. als den rechten Papst an, nachdem er die französischen Kardinäle bezichtigt hatte, den Stuhl des hl. Petrus zurückerobern und selbst nach Avignon zurückkehren zu wollen, dies alles zum Schaden seines Heiligen Reiches. Fünf Tage vorher hatten die Kardinäle mit der Wahl ihres Kollegen Robert von Genf (Clemens VII.) den Rubikon definitiv überschritten.

Karl V. hat die Ereignisse in Italien zwar keineswegs als Glücksfall empfunden, scheint aber schon früh entschlossen gewesen zu sein, den Kardinälen Unterstützung zu gewähren. Zwar hielt er seine Absicht vor den Untertanen zunächst verborgen, und eine Versammlung von mehr als 30 Erzbischöfen und Bischöfen sowie Vertretern der Universitäten Paris und Orléans konnte noch Mitte September nicht zu einer einmütigen Beurteilung der Lage kommen. Der König setzte sich über die Bedenken jedoch hinweg und erkannte am 16. November Clemens VII. als den rechten Papst an. Damit war die Entente familiale zwischen Böhmen und Valois, nur elf Monate nach ihrer Wiederbelebung, erneut zerbrochen: Der Kaiser, so mußte Karl V. befürchten, würde im Bunde mit seinem Papst ein Konzil einberufen, das dann leicht in ein Gericht über Frankreichs Rolle an der Kurie verwandelt werden konnte. Fortuna entschied jedoch zu Karls V. Gunsten, denn am 29. November starb Kaiser Karl IV. an den Folgen eines kurz zuvor erlittenen Beinbruchs. Sein Sohn und Nachfolger Wenzel aber erwies sich als unfähig, das zu tun, was Aufgabe eines künftigen Kaisers und Vogts der römischen Kirche gewesen wäre, nämlich für die Einberufung eines Konzils zu sorgen.

Indes zeichnete sich schon bald ab, daß Karl V. einen Pyrrhussieg errungen hatte: Urban VI. konnte sich mitsamt dem von ihm kreierten Kardinalskolleg in Rom behaupten, während Clemens VII. nach einiger Zeit dorthin zurückkehren mußte, von wo aus er als Kardinal aufgebrochen war: nach Avignon. Damit verfügte die lateinische Kirche über zwei Päpste und zwei Kurien. Manche Könige und Fürsten erklärten sich erst nach längerem Zögern für diesen oder jenen Papst, aber schon bald begann sich abzuzeichnen, daß sich im Westen Europas die Mächte je nach ihrer Haltung gegenüber dem König von Frankreich gruppieren würden. England bekannte sich sofort zu Urban VI., König Wenzel hielt sich an die Entscheidung des Vaters. Zwar brachen die Kontakte zwischen Paris und Prag nicht ab, das änderte aber nichts daran, daß der König von Frankreich den trotz der militärischen Katastrophen bewahrten dominierenden Einfluß auf die Spitze der Christenheit eingebüßt hatte. Denn nunmehr gab es zwei Päpste, von denen einer sich nicht scheute, den allerchristlichen König von Frankreich als Schismatiker mit dem Bann zu belegen.

Die politische Verhärtung der Kirchenspaltung hat Karl V. nicht mehr erleben müssen. Am 13. Juli 1380 war sein Konnetabel Bertrand Du Guesclin gestorben, den er in der Grabkirche der Könige Frankreichs beisetzen ließ. Mittlerweile hatten die chronischen Krankheiten den Kreislauf des erst 42 Jahre alten Herrschers in Mitleidenschaft gezogen. Während die Engländer unter dem Herzog von Buckingham wieder einmal plündernd Richtung Paris zogen, hatte Karl sich in das Schlößchen Beauté an der Marne zurückgezogen. Am Morgen des 16. September raffte er sich noch einmal auf und hielt vor seinen Räten eine Rede, in der er erklärte, von der Rechtmäßigkeit seiner Entscheidung zugunsten Clemens' VII. überzeugt zu sein. Dann verwies er darauf, daß die unter ihm aufgehäuften Schätze geringer seien, als man gemeinhin glaube, und abschließend verfügte er die Aufhebung des fouage, der 1363 von Karls Vater eingeführten Herdsteuer, die wohl als besonders drückend empfunden wurde. Gegen Mittag empfing er das Sterbesakrament und verschied in den Armen seines Kammerherrn Bureau de la Rivière. Nach höchst beeindruckenden Trauerfeiern wurde er am 26. September 1380 in St-Denis beigesetzt, die Eingeweide waren in die Klosterkirche von Maubuisson gebracht worden, wo seine Mutter ruhte; das Herz ging nach Rouen, der Hauptstadt seines Fürstentums.

Noch mit dem Tode hatte Karl die virtus demonstriert, die sein Handeln geleitet und geprägt hatte. Diesmal setzte er allerdings das Gesetz außer Kraft, das bis dahin Wohl und Würde des Königtums rigoros über

Interessen und Not des «pueple de France» gestellt hatte. Die Aufhebung des «fouage» war ein Vermächtnis, das die Regierung Frankreichs in den folgenden Jahren vor beträchtliche Probleme stellen mußte. Aber wie schon bei der Entscheidung zugunsten des Gegenpapstes setzte er sich auch in der letzten Minute seiner Herrschaft über die Bedenken der Räte hinweg, die er natürlich kannte, ohne daß sie geäußert werden mußten.

Von der theokratischen Würde seines Amtes war Karl selbst vielleicht am meisten fasziniert, und er wußte diese Faszination seiner Umgebung zu vermitteln, obwohl oder weil Leutseligkeit nicht seine Sache war. Wie einst Christine de Pisan gerät noch heute mancher Autor bei der Bilanz von Karls V. Herrschaft ins Schwärmen: Zehn Jahre nach Brétigny stand der größte Teil der verlorenen Regionen wieder unter der Herrschaft des Königs von Frankreich. Aber einen Friedensschluß hatte Karl nicht erreicht. Die Übernahme der eigenständigen Regierung durch den Sohn zu einem sehr frühen Zeitpunkt schien er mit einer Ordonnanz gesichert zu haben, die das erforderliche Alter auf den Beginn des vierzehnten Lebensjahrs festsetzte. Aber die Gegebenheiten der Familie machten einen Strich nicht nur durch diese Rechnung: Karls Brüder behielten zusammen mit seinem Schwager bis zum 20. Lebensjahr Karls VI. das Ruder in ihren Händen, und dann ließ die Geisteskrankheit den jungen König zur Marionette anderer werden. Die allem Anschein nach ohne Rücksicht auf den Oheim in Prag und gegen die Bedenken mancher Räte weitgehend eigenmächtig vollzogene Anerkennung Papst Clemens' VII. zog nahezu zwangsläufig den Verlust der dominierenden Stellung Frankreichs an der Kurie nach sich – auch das gehört zu der Bilanz seiner Herrschaft. Das eine Ziel aber, die Wiederherstellung des in sich ruhenden Status der französischen Monarchie im Kräftespiel Europas, hatte Karl V. erreicht und so in maßgeblicher Weise dazu beigetragen, daß dieser über viele weitere Katastrophen hinweg der Maßstab blieb, dem der französische Staat bis heute verpflichtet ist.

Heribert Müller

Karl VI.
1380–1422

Karl VI., geb. am 3. 12. 1368 in Paris, als erster Thronfolger den Titel ‹Dauphin de Viennois› von Geburt an tragend; Salbung und Krönung in Reims am 4. 11. 1380; gest. am 21. 10. 1422 in Paris, begraben am 19. 11. 1422 in St-Denis. Vater: Karl V. (1338, König 1364–1380); Mutter: Johanna von Bourbon (1338–1378), Tochter des Herzogs Peter I. von Bourbon (1311–1356) und der Isabella von Valois (1313?–1383). Sieben Geschwister, von denen nur Ludwig, Herzog von Touraine und Orléans, überlebte (1372–1407). Heirat am 17. 7. 1385 in Amiens mit Elisabeth von Wittelsbach (Isabeau de Bavière) (1370–1435), Tochter des Herzogs Stephan III. des Kneißl oder Prächtigen von Bayern (-Ingolstadt) (um 1337–1413) und der Thaddäa Visconti (1352–1381). Zwölf Kinder, darunter Ludwig, Herzog von Guyenne (1397–1415); Johann, Herzog von Touraine und Berry (1398–1417); Karl VII. (1403, König 1422–1461); Isabella, Gemahlin König Richards II. von England und des Herzogs Karl von Orléans (1389–1409); Johanna, Gemahlin des Herzogs Johann V. von Bretagne (1391–1433); Michelle, Gemahlin des Herzogs Philipp des Guten von Burgund (1395–1422); Katharina, Gemahlin des Königs Heinrich V. von England und des Owen Tudor (1401–1438). Aus der Verbindung mit Odette de Champdivers ging eine – legitimierte – Tochter Margarete hervor, Gemahlin des Jean de Harpedanne, Herrn von Montaigu und Belleville im Poitou.

Mehr als vier Jahrzehnte war Karl VI. König, doch nur vier Jahre währte seine eigene Herrschaft. Ansonsten beherrscht von einander erbittert bekämpfenden Lagern, hinterließ er bei seinem Tode ein von diesen Parteikämpfen zerrissenes Land, das, obendrein durch neue Schläge des englischen Gegners gedemütigt, von seiner bislang schwersten Krise heimgesucht wurde. Aber das Königreich litt auch mit seinem Monarchen: Seit jenem 5. August 1392, da er in den Wäldern bei Le Mans den Verstand verloren hatte, betete und wallfahrtete man für einen allerchristlichen König, der die Passion Christi nachvollzog, in dessen Not sich die Bedrängnis des gesamten Landes spiegelte. Die Krankheit des geliebten Königs – *l'insensé* wie *le bien aimé* gab man ihm als Beinamen – beförderte die Identifizierung mit der Monarchie. Während man im Reich und in England um 1400 gekrönte Häupter absetzte, waren in einem Frankreich, dessen Herrscher nicht mehr Herr seiner selbst war, Gelehrte und Dichter damit beschäftigt, die Idee und die Institution Königtum in Wort und Schrift propagierend zu festigen.

Karl VI. (1380–1422)
(Rückkehr Karls VI. aus der Schlacht bei Roosebeke in Flandern, 1382)

Das Volk aber hatte Karl VI. noch anders kennengelernt, und jene Freude der frühen Jahre ließ es die Leiden der späten mittragen. Denn der am 3. Dezember 1368 geborene Thronfolger – als erster trug er den Titel eines *Dauphin de Viennois* von Geburt an –, er war den Dingen dieser Welt ganz und gar zugetan: Liebhaber der Frauen und Feste, lebte er auf großem Fuß; die neuesten Moden, die prächtigsten Turniere mußten es sein. Doch was anderen zum Vorwurf gereicht hätte, an ihm wurde es bewundert. Kannte dieser Ritter der schönen Gestalt doch keine Scheu vor seinen künftigen Untertanen; neugierig und interessiert ging er auf sie zu, um ihnen bei der Arbeit zuzusehen, liebte wie sie Schausteller und Schauspiele, schätzte Würfel höher als Schach. Und der Jagd vermochte er mehr als dem Studium des Aristoteles abzugewinnen, dem ritterlichen Kampf mehr als dem Staatsgeschäft in Thronsaal und Kanzlei. Dem gerade darum so bemühten Vater wie auch seinem Magister Michel de Creney aus dem Navarrakolleg oder seinem welterfahrenen Erzieher Philippe de Mézières dürfte er nicht immer Freude bereitet haben, und Karl V. wußte sehr wohl, warum er den Thronfolger für den Fall der Regentschaftsregierung in ein – allerdings auch aus anderen Gründen – kunstvoll zwischen Prinzen und Räten austariertes System eingebunden wissen wollte.

Obgleich bei seinem Tod am 16. September 1380 der Sohn noch nicht die von ihm auf den Beginn des 14. Lebensjahrs festgesetzte Volljährigkeit erreicht hatte, mithin die Notwendigkeit regentschaftlicher Regierung in der Tat gegeben war, griff solche Vorsorge zur Fortsetzung der *bonne policie* nicht. Vielmehr rissen die Onkel des neuen Königs – die Herzöge Ludwig I. von Anjou, Ludwig II. von Bourbon, Johann I. von Berry und Philipp der Kühne von Burgund – das Regiment an sich; noch bevor Karl VI. in Reims gesalbt und gekrönt war, hatte Ludwig von Anjou bereits seine Hand auf dessen Geld und Schmuck gelegt. Da sich auch Berry und Burgund am Hof zu eigenem Nutzen zu bedienen wußten, war die Kasse alsbald leer, zumal die von Karl V. noch auf dem Sterbebett – aus Furcht vor drohender Revolte wie in Sorge um das eigene Seelenheil – verfügte Rücknahme des *fouage* Verlangen nach weiteren Steuererleichterungen ausgelöst hatte, und die Onkel in populistischer Übersteigerung sämtliche seit Philipp dem Schönen eingeführten Abgaben für aufgehoben erklärt hatten. Der Widerruf ließ denn auch nicht lange auf sich warten; als er am 17. Mai 1382 verkündet wurde, waren die Händler, Handwerker und Tagelöhner in den Städten jedoch keineswegs bereit, die alten Lasten erneut zu tragen. Zuerst erhoben sie sich in Rouen: Steuereinnehmer wurden verfolgt, die Häuser reicher Bürger geplündert, es kam zu Übergriffen gegen die unter Königsschutz stehenden Juden, und die Widerständler kürten mit dem dumm-feisten Tuchhändler Jean Le Gras ihren eigenen König – eine deutliche Warnung der *Harelle,* des aufständischen Rouen, an den Königshof zu Paris. Auch in der Hauptstadt selbst rebellierten alsbald die *Maillotins*, so benannt nach den Bleihämmern, derer sie sich im Rathaus bemächtigten, wo sie einige Jahre zuvor der *Prévôt des marchands* deponiert hatte, um mit ihnen notfalls Bürgerwehren gegen die damals das Umland durchstreifenden Engländer auszurüsten. Der alsbald auf Amiens, Reims, Orléans und Lyon übergreifende Steueraufstand eskalierte; als der Pöbel der Hauptstadt seine Chance zu Raub und Plünderung witterte, taten sich die begüterten Bürger von Paris zusammen, um durch Vermittlung von Kirche und Universität den Ausgleich mit einem Königshof zu suchen, der in der Tat zunächst einen – nur die Rädelsführer ausschließenden – Pardon gewährte, die Sache selbst vorerst aber in der Schwebe ließ. Doch im Januar 1383 diktierte er Paris mit Waffengewalt sein Gesetz, das volle Durchsetzung der Steuern und Ende aller kommunalen Selbstverwaltung hieß. Auch in den anderen Städten des Reichs war der Aufstand zusammengebrochen; jene Onkel, die dem jungen König Volljährigkeit und Selbständigkeit verweigerten, hatten, zwar von eigenen Interessen geleitet, schließlich doch Steuerrecht und Gewalt der Krone durchgesetzt.

Und zwischenzeitlich vermochte diese, wiederum im Dienst eines Prinzen, sogar weitere Reputation auf dem Schlachtfeld zu gewinnen: Als der Graf von Flandern, Ludwig von Maele, im Mai 1382 nach seiner Niederlage gegen die unter der Führung Gents verbündeten großen Städte des Landes auf dem Beverhoutsveld bei Brügge in schwere Bedrängnis geraten war, rief er aus Lille seinen Schwiegersohn und künftigen Erben, den Burgunderherzog Philipp den Kühnen, zu Hilfe. Auf dessen Betreiben begab sich die königliche Armee mit dem kampfbegeisterten Karl an der Spitze nach Norden, wo sie am 27. November 1382 bei Rozebeke die von ihrem *Ruwaard* Philipp van Artevelde geführten Flamen besiegte. Krone und Adel triumphierten über den Genter Bürgermonarchen und anschließend auch im nahen Kortrijk, dessen Name an die Demütigung französischer Ritter in der Sporenschlacht von 1302 durch Flanderns Bürger und Bauern erinnerte – die heutige Uhr an Notre-Dame in Dijon stammt vom Belfried der nunmehr geplünderten Stadt.

1384 konnte Philipp der Kühne sein – obendrein um Artois, Rethel, Nevers, die Freigrafschaft Burgund und Salins vergrößertes – flandrisches Erbe antreten; dem Norden unter Führung des weiterhin widerständischen Gent aber war er fremder französischer Zwingherr. Und in der Tat hatte der Burgunder damals mehr denn je Anteil an der Regierung über das Königreich, zumal Ludwig I. von Anjou im Mai 1382 aufgebrochen war, um die Herrschaft seiner Vorfahren im Süden Italiens zu restituieren, und Johann I. von Berry das Amt eines Generalleutnants im Languedoc versah. Gegen ihn opponierte alsbald der Graf von Foix, und es formierte sich breiterer Widerstand mit den *Tuchins*, die, von okzitanischem Eigenbewußtsein geprägt und teilweise von Adel und städtischem Patriziat unterstützt, einen wohlorganisierten Partisanenkampf führten.

Wer am Hof zu bestimmen hatte, zeigte sich auch am 17. Juli 1385 in Amiens, wo Karl VI. – nur wenige Monate nach der Doppelhochzeit von Philipps des Kühnen Sohn Johann und Tochter Margarete mit Kindern des Wittelsbachers Albrecht VI. von Hennegau-Holland – ebenfalls eine Wittelsbacherin, Elisabeth (Isabeau de Bavière), ehelichte. Der ehrgeizige Burgunder verstand es, den König in seine auf Positionssicherung und künftige Expansion bedachte Politik in den niederen Landen einzubinden. Was Burgund nutzte, kam aber zunächst weiterhin auch der Krone zugute: Der Norden war befriedet, als Gent am 18. Dezember 1385 zu Tournai seine Allianz mit England für beendet erklärte, das seinerseits 1383 mit einem Unternehmen des bischöflichen Raufbolds Henry Despenser von Norwich erfolglos versucht hatte, diesen von eigenen wirtschaftlichen Interessen diktierten Bund noch zu retten. Papst Urban VI. hatte das Vorgehen gar als Kreuzzug deklariert, hingen doch England und Flandern im damaligen Großen Abendländischen Schisma der römischen Obödienz an, während Frankreich für Clemens VII., Papst seiner Gnaden zu Avignon, eintrat; schon 1382 waren nach Rozebeke in beiden Heeren Priester und Mönche mitgezogen, um die dem falschen Papst hörigen Gegner zu exkommunizieren. 1385/86 glaubte man am Pariser Hof sogar, den Engländer auf der Insel schlagen zu können. Zwar scheiterte der Admiral Jean de Vienne an der schottischen Küste ebenso wie ein großangelegtes Flottenunternehmen schon im Hafen von Sluis; allein daß solcher Angriff gegen ein – von Bauernaufstand, Magnatenopposition, Hofparteien und Parlament geschwächtes – englisches Königtum überhaupt versucht wurde, zeigt doch, wie die Position Karls VI., zwar burgundischem Interesse dienstbar gemacht, unter dem Regiment Philipps des Kühnen während der ersten Jahre durchaus gestärkt wurde.

Solch erfolgreiche Interessenidentität kam 1388 erneut zum Tragen, als der Monarch sich mit dem Burgunder zu einem Feldzug gegen den Herzog von Geldern aufmachte, der die französische Partei verlassen hatte, um als neuer Lehnsmann des englischen Königs seinem früheren Herrn eine Fehdeansage zu schicken. Das Heer brauchte nur in das Jülicher und Dürener Land seines Vaters Wilhelm II. einzurücken, den man der Anstiftung zu jenem Parteiwechsel verdächtigte, da war es mit der niederrheinischen Aufmüpfigkeit auch schon vorbei – ohnehin stellten die Fürstentümer im Westen des Reiches kaum mehr als ein Bündnerreservoir für die Vormächte des Hundertjährigen Krieges dar. Philipp der Kühne aber hatte damit sein eigentliches Ziel erreicht: Geldern war nämlich ebenfalls Gegner Brabants, und für die Hilfe sagte Philipps Tante Johanna von Brabant dem Haus des Burgunders die Nachfolge im Herzogtum zu, die denn auch Sohn Antonius 1404/06 antreten sollte.

Auf dem Rückzug wußte der König, mittlerweile zwanzig Jahre alt, das gelungene Unternehmen in für ihn gelungener Weise abzuschließen, da er am 3. November 1388 an wohlgewähltem Ort, in der Krönungsmetropole Reims, den Beginn seiner selbständigen Regierung verkündete. Zwar war dem Akt eine Zusammenkunft des erweiterten königlichen Rats voraufgegangen, zwar stellte er keinen coup d'Etat dar, doch als coup de théâtre mochte den plötzlich entlassenen Prinzen die gutinszenierte Manifestation schon erscheinen.

Königtum und Staat sinn- und sinnenfällig zu inszenieren war aber auch Anliegen der *Marmousets,* die nunmehr während der nächsten vier Jahre mit und unter Karl VI. die Regierung führten. Die Herkunft dieses Begriffs ist nicht eindeutig geklärt: Ursprünglich wohl zur Bezeichnung grotesker Figuren und Affen, auch angeblich von Muselmanen verehrter Idole dienend, verwendeten ihn Autoren des späteren Mittelalters wie etwa der Chronist Jean Froissart im Sinne von «Günstlinge» oder «Höflinge». Dies griff im 19. Jahrhundert Jules Michelet auf, um so ebenjene Berater Karls VI. zu benennen, die sich meist schon unter Karl V. um die *chose publique* verdient gemacht hatten. Einige von ihnen waren auch an der avignonesischen Kurie tätig gewesen, wo sie im Dienst von Kardinälen wie etwa des mit dem Königshaus verwandten Guy de Boulogne oder des Jean de La Grange effizientes Arbeiten in komplexen Beziehungsgeflechten erlernt hatten. Sie verstanden sich als eine auf Disziplin, Solidarität und Hierarchie gegründete, untereinander durch Corpsgeist und Heiraten eng verbundene Gemeinschaft, welche den Staatsdienst in fast religiöse Sphäre hob, die *fonction publique* zur Ideologie machte, das zukunftsweisende Prinzip des Etatismus definitiv im Königreich verankerte. Mochten Zeitgenossen wie Christine de Pisan auch klagen, Unglück sei über Frankreich bereits mit Karls V. frühem Tod hereingebrochen, da er die Erziehung des Sohnes nicht mehr einem guten Ende habe zuführen können, so hatte der den Freuden des Lebens zugewandte Nachfolger die wichtigste Lektion offenbar doch gelernt, und auch sein inzwischen im Pariser Coelestinerkonvent zurückgezogen lebender ehemaliger Erzieher Philippe de Mézières konnte zufrieden sein, da sein *Songe du Vieil Pèlerin* – eine Art poetisch-allegorischer Programmschrift der *Marmousets* – nicht mehr nur Traum zu bleiben schien. Daß aber ein Bureau de La Rivière, Olivier de Clisson und Jean Le Mercier, daß ein Jean de Montaigu, Nicolas Du Bosc oder Pierre de Vilaines, die ihrerseits wieder über dicht geknüpfte Netze von Gefolgsleuten verfügten, nunmehr leitende Aufgaben in Finanz, Kanzlei und Militär übernehmen durften, war auch Verdienst von Karls jüngerem Bruder Ludwig, der 1388 mit für die Rückkehr der Räte des Vaters sorgte. Eigen- und Gemeinnutz zugleich mochten den Herzog von Touraine dabei leiten, ließ sich mit dem Hinweis auf Tradition und Praxis Karls V. doch zugleich der Einfluß der Onkel am Hof eingrenzen.

Solches Wirken für den Königsstaat, wie es mit der Ordonnanz vom 5. Februar 1389, mit der Einrichtung zweier Finanzgerichtshöfe oder der Beamtenwahl festgeschrieben wurde, sollte aber nicht nur hinter verschlossenen Türen geleistet werden; den *Marmousets* lag, wie gesagt, vielmehr daran, werbend diesen Königsstaat in Szene zu setzen wie auf jenem erneuerten Maifeld des Jahres 1389 in St-Denis, dem Vorort der Monarchie, wo der Bischof von Auxerre während des Requiems zu Ehren von Karls V. getreuem Konnetabel Bertrand Du Guesclin dessen Bestattung in königlicher Nekropole als Lohn für große Verdienste um die *chose publique* feierte – Anspruch und Vorbild auch für die beiden Söhne Ludwigs I. von Anjou, die Karl VI. damals zu Rittern schlug, wie für alle Teilnehmer an jenem glanzvollen Turnier, dem Töchter und Nichten der *Marmousets* als Zuschauerinnen auf gleichem Rang wie die Damen des Hochadels beiwohnten: Die schönen Tage von St-Denis, sie waren auch das Fest der Aufsteiger; hinter der Fassade von Freude und Harmonie aber lauerten Neid und Haß der alten auf die neuen Herren.

Ein «Staatsschauspiel» stellte ebenfalls wenige Wochen später der Einzug der Isabeau de Bavière in Paris dar – an ihrer Seite die soeben dem Königsbruder Ludwig angetraute mailändische Herzogstochter Valentina Visconti –, wie es auch die im September 1389 angetretene Reise des Königs in den Süden seines Reiches war. Daß demonstrativ an deren Beginn der Herzog von Berry seines Amtes als Generalleutnant im Languedoc entsetzt wurde, entsprach ebenso dem Willen der *Marmousets* wie die am 10. Januar 1390 in Mazères gefeierte Aussöhnung zwischen dem Grafen Gaston Phoebus von Foix und einem König, der die Majestät seines Amtes im Reich vor Ort zur Geltung brachte.

Kein Zweifel, die Bilanz des ersten Jahrzehnts fiel für Karl VI. recht positiv aus; um das Königreich im Frieden sowie um den wohlberatenen und beliebten König stand es gut. Daß die *croisade de Barbarie* gegen das tunesische Mahdia nicht gerade erfolgreich war, fiel kaum ins Gewicht – kein Vergleich jedenfalls mit jenem Desaster, das Burgund einige Jahre später wegen seiner Teilnahme an König Sigismunds von Ungarn Unternehmen gegen die Osmanen erleben sollte, da Philipps Sohn Johann bei Nikopolis in türkische Gefangenschaft geriet und gegen hohes Lösegeld freigekauft werden mußte. Als aber der Friede im Königreich selbst im Juni 1392 durch einen Mordanschlag auf den aus der Bretagne stammenden Vertrauten Karls VI., den Konnetabel Olivier de Clisson, bedroht schien, machte der Herrscher sich sogleich das Verlangen der *Marmousets* nach Rache zu eigen, zumal hinter dem Attentäter Pierre de Craon dessen Verwandter und Lehnsherr, der Herzog Johann IV. von Bretagne stand, welcher, auf Eigenständigkeit und Distanz gegenüber Valois bedacht, in der Tradition seines Hauses Montfort die Nähe zu England suchte, derweil eine Tochter Clissons sich mit dessen altem Rivalen Penthièvre vermählte.

Die königliche Armee wurde zur Strafaktion auf den 5. August nach Le Mans bestellt, und noch am selben Tag ereignete sich in den Wäldern der Umgebung bei glühender Mittagshitze das Schreckliche: Unversehens tauchte vor dem König eine zerlumpte Gestalt auf, rief ihm zu, er sei verraten, und verschwand. Karl schien beeindruckt, geriet dann außer sich, um blind gegen seine Umgebung, die er nicht mehr erkannte, zu wüten und schließlich sogar gegen den eigenen Bruder das Schwert zu zücken. Schon einige Monate zuvor hatte ihm in Amiens eine rätselhafte, mit Konvulsionen verbundene Krankheit zugesetzt, die ihn Haare und Nägel verlieren ließ und am Sprechen hinderte. Möglicherweise war er durch seine Mutter Johanna von Bourbon vorbelastet, die 1372 Zeichen mentaler Störung zu erkennen gegeben hatte. Von nun an trat seine Krankheit, die man als eine von starkem Verfolgungswahn geprägte Schizophrenie diagnostiziert hat, jedenfalls immer wieder in Schüben auf – der König war sich ihrer in Perioden der Klarheit voll bewußt und litt darunter zutiefst –, wobei aggressive und vor allem im Alter zunehmend depressive Phasen einander ablösten. Sie gingen einher mit völligem Identitäts- und Realitätsverlust, Todesvorstellungen und dem Verweigern von Nahrung und Körperpflege. Man glaubt insgesamt 43 Perioden des Wahnsinns nachweisen zu können, wobei die späten Jahre nach 1415 kaum mehr als ein stetes Dahindämmern waren.

Doch auch die Ermordung seines Bruders Ludwig 1407 verschlimmerte das Leiden. Es stellt sich darüber hinaus die Frage, ob dieser nicht sogar ursächlich am Anfang der Krankheit steht. Zusammen waren beide aufgewachsen, noch bis in die achtziger Jahre trugen sie die gleiche Kleidung und doch: Schwelte hier die Rivalität von Kain und Abel? Alle Vorteile vom königlichen Amt bis zur äußeren Erscheinung schienen dabei auf Karls Seite, indes läßt ein von beiden auf der Rückreise vom Languedoc im Februar 1390 unternommener Wettstreit, wer von ihnen zuerst in Paris ankomme, vielleicht auf tiefersitzende Gegnerschaft schließen, wie eine der besten Kennerinnen der Materie, Françoise Autrand, meint. Im Wahn brachen sich nämlich in der Tat Karls Aggressionen gegen Ludwig Bahn, dann wollte er als Drachentöter St. Georg seinen Bruder vernichten und verlangte immer wieder nach dessen Gattin Valentina Visconti, die von den Zeitgenossen der Hexerei und Magie verdächtigt wurde. War aber darin nicht auch, so wollten Gerüchte wissen, der stark astrologiegläubige Ludwig selbst verstrickt? Warum hatte er jenen Attentäter Pierre de Craon, der zeitweise zu seiner Umgebung gehörte, verstoßen? Weil er dem König über die dunklen Praktiken Mitteilung gemacht hatte? Keimten daraufhin bei Karl auf dem Nährboden geheimer Rivalität der Argwohn und Angst, er solle Opfer mörderischer Magie eines Bruders werden, der so die Krone zu erlangen hoffte? Fragen, auf die sich wohl kaum eine Antwort finden läßt; festzuhalten bleibt, daß Ludwig in den Jahren nach 1392 Karl zwar zu beherrschen, doch nie abzusetzen oder gar zu ermorden suchte.

Ein unabsichtlicher, indes spektakulärer und tragisch endender Vorfall mochte den König in seinen Wahnvorstellungen bestärken: Am 28. Januar 1393 fand in seinem Pariser Hôtel St-Pol anläßlich der Wiedervermählung einer verwitweten Hofdame Elisabeths von Wittelsbach ein Ball statt, in dessen Verlauf der König und fünf junge Adelige, als wilde Männer verkleidet, tanzend auftraten. Als Ludwig, verspätet eintreffend, einen der untereinander Angeketteten mit einer Fackel anleuchtete, um zu erkennen, wer er sei, fing die haarige Maskerade Feuer. Vier der Tänzer kamen in den Flammen um, Karl wurde noch im letzten Moment dank des mutigen Eingreifens der Herzogin von Berry gerettet. Manche sahen im Ausgang dieses *Bal des Ardents* eine göttliche Strafe, hatte es sich doch um einen von der Kirche verbotenen *Charivari* – jene lärmende Festivität am Vorabend der Wiederheirat einer Witwe – gehandelt, bei dem sich der damals luzide König einmal mehr in übertriebener Weise als Jüngling aufführte. Das schockierende Ereignis hinterließ bei ihm zunächst zwar keine erkennbaren Spuren, doch im Juni sollte er dann wieder in langen, sieben Monate währenden Wahn fallen. Ob eine im nächsten Jahr im Königreich einsetzende Judenvertreibung mit der erneuten Umnachtung in Zusammenhang steht, bleibt fraglich, da es damals auch andernorts in Europa zu Übergriffen und Verfolgungen kam. Mit Sicherheit trifft dagegen nicht zu, daß der König nunmehr von seiner Familie und Umgebung im Stich gelassen wurde und einsam dahinvegetieren mußte. Mit solcher Behauptung wollten vielmehr Spätere vor allem Karls VI. Gattin in schlechtes Licht rücken. Sicher, Elisabeth liebte es, von Vergnügen zu Vergnügen zu eilen, sie suchte Pracht, Abwechslung und Zerstreuung. Ja, sie und Ludwig von Orléans führten dem König 1405 mit Odette de Champdivers sogar eine *petite reine* zu, die fortan nicht mehr von dessen Seite weichen sollte; allein eine skrupellos-dämonische Ehebrecherin großen Stils war Elisabeth keineswegs. Letztlich blieb sie stets die Ausländerin aus dem fernen Bayern, die sich in Paris nur im Kreis ihrer Landsleute, allen voran ihres Bruders Ludwig des Bärtigen, wohlfühlte. Unpolitisch wie sie war, folgte sie aus Unsicherheit und Angst den jeweils Mächtigen am Hof – und das waren seit jenem Ereignis in der Maine zunächst wieder Berry und vor allem Burgund.

Diese Herren von einst hatten erneut das Regiment übernommen, denn das tragische Schicksal des Königs bot ihnen willkommenen Anlaß, zum Schlag gegen die verhaßten *Marmousets* auszuholen, denen sie vorwarfen, den Herrscher ohne Rücksicht auf seine angegriffene Gesundheit zum Feldzug gegen die Bretagne getrieben zu haben, nur um den einäugigen Schlächter Clisson zu rächen. Der Haß der Prinzen saß tief – noch 1409 wird Johann Ohnefurcht, des Burgunders Sohn, Jean de Montaigu ermorden lassen –, und tief war der Sturz der Emporkömmlinge. Der Bruch zeigte sich schon bei dem Versuch, jenes 1394 dringlicher denn je erscheinende Problem zu lösen, das die lateinische Christenheit seit 1378 spaltete und Frankreich in besonderer Weise betraf: das Große Abendländische Schisma. Einer der beiden päpstlichen Prätendenten, der mit dem Königshaus wie dem Kardinal Guy de Boulogne verwandte und von den *Marmousets* gestützte Clemens VII., residierte in Avignon, doch er hatte keine allgemeine Anerkennung gefunden; Frankreich mußte überdies die finanzielle Hauptlast seines Papats tragen, und mit dem Fortdauern der Spaltung trieb die von Rom und Avignon gegenseitig Exkommunizierten und Interdizierten zunehmend die Sorge um ihr Seelenheil um. Als Clemens VII. nun am 16. September 1394 starb, wollten der Königshof wie die Universität Paris die Situation für eine einvernehmliche Regelung nutzen. Nachdem die Kardinäle in Avignon aber durch die Wahl des Aragonesen Pedro de Luna ein fait accompli geschaffen hatten, zeigte man sich keineswegs bereit, diesem neuen Papst Benedikt XIII. zu folgen. Um dem Herrscher in dieser Lage beratend zur Seite zu stehen, wurde nun 1395 eine Klerusversammlung in Karls VI. Namen nach Paris einberufen *(conseil)*; auf sie folgte bis 1408 noch eine Reihe weiterer solcher Zusammenkünfte, die sich dann immer stärker hin zu einer Repräsentanz der Kirche von Königreich und Dauphiné entwickelten *(concile)*. Sie neigten alsbald einer Lösung zu, die vor allem von dem im Dienste des Herzogs von Berry aufgestiegenen Patriarchen Simon de Cramaud betrieben wurde, hinter der aber Burgund und Berry selbst standen: Ohne endlose Diskussionen um die Legitimität des römischen und avignonesischen Papstes zu führen, sollte ein Gehorsamsentzug beschlossen werden, um vor allem den so seiner Einkünfte verlustig gehenden Benedikt XIII. auf die *via cessionis* zu zwingen. Dieser, auf der dritten Pariser Synode 1398 getroffene Entscheid hatte natürlich die Restitution der alten Rechte von Ortsbischöfen, Synoden, Kapiteln und Klöstern zur Folge; die früheren Freiheiten und Immunitäten schienen wieder in Kraft, doch zeigte sich alsbald, daß nunmehr Königshof und Fürsten zunehmenden Einfluß auf die Kirchen des Landes ausübten. Somit markieren diese um die Jahrhundertwende in der Hauptstadt abgehaltenen Klerusversammlungen eine wichtige Etappe für die Ausformung des Gallikanismus, wie sie auf die allgemeine europäische Entwicklung zum Landeskirchentum im späteren 15. Jahrhundert vorweisen. Des weiteren stehen sie für die zunehmende Bedeutung des Synodalwesens in der spätmittelalterlichen Kirche, denn damals wurden mit wesentlicher Beteiligung von Pariser Universitätslehrern unter Rekurs auf hochmittelalterliches Kirchenrecht theologische und juristische Überlegungen entwickelt, das Schisma in der Gesamtkirche *via concilii* zu lösen. Mochten die Autoren im einzelnen auch stark divergieren, generell liefen ihre Vorschläge doch alle darauf hinaus, die bislang monarchisch-papal ausgerichtete Verfassung der Kirche stärker korporativ zu akzentuieren. Bald schon sollte solcher «Konziliarismus» dem allgemeinen Konzil als höchster Repräsentanz der Christenheit die Superiorität gegenüber dem Papst und erst recht gegenüber streitenden Prätendenten im Falle eines Schismas zuerkennen.

Indes ließ sich die Pariser Entscheidung nicht allgemein durchsetzen, da eine Übereinkunft mit den Vormächten der römischen Obödienz nicht zustande kam. Das Reich blieb trotz Irritationen nach dem Sturz König Wenzels und der Italienpolitik seines Nachfolgers Ruprecht von der Pfalz mehrheitlich Bonifaz IX. verpflichtet, wie dies auch England tat, obgleich Karl VI. mit dessen bedrängtem Monarchen Richard II. in Ardres 1396 einen Waffenstillstand auf 28 Jahre schloß und ihm auf Betreiben des Burgunders, dem wegen Flandern an auskömmlichen Beziehungen zur Insel lag, seine Tochter Isabella zur Frau gab. Aber auch in Frankreich selbst regte sich Widerstand: Neben angesehenen Pariser Magistern opponierte unter Führung der Universität Toulouse der Klerus des Südens, war man doch seit langem dort an die Vergabe einträglicher Ämter und Pfründen durch das nahe Avignon gewöhnt. Vor allem aber stellte sich Ludwig von Orléans gegen die totale Obödienzsubtraktion, da er als Gatte der Valentina Visconti im Verein mit einem nach Italien zurückgeführten und so *via facti* durchgesetzten Benedikt XIII. hoffte, seine Pläne eines adriatischen Königreichs verwirklichen zu können. 1403 schien der Herzog sein Ziel erreicht zu haben, als eine neue Pariser Synode unter seinem Einfluß die Wiederanerkennung Benedikts beschloß.

Die italienischen Ambitionen ließen Orléans zudem auf ein Hilfeersuchen des Genueser Adels gegen die Bürgerschaft eingehen; seinem geplanten Griff nach der Stadt kam indes Philipp der Kühne zuvor, auf dessen Intervention hin sie sich 1396 der Krone unterstellte. Der Burgunder trat auch andernorts gegen die Bemühungen Ludwigs um territoriale Expansion auf den Plan, besonders als dieser sich nach dem Kauf der Grafschaften Blois und Dunois sowie der Übertragung von Orléans, Angoulême, Périgord und Dreux seit 1400 anschickte, Herrschaften in der Champagne zu kaufen und Rechte am Herzogtum Luxemburg zu erwerben. Der Rivale drohte, eine Barriere zwischen Philipps oberen und niederen Landen zu errichten; zudem unternahm er – jede von dessen Hofabsenzen ausnutzend – hartnäckig Versuche, im Zentrum der Macht Einfluß zu gewinnen.

Der alte und erfahrene Burgunder vermochte zwar im Verlauf der eskalierenden Spannungen und Auseinandersetzungen seine Position durch die in der Ordonnanz vom 26. April 1403 geregelte Form der Regierung im Falle von Karls VI. Tod oder Demenz sowie durch eine Hochzeit seiner Enkelkinder Margarete und Philipps (des Guten) mit dem Dauphin und dessen Schwester Michelle noch zu behaupten, doch nutzte Ludwig den Tod Philipps des Kühnen am 27. April 1404 zu entscheidendem Terraingewinn. Bereits seit 1402 *Gouverneur des aides et de toutes les finances de Languedoïl,* brachte er die königlichen Finanzen immer stärker unter seine Kontrolle und ließ sich, während des Burgunders Nachfolger Johann Ohnefurcht noch durch väterliche Nachlaßregelungen in Anspruch genommen war, zum Generalkapitän der Guyenne und zum königlichen Leutnant in Pikardie und Normandie ernennen; vor allem aber verstand er es, die Hofämter mit seinen Anhängern zu besetzen. Um Finanzen und Administration ging es Ludwig in erster Linie, er wollte den starken Staat: Aus eigennützigen Motiven setzte er mithin auf die Tradition des Vaters und der *Marmousets;* deren etatistisches Erbe in gewissem Umfang aufgenommen und gesichert zu haben, ist aber das Verdienst dieses Prinzen. Im Falle seiner von Ambitionen auf Italien bestimmten Kirchenpolitik gingen allerdings Etatismus und Eigeninteresse nicht zusammen; sie stieß denn auch auf Widerstand der wichtigsten Zentralbehörde, des Parlaments, das sich zum Sachwalter der gallikanischen Kirche machte und seine Vorstellungen auf den letzten Pariser Synoden 1406/07 und 1408 einbrachte, die für eine Neutralität des Königreichs im weiter andauernden Schisma votierten und provisorische landeskirchliche Regelungen trafen.

Der starke Staat bedeutete für die Untertanen zunächst einmal erhöhte Steuerlast, und wenn dann in der Hauptstadt dem obendrein wegen seiner Arroganz verhaßten Orléans ein jovialer Johann Ohnefurcht entgegentrat, der die Steuern zu mindern oder abzuschaffen, die alten Freiheiten wiederherzustellen und überdies die Kircheneinheit zu bewerkstelligen versprach, waren die Fronten klar: Der Hof stand unter der Kontrolle von Orléans – 1405 stammten 90 % seiner Einkünfte aus königlichen Zuwendungen und Pensionen, von denen Johann sich fast völlig abgeschnitten sah –, doch Paris selbst neigte mehr denn je dem Burgunder zu.

Als es in jenem Jahr zu ersten Zusammenstößen zwischen Bewaffneten beider Parteien im Umland der Hauptstadt kam, ergriff der angesehene Universitätskanzler Jean Gerson am 7. November 1405 im Louvre vor den geistlichen und weltlichen Würdenträgern der Hauptstadt das Wort, so wie er es schon vier Jahre zuvor aus ganz anderem Anlaß getan hatte, da er in dem damals zur Gründung einer *Cour Amoureuse* führenden Streit um den Rosenroman Grundsätzliches über Liebe, Heirat und Stellung der Frau zu bedenken gab. Nunmehr mahnte er nicht minder prinzipiell wegen der gefährdeten öffentlichen Ordnung; und was er dazu in seiner tiefdringenden Predigt *Vivat rex* vorbrachte, wurde später zwar als bedeutende Manifestation europäischen Staatsdenkens bezeichnet, allein es blieb ohne unmittelbare Folgen. Im Gegenteil, genau zwei Jahre später, am 23. November 1407, ließ Johann Ohnefurcht den verhaßten Widersacher in Paris umbringen und diese Tat durch einen anderen Universitätslehrer, den Dominikaner Jean Petit, unter Rückgriff auf Lehren des Bartolo von Sassoferrato mit allen Kniffen scholastischer Beweisführung als Tyrannenmord rechtfertigen. Mochte Gerson nunmehr gar die Fundamente aller Gemeinschaft durch das Attentat und vor allem durch den damit verbundenen Eidbruch des Burgunders bedroht sehen – hatte der Mörder doch nur wenige Tage vor dem Ereignis seinem Opfer noch Brüderschaft geschworen und verweigerte jetzt jede Sühne –, so triumphierte zunächst der Pragmatiker und Populist Johann Ohnefurcht auf der ganzen Linie: 1408 erwarb er sich bei Othée seinen Beinamen, als er dem Lütticher Bischof Johann von Bayern – dieser stammte aus dem wittelsbachischen Hause seiner Frau und seines Schwagers – im Kampf gegen die revoltierende Stadt mit Erfolg beistand. Und wenn er sich im März nächsten Jahres in der Kathedrale von Chartres auf einen von seinem Onkel und Paten Johann von Berry unternommenen Versöhnungsversuch mit Orléans einließ, dann nur, um solche Einigung, die von seinem Hofnarren als *paix fourrée*, als mit Verrat unterfütterte Übereinkunft verspottet wurde, zum Instrument für die endgültige Machtergreifung zu machen. Daß es am Hof mit den Resten von Tradition der *Marmousets* wie mit der Fraktion Orléans definitiv vorbei sein sollte, demonstrierte der Herzog mit der erwähnten Hinrichtung des Finanzfachmanns Jean de Montaigu.

Doch des Burgunders Gegner im Königsdienst blieben nicht untätig: Am 15. April 1410 schlossen sie sich zu Gien mit dessen adeligen Opponenten vornehmlich aus dem Midi wie dem Konnetabel Charles d'Albret, aber auch mit dem bislang um Ausgleich bemühten Herzog von Berry zusammen. Die Liga, zu der des weiteren Bourbon und Bretagne, Clermont und Alençon stießen, war eine partielle Kriegserklärung an Johann Ohnefurcht, der die von Bernhard von Armagnac – dem Schwiegervater von Ludwigs Sohn Karl von Orléans – geworbenen Waffenträger Nachdruck verleihen sollten. Schon bald kam es zu Kampfhandlungen vor allem in der Ile-de-France, wobei sich beide Parteien um die Gunst der Engländer bemühten. Ein Friede, geschlossen am 22. August 1412 zu Auxerre unter der Präsidentschaft des Dauphin, der sich – wie auch sein Vater in Momenten der Klarheit – als Mittler im Prinzenkampf mühte, verpflichtete zwar alle Beteiligten, künftig auf Allianzen mit Lancaster zu verzichten; allein er schob wie auch die folgenden Vereinbarungen von Pontoise (1413) und Arras (1414) die große Auseinandersetzung zwischen Burgund und Armagnac allenfalls kurzfristig auf.

Bereits Anfang 1413 spitzte sich die Lage bedrohlich zu und zwar im Zentrum des Geschehens: Der Burgunder wußte nach wie vor in Paris seinen stärksten Rückhalt; neben Teilen der Universität und der zunehmend mit seinen Anhängern besetzten Administration waren es vor allem die reichen Metzger, auf die er sein Regiment stützte. Zu Familien wie den St-Yon, Haussecul oder Legoix pflegte er, nicht zuletzt durch Weinlieferungen aus Beaune, beste Beziehungen; dem Begräbnis eines Legoix wohnte er sogar persönlich bei. Aber auch zahlreiche Händler, die aus der Lage der Hauptstadt zwischen Burgund und Flandern Nutzen zogen, waren ebenso proburgundisch orientiert wie viele der kleinen Leute, die der Herzog durch Leutseligkeit für sich einnahm; es wird kein Zufall gewesen sein, daß die Pariser als Taufnamen in jenen Jahren Johannes noch häufiger als sonst wählten. Als nun Karl VI. aus Geldnot die Generalstände auf den 30. Januar 1413 in den Hof des königlichen Hôtel St-Pol einberief, gedachte der Herzog bei diesen mit Hilfe der Hauptredner Simon de Saulx und Eustache de Pavilly, eines im Namen von Stadt und Universität auftretenden Karmeliters, für eine Staatsreform in seinem Sinne, d.h. für weniger Staat zu werben. Um den Forderungen nach einer kleineren, effizienteren und frei von Willkür entscheidenden Administration Nachdruck zu verleihen, wurde von den Metzgern die Straße mobilisiert. Indes entglitt die Bewegung alsbald der Kontrolle der Drahtzieher und entfaltete unter Führung des Abdeckers Simon Le Coutelier, genannt *Caboche* (Dickkopf), ihre eigene, den Urhebern selbst gefährlich werdende Dynamik. Es kam zu gewaltsamen Übergriffen gegen die Umgebung von Dauphin und Königin, vom Hof verlangte und erhielt man die Auslieferung von zwanzig angeblichen Verrätern, der *Prévôt de Paris* Pierre des Essarts wurde exekutiert. Vollkommen schien der Triumph der *gens du commun*, als im Parlament am 26./27. Mai 1413 im Beisein des Königs – also bei einem feierlichen *Lit de justice* – eine 258 Artikel umfassende, wesentlich von Universitätsangehörigen erarbeitete Ordonnanz verlesen und publiziert wurde, welche die in allen öffentlichen Bereichen zunehmende Staatsmacht zu beschränken suchte. Doch wie schon 1382 formierte sich der Widerstand in der Stadt selbst: Getragen von jener Führungsschicht des Pariser Bürgertums, die im Staatsdienst stand oder durch Geldgeschäfte mit ihm verbunden war, gelang es vor allem dem königlichen Advokaten Jean Jouvenel des Ursins, seine Standesgenossen mit Universitätslehrern wie Jean Gerson und Parteigängern der Armagnac-Orléans zu einer Front zu vereinen, vor der Johann Ohnefurcht im August 1413 nach Flandern zurückweichen mußte. Bereits am 5. September ließen die neuen Herren der Hauptstadt jene *ordonnance cabochienne* kassieren und annullieren; ähnliches geschah Ende November mit der Apologie des Jean Petit, die von dem Pariser *concile de la foi* verurteilt wurde.

Und sie ließen auch die königliche Familie spüren, wer nunmehr zu bestimmen hatte. Als sich der Dauphin, der zwar noch das Vorgehen des Jean Jouvenel des Ursins unterstützt hatte, auf eine Politik des «dritten Weges» verlegte, nahmen ihn die Armagnac 1415 in kaum kaschierte Geiselhaft; möglicherweise als Opfer eines Giftanschlags starb Ludwig von Guyenne noch am 15. Dezember desselben Jahres. Und der König selber war kaum mehr als eine Marionette der Mächtigen: War er noch 1412 mit Johann Ohnefurcht gegen Berry und die Armagnaken zu Felde gezogen, so beteiligte er sich nur zwei Jahre später an einer Kampagne gegen den Burgunder. Aber wenn Armagnac sich jetzt daran begab, den

Staat wieder stark zu machen – eine unpopuläre, da teure und die Zahlenden obendrein mit Erfassung und Kontrolle überziehende Maßnahme –, dann trug dies wesentlich dazu bei, in Zeiten eines handlungsunfähigen Königs die Existenz eines Königsstaats zu sichern, der überdies erneut von England bedroht wurde.

Denn Lancaster war die Krise natürlich nicht verborgen geblieben, und so erschien Heinrich V., dem bedeutendsten Sproß der neuen Königsfamilie, die Situation günstig, die alten Ansprüche der Monarchie auf die Krone des Königreichs durchzusetzen; Bürgerkrieg und Hundertjähriger Krieg sollten fortan einander bedingen und sich in gegenseitiger Steigerung verschränken. Wohlvorbereitet landete Heinrich im August 1415 in der Normandie, nahm Harfleur und erfocht am 25. Oktober bei Azincourt einen Sieg, der an die großen Erfolge seiner Vorgänger bei Crécy und Maupertuis anknüpfte. Erneut konnten die Franzosen ihre zahlenmäßige Überlegenheit auf dem kleinen Schlachtfeld nicht entfalten; hoch war der Blutzoll vor allem ihres Adels. Während Orléans, Alençon und Bourbon sich vergebens um ein einheitliches Kommando bemühten, saß der König, den man nach den Erfahrungen von 1356 mit der Gefangennahme Johanns II. in Sicherheit wissen wollte, mit einer kleinen Truppe in Rouen fest. Auf die Nachricht der Niederlage verfiel er in eine depressive Umnachtung, die von nun an fast ununterbrochen bis zu seinem Tod dauern sollte.

Doch selbst nach Azincourt stellte sich die Lage für Frankreich keineswegs als existenzbedrohend dar, wie sie dies überhaupt während des Hundertjährigen Kriegs niemals gewesen sein dürfte. Die materiellen und militärischen Ressourcen waren nicht erschöpft, die stetige Verschlechterung der Situation seit Karls erstem Wahnsinnsanfall 1392 und vor allem seit dem Mord von 1407 hatte viel eher zu einer moralischen und Bewußtseinskrise geführt. Nachdem der Burgunder mit seinem praktischen Bemühen um eine *paix civile* gescheitert war, führte erst recht das auf der Gegenseite von Gerson propagierte hohe Ideal einer *paix parfaite* in die Irre. Der auf Recht und Wahrheit gegründete Staat der Institutionen sollte für Sicherheit und Gerechtigkeit bürgen – allein die Realität hieß Bernhard von Armagnac: Seit Dezember 1415 stand er an der Spitze der nach ihm benannten Partei und führte in der Hauptstadt, nicht einmal der *langue d'oïl* mächtig, ein brutal-rücksichtsloses Regiment. Der starke Staat hatte auch sein häßliches Gesicht; mit Bürokratie und Gewalt wurden Zwangsanleihen durchgesetzt, burgundische Parteigänger verfolgt und die Königin nach Tours ins Exil geschickt, um Hand auf den Schatz legen zu können.

Fast zwangsläufig näherte sich der Burgunderherzog – Armagnac hatte ihn schon im Vorfeld von Azincourt ferngehalten – immer mehr dem Engländer. Und in der Hauptstadt konnte er nach wie vor, ja angesichts von Bernhards Regime wohl mehr denn je auf Anhänger zählen, die seinen Truppen denn auch in der Nacht des 28. Mai 1418 heimlich ein Stadttor öffneten. Der alte und neue Herr von Paris nahm Rache für die Demütigung von 1413 und die Verfolgung der Seinen; es waren Tage des Mordens und Feierns, des Bluts und der Rosen. Doch die Rache der Armagnac, die sich hatten retten können, ließ ihrerseits nicht auf sich warten: Die Ermordung des Burgunders auf der Brücke von Montereau am 10. September 1419 aber war darüber hinaus vor allem Rache für die Tat im November des Jahres 1407. Letztlich wurde Johann Ohnefurcht jener Mord des Ludwig von Orléans doch noch zum Verhängnis und zwar ausgerechnet zu einem Zeitpunkt, als er sich gerade anschickte, in Verhandlungen mit Armagnac einen Ausgleich zu suchen, weil die Engländer, nach der Eroberung von Caen und Rouen inzwischen Herren der gesamten Normandie, sich als fordernd-schwierige Partner erwiesen, und weil das nach einem strengen Winter von Hungersnot und Pest wie von einem zweiten burgundischen Massaker heimgesuchte Paris den Herzog zum Frieden drängte.

Für Johanns Sohn Philipp den Guten konnte die Antwort auf die Rache von Montereau nur neuerliche Rache und der Bundesgenosse hierbei nur England heißen. Vorbereitet durch eine Propagandaoffensive in Form einer umfangreichen Briefkampagne – ähnlich warb auch Armagnac um Verständnis für die Tat wie um Anhänger – gelang ihm am 21. Mai 1420 zu Troyes der Abschluß eines Vertrags, durch den der neue Dauphin Karl, der mit Armagnac in die Lande um Bourges, Poitiers und Tours geflohen und in die Mordtat wahrscheinlich als billigender Mitwisser involviert war, in aller Form von der künftigen Königsherrschaft ausgeschlossen wurde. Sie sollte an den englischen Herrscher übergehen, welcher als Träger beider Kronen über zwei unabhängige Reiche herrschen würde. Diese von der Königin ausdrücklich gebilligte Maßnahme fand durch Heinrichs V. Heirat mit der französischen Königstochter Katharina ihre Bekräftigung; Elisabeth hatte übrigens in Troyes seit Dezember 1417 schon unter Berufung auf die Herrschaftsregelung von 1403 unter Aufsicht des von ihr zum Generalgouverneur ernannten Burgunderherzogs eine Art Exilregierung auf Zeit geführt. *Roy de France* aber blieb weiterhin Karl VI.; insbesondere die Pariser hatten darauf gedrängt, daß ihr geliebter Herrscher bis zum Ableben im Besitz seiner Würde bliebe. So zog er denn als König von Frankreich im Gefolge Heinrichs V. zur Belagerung von Sens, Montereau und Melun, so zog er mit ihm am 1. Dezember 1420 in die Hauptstadt ein – Paris jubelte, obwohl es England seit je mit Ablehnung und Haß begegnet war; doch nunmehr erhoffte es sich von diesem ungleichen Paar unter burgundischem Patronat schlicht ein Ende seiner Heimsuchungen und Leiden.

Fast zwei Jahre später war Paris erneut auf den Beinen – die Leiden Karls VI. hatten ihr Ende gefunden. Am 21. Oktober 1422 war er, der zeitlebens über eine gute physische Konstitution verfügt hatte, fast

54jährig während eines ersten Kälteeinbruchs wahrscheinlich an den Folgen eines Infekts gestorben. Ausführlich schildert der sogenannte *Bourgeois de Paris,* ein Kleriker an Notre-Dame und Angehöriger der Universität, die Ereignisse bis zu Karls Begräbnis am Martinsfest in St-Denis. Als einziger Vertreter königlichen Geblüts schritt Heinrichs V. Bruder Johann von Bedford hinter dem Sarg, doch mehr als 18 000 Pariser sollen es gewesen sein, die sich mit ihm auf den Weg zur alten Königsabtei begaben. Allenthalben, so der *Bourgeois,* beweinte man den Verlust des Allerliebsten; für die kleinen Leute, den *menu commun de Paris,* hatte Karl VI. sein Ziel erreicht – zurück blieben sie: allein, trauernd und in Erwartung weiteren Kriegs. Doch als Abbild konnten sie ihn bis zur Bestattung noch schauen: Auf dem Sarg war nach englischem Brauch eine *effigies* des Verstorbenen angebracht, ausgestattet mit Ornat und Insignien des Königs. Sichtbar wurde so, daß der König zwei Körper hat, daß auch nach dem Tod eines Amtsinhabers das *corpus mysticum* bis zur Proklamation des Nachfolgers präsent blieb. Und als solcher wurde in St-Denis durch Heroldruf Heinrich VI. von England verkündet, der gerade elf Monate alte Sohn Katharinas von Frankreich und des am 1. September 1422 zu Vincennes erst fünfunddreißigjährig, noch vor seinem Schwiegervater verstorbenen Heinrich V.

Daß jenes Totenzeremoniell, in krisenhaftem Ausnahmezustand erstmals konzipiert und praktiziert, zu einem Modell für die Zukunft wurde, lag mit an der königlichen Kanzlei, die es schriftlich festhielt. Hinter den Trägern der Waffen, die damals die Szene scheinbar so sehr dominierten, entfalteten überhaupt – und zwar bei beiden Parteien – die Amtsträger und die Männer der Feder im Hintergrund eine unspektakuläre, dafür aber um so nachhaltigere Wirkung, die schließlich den Ausschlag gab, daß der Königsstaat in der Krise Bestand hatte und, was die Meister des Worts auf armagnakischer Seite anlangt, sich zur Königsnation ausformte. Denn nach wie vor hatten in dieser Situation des Umbruchs und der Gewalt die großen staatlichen Institutionen Bestand, und zwar sowohl in der Hauptstadt als auch zu Bourges, Poitiers und Tours, wo es Armagnac im Exil binnen kurzer Frist und offensichtlich ohne größere Schwierigkeiten gelang, eine zweite qualifizierte Zentraladministration aufzubauen. Etliche von deren Mitgliedern aber hielten weiterhin Kontakt zu den früheren Amtsgenossen, die für das burgundisch-englische Lager optiert hatten – zwei Jahrzehnte später sollten diese Kontakte Karl VII. eine erfolgreiche Politik des Ausgleichs und der Versöhnung ermöglichen. Die früheren gemeinsamen Jahre des Studiums an der Pariser Hochschule und die Tätigkeit in den Amtsstuben waren eben nicht vergessen: «Man kann politischer Gegner sein und doch Freund bleiben» (F. Autrand).

Dies aber galt ebenso für manche Gelehrte der Universität; ja sogar für die Sodalen einer ihrer renommiertesten Schulen, des Navarrakollegs, das dem Königshof traditionell besonders nahestand und dessen Mitglieder wie etwa Jean Gerson oder Jean de Montreuil schon während des beginnenden Bürgerkriegs mehrheitlich für Armagnac Partei ergriffen hatten. Sie machten diese Stätte zur Wiege eines patriotisch getönten Frühhumanismus, um so als Anwalt des Valoiskönigtums gegen die englischen Prätentionen auf die französische Krone auf den Plan zu treten, für deren Durchsetzung im lancastrischen Frankreich wiederum große Propagandakampagnen inszeniert wurden. Zu Montreuil, der seine humanistische Schulung auch in der Kanzlei und auf Gesandtschaft in den Dienst Karls VI. stellte, und zu Gerson, der in Frankreich einer Stärkung der monarchischen Autorität das Wort redete, um zugleich in Konstanz die vom Generalkonzil bestimmten Grenzen päpstlicher Vollgewalt zu markieren, gesellte sich eine Reihe weiterer Autoren mit ähnlichen Intentionen. Erwähnt seien nur der südfranzösische Jurist Jean de Terrevermeille, der gerade 1418/19 das Sukzessionsrecht des Dauphin begründete und die Unveräußerlichkeit der Krondomäne lehrte, sowie Christine de Pisan, jene kluge Tochter eines an Karls V. Hof berufenen italienischen Arztes und Astrologen, die ihre langjährige literarische Unterstützung der Sache der Valois noch kurz vor ihrem Tod mit einem Traktat zugunsten der Jeanne d'Arc beschloß.

Rex christianissimus ist für diese Autoren allein der französische König, dem als Zeichen himmlischer Erwählung bewußt solch symbol- und traditionsträchtige Attribute wie Heilige Ampulle, Oriflamme und Lilie zugeordnet werden. Als Lebensquell des *regnum Franciae* garantiert das Königtum dessen Unteilbarkeit und Dauer. Diese einheitsstiftende und -sichernde Institution aber wollte bewahrt und geschützt sein, als ihr Träger in geistige Umnachtung versank und der Engländer erneut Anspruch darauf erhob. Hier wurde nun eine über die staatliche Einheit hinausgehende – und doch durch diese erst ermöglichte – neue Qualität ins Spiel gebracht: die eines auf König und Königtum ausgerichteten Gefühls von Zusammengehörigkeit und Gemeinschaft, von «praenationaler» Solidarität. Zwar bleibt angesichts einer eher bescheidenen handschriftlichen Überlieferung dieser Propagandaliteratur nach deren Wirksamkeit wie andererseits nach der Relevanz bzw. überhaupt der Existenz von öffentlicher Meinung zu jener Zeit zu fragen, doch steht ein Einfluß auf die intellektuelle Elite des Landes und damit wichtige «Multiplikatoren» ebenso anzunehmen wie eine popularisierende Verbreitung durch Herolde, Prediger und Spielleute. Aber diesen Kündern des Königtums wäre kein Erfolg beschieden gewesen, hätten die Untertanen nicht auf einen König geblickt, der sie liebend und mit-leidend durch sein tragisches Schicksal an sich band.

Nur wenig war gegen Ende noch von der Person Karls VI. die Rede, für die Geschichte der Institution französisches Königtum war seine Zeit indes entscheidend.

Heribert Müller

Karl VII.
1422–1461

Karl VII., geb. am 22. 2. 1403 in Paris; Graf von Ponthieu und Poitou, Herzog von Touraine und Berry; Dauphin (5. 4. 1417) und Generalleutnant Karls VI. im Königreich (14. 6./6. 11. 1417); Enterbung durch den Vertrag von Troyes (21. 5. 1420); Annahme des Königstitels nach Karls VI. Tod am 30. 10. 1422; Salbung und Krönung in Reims am 17. 7. 1429; gest. am 22. 7. 1461 in Mehun-sur-Yèvre, begraben am 8. 8. 1461 in St-Denis. Vater: Karl VI. (1368, König 1380–1422); Mutter: Isabeau de Bavière (Elisabeth von Wittelsbach) (1370–1435), Tochter des Herzogs Stephan III. des Kneißl oder Prächtigen von Bayern(-Ingolstadt) (um 1337–1413) und der Thaddäa Visconti (1352–1381). Elf Geschwister, darunter Ludwig, Herzog von Guyenne (1397–1415); Johann, Herzog von Touraine (1398–1417); Isabella, Gemahlin König Richards II. von England und des Herzogs Karl von Orléans (1389–1409); Johanna, Gemahlin des Herzogs Johann V. von Bretagne (1395–1433); Michelle, Gemahlin des Herzogs Philipp des Guten von Burgund (1395–1422); Katharina, Gemahlin König Heinrichs V. von England und des Owen Tudor (1401–1438). Verlobung am 18. 12. 1413 und Heirat im April 1422 zu Bourges mit Maria von Anjou (1404–1463), Tochter von Ludwig II., Herzog von Anjou und Titularkönig von Sizilien (1377–1417), und der Yolande von Aragón (1381–1442). Vierzehn Kinder, darunter Ludwig XI. (1423, König 1461–1483); Karl von Frankreich, Herzog von Berry, Normandie, Champagne und Guyenne (1446–1472); Radegunde, Verlobte des Herzogs Sigmund des Münzreichen von Österreich (1425?–1445); Katharina, Gemahlin des Herzogs Karl des Kühnen von Burgund (1428–1446); Yolande, Gemahlin des Herzogs Amadeus IX. von Savoyen (1434–1478); Johanna, Gemahlin des Herzogs Johann II. von Bourbon (1435–1482); Magdalena, Gemahlin des Grafen Gaston IV. von Foix, Príncipe de Viana (1443–1495). Drei Töchter aus der Verbindung mit Agnes Sorel: Charlotte, Gemahlin des Jacques de Brézé; Margarete, Gemahlin des Olivier de Coëtivy; Jeanne, Gemahlin des Antoine de Bueil.

Sieht so ein Sieger aus? Viele haben schon das um 1450 von Jean Fouquet gemalte Portrait Karls VII. zu deuten gesucht, und meist entsprachen die Interpretationen nicht gerade der Bildlegende *le tres victorieux:* Schwach und entschlußlos, verdrießlich und müde schaue dieser König aus; und wer Beschreibungen des Monarchen in zeitgenössischen Quellen gelesen hat, glaubt zudem sinnlich-frivole, aber auch verschlossen-mißtrauische Züge zu erkennen. War Karl obendrein fähig, sich seiner Ratgeber ebenso virtuos wie skrupellos zu bedienen und zu entledigen,

Karl VII. (1422–1461)

wie der burgundische Chronist Georges Chastellain berichtet, war er also auch noch hinterhältig und verschlagen, kurzum: ein charakterloser Charakter? Aber ein Sieger – keinesfalls, der sieht anders aus. Und doch spiegelt die Umschrift, selbst wenn sie etwas jüngeren Datums als das Gemälde sein sollte, die historische Wirklichkeit: Zu Anfang von seinen Gegnern als *roi de Bourges* verspottet, war Karl VII. am Ende der mächtigste Herrscher Europas; als er am 8. August 1461 zu St-Denis bestattet wurde, sollte ihm ein Herold in aller Form das Epitheton des siegreichsten Königs beilegen, denn wenige Jahre zuvor hatte der Hundertjährige Krieg mit dem Sieg der Franzosen über die Engländer sein Ende gefunden. Doch kam Karl VII. daran überhaupt ein persönlicher Anteil zu? Mußte in diesem säkularen Konflikt nicht vielmehr das strukturell überlegene Frankreich zwangsläufig triumphieren, eben weil dieser Hundertjährige Krieg am Ende seiner langen Regierungszeit schon über ein Jahrhundert währte?

In dem Frankreich, in das der als elftes Kind Karls VI. und der Wittelsbacherin Elisabeth (Isabeau de Bavière) am 22. Februar 1403 zu Paris Geborene hineinwuchs, schien indes zunächst nichts auf solche Entwicklung hinzudeuten, im Gegenteil: Es war eine Zeit der Spannungen und Wirren, da Onkel und Bruder eines immer tiefer in geistige Umnachtung versinkenden Königs gegeneinander agierten und agitierten, bis der Mord an Herzog Ludwig von Orléans 1407 zu offener Konfrontation von Burgundern und Armagnaken führte. Davon war in der vorstehenden biographischen Skizze Karls VI. bereits ebenso die Rede wie von der Revolte der *Cabochiens* in Paris und von König Heinrich V. von England, welcher solche Lage zu nutzen wußte, um eine neue Phase des großen Kriegs zu eröffnen, der sich für die Franzosen alsbald mit der Katastrophe von Azincourt im Jahre 1415 verband. In Paris eskalierte derweil die Herrschaft der am Hof dominierenden Armagnaken zum antiburgundischen Terror, doch Herzog Johann Ohnefurcht hatte in der Hauptstadt nach wie vor zahlreiche Anhänger, denen es in der Nacht des 28. Mai 1418 gelang, den Freunden durch ein Stadttor heimlich Einlaß zu verschaffen – für den künftigen König war es sicherlich kein erhebendes Gefühl, eingewickelt in einen Morgenmantel in letzter Minute vor den Burgundern fliehen zu müssen. Doch dies dürfte nur das spektakulärste unter manch anderen traumatischen Erlebnissen gewesen sein, die sich überdies während der folgenden Jahre des Exils noch fortsetzen sollten. Manche seiner scheinbar unerklärlichen Ängste und Phobien finden hier ihre Erklärung, aber auch seine Vorsicht, sein Abwarten, Beobachten und Schweigen; seine Gabe, die Dinge in gewollter Schwebe und Unklarheit zu lassen, wie andererseits ein ausgeprägtes Bedürfnis nach Harmonie und Kontinuität, nach Ausgleich und Aussöhnung – der Bellizismus einer Jeanne d'Arc sollte ihm letztlich fremd bleiben. Den Frühgereiften hatten die Verhältnisse die Kunst des Überlebens gelehrt, mit scheinbarer

Apathie wußte er sich zu schützen, die Maske – wie auf Fouquets Portrait zu sehen – wurde ihm zur zweiten Natur.

Dabei liebte er Literatur und Musik, ohne allerdings später im Stil des Burgunderherzogs Philipp des Guten die Künste als großfürstlicher Mäzen zu fördern und zur Selbstdarstellung zu nutzen. Auch verstand er sich recht gut aufs Lateinische, während Waffendienst und Jagd nicht gerade zu seinen bevorzugten Beschäftigungen gehörten. Intensiv praktizierte er die Formen der Frömmigkeit, zugleich hing er Astrologie und Aberglauben an, ohne in beidem aber wohl das übliche Maß seiner Zeit zu überschreiten. Insgesamt wissen wir allerdings nur wenig über seine Erziehung am königlichen Hof in Paris sowie am angevinischen im Anjou und in der Provence. Mit Maria von Anjou, Tochter des sizilischen Titularkönigs Ludwig II. und der Yolande von Aragón, wurde er 1413 verlobt, und in der klugen Spanierin sollte er als König bis weit in die dreißiger Jahre eine diskret lenkende Ratgeberin finden.

Damals ahnte indes noch niemand, daß Karl einmal die Nachfolge seines Vaters antreten würde, die er dann schlicht dem biologischen Zufall verdankte: Nachdem 1415 der Dauphin Ludwig von Guyenne gestorben war, von dem mancher sich ein Überwinden des Gegensatzes zwischen Burgundern und Armagnaken erhofft hatte, und als ihm 1417 der zweite Bruder Jean folgte, ging die Anwartschaft auf die Krone an Karl über, damals Graf von Ponthieu und Herzog von Touraine, den der Vater sogleich noch mit dem Herzogtum Berry und der Grafschaft Poitou ausstattete und zu seinem Generalleutnant im Königreich erhob. Daß der Dauphin an seiner Legitimität auf Grund einer möglicherweise unehelichen Abstammung zweifelte, wie manche Historiker mit Blick auf angeblich entsprechende Beziehungen seiner Mutter annahmen, ist durch keine Quelle zu belegen. Falls er dies überhaupt getan haben sollte, dann wohl wegen der Ermordung des Burgunderherzogs Johann Ohnefurcht, die in seinem Beisein während letzter Ausgleichsversuche zwischen Armagnaken und Burgundern auf der Brücke von Montereau am 10. September 1419 erfolgte. Denn in diese Rachetat für den Mord von 1407 wie für das Massaker von 1418 war Karl wahrscheinlich als billigender Mitwisser, danach sicherlich als Protektor der unmittelbar Beteiligten involviert. Sie führte 1420 zum förmlichen Ausschluß des Regenten – so bezeichnete er sich selbst seit Ende 1418 – von der Herrschaft durch jenen Vertrag von Troyes, der, wie im vorigen Beitrag gezeigt, den Übergang des französischen Königtums nach dem Ableben Karls VI. auf die englischen Lancaster festlegte, sowie durch eine eigene Erklärung des Vaters vom 23. Dezember des Jahres. Möglicherweise wollte Jeanne d'Arc einige Jahre später in Chinon Karl VII. mit dem von ihrem Beichtvater überlieferten Ausspruch, er allein sei der wahre Erbe Frankreichs, seiner Legitimität trotz Montereau versichern. Was ansonsten bei jener berühmt-geheimnisvollen Unterredung, über die keiner der beiden je etwas verlauten ließ, zur Sprache kam, bleibt auf immer im dunkeln, doch muß das Bauernmädchen aus Lothringen einen verunsicherten Herrscher und Hof durch seine unbeirrbare Sicherheit, mit der es die Verwirklichung des ihm angeblich durch himmlische Stimmen erteilten Auftrags der Befreiung Frankreichs verfolgte, zunächst beeindruckt haben. Vielleicht taten noch Prophezeiungen und Astrologie das Ihre, daß man sie sich am ersten Teil ihres Auftrags – der Befreiung von Orléans – versuchen ließ; vielleicht hegte man auch die vage Hoffnung, sie könne mit ihrer Entschlossenheit und Begeisterung die Kämpfer vor Ort mitreißen. Denn die Lage stellte sich 1429 schlecht dar, und sie war schon zuvor im Verlauf der zwanziger Jahre immer kritischer geworden: Der auf seinen Besitzungen Berry, Touraine und Poitou in einer Art innerfranzösischem Exil lebende Karl, der sich nach dem Tod des Vaters in Mehun-sur-Yèvre am 30. Oktober 1422 zum König hatte ausrufen lassen, mußte die Erfahrung machen, daß der unerwartet frühe Tod Heinrichs V. im selben Jahr der englischen Sache keinen Abbruch tat. Dessen gleichnamiger, erst einjähriger Sohn nämlich fand in Herzog Johann von Bedford einen Regenten auf dem Kontinent, der – Gascogne und Guyenne ohnehin hinter sich wissend – in der zur lancastrischen Kernprovinz ausgebauten Normandie durchaus mit gewissem Erfolg um Adel, hohen Klerus und Bürgertum warb, der das Bündnis mit dem auf Rache für den Mord an seinem Vater sinnenden Burgunderherzog Philipp dem Guten pflegte und 1423/24 bei Cravant und Verneuil weitere militärische Erfolge verbuchen konnte. Champagne und Maine gingen Valois verloren; Friedensbemühungen von Papst und Kurie – der damals einzigen und in ihrer Befähigung hierfür allgemein anerkannten internationalen Institution – wie auch seitens des dabei zu eigenem Nutzen und Ruhm als neuer Salomo wirkenden Herzogs Amadeus VIII. von Savoyen blieben ergebnislos. Statt dessen drängte eine vom Earl von Salisbury angeführte Kriegspartei Bedford zur vermeintlich kriegsentscheidenden Tat: Die Einnahme von Orléans sollte den Weg über die Loire nach Süden in das Restreich des auf seinen Schlössern scheinbar dahindämmernden Karl VII. eröffnen.

Im Oktober 1428 legten die Engländer den Ring um die Stadt; daß sie am 8. Mai 1429 besiegt abziehen mußten, war nach übereinstimmender Aussage aller Beteiligten weitgehend das Verdienst einer *Pucelle,* die aus gutem Grund im Deutschen «Johanna von Orléans» heißt. Ohne formellen militärischen Oberbefehl führte sie die Truppen Karls VII. mit ihrem beflügelnden Enthusiasmus zu einem Sieg, der mehr als nur die Befreiung von Orléans war, da er nach Jahren der Niederlagen und Demütigungen eine vor allem psychologisch ungemein bedeutsame Wende brachte. Nach Meinung vieler Historiker des späten 19. und frühen 20. Jahrhunderts und sicherlich der – bis heute – meisten Franzosen hat *la bonne Lorraine,* das Mädchen aus Domremy, Königtum und Nation in höchster Not gerettet und sogleich befestigt, da sie – getreu dem zweiten Teil ihres Auftrags – den Dauphin gegen manchen Widerstand am Hof dazu brachte, nach Reims zu ziehen, um sich am rechten Ort in rechter Tradition salben und krönen zu lassen: «*Edler König*», so redete sie ihn an jenem 17. Juli 1429 erstmals an, «*jetzt ist es nach Gottes Willen geschehen, der es wollte, daß ich die Belagerung von Orléans aufhebe und Euch in diese Stadt führe, damit Ihr Eure heilige Salbung empfangt. So wird sichtbar, daß Ihr der König seid und ebender, dem das Königtum gehören soll*».

Sicherlich steht Jeanne d'Arc für die prägende Kraft der außerordentlichen Persönlichkeit in der Geschichte, doch wollen auch strukturelle Bedingungen und Gegebenheiten oder – mit Ranke – neben der «lebendigen Persönlichkeit» die «allgemeinen Zustände» beachtet sein. Wenn die Belagerer den Ring um Orléans nicht mehr fest zu schließen vermochten, so daß sich Johanna mit den Befehlshabern Dunois und La Hire in die obendrein bestens verproviantierte Stadt begeben und daraus entfernen konnte, dann spiegelt dies auch eine nach Jahrzehnten permanenter Überspannung der Kräfte wieder auf Normalmaß reduzierte englische Potenz. Große Staatsmänner und Heerführer von Eduard III. und dem Schwarzen Prinzen bis zu Heinrich V. und Bedford, sodann die Einnahmen aus Festlandsbesitz und Kriegserfolgen sowie auf französischer Seite die inneren Wirren und Kämpfe und schließlich eine unzureichende Erfassung und Umsetzung der eigentlich reichen Ressourcen in militärische Stärke hatten lange über die eigentlichen Relationen hinweggetäuscht – mit Orléans kamen einfach die «Fundamentaldaten» wieder zur Geltung.

Und Weiteres kam zur Geltung: Dem Hof Karls VII. war es im Exil umgehend gelungen, eine funktionierende Administration und Regierung zu errichten. Das Parlament in Poitiers, die Rechenkammer in Bourges und vor allem der königliche Rat selbst stehen für einen Königsstaat, der seit den Tagen Philipps II. Augustus so stark auf- und ausgebaut worden war, daß sich neben der in Paris unter angloburgundischer Herrschaft weiter intakten Verwaltung und unter Rückgriff auch auf die im Herzogtum Berry vorhandenen administrativen Strukturen offensichtlich ein zweiter, ebenso kompetenter Apparat ohne Schwierigkeiten installieren ließ; obendrein für qualifizierte bürgerliche Aufsteiger offen, die aber ihrerseits um rasche Angleichung an aristokratische Lebensformen und um Nobilitierung bemüht waren. Und diese durch Corpsgeist und Exilsituation eng miteinander verbundenen Männer konnten in der Regel ein kontinuierliches Wirken entfalten, was im besonderen für das entscheidende Gremium, den königlichen Rat, gilt. Gewiß sind bis zu Beginn der dreißiger Jahre Günstlingswirtschaft, Willkür, Intrigen und Fraktionskämpfe zu konstatieren, die sich vor allem an der sinistren Gestalt des Großkammerherrn Georges de La Trémoïlle festmachen lassen. Mithin ist die eingangs zitierte Feststellung des in burgundischen

Diensten stehenden Georges Chastellain sicher nicht ganz falsch, zumal Karl VII. auch später noch nach persönlichem Ermessen Ratgeber hinzuzog und entfernte. Aufs Ganze gesehen wurde jedoch mit dem Sturz von La Trémoïlle 1433, sodann mit dem zunehmenden Einfluß der wegen ihrer vielfältigen französischen und internationalen Interessen ausgleichsbedachten Mitglieder des Hauses Anjou der Weg zu sachgerechtem, auf Dauer angelegtem Arbeiten frei, für das in noch stärkerem Maße die den Adelsgruppen nur lose verbundenen oder von ihnen ganz unabhängigen Räte geistlichen Stands wie etwa die Bischöfe Robert de Rouvres von Maguelonne oder Gérard Machet von Castres stehen.

Aus der überlieferten Korrespondenz von Machet, über Jahrzehnte Beichtvater Karls VII., geht nun hervor, daß diese Männer aus dem Exil weiterhin Beziehungen zu Studiengenossen, Freunden und Amtsinhabern aus früheren gemeinsamen Tagen in Paris pflegten, auch wenn sie sich nunmehr im gegnerischen Lager befanden. Schließlich trugen viele verwandtschaftliche Bindungen innerhalb der Führungsschichten – die Ehe von Karls VII. Konnetabel Arthur de Richemont mit einer Schwester des burgundischen Herzogs ist nur ein, wenn auch herausragendes Beispiel hierfür – sowie wirtschaftliche Verflechtungen das Ihre dazu bei, daß ein enggeknüpftes «Netzwerk der Einheit» in jenen Jahren der Zwietracht das gesamte Königreich, ob nun unter der Herrschaft von Valois, Burgund oder Lancaster stehend, nach wie vor umspannte.

Ein weiteres, über diese Elite der Macht und des Wissens weit hinausreichendes, zukunftsweisendes Ferment der Einheit läßt sich am Auftreten der Jeanne d'Arc festmachen. Bei ihr, deren Person auch für eine patriotische Grenzlandmentalität steht, verdichtet sich zu historischer Wirkkraft, was im Volk offensichtlich bereits vorhanden war: ein royalistisch getöntes, Fremde ausschließendes Gefühl der Zusammengehörigkeit von Land und Leuten, wie es sich bis hin zum Partisanenkampf normannischer Bauern gegen die englische Besatzung erwies, wenn auch manches Mal gemeine Räuberei mit im Spiel gewesen sein wird. Hier zeigt sich eine prä- oder protonationale Qualität, welche schon die Theoretiker eines um die Krone gescharten Frankreich, wie etwa der ebenfalls aus dem Grenzland im Osten stammende Jean de Montreuil, während der Krisenzeiten Karls VI. beschworen hatten. Ein Alain Chartier oder Jean II Juvénal des Ursins setzten nunmehr dieses Werk fort, und kurz vor seinem Tod meldete sich auch Jean Gerson nochmals zu Wort, und zwar zugunsten der *Pucelle* – mit Bernard Guenée mag man unter solchem Aspekt im Auftreten der Jeanne d'Arc weniger ein Wunder als den Abschluß einer Entwicklung sehen.

Und auch die Stände und Städte in der Karl VII. verbliebenen Herrschaft waren bereit, um der gemeinsamen Sache willen erhebliche Opfer zu bringen, wobei dieses «Restgebiet» nach wie vor den größten Teil des Königreichs umfaßte. So gehörte bis auf Guyenne und Gascogne fast der gesamte Süden dazu, der sich in den Jahren des *royaume de Bourges* als Vorort der Königstreue profilierte; am einst gewaltsam unterworfenen Midi fand die Krone nunmehr wesentlichen Rückhalt. Obendrein wurden die Regionen südlich der Loire, ungeachtet erheblicher Unterschiede im einzelnen, aufs Ganze weniger vom Krieg heimgesucht als der lancastrisch-burgundische Norden, wo die Bauern sich oftmals nicht aufs Feld wagten und die Bürger von Paris Angst hatten, ihre Reben auf dem Hügel von Chaillot zu schneiden.

Mit dem ihm eigenen Gespür erahnte Karls VII. burgundischer Gegenspieler Philipp der Gute diese Tendenzen und Entwicklungen recht früh; obendrein wegen des versuchten Zugriffs des Herzogs Humphrey von Gloucester, Heinrichs VI. Protektor im Londoner Regentschaftsrat, auf seine niederländische Interessensphäre verstimmt, begann er zu dem erste Zeichen der Schwäche zeigenden Alliierten auf Distanz zu gehen. Darin bestärkte ihn nachdrücklich sein Kanzler Nicolas Rolin, der wiederum mit Regnault de Chartres einen Amtsgenossen am französischen Hof wußte, welcher ebenso entschieden für eine französisch-burgundische Annäherung auf dem Verhandlungsweg eintrat. Dieser Kanzler und Erzbischof von Reims hatte denn auch Johannas Drängen nach militärischer Konfrontation wie viele andere Mitglieder des Königshofs abgelehnt und unterlaufen, wobei zudem sicherlich Eifersucht und Neid auf die *Pucelle* mit im Spiel waren. Als sie im Mai 1430 vor Compiègne in Gefangenschaft geriet – späterer Überlieferung zufolge durch Verrat des Stadthauptmanns Guillaume de Flavy, eines Verwandten des Regnault de Chartres – und ihr im folgenden Jahr in Rouen ein «schöner Prozeß» gemacht wurde, wie der vorsitzende Richter Pierre Cauchon das formal als Inquisitions- und Häresieverfahren durchgeführte politische Tribunal im Schatten englischer Militärmacht nannte, da unternahmen König und Hof jedenfalls nicht den geringsten Versuch zu ihrer Rettung. Ihr Schicksal war von vornherein besiegelt, mochte ihr Auftreten vor den gelehrten Beisitzern von der Pariser Universität noch so staunenswert sein, wovon die erhaltenen Prozeßakten Zeugnis ablegen.

Und mochte ihr Leidensweg bis zur Verbrennung am 30. Mai 1431 auf dem Marktplatz von Rouen Zeitgenossen und Nachwelt noch so bewegen, für die Politiker war damit ein entscheidendes Hindernis auf dem Weg zu Verhandlungen beseitigt, die schließlich in der Tat zum Erfolg führten, da im September 1435 zu Arras ein französisch-burgundischer Separatfrieden geschlossen wurde. Doch sollte man darüber nicht vergessen, daß erst durch Johannas Bellizismus Frankreich kriegsstärker und Burgund seinerseits friedensbereiter gemacht worden war, daß sich erst seit der durch sie herbeigeführten Wende von Orléans Grundtendenzen und strukturelle Faktoren wieder wirkmächtig entfalten konnten. Dies war ausschlaggebend; kirchliche Vermittlungsversuche der römischen Kurie wie des seit 1431 tagenden Basler Konzils vermochten allenfalls randhaft zu dieser Entwicklung beizutragen, wenn auch das neutrale Terrain der Kirchenversammlung von den dort weilenden Gesandten der beiden Parteien sicher zu diskreten Sondierungen genutzt wurde. Bis zu jenem Vertragsschluß von Arras galt es noch manche Schwierigkeiten zu überwinden – so bestanden am Hof Philipps des Guten Adelige aus den burgundischen Niederlanden auf der Allianz mit England, die der Herzog selbst eidlich beschworen hatte und darum aufzugeben lange zögerte. Es mutet fast wie historische Regie an, daß in jenen Tagen, da im Artois der endgültige Durchbruch zum Ausgleich erfolgte, mit dem Herzog von Bedford in Rouen die letzte englische Führungspersönlichkeit von Format starb. Obwohl politischen Autoren der Zeit im Königreich wie Christine de Pisan, Pierre de Nesson oder Alain Chartier der Friede allein durch einen Ausgleich zwischen Frankreich und Burgund erreichbar schien, waren die Engländer dennoch stets in die Verhandlungen mit einbezogen gewesen; allein Schwäche, Intransigenz und eben der Ausfall Bedfords isolierten sie weitgehend.

Andererseits blieb das französisch-burgundische Verhältnis auch nach Arras prekär; Mißtrauen und bis an die Schwelle erneuten Kriegs reichende Spannungen resultierten vornehmlich aus dem Umstand, daß sich die königliche Partei mit der Realisierung der – neben der Abbitte für den Mord von Montereau – vereinbarten territorialen und rechtlichen Konzessionen schwertat. Letztlich bedeuteten sie aber alles andere als eine Kapitulation vor burgundischem Diktat, denn Frankreich brauchte fortan nicht mehr die Last eines Kampfes an zwei Fronten zu tragen. Damit war aber auch der große Krieg weitgehend entschieden, Arras hatte im Grunde die englische Niederlage besiegelt. Bereits im April 1436 konnte der Konnetabel Richemont in Paris einziehen; in den folgenden Jahren wurde die Ile-de-France wiedererobert, wobei der König sich persönlich bei Montereau 1437 und Pontoise 1441 auszeichnete. 1442/43 erfolgten Vorstöße in die Normandie und Guyenne, und nach neuerlichen Mißerfolgen ihrer Heerführer Talbot und Somerset mußten die Engländer 1444 zu Tours in einen Waffenstillstand einwilligen, der durch die Verlobung Heinrichs VI. mit Margarete von Anjou befestigt wurde. Um Maine und Fougères 1448/49 ausbrechende Streitigkeiten ließen Karl VII. dann die endgültige Entscheidung auf dem Schlachtfeld suchen: Mit den Siegen von Formigny 1450 und Castillon 1453 gelangten Normandie und Guyenne, bis dahin englische Kernbesitzungen auf dem Kontinent, wieder in französische Hand – die Karrees der lange Zeit erfolgreichen englischen Bogenschützen und Fußkämpfer wurden von der Artillerie der Gebrüder Bureau zusammengeschossen: Ein neues Waffenzeitalter hatte begonnen, die Kanonen besaßen mehr Durchschlagskraft als alle Friedensaufrufe der Zeit. Der Hundertjährige Krieg in seiner Endphase: ein französisches Instrument zum Frieden durch Gewalt.

Aber nicht nur Kriegstechnik oder Militärs vom Rang eines Dunois, La Hire und Xaintrailles, auch nicht die bemerkenswerte, indes kaum kriegsentscheidende Konstanz der traditionellen und von Karl VII. gepflegten Allianzen mit den Königreichen Schottland und Kastilien, sondern vornehmlich administrative Effizienz und innerer Ausgleich bildeten die Grundlage für den endgültigen Sieg. Schon 1445 konstatierte der kritische Jean II Juvénal des Ursins in einem anläßlich der Ernennung seines Bruders Guillaume zum Kanzler geschriebenen Traktat, der Wiederaufstieg des Königtums beruhe wesentlich auf einer in den letzten Jahren zunehmend zweckbestimmten Verwendung der Kriegssteuern. Qualität und Kontinuität der Exiladministration von Bourges, Poitiers und Tours machten sich immer stärker bemerkbar, und dies gilt ebenso für die Zeit nach ihrer Vereinigung mit den großen Behörden in der wiedereroberten und ihrerseits nach Jahrzehnten der Unruhen, Aufstände und des Kriegs friedensbereiten Hauptstadt. Hier wie allgemein verzichtete Karl VII. weitgehend auf Härte und Rache; nach Eliminierung der am meisten kompromittierten englischen Parteigänger verstand er sich vielmehr auf eine Politik der Rekonziliation, die aufs Ganze recht erfolgreich war – bis auf den Südwesten, wo bis zu dreihundert Jahre englischer Geschichte und engste ökonomische Verflechtungen schwer wogen, wo Tausende das Exil auf der Insel vorzogen, nachdem Lancaster auf dem Festland lediglich Calais verblieben war. Der bis 1802 von dem Monarchen in London geführte Titel eines Königs von England und Frankreich blieb ein Muster ohne Wert; mit dem Rückzug vom Kontinent sollte sich im übrigen das insulare Eigenbewußtsein der englischen Oberschicht voll ausprägen.

Karl VII. vermochte seine Politik der Versöhnung und des Ausgleichs um so leichter durchzusetzen, als sein Hof und Rat während des Exils besagtes «Netzwerk» vielfältiger persönlicher Beziehungen mit den zu Gegnern auf Zeit gewordenen früheren Freunden und Amtsgenossen geknüpft und erhalten hatten. Es kann keinem Zweifel unterliegen, daß dies mit Willen und Billigung eines Königs geschehen war, der im Rat zwar generell auf Männer seines Vertrauens zu hören und ihnen zu folgen bereit war, wie ein Brief des Gérard Machet an den Parlamentsrat Nicolas Gehé aus dem Jahr 1443 eindeutig belegt, ohne daß er sich jedoch in deren Abhängigkeit begeben hätte. Das gilt übrigens auch im Fall der *Dame de Beauté* Agnes Sorel, die als Mätresse des Königs von 1444 bis 1450 einen durchaus positiv zu bewertenden Einfluß ausübte.

Die Kirchenpolitik mag hier als ein Exempel für solch wohlberatene Eigenständigkeit stehen, zumal sie besondere Bedeutung erlangte, als der König um Unterstützung sowohl von einem auf der traditionellen papalen Vollgewalt bestehenden Eugen IV. (1431–1447) wie auch von dessen Gegner, einem zu Basel versammelten allgemeinen Konzil (1431–1449), angegangen wurde, das sich als Repräsentanz der gesamten Christenheit begriff und die oberste Leitungsgewalt in einer Kirche beanspruchte, deren Verfassung es stärker korporativ-synodal zu akzentuieren gedachte. Meisterhaft verstand sich nun der Herrscher im Verein vor allem mit seinen geistlichen Räten darauf, das auf Reichsboden tagende Konzil zu einer französisch dominierten Veranstaltung zu machen, um es gegen einen widerspenstigen Papst als Instrument für eigene Zwecke, nämlich zum Ausbau einer französischen Kirche einzusetzen, die finanziell, organisatorisch und im besonderen personell weitgehend unter königlicher Kontrolle stehen sollte. 1438 wurde dies mit der auf einer Klerusversammlung in Bourges verabschiedeten «Pragmatischen Sanktion» erreicht, welche die Basler Dekrete in einer auf die speziellen Interessen der Monarchie abgestimmten Form zum Grundgesetz einer gallikanischen Kirche in königlicher Hand machte. Als die Ernte des Konzils wie der gesamten konziliaren Epoche so in die landeskirchlichen Scheuern eingefahren war, ging Karl VII. alsbald auf Distanz zu der sich obendrein radikalisierenden Basler Synode und sprach auch dem von ihr im November 1439 gewählten Papst Felix V. keine Anerkennung aus, obwohl es sich um niemand anderen als den ehemaligen Herzog Amadeus VIII. von Savoyen handelte. Denn stets hatte er die Basler wissen lassen, daß – nach den Erfahrungen des erst 1417 beigelegten Großen Abendländischen Schismas verständlich – *honor* und *status* des römischen Pontifex für ihn unantastbar seien. Er zögerte auch nicht, sich in konkreten Einzelfällen wie Bistumsbesetzungen päpstlicher Zustimmung zu versichern, sofern diese zu erwarten war, und zugleich entgegenstehende Basler Vorstellungen zu ignorieren. Dann spielte die Pragmatische Sanktion auf einmal keine Rolle mehr, ohne daß Karl sie jedoch, allen römischen Vorhaltungen zum Trotz, grundsätzlich je aufgegeben hätte. Obenan stand für ihn stets und allein das Interesse an einer *ecclesia gallicana* unter königlicher Hoheit; hierfür setzte er Basler Konzil und *Pragmatique* ein, ohne es aber darüber zum Bruch mit dem Papsttum kommen zu lassen. Beraten von Geistlichen, deren Stimme gerade während der kirchenpolitisch wichtigen Jahre von 1436 bis 1444 im Conseil besonderes Gewicht hatte, verfolgte der Monarch mit flexibler Prinzipienfestigkeit dieses Ziel – es war wohlgemerkt ganz und gar sein eigenes Ziel, denn alle seine Verlautbarungen liegen auf der skizzierten Linie und sind von widerspruchsfreier Konsequenz; wer davon abwich wie etwa die Leiter seiner Basler Konzilsdelegation, die ihre persönliche Papstfeindschaft allzu offenkundig werden ließen, fand sich alsbald im Abseits.

Eigeninteresse im Verbund mit Opportunität waren auch 1449 ausschlaggebend, als Karl VII. nach der Wiedereroberung von Rouen mit kirchlicher Hilfe die Wiederaufnahme des Verfahrens gegen Jeanne d'Arc betrieb, das 1455/56 zur gewünschten Erklärung der Nichtigkeit des Urteils von 1431 führte, da der Herrscher sich nicht dem Vorwurf aussetzen wollte, er verdanke sein Königtum einer zu Recht auf dem Scheiterhaufen verbrannten Ketzerin. (Politischer Instrumentalisierung sollte Johanna noch mehrfach zum Opfer fallen: Im späteren 19. Jahrhundert von der französischen Linken als Opfer klerikaler Willkür entdeckt und gefeiert, wurde sie alsbald von konservativ-katholischen Kreisen im Zeichen eines chauvinistisch übersteigerten Nationalismus heroisiert bis hin zu ihrer Kanonisation durch Papst Benedikt XV. unmittelbar nach dem mit der Wiedererlangung von Elsaß-Lothringen verbundenen Sieg Frankreichs im Ersten Weltkrieg.)

Karls burgundischer Konkurrent Philipp der Gute war dagegen in der Konzilszeit stets auf gutes und für ihn profitables Einvernehmen mit einem Papsttum bedacht gewesen, das seinerseits große Erwartungen in den Herzog wegen eines Kreuzzugs setzte, der vor allem nach dem Fall Konstantinopels unter türkische Herrschaft 1453 immer dringlicher wurde. Denn der Burgunder war der einzige Fürst des lateinischen Europa, der dieses Unternehmen bereits seit den vierziger Jahren mit Nachdruck betrieb – nicht zuletzt aus Gründen glanzvoller Selbstdarstellung, vielleicht auch in der Hoffnung auf Rangerhöhung – und der dabei wohlkalkuliert unter dem Zeichen des Kreuzes Allianzen mit Aragón und Habsburg schloß, welche zugleich eine antifranzösische Stoßrichtung hatten und schemenhaft bereits den Antagonismus des europäischen Mächtesystems der frühen Neuzeit erkennen lassen. Wenn Philipp der Gute seinen 1454 zu Lille auf einen Fasan geleisteten Kreuzzugseid am Ende nicht erfüllen konnte – das Tier erinnerte übrigens an den Fluß Phasis in der Heimat des Goldenen Vlieses, jener namengebenden Insignie des auch als Kreuzzugsgemeinschaft gegründeten herzoglichen Ordens –, so war dies wesentlich das Werk Karls VII., der ungeachtet der osmanischen Expansion alles tat, um die *croisade bourguignonne* scheitern zu lassen. Und hinter dem seinerseits von Frankreich mit Böhmen eingegangenen Kreuzzugsbündnis, das 1457 zu Tours auf einen Pfau beschworen wurde, standen ganz andere Motive: Vordergründig des Königs propagandistische Antwort auf den Akt von Lille, wurden hier gegen burgundische Ansprüche auf Luxemburg mit französischer Unterstützung die Rechte der – im 14. Jahrhundert an das Haus Luxemburg übergegangenen – böhmischen Krone ins Spiel gebracht, in die alsbald Valois selbst einzutreten bemüht war.

Überhaupt gelangte im Reich und insbesondere in dessen westlichen Territorien im 15. Jahrhundert immer wieder die französisch-burgundische Konkurrenz zum Austrag, sei es, daß König und Herzog um Bündner warben, sei es, daß man Macht vor Ort demonstrierte wie Karl VII. mit jener lothringischen Kampagne 1444/45, bei der die mit seinem Schwager René von Anjou im Streit liegende Stadt Metz bestraft, letztlich aber Stärke und Präsenz gezeigt werden sollten, um die Großen im deutschen Westen, allen voran die Kurfürsten, zum Bündnis mit Valois zu bewegen. Dieses Unternehmen hat nichts mit einem vermeintlichen französischen Drang zur Rheingrenze, sehr wohl dagegen mit einer versuchten Einkreisung Philipps des Guten zu tun.

König und Hof lehnten das unkalkulierbare Abenteuer *saint voyage de Turquie* aber auch aus anderem Grund ab. Sie waren bestrebt, nach dem militärischen Erfolg über England mit allen Mitteln den – modern gesprochen – *renouveau national* voranzutreiben. Der Stände bedurfte Karl VII. dabei nicht mehr – seit 1439 unterblieb die Einberufung der *Etats généraux* –, und gegenüber den Städten trat kein Bittsteller mehr, sondern ein fordernder und befehlender Monarch auf den Plan, der über das effektivste Fiskalsystem der Zeit verfügte und die Präsenz des Königsstaats auf allen Ebenen intensivierte. Vornehmlich diesem Zweck – und weniger dem regionalen Eigenprofil – diente auch die Errichtung von Parlamenten in Toulouse, Bordeaux und Grenoble und vor allem der Erlaß großer Ordonnanzen, als deren erste man der Sache nach schon die Pragmatische Sanktion bezeichnen kann. Es handelt sich um eine Reihe von Gesetzen aus den vierziger und fünfziger Jahren zur Reform von Justiz, Finanzen und Militär, die nach dem Wort eines deutschen Historikers den französischen Staat am Ausgang des Hundertjährigen Kriegs wiederbegründeten. (Die Wirtschaft spielte in diesem Zusammenhang keine Rolle, weil eine die «Nationalökonomie» systematisch fördernde Wirtschaftspolitik damals überhaupt noch nicht existierte; die neue Friedenszeit und der allgemeine politisch-administrative Rahmen schufen allerdings die Voraussetzungen für ein nachfolgendes ökonomisches und auch demographisches Wachstum, ohne daß es zentraler Vorgaben bedurft hätte.) Als bekannteste dieser Maßnahmen hat die Ende März 1445 verfügte Schaffung besoldeter Ordonnanzkompanien zu gelten, einer Vorstufe zum stehenden Heer der Moderne. Damit sollte zugleich das Problem der stellungslos gewordenen *Ecorcheurs* gelöst werden, soweit diese sich nicht über die Grenzen abschieben ließen wie etwa 1444, als der deutsche König Friedrich III. von Karl VII. Hilfe gegen die Eidgenossen in der Hoffnung erbat, so alte Positionen seines Hauses wiedererobern zu können.

Des weiteren sollte durch diese Ordonnanz die Bildung adeliger Privatarmeen erschwert wie andererseits der Adel in das Heer des Monarchen eingebunden werden. Daß sich die große Zeit der Adelsherrschaften in Frankreich überhaupt ihrem Ende zuneigte, daß hier – im Gegensatz etwa zum Reich, zu Böhmen, Polen oder England – der Königsstaat zunehmend dominierte, erweist auch jener Aufstand des Jahres 1440, der mit Blick auf die König Sigismund in Böhmen bekämpfenden Hussiten als *Praguerie* firmiert. Unter Führung des Herzogs von Bourbon wollten die Rebellen das gefährdete öffentliche Wohl schützen, allein sie verfolgten vorrangig ihre jeweiligen Einzelinteressen, so daß es dem entschlossen und mit der Würde seines Amts auftretenden Karl VII. nicht schwerfiel, die Revolte niederzuschlagen, um im übrigen fortan die Gefolgschaft seiner Standesgenossen verstärkt mit Pensionen, Geschenken und Neujahrsgaben zu erkaufen und sich so potentielle Unruhestifter gefügig oder gar abhängig zu machen.

Doch ein Faktor der Unruhe blieb: Ludwig, der eigene Sohn und Nachfolger, der 1440 mit den Aufständischen gemeinsame Sache gemacht hatte und auch wegen der fortgesetzten Mißachtung seiner Gemahlin Margarete von Schottland königlichen Unmut auf sich zog. Er fand 1444 neue Nahrung, als Ludwig gegen Karls erklärten Willen, aber offensichtlich im Einverständnis mit Eugen IV., das Regiment über die dem Dauphiné benachbarten päpstlichen Exklaven Avignon und Comtat Venaissin an sich ziehen wollte. Vom Vater alsbald auf jenen Dauphiné verwiesen, den er durch intensive Reorganisation enger an das System der französischen Staatsverwaltung band, nahmen die Spannungen erneut zu, da Ludwig 1451 eigenmächtig die savoyische Herzogstochter Charlotte heiratete und das geforderte Erscheinen bei Hof – wohl auch aus Furcht vor ihm mißgünstigen königlichen Räten – verweigerte. Als 1456 eine gewaltsame Intervention Karls VII. drohte, floh er unter dem Vorwand einer Teilnahme am Kreuzzug zu Philipp dem Guten, um fortan in dessen brabantischer Residenz Genappe auf das Ableben des Vaters zu warten, der sich seinerseits vor Spionen und Anschlägen des Sohnes fürchtete. Obwohl Ludwig von Karl VII. wiederholt mit wichtigen Unternehmen betraut worden war, hat der König offensichtlich den frühreif-umtriebigen, von außerordentlichem Ehrgeiz und Tatendurst beseelten Dauphin – zumindest aus dessen Sicht – doch nicht hinreichend in seine Regierung eingebunden, die für den Sohn zudem von quälend langer Dauer war, sich für den Vater hingegen als wirkungsvoll und erfolgreich darstellte. Obendrein empfand Ludwig Verachtung für Karl wegen dessen nach seiner Ansicht ausschweifenden Lebenswandels, diesem wiederum blieb der finstere Ernst seines Sprosses fremd. Solcher Konflikt überschattete des Königs späte Jahre, erneut wurde er ängstlich und mißtrauisch; überdies setzten seit 1455 ihm, der bis dahin nach dem Tod der Agnes Sorel wohl in der Tat ein hemmungslos ausschweifendes Sexualleben geführt hatte, nunmehr Alter und Krankheit zu. Von 1458 an wurde er immer stärker durch eine Mundinfektion gehemmt, die ihn bei der Nahrungsaufnahme behinderte.

Zwei große Prozesse belegen allerdings, daß solche Einschränkungen einer ungefährdet-souveränen Regierung auch im letzten Lebensjahrzehnt keinerlei Abbruch taten: Im Juli 1451 ließ er unter dem Vorwurf des Giftmords an Agnes Sorel einen Mann verhaften, der den Aufenthalt des Königshofs in seiner Heimatstadt Bourges genutzt hatte, um als *argentier du roi* ein internationales Wirtschaftsunternehmen aufzubauen, das vom Bergbau im Lyonnais bis zur Handelsflotte in der Levante alle ökonomischen und finanziellen Möglichkeiten der Zeit umfaßte: Jacques

Coeur. Gerade in den Jahren vor der Festnahme hatte seine Geschäftstätigkeit, aber auch die Verschuldung von König und Adel bei ihm einen Höhepunkt erreicht – ebendiese ließ sich durch eine Verurteilung auf Grund weiterer, nachgeschobener Anschuldigungen wie Konspiration, Falschmünzerei und Siegelmißbrauch aus der Welt schaffen; obendrein konnte man schon die entscheidende Kampagne in der Guyenne mit dem konfiszierten Vermögen finanzieren. Mochte Jacques Coeur auch aus der Festungshaft in Beaucaire fliehen und mit päpstlicher Hilfe schließlich bis zu seinem Tod 1456 Zuflucht auf Chios finden, der Sturz des bürgerlichen Emporkömmlings war tief. Neid und Verleumdung spielten dabei sicher eine Rolle; für Karl VII. dürfte bei seinem Vorgehen neben der aus großer Verschuldung drohenden Abhängigkeit und der in seinen Augen unziemlichen Zurschaustellung ungeheuren Reichtums aber die Gefahr entscheidend gewesen sein, daß der königliche Kaufmann, dessen Hôtel in Bourges herrscherliche Architektur bewußt imitierte, einmal das tun könnte, was dem König allein gebührte: Geld in politische Macht umzusetzen.

Im Mai 1456 kam es zu einer weiteren aufsehenerregenden Verhaftung: Herzog Johann II. von Alençon, seit der *Praguerie* mit dem Hof zerfallen, wurde konspirativer Kontakte mit den Engländern beschuldigt. Das Urteil lebenslanger Haft erging 1458 zu Vendôme im Rahmen eines *Lit de justice,* einer feierlichen Sitzung des Parlaments unter persönlichem Vorsitz des Königs, wie sie auf einer berühmten, wahrscheinlich ebenfalls von Jean Fouquet stammenden Darstellung in der Münchner Boccaccio-Handschrift überliefert ist. Bei aller protokollarisch vorgegebenen Ordnung zeigt sich hier auch Karls ausgeprägter Sinn für das Zeremoniell, das er als Spiegel der Dignität und Macht seines Amts wie als Mittel der Selbstdarstellung und Propaganda schätzte. In diesem Sinne setzte er es auch eindrucksvoll bei seinen Einzügen in die wiedereroberte Hauptstadt 1437, in Toulouse 1442 und Rouen 1449 ein. Hier und noch bei den Feierlichkeiten anläßlich seiner Bestattung in Paris und St-Denis – Karl starb am 22. Juli 1461 in Mehun-sur-Yèvre an den Folgen seines Mundabszesses – erwies dieses mit vielschichtiger Königssymbolik ausgestattete Zeremoniell überdies seine die Untertanen einbindende Wirkung.

Symbolkraft möchte man auch dem Umstand beimessen, daß in St-Denis eine bewegende Totenrede von dem angesehenen Pariser Theologen Thomas de Courcelles gehalten wurde, der seine von Opportunismus und Gelehrsamkeit bestimmte Laufbahn in englischen Diensten begonnen hatte, als Beisitzer in Rouen für die Folter der Jeanne d'Arc votierte, als Vertreter eines radikalen Konziliarismus in Basel Profil gewann, um sich dann über Savoyen abzusetzen, als das Scheitern der Synode drohte, und der schließlich dank bester Beziehungen wieder zu Kirche, Hochschule und Hof in der Hauptstadt fand – der Verstorbene selbst hatte mit seiner Politik des Ausgleichs und der Versöhnung solch letztlich bruchlose Karrieren in einer Zeit der Brüche und Verwerfungen überhaupt erst ermöglicht. Gewiß, Opportunisten und Profiteure machten da ihren Schnitt, aber Frankreich blieb so ein Krieg nach dem Krieg erspart. Sich für diesen Weg zu entscheiden, lag zugleich im ausgleichsbedachten Wesen des Herrschers wie in dem ihm erteilten guten Rat beschlossen: *le bien conseillé* und *le bien servi* wird er denn auch genannt.

Eigentlich tat Karl VII. bereits das, was Ranke seinem Nachfolger zuschrieb: Selbst ohne persönliche Größe, hat er Frankreich groß gemacht – ein Vergleich der Zustände im Königreich der Jahre 1422 und 1461 spricht für sich; und der Nachfolger wußte denn auch nur allzugut, warum er nach kurzer Zäsur bereits bald die Politik des Vaters wieder aufnahm und fortführte. Wenn Karl schon Größe abging, stellt es dann nicht zumindest eine große Leistung dieses Herrschers dar, befähigten Räten und Amtsträgern innerhalb zunehmend von ihm selbst vorgezeichneter und abgesteckter Bahnen die Möglichkeit zu kontinuierlicher Entfaltung geboten und dank ihres Wirkens reiche Potenzen und Ressourcen für einen Königsstaat verfügbar gemacht zu haben, der nicht zuletzt durch das Auftreten der Jeanne d'Arc endgültig zur Königsnation wurde? Mit der *Pucelle* ließ er das Außerordentliche Ereignis werden, um alsdann wohlberaten ordentliche Politik zu betreiben. Nutzen zog er aus den Strukturen seines Reichs und seiner Herrschaft wie keiner seiner Vorgänger zur Zeit des Hundertjährigen Kriegs, doch es bedurfte seiner und seiner Ratgeber Persönlichkeit und Fähigkeit, um sie überhaupt nutzbar zu machen. Von der Physiognomie eines im 15. Jahrhundert portraitierten Herrschers auf dessen Charakter und Leistung schließen zu wollen, hat seine Tücken – im Falle Karls VII. tut der Historiker gut daran, sich an die Bildlegende zu halten.

Holger Kruse

Ludwig XI.
1461–1483

Ludwig XI., geb. 3.7. 1423 in Bourges; Krönung in Reims 15.8. 1461; gest. 30.8. 1483 in Plessis-du-Parc bei Tours, begraben in Notre-Dame de Cléry (Cléry-Saint-André an der Loire, 15 km westlich von Orléans). Vater: Kg. Karl VII. (s. dort); Mutter: Maria von Anjou (1404–1463), Tochter des sizilischen Titularkönigs Ludwig II. von Anjou und der Yolande von Aragón; dreizehn eheliche Geschwister (vgl. die bei Karl VII. genannten Kinder). Ehefrauen: 1. Margarete (1424–1445), Tochter König Jakobs I. von Schottland, Vermählung am 25.6. 1436 in Tours, kinderlos; 2. Charlotte (um 1442/1445–1483), Tochter Herzog Ludwigs von Savoyen, Eheschließung 9.3. 1451 in Chambéry, Kinder (soweit nicht im Säuglingsalter verstorben): Anne (1461–1522), Heirat am 8.11. 1473 mit Pierre de Beaujeu, ab 1488 Herzog von Bourbon; Johanna (1464–1505), Heirat am 8.9. 1476 (Ehe 1498 annulliert) mit Ludwig, Herzog von Orléans und 1498 als Ludwig XII. König von Frankreich, 1950 Heiligsprechung; Karl (1470–1498), 1483 als Karl VIII. König von Frankreich, Heirat 1491 mit Anne, Herzogin der Bretagne.

I. Der Dauphin

Die Kindheit

Die Macht seines Vaters stand auf ihrem Tiefpunkt, als Ludwig am 3. Juli 1423 geboren wurde. Zwei Jahre später trennte man ihn angesichts der englischen Erfolge, aber auch wegen der Intrigen der rivalisierenden Faktionen am Hof Karls VII. aus Sicherheitsgründen von seinen Eltern und brachte ihn auf die Burg von Loches, etwa 35 km südöstlich von Tours. Über die folgenden Jahre berichten die Quellen wenig mehr, als daß Ludwig 1429 mit Jeanne d'Arc zusammentraf und daß im selben Jahr seine schulische Erziehung begann. Unter der Leitung des Reimser Kanonikers Magister Jean Majoris wurde Ludwig nach einem von dem berühmten Theologen und Humanisten Jean Gerson, Kanzler der Universität von Paris, ausgearbeiteten Erziehungsprogramm unterrichtet, das darauf zielte, die natürlichen Anlagen des Dauphins zu unterstützen und ein gutes Lernklima zu schaffen, während er als künftiger Herrscher gleichzeitig die Tugenden der Milde und der Demut verinnerlichen sollte. Daneben stand die militärische Ausbildung, die zwar sorgfältig, aber ohne den einem Königssohn geziemenden Glanz war. Als Junge lernte Ludwig die Welt der Turniere, der Feste, der höfischen Pracht nicht kennen, als Erwachsener sollte er sie verachten. Statt dessen lebte der Knabe weitab vom Hof unter einfachen Leuten. Er lernte, mit diesen zu fühlen, war oft einsam und wandte seine Zuneigung den Tieren zu. Seine Eltern sah er in dieser Zeit nur selten. Das sollte sich erst 1433 ändern, als Ludwig Loches verlassen konnte, um künftig mit seiner Mutter und seinen Schwestern im Schloß von Amboise an der Loire zu leben, wo er nun erstmals wie ein Thronfolger behandelt wurde.

Inzwischen hatte sich die französische Lage im Hundertjährigen Krieg etwas gebessert. 1429 konnte Jeanne d'Arc Karl VII. zur Krönung nach Reims führen. Den entscheidenden Einschnitt bildete dann 1435 der Vertrag von Arras, der Separatfrieden zwischen Karl VII. und Herzog Philipp dem Guten von Burgund, dem mächtigen Verbündeten der Engländer. Eine Ludwig direkt betreffende Folge dieses Vertrages war, daß durch die mit ihm verbundene Stärkung des Ansehens Frankreichs der zwölfjährige Thronfolger plötzlich als eine interessante Heiratspartie galt: Am 25. Juni 1436 wurde Ludwig in Tours mit der elfjährigen Margarete von Schottland vermählt. Bei dieser Hochzeit zeigte sich nun deutlich, daß das Verhältnis zwischen Karl VII. und seinem Sohn, der seinen Vater nur von ferne kannte, nicht gut war. Karl VII. ließ eine für einen Dauphin skandalös schlichte Hochzeit ausrichten und erschien erst im allerletzten Moment am Ort der Trauung. Auch wenn Ludwig in der folgenden Zeit erstmals seinen Vater auf Reisen begleiten durfte, sollte sich das Verhältnis zwischen ihnen nie bessern. Ludwig verachtete seinen Vater, weil er ihn für schwach und ausschweifend hielt. Karl VII. hatte kein Verständnis für seinen ernsten, oft finsteren, aber tatkräftigen Sohn.

Am Hof und im Heer

Nach der Hochzeit nahm Ludwig seinen Platz als Dauphin am königlichen Hof ein und erhielt einen eigenen, noch unselbständigen Hofstaat. Im Gefolge Karls VII. lernte er nun die von marodierenden Banden verwüsteten südlichen Provinzen kennen, hörte die Klagen des Volkes und sah, daß die Männer um den König viel versprachen, aber wenig taten.

Im Sommer 1437 nahm Ludwig an seinem ersten Kriegszug teil, einem kleinen Unternehmen gegen die Engländer an der oberen Seine. Gegen Ende des folgenden Jahres, das von Mißernte, Hungersnot und Seuchen gekennzeichnet war, zog der König ins Languedoc, das unter Banden marodierender Söldner litt, reiste aber im Frühling 1439 wieder ab, ohne daß sich die Lage wesentlich gebessert hätte. Er ließ zwar seinen Sohn zurück und ernannte ihn zum Generalstatthalter, doch erhielt dieser weder Geld noch Truppen. Völlig auf sich gestellt, konnte Ludwig nun seine Fähigkeiten unter Beweis stellen. Am 25. Mai zog er in Toulouse ein, versicherte sich der Hilfe des Grafen von Foix und bedrängte Stände und Städte um Geld, mit dem er schließlich die Söld-

Ludwig XI. (1461–1483)
(Ludwig XI. verurteilt Charles de Melun, Seigneur de Normanville,
zum Tode, 1468)

ner aus der Gegend herauskaufen konnte. Dann wandte er sich den inneren Verhältnissen der Provinz zu: Während er Streitigkeiten schlichtete, Beschwerden hörte und Unterschlagungen untersuchen ließ, entdeckte er seine Berufung zum Herrschen.

Doch sein Glück sollte nicht von langer Dauer sein, denn als der König von den Erfolgen seines Sohnes hörte, rief er diesen an den Hof zurück. Ludwigs Forderung, den Dauphiné als Apanage zu erhalten, wurde ebenso abgelehnt wie diejenige nach Geld für einen vom königlichen finanziell unabhängigen Hofstaat. In dieser Situation ließ sich der Dauphin 1440 in den Fürstenaufstand der sog. *Praguerie* hineinziehen. Das Unternehmen schlug fehl, und Ludwig mußte bald erfahren, daß er von den Fürsten in ihre Verhandlungen mit dem König über Frieden und Unterwerfung nicht einbezogen worden war. Er zog für sich zwei Lehren aus dem gescheiterten Aufstand: Frankreich hatte von den großen Herren nichts zu erwarten, da diese nur ihre eigenen Interessen verfolgten, und: Er selber hatte mit ihnen und ihrer Welt nichts gemein.

In den nächsten Jahren folgte der Dauphin dem Hof, demonstrierte Anpassung an die Wünsche seines Vaters und nahm als nachgeordneter Befehlshaber an verschiedenen Kriegszügen teil. Die Früchte dieses Wohlverhaltens sollte er 1443 ernten. Der König ernannte ihn zu seinem Stellvertreter zwischen Seine und Somme und beauftragte ihn mit der Entsetzung der von den Engländern belagerten Stadt Dieppe. Nun zeigte Ludwig eine Fähigkeit, die zeitlebens einen Teil seines Erfolges ausmachen sollte: Er verstand es, die richtigen, die besten Leute um sich zu versammeln. 1443 gehörten hierzu besonders der Graf von Dunois, berühmt als Waffengefährte der Jungfrau von Orléans, und Antoine de Chabannes, Graf von Dammartin, ein mächtiger Söldnerführer. Mit ihrer Hilfe trug Ludwig den Sieg davon. Anschließend pilgerte er barfuß zur Jacobikirche von Dieppe, um dort der von ihm so außerordentlich verehrten Heiligen Jungfrau von Cléry zu danken. Er folgte hier wie stets in seinem Leben seiner oft bis zur Bigotterie, ja zum Aberglauben reichenden Frömmigkeit, einer seltsamen Mischung, die er sich in seinen Kinderjahren unter einfachen Leuten mit einfachem Glauben zu eigen gemacht hatte.

Nach einem weiteren erfolgreichen Zug, diesmal gegen den Grafen von Armagnac, traf Ludwig Ende April 1444 wieder am Hofe seines Vaters in Tours ein. Dort fand er Karl VII. mit einem Problem konfrontiert, das geradezu charakteristisch ist für Kriege mit Söldnerheeren: Mit England war ein zweijähriger Waffenstillstand geschlossen worden. Die geworbenen Söldner waren zwar überflüssig, aber nicht aus dem Land zu vertreiben, für das sie jetzt ohne Sold eine Bedrohung darstellten. Eine günstige Gelegenheit, sich ihrer zu entledigen, ergab sich, als Kaiser Friedrich III. Frankreich um Hilfe gegen die Eidgenossen bat. Man entschloß sich, die mörderische Energie der Söldner zu bündeln und außer Landes zu führen. Die Leitung des Unternehmens wurde dem Dauphin anvertraut, der am 5. August mit 25 000 Mann von Langres aus ostwärts zog. Die Truppe schlug eine Schneise der Verwüstung durch das Land. In der Nähe von Basel traf man auf den Feind. Zwar wurde das weit unterlegene eidgenössische Heer bei St. Jakob an der Birs aufgerieben, doch Ludwig war vom Kampfesmut der Eidgenossen so beeindruckt, daß er schon wenige Wochen später, am 28. September, einen Freundschafts- und Wirtschaftsvertrag mit ihnen schloß. Gleichzeitig plünderten seine Truppen das Elsaß, das Ludwig wegen gebrochener habsburgischer Versprechungen in den kommenden Wochen großteils besetzte. Doch bald wurde er an den Hof zurückgerufen, denn Karl VII. sah die Aufgabe seines Sohnes mit der Herausführung der Söldner aus seinem Reich als erledigt an. Weitere Erfolge waren nicht unbedingt erwünscht, zumal der König wenig begeistert davon war, daß sich das Hauptquartier des Dauphins in Ensisheim binnen kurzem zu einem wichtigen Ort europäischer Politik entwickelt hatte, an dem eine fremde Gesandtschaft der anderen folgte.

Obwohl Ludwig bereits im November aus dem Elsaß abreiste, erschien er erst Ende Januar 1445 am Hof seines Vaters, der sich als Gast des «guten Königs» René in Nancy aufhielt. Hier fand er Karl VII. umgeben von höfischer Lustbarkeit; der Herrscher erlebte, Agnès Sorel an seiner Seite, eine zweite Jugend. Auch Margarete von Schottland, Ludwigs Frau, genoß die Freuden des Hoflebens. Der Dauphin selbst blieb dem Milieu fremd. Er liebte seine Mutter und verachtete die Mätresse seines Vaters. Er fühlte sich am Hof, wo er keinen Einfluß erlangen konnte, unwohl und unterbeschäftigt. Am 16. August starb seine Gemahlin; ein Tod, der ihn nicht in Trauer stürzte. Für den ganzen Rest des Jahres 1445 und während des gesamten folgenden Jahres vernimmt man wenig vom Dauphin. 1446 versuchte er zweimal, konspirativ die Machtverhältnisse am Hof zu seinen Gunsten zu ändern, doch fand er, beim Hofadel isoliert, nicht die nötige Unterstützung. Ebenso wie er selbst empfand auch die Hofgesellschaft, daß er ein Fremdkörper war. Mehr um Ludwig vom Hof zu entfernen als um ihm eine Möglichkeit zur Bewährung zu geben, schickte ihn der König schließlich in den Dauphiné. Er erhielt praktisch keine Machtbefugnisse und sollte nach vier Monaten zu seinem Vater zurückkehren. Doch Ludwigs Aufbruch war ein Abschied für immer. Am 1. Januar 1447 reiste er ab. Seinen Vater, der noch fast 15 Jahre regierte, sah er nie wieder.

Dauphiné und Genappe

Am 13. Januar betrat Ludwig den Dauphiné. Er begann das herrschaftlich zersplitterte Gebiet, in dem weite Teile der Lehnshoheit mächtiger Prälaten unterstanden, wie ein Reich zu regieren. Zunächst hielt er Anfang Februar in Romans einen Ständetag ab, dann bereiste er das Land, hörte Beschwerden, sprach Recht und begann durchgreifende Reformen, die seine spätere Regierungsweise vorwegnahmen. Im Mai brachte er sich durch Tausch in den Besitz der päpstlichen Hälfte der Stadt Montélimar. Im Juli wurde die Provinz in zwei Baillages und eine Sénéchaussée gegliedert. Es folgten die Errichtung eines Parlaments und die Reorganisation des Rates. Das Rechtswesen wurde verbessert, ein offizielles Urkundenregister erstellt. Ludwig richtete den ersten Postdienst des mittelalterlichen Europa ein. Gekrönt wurden diese Maßnahmen durch die Gründung der Universität von Valence im Jahre 1452.

Der Dauphin stützte sich in diesen Jahren, wie auch später, auf die Städte. Die Rechte des Adels und des Klerus schränkte er hingegen zusehends ein. Im Jahre 1450 war seine Autorität etabliert. Von den Fesseln des Hofes seines Vaters befreit, hatte Ludwig seine Fähigkeiten unter Beweis stellen können. «He transformed his backward province into a state» (Kendall, 1971, S. 71).

Doch nicht nur Ludwig war in diesen Jahren erfolgreich, mehr noch war dies Karl VII., dem es gelang, die Engländer aus der Normandie und der Guyenne zu vertreiben, so daß ihnen schließlich auf französischem Boden nur Calais blieb. Vater und Sohn gaben sich zu dieser Zeit einträchtig. Doch dieser Zustand sollte nicht lange währen. Den Vorwand für den endgültigen Bruch lieferte Ludwig selbst. Zur Sicherung seiner Verbindung mit Herzog Ludwig von Savoyen bat er seit 1450 seinen Vater mehrfach vergeblich, in eine Ehe mit dessen Tochter Charlotte einzuwilligen. Zunächst gab der König überhaupt keine Antwort, dann lehnte er Ende Februar 1451 definitiv ab. Ludwig aber hatte in der Zwischenzeit Tatsachen geschaffen, indem er Mitte Februar einen Ehevertrag geschlossen hatte: Am 9. März fand die Hochzeit statt.

Der König reagierte nicht sofort, er war mit anderen Dingen beschäftigt, aber ab Anfang 1452 wurden dem Dauphin nach und nach alle Einkünfte gestrichen. Im Sommer zogen französische Truppen gegen Savoyen, um den Herzog zu zwingen, seine enge Verbindung zum Dauphin zu lösen. Gerüchte, der König wolle Ludwig zugunsten seines Bruders Karl von Frankreich enterben, liefen um. Im September und Oktober bot der Dauphin durch Gesandte Gehorsam an. Der König aber forderte zusätzlich die Auslieferung einiger «böser» Räte seines Sohnes. Dies lehnte Ludwig ab. Als sich am 27. Oktober der Herzog von Savoyen dem König unterwarf, war zu befürchten, daß dieser sich nun gegen den Dauphiné wenden werde. Aber da lenkte ein Einfall der Engländer in die Guyenne die Aufmerksamkeit des Königs nach Westen. Der Dauphin war zunächst einmal gerettet. Doch als die Feinde Anfang 1454 wieder vertrieben waren, wandte sich Karl VII. erneut gegen seinen Sohn. Letzte Versöhnungsversuche scheiterten im Frühjahr 1456. Im August stand ein königliches Heer an der Grenze zum Dauphiné. Am 30. August floh Ludwig in die Länder Philipps des Guten von Burgund, des am Hofe des Königs am meisten gehaßten Mannes. Der Dauphin hatte sich für diesen Schritt in keiner Weise abgesichert; der Herzog ahnte nichts von seinem Kommen.

Ludwig trat nun vorübergehend in eine für ihn fremde Welt ein. Der burgundische Hof, der reichste Europas, nahm ihn auf. Trotz der Umstände seines Eintreffens wurde er nicht als mittelloser Flüchtling, sondern als der künftige König Frankreichs behandelt. Zunächst sah er sich am Hof und in den Ländern des Herzogs um. Ludwig bemerkte bald, daß es hier zwei Faktionen gab, die um die Macht rangen. An der Spitze der einen stand der alternde Kanzler Nicolas Rolin, an der der anderen Antoine de Croy und sein Bruder Jean – zwei Aufsteiger, die den Herzog bald beherrschen sollten. Die Croy waren frankreichfreundlich, schon deshalb, weil viele ihrer Besitzungen im Grenzgebiet lagen. Die Herzogin und der Erbprinz, die zum Kanzler hielten, tendierten eher zur englischen Seite. Ludwig beobachtete die Vorgänge genau und knüpfte Kontakte zu den Croy. Er wurde auch Zeuge des Bruchs zwischen dem Herzog und seinem Sohn Karl, dem Grafen von Charolais, im Januar 1457. Ludwig versuchte vergeblich zu vermitteln. Karl zog sich für einige Jahre nach Holland zurück. Der Generationskonflikt hatte auch die burgundische Linie des Hauses Valois nicht verschont.

Auf Anraten des Herzogs ließ Ludwig im späten Frühjahr des Jahres 1457 seine Gemahlin, die sich noch in Grenoble aufhielt, in die burgundischen Länder holen. Bald danach brach das Paar zum Jagdschloß Genappe in Brabant auf, das ihnen als Wohnsitz zugewiesen worden war. Es lebte in den folgenden Jahren zumeist hier und nur selten am herzoglichen Hof. Nachdem ein letzter Versuch Herzog Philipps, König und Dauphin zu versöhnen, gescheitert war, blieb diesem wenig anderes zu tun als auf den Tod seines Vaters zu warten. Ludwig führte nun das beschauliche Leben eines Landedelmannes: Er jagte, machte Wallfahrten, sammelte seltene Tiere; überdies verbesserte er sein Italienisch, bildete sich in Geschichte und Astrologie, ja er schrieb sich an der Universität in Löwen ein.

Doch diese scheinbare Idylle trog; alsbald traten Verstimmungen zwischen Ludwig und Herzog Philipp auf. Am herzoglichen Hof war die Ansicht verbreitet, daß Ludwigs Anwesenheit auf burgundischem Gebiet die Spannungen innerhalb der Hofgesellschaft zumindest verschärft, wenn nicht gar erst wirklich hervorgerufen habe. Auch war Philipp indigniert, weil der Dauphin seine Residenz in Genappe zu einem kleinen Zentrum der europäischen Diplomatie ausgebaut hatte, wo er Gesandtschaften empfing und ausschickte, ohne den Herzog über seine Aktivitäten zu unterrichten. Die Diplomatie des Dauphins brachte diesem zwar noch keine unmittelbaren Erfolge, aber er konnte sich die Sympathie zweier der fähigsten Politiker seiner Zeit sichern, die des

Francesco Sforza, Herzogs von Mailand, und die von Richard Neville, Earl of Warwick, der mit dem Beinamen «the kingmaker» in die Geschichte eingehen sollte.

Ebensowenig einverstanden wie mit diesen Aktivitäten war der Herzog damit, daß Ludwig wiederholt den Grafen von Charolais, mit dem der Herzog noch nicht versöhnt war, zur Jagd empfing. Ludwig, der gleichzeitig engen Kontakt zu den Gegnern des Grafen am Hof, den Croy, hielt, bemühte sich ebenso jetzt wie auch später noch gelegentlich um bessere Beziehungen zu diesem künftigen Herzog. Aber die kurzen Augenblicke, in denen eine Verständigung gelang, in denen das Verhältnis fast freundschaftlich war, wechselten stets mit langen Zeiten der Feindschaft, des Hasses. Zwischen dem praktischen, nüchternen, aber gerissenen Ludwig und dem hochmütigen, jähzornigen Karl konnten Verständnis und Vertrauen nicht reifen.

II. Der König

Reorganisation und erste Erfolge

Für Ludwig muß es eine Erlösung gewesen sein, als er am 25. Juli 1461 erfuhr, daß Karl VII. drei Tage zuvor verstorben war. Er verbot seinem Hof, Trauer zu tragen, und ging demonstrativ auf die Jagd. Entgegen seinen Befürchtungen verlief der Regierungsantritt ohne Probleme. Am 26. Juli reiste er nach Avesnes im Hennegau, um dort auf den Herzog von Burgund zu warten, der ihn mit großem Gefolge zur Krönung nach Reims begleiten wollte. Sofort begab sich aus ganz Frankreich eine große Zahl an Personen dorthin; die einen, um sich ihr Amt bestätigen zu lassen, die anderen, um eines zu erhalten. Ludwig wechselte fast das ganze politische, militärische und administrative Personal seines Vaters aus. Treue Anhänger wurden jetzt belohnt.

Am 4. August, dem Tag nach der Totenmesse für den verstorbenen König, brach Ludwig, dem sich inzwischen Herzog Philipp mit Eskorte beigesellt hatte, nach Reims auf. Am 15. August, Mariae Himmelfahrt, setzte ihm der Burgunderherzog in der Kathedrale die Krone Frankreichs auf das Haupt. Seinem Naturell entsprechend entzog sich Ludwig dem Zeremoniell so schnell dies ging. Am 31. des Monats hielt er feierlichen Einzug in Paris. Seine Eskorte bildeten immer noch burgundische Adlige, die in Gold, Purpur und Damast gekleidet waren. Am 23. September aber verließ der neue König plötzlich die Stadt, um sich nach der Loire zu wenden. Hier, wo er aufgewachsen war, fühlte er sich wohl. Hier war er zudem weit genug entfernt von der auch seinem Vater nicht geheuren Hauptstadt und vor allem weit genug vom Herzog von Burgund, der jetzt schwer enttäuscht darüber war, daß Ludwig XI. sich seinem Einfluß entzog und daß es ihm nicht gelungen war, eigene Leute in wichtige Positionen des Königreichs zu bringen.

Wie einst im Dauphiné machte sich Ludwig jetzt in seinem Reich an Reformen. Der Austausch des Personals seines Vaters war dabei nur eine Maßnahme von vielen. Er zog Finanzexperten heran, um die Einnahmen zu erhöhen. Darunter befanden sich Leute ohne Rang, aber mit Talent. Ludwig adelte zahlreiche Bürgerliche, auch um die Landwirtschaft zu stimulieren. Denn adlige Güter durften Bürger nicht erwerben, doch waren gerade sie es, die das nötige Wissen um bessere Erträge mitbrachten. Andererseits wurde Adligen erlaubt, Gewerbe zu treiben, ohne deshalb ihre Privilegien zu verlieren. Hier wurden also bewußt Standesgrenzen verwischt – eine Tendenz, die der im Heiligen Römischen Reich diametral entgegenlief, versuchte doch dort im ausgehenden 15. Jahrhundert der Adel, die Abgrenzung zum Bürgertum zu zementieren.

Parlament und Rechenkammer hielt Ludwig zu einer effizienten Arbeitsweise an. Überall wurde die Zahl der Ämter reduziert. Er selbst demonstrierte Sparsamkeit, indem er noch ein Jahr nur jenen kleinen Hofstaat mit sich führte, der ihn schon in Genappe umgeben hatte. Im ganzen Reich wurden Baillis und Seneschälle angewiesen, darauf zu achten, daß die Rechte des Königs nicht geschmälert würden, alle zweifelhaften Privilegien zu überprüfen und sich den Forderungen des Adels energisch entgegenzustellen. Den Fürsten wurden ihre Pensionen gestrichen, keiner der Großen erhielt eine wichtige Position im Heer oder im Rat des Königs, statt dessen umgab Ludwig sich mit Fachleuten.

Auch außenpolitische Erfolge waren zu verzeichnen. Durch geschicktes Lavieren in den Streitigkeiten zwischen Aragón und Kastilien bekam er 1462/63 die zur aragonesischen Krone gehörenden Grafschaften Roussillon und Cerdagne in seine Hand. Ende 1463 wurde eine Allianz mit Mailand erneuert, die Ludwig schon als Dauphin in Genappe geschlossen hatte. Ludwig verhandelte dabei so geschickt, daß die hartgesottenen italienischen Diplomaten überaus beeindruckt waren. Auch in die englischen Angelegenheiten mischte er sich ein. Die inneren Unruhen dort, die Rosenkriege, waren die beste Gewähr dafür, daß Frankreich nicht angegriffen würde. Ludwig XI. schickte deshalb eine kleine Truppe zur Unterstützung der Partei der Lancaster, um die herrschenden Yorkisten zu beschäftigen. Andererseits hielt Ludwig auch weiter Kontakt zum Yorkisten Warwick. In England sollte man wissen, daß es keine innere Ruhe ohne den Willen des französischen Königs geben würde. Das Ergebnis dieses Vorgehens war ein einjähriger Waffenstillstand, der im Oktober 1463 unter Vermittlung des burgundischen Herzogs zustande kam. Schließlich konnte Ludwig auch in seinen Beziehungen zu diesem Fürsten einen Erfolg verbuchen. Es gelang ihm, die seit dem Frieden von Arras (1435) an Burgund verpfändeten Sommestädte auszulösen. Er brachte nicht nur die dafür nötige ungeheure

Summe auf, sondern erlangte unter Vermittlung der Croy auch das nötige Einverständnis des Herzogs.

Am Ende des Jahres 1463 konnte Ludwig auf einen überaus erfolgreichen Beginn seiner Regierungszeit zurückblicken. Doch er hatte sich mit seinen Maßnahmen Feinde gemacht, die sich jetzt gegen ihn sammelten.

Die Guerre du Bien public

Zentrum des Widerstandes war zunächst der bretonische Hof, wohin sich nach dem Tode Karls VII. eine Reihe ehemaliger königlicher Amtsträger geflüchtet hatte. Zwischen Herzog Franz II. und Ludwig XI. gab es Streit über die Besetzung geistlicher Ämter und die Gerichtsbarkeit über geistliche Lehen. Eine Annäherung der Standpunkte war nicht möglich, der Herzog der Bretagne sammelte schließlich im Juli 1464 offen Truppen. Er nahm Kontakt mit den Engländern auf und versprach diesen Hilfe für den Fall, daß sie die Normandie zurückerobern wollten. Warwick informierte von diesem Angebot sofort den französischen König, der es umgehend publik machen ließ. Der Bretone antwortete seinerseits mit Propagandabriefen an die Fürsten. Und unter diesen hatten einige ihre Gründe, sich gegen den König zu stellen. War der alte Burgunderherzog nur enttäuscht, daß ihm seine freundliche Aufnahme des geflohenen Dauphins so wenig vergolten worden war und daß Ludwig zudem die verpfändeten Sommestädte ausgelöst hatte, so war sein Sohn, der Graf von Charolais, darüber außer sich. Er sollte dann auch der informelle Führer des Widerstandes werden. Im Hause Orléans waren der Herzog und Dunois, sein Bastardbruder, verstimmt, weil Ludwig sich mit den Sforza in Mailand verbündet und dadurch ihre eigenen Ansprüche auf dieses Herzogtum ignoriert hatte. Der Herzog von Bourbon trug dem König nach, daß ihm die Verwaltung der Guyenne entzogen worden war. Die Anjou schließlich waren enttäuscht, daß der Herrscher die Kinder des Königs René nicht stärker unterstützte, weder Johann bei dem Versuch, Neapel zu erobern, noch Margarete, die Frau des abgesetzten Heinrichs VI. von England.

In diese Zeit fiel ein Skandal, dessen Wirkung Ludwig wohl zunächst unterschätzte. Ein Neffe von Antoine und Jean de Croy, der Bastard von Rubempré, versuchte angeblich, den Grafen von Charolais zu ermorden. Diese Tat wurde dem König angelastet, der auf die Beschuldigungen aber nicht reagierte. Dies schmälerte nicht nur sein Ansehen, sondern gab dem Herzog von Burgund auch einen Anlaß, sich mit seinem Sohn zu versöhnen. Als Ludwig endlich eine Gesandtschaft zum Herzog schickte, war es zu spät, denn dieser befand sich bereits auf dem Weg zu seinem Sohn.

Der König steckte in einer schwierigen Lage. Um sich im bevorstehenden Kampf mit seinen nicht zu unterschätzenden Gegnern den Rücken freizuhalten, hatte er im August und September wochenlang vergeblich auf eine englische Gesandtschaft zur Aufnahme von Friedensverhandlungen gewartet. Er war in der Bretagne ohne Erfolg geblieben, und nun hatte sich der Herzog von Burgund demonstrativ von ihm abgewandt. Dem unberechenbaren Grafen von Charolais würden zudem nach der Versöhnung mit seinem Vater die unermeßlichen burgundischen Ressourcen zur Verfügung stehen, die gegen Frankreich einzusetzen er nicht zögern würde.

Ludwig XI. spürte die Gefahr und reagierte, indem er versuchte, den Adel, den er bisher oft verprellt hatte, stärker an sich zu binden. Im Streit mit der Bretagne berief er eine Versammlung großer Herren auf den 18. Dezember 1464 nach Tours. Hier gelang es ihm in einer glänzenden Rede, seine Sorgen und Verdienste um Frankreich so geschickt darzulegen und die Rolle des Adels als Stütze der Monarchie so hervorzuheben, daß die Versammlung sich auf die Seite des Königs stellte. Indes konnte diese äußerliche Annäherung nicht dauerhaft sein, dafür hatte der König zu viele Veränderungen vorgenommen und dadurch zu viele Leute vor den Kopf gestoßen.

Dennoch verbrachte Ludwig XI. einen scheinbar unbeschwerten Winter an der Loire. Doch am 4. März 1465 war die vermeintliche Idylle plötzlich vorüber: Sein Bruder, Karl von Frankreich, war heimlich mit einer abreisenden Gesandtschaft in die Bretagne geflohen. Ludwig XI. verstand das Zeichen sofort: Die Fürsten hatten sich erhoben. Es ist unklar, ob der König von den Vorgängen wirklich überrascht wurde, oder ob er die Flucht seines Bruders billigend in Kauf nahm, um sich endlich der latent drohenden Gefahr einer Fürstenrevolte zu stellen. Jedenfalls wandelte er seinen Hof sofort in ein militärisches Hauptquartier um und forderte die Städte, seine wichtigste Stütze, zu Wachsamkeit und Treue auf. Bald erschien ein Manifest, das die Revolte öffentlich machte. Der Herzog von Bourbon erklärte darin, er habe sich mit König René, den Herzögen von Berry, Bretagne, Nemours und Kalabrien (Johann von Anjou, Sohn König Renés), den Grafen von Charolais, Armagnac, St-Pol, Dunois und vielen anderen zusammengeschlossen, um das öffentliche Wohl, den *Bien public,* wiederherzustellen und zu erhalten. In der Nacht vom 9. auf den 10. März gelang Antoine de Chabannes, Grafen von Dammartin, dem fähigen Kriegsführer, welchen Ludwig wegen Majestätsbeleidigung hatte einkerkern lassen, die Flucht aus der Bastille. Er begab sich nach Moulins, in die Hauptstadt Bourbons.

Die Gefahr schien groß, aber die Koalition gegen den König war nicht so geschlossen, wie sie erscheinen wollte. Ein kleiner militärischer Schlag genügte, um René zu unterwerfen. Aus dem Süden bekundeten Foix, Armagnac und Nemours ihre Treue. Der König wußte, was er davon zu halten hatte. Die eigentliche Gefahr aber drohte aus dem Norden. Dort hatte der Graf von Charolais nach schwerer Krankheit seines Vaters die Regierung an sich gerissen. Ludwig entschloß sich, nicht sofort gegen ihn vorzugehen, sondern zunächst einen weiteren schwächeren Gegner aus der Koalition herauszubrechen: Am 17. April zogen seine Truppen gegen den Herzog von Bourbon. Ludwigs diszipliniert und schnell vorrückende Armee hatte zunächst großen Erfolg. Doch dann stockte Ende Mai der Vorstoß, während gleichzeitig von Norden Nachrichten kamen, daß der Graf von Charolais Truppen aufgestellt habe und sich anschicke, nicht nur die Pikardie und die Sommestädte zu besetzen, sondern auf Paris zu marschieren. Der Herzog von Bourbon hielt den König inzwischen mit Verhandlungen hin.

Erst Anfang Juli brach Ludwig XI. nach Norden auf. Die burgundische Armee stand bereits in der Ile-de-France, dem Herzen des französischen Kronlandes. Gleichzeitig rückten von Westen die Bretonen heran, von Osten Herzog Johann, der Sohn des Königs René. Am 5. Juli erschien die burgundische Armee mit 25 000 Mann und der besten Artillerie Europas vor Paris. Der König hatte seiner Hauptstadt Hilfe versprochen und führte seine Armee in Eilmärschen heran. Das burgundische Heer überschritt die Seine, den bretonischen Verbündeten, aber auch dem König entgegen. Dieser schien in der Falle zu sitzen, denn nun rückten von Süden Bourbon, Nemours und Armagnac nach, während von Südosten der Marschall von Burgund Truppen heranführte. In Ludwigs Umgebung breiteten sich Angst und Schrecken aus. In dieser Situation zögerten jedoch die Bretonen, sich mit den burgundischen Truppen zu vereinen. Sie überließen den Burgundern den Kampf gegen den König. Dieser aber war entschlossen, nach Paris durchzubrechen, auch wenn sich ihm die Truppen des Grafen von Charolais dabei in den Weg stellen sollten. Die Befehlshaber der Hauptstadt forderte er auf, dem Grafen gegebenenfalls in den Rücken zu fallen. Am 16. Juli standen sich die Heere bei Montlhéry südlich von Paris gegenüber. Zunächst schien der Sieg der disziplinierten Truppen des Königs sicher, doch dann floh der kampfesunwillige und mit den Fürsten in Kontakt stehende Graf von Maine, der den linken Flügel des französischen Heeres kommandierte. Hilfe aus Paris blieb aus. Es entstand ein wildes Gemetzel, die Schlacht blieb unentschieden. Der König zog weiter nach Paris, während der Graf von Charolais auf dem Schlachtfeld lagerte. Damit hatte er nach seinem eigenen Verständnis und dem seiner Zeit das Feld behauptet und konnte sich als Sieger feiern lassen. Aber der König hatte sein Ziel erreicht: Er gelangte nach Paris.

War Ludwig zunächst optimistisch gewesen, so sollten sich die Nachrichten bald verschlechtern. Nach und nach vereinten sich die Heere seiner Feinde, eine Belagerung von Paris drohte. Viele rieten Ludwig zum Nachgeben. Doch diesem gelang es in einem kühnen Unternehmen, frische Truppen, Artillerie und Lebensmittel aus der Normandie heranzuführen. Inzwischen arbeitete die Zeit für den König, denn im

Heer der Feinde brach Mangel aus. Herbst und Winter standen bevor. Am 3. September 1465 schlugen die Fürsten einen Waffenstillstand vor: Man begann Verhandlungen. Der König bemerkte, daß den Fürsten ein gemeinsames Programm fehlte und daß jeder vor allem seine eigenen Ansprüche durchsetzen wollte. Als wenig später die Stadt Pontoise den Fürsten die Tore öffnete und diese damit den Schlüssel zur Normandie in der Hand hielten, entschloß er sich, das Lager seiner Feinde zu spalten, indem er einigen die Erfüllung ihrer Forderungen anbot. Er wußte, daß nur zwei seiner Gegner wirklich entscheidend waren, der Herzog der Bretagne und der Graf von Charolais. Ersterer aber forderte die Normandie als Apanage für Ludwigs Bruder Karl – eine Forderung, die Ludwig XI. nicht erfüllen konnte, wollte er nicht auf seine reichste Provinz verzichten.

Er traf sich deshalb mit dem Grafen von Charolais und dessen Freund, dem Grafen von St-Pol. Diplomatisch umschmeichelte er den eitlen Grafen und stellte ihm die Erfüllung seiner Wünsche in Aussicht, St-Pol sollte zudem Konnetabel, oberster Feldherr der Krone Frankreichs, werden. Charolais, der sich seiner Bedeutung im Lager der Fürsten bewußt war, fand es durchaus angemessen, daß seine Wünsche als die des stärksten Verbündeten zuerst erfüllt würden. Das Mißtrauen im Lager der Gegner des Königs wuchs. Ludwig sah sich schon am Ziel, als plötzlich die Nachricht eintraf, daß Rouen seinen Gegnern die Tore geöffnet hatte. Damit war die Normandie in deren Händen. Zugleich hatten sie damit eine Möglichkeit zum Überwintern ihres Heeres gewonnen. Die Lage war für den König verzweifelt. Er handelte umgehend, indem er sich bereiterklärte, zugunsten seines Bruders auf die Normandie zu verzichten. Dem Grafen von Charolais bot er allen französischen Besitz nördlich der Somme an, ja zusätzlich eine Ehe mit der erst vierjährigen Königstochter Anne, wodurch er zum potentiellen Thronfolger werden würde. Der Graf, der sich seit Montlhéry als den eigentlichen Träger des Kampfes gegen den König ansah und der fand, daß die Forderungen einiger seiner Verbündeten in keinem rechten Verhältnis zu ihrem bisherigen Anteil am Kampf standen, willigte ein. Am 5. Oktober wurde der Vertrag von Conflans geschlossen, in dem der König seine Versprechen an seinen Bruder sowie die Grafen von Charolais und St-Pol bekräftigte. Die anderen Verbündeten, mit denen Ludwig XI. nun einzeln verhandeln konnte, mußten sich mit Vergebung, hohen Pensionen, ein wenig Einfluß in der Armee und einigen anderen Privilegien bescheiden. Mit dem Vertrag von St-Maur-des-Fossés wurde die *Guerre du Bien public* am 29. Oktober endgültig abgeschlossen. Der König hatte große Zugeständnisse machen müssen, aber er hatte sich gegen die Fürsten behauptet, ihre Allianz zerbrochen und Zwietracht unter ihnen gesät. Den Herzog von Bourbon hatte er sogar als treuen Diener gewonnen.

Von Conflans nach Péronne

War die unmittelbare Gefahr damit auch vorerst vorüber, so kam Ludwig XI. doch nicht zur Ruhe, denn ihn schmerzte der Verlust der Normandie. Er gedachte nicht lange auf diese Provinz zu verzichten: Als Spannungen zwischen dem neuen Herzog der Normandie und Franz II. von Bretagne auftraten, gelang es dem König, der gleichzeitig Intrigen am Hofe seines Bruders kräftig schürte, einen Hilferuf des letzteren zu provozieren. Binnen weniger Wochen besetzte er dann die Normandie, die am 16. Januar 1466 wieder vollständig in seiner Hand war. Der Herzog der Bretagne und der Bruder des Königs mußten erkennen, daß sie sich hatten ausmanövrieren lassen. Sie versöhnten sich, und der völlig verängstigte Karl von Frankreich suchte in der Bretagne Zuflucht. Ludwig hatte nicht nur seine ertragreichste Provinz zurückgewonnen, sondern auch wichtiges Personal. Er nahm während des Feldzuges einige ehemalige Diener seines Vaters wieder in Gnaden auf und gab ihnen wichtige Positionen, unter ihnen auch Antoine de Chabannes, den er einst in der Bastille hatte einkerkern lassen und der der beste Soldat seiner Gegner in der *Guerre du Bien public* gewesen war.

Nach einem ruhigen einjährigem Aufenthalt an der Loire stand der Sommer des Jahres 1467 für Ludwig XI. außenpolitisch ganz im Zeichen des Versuchs einer endgültigen Aussöhnung mit England. Zwar war er darüber informiert, daß Eduard IV. und der Graf von Charolais im Oktober 1466 einen Vertrag geschlossen hatten, doch setzte er nach wie vor große Hoffnung auf seinen Freund Warwick, dem er in Rouen einen fürstlichen Empfang bereiten ließ. Ludwig wußte, daß Warwicks Stern in England am Sinken war und regte deshalb erstmals dessen Frontwechsel zum Haus Lancaster an. Doch dieser glaubte sich seiner Macht in England weiter sicher. Am 16. Juni reiste dann eine englische Gesandtschaft zu Eduard IV., um einen von Ludwig und Warwick ausgehandelten Vertrag ratifizieren zu lassen, der u. a. einen gemeinsamen Angriff auf Burgund vorsah. Doch dazu kam es nicht, denn am 15. Juni war Philipp, den die Nachwelt den Guten nennen sollte, gestorben. Der Graf von Charolais wurde jetzt Herzog von Burgund. Ihn würde man einst als Karl den Kühnen bezeichnen.

Ludwig mußte erleben, daß dieser die Allianz mit England erneuerte und daß eine Ehe zwischen dem Burgunderherzog und Margarete, der Schwester des englischen Königs, beschlossen wurde. Den von Ludwig und Warwick ausgehandelten Vertrag unterschrieb Eduard IV. dagegen nicht. Als dann im Mai 1468 ein Waffenstillstand mit Frankreich auslief, erklärte der englische Kanzler, man sei mit Burgund und der Bretagne verbündet und werde Ludwig XI. von seinem Thron vertreiben. Doch diesem gelang es, England mit geringem Einsatz an anderen Orten zu fesseln. Warwick und seine Anhänger im Rat verwickelten Eduard IV. in einen kostspieligen Seekrieg mit der Hanse, während Ludwig XI. dem Halbbruder des abgesetzten Heinrich VI., Jasper Tudor, ein Seeunternehmen gegen England finanzierte. Mit Burgund, das auf England jetzt nicht rechnen konnte, verlängerte er einen Waffenstillstand, in den Herzog Karl ausdrücklich Franz II. von Bretagne einschloß. Als dieser aber seine Einbeziehung dem König nicht ordnungsgemäß anzeigte, rückte der König kurzerhand in das Land ein, während Burgund sich mit Verhandlungen hinhalten ließ. Am 10. September unterzeichneten Franz II. und der Bruder des Königs den Vertrag von Ancenis, in dem der Herzog dem König Gehorsam schwor und seine Verträge mit England und Burgund widerrief, während Karl von Frankreich auf alle Ansprüche auf die Normandie verzichtete. Der Burgunderherzog tobte.

Aus nicht ganz verständlichen Gründen versteifte sich Ludwig XI. jetzt auf ein persönliches Treffen mit Herzog Karl, den er wohl wie einst vor Paris durch seine persönliche Art zu gewinnen hoffte. Er zog mit seiner Armee nach Norden. Als er die Grenze zur Pikardie erreichte, vernahm er, daß das Lager der Armee des Herzogs, die bei Péronne gelegen hatte, von einem Hochwasser der Somme derart verwüstet worden war, daß die Einheiten jetzt über das ganze Land verstreut überwinterten. Die militärischen Ratgeber des Königs wollten diese günstige Lage nutzen und sofort angreifen. Aber Ludwig XI., der seit dem Gemetzel von Montlhéry eine große Abneigung gegen offene Feldschlachten hatte und Diplomatie bevorzugte, willigte nicht ein. Er beging *la grande folie de Péronne* (Philippe de Commynes). Nachdem seit dem 21. September geführte Verhandlungen von Gesandten keine Resultate erbracht hatten, ritt der König mit kleiner Begleitung nach Péronne und begab sich so im Oktober 1468 in die Hand seines mächtigsten Feindes, geschützt nur durch dessen Geleitversprechen. Welcher Wind im burgundischen Lager wehte, sollte er bald bemerken, als demonstrativ eine Gruppe geschworener Feinde des Königs an dessen Unterkunft vorbeiritt. Alle trugen das burgundische Andreaskreuz. Sie waren Führer von Truppen, die aus dem Herzogtum und der Freigrafschaft Burgund gegen die Stadt Lüttich aufgeboten worden waren. Diese Stadt versuchte seit längerem, sich gegen ihren vertriebenen Bischof und den Herzog, der diesen unterstützte, zu behaupten. Sie erhielt dabei heimlich Hilfe vom französischen König.

Obwohl Ludwig XI. bereit war, auf Karls des Kühnen Forderungen – vor allem Garantie des Besitzes der Pikardie und eine fast souveräne Jurisdiktion über seine französischen Lehen – einzugehen, wenn der Herzog dafür nur sein Bündnis mit Eduard IV. aufgebe und dem König verspreche, ihm gegen jedermann zu helfen, kamen die Verhandlungen nicht voran. Als dann bekannt wurde, daß Lütticher Truppen den Bischof der Stadt und den burgundischen Gouverneur, Guy de Brimeu, ausgerechnet am Tag von Ludwigs Eintreffen in Péronne in der Stadt

Tongern gefangengenommen hatten, und daß unter den Lüttichern zwei französische Gesandte erkannt worden waren, mußte Ludwig XI. sich eingestehen, daß er in großer Gefahr schwebte. Unter einem Vorwand wurden die Stadttore von Péronne geschlossen. Dem König gab man eine zusätzliche Wache aus burgundischen Bogenschützen bei: Er saß in der Falle. Notgedrungen erklärte er sich bereit, Herzog Karl bei seiner Strafexpedition gegen Lüttich zu begleiten. In dieser prekären Lage erhielt Ludwig XI. weisen Rat von Philippe de Commynes, den er darob zu schätzen lernte und der später einer seiner wichtigsten Räte werden sollte.

Um den Herzog zu beruhigen, schloß der König mit ihm am 14. Oktober 1468 einen Friedensvertrag, den Vertrag von Péronne. Am 30. Oktober wurde die Stadt Lüttich, die soviel Hoffnung auf den König gesetzt hatte, in dessen Anwesenheit gestürmt und bis auf die Kirchen dem Erdboden gleichgemacht. Am 2. November verließen König und Herzog die verwüstete Stadt, am nächsten Tag trennten sich ihre Wege. Sie sollten sich nie wiedersehen.

Von Lüttich nach Beauvais

Im September des folgenden Jahres erreichte der König endlich eine Aussöhnung mit seinem Bruder, der in seiner ständigen Unzufriedenheit seit Jahren eine Gefahr dargestellt hatte. Im Frieden mit Burgund war diesem die Champagne zugesprochen worden. Nun gab ihm Ludwig XI. statt dessen die Guyenne, eine ungleich bedeutendere Provinz.

In England geriet etwa zur gleichen Zeit König Eduard IV. in die Hände Warwicks, der seine Tochter Isabel mit George, Duke of Clarence und Bruder des Königs, verheiratet hatte und diesen nun offenbar auf den Thron bringen wollte. Doch der König konnte entkommen, und im März 1470 mußten Warwick und Clarence ihrerseits fliehen. Im Mai lag ihre Flotte vor der Seinemündung. Warwick wollte sich mit seinem langjährigen Verbündeten, dem französischen König, treffen und war jetzt bereit, auf dessen Vorschlag einzugehen, die Seiten zu wechseln und das Haus Lancaster zurück auf den Thron zu bringen. Ludwig XI. zögerte, denn Warwicks Erscheinen brachte ihn in eine schwierige Lage. Der Burgunderherzog forderte dessen sofortige Gefangennahme und konnte ein Treffen als Bruch des Vertrags von Péronne auslegen. Schließlich nahm der König dies aber billigend in Kauf und lud Warwick im Juni nach Amboise. Nur mühsam gelang dann im Juli dessen Aussöhnung mit Margarete von Anjou, der Gemahlin des abgesetzten Heinrich VI., der im Londoner Tower schmachtete und dieses Schicksal vor allem Warwick selbst zu verdanken hatte.

Der Herzog von Burgund erklärte derweil den Vertrag von Péronne für gebrochen, da der König sich mit seinem ärgsten Feind verbündet habe, und ließ die nordfranzösische Küste unter Blockade stellen, um

Warwick an der Rückkehr nach England zu hindern. Doch als diese Blockade Anfang September durch einen gewaltigen Sturm gebrochen wurde, konnte Warwick, von Ludwig XI. mit Geld, Lebensmitteln und Schiffen unterstützt, über den Kanal setzen, und bereits einen Monat später war England in seiner Hand. Eduard IV. mußte zum Burgunderherzog fliehen. Warwick machte Heinrich VI., den er einst selbst abgesetzt hatte, wieder zum König.

Ludwig XI. schickte sofort Gesandte, um eine Militärallianz gegen Burgund zu schließen. Auch öffentlich suchte er jetzt den Bruch mit Karl. Dem Herzog wurde vorgeworfen, den König gezwungen zu haben, den Vertrag von Péronne zu unterzeichnen, diesen dann aber selbst durch die Blockade der Küste gebrochen zu haben. Auf eine Notabelnversammlung in Tours gestützt, sagte sich Ludwig XI. von allen Verpflichtungen gegen Karl den Kühnen los und ließ am 3. Dezember dessen Güter und Titel für eingezogen erklären. Der Graf von St-Pol, einst ein enger Freund des Herzogs, jetzt aber Konnetabel von Frankreich, und der Bruder des Königs sagten diesem jede Unterstützung zu. Anfang Januar 1471 begab sich der König dann zu seinen Truppen, die schon an der Grenze zum burgundischen Machtbereich standen. Der Graf von St-Pol erreichte, daß St-Quentin, eine der Sommestädte, die Tore öffnete. Wenig später stellte sich auch Amiens, die Hauptstadt der Pikardie, auf die Seite des Königs. Doch nun beging dieser einen Fehler, denn anstatt mit seinen überlegenen Truppen anzugreifen, wartete er auf Warwicks Unterstützung. In dieser Situation machte Herzog Karl ihn auf ein Komplott in seiner Umgebung aufmerksam: St-Pol und der Herzog von Guyenne, der Bruder des Königs, hatten einen Seitenwechsel angeboten, wenn letzterer dafür die Hand der burgundischen Erbtochter Marie erhielte. Der König akzeptierte daraufhin Anfang April einen dreimonatigen Waffenstillstand.

Nur wenige Tage später sollte die Lage in England eine für Ludwig XI. ungünstige Entwicklung nehmen. Der im März nach England zurückgekehrte Eduard IV. siegte bei Barnet über die Anhänger des Hauses Lancaster. Warwick verlor das Leben. Wenige Wochen später wurden die Reste der Lancaster-Partei bei Tewkesbury vernichtet. Heinrich VI., inzwischen wieder im Tower, wurde in der Nacht vom 21. auf den 22. Mai 1471 ermordet. Nun saß auf dem englischen Thron wieder der Verbündete des Burgunders. Ludwig XI. schloß mit Herzog Karl einen Waffenstillstand bis zum 30. April 1472. Hatte der König noch eben gehofft, sich seines ärgsten Feindes endlich entledigen zu können, so war er durch eigenes Zögern und die Vorgänge in England gescheitert.

Ludwig zog wieder an die Loire. Sein Bruder, unfähig aus seinem ständigen Scheitern zu lernen, machte sich weiter Hoffnung auf die Hand der burgundischen Erbin. Er begann erneut zu konspirieren. Doch er kränkelte schon seit längerem, und als sich sein Zustand im

März 1472 ernsthaft verschlimmerte, setzte der König auf Zeit, indem er vor allem erfolgreich versuchte, den Waffenstillstand mit Burgund zu verlängern. Als sein Bruder am 24. Mai starb, stand er sofort bereit, die Guyenne in Besitz zu nehmen.

Die Herzöge von Burgund und Bretagne bezichtigten den König umgehend, er habe seinen Bruder vergiften lassen, und setzten ihre Armeen in Bewegung. Karl der Kühne griff am 4. Juni unter Bruch des Waffenstillstandes an. Der König aber wandte sich zunächst gegen den schwächeren Gegner, die Bretagne. Er hatte sogleich Erfolg, am 7. Juni kapitulierte Ancenis nach nur eintägiger Belagerung. Doch nun wollte Ludwig XI., der das Blutvergießen in der Schlacht verabscheute, wieder einmal verhandeln. Franz II. aber ging darauf nicht ein, denn der Burgunderherzog eilte heran und hinterließ eine Spur der Verwüstung. Am 27. Juni stand er völlig unerwartet vor Beauvais, und diese Stadt wurde allein von ihren Einwohnern, die erst nach und nach Hilfe von außen bekamen, unter Mitwirkung von Frauen und Kindern so tapfer verteidigt, daß er am 22. Juli unverrichteter Dinge abziehen mußte. Der Herzog führte sein Heer jetzt in Richtung Normandie und verwüstete das Land. Doch mit seinen schlecht versorgten Truppen konnte er weder die Stadt Rouen angreifen noch einen Seineübergang gewinnen, um dem Herzog der Bretagne zuzuziehen. Zähneknirschend mußte er am 3. November 1472 einen neuen Waffenstillstand akzeptieren.

Das Ende der burgundischen Bedrohung

Von nun an stellte der Burgunderherzog nie mehr eine wirkliche Bedrohung für Ludwig XI. dar, denn Karl der Kühne, dessen Herrschaft sowohl Gebiete des Heiligen Römischen Reiches als auch Frankreichs unterstanden, sollte sich im Osten festrennen und Herrschaft und Leben verlieren.

1473 erlangte er die Kontrolle über Lothringen, das die Verbindung zwischen seinen nördlichen und südlichen Territorien herstellte. René von Vaudémont, der neue Herzog, wurde von seinem burgundisch gesinnten Adel gezwungen, einen entsprechenden Vertrag mit dem Burgunder zu schließen. Im Herbst verhandelte Karl dann in Trier erfolglos mit dem Kaiser über seine Erhebung zum König. Offenbar entschlossen, sich sein Königreich jetzt selbst zu schaffen und das alte Lotharingien, das karolingische Mittelreich, wiederherzustellen, mischte er sich in den Streit der Stadt Köln mit ihrem Bischof ein. Am 30. Juni 1474 begann er die Belagerung von Neuss, einem Kölner Vorposten.

Kurz zuvor hatte der Burgunder in einer anderen Region einen schweren Rückschlag hinnehmen müssen. Seit dem Vertrag von St-Omer vom 9. Mai 1469 waren ihm habsburgische Gebiete im Elsaß verpfändet gewesen. Als Landvogt war Peter von Hagenbach eingesetzt worden, der es verstanden hatte, sich im Land binnen kurzer Zeit verhaßt zu machen. 1473 schlossen sich gegen seine ständigen Übergriffe einige elsässische Städte und Basel zur «Niederen Vereinigung» zusammen. Wenig später trat diese mit der «Oberen Vereinigung», den Eidgenossen, in Verhandlungen. Zu letzteren hatte Ludwig XI. seine Kontakte seit der Schlacht von St. Jakob an der Birs (1444) nie abreißen lassen. Jetzt suchten sie die Hilfe des französischen Königs gegen den Herzog von Burgund. Ludwig XI. aber hielt sich im Hintergrund. Er vermittelte jedoch eine Verständigung der Eidgenossen mit ihrem alten Feind Sigmund von Tirol. Dieser selbst hatte die oberrheinischen Gebiete in der Hoffnung auf tatkräftige Unterstützung gegen die Eidgenossen, die aber ausgeblieben war, an Karl den Kühnen verpfändet. Enttäuscht suchte er einen Weg, die Pfandschaft auslösen zu können. Gleichzeitig waren die Eidgenossen bereit, sich dem Habsburger anzunähern, weil dieser ihnen als Nachbar wesentlich lieber war als der aggressive Burgunderherzog. Am 30. März 1474 schlossen die Obere und die Niedere Vereinigung im Beisein französischer Gesandter eine zehnjährige Allianz mit Herzog Sigmund. Dieser erhielt dabei das Geld, um seine verpfändeten Gebiete auszulösen. Als der Herzog von Burgund diese Auslösung nicht akzeptieren wollte, besetzten die Verbündeten binnen weniger Wochen die Pfandlande. Der Landvogt Peter von Hagenbach wurde am 9. Mai 1474, auf den Tag fünf Jahre nach dem Vertrag von St-Omer, in Breisach hingerichtet.

Geschickt hatte Ludwig XI. die Feinde seines Feindes vereint. Er selbst hielt sich zurück und verlängerte den auslaufenden Waffenstillstand mit Burgund bis zum 1. Mai 1475. Herzog Karl war dies sehr recht, lagen seine Interessen doch augenblicklich auf der anderen Seite des Rheins. Zudem verbündete er sich am 25. Juli 1474 mit Eduard IV., der sich verpflichtete, im folgenden Jahr Frankreich anzugreifen. Bis dahin war Ruhe an dieser Front somit erwünscht. Ludwig erfuhr dies jedoch bald und schloß am 26. Oktober 1474 mit den Eidgenossen einen Vertrag, in dem er ihnen die Zahlung großer Summen für den Fall versprach, daß sie Burgund angriffen. Die Eidgenossen, die den Krieg ohnehin für unvermeidlich hielten, da der Herzog irgendwann für die Besetzung der Pfandlande und die Hinrichtung Hagenbachs Rache nehmen würde, fielen sofort in die Freigrafschaft Burgund ein und schlugen am 13. November ein burgundisches Heer bei Héricourt. Etwa zur selben Zeit schwor der Herzog von Lothringen, empört über die burgundische Okkupation seines Landes, Ludwig XI. die Treue.

Am 25. April 1475 – der Herzog von Burgund lag trotz der Mahnungen seiner englischen Verbündeten, das fruchtlose Unternehmen abzubrechen, noch immer vor Neuss – zog der König mit dem größten Heer, das er je aufgestellt hatte, von Paris nach Norden, wo er nach Ablauf des Waffenstillstandes mit Burgund am 1. Mai den Angriff der Engländer erwartete. Trotz der Probleme, die Karl der Kühne vor Neuss hatte, unterschätzte der König die Gefahr für sich selbst nicht, denn er kannte die riesigen Ressourcen des Burgunders. Auch wußte er, daß Eduard IV. ein erfahrener Feldherr war.

Für den Fall einer französischen Niederlage mußte Ludwig XI. damit rechnen, daß sich viele Fürsten wieder auf die Seite Karls schlagen würden. Er entschloß sich deshalb zu handeln. Nach Ablauf des Waffenstillstandes drang er sofort in die Pikardie ein und verwüstete das Land. Die Engländer ließen derweil weiter auf sich warten, während René II. von Lothringen an der Spitze französischer Truppen in Luxemburg einmarschierte und andere Heere das noch burgundisch beherrschte Lothringen und das Herzogtum Burgund angriffen. Karl der Kühne sah sich derweil vor Neuss einem Reichsheer gegenüber. Erst jetzt, nachdem er in einem kleinen Geplänkel dem Kaiser hatte widerstehen können, befand er in seiner Verblendung, daß ein Rückzug ohne Gesichtsverlust möglich sei. Niemand konnte behaupten, er sei geschlagen worden. Nach Abschluß eines Waffenstillstandes Mitte Juni zogen der Kaiser und der Herzog vom Niederrhein ab. Karl der Kühne schickte seine Truppen zum Plündern nach Lothringen und begab sich selbst ohne Heer nach Calais, wo inzwischen die Truppen seines englischen Verbündeten eintrafen. Mitte Juli traf er sich dort mit Eduard IV., seinem Schwager. Dieser war tief enttäuscht, als er nun erfuhr, daß die burgundische Unterstützung viel geringer sein würde, als er es sich erhofft hatte.

Zwar überschritt am 5. August die gewaltige englische Armee bei Péronne die Somme, die Grenze zwischen den Gebieten Karls des Kühnen und denen des Königs von Frankreich, aber bereits am 12. August ließ Eduard IV. dem französischen König signalisieren, daß er einer Übereinkunft nicht ganz abgeneigt sei. Ludwig XI. ergriff das Angebot sofort, und am 29. August beeideten die beiden Könige den sechs Tage zuvor endgültig ausgehandelten Vertrag auf einer Sommebrücke bei Picquigny. Ludwig XI. verpflichtete sich zu gewaltigen Zahlungen, z. T. sofort, z. T. in Form von «Pensionen» (die Engländer sprachen von «Tributen»). Der fünfjährige Dauphin wurde mit Eduards Tochter Elisabeth verlobt. Der Waffenstillstand sollte zunächst sieben Jahre gelten.

Karl der Kühne lehnte die ihm angebotene Einbeziehung in den Waffenstillstand zunächst ab, doch König Ludwig drängte trotz der für ihn günstigen militärischen Lage weiter auf ein Übereinkommen, und am 13. September 1475 wurde der Vertrag von Soleuvre unterzeichnet, der einen Waffenstillstand von 9 Jahren vorsah und dem Herzog freie Hand im Osten gab. Dort rannte dieser jetzt in sein Verderben. Rachedurstig wandte er sich gegen die Eidgenossen, denen er am 2. März 1476 bei Grandson, am 22. Juni bei Murten unterlag. Am 5. Januar 1477 fand der Herzog in der Schlacht von Nancy den Tod. Ludwig XI. war seines größten Gegners ledig und beherrschte sein Reich jetzt unangefochten.

Der Kampf um das burgundische Erbe

Für den König waren nun die langen Jahre des Abwartens und Verhandelns vorbei. Es galt, sich einen Teil des burgundischen Erbes zu sichern, zumal viele Provinzen der französischen Krone unterstanden. Sofort entsandte Ludwig XI. Boten, um eine frankreichfreundliche Stimmung zu erzeugen. Und tatsächlich öffneten jetzt viele Städte dem König die Tore, Provinzen unterwarfen sich und Anhänger des Herzogs traten auf die Seite des Königs. Wo Widerstand auftrat, wurde er gewaltsam gebrochen. Maria von Burgund, die bedrängte Erbin Herzog Karls, vollzog nun die Eheschließung mit dem Kaisersohn Maximilian, die schon ihr Vater angebahnt hatte. Nach großen Landgewinnen zog sich der König über den Winter an die Loire zurück. Hier faßte er den Entschluß, den Bogen nicht zu überspannen. Er fühlte, daß er alterte. Sein Thronfolger aber war noch ein Kind und zudem kränklich. Er konnte und wollte sein Lebenswerk und das Erbe seines Sohnes nicht durch ein letztlich unkalkulierbares Abenteuer gefährden. Dennoch zogen sich die Auseinandersetzungen um das burgundische Erbe mit wechselnden, aber nie durchschlagenden Erfolgen, unterbrochen von Waffenstillständen und Verhandlungen, bis zum Frieden von Arras am 23. Dezember 1482 hin. Ludwig fielen nun außer der Pikardie vor allem das Herzogtum Burgund und die Grafschaften Boulogne und Ponthieu zu. Man deklarierte den endgültigen Frieden und verbriefte, daß Margarete von Österreich, Tochter Maximilians und der Maria von Burgund, den französischen Dauphin heiraten und ihm als Mitgift die Grafschaft Artois und die Freigrafschaft Burgund einbringen sollte. Der englische König mußte erkennen, daß seine eigene Tochter, die seit dem Vertrag von Picquigny mit dem Königssohn als verlobt galt, verschmäht wurde. Aber er hatte ohne das frühere, mächtige Burgund keine Möglichkeit, in Frankreich einzugreifen. Kurz darauf starb er. Commynes glaubte, der Frieden von Arras habe ihn umgebracht.

Noch während der Auseinandersetzungen um das burgundische Erbe fielen weitere wichtige Provinzen an die Krone. Durch den Tod des Königs René 1480 und denjenigen Karls, Grafen von Maine, im folgenden Jahr erbte der König die Herzogtümer Anjou und Bar, die Grafschaft Maine und die formell zum Heiligen Römischen Reich gehörende, aber praktisch autonome Grafschaft Provence.

Ludwig hatte erreicht, was er sich für den Regierungsantritt seines Sohnes wünschte: Sein Reich war stark und unbedroht.

III. Lebenswerk und Tod

Der Blick zurück

Am Ende seines Lebens konnte Ludwig auf eine stolze Bilanz zurückblicken. Er hatte die Macht der Fürsten gebrochen und die Krondomäne außerordentlich vergrößert. Nur die Bretagne vermochte sich noch einer gewissen Autonomie zu erfreuen, doch sollte auch diese Provinz einige Jahre später an die Krone fallen. Bourbon war dadurch an die Krone gebunden, daß der künftige Herzog, Pierre de Beaujeu, ein Schwiegersohn des Königs war. Eine geradezu perfide Lösung hatte sich Ludwig für das Haus Orléans ausgedacht. Er zwang den jungen Herzog Ludwig, die verkrüppelte Königstochter Johanna zu heiraten: So sollte verhindert werden, daß ein Erbe geboren würde, was auch die Besitzungen dieses Hauses an die Krone bringen würde. Daß, eine Ironie des Schicksals, nicht der König das Herzogtum erben sollte, sondern der Herzog das Königreich, war noch nicht vorauszusehen.

Aber nicht nur die weltlichen Fürsten hatte der König gebändigt, auch die Geistlichkeit hatte er sich unterworfen, indem er die Pragmatische Sanktion seines Vaters bald gegen den Papst, bald gegen den französischen Klerus instrumentalisierte. Von den Bischöfen und Äbten forderte er Gehorsam, sonst drohte der Entzug der weltlichen Güter ihrer Kirchen, die Ludwig XI. als königliche Lehen ansah. Bei der Besetzung von Bischofsstühlen versuchte er sich fallweise mit dem Heiligen Stuhl zu einigen, um seinen Kandidaten durchzusetzen, notfalls übte er Druck auf den Papst oder das Domkapitel aus. Ludwig wünschte eine loyale französische Staatskirche. Er kam diesem Ziel zumindest nahe: Am Ende seiner Regierungszeit wurde man Bischof nicht mehr von Gottes sondern von Königs Gnaden (Gaussin, 1976, S. 313).

Sein Reich hatte der König mit einem Netz von Amtsträgern überzogen. Dies kostete ebenso Geld wie die gewachsene Verwaltung, sein Heer von Diplomaten und sein Netz von Spitzeln. Drückend für die Finanzen waren weiter die Pensionen, durch die der König wichtige fremde Herrschaftsträger, aber auch eigenes Personal an sich band. Vor allem aber die enorme Vergrößerung der von seinem Vater übernommenen stehenden Armee kostete riesige Summen. Es ist schwierig, die Einnahmen in den letzten Jahren vor dem Tode Ludwigs mit denen am Ende der Regierungszeit seines Vaters zu vergleichen, weil der Teil des Reiches, aus dem der König Abgaben und Beden beziehen konnte, jetzt unvergleichlich größer war. Karl VII. hatte insgesamt etwa 1,8 Millionen Livres jährlich eingenommen. Ludwig konnte nun über mehr als 4,6 Millionen Livres verfügen. Doch reichten selbst diese Beträge nicht hin, zumal Ludwig jetzt riesige fromme Stiftungen machte: Die Steuerschraube mußte wiederholt angezogen werden. Der König wußte um die Bedeutung der Städte für seine Finanzen, deshalb förderte er Handwerk und Handel. Mit Marseille, das mit dem provenzalischen Erbe an den König gefallen war, besaß sein Reich endlich einen großen Mittelmeerhafen. Hierher hoffte er Warenströme aus dem Orient umzulenken und damit den Reichtum von Italien nach Frankreich zu führen.

Der Mensch

In seinem Lebensstil wie in seiner Herrschaftsauffassung war dieser König, der die Grundlagen für das Frankreich legte, das bis zur französischen Revolution bestand, seiner Zeit fremd. Schon zu Lebzeiten wurde Ludwig XI. höchst unterschiedlich beurteilt. Die eine Seite, repräsentiert vor allem durch das Bild, das Philippe de Commynes in seinen Memoiren zeichnet, sah in Ludwig XI. einen durch seine Weisheit und seine Kenntnis von Menschen und Dingen unvergleichlichen Herrscher. Seine Gegner aber hielten ihn für einen Despoten, und diese Ansicht sollte lange vorherrschend bleiben.

Dies ist nicht verwunderlich, denn in vielen Bereichen wirkt Ludwig XI. vom heutigen Standpunkt aus modern; für seine Zeitgenossen, vor allem die Fürsten und den Adel aber war er schlicht unköniglich. Er umgab sich nicht mit Pomp, hatte kein Verständnis für die höfische Kultur, für die Welt der Turniere, der adligen Selbstdarstellung und -stilisierung, die an den Höfen seiner Gegner, vor allem an denen des Herzogs von Burgund und des Königs René, ihre höchste Blüte erlebten. Als Ludwig 1475 den Engländern seine Verhandlungsbereitschaft anzeigen wollte, mußte eilends aus Fahnen eine Art Wappenrock geschneidert werden, in den man kurzerhand einen Diener eines königlichen Mundschenken steckte, denn Ludwig XI. hatte keinen Herold, diese für die höfische Welt seiner Zeit so typische Figur. Die englischen Herolde mit ihrer sorgfältigen und langjährigen Ausbildung dürften etwas indigniert gewesen sein, als dieser «Kollege» in ihrem Lager erschien.

Der König kleidete sich selbst schlicht, am liebsten trug er den Jagdrock. Die Jagd war das einzige Interesse, das er mit seinen adligen Zeitgenossen teilte. Es muß ein merkwürdiges Bild gewesen sein, als er eines Tages in dieser Aufmachung auf den herausgeputzten Burgunderherzog traf.

Nach der Schlacht von Montlhéry vermied der König den offenen Krieg. Er war zwar jedes Jahr bei seinem Heer und unternahm viele Feldzüge, doch wich er von jetzt an der Schlacht aus. Er bevorzugte schnelle Vorstöße, um sein Heer dann als Faustpfand bei Verhandlungen einzusetzen. Seine Feldherren hatten manches Mal wenig Verständnis für dieses Verhalten. Doch Ludwig war fest überzeugt von seinen diplomatischen Fähigkeiten. Er muß einen gewissen Charme gehabt haben, auch wenn er diesen gelegentlich überschätzte und ihn dies 1468 in Péronne in eine prekäre Lage brachte. Trotz vieler Enttäuschungen glaubte der König fest an die durch persönlichen Kontakt bewirkte Bindung. Er verstand es oft, in entscheidenden Augenblicken die richtigen Leute an sich zu ziehen. Vergangenen Verrat vergab er für künftige Loyalität, die er aber auch unnachgiebig einforderte. Andererseits war er, aus schlechter Erfahrung lernend, stets mißtrauisch und hatte ein langes Gedächtnis für ihm angetane Schmach. Es ist bezeichnend, daß er einen Brief Karls des Kühnen, in dem dieser dem König die gebührende Anrede verweigert hatte, in den Urkundenschatz legen ließ, um ihn als Beweismittel notfalls zur Hand zu haben. Wer dem König aber treu diente, konnte sich auf dessen schützende Hand und finanzielle Unterstützung verlassen, ja konnte sich des leutseligen, vertraulichen Umgangs mit ihm erfreuen.

Seine Frau, die meist in Amboise lebte, sah der König oft lange Zeit nicht. Der Umgang miteinander war freundlich, aber nicht übermäßig vertraut. In die Pläne ihres Mannes war Charlotte nie eingeweiht. Im Vergleich mit seinem Vater, dessen Mätresse Berühmtheit erlangte, war Ludwig XI. recht keusch, auch wenn einige wenige Bastarde des Königs bekannt sind. Nach dem Tode eines Sohnes im Kindbett schwor der König 1473 gar, nie wieder Beziehungen zu anderen Frauen als zu seiner eigenen haben zu wollen. Nach Commynes hat er dieses Gelübde erfüllt.

Gelübde haben den König ohnehin sein Leben lang begleitet. Am bedeutendsten war dasjenige, das er 1443 vor Dieppe tat. Er flehte die Heilige Jungfrau von Cléry um Hilfe an und gelobte für den Sieg sein eigenes Gewicht in Gold für den Wiederaufbau ihrer von den Engländern zerstörten Kirche. Nach seinem Erfolg sollte er dieses Marienbild zeitlebens besonders verehren, am Ende vor ihm sein Grab finden.

Der Tod

Dem Tod Ludwigs XI. ging ein langer physischer Verfall voraus. Schmerzen kannte der König schon lange, denn ihn plagten seit vielen Jahren Hämorrhoiden. Und schon 1473 hatte der mailändische Gesandte Christophoro da Bollate eine Erkrankung des Königs als Schlag gedeutet. Sicher belegt sind zwei Apoplexien im März 1479 und im Jahre 1481. Blieb der König schon nach dem Anfall von 1479 schwach, so war sein Zustand nach dem zweiten bisweilen mitleiderregend. Er, der nach dem Urteil des Philippe de Commynes den Tod mehr fürchtete als jeder andere Sterbliche, änderte jetzt sein Verhalten, wurde wunderlich. Er gab für Kleidung und exotische Tiere plötzlich immense Summen aus. Viele Staatsgeschäfte konnten nicht mehr erledigt werden. Sein Mißtrauen gegen jedermann wuchs. Selbst der Dauphin wurde isoliert, damit keine Konspiration entstehe.

Gleichzeitig leitete der zeitlebens bigotte König Maßnahmen ein, von denen er sich ausdrücklich eine Verlängerung seines Lebens erhoffte, die also nicht, wie man vermuten könnte, Vorsorge für das Jenseits waren. «Man hat den Eindruck, daß er nur gesund werden will, nicht selig» (Paravicini, 1993, S. 113). Er machte jetzt überaus reiche fromme Stiftungen, umgab sich mit Reliquien und hielt sich mit Francesco di Paola einen «lebenden Heiligen». Daneben versuchte er auch mit weltlichen Mitteln seinen Tod hinauszuzögern: Sein Leibarzt wurde dabei ein reicher Mann. Seinen dritten Schlaganfall erlitt Ludwig XI. am 25. August 1483 auf Schloß Plessis-du-Parc bei Tours. Sobald er konnte, leitete er jetzt die Machtübergabe an seinen Sohn ein, den er praktisch nicht kannte. Am 30. August starb er eines friedlichen Todes. Sein Grab fand er auf eigenen Wunsch in Notre-Dame de Cléry, nicht in St-Denis, noch hierin manifestierend, daß er sich als Außenseiter unter den französischen Königen fühlte. Sein Grabdenkmal, das in den Religionskriegen zerstört und unter Ludwig XIII. durch ein neues ersetzt wurde, zeigte ihn als jugendlichen Jäger, kniend, vertieft ins Gebet vor dem Standbild der Jungfrau von Cléry.

Karl VIII. (1483–1498)

Neithard Bulst

Karl VIII.
1483–1498

Karl VIII., geb. 30. 6. 1470 in Amboise; Eltern: König Ludwig XI. (1423, König 1461–1483) und Königin Charlotte von Savoyen (um 1442/1445–1. 12. 1483); zwei überlebende Schwestern: Anne (1461–1522), Heirat 1473 mit Pierre de Beaujeu (1437–1503), sowie Johanna von Frankreich (1464–1505), Heirat 1476 (Ehe 1498 annulliert) mit Ludwig, Herzog von Orléans, ab 1498 König Ludwig XII. (1498–1514). König seit dem 30. 8. 1483 (unter einer Regentschaft bis 1491), Salbung und Krönung in Reims am 30. 5. 1484, gest. 7. 4. 1498 in Amboise, begraben in St-Denis. Erste Ehe (verabredet) am 22. 6. 1483 mit Margarete von Österreich (1480–1530), aufgehoben 1491; zweite Ehe geschlossen am 6. 12. 1491 in Langeais mit Anne, Herzogin der Bretagne (10. 1. 1477–1514); Kinder aus dieser Ehe: Charles-Orland (10. 10. 1492–16. 12. 1495), Charles (8. 9.–2. 10. 1496), François, gest. am Tag der Geburt (1497), Anne, tot geb. (20. 3. 1498).

I. Die Zeit der Regentschaft

Karl VIII. war der letzte der unmittelbar auf den Vater folgenden Valoiskönige, nachdem 1328, vor sieben Generationen, sein Urahn Philipp VI. die Nachfolge der im Mannesstamm ausgestorbenen Linie der Kapetinger angetreten hatte. Nicht nur dynastisch, auch politisch kann Karls Regierungszeit als Abschluß einer Epoche angesehen werden. Mit seinem Erwerb der Bretagne war die Arrondierung und Konsolidierung der Territorialherrschft der französischen Könige erreicht. Gleichzeitig wies sein expansionistisches Ausgreifen nach Italien den Weg zu einer Großmachtpolitik, auf dem seine Nachfolger ihm folgen sollten. So wurde die fast anderthalb Jahrhunderte andauernde kriegerische Auseinandersetzung mit England, die de facto unter Ludwig XI. beigelegt worden war, durch einen Konflikt mit den Habsburgern abgelöst, aus dem England zwar immer wieder Vorteil zu ziehen versuchte, dabei aber letztlich doch eine nur untergeordnete Rolle spielte.

Gliedert man die Geschichte Frankreichs in die Geschichte seiner Könige, so gehört die Regierungszeit Karls VIII. im Vergleich mit seinen Vorgängern zu den wenig spektakulären Perioden, zumal die Zeit von Karls selbständiger Herrschaft relativ kurz war und nur etwa die Hälfte seiner fünfzehnjährigen Regierung umfaßte. Untrennbar verbunden ist der Name Karls VIII. jedoch mit seinem Aufsehen erregenden Italienzug. Dessen Bewertung ist unter den heutigen Historikern ebenso umstritten wie er es schon im Kreis von Karls Ratgebern und in seiner engsten Umgebung sowie in der Beurteilung seiner Zeitgenossen gewesen ist. Nicht nur Karls schärfster zeitgenössischer Kritiker, der italienische Politiker und Historiker Francesco Guicciardini, hat ihn als unzulässigen Eingriff in inneritalienische Angelegenheiten verurteilt. Nicht zuletzt war es aber ein äußerer, höchst fataler Begleitumstand, der diesen Zug unvergeßlich machte, die Syphilis. Selbst wenn trotz zeitgenössischer schuldzuweisender Terminologie als «mal de Naples», «Franzosen(krankheit)» oder «morbus gallicus» Entstehung und Verbreitungsweg der Syphilis eindeutig festzustehen schien, ist beides bis heute nicht eindeutig geklärt. Sicher ist jedoch, daß die aus dem Königreich Neapel zurückkehrenden französischen Truppen nicht nur selbst hohe Verluste durch die Syphilis erlitten, sondern auch maßgeblich zu ihrer epidemischen Verbreitung in Frankreich und in den Nachbarländern beitrugen.

Geboren wurde Karl am 30. Juni 1470 in Amboise als Sohn Ludwigs XI. und Charlottes von Savoyen. Von seinen Eltern war es nur die Mutter, mit der er im Schloß von Amboise zusammenlebte. Manche seiner Lektüren scheinen auf ihren Einfluß zu deuten. Der Vater entzog sich ihm, nur höchst selten besuchte er ihn. Doch überwachte der König vom nahen Tours aus sehr genau den Werdegang seines Sohnes und – seit dem Tode seines zweiten Sohnes François (1472–73) – einzigen Erben. Die Sicherheit und Erziehung Karls hatte Ludwig drei ihm treu ergebenen Männern anvertraut, Etienne de Vesc, Jean Bourré und Imbert de Batarny, Seigneur de Bouchage, die entsprechend seinen detaillierten Anweisungen den Thronfolger auf sein Amt vorzubereiten hatten. Ihnen scheint schon der kleine Karl Vertrauen und Zuneigung entgegengebracht zu haben, denn auch als König zählte er sie zu seinen wichtigsten Ratgebern. Laufend hatten sie Ludwig XI. Bericht über ihren Zögling zu erstatten, dessen anfangs schwächliche Gesundheit und eine beinahe tödliche Lungenentzündung Anlaß zur Sorge boten. Dieser schwächlichen körperlichen Konstitution sollte auch sein Unterricht angepaßt sein, so daß alles zu unterbleiben hatte – entsprechend der ausdrücklichen Anweisung des Königs –, was seinen Sohn überfordern und dessen Gesundheit beeinträchtigen könnte. So wurde er nicht mit Wissen überhäuft, sondern seine Ausbildung blieb auf das Notwendigste beschränkt, was auch den Verzicht auf systematischen Lateinunterricht bedeutete.

Als Ludwig XI. am 30. August 1483 starb, war Karl gerade dreizehn Jahre alt geworden und somit noch nicht regierungsfähig. Daß er noch als Minderjähriger König werden würde, war nach dem zweiten schweren Schlaganfall Ludwigs XI. im März 1481 absehbar. Der König hatte infolgedessen Vorsorge getroffen, um den Herrschaftswechsel so reibungslos wie möglich zu gestalten. Im September 1482 kam es zu der merkwürdigen Begegnung zwischen Vater und Sohn, in deren Verlauf der alte, kranke, menschenverachtende und von allen gefürchtete König seinen Sohn und Nachfolger, ein Kind von zwölf Jahren, in einem langen Vortrag auf die Prinzipien seiner eigenen Herrschaft festzulegen suchte: Es spricht nur der König, das Kind bleibt stummer Zuhörer. Die eigentliche Sorge Ludwigs XI. gilt der Stabilität und der Kontinuität seiner Herrschaft und seiner Politik. So warnt er seinen Sohn zum einen vor den Fehlern, die er selbst bei seinem Herrschaftsantritt gemacht hatte, als er aus Opposition zu seinem ungeliebten Vater mit der Entlassung zahlreicher Amtsträger ein großes Revirement der politischen Führungsschicht eingeleitet hatte und dabei unter hohen Kosten gescheitert war. Zum anderen versucht er durch eine Art mündlichen Fürstenspiegel, in dem er die Errungenschaften und Erfolge seiner Königsherrschaft darlegt, Karl die Prinzipien seiner Politik nahezubringen. Dies konnte nur bedeuten, zumindest in den ersten Regierungsjahren auf Ausgleich mit den unmittelbaren Nachbarn und potentiellen Kriegsgegnern, dem Reich, England und Spanien, aus zu sein, um so den von ihm selbst erreichten Gebietszuwachs Frankreichs nicht zu gefährden. Entsprechend lauteten denn auch seine Instruktionen, die er noch kurz vor seinem Tode den Ratgebern seines Sohnes auftrug. Bis auf die Bretagne schien Frankreich auch territorial saturiert zu sein. Wie zufällig und unberechenbar das Kriegsglück zudem sein konnte, hatte Ludwig selbst erfahren müssen. Das unrühmliche Ende seines Hauptgegners, Karls des Kühnen, konnte diese Einschätzung nur bestätigen. Glaubte Ludwig XI. von seinem Sohn nicht mehr als allenfalls die Bewahrung des selbst Geschaffenen erwarten zu dürfen, oder war dies nur eine Vorsichtsmaßnahme zum Schutz eines noch gänzlich Unerfahrenen? Nach Bedenkzeit und Beratung mit seinen Erziehern mußte Karl in wohlgesetzten Worten dem Vater die uneingeschränkte Befolgung dieser Richtlinien geloben. Zu einem förmlichen Rechtsakt wurde dieses politische Vermächtnis durch eine darüber im Oktober 1482 ausgestellte Ordonnanz Ludwigs, die vom königlichen Rat gebilligt, von Karl unterschrieben und schließlich dem Parlament zur Registrierung zugeleitet wurde. Allerdings bedeutete dies noch keine Veränderung von Ludwigs Herrschaftsstil, in dem für den Sohn kein Platz vorbehalten war. Erst als Ludwig sich nach seinem dritten Schlaganfall am 25. August 1483 in das Unvermeidliche zu fügen gezwungen sah, ließ er seinem Sohn das königliche Siegel übergeben und schickte den Kanzler und einen Teil seines Hofstabes mit letzten politischen Instruktionen zum «König» nach Amboise. Immerhin galten Ludwigs letzte Regierungsakte seit jenem Treffen der Sicherung der Rahmenbedingungen seines politischen Vermächtnisses. Um wenigstens den wohl als am bedrohlichsten scheinenden Gegner an Frankreichs Grenzen zu neutralisieren, leitete der König einen Ausgleich mit Maximilian ein. Im Dezember 1482 wurde in Arras ein Friedensvertrag geschlossen, der als dauerhafte Garantie eine Heirat des Dauphin mit Margarete vorsah, der zu diesem Zeitpunkt gerade zweijährigen Tochter Maximilians und seiner verstorbenen Frau Maria von Burgund, der Tochter Karls des Kühnen. Treibende Kräfte dieses Vertrages waren allerdings die innenpolitischen Gegner Maximilians, der Adel und die Städte, so daß der Vertrag den Konflikt des Habsburgers mit Frankreich nicht wirklich beendete. Die dabei ausgehandelte Mitgift Margaretes bot der Krone einen vorteilhaften Weg zur Sicherung der nach dem Tode Karls zwischen Maximilian und Ludwig strittigen Territorien aus dem Erbe Karls und zur Beilegung dieses schwelenden Konflikts an der Ostgrenze des Königreichs.

Für den gerade zwölfjährigen Karl bedeutete dies schon die zweite Ehevereinbarung. Zwar war ein Ehevertrag ein probates Mittel, um politische Ziele durchzusetzen, doch konnten gescheiterte Vereinbarungen sich auf die Dauer als ebenso schädlich erweisen, wie die geglückten dynastischen Verbindungen Vorteile versprachen. Sieben Jahre zuvor war Karl in Folge der Waffenstillstandsvereinbarungen mit den Engländern in Picquigny mit Elisabeth, der Tochter König Eduards IV., verlobt worden. Sie mußte jetzt Margarete weichen. Vorausgegangen waren weitere Versuche Ludwigs XI., aus einer Ehe des Thronfolgers politisches Kapital zu schlagen. Nicht zuletzt war Maria, Margaretes Mutter, eine Heiratskandidatin gewesen. Die feierliche «Heirat» Karls mit Margarete – sie lebte fortan am königlichen Hof in Frankreich und wurde dort erzogen – in Amboise in Gegenwart zahlreicher städtischer Delegationen aus ganz Frankreich am 22. Juni 1483 war einer der letzten Regierungsakte Ludwigs.

Die Regentschaft hatte Ludwig mit der Übergabe seines Sohnes de facto seiner Tochter Anne und seinem Schwiegersohn, Pierre de Beaujeu, übertragen. Dieser, ein jüngerer Bruder des Herzogs von Bourbon, war in den letzten Jahren von Ludwigs Herrschaft eine verläßliche, aber nicht durch die sich breitmachende Mißwirtschaft kompromittierte Stütze des Königs gewesen. Rechtliche Verbindlichkeit besaß die Regelung nicht, wenn auch die Person des Königs in der Hand der Beaujeu ein starkes Präjudiz war. Wichtigster Konkurrent in der Auseinandersetzung um die Regentschaft und damit um die wirkliche Macht im Königreich war der andere Schwager Karls VIII., der mit seiner zweiten Schwester Johanna verheiratete einundzwanzigjährige Herzog Ludwig von Orléans. Als Prinz von Geblüt rangierte er in der Reihe möglicher Thronfolger unmittelbar hinter Karl. Eine Lösung und gleichzeitig auch eine Festlegung der politischen Leitlinien für die kommenden Jahre sollte eine Generalständeversammlung bringen, die vom königlichen Rat sehr schnell für Anfang Januar 1484 festgelegt wurde. Durch ein kluges politisches Kalkül war es den Beaujeu gelungen, im Rat für diese

Versammlung einen neuen Wahlmodus festlegen zu lassen, der zur Folge hatte, daß die an Herrschaftskontinuität interessierten königlichen Amtsträger im dritten Stand zur dominierenden Gruppe wurden. Sie identifizierten sich im wesentlichen mit den politischen Zielen der Beaujeu und zeigten wenig Interesse an einer Stärkung oppositioneller Adelsgruppierungen und an Auseinandersetzungen, wie sie die Anfangsjahre der Regierung Ludwigs XI. gekennzeichnet hatten. Durch eine im Vergleich mit den letzten Regierungsjahren Ludwigs XI. deutliche Reduzierung der Steuersumme von 4 400 000 Pfund auf 1 200 000, die zudem auf diesem Niveau für zwei Jahre, 1484 und 1485, festgeschrieben wurde, gelang es, die Ständeversammlung praktisch zu einer Bestätigung des Status quo zu bringen. Lediglich formal wurde dem sozial-hierarchisch begründeten Anspruch des Herzogs von Orléans Rechnung getragen. In Abwesenheit des jungen Königs sollte er den Vorsitz im königlichen Rat führen. Ob dieser Fall je eintreten würde, lag allerdings im Belieben der Beaujeu, in deren Hand der König verblieb.

Karls Krönung, die mit großem Pomp am 30. Juni 1484 in Reims gefeiert wurde, wozu die Generalstände noch einmal als eigenes Budget 300 000 Pfund bewilligt hatten, brachte Ludwig und Karl zwar menschlich näher. Denn es kam Ludwig zu, Karl zum Ritter zu schlagen – ein Umstand, der später entscheidend dazu beitragen sollte, Ludwig aus seiner Gefangenschaft zu befreien und seine politische Isolierung zu überwinden. Doch politisch blieben der Herzog von Orléans und seine hochadlige Anhängerschaft ohne Einfluß. Die Herrschaft der Beaujeu war unangreifbar geworden, was auch der junge König erfahren mußte. Krönung und rechtliche Mündigkeit, die er mit vierzehn Jahren erreichte, änderten nichts an seiner Abhängigkeit von seiner Schwester und seinem Schwager, wobei nicht zu Unrecht Anne von vielen Historikern als die treibende politische Kraft der Zeit der Regentschaftsregierung angesehen wird. Vorrangiges Ziel dieser Regentschaft war, getreu den Anweisungen des verstorbenen Königs, die Sicherung der bestehenden Verhältnisse. Dazu gehörte auch das Festhalten an den territorialen Zugewinnen, die Ludwig erreicht hatte. Schon während der Sitzungsperiode der Generalstände, an die eine spanische Delegation sich vergeblich gewandt hatte, waren Verhandlungen mit Aragón über die Rückgabe von Roussillon und Cerdagne ergebnislos verlaufen.

Als Ludwig von Orléans nach einem 1485 gescheiterten Anlauf zu einer erneuten Einberufung der Generalstände, die den König aus der Hand der Beaujeu befreien sollten – ein Anliegen, dem sich auch Maximilian und der bretonische Herzog Franz II. anschlossen –, auf militärischem Weg zum Erfolg zu kommen hoffte, bot sich den Beaujeu eine geradezu ideale Gelegenheit, auf die Bretagne auszugreifen. Dem militärischen Aufgebot des Königs, das von Pierre de Beaujeu, Louis II de La Trémoïlle und anderen dem König und den Beaujeu ergebenen Heerführern befehligt wurde, hatte die Koalition, die den Herzog von Orléans, Alain d'Albret, Maximilian und den bretonischen Herzog vereinte, nichts Ebenbürtiges entgegenzusetzen, zumal jeder von ihnen sehr unterschiedliche politische Ziele verfolgte. In ihren Aspirationen auf das Herzogtum Bretagne durch eine Heirat mit der Tochter und Erbin des Herzogs, Anne, waren Ludwig, Maximilian und Alain d'Albret sogar unmittelbare Konkurrenten. Der als «unsinniger Krieg», «guerre folle», in die Geschichte eingegangene Bürgerkrieg endete am 28. Juli 1488 in der Schlacht bei St-Aubin-du-Cormier, bei der Ludwig unterlag und für knapp drei Jahre in Gefangenschaft geriet.

II. König Karl VIII.

Für das Herzogtum Bretagne bedeutete diese Niederlage de facto den Verlust der Unabhängigkeit von Frankreich. Im Friedensvertrag vom 21. August 1488 im Schloß von Verger war der bretonische Herzog gezwungen, wesentliche Zugeständnisse an die Krone zu machen. Eine der Vertragsklauseln machte die Eheschließung der Erbtochter Anne von der Zustimmung des französischen Königs abhängig, womit eine Inbesitznahme des Herzogtums durch die Monarchie planbar geworden zu sein schien. Daß Franz II. schon im folgenden Monat starb, veränderte die Situation noch zusätzlich zugunsten Frankreichs. Doch hatte das Vertragswerk wie so viele der in dieser Zeit geschlossenen Verträge keine unmittelbare politische Folgewirkung, da zumindest auf bretonischer Seite keine Bereitschaft bestand, die Vereinbarung auch umzusetzen. Die offensichtlich mit einem starken Willen versehene elfjährige Anne, ihre Berater und die bretonischen Stände setzten alles daran, die Unabhängigkeit von Frankreich zu bewahren. So kam es schon im Januar 1489 erneut zu militärischen Zusammenstößen. Im Februar erfolgte die Krönung Annes zur Herzogin der Betragne – zugleich eine Demonstration der Unabhängigkeit gegenüber der Krone. In dem verzweifelten Bemühen um einen dem übermächtigen Frankreich gewachsenen Bündnispartner wandte sich Anne an Maximilian. Dieser hatte sich nie mit den Abtretungen aus dem burgundischen Erbe infolge des Friedensvertrages von Arras abfinden können und war trotz der Heirat seiner Tochter mit Karl VIII. ein unerbittlicher Gegner Frankreichs geblieben. Inzwischen hatte Karl im Osten nicht nur gegen Maximilian den Besitz des Artois und der Franche-Comté, die ihm im Heiratsvertrag mit Margarete als Mitgift zugesichert worden waren, zu verteidigen, sondern auch das provenzalische Anjouerbe gegen den Herzog von Lothringen. Im Frieden von Ulm (22. Juli 1490) wurde im wesentlichen der Status quo zwischen Karl und Maximilian bestätigt. Daß der Habsburger damit in gewisser Weise freie Hand für die Bretagne bekam, verrät gleichzeitig die Kurzlebigkeit, die diesem Vertrag beschieden sein mußte. Die zwischen

Anne und dem verwitweten Maximilian bald darauf eingeleiteten Verhandlungen, die trotz der Vereinbarungen von Ulm einen Bruch des Vertrages von Verger darstellten, führten schnell zum Ergebnis. Im Dezember 1490 kam es in Rennes zur Eheschließung, die rechtlich gültig – selbst wenn dies bestritten wurde – von einem Bevollmächtigten Maximilians geschlossen und vollzogen wurde, indem er bei dieser Zeremonie sein nacktes Bein unter die Decke des Hochzeitsbettes, in dem Anne lag, steckte. Die französische Regentschaftsregierung war jedoch weder bereit, diesen Vertragsbruch hinzunehmen, noch eine dauerhafte Verbindung der Bretagne mit Maximilian und dem Reich zu tolerieren, was Frankreich einer habsburgischen Bedrohung an seinen Grenzen im Westen und im Osten ausgesetzt hätte. Allerdings war der chronisch finanzschwache Maximilian gar nicht in der Lage, seine Ansprüche und Ambitionen auch umzusetzen und den Bretonen und seiner Frau, wie versprochen, in ihrem Kampf gegen die Franzosen mit nennenswerten Truppenkontingenten effektive Hilfe zu leisten. Als die von Maximilian erhoffte Unterstützung, die der eigentliche Grund für Annes Ehe gewesen war, ausblieb, vermochten die nun auf sich selbst gestellten Bretonen nur noch wenige Monate ihren Widerstand gegen die vorrückenden Franzosen aufrechtzuerhalten, die nun ganz offensichtlich die Eroberung der Bretagne anstrebten. Schon im März 1491 wurde von Alain d'Albret, der sich durch die Heirat Maximilians mit Anne hintergangen fühlte und die Seiten wechselte, das wichtige, stark befestigte Nantes den Franzosen übergeben. Nach langer Belagerung der Hauptstadt Rennes kam es dort am 15. November 1491 zu einem Friedensvertrag.

Das entscheidende Ergebnis der nun einsetzenden Verhandlungen war, daß Anne in eine Heirat mit Karl einwilligte. Die ihr gebotene Wahl eröffnete kaum eine andere Möglichkeit. Bei Aufrechterhaltung der Ehe mit Maximilian mußte sie die Bretagne verlassen und ihr Herzogtum aufgeben. Alternative Heiratskandidaten aus dem französischen Adel schienen nicht akzeptabel. Da die Ehe mit Maximilian ja nur geschlossen worden war, um die Unabhängigkeit der Bretagne zu wahren, war diese Verbindung sinnlos geworden. Selbst wenn Anne durch ihre Ehe mit Karl Herzogin in der Bretagne blieb und komplizierte Erbschaftsklauseln des Ehevertrages eine unmittelbare Integration des bretonischen Herzogtums in die französische Krondomäne ausschlossen – es sollte noch etwa ein halbes Jahrhundert dauern, bis der erbrechtliche Heimfall tatsächlich eintrat –, so war doch damit die bretonische Frage für Frankreich gelöst. Anne selbst mußte sich bereitfinden, dauerhaft die Frau des regierenden französischen Königs zu sein, denn im Falle ihrer Witwenschaft sollte ihr nur eine Wiederverheiratung mit dem Nachfolger oder dem nächsten Thronerben gestattet sein. Es ist zweifellos das entscheidende Verdienst der Regentschaftsregierung der Beaujeu, dieses alte Problem, das den Gegnern Frankreichs immer wieder die Möglichkeit zu

Stellvertreterkriegen eröffnet hatte, gelöst zu haben. Der politische Wille und die faktische Macht hatten sich über alle rechtlichen, auch kirchenrechtlichen Hindernisse, die in der Tat erheblich waren, erfolgreich hinweggesetzt. Beide Ehepartner waren rechtlich gültig verheiratet – pikanterweise im engsten Familienkreis; Karl löste die Verbindung zu Margarete, der Tochter Maximilians, um Anne, die Frau Maximilians, zu heiraten. Während die Ehe von Anne und Karl bald darauf am 6. Dezember 1491 im Schloß von Langeais aus Sicherheitsgründen und in Anbetracht der komplizierten Lage unter Ausschluß der Öffentlichkeit geschlossen wurde, dauerte die von beiden Seiten geführte publizistische und juristische Auseinandersetzung über diesen doppelten Rechtsbruch noch lange an. Kirchenrechtlich wurde er geheilt, da der Papst, der Karls Hilfe für seine eigenen Ziele suchte, sich bereit fand, Annes erste Ehe zu annullieren. Der störende Umstand, daß diese Annullierung erst post festum erfolgte, wurde dadurch beseitigt, daß das päpstliche Dokument zurückdatiert wurde – allerdings merkwürdigerweise auf den 15. Dezember, ein Datum wenige Tage nach der tatsächlichen Eheschließung. Die häßliche Erfindung vom französischen Brautraub, wonach Anne mit Waffengewalt von den Franzosen zur Ehe mit Karl gezwungen worden sei, fand Eingang in die politische Diskussion und schürte im Reich antifranzösische Gefühle.

Obwohl diese Heirat zweifellos für Karl die Realisierung eines wichtigen Zieles bedeutete, fand er sich zu solcher politischen Lösung keineswegs leichten Herzens bereit – schlossen doch diese ausschließlich politisch motivierten Verbindungen das Entstehen persönlicher Zuneigung nicht aus. Vielmehr fiel ihm die Trennung von Margarete doch recht schwer, so daß es einiger Anstrengungen seiner Berater bedurfte, ihn dazu zu überreden. Ähnlich war die Haltung Margaretes, die keineswegs unmittelbar nach Flandern zurückgeschickt wurde, von wo sie fast zehn Jahre zuvor als Frau des französischen Thronfolgers nach Frankreich gekommen war, sondern noch anderthalb Jahre gleichsam als Geisel in Frankreich blieb. Sie lastete ihre «gescheiterte Ehe» der französischen Politik an, was Ludwig XII. noch einige Schwierigkeiten bereiten sollte, während sie Karl, dessen Bild sie aufbewahrte, nicht persönlich verantwortlich machte. Die Verbindung Karls mit Anne, die eine echte Zuneigung zu dem ihr aufgezwungenen Ehemann entwickelte, selbst wenn sie dessen politische Ziele nicht guthieß und auch den Verlust der Unabhängigkeit der Bretagne nicht wirklich akzeptierte, kann als menschlich geglückt angesehen werden. Am 8. Februar 1492 wurde Anne in St-Denis zur französischen Königin gekrönt. Für französische Königinnen war dies eine seltene Ausnahme, und der Akt muß zweifellos als öffentliche Kompensation für Annes politische Niederlage verstanden werden – ebenso aber auch als Demonstration eines Rechtszustandes, der, wie gezeigt, im Reich in Abrede gestellt wurde. Am

10. Oktober 1492 wurde der Thronfolger geboren und auf den Namen Charles-Orland getauft, d. h. auf den Namen Rolands, des berühmten Paladins Kaiser Karls des Großen. Patin war Jeanne de Laval, die Witwe des Königs von Neapel. Sowohl der Name des Sohnes, der nicht zu den französischen Königsnamen zählte, als auch diese Patenschaft können als Programm und als Hinweis auf die konkreter werdenden Italienpläne Karls verstanden werden.

Dieses so entscheidende Jahr 1491, an dessen Ende die Heirat mit Anne stand, war der Beginn der selbständigen Regierung Karls. Zwar gab es keinen formalen Akt, der den Schluß der Regentschaftsregierung und den Beginn der selbständigen Herrschaft kennzeichnete, zumal auch schon seit dem Tode Ludwigs XI. alle Dokumente, Privilegienbestätigungen, Ernennungsurkunden oder die dem Parlament zur Registrierung zugeleiteten Gesetze Karls Unterschrift trugen. Sucht man jedoch nach einem symbolischen Akt, so könnte man den 27. Juni 1491 anführen, als Karl Ludwig von Orléans persönlich aus der Staatshaft entließ. Dies geschah ohne Wissen und gegen den Willen seiner Schwester Anne, die ganz im Sinne ihres Vaters an der traditionellen Feindschaft mit dem Hause Orléans festhielt. Im übertragenen Sinne war es auch ein Akt der Selbstbefreiung aus der Regentschaftsregierung, selbst wenn wir nicht wissen können, ob Karl, den die Quellen – ganz ungleich seinem Vater – als gutherzigen und versöhnlichen Charakter beschreiben, nur vom Mitleid gegenüber dem Mann, der ihn einst zum Ritter geschlagen hatte, geleitet wurde, oder ob auch die Auflehnung gegen die Bevormundung durch seine Schwester ein Motiv war. Die Politik jedenfalls, die er jetzt verfolgen sollte, unterschied sich in ihrer Zielsetzung deutlich von der ihrigen und bedeutete damit zugleich auch eine Abkehr vom Vermächtnis seines Vaters. In Ludwig fand er dabei einen wertvollen Helfer. So vehement dieser sich bis dahin gegen die Regierung der Beaujeu aufgelehnt hatte, so treu sollte er von jetzt an zum König stehen, der ihn in den Kreis seiner engen Berater aufnahm und in ihm zunächst einen nachdrücklichen, wenn auch nicht uneigennützigen Befürworter seiner Italienpolitik fand.

Was führte Karl nach Italien, wohin keiner seiner Vorgänger auf dem französischen Thron je Eroberungsfeldzüge unternommen hatte, und was ließ ihn dieses Ziel mit großer Priorität in der ganzen Zeit seiner kurz bemessenen selbständigen Königsherrschaft verfolgen? Eine schlüssige, einfache Antwort läßt sich nicht geben, zumal unterschiedliche Einflüsse und Faktoren zum Tragen gekommen sein dürften. Zum einen waren da die noch von seiner Mutter beeinflußten Lektüren in Amboise, wo in einem Roman, *Le livre des trois fils de roys*, die Verteidigung Neapels gegen die heidnischen Türken eine zentrale Rolle spielte und Weltreichsideen aus der Zeit des Staufers Friedrich II. wiederbelebt wurden. Dies mag die Phantasie des Kindes angeregt haben. Wichtiger mögen wiederholte Bittgesuche von Seiten der Päpste gewesen sein, die sich um auswärtige Hilfe gegen ihren mächtigen Nachbarn und Lehnsmann, den König von Neapel bemühten. Schon 1482 war Karl mit der Absicht auf französische Unterstützung zum päpstlichen *Gonfaloniere* (Bannerträger) ernannt worden. 1484 forderte Venedig zusammen mit Papst Sixtus IV. Frankreich zum militärischen Eingreifen gegen eine gegnerische Koalition auf, die Neapel, Mailand und Florenz vereinigte. 1488 schließlich erreichte Karl wie auch andere Souveräne ein Kreuzzugsaufruf Papst Innozenz' VIII. gegen die Türken; zweifellos ein weiterer gewichtiger Anlaß, zumal der Kreuzzug eine besondere Legitimation für einen Zug nach Süden darstellte.

Wichtiger aber dürften die Entwicklungen im Königreich Neapel selbst gewesen sein: Als 1488 aus Neapel exilierte und in Frankreich aufgenommene neapolitanische Große sich an Karl VIII. um Hilfe wandten, bot dies nicht nur eine auch publizistisch nach außen besser vertretbare Handhabe für einen Italienzug, sondern implizierte auch Erfolgschancen aufgrund der Unterstützung durch die Opposition im Lande selbst. An ihrer Spitze stand der Prinz von Salerno, Antonello di San Severino, als beredter Fürsprecher der im Königreich Neapel unterdrückten Anjouanhänger. Als der Papst im September 1489 König Ferdinand von Neapel für abgesetzt erklärte, begann Frankreich, zumindest diplomatisch aktiv zu werden, und schickte warnende Noten an den König. Wenn bis 1492 die inneritalienischen Konflikte zwischen den mächtigen norditalienischen Stadtstaaten, Venedig, Mailand und Florenz, dem Papsttum und dem Königreich Neapel jedoch ohne nennenswerte äußere Einmischung ausgetragen wurden, so war dies nicht zuletzt auch das Verdienst der diplomatischen Bemühungen des großen florentinischen Staatsmannes Lorenzo de' Medici. Nach seinem Tod 1492 schien niemand mehr in der Lage zu sein, die Eingriffe äußerer Mächte abzuwehren. Italien begann zum Kriegsschauplatz auswärtiger Intervenienten zu werden. Schon Ende Dezember 1491 hatte Ludovico Sforza, genannt «il Moro», der anstelle seines Neffen in Mailand regierte, Karl VIII. ein Bündnisangebot gegen Neapel unterbreitet, was später wiederholt wurde. Er dürfte dabei unterschiedliche Absichten verfolgt haben: Als Herzog von Bari hatte er auch eigene Interessen in Neapel. Vor allem aber sah er sich durch den König von Neapel bedroht, dessen Tochter mit Ludovicos Neffen, Gian Galeazzo Sforza, verheiratet war, dem Ludovico wiederum seine Rechte auf das Herzogtum vorenthielt und an den sich Tochter und Schwiegersohn um Hilfe gewandt hatten. Schließlich mochte durch ein Bündnis mit Karl auch Ludwig von Orléans ausmanövriert werden, der auf Mailand erbrechtliche Ansprüche geltend machen konnte. Da Karl neben dem Papst auf einen Bündnispartner angewiesen war, der ihm den Weg nach Süden zu öffnen imstande war, kam dieses Angebot sehr gelegen, selbst wenn es auf

Kosten des Herzogs von Orléans erfolgte. Ein verläßlicher Partner war Ludovico allerdings nicht, da er gleichzeitig auch mit Maximilian in Verbindung stand, den er mit seiner Nichte Bianca Maria Sforza verheiratete. Als im Oktober 1494 Ludovicos Neffe plötzlich starb – Gerüchte besagten, er habe ihn vergiften lassen – und er sich selbst zum Herzog ausrufen ließ, war er mehr auf Maximilian angewiesen, der ihn in seinem Amt bestätigen mußte, als auf den französischen König.

Schließlich konnte Karl als Erbe der Anjou rechtliche Ansprüche auf das Königreich geltend machen, deren südfranzösisches Territorium, die Provence, Ludwig XI. 1481 sofort nach dem Erbfall Frankreich eingegliedert hatte. 1489 ließ er ein Rechtsgutachten erstellen, das, gestützt auf die den Anjou seit dem 13. Jahrhundert von den Päpsten ausgestellten Rechtstitel, die Rechtmäßigkeit seiner Erbansprüche nachwies und die Usurpation des Königreichs Neapel durch die Aragonesen 1442 als Rechtsbruch verurteilte. Selbst wenn propagandistische Verfälschungen oder auch Irrtümer die Positionen beider Kontrahenten besser aussehen ließen als sie wirklich waren, so war doch die Rechtslage in jedem Fall strittig, und die Argumente, die von Seiten der Franzosen vorgebracht wurden, ließen sich keinesfalls von der Hand weisen. Unbestreitbar war zudem, daß Neapel päpstliches Lehen war und infolgedessen die wiederholten Interventionsgesuche der Päpste an Frankreich rechtliches Gewicht hatten. Wenn auch die Erstellung dieses Rechtsgutachtens und die ersten Noten an den König von Neapel, Ferdinand I. (Ferrante) von Aragón, vom selben Jahr als erste konkret faßbare Schritte angesehen werden können, so wäre es doch verfehlt anzunehmen, daß schon zu diesem Zeitpunkt eine klare Konzeption im Hinblick auf ein Ausgreifen Frankreichs nach Italien entwickelt worden wäre. Vieles entzog sich zweifellos der Planung, und vieles mag dem späteren Betrachter zielgerichteter und kohärenter erscheinen, als es tatsächlich war.

Bevor Karl es jedoch wagen konnte, sein Königreich für einen so risikoreichen Kriegszug von ungewisser Dauer zu verlassen, mußte er Sicherheit an den drei offenen Grenzen seines Reichs gewinnen und die Gewißheit haben, daß Frankreich in seiner Abwesenheit keinen Angriffen von Seiten Englands, Flanderns, des Reichs oder Spaniens ausgesetzt war. Um dies zu gewährleisten, setzte er eine fieberhafte diplomatische Tätigkeit in Gang. In nur sechs Monaten, zwischen November 1492 und Mai 1493, gelang es ihm, sich mit seinen früheren Gegnern auf einvernehmliche Regelungen über die lange strittigen und zum Teil umkämpften territorialen Ansprüche zu einigen. Doch war es nicht nur die Zukunft, die zum Handeln zwang. Es war Maximilian, den besagte Ereignisse der Lächerlichkeit preisgegeben hatten und der die doppelte Brüskierung durch die Heirat Karls mit seiner Frau und die Weigerung der Franzosen, die verstoßene Tochter und vor allem auch deren Mitgift zurückzugeben, nicht unbeantwortet lassen konnte, nämlich gelungen, eine Koalition mit Spanien und England zustande zu bringen. So sah sich Frankreich von drei Seiten zugleich angegriffen und in seiner territorialen Integrität bedroht. Im Vertrag von Etaples (3. November 1492) wurde gegen die enorme Summe von 745 000 Golddukaten der Abzug der Engländer, die Boulogne belagerten, erreicht. Allerdings konnte sich Karl mit dieser Zahlungsverpflichtung, für die Ratenzahlungen von 50 000 Dukaten pro Jahr vorgesehen waren, aus alten, 1475 in Picquigny eingegangenen höheren Verpflichtungen lösen und zugleich die Schulden seiner Frau gegenüber den Engländern begleichen, so daß insgesamt in diesem Vertrag ein für Frankreich nicht unvorteilhafter Ausgleich mit England gesehen werden kann. Zugleich verzichtete Heinrich VII. auf die Führung des Titels «König von Frankreich» und damit auf alle Gebietsansprüche auf französisches Territorium. Der in Picquigny geschlossene Waffenstillstand wurde nun zum Friedensvertrag. Schmerzlicher waren die – ebenfalls schon in Etaples geplanten – Zugeständnisse, die die Einigung mit dem König von Aragón, Ferdinand dem Katholischen, im Vertrag von Barcelona (19. Januar 1493) implizierten. Mit der Rückgabe von Perpignan, Roussillon und Cerdagne an Spanien wurden die von Ludwig XI. 1463 annektierten und gegen alle Widerstände verteidigten Gebiete an der französischen Südgrenze aufgegeben. Nach dem Zeugnis von Commynes verzichtete Karl dabei auch auf die Rückgabe einer Schuld von 300 000 Golddukaten, die Ludwig XI. an Aragón verliehen hatte. Vielleicht wurden sie mit Schulden, die Anne auch gegenüber Spanien hatte und die der König sich bei seiner Heirat zu übernehmen verpflichtet hatte, verrechnet. Wie dem auch sei, anders als beim englischen Vertrag mußten diese Vereinbarungen als eine Niederlage der Franzosen erscheinen. Daß gleichzeitig ein immerwährender Freundschaftsbund zwischen den beiden Königen geschlossen wurde, in dem sie versprachen, ihre Kinder nicht mit den Feinden Karls, und zwar dem englischen und dem deutschen König, sowie deren Kindern zu verheiraten, kann kaum als Zugewinn angesehen werden. Die Gebietsabtretungen waren dauerhaft. Die wenige Jahre später zwischen den Habsburgern und den Katholischen Königen verabredeten ehelichen Verbindungen bildeten den Ausgangspunkt der spanisch-habsburgischen Vorherrschaft in Europa.

Die größte Gefahr für Frankreich stellte Maximilian dar. Während die beiden anderen Koalitionspartner zwar die Mittel für ein militärisches Vorgehen besaßen, aber letztlich wenig Interesse an einem Krieg hatten, brannte der schwer gekränkte deutsche König eben darauf, jedoch waren weder sein Vater, Kaiser Friedrich III., noch die Reichsstände dazu bereit und weigerten sich, die dafür notwendigen Ressourcen bereitzustellen. Mit den wenigen Truppen, die er aus eigenen Mitteln aufstellen konnte, gelang es ihm, bei Salins in der Freigrafschaft einen Sieg über die Franzosen am 17. Januar 1493 zu erringen, der es ihm in der Folge ermöglichte, zumindest einen Teil der abgetretenen burgundischen Erbschaft wieder in Besitz zu nehmen. Da aber weitere militärische Erfolge, wie Maximilian einsah, unter den gegebenen Umständen nicht zu erzielen waren und Karl VIII. auch ihm gegenüber Bereitschaft zum Frieden und zu Zugeständnissen signalisierte, wurde nach einem vorbereitenden Waffenstillstand am 23. Mai 1493 in Senlis ein Friede geschlossen. Margarete, die gegen ihren Willen in Frankreich festgehalten war, übergab man schon am 12. Juni den Gesandten ihres Vaters. Gleichzeitig wurde ihre Mitgift, die Freigrafschaft Burgund sowie die Grafschaften Artois und Charolais, zurückerstattet. Für die übrigen ehemaligen burgundischen Gebiete traf man rechtliche Vereinbarungen. Frankreich bekam im Gegenzug freie Hand für Italien. Daß dies – wie schon 1490 im Falle Maximilians gegenüber der Bretagne – kaum ernst gemeint war, sollte sich bald erweisen. Typisch für die Zeit war die Behandlung der bretonischen Frage. Um Maximilian eine weitere Demütigung zu ersparen, wurde diese Angelegenheit im Vertrag selbst gar nicht angesprochen. Daß jedoch der Sohn und Erbe Karls aus der Verbindung mit Anne als Vertragspartner genannt wird, zeigt ein stillschweigendes Anerkenntnis der Fakten. Erst nachdem Maximilian – ebenfalls unter anfechtbaren Umständen – eine neue Frau gefunden hatte, verzichtete er ein halbes Jahr nach Vertragsabschluß auf alle ihm aus der Heirat mit Anne in der Bretagne erwachsenen Rechte.

Diese drei Verträge sind in der Forschung sehr unterschiedlich bewertet worden. Einerseits wurden sie als Aufgabe dessen interpretiert, was bisher zur territorialen Arrondierung Frankreichs erreicht worden war, nur um ein Vorhaben mit höchst ungewissem Ausgang zu realisieren, dessen Scheitern viele ohnehin für gewiß hielten. Andererseits wurde – etwa von Y. Labande-Mailfert – hervorgehoben, daß unabhängig von Karls Italienplänen die Verträge ein Ende der nun schon Jahrzehnte andauernden Kriege auf französischem Territorium bedeuteten und Frankreich vor allem auch die internationale Anerkennung des Erwerbs der Bretagne eintrugen, demgegenüber die Geldleistungen und Gebietsabtretungen in ihrer Bedeutung zurückständen. Eine solche Interpretation ist stark durch eine positive Bewertung auch der Italienpolitik Karls geprägt und vergißt, daß ohne dieses Unternehmen, das auch Zeitdruck implizierte, die französische Diplomatie zweifellos über einen erheblich größeren Handlungsspielraum verfügt hätte, der sich zu Gunsten der Krone hätte auswirken müssen, zumal eigentlich nur Maximilian zum Kriege bereit, aber nicht in der Lage war, ihn auch zu führen. Zum anderen bedeuteten die finanziellen Zugeständnisse Karls an seine Vertragspartner, selbst wenn sie nicht im vollen Umfang erfüllt wurden, eine beträchtliche Schwächung seiner Finanzen, was schon im Vorfeld ein Gelingen der Italienpläne kompromittierte. Doch wird man sich bei einem Bewertungsversuch davor hüten müssen, Karl an zeitfernen modernen Maßstäben zu messen. Ein Erfolg in Italien versprach politischen und wirtschaftlichen Zugewinn, der territoriale und finanzielle Vorleistungen durchaus rechtfertigen mochte. Die angeführten ideellen Gesichtspunkte sind ebenfalls nicht zu gering zu veranschlagen. Solches ins Auge zu fassen unterschied Karl nicht von den Souveränen seiner Zeit. Daß zudem die geschlossenen Verträge keine Festschreibungen von sehr langer Dauer sein mußten, sondern nur so lange Bestand hatten, wie ihre Inhalte mit den bestehenden Machtverhältnissen übereinstimmten und die Interessenlagen der Vertragspartner sich nicht veränderten, zeigen nicht nur die zwischen dem Friedensvertrag von Arras 1482 und den Verträgen von 1492/93 geschlossenen Vereinbarungen und Verträge. Auch die in diesen und den folgenden Jahren in Italien zwischen ständig wechselnden Gruppierungen vereinbarten und wieder gebrochenen Abmachungen illustrieren den in dieser Zeit besonders labilen Charakter von Verträgen.

Als König Ferdinand I. von Neapel am 25. Januar 1494 starb, war der Moment gekommen, den geplanten Zug nach Neapel in die Tat umzusetzen. Am 13. Februar verließ Karl Amboise, um in Lyon ein Heer zusammenzustellen und die unmittelbaren Vorbereitungen für den Kriegszug zu treffen. Dort nahm er am 13. März den Titel der Anjouherrscher «König von Neapel und Jerusalem» an, was seinen Anspruch auf deren Erbe nun auch programmatisch in aller Öffentlichkeit dokumentierte. Wie sehr dieser Italienzug ein persönliches Unternehmen Karls war, zeigt schon eine Aufzählung der Warner und Gegner des Projekts in seinem engsten Familien- und Beraterkreis: Nicht nur Pierre und besonders Anne de Beaujeu, sondern auch seine Frau versuchten vergeblich, den König von seinem Vorhaben abzubringen. Auch Ludwig von Orléans, dessen Aspirationen auf das Herzogtum Mailand durch das geschickte Taktieren Ludovico Sforzas durchkreuzt worden waren, gehörte nicht länger zu den Befürwortern. Die Marschälle von Frankreich, Philippe de Crèvecoeur, Seigneur d'Esquerdes, und Pierre de Rohan, Seigneur de Gié, gehörten schließlich ebenso zu den Gegnern wie der Admiral Louis Malet, Seigneur de Graville, und der mächtige Erzbischof von Narbonne, Georges d'Amboise, der überdies zu den engen Beratern Ludwigs von Orléans zählte. Auch Philippe de Commynes, den einst die Opposition zu den Beaujeu um Einfluß und Besitz gebracht hatte, war gegen den Italienzug. Die wichtigsten Befürworter waren Karls alter Erzieher, der einflußreiche Seneschall von Beaucaire, Etienne de Vesc, und der intrigante, bei Karl angesehene, aber schon vor Beginn des Italienzuges verstorbene Kardinal Jean Balue, der unter Ludwig XI. viele Jahre im Kerker verbracht und selbst starke italienische Interessen hatte, sowie der an der Spitze der Finanzverwaltung stehende Bischof von St-Malo, Guillaume Briçonnet, der sich Hoffnungen auf einen Kardinalshut machte. Daß schließlich von Ludovico Sforza Bestechungsgelder an sogenannte Freunde des Königs gezahlt wurden, dürfte angesichts eines ohnehin entschlossenen Königs von geringer Bedeutung gewesen sein. Wie sein Vater zeichnete sich auch Karl durch eine gewisse Halsstarrigkeit aus und war, nachdem er einmal einen Entschluß gefaßt hatte, nur schwer mit Argumenten davon abzubringen.

Welche Schwierigkeiten Karl erwarteten, ließ sich erahnen, als angesichts der konkreten Vorbereitungen der Borgiapapst Alexander VI., der 1492 auf Innozenz VIII. gefolgt war, nach anfänglichen an Karl gerichteten Interventionsgesuchen die Seiten wechselte und am 17. April 1494 Alfons II. von Kalabrien, den Sohn Ferdinands I., mit dem Königreich Neapel investierte und am 8. Mai durch den päpstlichen Legaten krönen ließ. Ganz unerwartet war dies nicht, da schon zuvor Neapel zugunsten eines Kreuzzuges gegen die Türken in der päpstlichen Korrespondenz mit Frankreich in den Hintergrund getreten war. Ein Kreuzzug hätte Karl und seine Truppen nicht zwangsläufig nach Süden – und damit auch nicht in die Nähe des Papstes – führen müssen. Die Vorbereitungen des Italienzuges wurden in Lyon allerdings nicht so zügig vorangetrieben, wie man es hätte eigentlich erwarten können. Ob Karl selbst Zweifel bekam? Wir wissen es nicht. Viel Zeit verging mit Festen und auf der Jagd, ehe er sich erst sehr spät, Ende August, von seiner Frau in Grenoble verabschiedete und auf den beschwerlichen Weg über die Alpen nach Italien machte. Die Regierungsgewalt während seiner Abwesenheit hatte er erneut in die Hände seines Schwagers, Pierre de Beaujeu, gelegt. Den Oberbefehl über die Truppen übertrug er dem Grafen von Montpensier, Gilbert de Bourbon, und nicht Ludwig von Orléans, wie dieser wohl hatte erwarten dürfen. Statt dessen erhielt Ludwig den Oberbefehl über die Flotte, worauf er in keiner Weise vorbereitet war. Am 9. September traf Karl mit Ludovico Sforza zusammen, der zu diesem Zeitpunkt noch zu ihm stand und dem französischen König etwa 6000 Soldaten zur Verfügung stellte. Die Truppenstärke des Königs betrug etwa 22 000 Mann, davon etwa 7500 ausländische Söldner, Schweizer (6300), Holländer (600) und Schotten (600). Aus Frankreich kamen 9360 Berittene und 5400 Fußsoldaten. Die mitgeführten Kanonen, die schwere Kavallerie und die gefürchteten Schweizer Fußsoldaten machten Karls Heer zu einem schwer besiegbaren Gegner. Daß Venedig sich neutral verhielt, war ein zusätzlicher Vorteil. Von den übrigen italienischen Stadtstaaten, die zwar eine ausländische Intervention verabscheuten, aber in ihren Interessen zu gespalten waren, als daß sie sich zu einem gemeinsamen Vorgehen hätten entschließen können, drohte kaum Gefahr. Lediglich Piero de' Medici, der an seiner Freundschaft mit Neapel festhalten wollte, vermochte Karl auf seinem Weg nach Süden noch ernsthaft zu gefährden.

Um Karl gar nicht erst an die Grenzen seines Königreichs kommen zu lassen, wollte Alfons II. ihm sowohl zu Wasser als auch zu Land den

Weg abschneiden. Beides scheiterte. Seine Flotte unterlag bei Rapallo, so daß es nicht gelang, die französischen Schiffe aufzuhalten. Der auf die Unterstützung durch Florenz angewiesene Plan einer Bekämpfung Karls schon im Norden kam nicht zum Tragen, da schon Piero selbst im geheimen einen Ausgleich mit Karl suchte, bevor ihn die franzosenfreundlichen aufständischen Florentiner aus der Stadt vertrieben und dem König ihre Tore öffneten. Savonarola begrüßte ihn als den Retter und Reformer Italiens. Die Stadt ließ sich von Karl ihre Privilegien bestätigen und erklärte sich bereit, ihn finanziell zu unterstützen. De facto wurde Florenz nun zum Stützpunkt der Franzosen. Nichts stellte sich mehr Karls militärischem Marsch nach Neapel entgegen. Am 31. Dezember 1494 erreichte er Rom, wo der Papst sich nun gezwungen sah, ihm ungehinderten Durchzug durch den Kirchenstaat zu gewähren. Briçonnet erhielt den ersehnten Kardinalshut. In Rom traf Karl nun auch mit Djem zusammen, der dort im Exil lebte. Dieser Bruder des Sultans Bajazet, der für sich in Anspruch nahm, der rechtmäßige Sultan zu sein, diente dem Papst als Unterpfand, um den Sultan von einer Invasion in Italien abzuhalten. Für Karl war die Person Djems aber auch im Hinblick auf seine Kreuzzugspläne von Bedeutung. Als Preis für sein politisches Doppelspiel mußte Alexander nun Djem der Obhut Karls überantworten. Da Djem jedoch schon bald darauf in Neapel starb (25. Februar 1495), blieb sein Schicksal Episode. Trotzdem war Karl, der den Tod zuerst geheimhielt, nicht bereit, die Leiche herauszugeben. Erst mit dem Abzug der Franzosen aus dem Königreich ging auch dieses letzte Symbol für seine Kreuzzugspläne verloren. Der von allen Bündnispartnern verlassene Alfons II., der zudem eine starke profranzösische Opposition im Lande gegen sich hatte, sah nun im Thronverzicht und in der Übergabe der Königsherrschaft an seinen Sohn Ferrandino (Ferdinand II.) am 23. Januar 1495 den einzigen Ausweg zum Erhalt der aragonesischen Königsherrschaft in Neapel.

Karls Weiterzug konnte er jedoch damit nicht verhindern. Ohne auf großen Widerstand zu stoßen, erreichte dieser nur einen Monat nach dem Verlassen Roms die Haupstadt und hielt am 22. Februar 1495 zum ersten Mal Einzug in Neapel. Bereits zweieinhalb Wochen später war auch die letzte wichtige Festung des Königreichs Neapel in französischer Hand. Karl übernahm die Regierungsgeschäfte, verteilte die Aufgaben neu und vergab, politisch kurzsichtig, die enteigneten Besitzungen an die Franzosen – was bei den nichtberücksichtigten Anhängern der Anjou im Lande zu Recht erhebliche Unzufriedenheit hervorrief – und trug um die militärische Sicherung des Landes für die Franzosen Sorge. Gegen Ende seines dreimonatigen Aufenthalts in Neapel wiederholte er den Einzug noch einmal (12. Mai 1495) in Form einer *entrée solennelle*, des traditionellen feierlichen Eintritts der französischen Könige beim ersten Besuch ihrer Städte nach der Krönung. Auf dem Höhepunkt der Zeremonie sah man Karl vom Königsthron in der Kathedrale die Huldigung des neapolitanischen Volkes entgegennehmen und hörte ihn die Namen der höchsten Amtsträger, die er zur Regierung und Verwaltung des Königreichs eingesetzt hatte, verkünden, an ihrer Spitze den des Grafen von Montpensier als Vizekönig. Am 20. Mai verließ der Herrscher die Stadt, um wieder nach Frankreich zurückzukehren.

So leicht wie die Eroberung des Königreichs Neapel gewesen war, die ohne nennenswerte Verluste gelang, weil aus Angst vor der schweren Artillerie, die die Franzosen mit sich führten, die Städte fast überall kampflos ihre Tore öffneten, so schwierig sollte der Rückzug werden. Am 31. März wurde zwischen Venedig, das jetzt seine Neutralität aufgab, Maximilian, dem Papst, Mailand und Spanien das Bündnis der lombardischen «Heiligen Liga» geschlossen, um Karl den Rückweg abzuschneiden und ihm seine Eroberungen wieder zu entreißen. Am 6. Juli 1495 kam es in der Emilia bei Fornovo di Taro zur Schlacht. Den Franzosen gelang es, nicht zuletzt dank der geschickten Strategie Karls und seiner persönlichen Tapferkeit, das zahlenmäßig überlegene Heer der Liga zu besiegen. Es ist zwar zufällig, jedoch deshalb nicht minder bedeutungsvoll, daß am folgenden Tag der beim Anmarsch Karls aus Neapel geflohene König Ferrandino von Neapel wieder in seine Hauptstadt zurückkehrte.

In der Zwischenzeit hatte Ludwig von Orléans gegen den Herzog von Mailand, der dem Bündnis mit Karl untreu geworden war, militärische Siege errungen, war zuletzt aber in dem eroberten Novara eingeschlossen worden. Trotz Hunger und Krankheit, die sich unter den Truppen Ludwigs und der Stadtbevölkerung breit zu machen begannen, legte Karl offensichtlich keine Eile an den Tag, den Herzog von Orléans aus seiner mißlichen Lage zu befreien und gegen den Mailänder militärisch vorzugehen. Als er sich im September mit seinen Truppen schließlich in Bewegung setzte, um die Stadt zu entsetzen, geschah dies offensichtlich nicht mit der Absicht, Ludovico zu bekriegen. Statt dessen suchte er eine vertragliche Einigung, die zwar den Belagerten freien Abzug gewährte, Novara aber erneut in die Hände Ludovicos gab. Dieses Vorgehen diskreditierte nicht nur Ludwig von Orléans und führte zu einer tiefen Verstimmung zwischen beiden, es ist in gewisser Weise auch typisch für Karls Italienpolitik. Wahrscheinlich wird man von einem Konzept gar nicht reden dürfen. Vieles macht den Eindruck von ad hoc-Entscheidungen, die mehr durch die Augenblicksumstände beeinflußt als an stringenten Zielvorstellungen und langfristiger Planung ausgerichtet waren. Der mit Ludocivo geschlossene Friedensvertrag von Vercelli (10. Oktober 1495) brachte zwar das Ende der lombardischen Liga, doch bedeutete dies keinen Sieg für Karl. Als er am 7. November 1495 wieder in Lyon einzog, war ein großes Unternehmen gegen große Widerstände und gegen die Erwartungen vieler in gewisser Weise zwar erfolgreich abgeschlossen worden, das eigentliche Kriegsziel aber, das Königreich Neapel, war schon wieder so gut wie verloren.

Dort setzten schon bald nach Karls Abzug die ersten Rückeroberungsversuche ein. Zwar gelang es zu Anfang den gut gerüsteten Franzosen, sich erfolgreich zu behaupten und auch militärische Siege zu erringen, schon bald jedoch konnten sie wichtige Plätze nicht mehr halten. Am 8. Dezember 1494 fiel die erst am 7. März eroberte Festung Castel Nuovo wieder in die Hand der Neapolitaner. Auf Dauer erwies sich die große Entfernung zu Frankreich als nicht wettzumachendes Handicap, zumal auch die den Heerführern bewilligten Finanzmittel und die Soldzahlungen nur sehr unregelmäßig und nicht in ausreichender Höhe zur Verfügung gestellt wurden. Zum Teil geschah dies wohl ohne Wissen des Königs. Briçonnet, der so auf den Italienzug gedrängt hatte, dessen Wünsche aber mit dem Erreichen des Kardinalats befriedigt waren, trug hieran entscheidende Verantwortung. Erst nachdem es zu spät war, schien Karl dessen gewahr zu werden und entzog Briçonnet seine Verantwortlichkeiten in der Finanzverwaltung. Ohne ausreichenden Nachschub aber waren die auf sich selbst gestellten Franzosen den überlegenen neapolitanisch-spanischen Truppen auf Dauer nicht gewachsen. Diese standen unter dem Oberbefehl von Gonzalos de Cordóba, eines fähigen Heerführers, den König Ferdinand von Aragón seinem Schwiegersohn, dem König von Neapel, zusammen mit Truppen zur Verfügung gestellt hatte. Die notwendigen Gelder lieh Venedig. Krankheiten, darunter besonders die Syphilis, die schon während Karls Aufenthalt in Neapel unter den Franzosen ausgebrochen war, und Malaria, der schlechter werdende Stand ihrer Ausrüstung, die Verluste im Krieg sowie nicht zuletzt auch Rang- und Kompetenzstreitigkeiten unter den französischen Heerführern führten schließlich zur Kapitulation der Armee am 23. Juli 1496 in Atella.

Wie verhielt sich nun Karl selbst, als er mitansehen mußte, wie sein Traum zerrann? Die in den folgenden Jahren immer wieder unternommenen Anstrengungen zu erneuten Italienzügen kamen jeweils über die Anfänge nicht hinaus. Sie blieben ebenso Stückwerk wie die Anläufe, wirksam gegen den seines Amtes unwürdigen Papst vorzugehen und ihn etwa durch ein Konzil absetzen zu lassen. Seine diesbezüglichen an die Pariser Fakultät gerichteten Fragen um Rechtsauskunft wurden alle in seinem Sinne beantwortet. Der König jedoch tat nichts. Die Kreuzzugspläne, sollten sie je wirklich verfolgt worden sein, waren mit dem Tode Djems in weite Ferne gerückt. Wie ernsthaft Karl selbst an einen neuen Italienzug dachte, wissen wir nicht. Sicher erschwerte auch sein schlechter Gesundheitszustand, der ihn seit November 1496 immer stärker beeinträchtigte, eine Realisierung solcher Pläne. Nach dem Verlust Gaetas (19. November 1496), des letzten den Franzosen noch verbliebenen Stützpunkts in Süditalien, sah sich Karl zum Abschluß eines Waffenstillstandes mit dem König von Neapel gezwungen, der de facto den Zustand vor der Eroberung wiederherstellte. Die Italienpolitik Karls war gescheitert. So schnell die Eroberung Neapels gelungen war, so schnell ging das Eroberte wieder verloren. Daß auch Maximilian mit seinen Italienplänen kein Erfolg beschieden war, dürfte kaum ein Trost gewesen sein. Der Zug des deutschen Königs (August 1496) kam nicht zuletzt durch die Niederlage gegen die französische Flotte bei Livorno zum Stillstand. Die angestrebte Kaiserkrönung in Rom sollte er nie erreichen.

Am 7. April 1498 starb Karl VIII. an den Folgen eines Unfalls in seinem geliebten Schloß Amboise. Hier war er als Kind aufgewachsen, hier hatte er seine größte Bautätigkeit entfaltet und erhebliche Summen in bauliche Verbesserungen investiert. Um der Königin, die noch unter den Folgen einer Fehlgeburt litt, eine Freude zu machen, schlug er ihr an diesem Tag nach der Rückkehr von der morgendlichen Jagd vor, gemeinsam von einer Galerie dem Ballspiel im Schloßhof zuzusehen. Auf dem Weg dahin stieß er sich in dem engen, dunklen und durch Bauarbeiten schlecht passierbaren Gang an einem Balken den Kopf an. Zunächst schien dies ohne Bedeutung, denn weder er noch die hinter ihm gehende Königin waren beunruhigt. Nach einigen Worten mit den Umstehenden und einer Äußerung gegenüber seinem Beichtvater, dem Bischof von Angers, keine läßliche und keine Todsünde mehr begehen zu wollen, wenn dies denn möglich sei, brach er bewußtlos zusammen. Wenige Stunden später starb er an derselben Stelle, wo man ihn auf ein Strohlager gebettet hatte, ohne bis auf ganz kurze Augenblicke wieder zu Bewußtsein gekommen zu sein. Über die Todesursache ist aufgrund der besonderen Umstände viel geschrieben worden. Zeitgenossen sprachen auch von Vergiftung. Gehirnblutung oder vielleicht die Folgen einer Herzkrankheit sind plausiblere Erklärungen.

Schon zu seinen Lebzeiten hatten viele Zweifel an Karls Fähigkeiten, selbst wenn nicht alle so harsch urteilten wie ein venezianischer Gesandter: «Ich bin sicher, daß er sowohl körperlich als auch geistig wenig taugt» *(Je tiens pour certain que, soit de corps, soit d'esprit, il vaut peu)*. Der kritische Commynes maß ihn wohl implizit an seinem Vater, dem er nicht gewachsen war; aber wie er zugesteht, habe ihn auch sein früher Tod nicht zur Entfaltung kommen lassen. Sein Mäzenatentum und auch seine Frömmigkeit werden gerühmt. Täglich ging er zur Messe, was ihn allerdings ebensowenig wie die Zuneigung zu seiner Frau von sexuellen Abenteuern abhielt. Im Umgang mit Menschen unterschied er sich wohl sehr positiv von Ludwig XI. Im Innern hat er sein Land nicht geprägt, dazu mögen ihn die Italienpolitik und seine seit 1496 verstärkt einsetzenden gesundheitlichen Probleme, aber auch die Jagd und andere Vergnügungen, die ihm wohl näher lagen als das Regieren, zu sehr in Anspruch genommen haben. Zudem dürften ihn aber auch der plötzliche Tod des Thronfolgers Charles-Orland am 16. Dezember 1495 und der Tod dreier weiterer, in den folgenden Jahren geborener Kinder, was ihn ohne Erben ließ und das Königspaar tief bedrückte, während der letzten Jahre seiner Regierung belastet haben.

Gleichwohl unternahm Karl nach seiner Rückkehr aus Italien einige Anstrengungen zur Verbesserung und Beschleunigung der Rechtsprechung im Lande. Die Kodifikation der Gewohnheitsrechte wurde wieder aufgenommen. Das Pariser Parlement bekam einen fünften Präsidenten. 1498 hielt Karl selbst öffentliche Audienzen ab, bei denen auch die Armen Gelegenheit bekamen, ihr Recht einzufordern. Ein gewisses Gefühl für die Bedürfnisse des Volkes, das hierin zum Ausdruck kommt, läßt sich auch in anderen Zusammenhängen finden – etwa wenn er in Amboise für arme und alte königliche Amtsträger eine Art Heim einrichten ließ. Doch ist dies nicht überzubewerten. Die finanziellen Aufwendungen für den Krieg, insbesondere die hohen Kosten für die Truppen, lasteten schwer auf den Franzosen. Die königliche Hofhaltung kannte keine Einschränkungen. Die eigenen Mittel reichten dafür nicht aus. Hohe Schulden waren die Folge. All dies scheint der generellen Beliebtheit des Königs aber nicht abträglich gewesen zu sein. Ein riesiger Trauerzug begleitete seinen Sarg nach St-Denis, wo er am 1. Mai 1498 neben seinen Vorfahren begraben wurde. Die Trauer um ihn nahm zum Teil exzessive Züge an. Zwei seiner Diener sollen sogar vor Trauer gestorben sein. Der Thron und – entsprechend dem Ehevertrag mit Anne – auch seine Frau gingen an Herzog Ludwig aus dem Hause Orléans über.

Anhang

BIBLIOGRAPHIE

Odo
(R. Schneider)

Die Urkunden Odos liegen vor in der Edition von R.-H. Bautier, Recueil des actes d'Eudes, roi de France (1967). Als erzählende Quellen kommen in Betracht vor allem die Annales Vedastini, ed. B.v. Simson, MGH SS rer. Germ. (1909); Annales Fuldenses, ed. F. Kurze, MGH SS rer. Germ. (1891); Regino von Prüm, Chronica, ed. F. Kurze, MGH SS rer. Germ. (1890); Abbo, De bello Parisiaco, ed. H. Waquet (^{2}1964); Richer von St-Rémi, Historiae, ed. R. Latouche, 2 Bde. (1930–1937). Die Liste der aus dem Schatz von St-Denis entnommenen Herrschaftszeichen findet sich bei P.E. Schramm/F. Mütherich, Denkmale der deutschen Könige und Kaiser, Bd. 1 (München ^{2}1981); zur Eheschließung bietet N. Fickermann, Eine karolingische Kostbarkeit zwischen Figurengedichten der Zeit um 1500, in: Beiträge der Geschichte der deutschen Sprache und Literatur 83 (1961/62) die entscheidenden Texte. Aufschlußreich für Etappen auf dem Weg zum Königtum ist eine westfränkische Briefsammlung, die B. Bischoff ediert hat: Anecdota Novissima. Texte des vierten bis sechzehnten Jahrhunderts (Quellen u. Untersuchungen zur Lateinischen Philologie des Mittelalters 7, 1984), 123ff. Über den Aufstieg westfränkischer Adelsverbände, darunter der Robertiner, unterrichtet K.F. Werner, Untersuchungen zur Frühzeit des französischen Fürstentums, in: Die Welt als Geschichte 18 (1958), 256–289; 19 (1959), 146–193; 20 (1960), 87–119.

Grundlegend für die Geschichte König Odos bleibt die Monographie von E. Favre, Eudes, comte de Paris et roi de France (1893). Hinzu kommen ausführlichere Darstellungen, oft in Handbüchern: P.E. Schramm, Der König von Frankreich. Das Wesen der Monarchie vom 9. bis 16. Jahrhundert (^{2}1960); P.E. Schramm, Die Krönung im 9. und 10. Jahrhundert, in: Ders., Kaiser, Könige und Päpste, Bd. 2, 2 (1968); E. Hlawitschka, Lotharingien und das Reich an der Schwelle der deutschen Geschichte (1968); K.F. Werner, Westfranken – Frankreich unter den Spätkarolingern und frühen Kapetingern (888–1060), in: Handbuch der europäischen Geschichte 1 (1976), 735ff.; B. Schneidmüller, Karolingische Tradition und frühes französisches Königtum (1979) 105ff.; R. McKitterick, The Frankish Kingdoms under the Carolingians. 751–987 (1983); O. Guillot, Les étapes de l'accession d'Eudes au pouvoir royal, in: Media in Francia. Fschr. K. F. Werner (1989) 199–223; C. Brühl, Deutschland – Frankreich. Die Geburt zweier Völker (1990); R. Schieffer, Die Karolinger (1992); B. Schneidmüller, Odo, in: Lexikon des Mittelalters, Bd. 6 (1993), 1353f.

Trotz mancher derzeit modischer Distanz lohnt noch immer der Griff zu älteren Werken, wie E. Dümmler, Geschichte des ostfränkischen Reiches, Bd. 3 (^{2}1888) 297ff.; E. Mühlbacher, Deutsche Geschichte unter den Karolingern (1896), 619ff. In ähnlicher Weise gilt dies für Arbeiten zur französischen Geschichte, deren Anfänge von der älteren Forschung durchaus nicht durchgängig falsch beurteilt wurden, z. B. Lot, Naissance de la France (1948). Grundlegend für die Beurteilung der Eigenständigkeit des westfränkischen Reiches ist P. Classen, Die Verträge von Verdun und von Coulaines 843 als politische Grundlagen des westfränkischen Reiches, in: Historische Zeitschrift 196 (1963), 1–35.

Odos Promissio von 888 ist häufig interpretiert worden, vgl. zuletzt R. Schneider, Schriftlichkeit und Mündlichkeit im Bereich der Kapitularien, in: P. Classen (Hg.), Recht und Schrift im Mittelalter (1977). Für die politische Gegnerschaft im Innern von Odos Reich ist besonders aufschlußreich die Arbeit von G. Schneider, Erzbischof Fulco von Reims (883–900) und das Frankenreich (1973).

Zur Einordnung der Wormser Königstreffen von 888 und 895 vgl. I. Voss, Herrschertreffen im frühen und hohen Mittelalter (1987). Über die Normannen informiert instruktiv der Pariser Ausstellungskatalog: Les Vikings... Les Scandinaves et l'Europe 800–1200 (1992). Allerdings wird die kontinentale Bedrohung durch Normannenscharen in diesem Katalog grotesk verharmlost. Der Rückgriff beispielsweise auf W. Vogel, Die Normannen und das fränkische Reich bis zur Gründung der Normandie (1906) bleibt daher weiterhin notwendig.

Karl III.
(B. Schneidmüller)

Die Edition der Urkunden Karls III. von P. Lauer, Recueil des actes de Charles III le Simple roi de France (893–923) (1940–1949), ist kritisiert worden von J. de Font-Réaulx, Les diplômes de Charles le Simple, in: Annales de l'Université de Grenoble, section lettres-droit 19 (1943), 29–49, und F. Vercauteren, Note critique sur un diplôme du roi de France Charles le Simple du 20 décembre 911, in: Miscellanea mediaevalia in memoriam J.F. Niermeyer (1967), 93–103. Der Bonner Vertrag von 921 ist gedruckt von L. Weiland in den Monumenta Germaniae Historica (im folgenden MGH). Constitutiones I (1893), 1f. Von den erzählenden Quellen sind besonders die Annales Vedastini, ed. B. v. Simson, Mg SS rer. Germ. i. u. s. (1909), Flodoards Historia Remensis ecclesiae, ed. J. Heller/G. Waitz, Mg SS 13 (1881), 405–599 (dazu jetzt M. Sot, Un historien et son église au Xe siècle: Flodoard de Reims [(1993]), und seine Annales, ed. P. Lauer (1905), zu nennen.

Die grundlegende, wenn auch in Einzelheiten veraltete Monographie stammt von A. Eckel, Charles le Simple (1899). Eine umfassende monographische Neubearbeitung wäre lohnend. Zu vgl. sind die Lexikonartikel von T. Schieffer, Neue Deutsche Biographie 11 (1977), 184–188; B. Schneidmüller, Lexikon des Mittelalters 5 (1991), 970f. Neubewertungen von Leben und Werk im Verfassungswandel der spätkarolingischen Epoche stammen von K.F. Werner, Handbuch der europäischen Geschichte 1 (1976), 735–745; Ders., Die Ursprünge Frankreichs bis zum Jahr 1000 (1989), 475ff.; J. Ehlers, Die Anfänge der französischen Geschichte, in: Historische Zeitschrift 240 (1985), 1–44; W. Kienast, Die fränkische Vasallität (1990), 459ff.; R. Schieffer, Die Karolinger (1992), 187ff. Die Übereinkunft mit den Normannen von 911 analysiert H. Hattenhauer, Die Aufnahme der Normannen in das westfränkische Reich (1990). Über die Lotharingienpolitik handeln R. Parisot, Le royaume de Lorraine sous les Carolingiens (1898); E. Hlawitschka, Lotharingien und das Reich an der Schwelle der deutschen Geschichte (1968); H. Büttner, Heinrichs I. Südwest- und Westpolitik (1964); über die lothringische Sonderkanzlei Th. Schieffer, Die lothringische Kanzlei um 900, in: Deutsches Archiv für Erforschung des Mittelalters 14 (1958), 16–148; I. Voss, Herrschertreffen im frühen und hohen Mittelalter (1987). Die Beziehungen zwischen Ost- und Westfranken stellen dar W. Kienast, Deutschland und Frankreich in der Kaiserzeit I (^{2}1974), 50ff.; C. Brühl, Deutschland – Frankreich. Die Geburt zweier Völker (1990), 389ff. (revid. Nachdr. 1995). Zum traditionsbewußten Herrschaftsverständnis ist zu vgl. H. Wolfram, Intitulatio II (1973), 115ff.; B. Schneidmüller, Karolingische Tradition und frühes französisches Königtum (1979), 121ff.; E. Freise, Die ‹Genealogia Arnulfi comitis› des Priesters Witger, in: Frühmittelalterliche Studien 23 (1989), 203–243. Über die Erzbischöfe v. Reims als Helfer Karls siehe neben Sot (wie oben) G. Schneider, Erzbischof Fulco von Reims (883–900) und das Frankenreich (1973); G. Schmitz, Heriveus von Reims (900–922), in: Francia 6 (1978), 59–105; zum Verhältnis von Königtum und Kirche H. Zimmermann, Der Streit um das Lütticher Bistum vom Jahre 920/921, in: Mitt. des Inst. für Österr. Geschichtsforschung 65 (1957), 15–52; G. Schmitz, Das Konzil von Trosly (909), in: Deutsches Archiv f. Erforschung des MA 33 (1977), 341–434; I. Schröder, Die westfränkischen Synoden von 888 bis 987 und ihre Überlieferung (1980). Zum Beinamen simplex vgl. neben Eckel (wie oben), 140–144; auch B. *Schneidmüller*, Die «Einfältigkeit» Karls III. von Westfranken als frühmittelalterliche Herrschertugend, in: Schweizerische Zeitschrift für Geschichte 28 (1978), 62–66.

Robert I. und Rudolf I.
(F.J. Felten)

1. Urkunden: Die moderne Edition der Urkunden – Recueil des actes de Robert Ier et de Raoul rois de France (922–936) publié sous la direction de R.H. Bautier par J. Dufour (= Chartes et diplômes, 1978) – enthält auch die Privaturkunden, Regesten und eine umfassende Darstellung der Kanzlei.
2. Wichtigste erzählende Quelle sind die 919 einsetzenden Annalen Flodoards (ed. Ph. Lauer, Les Annales de F., 1905); ergänzend dessen Historia Remensis ecclesia, ed. J. Heller/G. Waitz, MGH SS 13, 405–599, zu ihm: P.C. Jacobsen, Flodoard von Reims. Sein Leben und seine Dichtung «De Triumphis christi» (1978); P.C. Jacobsen, Die Titel princeps und domnus bei Flodoard von Reims (893/4–966), Mittellat. Jb. 13 (1978), 50–72. Zum jüngeren und problematischeren Richer von Reims, Histoire de France (888–995), ed. et trad. par R. Latouche, 2 Bde 1930/37; H.-H. Kortüm, Richer von St-Remi. Studien zu einem Geschichtsschreiber des 10. Jahrhunderts (1985). Spät und prokarolingisch, für Rudolf gemildert durch die Tatsache, daß er aus Burgund stammte und in Ste-Colombe begraben lag: Ann. S. Columbae Senonensis, ed. G.H. Pertz, MGH SS 1, 102–9; ed. L.-M. Duru, Bibliothèque historique de l'Yonne 1 (1850), 200–16, und vor allem die Historia Francorum Senonensis, ed. G. Waitz, MGH SS 9, 364–9; dazu J. Ehlers, Die Historia Francorum Senonensis und der Aufstieg des Hauses Capet, Journal of Medieval History 4 (1978), 1–26.

Jahrbücherähnliche Darstellungen bieten: A. Eckel, Charles le Simple (1899), Ph. Lauer, Robert Ier et Raoul de Bourgogne, rois de France (1910), der weitgehend auf der gründlichen Arbeit von H.W. Lippert, König Rudolf von Frankreich (1886) beruht. Überblick, auch über die Quellen und Lit. bei K.F. Werner, in: Hdb. der europ. Geschichte I (1976), § 113. Faktenreiche Darstellung und prononcierte Kritik der Literatur bei C. Brühl, Deutschland – Frankreich. Die Geburt zweier Völker (1990) (revid. Nachdr. 1995), mit ausgezeichneter Bibliographie. Zum Werden Frankreichs auch: F. Prinz, Zur französischen Nationwerdung, in: Bohemia. Jb. des Collegium Carolinum 16 (1975), 51–68; J. Ehlers, Die Anfänge der französischen Geschichte, in: Historische Zeitschrift 240 (1985), 1–44; B. Schneidmüller, Karolingische Tradition und frühes französisches Königtum. Untersuchungen zur Herrschaftslegitimation der westfränkisch-französischen Monarchie im 10. Jahrhundert (1979). Für die Geschichte vor 922/23, konkurrierende Adelsfamilien und die Problematik der Fürstentümer: M. Chaume, Les origines du duché de Bourgogne 1 (1925); K. Glöckner, Lorsch und Lothringen. Robertiner und Capetinger, in: Zeitschrift f. d. Geschichte des Oberrheins NF 50 (1927), 301–354; J. Dhondt, Études sur la naissance des principautés territoriales en France (IXe–Xe siècle) (1948); K.F. Werner, Untersuchungen zur Frühzeit des französischen Fürstentums, in: Die Welt als Geschichte 18 (1958), 256–89, 20 (1960), 87–119. Zur

Verlassung Karls und zu den Wahlen W. Kienast, Die französischen Stämme bei der Königswahl, in: Historische Zeitschrift 206 (1968), 1–21; G. Schmitz, Heriveus von Reims (900–922). Zur Geschichte des Erzb. Reims am Beginn des 10. Jahrhunderts, in: Francia 6 (1978), 59–105; K. Bund, Thronsturz und Herrscherabsetzung im Frühmittelalter (1979). Für die Durchsetzung im Reich Eckel, Lippert und W. Kienast, Der Wirkungsbereich des französischen Königtums von Odo bis Ludwig VI. (888–1137), in: Historische Zeitschrift 209 (1969), 529–565. Zur Bedeutung des Klosterbesitzes im politischen Kampf: K. Voigt, Die karolingische Klosterpolitik und der Niedergang des westfränkischen Königtums. Laienäbte und Klosterinhaber (1917). Für Lothringen und die Beziehungen zu Heinrich I. jetzt neben der grundlegenden Untersuchung von H. Büttner, Heinrichs I. West- und Südwestpolitik (1964) E. Hlawitschka, Lotharingien und das Reich an der Schwelle zur deutschen Geschichte (1968); W. Mohr, Die Rolle Lothringens im zerfallenden Karolingerreich, in: Revue belge de philologie et d'histoire 47 (1969), 361–98; W. Mohr, Geschichte Lothringens I (1974), B. Schneidmüller, Französische Lothringenpolitik im 10. Jahrhundert, in: Jb. f. westdt. Landesgesch. 5 (1979), 1–31; K. Schmid, Unerforschte Quellen aus quellenarmer Zeit. Zur Amicitia zwischen Heinrich I. und dem westfränkischen König Robert im Jahre 923, in: Francia 12 (1984), 119–147; B. Schneidmüller, Regnum und Ducatus. Identität und Integration in der lothringischen Geschichte des 9. bis 11. Jahrhunderts, in: Rhein. Vierteljahrsblätter 51 (1987), 81–114 und G. Althoff, Amicitiae und Pacta. Bündnis, Einung, Politik und Gebetsgedenken im beginnenden 10. Jahrhundert (1992).

Ludwig IV.
(C. Brühl)

Die Edition der Urkunden Ludwigs IV. – nur 42 vollständige Urkundentexte sind überliefert – besorgte Philippe Lauer, Recueil des actes de Louis IV, roi de France (1914). Die mit weitem Abstand wichtigste Quelle für die Regierungszeit Ludwigs sind die «Annales» des Reimser Kanonikers und Archivars Flodoard, ed. Ph. Lauer (1905). Zu Flodoard vgl. jetzt M. Sot, Un historien et son église au Xe siècle: Flodoard de Reims (1993). Die über die zeitgenössischen Nachrichten Flodoards hinausgehenden Nachrichten des Mönchs Richer von St-Remi sind mit größter Vorsicht zu behandeln und häufig frei erfunden: Richer de Reims, Histoire de France, 2 Bde., ed. R. Latouche (1930–37). Zu Richer vgl. die Bibliographie zu Lothar. Das grundlegende, wenn auch in der Konzeption völlig veraltete Werk über Ludwig IV. schrieb Ph. Lauer, Le règne de Louis IV d'Outre-Mer (1900). Von deutscher Seite wäre als Spezialstudie zu nennen: A. Heil, Die politischen Beziehungen zwischen Otto dem Grossen und Ludwig IV. von Frankreich (936–954) (1904). Beide Werke sind noch ganz dem veralteten Denken in den Kategorien «Deutschland – Frankreich» statt «Ost- und Westfranken» verpflichtet, so leider auch noch W. Kienast, Deutschland und Frankreich in der Kaiserzeit 1 (1974), 59–76. Vgl. aber jetzt K.F. Werner, Les origines (1984), 463 ff.; deutsche Übersetzung: Die Ursprünge Frankreichs bis zum Jahr 1000 (1989), 492 ff.; bes. C. Brühl, Deutschland – Frankreich. Die Geburt zweier Völker (1990), 187, 470–472 (revid. Nachdr. 1995); R. Schieffer, Die Karolinger (1992), 205–211. Vgl. ergänzend I. Voss, Herrschertreffen im frühen und hohen Mittelalter (1987).

Lothar und Ludwig V.
(C. Brühl)

Die Edition der Urkunden Lothars und Ludwigs V. publizierten L. Halphen und F. Lot: Recueil des actes de Lothaire et de Louis V, rois de France (1908). Die letzte

Edition der «Historia» Richers, des wohl problematischsten Autors des 10. Jahrhunderts, wird Robert Latouche verdankt: Richer, Histoire de France (sic!), 2 Bde. (1930–1937). Von höherem Quellenwert, aber gleichfalls problematisch ist die Briefsammlung Gerberts von Reims, die nach der Edition von F. Weigle (Die Briefsammlung Gerberts von Reims, MGH. Die Briefe der deutschen Kaiserzeit 2, 1966) unlängst erneut, mit französischer Übersetzung, von P. Riché und J. P. Callu herausgegeben wurde (Gerbert d'Aurillac, Correspondance, 2 Bde., 1993). Die bis heute umfassendste Gesamtdarstellung legte F. Lot, Les derniers Carolingiens. Lothaire, Louis V, Charles de Lorraine (954–991) (1891), vor, dessen historisches Urteil weit über die Fleißarbeit von C. Schoene, Die politischen Beziehungen zwischen Deutschland und Frankreich in den Jahren 953–980 (1910), hinausgeht. – Zu Richer vgl. B. Schneidmüller, Karolingische Tradition und frühes französisches Königtum (1979), und zuletzt H.-H. Kortüm, Richer von Saint-Remi. Studien zu einem Geschichtsschreiber des 10. Jahrhunderts, (1985). Allgemein C. Brühl: Deutschland – Frankreich. Die Geburt zweier Völker (1990), 553ff. (revid. Nachdr. 1995). Siehe auch R. Schieffer, Die Karolinger (1992), bes. S. 212ff.

Hugo Capet
(H.-W. Goetz)

Quellen: Die Urkunden Hugo Capets liegen nur in unvollkommener Form (M. Bouquet, Recueil des historiens des Gaules et de la France X, 1874, 543ff.) vor und sind nicht kritisch ediert. Wichtig für seine Regierungszeit sind die Briefe Gerberts von Reims, ed. F. Weigle, MGH. Die Briefe der deutschen Kaiserzeit 2 (1966), und die Konzilsakten, MGH SS 3, 658–686. Wichtigste historiographische Quelle sind die aus Reimser Sicht abgefaßten Historien Richers von St-Remi, ed. R. Latouche (1930–1937). Von Chronisten des frühen 11. Jahrhunderts sind die Chronik Ademars von Chabannes, ed. J. Chavanon (1897), die Chronik Rudolf Glabers, ed. J. France (1989), und die Historia Francorum Senonensis, ed. G. Waitz, MGH SS 9, 1851, 364ff. zu nennen.

Darstellungen: Die Standardwerke von F. Lot, Les derniers Carolingiens Lothaire, Louis V, Charles de Lorraine (954–991) (1891) und Études sur le règne d'Hugues Capet (1891), sind heute in ihren Deutungen vielfach überholt. Eine Quellenauswahl in franz. Übersetzung nebst Einführung in die Persönlichkeit und Regierungsweise bietet: E. Pognon (Ed.), Hugues Capet, roi de France (1966). Zur Einordnung Hugos in die kapetingische Politik: E.M. Hallam, Capetian France, 987–1328 (1980); zur Einordnung in die karolingische Tradition: B. Schneidmüller, Karolingische Tradition und frühes französisches Königtum (1979). Eine umfangreiche Literatur mit Neubewertung der Persönlichkeit und ihres Hintergrundes entstand anläßlich des Jubiläumsjahres, z. B. E. Pognon, Hugues Capet. Qui t'a fait roi? (1987). Die beste Biographie stammt von Y. Sassier, Hugues Capet. Naissance d'une dynastie (1987). Grundlegende und maßgebliche Einzelstudien entstammen einem großen, an mehreren Orten abgehaltenen Kolloquium des Jahres 1987. Sie sind erschienen unter dem Titel: D. Iogna-Prat/J.-Ch. Picard (Ed.), Religion et Culture autour de l'an mil. Royaume capétien et Lotharingie (1990); M. Parisse/X. Barral i Altet (Ed.), Le Roi de France et son Royaume autour de l'an Mil (1992). Vgl. auch Actes du Colloque du millénaire Capétien: Les Robertiens-Capétiens du IXe au XXe siècle = Bulletin de la Société historique de Compiègne 30 (1988). Seither erschienene, wichtige Titel: K. Lohrmann, Die Titel der Kapetinger bis zum Tod Ludwigs VII., in: H. Wolfram/A. Scharer (Ed.), Intitulatio III (1988), 201–256; wichtige Strukturprobleme behandelt in größerem Kontext der

Sammelband: E. Magnou-Nortier (Ed.), Pouvoirs et libertés au temps des premiers Capétiens (1992).

Robert II.
(H.-H. Kortüm)

Die meisten historiographischen Zeugnisse für die Geschichte Roberts II. liegen in modernen Editionen vor. So besitzen wir eine vorzügliche zweisprachige Ausgabe von Helgauds Vita durch R.-H. Bautier: Helgaud de Fleury, Vie de Robert le Pieux (1965); gleiches gilt auch für die Lebensbeschreibung des Abtes von Fleury und Erzbischofs von Bourges, Gauzlinus, die ebenfalls von R.-H. Bautier (zusammen mit G. Labory) ediert wurde: André de Fleury, Vie de Gauzlin, abbé de Fleury (1969). Für Rodulfus Glaber folgen wir der reich kommentierten Ausgabe von J. France, Rodvlfi Glabri Historiarum Libri quinque (1989). Die für die politischen Verhältnisse der Zeit wichtigen Briefe des Bischofs Fulbert von Chartres sind ediert von F. Behrends, The Letters and Poems of Fulbert of Chartres (1976). Für die noch in keiner modernen Edition vorliegenden Urkunden Roberts II. bleibt man angewiesen auf W.M. Newman, Catalogue des actes de Robert II, roi de France (1937). – Die in Frankreich (Paris, Senlis, Auxerre, Metz) und in Katalonien (Barcelona) abgehaltenen Kolloquien «Hugues Capet 987–1987. La France de l'an Mil» brachten eine Intensivierung der Forschung über die Zeit der frühen Robertiner und Kapetinger mit sich, die in drei gewichtigen Sammelbänden ihren Niederschlag fand: D. Iogna-Prat/J.-C. Picard (Ed.), Religion et culture autour de l'an Mil (1990); X. Barral i Altet u. a. (Ed.), Catalunya i França Meridional à l'Entorn de l'Any Mil – La Catalogne et la France Meridionale autour de l'an Mil (1991); M. Parisse/X. Barral i Altet, Le Roi de France et son royaume autor de l'an Mil (1992). Die Jahrtausendwende wird von der französischen stärker als von der deutschen Forschung als eine entscheidende Übergangszeit («epoque charnière») gedeutet, vgl. dazu den zusammenfassenden Essay von R. Delort, France, Occident, monde à la charnière de l'an Mil, in: ders. (Ed.), La France de l'an Mil (1990), 7–26. Das hängt entscheidend mit dem starken Interesse der Annales-Schule für den «premier age féodale» zusammen, der zeitlich mit der Epoche Hugo Capets und Roberts II. verknüpft wird, ohne daß sich freilich das von Ch. Pfister in seiner nach wie vor maßgeblichen Studie Études sur le règne de Robert le Pieux (1885) gezeichnete Bild Roberts II. wesentlich verändert hätte. Einen guten Überblick und eine Einbettung der französischen Situation in den Gesamtrahmen der europäischen Geschichte bieten R. Fossier, Le Moyen Age 2: L'Eveil de l'Europe (1982) und J. Favier, Le temps des principautés de l'an Mil à 1515 (1982) (dt.: Frankreich im Zeitalter der Lehnsherrschaft: 1000–1515, 1989). Die moderne französische Forschung setzt unterschiedliche Akzente, wobei die frühere starke Betonung der politischen Schwäche der frühen Kapetinger einem größeren Verständnis für die strukturellen Defizite gewichen ist, unter denen diese agieren mußten. So erhält Robert II. für seine Politik ein entschiedenes Lob bei R.-H. Bautier, L'avènement d'Hugues Capet et le sacre de Robert le Pieux, in: Parisse/Barral i Altet (Ed.), Le roi de France, 27–37; O. Guyotjeannin, Les évéques dans l'entourage royal sous les premiers Capétiens, in: Parisse/Barral i Altet (Ed.), Le roi de France, 91–98, betont unter Korrektur allzu pessimistischer Annahmen der grundlegenden Forschungen von J.-F. Lemarignier (Le gouvernement royal aux premiers temps capétiens (987–1108) (1965) die relative Stabilität der Herrschaft Roberts II., die sich auf ein «noyau dur de l'entourage épiscopal du souverain» hätte stützen können. Aus der Fülle der Literatur vgl. K.F. Werner, Westfranken-Frankreich unter den Spätkarolingern und frühen Kapetingern (888–1060), in: Handbuch der Europäischen Geschichte I (1976), 731–783. A.W. Lewis, Royal Succession in

Capetian France: Studies on Familial Order and the State (1981), untersucht die Herausbildung der kapetingischen stirps regia unter erbrechtlichen Kriterien. Speziell für Helgaud wichtig die Arbeiten von C. Carozzi, La vie du roi Robert par Helgaud de Fleury, Historiographie et Hagiographie, in: Annales de Bretagne 87 (1980), 219–235 und ders., Le roi et la liturgie chez Helgaud de Fleury, in: Hagiographie, Culture et Société IVe–XIIe siècles (1981), 417–432; zu Rodulfus Glaber vgl. J. France, Rodulfus Glaber and French Politics in the Early 11th Century, in: Francia 16 (1989), 101–112; zu den Ehen Roberts II. vgl. J. Dhondt, Sept femmes et un trio de rois, in: Contributions à l'histoire économique et sociale, Bd. 3 (1964), 38–70, und G. Duby, Le chevalier, la femme et le prêtre (1981) (dt. Ritter, Frau und Priester 1985); zur Häresie von Orléans zuletzt H. Fichtenau, Die Ketzer von Orléans (1022), in: Ex ipsis rerum documentis. Festschrift H. Zimmermann (1991), 417–427, mit Nennung der älteren Literatur.

Heinrich I.
(E. Boshof)

Die Edition der Urkunden Heinrichs I. wird von O. Guyotjeannin besorgt und in Kürze in den «Chartes et diplômes» erscheinen; vgl. den Vorbericht des Herausgebers, in: Académie des inscriptions et belles-lettres. Comptes rendus (1988), 81–97. Derzeit ist noch zu benutzen: F. Soehnée, Catalogue des actes d'Henri Ier, roi de France (1031–1060) (1907). Unter den erzählenden Quellen, die in Auszügen zusammengestellt sind in: Recueil des historiens des Gaules et de la France XI (1876), sind besonders zu nennen die Miracula s. Benedicti: Les miracles de Saint Benoît. Ecrits par Adrevald, Aimoin, André, Raoul Tortaire et Hugues de Sainte-Marie. Publ. par E. de Certain (1858). – Eine Monographie über Heinrich I. existiert nicht; vgl. B. Schneidmüller, in: Lexikon des Mittelalters IV (1989), 2054f. Die Dissertationen von Soehnée und J. Dhondt über Heinrich I. sind nicht veröffentlicht worden. J. Dhondt aber hat mehrere einschlägige, z. T. nicht unumstrittene Aufsätze verfaßt; vgl. u. a.: Quelques aspects du règne de Henri Ier, roi de France, in: Mélanges d'histoire du Moyen Age dédiés à la mémoire de L. Halphen (1951), 199–208; Ders., Une crise du pouvoir capétien, 1032–1034, in: Miscellanea mediaevalia in memoriam J.F. Niermeyer (1967), 137–148; Ders., Henri Ier, l'Empire et l'Anjou (1043–1056), in: Revue belge de philologie et d'histoire 25 (1946/47), 87–109; Ders., Les relations entre la France et la Normandie sous Henri Ier, in: Normannia 12 (1939), 465–486. Zu den Ehen Heinrichs I. ist zu vergleichen: S. de Vajay, Mathilde, reine de France inconnue. Contribution à l'histoire politique et sociale du royaume de France au XIe siècle, in: Journal des Savants (1971), 241–260; grundlegend, mit Diskussion der älteren Forschung: R.-H. Bautier, Anne de Kiev, reine de France, et la politique royale au XIe siècle. Etude critique de la documentation, in: Revue des études slaves 57 (1985), 539–564 (ND in: Ders., Recherches sur l'histoire de la France médiévale. Des Mérovingiens aux premiers Capétiens [1991], Nr. X). – Die deutsch-französischen Beziehungen werden, vor allem in Auseinandersetzung mit den Thesen von Dhondt, eingehender untersucht von E. Boshof, Lothringen, Frankreich und das Reich in der Regierungszeit Heinrichs III., in: Rhein. Vierteljahrsblätter 42 (1978), 63–127.

Die Überblickswerke, in denen – meist sehr knapp – die Regierungszeit Heinrichs I. behandelt wird, brauchen hier nicht eigens aufgeführt zu werden. Für die Beurteilung der frühen kapetingischen Monarchie aber ist grundlegend: J.-F. Lemarignier, Le gouvernement royal aux premiers temps capétiens (987–1108) (1965); dazu die knappe Zusammenfassung: Ders., Autour des premiers Capétiens (987–1108), in: W. Paravicini/K.F. Werner (Hrsg.), Histoire comparée de l'administration (1980), 240–245. Die

Kritik hat den Wert der von Lemarignier erstellten Statistiken und Karten betont, zugleich aber auch auf die Problematik statistisch gestützter Urteile angesichts einer äußerst dürftigen Quellenbasis (die durch wenige Neufunde schon wesentlich verändert werden kann) hingewiesen: vgl. etwa F. L. Ganshof, in: Revue historique de droit français et étranger 46 (1968), 263–274. – Die Regierungszeit Heinrichs I. wird auch in den Monographien zu den einzelnen französischen Lehnsfürstentümern behandelt; genannt seien hier vor allem: O. Guillot, Le Comte d'Anjou et son entourage au XIe siècle, 2 Bde. (1972) (für Heinrich I. z. T. anfechtbar) und M. Bur, La formation du comté de Champagne v. 950–v. 1150 (1977). – Für die kirchliche Situation ist immer noch instruktiv: A. Becker, Studien zum Investiturproblem in Frankreich (1955).

Philipp I.
(R. Große)

Nach wie vor grundlegend für die Geschichte Philipps I. ist das auf breiter Quellenbasis beruhende Werk von A. Fliche, Le règne de Philippe Ier, roi de France (1060–1108) (1912). Einen ersten Überblick in deutscher Sprache vermitteln J. Ehlers, Geschichte Frankreichs im Mittelalter (1987), 76ff., sowie B. Schneidmüller, Philipp I., in: Lexikon des Mittelalters VI (1993), 2057f. Die Urkunden Philipps sind durch die mustergültige Edition von M. Prou (Ed.), Recueil des actes de Philippe Ier, roi de France (1059–1108) (1908), erschlossen; vgl. dazu O. Guyotjeannin. Les actes établis par la chancellerie royale sous Philippe Ier, in: Bibliothèque de l'Ecole des Chartes 147 (1989), 29–48. Einen zeitgenössischen Biographen hat Philipp nicht gefunden; für die zahlreichen Einzelquellen, die Auskunft über seine Person geben, sei auf das eingangs zitierte Werk von Fliche verwiesen. Besondere Erwähnung verdient das negative Bild, das Suger von Philipp zeichnet: H. Waquet (Ed.), Suger, Vie de Louis VI le Gros ([2]1964), bes. 80–85 Kap. XIII. Der Brief Papst Gregors VII. an die französischen Bischöfe ist gedruckt und übersetzt bei F.-J. Schmale (Ed.), Quellen zum Investiturstreit, Teil 1 (1978), 97 Nr. 29. Ein Schreiben Kaiser Heinrichs IV., in dem er sich kurz vor seinem Tod bei Philipp über das schändliche Verhalten seines Sohnes beklagt, wurde von C. Erdmann (Ed.), Die Briefe Heinrichs IV. (= MGM. Deutsches Mittelalter 1) (1937), 52 Nr. 39 ediert.

Als Quelle für die Krönung Philipps steht uns ein offenbar auf Initiative des Erzbischofs Gervasius von Reims aufgezeichneter Bericht zur Verfügung: Coronatio Philippi..., in: Recueil des historiens des Gaules et de la France XI ([2]1876), 32f. Philipps Erhebung wurde ausführlich analysiert von U. Reuling, Die Kur in Deutschland und Frankreich (1979), 62ff. Mit der Thronfolge befaßt sich auch A.W. Lewis, Royal Succession in Capetian France: Studies on Familial Order and the State (1981), 45ff.; vgl. zu diesem Buch B. Schneidmüller, Reich und Thronfolgeregelung im hochmittelalterlichen Frankreich, in: Historische Zeitschrift 238 (1984), 95–104. Person und politische Rolle der Anna von Kiev stehen im Mittelpunkt des Aufsatzes von R.-H. Bautier, Anne de Kiev, reine de France, et la politique royale au XIe siècle, in: Revue des études slaves 57 (1985), 539–564; ND in: Ders., Recherches sur l'histoire de la France médiévale. Des Mérovingiens aux premiers Capétiens (1991), Nr. X. Grundlegend zur Krondomäne ist W.M. Newman, Le domaine royal sous les premiers Capétiens (987–1180) (1937), bes. 92–94, 121–130; ihre Verwaltung beschreiben F. Lot/R. Fawtier (Ed.), Histoire des institutions françaises au moyen âge, Bd. 2 (1958), 99ff. Ebd., Bd. 1 (1957) findet sich ein Überblick über die großen Lehnsfürstentümer; für sie sei auch verwiesen auf K.F. Werner, Westfranken-Frankreich unter den Spätkarolingern und frühen Kapetingern (888–1060), in: Handbuch der Europäischen Geschichte I (1976), 767–776. ND in: K.F. Werner, Vom Frankenreich zur Entfaltung Deutschlands und Frankreichs (1984), 261–270.

Aus der zahlreichen Literatur zu Wilhelm dem Eroberer und dem anglonormannischen Reich seien hier nur zwei Titel in deutscher Sprache zitiert: K.-U. Jäschke, Die Anglonormannen (1981), und D. Berg, England und der Kontinent. Studien zur auswärtigen Politik der anglonormannischen Könige im 11. und 12. Jahrhundert (1987). Mit dem flandrischen Erbfolgestreit befassen sich Ch. Verlinden, Robert Ier le Frison, comte de Flandre (1935), 46ff., und F.-L. Ganshof, La Flandre sous les premiers comtes (^{3}1949), 47ff. Die einzelnen Etappen, in denen Philipp das Berry erwarb, sind nachgezeichnet bei R.-H. Bautier, La prise en charge du Berry par le roi Philippe Ier et les antécédents de cette politique de Hugues le Grand à Robert le Pieux, in: Media in Francia. Festschr. Karl Ferdinand Werner (1989), 31–60. ND in: Ders., Recherches a. a. O. Nr. IX. Es ist das Verdienst von J.-F. Lemarignier, Le gouvernement royal aux premiers temps capétiens (987–1108) (1965), die Unterschriften und Zeugenlisten der Königsurkunden analysiert und daraus Rückschlüsse auf die Stärke der Monarchie gezogen zu haben. Methodische Vorbehalte dagegen hat jüngst O. Guyotjeannin, Les évêques dans l'entourage royal sous les premiers Capétiens, in: M. Parisse/X. Barral i Altet (Ed.), Le roi de France et son royaume autour de l'an Mil (1992), 91–98, angemeldet.

Eine erste Einführung in die Problematik des Investiturstreits bietet W. Hartmann, Der Investiturstreit (1993). Grundlegend zu Frankreich sind A. Becker, Studien zum Investiturproblem in Frankreich (1955), ders., Papst Urban II. (1088–1099), Bd. 1 (1964), 187ff. sowie J. Gaudemet, Grégoire VII et la France, in: Studi Gregoriani 13 (1989), 213–240. O. Guyotjeannin hat sich nochmals mit dem Kronepiskopat beschäftigt: L'épiscopat dans le domaine capétien (XIe–XIIe siècles): «Libertés» ecclésiastiques et service du roi, in: E. Magnou-Nortier (Ed.), Pouvoirs et libertés au temps des premiers Capétiens (1992), 215–230. Die Bedeutung des Bündnisses von 1107 unterstreicht K.F. Werner, Das hochmittelalterliche Imperium im politischen Bewußtsein Frankreichs (10.–12. Jahrhundert), in: Historische Zeitschrift 200 (1965), 34ff. – Philipps Grab in St-Benoît-sur-Loire wurde 1958 geöffnet: A. France-Lanord, La tombe de Philippe Premier à St-Benoît-sur-Loire, in: Archéologie médiévale 22 (1992), 367–392.

Ludwig VI.
(D. Lohrmann)

Sechs ungewöhnlich qualitätvolle Texte kennzeichnen die chronikalische Überlieferung zur Regierungszeit Ludwigs VI. Im Zentrum steht Sugers lebensvolle, den König verherrlichende Vita, ed. H. Waquet (1929) (mit französischer Übersetzung). Zur Abfassungszeit dieser nicht immer leicht verständlichen, aber äußerst ergiebigen Erinnerungen des Abtes von St-Denis, der Ludwig seit seiner Jugendzeit kannte (nach Waquet etwa 1144 geschrieben), vgl. einen Hinweis der Chronik von Morigny (ed. L. Mirot, 1912, 69), wonach frühere Texte Sugers bei den Anniversarfeiern für den König verlesen wurden. Die Chronik von Morigny steht unter anderem auch der Königin nahe und ist aufschlußreich für Ludwigs 1127 gestürzten Günstling Stephan von Garlande. Als dritte Quelle liefert die Chronik von St-Pierre-le-Vif in Sens (ed. R.H. Bautier – M. Gilles, 1979, mit Übersetzung) u. a. ergänzende Nachrichten über die Krise der Jahre 1109–10.

Differenzierter aus nordfranzösischer Sicht fällt das Urteil des feinsinnigen Abtes Guibert von Nogent im dritten Buch seiner Autobiographie aus; er beurteilt Ludwigs Verhalten gegenüber der Kommune von Laon aus der gespaltenen Perspektive eines konservativen Reformers (ed. E.-R. Labande, 1981, 330, mit Übersetzung). Außerhalb der Krondomäne beobachten das Geschehen der Normanne Ordericus Vitalis (ed. M. Chibnall VI, 1978, mit englischer Übersetzung) und Galbert von Brügge, Histoire du meurtre de Charles le Bon, comte de Flandre 1127–1128 (ed. H. Pirenne, 1891; engl. Übersetzung von J.B. Ross, 1967; französisch von J. Gengoux, 1978). Ordericus wie Galbert liefern beide unentbehrliche Ergänzungen zu den Texten französischer Provenienz.

Wichtige Einzelaspekte, die vor allem das Verhältnis zur Kirche, aber auch grundsätzliche Rechtsfragen beleuchten, finden sich in den fünf Briefsammlungen des Ivo von Chartres, Lambert von Arras, Hildebert von Lavardin, des mit Ludwig VI. teilweise heftig zerstrittenen Bischofs von Paris, Stephan von Senlis, und in den Briefen des Bernhard von Clairvaux. Alle sind bequem zuammengestellt in Recueil des historiens des Gaules et de la France, Band 15, wo auch die einschlägigen Papstbriefe stehen, die ich hier (wie das Verhältnis zum Papsttum überhaupt) um der gebotenen Kürze willen fast ganz übergangen habe.

Eindrucksvoll ediert liegt jetzt auch die Gesamtheit der Urkunden Ludwigs VI. vor. Ihnen sind die wichtigsten Briefe an den König beigefügt (ed. J. Dufour, Recueil des actes de Louis VI, roi de France, 4 Bände, 1992–94; ausführliche Besprechung von L. Falkenstein in: Zeitschrift f. Rechtsgesch. Kan. Abt., 1994). Die Einleitung (Dufour, Band 3) enthält u. a. eine genaue Chronologie mit Itinerar des Königs und eine Konkordanz der Zählung Dufours mit der des immer noch nützlichen Regestenwerkes von A. Luchaire, Louis VI. le Gros. Annales de sa vie et de son règne (1890) (dort wertvolle historische Einführung).

Eine moderne wissenschaftliche Behandlung der Regierungszeit Ludwigs VI. liegt bisher nicht vor. Neben der Einleitung Luchaires von 1890 vermittelt neue, hier nicht behandelte Aspekte vor allem J. Ehlers, Geschichte Frankreichs im Mittelalter (1987), 87–107 mit weiteren Literaturangaben 402f.; vgl. ders. in: Historische Zeitschrift, Sonderheft 11 (1982), 103f. Zur Königsfamilie siehe A.W. Lewis, Royal Succession in Capetian France (1981; frz. 1986). Die Adels- und Verwaltungsstrukturen der Krondomäne beleuchtet E. Bournazel, Le gouvernement capétien au XIIe siècle (1975). Dazu gehört aus der Sicht der Burgherren die intelligente Analyse der Propaganda Sugers durch D. Barthélemy, Les deux âges de la seigneurie banale (1984), wo vor allem die Herrschaft des Hauses Coucy behandelt wird. Zu Flandern und der Normandie ist die Literatur besonders reich: Quellennahe Zusammenfassung bei D. Berg, England und der Kontinent. Studien zur auswärtigen Politik der anglonormannischen Könige im 11. und 12. Jahrhundert (1987), 307ff. Den Aufstieg von Paris demonstriert R.H. Bautier, Paris au temps d'Abélard, in: Abélard en son temps, éd. J. Jolivet (1981), 21–27. Die Bedeutung der Geldwirtschaft zeigt sich nach wichtigen Vorstudien von L. Musset jetzt vor allem bei R. Kaiser, Das Geld in der Autobiographie des Abtes Guibert, in: Archiv für Kulturgeschichte 69 (1987), 289–314. Ein schönes neues Porträt des Königs mit genealogischen Übersichten und wertvollen Belegen bietet schließlich J. Dufour, Louis VI, roi de France (1108–1137), à la lumière des actes royaux et des sources narratives, in: Académie des Inscriptions et Belles-Lettres. Comptes-rendus (1990), 456–482.

Ludwig VII.
(J. Ehlers)

Da eine Edition der Urkunden Ludwigs VII. noch nicht vorliegt, sind die Regesten bei A. Luchaire, Etudes sur les actes de Louis VII (1885), zu benutzen. Von den erzählenden Quellen bemerkenswert der Kreuzzugsbericht des Odo von Deuil, De profectione Ludovici VII. regis Francorum in orientem, ed. H. Waquet (1949). Eine kurze Gesamtdarstellung bietet M. Pacaut, Louis VII et son royaume (1964); dazu vom selben Autor: Louis VII et les élections épiscopales dans le royaume de France (1957). Zum Zeitalter

Ludwigs VII. und seines Sohnes: E. Bournazel, Le gouvernement capétien au XIIe siècle (1975), sowie Elisabeth Hallam, Capetian France 987–1328 (1980), 111ff. Die unter englischer Lehnsherrschaft stehenden Gebiete Frankreichs behandelt J. Boussard, Le gouvernement d'Henri II Plantagenêt (1956). Über den englischen König W.L. Warren, Henry II (1973); über Eleonore von Aquitanien D. Laube, Zehn Kapitel zur Geschichte der Eleonore von Aquitanien (1984). Zum Becket-Konflikt Raymonde Foreville (Hrsg.), Thomas Becket (1975).

Philipp II.
(J. Ehlers)

Die Urkunden Philipps II. in der Sammlung der Chartes et Diplômes: Recueil des actes de Philippe Auguste, roi de France, éd. H.-F. Delaborde e. a., 4 Bde. (Bd. 5 in Vorbereitung) (1916–1979). Zu Diplomatik und Kanzlei F. Gasparri, L'écriture des actes de Louis VI, Louis VII et Philippe Auguste (1973). Unter den erzählenden Quellen am wichtigsten: Œuvres de Rigord et de Guillaume le Breton, ed. H.F. Delaborde (2 Bde.) (1882/85). Unentbehrlich, weil ganz aus den Quellen gearbeitet, bleibt die ältere Gesamtdarstellung von A. Cartellieri, Philipp II. August, König von Frankreich, 4 Bde. (1899–1922). Maßgeblich ist jetzt R.-H. Bautier (Ed.), La France de Philippe Auguste. Le temps des mutations (1982): Sammlung von Beiträgen der besten Sachkenner zu allen Aspekten des Zeitalters. Verwaltungsgeschichte und allgemeine Verfassungsgeschichte mit grundlegenden Forschungen zu den Personen im Dienst des Königs bietet J. W. Baldwin, The Government of Philip Augustus (1986). Über die Beziehung zum Römischen Reich W. Kienast, Deutschland und Frankreich in der Kaiserzeit, 3 Bde. (1974/75). Zur Auseinandersetzung mit den englischen Königen H. Powicke, The Loss of Normandy (^{2}1961); W. L. Warren, King John (1961); J. Gillingham, Richard Löwenherz (1981); T. Holzapfel, Papst Innozenz III., Philipp II. August, König von Frankreich, und die englisch-welfische Verbindung 1198–1216 (1991); aufschlußreich für das französische Geschichtsverständnis ist G. Duby, Le dimanche de Bouvines (1973) (dt.: Der Sonntag von Bouvines, 1988). Weil die deutsche Ausgabe auf den Quellenanhang und fast alle der für das Verständnis notwendigen Abbildungen verzichtet, ist nur das französische Original dieser auf die Wirkungsgeschichte abstellenden Untersuchungen brauchbar). Zur Eroberung des Südens und ihren Voraussetzungen P. Belperron, La croisade contre les Albigeois et l'union du Languedoc à la France, 1209–1249 (1967); J. Sumption, The Albigensian Crusade (1978); A. Borst, Die Katharer (1953); Ch. Thouzellier, Catharisme et valdéisme en Languedoc à la fin du XIIe et au début de XIIIe siècle (1966). Als umfassende Materialsammlung mit eingehender Kommentierung grundlegend G. Rottenwöhrer, Der Katharismus, 4 Bde. (1982/93). Die neueste Biographie: G. Sivéry, Philippe Auguste (1993).

Ludwig VIII.
(G. Melville)

Ludwig VIII. ist bis vor kurzem nur eine einzige Monographie gewidmet worden, die allerdings recht zuverlässig, außerordentlich detailliert und mit einem wichtigen Quellenanhang (darunter einem Catalogue des actes de Louis VIII) versehen ist: Ch. Petit-Dutaillis, Etude sur la vie et le règne de Louis (1187–1226) (1894; Nd. 1975); jetzt auch heranziehen die luzide Darstellung von G. Sivéry, Louis VIII. Le lion (1959).

Für den Albigenserkreuzzug ist neben der neueren Untersuchung von J. Sumption, The Albigensian Crusade (1978), S. 212ff., immer noch das materialreiche Werk von P.

Belperron, La croisade contre les albigeois et l'union du Languedoc à la France (1209–1249) (1942; Ndr. 1967), 359ff., heranzuziehen.

Mit dem Testament Ludwigs befaßt sich Ch.T. Wood, The French Apanages and the Capetian Monarchy, 1224–1328 (1966), 10ff.

Zum dynastischen Selbstverständnis in der Zeit Ludwigs VIII. liegen etliche jüngere Analysen vor: K.F. Werner, Die Legitimität der Kapetinger und die Entstehung des «Reditus regni Francorum ad stirpem Karoli», in: Die Welt als Geschichte 12 (1952), 203ff.; A.W. Lewis, Dynastic Structures and Capetian Throne-Right: The views of Giles of Paris, in: Traditio 33 (1977), 225ff.; Ders., Le sang royal. La famille capétienne et l'Etat, France, X^e^-XIVe siècle (1981), 170ff.; J. Ehlers, Kontinuität und Tradition als Grundlage mittelalterlicher Nationsbildung in Frankreich, in: H. Beumann (Hg.), Beiträge zur Bildung der französischen Nation im Früh- und Hochmittelalter (1983), 28ff.; B. Schneidmüller, Nomen patriae. Die Entstehung Frankreichs in der politisch-geographischen Terminologie (10.–13. Jahrhundert) (1987), 167ff.

Ludwig IX.
(L. Vones)

Obwohl noch immer eine kritische und quellennahe Aufarbeitung der Epoche Ludwigs IX. fehlt, sind vor gut einem Jahrzehnt mit den umfangreichen Werken von J. Richard, Saint Louis, roi d'une France féodale, soutien de la Terre sainte (1983) und G. Sivéry, Saint Louis et son siècle (1983) zwei für ein breiteres Publikum bestimmte, aber mit gründlichen Überblicken über die Quellen versehene Biographien erschienen, die eine zuverlässige Grundlage für die Beschäftigung mit seiner Regierung bilden. Allerdings machen sie weder die Heranziehung früherer Standardwerke wie H. Wallon, Saint Louis et son temps, 2 Bde. (1875) oder des im 17. Jahrhundert schreibenden L.S. Le Nain de Tillemont, Vie de saint Louis, éd. par J.P. de Gaulle, 6 Bde. (1847–1851) noch wichtiger älterer Spezialstudien – vor allem É. Berger, Histoire de Blanche de Castille, reine de France (1895) und Ders., Saint Louis et Innocent IV. Études sur les rapports de la France et du Saint-Siège (1895) – überflüssig. Hervorzuheben ist ebenfalls noch der IV., von 1262–1270 reichende Bd. der Layettes du Trésor des Chartes (1902), in dem É. Berger als Herausgeber eine gründliche Einführung über: ‹Les dernières années de saint Louis d'après les layettes du Trésor des Chartes›, verfaßte. Darüber hinaus hat G. Sivéry noch weitere biographische Versuche zur Mutter, Gattin und zum Vater Ludwigs IX. vorgelegt: Marguerite de Provence. Une reine au temps des Cathédrales (1987); Blanche de Castille (1990); Louis VIII. Le lion (1995), die wichtige Fragen der Politik berühren. Das gilt auch für Studien über Ludwigs Brüder Alfons von Poitiers und Karl von Anjou: É. Boutaric, Saint Louis et Alfonse de Poitiers (1870) und P. Herde, Karl I. von Anjou (1979). Von großem Wert sind auch zwei Sammelbände, die aus Anlaß des Gedenkjahres 1970 veröffentlicht wurden und einen Querschnitt durch den damaligen Stand der Forschung darstellten: Le siècle de saint Louis (1970) und L. Carolus-Barré (sous la dir. de), Septième Centenaire de la mort de saint Louis. Actes des colloques de Royaumont et de Paris (21–27 mai 1970), (1976). Darüber hinaus liegen nun einige aufschlußreiche Studien zu den Staatsvorstellungen des 13. Jahrhunderts und zur kapetingischen Ideologie vor: A.W. Lewis, Royal Succession in Capetian France. Studies on Familial Order and the State (1981); C. Beaune, Naissance de la nation France (1985) bes. S. 126ff.; J. Krynen, L'empire du roi. Idées et croyances politiques en France XIIIe–XVe siècle (1993). Zur Geschichtsschreibung: M. Slattery, Myth, Man and Sovereign: King Louis IX, in: Jean de Joinville's Sources (1985).

Außer diesen allgemeineren Untersuchungen sind zu den behandelten Themen im einzelnen heranzuziehen: Zur Kanonisation und ihren Umständen: L. Carolus-Barré, Les enquêtes pour la canonisation de saint Louis – de Grégoire X à Boniface VIII – et la bulle «Gloria Laus», du 11 août 1297, in: Revue d'histoire de l'Eglise de France 57 (1971), 19–29; Ders., Les Franciscains et le procès de canonisation de saint Louis, in: Les Amis de St François. N.S. 12 (1971), 3–6; Ders., Le procès de canonisation de Saint Louis (1272–1297), (1984) – Zum rex pacificus und zum rex iustus: L. Buisson, König Ludwig IX. der Heilige und das Recht (1954); Ders., Saint Louis, justice et amour de Dieu, in: Francia 6 (1978), S. 127–151 (auch in: Ders., Lebendiges Mittelalter [1988] 228–250); Ders., Potestas und Caritas. Die päpstliche Gewalt im Spätmittelalter (^{2}1982); R. Cazelles, La réglementation royale de la guerre privée, de saint Louis à Louis X, in: Revue historique du droit français et étrange (1960), 530–548; L. Carolus-Barré, La Grande Ordonnance de réformation de 1254, in: Académie des inscriptions et belles lettres. Comptes rendus (1973), 181–186 – Zu Verwaltung, Institutionen, Kirche und Wirtschaft: R. Michel, L'administration royale dans la sénéchaussée de Beaucaire au temps de saint Louis (1910); J.R. Strayer, The Administration of Normandy Under Saint Louis (1932); G.J. Campbell, The Protest of Saint Louis, in: Traditio 15 (1959), 405–418; Ders., The Attitude of the Monarchy Toward the Use of Ecclesiastical Censure in the Reign of Saint Louis, in: Speculum 35 (1960), 535–555; Ders., Temporal and Spiritual Regalia during the Reigns of St. Louis and Philipp III, in: Traditio 20 (1964), 351–383; P. Michaud-Quantin, La politique monétaire royale à la faculté de Paris en 1265, in: Le Moyen Age 68 (1962), 137–151; O. Griffiths, New men among the lay counsellors of Saint Louis' «Parlement», in: Medieval Studies 32 (1970), 234–270; L. Kolmer, Ad capiendas vulpes. Die Ketzerbekämpfung in Südfrankreich in der ersten Hälfte des 13. Jahrhunderts und die Ausbildung des Inquisitionsverfahrens (1982); Ders., ... Ad terrorem multorum. Die Anfänge der Inquisition in Frankreich, in: P. Segl (Ed.), Die Anfänge der Inquisition im Mittelalter (1993), 77–102; G. Sivéry, L'économie du royaume de France au siècle de Saint Louis (1984); G. Jehel, Aigues Mortes. Un port pour un roi. Les Capétiens et la Méditerranée (1985); B. Schneidmüller, Herrscher über Land oder Leute? Der kapetingische Herrschertitel in der Zeit Philipps II. August und seiner Nachfolger (1180–1270), in: H. Wolfram/A. Scharer (Ed.), Intitulatio III (1988), 131–162 – Zum rex pius: L. Carolus-Barré, Saint Louis et la translation des corps saints, in: Études d'histoire du droit canonique dédiées à M. Gabriel Le Bras II (1965), 1087–1112; L.K. Little, Saint Louis' Involvement with the Friars, in: Church History 33 (1964), 125–148; A. Dimier, Saint Louis et Cîteaux (1954); M.-M. Dufeil, Guillaume de Saint-Amour et la polémique universitaire parisienne, 1250–1259 (1972); [zur Haltung gegenüber dem Papsttum und zu den Verhandlungen mit Innozenz IV.:] außer Berger, Saint Louis et Innocent IV, vor allem G. Baaken, Die Verhandlungen von Cluny (1245) und der Kampf Innocenz' IV. gegen Friedrich II., in: Deutsches Archiv f. Erforschung des Mittelalters 50 (1994), 531–579; – Grundlegend für Ludwigs Einstellung zur Kreuzzugsidee: W.Ch. Jordan, Louis IX and the Challenge of the Crusade. A Study in Rulership (1979); [zum äußeren Verlauf] J.R. Strayer, The Crusades of Louis IX, in: Ders., Medieval Statecraft (1971), 159–192 – Zum rex magnus: W. Kienast, Deutschland und Frankreich in der Kaiserzeit (900–1270). Weltkaiser und Einzelkönige, Bd. III (1975); B. Resmini, Das Arelat im Kräftespiel der französischen, englischen und angiovinischen Politik nach 1250 und das Einwirken Rudolfs von Habsburg (1980); G. Chaplais, Le traité de Paris de 1259 et l'inféodation de la Gascogne allodiale, in: Le Moyen Age 61 (1955), 121–137; L. Buisson, Saint Louis et l'Aquitaine (1259–1270), in: Actes de l'Académie Nationale des Sciences, Belles-Lettres et Arts de Bordeaux, 4e série, 26 (1970–1971), 15–33 (auch in: Ders., Lebendiges Mittelalter, 251–269); O. Engels, Der Vertrag von Corbeil (1258), in: Ders., Reconquista und Landesherrschaft (1989), 203–235 [zuerst 1962]; J.R. Maddicott, Simon de

Montfort (1994) – Zum reditus regni Francorum ad stirpem Karoli und zur kapetingischen Ideologie: [außer Lewis, Royal Succession und Krynen, L'empire du roi] K. F. Werner, Die Legitimität der Kapetinger und die Entstehung des «Reditus regni Francorum ad stirpem Karoli», in: Die Welt als Geschichte 12 (1952), 203–225; G.M. Spiegel, The «Reditus Regni ad Stirpem Karoli Magni». A new look, in: French Historical Studies 7 (1971), 145–174; J. Ehlers, Karolingische Tradition und frühes Nationalbewußtsein in Frankreich, in: Francia 4 (1976), 213–235; B. Schneidmüller, Nomen Patriae. Die Entstehung Frankreichs in der politisch-geographischen Terminologie (10.–13. Jahrhundert) (1987) – Zum rex christianissimus und zum Tuniskreuzzug: J. Krynen, L'empire du roi, S. 345 ff.; Ders., «Most Christian King». A medieval theme at the roots of French absolutism, in: History and Anthropology 4 (1989), 79–96; R. Sternfeld, Ludwigs des Heiligen Kreuzzug nach Tunis und die Politik Karls I. von Sizilien (1896; immer noch nicht überholt); M. Mollat, Le passage de saint Louis à Tunis. Sa place dans l'histoire des croisades, in: Revue d'histoire économique et sociale 50 (1972), 289–303; – Zum amour de Dieu: [außer den Studien von Buisson] H.F. Delaborde, Le texte primitif des Enseignements de Saint Louis à son fils, in: Bibliothèque de l'Ecole des Chartes 73 (1912), 73–100, 237–262; E.-A. Van Moé, Saint Louis, enseignements à son fils ainé (1944); D. O'Connell, The Teachings of Saint Louis: A Critical Text (1972); Ders., Les Propos de Saint Louis (1974) – Zum rex sanctus, zum Grabmal, zum Kanonisationsverfahren, zum Kult und zum Nachleben: R. Folz, La sainteté de Louis IX d'après les textes liturgiques de sa fête, in: Revue d'histoire de l'Eglise de France 57 (1971), 31–45; Ders., Les Saints Rois du Moyen Âge en Occident (VIe–XIIIe siècles) (1984); A. Vauchez, La Sainteté en Occident aux derniers siècles du Moyen Age (³1994); J. Le Goff, La sainteté de Saint Louis, in: Les fonctions des saints dans le monde occidental (1991), 285–293; A. Erlande-Brandenburg, Le roi est mort. Étude sur les funérailles, les sépultures et les tombeaux des rois de France jusqu' à la fin du XIIIe siècle (1975); Ders., Le tombeau de saint Louis, in: Bulletin monumental 126 (1968), 7–36; G.S. Wright, The Tomb of Saint Louis, in: Journal of the Warburg and Courtauld Institutes 34 (1971), 65–82; Dies., A Royal Tomb Program in the Reign of St. Louis, in: Art Bulletin 56 (1971), 224–243; D. Sadler, The King as Subject, the King as Author: Art and Politics of Louis IX, in: European Monarchy. Its Evolution and Practice from Roman Antiquity to Modern Times (1992), 53–68; P.-É. Riant, 1282. Déposition de Charles d'Anjou pour la canonisation de saint Louis, in: Notices et documents publiés pour la Société de l'Histoire de France à l'occasion du cinquantième anniversaire de sa fondation (1884), 155–176; H.-F. Delaborde, Fragments de l'enquête faite à Saint-Denis en 1282 en vue de la canonisation de saint Louis, in: Mémoires de la Société de l'Histoire de Paris et de l'Île-de-France 23 (1896), 1–71; L. Carolus-Barré, Consultation du cardinal Pietro Colonna sur le IIe miracle de saint Louis, in: Bibliothèque de l'Ecole des Chartes 117 (1959), 57–72; M. Barth, Zum Kult des heiligen Königs Ludwig im deutschen Sprachgebiet und in Skandinavien, in: Freiburger Diözesan-Archiv 82–83 (1962–1963), 127–226; P. Morel, Le culte de Saint Louis, in: Itinéraires (1970), 127–151; L. Carolus-Barré, Saint Louis dans l'histoire et la légende, in: Annuaire-Bulletin de la Société de l'Histoire de France (1970–1971), 37–49; R. Cazelles, Une exigence de l'opinion depuis saint Louis: la réformation du royaume, in: Annuaire-Bulletin de la Société de l'Histoire de France (1962–1963), 91–99; Ch. Tesseyre, Le prince chrétien aux XVe et XVIe siècles à travers les représentations de Charlemagne et de Saint Louis, in: Annales de Bretagne 87 (1980), 409–414.

Philipp III.
(Th. Zotz)

In dem für das Thema grundlegenden Werk von Ch.-V. Langlois, Le règne de Philippe III le Hardi (1887) findet sich in der Einleitung S. I die Bemerkung: «Le règne de Philippe III le Hardi, qui occupe quinze années du XIIIe siècle, n'a pas eu jusqu'ici d'historien.» Dieser Satz, für die Zeit vor 1887 ausgesprochen, gilt genauso für die über hundert seither vergangenen Jahre. Dem historischen Urteil über Philipp III. entspricht die historiographische Zurückhaltung; in dem Sammelbeitrag Persona et Gesta: The Image and Deeds of the Thirteenth-Century Capetians, in: Viator 19 (1988), 193–246 fand er ebenso wie sein gleichfalls in neuerer Zeit monographisch nicht gewürdigter Großvater Ludwig VIII. keinen Platz neben Philipp Augustus, Ludwig dem Heiligen und Philipp dem Schönen.

Eine Übersicht über die urkundlichen und chronikalischen Quellen zur Herrschaft Philipps III. gibt Langlois, III–XIV; von den meist ungedruckt gebliebenen Urkunden sind einige Mandate und Urkunden ebenda, 386–453, ediert. Unter den historiographischen Quellen verdienen die Gesta Philippi regis Franciae des gut unterrichteten Mönches von St-Denis Guillaume de Nangis Erwähnung. Sie sind im Recueil des historiens des Gaules et de la France XX (1840), 466–539, in der lateinischen und altfranzösischen Version ediert.

Als neuere Darstellungen zur Geschichte Frankreichs und seines Königtums in der zweiten Hälfte des 13. Jahrhunderts sind zu nennen: E.M. Hallam, Capetian France 987–1328 (1980); J. Favier, Le temps des principautés de l'an mil à 1515 (Histoire de France, Bd. 2) (1984) (dt.: Frankreich im Zeitalter der Lehnsherrschaft 1000–1515, 1989); J. Ehlers, Geschichte Frankreichs im Mittelalter (1987); J. Ehlers, Die französische Monarchie im 13. Jahrhundert, in: Rudolf von Habsburg 1273–1291, hg. von E. Boshof und F.-R. Erkens (1993), 165–184.

Für die Frühzeit Philipps sind die Monographien über Ludwig den Heiligen wichtig (s. dort), ferner zu seiner Mutter G. Sivéry, Marguerite de Provence (1987). Aspekte kapetingischen Herrschafts- und Selbstverständnisses werden behandelt von A.W. Lewis, Royal Succession in Capetian France (1981). Zu den Hoheitsrechten der Krone und zu den lokalen Amtsträgern Philipps III. liegen zwei neuere Studien vor: G.J. Campbell, Temporal and spiritual regalia during the reigns of St. Louis and Philip III, in: Traditio 20 (1964), 351–383, L. Carolus-Barré, Les baillis de Philippe III le Hardi: recherche sur le milieu social et la carrière des agents du pouvoir royal dans la seconde moitié du XIIIe siècle, in: Annuaire-bulletin de la Société de l'Histoire de France (1969), 109–244. Zum Aragón-Kreuzzug sind heranzuziehen J.R. Strayer, The Crusade against Aragon, in: Speculum 28 (1953), 102–113; M. Purcell, Papal Crusading Policy 1244–1291 (1975).

Philipp IV. der Schöne
(J. Miethke)

R.-H. Bautier, Diplomatique et histoire politique. Ce que la critique diplomatique nous apprend sur Philippe le Bel, in: Revue historique 219 (1978), 3–27; Ders., Le jubilé Romain de 1300 et l'alliance franco-pontificale au temps de Philippe le Bel et de Boniface VIII, in: Le Moyen Âge 86 (1980), 189–216 (beides jetzt in: Bautier, Etudes sur la France capétienne, De Louis VI aux fils de Philippe le Bel, 1992, nr. vi und ix); H.-J. Becker, Die Appellation vom Papst an ein Allgemeines Konzil, Köln/Wien 1988; T.N. Bisson, The General Assemblies of Philip the Fair: Their Character Reconsidered, in: Post Scripta, Essays on Medieval Law and the Emergence of the

European State in Honor of Gaines Post, edd. J.R. Strayer, D.E. Queller (1972), 537–564; T.R.S. Boase, Boniface VIII (1933); E.A.R. Brown, Royal Salvation and the Needs of State in Late Capetian France, in: Order and Innovation in the Middle Ages, Essays in Honor of J.R. Strayer, edd. W.C. Jordan, B. McNab, T.F. Ruiz (1976), 365–383, 541–561; E.A.R. Brown, The Prince is the Father of the King. The Character and Childhood of Philip the Fair of France, in: Mediaeval Studies 49 (1987), 282–334; R. Cazelles, Quelques réflexions à propos de mutations de la monnaie royale française (1295–1360), in: Le Moyen Âge 72 (1966), 83–105; M.-D. Chenu, Dogme et théologie dans la bulle «Unam sanctam», in: Recherches de science religieuse 40 (1952), 307–317; J. Coste, Les deux missions de Guillaume de Nogaret en 1303, in: Mélange de l'Ecole Française de Rome/Moyen Age 105/1 (1993), 299–326; G. Digard, Philippe le Bel et le Saint-Siège de 1285 à 1304, éd. F. Lehoux, Bd. 1–2 (1936); E. Dupré Theseider, Bonifacio VIII., in: Dizionario biografico degli Italiani 12 (1970), 146–170; J. Ehlers, Geschichte Frankreichs im Mittelalter (1987), bes. 169–197; Ders., Die französische Monarchie, in: Rudolf von Habsburg, 1273–1291, hg. von E. Boshof und F.R. Erkens (1993), 165–184; J. Favier, Un conseiller de Philippe le Bel, Enguerran de Marigny (1963); Ders., Philippe le Bel (1978); R. Fawtier, L'attentat d'Anagni, in: Mélanges d'archéologie et d'histoire 60 (1948), 153–175; H. Finke, Aus den Tagen Bonifaz' VIII., Funde und Forschungen (1902) [ND Rom 1964]; Ders., Papsttum und Untergang des Templerordens, Bd. 1–2 (1907); Ders., Zur Charakteristik Philipps des Schönen, in: Mitt. des Inst. f. Österreich. Geschichtsforschung 26 (1904), 201–224; J. Fried, Wille, Freiwilligkeit und Geständnis um 1300. Zur Beurteilung des letzten Templergroßmeisters Jacques de Molay, in: Historisches Jahrbuch 105 (1985), 388–425; F. Funck-Brentano, Les origines de la Guerre de Cent Ans. Philippe le Bel en Flandre (1897); A. Grunzweig, Les incidences internationales des mutations monétaires de Philippe le Bel, in: Le Moyen Âge 59 (1953), 117–172; R. Holtzmann, Wilhelm von Nogaret, Rat und Großsiegelbewahrer Philipps des Schönen von Frankreich (1908); R.M. Johannessen, Cardinal Jean Lemoine and the Authorship of the Glosses to «Unam sanctam», in: Bulletin of Medieval Canon Law n. s. 18 (1988), 33–41; W.C. Jordan, The French Monarchy and the Jews, from Philip Augustus to the Last Capetians (1989); R. Kay, «Ad nostram praesentiam evocamus», Boniface VIII and the Roman Convocation of 1302, in: Proceedings of the 3rd Intern. Congress of Medieval Canon Law, ed. S. Kuttner (1970), 165–189; F. Kern, Die Anfänge der französischen Ausdehnungspolitik bis zum Jahr 1308 (1910); E. Lalou, Les assemblées générales sous Philippe le Bel, in: 110e Congrès des Sociétés savantes (Montpellier 1985), vol. 3 (Séction médiévale) (1986), 7–29; J. Leclercq, Jean de Paris et l'ecclésiologie du XIIIe siècle (1942); G. Lizérand, Clément V et Philippe IV le Bel (1910); Ders., Le dossier de l'affaire des Templiers (1923); J.A. McNamara, Gilles Aycelin, The Servant of Two Masters (1973); J. Miethke, Das Konsistorialmemorandum «De potestate Papae» des Heinrich von Cremona von 1302 und seine handschriftliche Überlieferung, in: Studi sul XIV. secolo in memoria di Anneliese Maier, hgg. A. Maierù/A. Paravicini Bagliani (1981), 421–445; Ders., Der Weltanspruch des Papstes im späteren Mittelalter, Die politische Theorie der Traktate «De potestate Papae», in: Pipers Handbuch der politischen Ideen, hgg. I. Fetscher/H. Münkler, Bd. 2: Mittelalter (1993), 351–445; L. Mohler, Die Kardinäle Jakob und Peter Colonna, Ein Beitrag zur Geschichte des Zeitalters Bonifaz' VIII. (1914); A. Patschovsky, Das Rechtsverhältnis der Juden zum deutschen König (9.–14. Jahrhundert), Ein europäischer Vergleich, in: Zeitschrift f. Rechtsgeschichte Germanist. Abt. 110 (1993) 331–371; J. Rivière, Le problème de l'Église et de l'État au temps de Philippe le Bel (1926); T. Ruiz, Reaction to Anagni, in: Catholic Historical Review 65 (1979), 385–401; B. Schimmelpfennig, Das Papsttum (^{3}1988); H. Schmidinger, Ein vergessener Bericht über das Attentat von Anagni, in: Mélanges Eugène Tisserant, vol. 5

(Studi e testi, 235), (1964), 373–378; jetzt in: Schmidinger, Patriarch im Abendland, Festgabe zu s. 70. Geb., hgg. von H. Dopsch u. a. (1986), 83–98; T. Schmidt, Der Bonifaz-Prozeß (1989); R. Scholz, Die Publizistik zur Zeit Bonifaz VIII. und Philipps des Schönen von Frankreich (1903) [ND 1962]; J. R. Strayer, Les gens de justice du Languedoc sous Philippe le Bel (1970); Ders., The Reign of Philip the Fair (1980); I. P. Wei, The Masters of Theology at the University of Paris in the Late Thirteenth and Early Fourteenth Centuries. An Authority Beyond the Schools, in: Bulletin of the John Ryland's University Library 75 (1993), 37–63; H. Wieruszowski, Vom Imperium zum nationalen Königtum, Vergleichende Studien über die publizistischen Kämpfe Kaiser Friedrichs II. und König Philipps des Schönen mit der Kurie (1933).

Ludwig X., Philipp V., Karl IV.
(B. Töpfer)

Unter den chronikalischen Quellen zur Zeit der letzten Kapetinger sind an erster Stelle die im königsnahen Kloster St-Denis von namentlich unbekannten Mönchen niedergeschriebenen Grandes Chroniques de France zu nennen. Sie stützen sich für die Zeit bis 1328 zu einem großen Teil auf die ebenfalls in St-Denis entstandenen, lateinisch geschriebenen Fortsetzungen der Chroniken des Guillaume de Nangis (gest. 1300) und des Dominikaners Géraud de Frachet (Gerardus de Fracheto, gest. 1271), bieten aber auch zusätzliche Nachrichten. Für die Zeit von 1314 bis 1328 sind besonders die vor den Grandes Chroniques verfaßten, inhaltsreichen Fortsetzungen des Guillaume de Nangis als eigenständige Quelle von großer Bedeutung; Ausgabe von H. Géraud: Chronique latine de Guillaume de Nangis de 1113 à 1300 avec les continuations de cette Chronique de 1300 à 1368, T. II (1853) (ND 1965). Die die Jahre 1314 bis 1328 behandelnden Partien der Grandes Chroniques sind in der maßgeblichen Ausgabe von J. Viard in Bd. VIII (1934) (bis 1322) und Bd. IX (1937) enthalten.

Die aufgrund des Drucks der Adelsligen für die einzelnen Regionen ausgestellten Urkunden Ludwigs X. und Philipps V. sowie die Ordonnanzen der drei Könige, insbesondere die wichtigen Ordonnanzen Philipps, sind gedruckt in: Ordonnances des Roys de France de la troisième race, vol. I (1723, ND 1967). Die meisten dieser Urkunden bzw. Ordonnanzen finden sich auch im Recueil général des Anciennes Lois Françaises depuis l'an 420 à la Révolution de 1789, par Jourdain, Decrusy, Isambert, T. III (1308–1327), o. J. Einen Zugang zu den zahlreichen Urkunden der Könige Ludwig X. und Philipp V. vermittelt das auf den in der königlichen Kanzlei angefertigten Registern beruhende Verzeichnis: Registres du Trésor des Chartes, T. II, 1ère partie: Règne de Louis X le Hutin et de Philippe V le Long. Inventaire analytique établi par J. Guerout sous la direction de R. Fawtier (1966).

Größere moderne Darstellungen über die letzten drei Kapetinger liegen nicht vor, so daß überwiegend auf ältere Werke zurückgegriffen werden muß, die allerdings teilweise nur bestimmte Aspekte in den Vordergrund stellen. Die wichtigsten Geschehnisse der Regierungszeit Ludwigs X. behandelt A. Artonne in seiner materialreichen Darstellung der Oppositionsbewegung der Adelsligen; er schildert das Reagieren des Königs und analysiert den Inhalt der von diesem ausgestellten Charten, wobei er zu dem Ergebnis gelangt, daß es Ludwig X. ohne grundsätzliche Zugeständnisse gelang, die Bewegung einzudämmen (A. Artonne, Le mouvement de 1314 et les chartes provinciales de 1315, 1912). Für die Zeit Philipps V. sind noch immer die gründlichen, in mancher Hinsicht natürlich überholten Bücher von P. Lehugeur heranzuziehen (Histoire de Philippe le Long [1897]; Philippe le Long, Roi de France

1316–1322. Le mécanisme du gouvernement [1931]). Eine größere Darstellung der Regierungszeit Karls IV. liegt nicht vor.

Daneben gibt es für die Zeit von 1314 bis 1328 eine ganze Reihe moderner, in hohem Maße ungedrucktes Quellenmaterial verarbeitender Spezialuntersuchungen. Für die Adelsligen 1314/15 ist ein Aufsatz von E.A.R. Brown heranzuziehen; sie bewertet die Bewegung insgesamt positiv und betont, daß dadurch einer unkontrollierten Steuererhebung durch die Krone Grenzen gesetzt wurden (E.A.R. Brown, Reform and Resistance to Royal Authority in Fourteenth-Century France: The Leagues of 1314–1315, in: Parliaments, Estates and Representation I, 1981, ND in: Dies., Politics and Institutions in Capetian France, 1991). Die Bemühungen der letzten Kapetinger um eine Steigerung ihrer Einnahmen und die Rolle der von den Königen einberufenen Versammlungen der Stände bzw. der Städte haben vor allem amerikanische Historiker intensiv untersucht, so etwa C.H. Taylor, der u. a. die Versammlungen von Städten 1318/19 und die im Zusammenhang mit dem von Philipp V. vorgelegten Reformplan 1321 einberufenen Ständeversammlungen analysierte (Assemblies of Towns and War Subsidy 1318–1319, in: J.R. Strayer/C.H. Taylor, Studies in Early French Taxation, 1939, 109–175; ders., The Composition of Baronial Assemblies in France 1315–1320, in: Speculum 29 [1954]; ders., French Assemblies and Subsidy in 1321, in: Speculum 43 [1968]). Die wenig ergiebigen Verhandlungen der königlichen Regierung mit Vertretern der Städte sowie des Adels und der Prälaten 1318/19 werden außerdem erörtert in dem erstmals 1976 veröffentlichten Aufsatz von E.A.R. Brown, Royal Necessity and Noble Service and Subsidy in Fourteenth-Century France, jetzt in: Dies., Politics (s. o.). Brown analysierte auch die negative Haltung von Städten des Périgueux und des Rouergue zu den 1321 vorgelegten Reformplänen Philipps V. (Subsidy and Reform in 1321. The Accounts of Najac and the Policies of Philipp V., in: Traditio 27 [1971, ND in: Dies., Politics [s. o.]). Schließlich bietet das Buch von J.B. Henneman, Royal Taxation in Fourteenth Century France. The Development of War Financing 1322–1356 (1971), eine umfassende Untersuchung der Steuerpolitik der letzten Kapetinger. Wichtig für die Bewertung der Freilassungen der *serfs* unter Ludwig X. und Philipp V. ist das 6. Kapitel des Buches von M. Bloch, Rois et serfs (1920).

Philipp VI. von Valois
(B. Töpfer)

Unter den Quellen für die Zeit Philipps VI. enthält eine Reihe von Chroniken wichtige, aufschlußreiche Informationen. An erster Stelle sind hier die bis zum Jahre 1350 führenden, in St-Denis entstandenen «Grandes Chroniques de France» zu nennen, die sich bis 1340 in beträchtlichem Maße auf die sogleich zu erwähnende Chronik des Richard Lescot stützen; die Ereignisse des letzten Jahrzehnts der Regierung Philipps VI. werden von einem Zeitgenossen geschildert, sind somit als originales Werk zu werten. Der ebenfalls als Mönch in St-Denis schreibende Richard Lescot behandelt in zuverlässiger Weise die Ereignisse bis 1344, möglicherweise war er auch an der Redaktion der «Grandes Chroniques» beteiligt: Les Grandes Chroniques de France, éd. J. Viard, T. IX (1937); Chronique de Richard Lescot, Religieux de Saint-Denis (1328–1344), suivi de la continuation de cette chronique (1344–1364), éd. Jean Lemoine (1896). Gut informiert über Vorgänge in Frankreich ist der allerdings sehr einseitig für Edward III. Partei ergreifende Lütticher Chronist Jean le Bel, der seine Chronik um 1360 abfaßte: Chronique de Jean Le Bel, éd. J. Viard/E. Déprez, 2 Bde. (1904/05). Aufschlußreiche, wenn auch nicht immer zuverlässige Informationen bereits für die Zeit Philipps VI. enthalten die Anfangsteile des umfassenden chronikalischen Werkes des vielgereisten, aus Valenciennes stammenden Jean Froissart, der die erste Fassung seiner später mehrfach überarbeiteten bzw. ergänzten Chronik in den siebziger Jahren des 14. Jahrhunderts schrieb; zu benutzen in den Ausgaben von Kervyn de Lettenhove, der Handschriften der zweiten Redaktion heranzog: Œeuvres de Jean Froissart, Bd. II ff. (1867 ff.; ND 1967) (die Bände II–V umfassen die Zeit bis 1356), sowie von S. Luce u. a. (Chroniques de J. Froissart, Bd. I, 1869), und von G.T. Diller, der die nur in einer Vatikanischen Handschrift überlieferte letzte, bis zum Tode Philipps VI. führende Redaktion edierte: Froissart, Chroniques. Début du premier livre. Edition du manuscrit Rome Reg. lat 869 (1972). Einen umfassenden Überblick über die etwa 7400 in den Kanzleiregistern enthaltenen Urkunden Philipps VI. bietet J. Viard, Registres du Trésor des Chartes, T. III (Règne de Philippe de Valois), 3 Bde. (1978, 1979, 1984). Die Ordonnanzen Philipps VI. sind weitgehend gedruckt in: Ordonnances des Roys de France de la troisième race, II (1729, ND 1967).

Für die Regierungszeit Philipps VI. liegt das gründliche Buch von R. Cazelles vor: La société politique et la crise de la royauté sous Philippe de Valois (1958). Eine neuere Untersuchung zur Organisation und Tätigkeit der Kanzlei und zu den einzelnen Kanzlern stammt von R.-H. Bautier, Recherches sur la Chancellerie Royale au temps de Philippe VI, in: Bibliothèque de l'École des Chartes (= BECh) 122 (1964), 89 ff.; 123 (1965), 313 ff. Beachtung verdienen nach wie vor die zahlreichen Aufsätze, die Jules Viard aufgrund seiner lebenslangen Forschungen über Philipp VI. veröffentlicht hat; erwähnt seien hier seine detaillierte Analyse des Itinerars des Königs: Itinéraire de Philippe VI de Valois, in: BECh 74 (1913), 74 ff., 525 ff.; vgl. auch BECh 84 (1923), 166 ff. und einen seiner letzten Beiträge, in dem er die Anfänge der Regierung des ersten Valois untersucht: Philippe de Valois. Début de règne (Février–Juillet 1328), in: BECh 95 (1934), 259 ff. Für eine Beschäftigung mit der Zeit Philipps VI. sind im übrigen natürlich die Gesamtdarstellungen des Hundertjährigen Krieges heranzuziehen; neben dem übersichtlichen Buch von E. Perroy, La Guerre de Cent Ans (^{2}1978) die neuere, ausführliche Darstellung von J. Favier, La Guerre de Cent Ans (1980). Für die Vorgeschichte und den Ausbruch des Krieges ist nach wie vor die gründliche Untersuchung von E. Déprez unentbehrlich, Les préliminaires de la Guerre de Cent Ans. La papauté, la France et l'Angleterre (1328–42) (1902). Wie schon für die Zeit Karls IV. bietet auch für die Regierung des ersten Valois die in breitem Umfang ungedrucktes Quellenmaterial verarbeitende Monographie von J.B. Henneman einen verläßlichen Einblick in die Steuer- und Finanzpolitik der königlichen Regierung: Royal Taxation in Fourteenth Century France. The Development of War Financing 1322–1356 (1971). Aufschlußreich für die Methoden, mit denen man zusätzliche Gelder einzutreiben suchte, ist unter den von diesem Autor veröffentlichten Aufsätzen vor allem sein Beitrag: Enquêteurs-Réformateurs and Fiscal Officers in Fourteenth-Century France, in: Traditio 24 (1968), 309 ff. Eine gründliche Untersuchung des schließlich gescheiterten Versuchs, 1332–1335 eine Beisteuer für den Ritterschlag des Königssohnes und die Heirat der Königstochter zu erheben, bietet der durch einen Anhang ungedruckter Quellen ergänzte Aufsatz von E.A.R. Brown, Customary Aids and Royal Fiscal Policy under Philip VI of Valois, in: Traditio 30 (1974), 191 ff.

Johann II.
(H. Thomas)

Maßgeblich: R. Cazelles, Société, politique, noblesse et couronne sous Jean le Bon et Charles V (1982). Eine gute Bibliographie der Quellen und der französischen Literatur enthält die populärwissenschaftliche Biographie von J. Deviosse, Jean le Bon (1985). Zum Sternenorden: D'Arcy J.D. Boulton, The Knights of the Crown (1987). Zur Militärorganisation: P. Contamine, Guerre, État et société à la fin du Moyen Age, Étude sur les armées des rois de France 1337–1494 (1972). Zur Kriegführung: R. Barber, Edward, Prince of Wales and Aquitaine (1978). Zu den Steuern: J.B. Henneman, Royal Taxation in Fourteenth Century France. The Development of War Financing (1971); ders., Royal Taxation in Fourteenth Century France. The Captivity and the Ransom of John II (1976). A. Plaisse, Charles le Mauvais (1972). H. Thomas, Die Beziehungen Karls IV. zu Frankreich (1346–1356), in: Blätter für deutsche Landesgeschichte 114 (1978), S. 165–202; ders., Zwischen Regnum und Imperium. Die Fürstentümer Bar und Lothringen zur Zeit Kaiser Karls IV. (1973).

Karl V.
(H. Thomas)

Maßgebliche Biographie: R. Delachenal, Charles V, 5 Bde. (1909–1931). Zu England, dem Regierungssystem, dem Militärwesen, den Steuern und zu Karl von Navarra vgl. die im Kapitel über Johann II. genannten Titel. Ferner: R. Cazelles, Étienne Marcel (1984). C. Amalvi, L'érudition française face à la révolution d'Étienne Marcel, in: Bibliothèque de l'Ecole des Chartes 142 (1984), S. 287–331. R. Pernoud, Christine de Pizan (dt. Ausgabe 1990). A. Goodman, John of Gaunt (1992). H. Thomas, Frankreich, Karl IV. und das Große Schisma, in: Zeitschrift für historische Forschung, Beiheft 5 (1988), S. 69–104. Ders., Ein zeitgenössisches Memorandum zum Staatsbesuch Kaiser Karls IV. in Paris, in: Fschr. Hans-Walter Herrmann (1995) 99–119. Die Biographie von F. Autrand, Charles V. (1994), erschien erst nach Abschluß des Manuskriptes. Das Buch enthält einen umfassenden Überblick über die Quellen und vor allem über die französische Sekundärliteratur.

Karl VI.
(H. Müller)

Mit dem Buch von F. Autrand, Charles VI. La folie du roi (1986), liegt eine populärwissenschaftliche Biographie vor, die indes auf neuestem Forschungsstand basiert; zu diesem hat die Verfasserin selbst durch vor allem prosopographisch ausgerichtete Spezialstudien wesentlich beigetragen. Erste Information liefert ihr Artikel Karl VI., in: Lexikon des Mittelalters, Bd. V (1991), 977f. – Das Werk von B. Guenée, Un meurtre, une société. L'assassinat du duc d'Orléans 23 novembre 1407 (1992), bietet weit über den Titel hinaus eine tiefdringende Analyse der gesellschaftlichen Zustände im Königreich zu Beginn des 15. Jahrhunderts, während die aus einer Dissertation über den Dauphin Ludwig von Guyenne erwachsene Studie von R.C. Famiglietti, Royal Intrigue. Crisis at the Court of Charles VI 1392–1420 (1986), sich – bis auf eine breite Erörterung von Karls Krankheitssymptomen – weitgehend auf die Wiedergabe der Ereignisgeschichte beschränkt. Die drei genannten Bücher führen die wichtigsten gedruckten Quellen auf, handschriftliches Material findet sich bei Guenée und Famiglietti in den Anmerkungsapparaten. Ergänzend sei hingewiesen auf den mit einer Einführung von B. Guenée versehenen Nachdruck der von M.L. Bellaguet besorgten Ausgabe der Chronique du Religieux de Saint-Denys contenant le règne de Charles VI de 1380 à 1422 (3 Bde., 1994) und auf den von C. Beaune eingeleiteten und kommentierten Nachdruck des von A. Tuetey edierten Journal d'un bourgeois de Paris de 1405 à 1449 (1990), dt. Übersetzung von H. Beese: Leben in Paris im Hundertjährigen Krieg. Ein Tagebuch (1992).

Zum Regiment der Herzöge sowie zu den Auseinandersetzungen zwischen Armagnaken und Burgundern J. Schoos, Der Machtkampf zwischen Burgund und Orléans unter den Herzögen Philipp dem Kühnen, Johann ohne Furcht von Burgund und

Ludwig von Orléans... (1956); M. Nordberg, Les ducs et la royauté. Études sur la rivalité des ducs d'Orléans et de Bourgogne 1392–1407 (1964); F. Lehoux, Jean de France, duc de Berry. Sa vie, son action politique (1340–1416), 4 Bde. (1966–68); R. Vaughan, Philip the Bold (1962, ND 1979); R. Vaughan, John the Fearless (1966, ND 1979); R. Vaughan, Valois Burgundy (1975); B. Schnerb, Les Armagnacs et les Bourguignons. La maudite guerre (1988). B. Schnerb hat auch über den Caboche-Aufstand in Paris gehandelt: Caboche et Capeluche. Les insurrections parisiennes au début du XVe siècle, in: Les révolutions françaises. Les phénomènes révolutionnaires en France du Moyen Age à nos jours, éd. F. Bluche/St. Rials (1989), 119–130. Allgemein zur Hauptstadt in jenen Jahrzehnten J. Favier, Paris au XVe siècle 1380–1500 (1974).

Um die Rolle der Königin Isabeau in diesem Kontext zu beurteilen, ist trotz des Buches von J. Markale, Isabeau de Bavière. Die Wittelsbacherin auf Frankreichs Thron (1994, frz. 1982), auf den Aufsatz von Th. Straub, Isabeau de Bavière. Legende und Wirklichkeit, in: Zs. für Bayer. Landesgeschichte 44 (1981), 131–155, zurückzugreifen.

Zu den für die Zeit Karls VI. zentralen Themen Staat und administrative Strukturen sowie Nation und monarchische Propaganda u. a. A. Demurger, Guerre civile et changements du personnel administratif dans le royaume de France de 1400 à 1418: l'exemple des baillis et sénéchaux, in: Francia 6 (1978), 151–298; F. Autrand, Naissance d'un grand corps de l'État. Les gens du Parlement de Paris 1345–1454 (1981); C. Bozzolo/H. Loyau, La Cour Amoureuse dite de Charles VI, 3 Bde. (1982–92); J.B. Henneman, Who were the Marmousets?, in: Medieval Prosopography 5 (1984), 19–63; N. Pons, Les chancelleries parisiennes sous les règnes de Charles VI et Charles VII, in: Cancelleria e cultura nel Medio Evo, a cura di G. Gualdo (1990), 137–168; N. Pons, De la renommé du royaume à l'honneur de la France, in: Médiévales 24 (1993), 101–116; B. Guenée, Les campagnes de lettres qui ont suivi le meurtre de Jean sans Peur, duc de Bourgogne (septembre 1419–février 1420), in: Annuaire-Bulletin de la Société de l'Histoire de France a.1993 (1994), 45–65; sowie J. Krynen, Idéal du prince et pouvoir royal en France à la fin du Moyen Age (1380–1440). Étude de la littérature politique du temps (1981), und C. Beaune, Naissance de la nation France (1985, engl. 1991). Die Bedeutung des französischen Frühhumanismus haben in diesem Zusammenhang die Forschungen von G. Ouy und in seiner Nachfolge von E. Ornato und N. (Grévy-)Pons hervorgehoben; ihre zahlreichen und verstreut publizierten Veröffentlichungen lassen sich für den deutschen Leser am leichtesten ermitteln über H. Müller, Köln und das Reich um 1400. Anmerkungen zu einem Brief des französischen Frühhumanisten Jean de Montreuil, in: Köln. Stadt und Bistum in Kirche und Reich des Mittelalters. Festschrift Odilo Engels, hg. v. H. Vollrath/St. Weinfurter (1993), 591–595.

Für den Hundertjährigen Krieg, hier insbesondere für die mit dem Unternehmen des englischen Königs Heinrich V. 1415 einsetzende letzte Phase, sind die Arbeiten von Ph. Contamine grundlegend; u. a. die kurzgefaßten Überblicke: La guerre de Cent Ans (= Que sais-je? 1309) (^6 1992); Hundertjähriger Krieg, in: Lexikon des Mittelalters, Bd. V (1991), 215–218. Auf englischer Seite ist C.T. Allmand Autor mehrerer Monographien: Lancastrian Normandy 1415–1450. The History of a Medieval Occupation 1415–1450 (1983); The Hundred Years War. England and France at War c. 1300 – c. 1450 (1988, frz. 1989, span. 1990); Henry V (1992). Zum Verhältnis Frankreich/Burgund und Flandern D. Nicholas, Medieval Flanders (1992); spezieller M. Boone, Gent en de Bourgondische hertogen, ca. 1384–ca. 1453. Een sociaal-politieke studie van een staatsvormingproces (1990).

Für die Bereiche Gallikanismus und französische Kirche, Konziliarismus und Reformkonzilien sind trotz fragwürdig-zeitgebundener Urteile, die erst vor dem Hintergrund der Auseinandersetzungen um die Trennung von Kirche und Staat in Frankreich zu Beginn unseres Jahrhunderts verständlich werden, die Werke von N. Valois wegen ihrer Materialfülle noch immer unentbehrlich: La France et le grand schisme d'Occident, 4 Bde. (1896–1902, ND 1967); Le pape et le concile (1418–1450) (La crise religieuse du XVe siècle), 2 Bde. (1909). Siehe jetzt auch die Beiträge von P. Ourliac und B. Guillemain in: Die Geschichte des Christentums. Religion-Politik-Kultur, Bd. 6: Die Zeit der Zerreißproben (1274–1449), hg. v. M. Mollat Du Jourdin/A. Vauchez, dt. Ausgabe bearb. v. B. Schimmelpfennig (1991), sowie die Studien von H. Kaminsky, Simon de Cramaud and the Great Schism (1983), und B. Guenée, Entre l'Église et l'État. Quatre vies de prélats français à la fin du Moyen Age (XIIIe–XVe siècles) (1987) [Kap. III].

Zur staatssymbolischen Bedeutung des Begräbnisses von Karl VI. Y. Grandeau, La mort et les obsèques de Charles VI, in: Bulletin philologique et historique du Comité des Travaux Historiques et Scientifiques a. 1970, t. II (1974), 133–186.

Karl VII.
(H. Müller)

Als grundlegend hat immer noch die Biographie von G. Du Fresne de Beaucourt zu gelten: Histoire de Charles VII, 6 Bde. (1881–1891). Quellenreich und detailliert, ist sie ein unentbehrlicher Führer durch die Ereignisgeschichte, allerdings hat der militante Monarchismus des Autors und sein Werten nach moralischen Kriterien zahlreiche Einseitigkeiten und Verzerrungen zur Folge, worauf M.G.A. Vale in der Einleitung zu seiner Biographie des Herrschers hinweist: Charles VII (1974). Seinerseits betont er in dem kenntnisreichen, nüchtern und konzis gezeichneten Lebensbild im Anschluß an den burgundischen Chronisten Georges Chastellain, daß Karl sich um des eigenen Überlebens willen seiner Ratgeber unbarmherzig bediente und entledigte. Doch zeigt eine Spezialstudie von P.-R. Gaussin, wie der königliche Rat nach anfänglichen Brüchen gerade unter Karl VII. kontinuierlich und erfolgreich arbeitete: Les conseillers de Charles VII (1418–1461). Essai de politologie historique, in: Francia 10 (1982), 67–130.

An ein breiteres Publikum wendet sich die mehrfach aufgelegte Biographie von Ph. Erlanger, Charles VII et son mystère (1945, letzter Nachdruck 1981), der die Erfolge des Herrschers vor allem im guten Regiment der Königinmutter Yolande von Aragón begründet sieht. In vielem fehlerhaft und unhaltbar sind die biographischen Versuche von M. Hérubel, Charles VII (1981), und Ph. Bully, Charles VII, ‹roi des merveilles› (1994). Es bleibt mithin das Erscheinen der angekündigten Biographie von Ph. Contamine, des gegenwärtig wohl besten Sachkenners, abzuwarten; man vergleiche auch dessen Artikel: Charles VII, in: Les hommes d'État célèbres, t. III (1970), 164–167 – Karl VII., in: Lexikon des Mittelalters, Bd. V (1991), 978–980 sowie De Jeanne d'Arc aux guerres d'Italie. Figures, images et problèmes du XVe siècle (1994).

Aus der unübersehbaren Fülle der Jeanne d'Arc-Literatur sind mehrere Monographien von R. Pernoud hervorzuheben; eine der letzten – zusammen mit M.-V. Clin verfaßt – wurde auch ins Deutsche übersetzt: Johanna von Orléans. Der Mensch und die Legende (1991). Des weiteren S. Tanz, Jeanne d'Arc. Spätmittelalterliche Mentalität im Spiegel eines Weltbildes (1990); G. Krumeich, Jeanne d'Arc in der Geschichte. Historiographie-Politik-Kultur (1989) (zur Jeanne d'Arc-Rezeption in der Neuzeit, insbesondere im 19. und frühen 20. Jahrhundert). Im übrigen sei auf die Bibliographie von N. Margolis verwiesen: Joan of Arc in History, Literature and Film (1990).

Zum Hundertjährigen Krieg, zu Staatlichkeit, Nation und politischer Literatur der Zeit, zur französischen Kirche, zur Hauptstadt und zu Burgund siehe die entsprechenden Literaturangaben unter ‹Karl VI.›; zusätzlich a) J.G. Dickinson, The Congress of Arras 1435. A Study in Medieval Diplomacy (1955, ND 1972) – B. Wolffe, Henry VI (1982); b) R.G. Little, The ‹Parlement› of Poitiers. War, Government and Politics in France 1418–1436 (1984) – Écrits politiques de Jean Juvénal des Ursins, publ. par P.S. Lewis, 3 Bde. (1978–92), bes. Bd. 3: La vie et l'oeuvre; c) N. Valois, Histoire de la Pragmatique Sanction sous Charles VII (Archives de l'histoire religieuse de la France) (1906) – H. Müller, Die Franzosen, Frankreich und das Basler Konzil (1431–1449), 2 Bde. (1990); d) G.L. Thompson, Paris and Its People. The Anglo-Burgundian Regime 1420–1436 (1991); e) R. Vaughan, Philip the Good. The Apogee of Burgundy (1970) – H. Müller, Kreuzzugspläne und Kreuzzugspolitik des Herzogs Philipp des Guten von Burgund (1993). Über Jacques Coeur unterrichtet M. Mollat, Der königliche Kaufmann. Jacques Coeur oder der Geist des Unternehmertums (1991).

Ludwig XI.
(Holger Kruse)

Die erste brauchbare Biographie Ludwigs XI. stammt von P. Champion, Louis XI, 2 vol. (1927). Sie korrigiert das lange vorherrschende Bild, Ludwig XI. sei ein grausamer Despot gewesen. Als Standardwerk hat heute trotz des fehlenden wissenschaftlichen Apparates zu gelten: P.M. Kendall, Louis XI. The Universal Spider (1971; frz. 1974, dt. 1979). Der Verfasser benutzt erstmals die Berichte der mailändischen Gesandten vom Hof des Königs. Daneben ist zu nennen P.-R. Gaussin, Louis XI. Un roi entre deux mondes (1976).

Die Überlieferung für Ludwig XI. ist reich. Hingewiesen sei nur auf folgende Bereiche: a) Die Collection Legrand in der Pariser Nationalbibliothek setzt sich aus Originalen und Kopien zur Geschichte Ludwigs XI. zusammen. b) Die Briefe des Königs sind (nicht ganz vollständig) ediert von J. Vaesen/E. Charavay, Lettres de Louis XI, 11 vol. (1883–1909). H. Dubois (Paris) bereitet derzeit eine Auswahledition mit Nachtrag von bislang nicht herausgegebenen Stücken vor. c) Ordonnances des Rois de France de la troisième race XV–XIX (1811–35, ND 1967). d) Die Berichte der meist überdurchschnittlich gut informierten mailändischen Gesandten vom französischen Hof sind in Auswahl publiziert: B. de Mandrot/Ch. Samaran (éd.), Dépêches des ambassadeurs milanais en France sous Louis XI et Francesco Sforza, 5 vol. (1916–1923); P.M. Kendall/V. Illardi (ed.), Dispatches with Related Documents of Milanese Ambassadors in France and Burgundy, 1450–1483, 3 vol. (1970–1981). e) Die zeitgenössische Chronistik ist sehr reich, wenn auch eher auf burgundischer denn auf französischer Seite. Zu nennen sind zunächst die Memoiren des Philippe de Commynes, der zuerst Karl dem Kühnen von Burgund, dann Ludwig XI. als enger Vertrauter diente. Zu benutzen ist: Philippe de Commynes, Mémoires, éd. J. Calmette/G. Durville, 3 vol. (1924–1925); dt. Übers.: Philippe de Commynes, Memoiren, hg. v. F. Ernst (1972). Zur Kritik an der Darstellung von Commynes vgl. K. Bittmann, Ludwig XI. und Karl der Kühne. Die Memoiren des Philippe de Commynes als historische Quelle, Bd. I, 1–2, Bd. II, 1 (1964, 1970); J. Dufournet, La destruction des mythes dans les Mémoires de Philippe de Commynes (1966); ders., Philippe de Commynes (1994). Ein offener Gegner Ludwigs XI. war der von diesem ins Exil getriebene Bischof von Lisieux, Thomas Basin: Histoire des règnes de Charles VII et de Louis XI, éd. J. Quicherat, 4 vol. (1855–1859); Thomas Basin, Histoire de Louis XI, éd. et trad. Ch. Samaran, 3 vol. (1963–1972). In Paris entstand: Jean de Roye, Journal connu sous le nom de Chronique Scandaleuse 1460–1483, éd. B. de Mandrot, 2 vol. (1896). Für die Zeit Ludwigs als Dauphin bieten einige Nachrichten Mathieu d'Escouchy, Chronique, éd. G. du Fresne de Beaucourt, 3 vol. (1863–64), und Jacques du Clercq, Mémoires, éd. F. de Reiffenberg, 4 vol. (^{2}1835–1836). Weiter sind zu nennen: Georges Chastellain, Oeuvres, éd. J. Kervyn de

Lettenhove, 8 vol., Brüssel (1863–66; ND 1971), und Georges Chastellain, Chronique, Les fragments du livre IV révélés par l'Additional Manuscript 54156 de la British Library, éd. J.-C. Delclos (1991); sowie Chastellains Nachfolger als burgundischer Haushistoriograph (seit 1475) Jean Molinet, Chroniques, éd. G. Doutrepont/O. Jodogne, 3 vol. (1935–1937); daneben das Werk des Hofmeisters Karls des Kühnen, Olivier de la Marche: Mémoires, éd. H. Baune/J. d'Arbaumont, 4 vol. (1883–1888).

Zu Ludwigs wichtigstem Gegner sei hingewiesen auf: R. Vaughan, Charles the Bold (1973); W. Paravicini, Karl der Kühne (1976); vgl. auch: W. Paravicini, Charles le Téméraire à Tours, in: Villes, Bonnes Villes, Cités et Capitales. Mélanges offerts à Bernard Chevalier (1989), 47–69.

Moderne Darstellungen zum Verhältnis Ludwigs XI. zu den Städten und zu seinen Maßnahmen zur Wirtschaftsförderung fehlen. Deshalb ist immer noch zurückzugreifen auf: H. See, Louis XI et les villes (1891), und R. Gandilhon, Politique économique de Louis XI (1941).

Die Frömmigkeit Ludwigs XI. ist Gegenstand einer in Arbeit befindlichen Dissertation von S. Baus (Kiel). Zu Ludwigs Verhältnis zur Kurie vgl. J. Combet, Louis XI. et le Saint-Siège (1903). Mit seinem Ende befaßt sich W. Paravicini, Sterben und Tod Ludwigs XI., in: Tod im Mittelalter, hg. von A. Borst u. a. (1993), 77–168; und ders., Des animaux pour un roi mourant: Louis XI et les Hanséates de 1479 à 1483, in: Commerce, Finances et Société (XIe–XVIe siècles). Recueil de travaux d'histoire médiévale offert à M. le Professeur Henri Dubois éd. Ph. Contamine e. a. (1993), 101–121.

Karl VIII.
(N. Bulst)

Die beste Biographie und Gesamtdarstellung der Regierungszeit Karls VIII. (mit umfassender Bibliographie) stammt von Y. Labande-Mailfert, Charles VIII et son milieu (1470–1498). La jeunesse au pouvoir (1975), ergänzt um weitere biographische Analysen in: dies., Charles VIII. Le vouloir et la destinée (1986). Als Gesamtdarstellungen bleiben wichtig Ch. Petit-Dutaillis, Charles VII, Louis XI et les premières années de Charles VIII (1422–1492) (Histoire de la France IV, 2. éd. E. Lavisse) (1911) und J.S.C. Bridge, A History of France from the Death of Louis XI, t. 1–2 (1921).

Wichtige Quellen zur Regentschaftsregierung sind die Protokolle der Ratssitzungen: Procès-verbaux de cinq séances du grand conseil du roi Charles VIII, tenues au mois de décembre 1483, éd. C. Rossignol, in: Bull. du Comité de la langue, de l'histoire et des arts de la France 3 (1855–56), 248–258, und Procès-verbaux des séances du Conseil de régence du roi Charles VIII, éd. A. Bernier (Coll. de documents inédits) (1836). Zu den Generalständen siehe Jean Masselin, Journal des Etats Généraux de France tenus à Tours en 1484 sous le règne de Charles VIII, éd. A. Bernier (Coll. de documents inédits) (1835). Die Briefe Karls sind – unvollständig – gedruckt: Lettres de Charles VIII, roi de France, éd. P. Pélicier, t. 1–5 (Soc. de l'histoire de France) (1898–1905); Ergänzungen: Lettres inédites de Charles VIII relatives à la Provence, in: Annuaire-Bulletin de la société de l'histoire de France (1932), 193–253. Die Verordnungen sind gesammelt in den Ordonnances des rois de France de la troisième race, éd. XIX–XXI (1835–49, ND 1967). Die wichtigste erzählende Quelle ist Philippe de Commynes, Mémoires, éd. J. Calmette/G. Durville (1924–25); wichtig auch André de la Vigne, Le voyage de Naples, éd. A. Slerca (1981); weiteres in Th. Godefroy, Histoire de Charles VIII, roy de France, par Guillaume de Jaligny, André de la Vigne et autres historiens de ce temps-là, le tout récueilli par feu M. Godefroy (1684).

Einzelfragen: 1. Itinerar: E. Petit, Séjours des rois de France. Séjours de Charles VIII, 1483–98, in: Bull. historique et philologique du Comité des travaux historiques

(1896), 629–690. 2. Regentschaft: P. Pélicier, Essai sur le gouvernement de la dame de Beaujeu (1483–1491) (1882), und P. Pradel, Anne de France, 1461–1522 (1986). 3. Heirat: R.-H. Bautier, Le mariage de Charles VIII et d'Anne de Bretagne au château de Langeais (6 décembre 1491), in: Bull. de la Société archéol. de Touraine 43 (1991), 181–99. 4. Generalstände, Prosopographie der Führungsschichten und des politischen Personals: N. Bulst, Die französischen Generalstände von 1468 und 1484. Prosopographische Untersuchungen zu den Delegierten (Beihefte der Francia 26) (1992); M. Harsgor, Recherches sur le personnel du Conseil du roi sous Charles VIII et Louis XII, t. 1–4 (1980); A. Lapeyre/R. Scheurer, Les notaires et secrétaires du roi sous les règnes de Louis XI, Charles VIII et Louis XII (1461–1515). Notices personelles et généalogies (Coll. de documents inédits sur l'histoire de France), t. 1–2 (1978). 5. Reichs- und Italienpolitik: H. Wiesflecker, Kaiser Maximilian I., das Reich, Österreich und Europa an der Wende der Neuzeit, Bde. 1–2 (1971–75); H. Lemonnier, Les Guerres d'Italie – La France sous Charles VIII, Louis XII et François Ier (1492–1547) (Histoire de la France V, 1, éd. E. Lavisse) (1911) und A. Denis, Charles VIII et les Italiens: Histoire et mythe (1979). 6. Kriegsführung: Ph. Contamine, Guerre, État et société à la fin du moyen âge. Étude sur les armées des rois de France 1337–1494 (1972).

Abbildungsnachweis

Die Abbildungen auf den Seiten 177, 202, 247, 253, 284, 322, 362 wurden veröffentlicht mit freundlicher Genehmigung des Bildarchiv Preußischer Kulturbesitz, Berlin; die Abbildungen auf den Seiten 77, 141, 157, 266, 304, 339 sowie die Umschlagabbildungen mit freundlicher Genehmigung des Archivs für Kunst und Geschichte, Berlin; die Abbildungen auf den Seiten 12 *(St 5895)*, 22 *(41)*, 39 *(D 30)*, 71 *(S. 87)*, 88 *(D 31)*, 194 *(D 45)* mit freundlicher Genehmigung der Archives Nationales, C.A.R.A.N. (abgebildet in: Corpus des sceaux francais du moyen âge, T. 2, Archives Nationales, 1991, unter den Nummmern in Klammern); die Abbildungen auf den Seiten 46 *(entnommen aus: Beumann, Helmut (Hrsg.): Beiträge zur Bildung der Französischen Nation im Früh- und Hochmittelalter, Sigmaringen 1983, Abb. 101)*, 60 *(entnommen aus: Beumann, Helmut (Hrsg.): Beiträge zur Bildung der Französischen Nation im Früh- und Hochmittelalter, Sigmaringen 1983, Abb. 105)*, 114 *(entnommen aus: Georges Duby: Le Moyen Âge (Histoire de France), Paris 1987, S. 148)*. Fotos: Bayerische Staatsbibliothek, München; die Abbildungen auf den Seiten 101, 129, 240 mit freundlicher Genehmigung von Achim Stahlhauer, Düsseldorf.

Die Autoren

Egon Boshof, geb. 1937, Studium der Geschichte, Germanistik und Philosophie in Köln und Freiburg i. Br. Promotion in Köln 1967, Habilitation ebenda 1971, Universitätsprofessor für Mittelalterliche Geschichte in Passau.

Veröffentlichungen u. a.: Erzbischof Agobard von Lyon (1969); Das Erzstift Trier und seine Stellung zu Königtum und Papsttum im ausgehenden 10. Jahrhundert (1972); Heinrich IV. – Herrscher an einer Zeitenwende (^{2}1990); Regesta pontificum Romanorum. Germania Pontificia 10: Provincia Treverensis, Pars 1: Archidioecesis Treverensis (1992); Die Regesten der Bischöfe von Passau. Bd. 1: 731–1206 (1992); Königtum und Königsherrschaft im 10. und 11. Jh. (1993); Die Salier (^{3}1995).

Carlrichard Brühl, geb. 1925, Studium der Geschichtswissenschaften in Frankfurt am Main und Paris. Promotion in Frankfurt am Main 1949, Habilitation in Köln 1961, em. Universitätsprofessor für Mittelalterliche Geschichte und Historische Hilfswissenschaften der Universität Gießen, Membre étr. ass. de l'Institut.

Veröffentlichungen u. a.: Fodrum, gistum, servitium regis. Studien zu den wirtschaftlichen Grundlagen des Königtums im Frankenreich und in den fränkischen Nachfolgestaaten Deutschland, Frankreich und Italien vom 6. bis zur Mitte des 14. Jhs., 2 Bde. (1968); Studien zu den langobardischen Königsurkunden (1970); Palatium und Civitas. Studien zur Profantopographie spätantiker Civitates vom 3. bis zum 13. Jh., 2 Bde. (1975–1990); Urkunden und Kanzlei König Rogers II. von Sizilien (1978; ital. verbess. Ausgabe 1983); Geschichte der Philatelie, 2 Bde. (1985); Aus Mittelalter und Diplomatik. Gesammelte Aufsätze, 2 Bde. (1989); Deutschland – Frankreich. Die Geburt zweier Völker (^{2}1995, frz. 1994); (Hg.) Codice diplomatico longobardo III 1 (1973) u. IV 1 (1981); Codex diplomaticus regni Siciliae II 1 (1987).

Neithard Bulst, geb. 1941, Studium der Geschichte, Romanistik und politischen Wissenschaft in Heidelberg, Kiel, Lyon und Gießen. Promotion in Gießen 1968, Habilitation in Heidelberg 1976, Universitätsprofessor für allgemeine Geschichte mit besonderer Berücksichtigung der Sozial- und Verfassungsgeschichte des Späten Mittelalters und der Frühen Neuzeit an der Universität Bielefeld.

Veröffentlichungen u. a.: Studien zu den Klosterreformen Wilhelms von Dijon (1973); Die französischen Generalstände von 1468 und 1484 (1992); (Hg.) Medieval Lives and the Historian (1986); Maladies et société (XIIe–XVIIIe siècle) (1989); Zwischen Schein und Sein. Kleidung und Identität in der ständischen Gesellschaft (1993); Die Grafschaft Lippe im 18. Jahrhundert. Bevölkerung, Wirtschaft und Gesellschaft eines deutschen Kleinstaates (1993).

Joachim Ehlers, geb. 1936, Studium der Geschichte, Philosophie und Germanistik in Hamburg. Promotion in Hamburg 1964, Habilitation in Frankfurt am Main 1972, Universitätsprofessor für Geschichte des Mittelalters an der Freien Universität Berlin.

Veröffentlichungen u. a.: Die Wehrverfassung der Stadt Hamburg im 17. und 18. Jahrhundert (1965); Hugo von St. Viktor (1973); Frankreich im Mittelalter. Von der Merowingerzeit bis zum Tode Ludwigs IX. (1982); Geschichte Frankreichs im

Mittelalter (1987); Die Entstehung des deutschen Reiches (1994); (Hg.) Ansätze und Diskontinuität deutscher Nationsbildung im Mittelalter (1989).

Franz J. Felten, geb. 1946, Studium der Geschichte und Romanistik in Saarbrücken und Paris (Sorbonne; École Pratique des Hautes Etudes). Promotion in Saarbrücken 1977, Habilitation an der Freien Universität Berlin 1990, Universitätsprofessor für Mittelalterliche Geschichte an der Universität Halle.

Veröffentlichungen u. a.: Äbte und Laienäbte im Frankenreich. Studie zum Verhältnis von Staat und Kirche im früheren Mittelalter (1980).

Hans-Werner Goetz, geb. 1947, Studium der Geschichte und Anglistik in Bochum. Promotion in Bochum 1976, Habilitation ebenda 1981, Universitätsprofessor für mittelalterliche Geschichte an der Universität Hamburg.

Veröffentlichungen u. a.: «Dux» und «Ducatus». Begriffs- und verfassungsgeschichtliche Untersuchungen zur Entstehung des sogenannten «jüngeren» Stammesherzogtums an der Wende vom neunten zum zehnten Jahrhundert (1977); Die Geschichtstheologie des Orosius (1980); Strukturen der spätkarolingischen Epoche im Spiegel der Vorstellungen eines zeitgenössischen Mönchs. Eine Interpretation der «Gesta Karoli» Notkers von St. Gallen (1981); Das Geschichtsbild Ottos von Freising (1984); Leben im Mittelalter vom 7. bis zum 13. Jh. (^{5}1994); Proseminar Geschichte: Mittelalter (1993); Frauen im frühen Mittelalter. Frauenbild und Frauenleben im Frankenreich (1995).

Rolf Grosse, geb. 1958, Studium der Geschichte, Lateinischen Philologie und Historischen Hilfswissenschaften in Köln. Promotion in Köln 1984, Wissenschaftlicher Mitarbeiter und Referent für das Hochmittelalter und die Gallia Pontificia am Deutschen Historischen Institut Paris.

Veröffentlichungen u. a.: Das Bistum Utrecht und seine Bischöfe im 10. und frühen 11. Jahrhundert (1987); (Hg.) L'Église de France et la papauté (X^{e}–XIIIe siècle) / Die fränzösische Kirche und das Papsttum (10.–13. Jh.) (1993).

Hans-Henning Kortüm, geb. 1955, Studium der Germanistik, Geschichte und Volkswirtschaft in Tübingen. Promotion in Tübingen 1985, Habilitation ebenda 1991, Hochschuldozent für Mittelalterliche Geschichte an der Universität Tübingen.

Veröffentlichungen u. a.: Richer von Saint-Remi (1985); Zur päpstlichen Urkundensprache im frühen Mittelalter (1995).

Holger Kruse, geb. 1962, Studium der Geschichte und Lateinischen Philologie in Kiel und Paris. Promotion in Kiel 1993, Wissenschaftlicher Mitarbeiter und Referent für den Bereich Spätes Mittelalter am Deutschen Historischen Institut Paris.

Veröffentlichungen u. a.: (zusammen mit Werner Paravicini/Andreas Ranft) Ritterorden und Adelsgesellschaften im spätmittelalterlichen Deutschland (1991); Der Briefwechsel Karls des Kühnen (1433–1477). Inventar; hg. von Werner Paravicini, redigiert von Sonja Dünnebeil und Holger Kruse (1995); Hof, Amt und Gagen. Die täglichen Gagenlisten des burgundischen Hofes (1430–1467) und der erste Hofstaat Karls des Kühnen (1456) (1996).

Dietrich Lohrmann, geb. 1937, Studium: Geschichte, Romanische Philologie und Latein in Freiburg i. Br., Tours und Lille. Promotion in Freiburg 1965, Habilitation in Mainz 1978, Universitätsprofessor an der RWTH Aachen.

Veröffentlichungen u. a.: Das Register Papst Johannes' VIII. (872–882) (1968); Kirchengut im nördlichen Frankreich (1983); Papsturkunden in Frankreich 7 (1976) und 8 (1989); (Hg.) Villa, Curtis, Grangia (1983); Science in Western and Eastern Civilization in Carolingian Times (1993).

GERT MELVILLE, geb. 1944, Studium der Mittelalterlichen Geschichte, Germanistik und Rechtsgeschichte in München. Promotion in München 1971, Habilitation ebenda 1983, Universitätsprofessor für mittelalterliche Geschichte an der Technischen Universität Dresden.

Veröffentlichungen u. a.: (Hg.) Institutionen und Geschichte. Theoretische Aspekte und mittelalterliche Befunde (1992).

JÜRGEN MIETHKE, geb. 1938, Studium: Jura, Geschichte, Theologie in Göttingen und Berlin (Freie Universität). Promotion an der Freien Universität Berlin 1967, Habilitation ebenda 1970, Ordinarius für Mittelalterliche und Neuere Geschichte an der Ruprecht-Karls-Universität Heidelberg.

Veröffentlichungen u. a.: Ockhams Weg zur Sozialphilosophie (1969); (zusammen mit Arnold Bühler) Kaiser und Papst im Konflikt. Zum Verhältnis von Staat und Kirche im späten Mittelalter (1989); Wilhelm von Ockham, Dialogus, Auszüge zur politischen Theorie (^{2}1994); Las ideas politicas de la edad media (1993); (Hg.): (zusammen mit Ovidio Capitani) L'attesa della fine dei tempi nel medioevo (1990); Geschichte in Heidelberg (1992); Das Publikum politischer Theorie im 14. Jahrhundert (1992); (zusammen mit Klaus Schreiner) Sozialer Wandel im Mittelalter, Wahrnehmungsformen, Erklärungsmuster, Regelungsmechanismen (1994); (zusammen mit Lorenz Weinrich) Quellen zur Kirchenreform im Zeitalter der großen Konzilien des 15. Jahrhunderts 1 (1995).

HERIBERT MÜLLER, geb. 1946, Studium der Geschichte, Germanistik und Philosophie in Köln. Promotion in Köln 1976, Habilitation ebenda 1986, Universitätsprofessor für Mittlere und Neuere Geschichte an der Universität zu Köln.

Veröffentlichungen u. a.: Die Franzosen, Frankreich und das Basler Konzil (1431–1449), 2 Bde. (1990); Kreuzzugspläne und Kreuzzugspolitik des Herzogs Philipp d. Guten von Burgund (1993); (Hg.) Studien zum 15. Jahrhundert. Festschrift für Erich Meuthen, 2 Bde. (1994).

REINHARD SCHNEIDER, geb. 1934, Studium: Geschichte, Latein, Philosophie an der Freien Universität Berlin. Promotion an der Freien Universität Berlin 1963, Habilitation ebenda 1971, o. Universitätsprofessor für Mittelalterliche Geschichte an der Universität des Saarlandes.

Veröffentlichungen u. a.: Brüdergemeine und Schwurfreundschaft (1964); Königswahl und Königserhebung im Frühmittelalter (1972); Das Frankenreich (^{2}1990); Salem. 850 Jahre Reichsabtei und Schloß (1984); Vom Klosterhaushalt zum Stadt- und Staatshaushalt (1994).

BERND SCHNEIDMÜLLER, geb. 1954, Studium der Geschichte, Germanistik, Evangelischen Theologie und Deutschen Rechtsgeschichte in Zürich und Frankfurt am Main. Promotion 1977 in Frankfurt, Habilitation 1985 in Braunschweig, Professor für mittelalterliche Geschichte an der Universität Bamberg.

Veröffentlichungen u. a.: Karolingische Tradition und frühes französisches Königtum (1979); Nomen patriae. Die Entstehung Frankreichs in der politisch-geographischen Terminologie (1987); (Hg.) Die Welfen und ihr Braunschweiger Hof im hohen Mittelalter (1995).

HEINZ THOMAS, geb. 1935, Studium der Geschichte und Germanistik in Bonn. Promotion in Bonn 1966, Habilitation ebenda 1972, Universitätsprofessor für mittlere und neuere Geschichte an der Universität Bonn.

Veröffentlichungen u. a.: Studien zur Trierer Geschichtsschreibung des 11. Jahrhunderts (1968); Zwischen Regnum und Imperium. Die Fürstentümer Bar und Lothringen zur Zeit Kaiser Karls IV. (1973); Kaiser Otto III. Eine Skizze (1980); Deutsche Geschichte des Spätmittelalters (1983); Ludwig der Bayer. Kaiser und Ketzer (1993).

BERNHARD TÖPFER, geb. 1926, Studium der Geschichte und Germanistik an der Humboldt-Universität in Berlin. Promotion an der Humboldt-Universität Berlin 1954, Habilitation ebenda 1960, bis 1991 Universitätsprofessor für allgemeine Geschichte des Mittelalters an der Humboldt-Universität Berlin, derzeit im Ruhestand.

Veröffentlichungen u. a.: Volk und Kirche zur Zeit der beginnenden Gottesfriedensbewegung in Frankreich (1957); Das kommende Reich des Friedens (1961); Frankreich. Ein historischer Abriß. Von den Anfängen bis zum Tode Heinrichs IV. (^{4}1980).

LUDWIG VONES, geb. 1948, Studium der Geschichte und Germanistik in Köln. Promotion in Köln 1977, Habilitation ebenda 1994. Privatdozent und Akademischer Rat an der Universität Köln.

Veröffentlichungen u. a.: Die ‹Historia Compostellana› und die Kirchenpolitik des nordwestspanischen Raumes 1070–1130 (1980); Geschichte der Iberischen Halbinsel im Mittelalter 711–1480 (1993); Urban V. (1362–1370). Kirchenreform zwischen Kardinalkollegium, Kurie und Klientel (im Druck).

THOMAS ZOTZ, geb. 1944, Studium: Geschichte, Latein, Geographie, Ur- und Frühgeschichte in Freiburg/Br., Wien und Hamburg. Promotion in Freiburg/Br. 1972, Professor für mittelalterliche Landesgeschichte des deutschsprachigen Südwestens an der Universität Freiburg/Br.

Veröffentlichungen u. a.: Der Breisgau und das alemannische Herzogtum (1974).

Personen- und Ortsregister

In der Regel sind die Personen unter der deutschen Form ihres Vornamens aufgeführt; die französische fand dagegen Verwendung, wenn von deren überwiegendem Gebrauch auch im Deutschen auszugehen ist, was vor allem für Personen des späteren Mittelalters gilt. Größere Vornamenkomplexe (z. B. Johannes, Karl, Ludwig, Peter) finden sich unter einem Lemma. Um mögliche Zweifelsfälle und Inkonsequenzen auszuschalten, wurden zusätzlich entsprechende Verweise (z. B. Jean → Johannes) angebracht. Zur Begrenzung des Umfangs bleibt das Register strikt auf im Text namentlich erwähnte Personen und Orte beschränkt; sonstige geographische Bezeichnungen, Territorien, Herrschaften oder Adelshäuser, Verbände u. ä. m. fanden keine Aufnahme.

ABKÜRZUNGEN: AT = Altes Testament, Bf. = Bischof, Br. = Bruder, Ebf. = Erzbischof, Gem. = Gemahl(in), Gf./Gfn. = Graf/Gräfin, Hl. = Heilige(r), Hzg./Hzgn. = Herzog(in), Kard. = Kardinal, Kg./Kgn. = König(in), Ks./Ksn. = Kaiser(in), M. = Mutter, S. = Sohn, Schw. = Schwester, T. = Tochter, V. = Vater

Anzeigen

Europa bauen – eine Auswahl

Leonardo Benevolo
Die Stadt in der europäischen Geschichte
Aus dem Italienischen von Peter Schiller
1993. 316 Seiten mit 149 Abbildungen.
Leinen

Umberto Eco
Die Suche nach der vollkommenen Sprache
Aus dem Italienischen von Burkhart Kroeber
3., durchgesehene Auflage. 1994.
388 Seiten mit 22 Abbildungen.
Leinen

Josep Fontana
Europa im Spiegel
Eine kritische Revision der europäischen Geschichte
Aus dem Spanischen von Joan Weiss i Knopf
1995. 244 Seiten.
Leinen

Aaron J. Gurjewitsch
Das Individuum im europäischen Mittelalter
Aus dem Russischen von Erhard Glier
1994. 341 Seiten.
Leinen

Ulrich Im Hof
Das Europa der Aufklärung
2., durchgesehene Auflage. 1995. 270 Seiten.
Leinen

Michel Mollat du Jourdin
Europa und das Meer
Aus dem Französischen von Ursula Scholz
1993. 320 Seiten mit 2 Abbildungen und 18 Karten.
Leinen

Verlag C. H. Beck München